JN434569

제6판

전략경영과 경쟁우위

제 6 판

전략경영과 경쟁우위

Strategic Management and Competitive Advantage

주제별 국내 사례 수록

Jay B. Barney, William S. Hesterly 지음 | 신형덕 옮김

Pearson

한빛아카데미 Hanbit Academy, Inc.

Pearson Education South Asia Pte Ltd
3 Temasek Avenue #21-23, Centennial Tower
Singapore 039190

Pearson Education offices in Asia: *Bangkok, Beijing, Ho Chi Minh City, Hong Kong, Jakarta, Kuala Lumpur, Manila, Seoul, Singapore, Taipei, Tokyo*

4 3 2 1
23 22 21 20

Cover Art: © ER_09/Shutterstock

발행일: 2024년 8월 20일
공급처: 한빛아카데미㈜(02-336-7112/question@hanbit.co.kr)
ISBN: 978-981-3137-25-7(93320)
가격: 35,000원

http://pearsonapac.com/

역자 서문

벌써 이 책의 여섯 번째 개정판 서문을 쓰게 되어 감회가 새롭다. 이 책은 전략경영 분야의 중요한 이론 중 하나인 자원기반이론을 학부 수준에서 설명한다. VRIO 모형으로 집약되는 경쟁 모형을 기업자원뿐 아니라 여러 형태의 전략을 평가하는 도구로서 설명하며 경영학도가 갖추어야 할 가장 중요한 덕목인 경영 마인드를 전달한다.

이 개정판은 다소 혁신적인 변화를 담고 있다. 1980년대 이래 전통적으로 경영대학에서 가르쳐왔던 저비용과 차별화의 본원적 전략의 틀을 과감히 깨고 유연성 추구와 담합을 본원적 전략으로 추가했다. 본원적 전략은 산업의 특성에 따라 추구할 수 있는 전략인데, 이 책은 산업의 특성을 단지 가격에 대한 수요탄력성으로만 보지 않겠다는 바니 교수의 목소리를 적극 반영했다.

이 개정판의 또 하나의 특징은 이론적 및 수리적 내용이 한층 강화되었다는 것이다. 담합과 관련된 게임 이론이 추가되었고 블랙-숄즈의 실물옵션 공식이 본격적으로 제시되었다. 이로 인해 아마 현재 전 세계 대학에서 다루는 모든 전략경영 교재 중에서 가장 어려운 책이 된 것 같다. 그러므로 만약 이러한 수리적 분석에 익숙하지 않아서 어려움을 느끼더라도 실망할 필요는 없다. 이 책을 가르치는 강의자들도 여기에서 제시한 수리적인 내용을 모두 다룰 필요는 없을 것이다.

대부분의 번역서가 그렇듯 이 책도 국내 사례가 부족하다는 단점을 지니고 있다. 그래서 지난 개정판에서 수록했던 국내 사례와 함께 제6장에 온라인 보험사인 인슈넷FC의 실물옵션 투자활동 사례, 제7장에 한국 빙과업계의 재편 과정에 펭수와 유산슬이 미친 영향에 대한 사례를 추가했다. 이러한 국내 사례가 각 장의 핵심 개념을 이해하고 현실에 적용하는 데 도움이 되기를 기대한다.

자원기반이론과 VRIO 모형은 다양한 전략 모형과 비교될 수 있다. 핵심역량, 블루오션, 비즈니스 모델 캔버스, 파괴적 혁신 등의 개념과 함께 학습하면 전략경영 모형의 흐름에 대해 입체적으로 이해할 수 있다. 또한 최근 한국의 여러 대기업이 추구하는 초격차 개념과도 맞닿아 있다. VRIO 모형의 핵심 개념인 시간, 관계, 습관, 안목이 모방 불가능한 경쟁력을 창출하는 원리는 기업만이 아니라 개인의 경쟁력을 키우는 데에도 큰 도움을 줄 수 있다. 전략경영을 공부하는 모든 학생에게 이 책이 도움이 되기를 바란다.

2020년 8월

신형덕

저자 서문

제6판의 특징

전략경영 교재의 필수요건은 무엇인가

이는 매우 중요한 질문이다. 어떤 교재는 '모든 것'이라고 대답하는 듯하다. 그 때문에 개정할 때마다 점점 내용이 불어나기만 한다. 그러나 우리는 다르게 생각한다. 이 교재는 다음과 같이 불필요한 내용을 과감히 삭제하고 최신 내용을 적극 반영하였다.

- 전략경영 이외의 분야에서 더 깊게 논의되는 주제를 삭제했다.
- 이론적 또는 실무적으로 중요성이 낮다고 판명된 모형을 삭제했다.
- 최근에 부상한 유용한 전략 모형을 추가했다.

이러한 변화로 인해 제6판은 이전과 거의 동일한 분량을 유지하면서도 매우 다른 내용을 갖추게 되었다.

삭제된 내용

이전 판에서 두 가지 중요한 요소가 삭제되었다. 이 요소들이 중요하지 않기 때문이 아니라 다른 분야의 교재에서 더 깊게 다루고 있기 때문이다.

- 각 장에 포함되었던 '창업 이론에의 적용'을 삭제했다. 창업 과목이 점차 중요해짐에 따라 이 내용은 창업을 다루는 교재에서 따로 더욱 중요하게 논의되어야 하기 때문이다.
- 이전 판의 제11장인 '국제적 전략'을 삭제했다. 창업 분야와 마찬가지로 국제경영은 중요한 독립적인 분야이기 때문에 이 교재에서는 삭제했다.

추가된 내용

이 두 요소를 삭제한 공간에 우리는 두 가지 새로운 장을 추가했다.

- **제6장 : 유연성과 실물옵션** 전략적 유연성에 대한 최신 이론과 실무적 발견점을 요약했다. 유연성이 가치를 창출하는 조건과 가치의 크기를 측정하는 방법에 대해 설명했다.
- **제7장 : 담합** 명시적 담합과 암묵적 담합이 갖는 경제적·윤리적 이슈를 다루었다. 기업은 담합에 동참하지 않더라도 다른 기업이 담합을 하는 경우에 대비하여 그 전략과 경제적 결과에 대해 이해해야 한다.

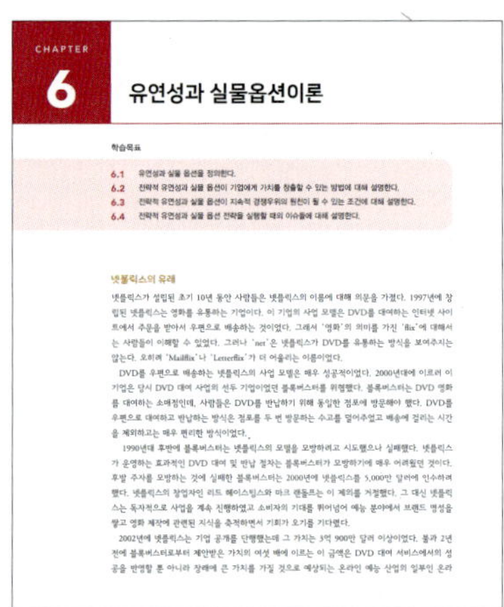
CHAPTER 6
유연성과 실물옵션이론

학습목표

6.1 유연성과 실물 옵션을 정의한다.
6.2 전략적 유연성과 실물 옵션이 기업에게 가치를 창출할 수 있는 방법에 대해 설명한다.
6.3 전략적 유연성과 실물 옵션이 지속적 경쟁우위의 원천이 될 수 있는 조건에 대해 설명한다.
6.4 전략적 유연성과 실물 옵션 전략을 실행할 때의 이슈들에 대해 설명한다.

넷플릭스의 유래

넷플릭스가 설립된 초기 10년 동안 사람들은 넷플릭스의 이름에 대해 의문을 가졌다. 1997년에 창립된 넷플릭스는 영화를 유통하는 기업이다. 이 기업의 사업 모델은 DVD를 대여하는 인터넷 사이트에서 주문을 받아서 우편으로 배송하는 것이었다. 그래서 '영화'의 의미를 가진 'flix'에 대해서는 사람들이 이해할 수 있었다. 그러나 'net'은 넷플릭스가 DVD를 유통하는 방식을 보여주지는 않는다. 오히려 'Mailflix'나 'Letterflix'가 더 어울리는 이름이었다.

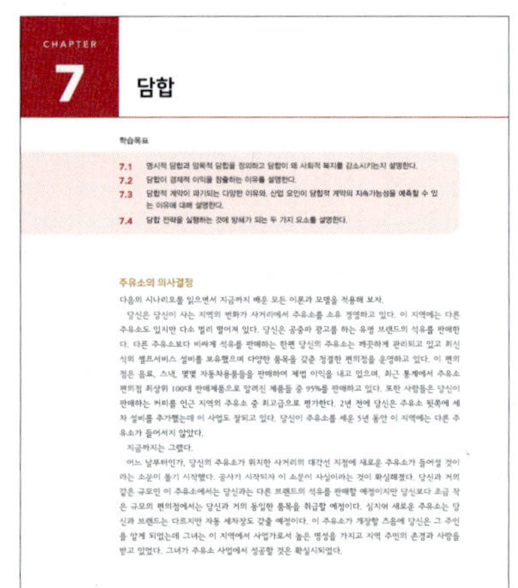
CHAPTER 7
담합

학습목표

7.1 명시적 담합과 암묵적 담합을 정의하고 담합이 왜 사회적 복지를 감소시키는지 설명한다.
7.2 담합이 경제적 이익을 창출하는 이유를 설명한다.
7.3 담합적 계약이 파기되는 다양한 이유와, 산업 요인이 담합적 계약의 지속가능성을 예측할 수 있는 이유에 대해 설명한다.
7.4 담합 전략을 실행하는 것에 방해가 되는 두 가지 요소를 설명한다.

주유소의 의사결정

다음의 시나리오를 읽으면서 지금까지 배운 모든 이론과 모델을 적용해 보자.

당신은 당신이 사는 지역의 변화가 사거리에서 주유소를 소유 경영하고 있다. 이 지역에는 다른 주유소도 있지만 다소 멀리 떨어져 있다. 당신은 공중파 광고를 하는 유명 브랜드의 석유를 판매한다. 다른 주유소보다 비싸게 석유를 판매하는 한편 당신의 주유소는 깨끗하게 관리되고 있고 최신

물론 도입 사례와 기타 정보는 업데이트되었다. 새로운 도입 사례는 다음과 같다.

- **제1장 : 포켓몬고** 포켓몬이 가상현실 게임을 운영했던 방식과 경쟁우위 창출 여부에 대해 논의한다.
- **제2장 : 음악 스트리밍 산업은 얼마나 매력적인가** 음악 스트리밍 서비스는 매우 유행이지만 소수의 기업만이 이익을 내고 있다. 그 이유가 무엇이며 이 기업들의 전략은 무엇인가에 대해 다룬다.
- **제3장 : 구글링** 구글이 경쟁우위를 획득했던 방법과 그것이 과연 지속될 수 있는가에 대해 논의한다.

- 제10장 : 구글의 알파벳 알파벳은 다부서 조직을 갖춘 지주회사인데, 이 조직구조가 구글 사업부를 비롯한 기업의 성장과 경쟁우위에 어떠한 영향을 미치는가에 대해 논의한다.

이전과 동일한 특징

제3장 이후의 모든 장에서는 VRIO 모형을 중심으로 설명한다. 학생들은 전략경영이라는 매우 복잡할 수 있는 주제에 대해 단일한 모형을 적용하여 이해할 수 있다.

최근의 이론적 또는 실증 연구를 다루어 학생들이 실제 현상에 적용할 수 있도록 했다. 다음의 두 예를 살펴보자.

- 제6장의 '관련 실증 연구'는 실물 옵션의 가치를 측정할 수 있는 단순하지만 유용한 방법을 소개한다.
- 제9장의 '관련 실증 연구'는 2017년에 발표된 연구를 통해 다각화(범위의 경제)의 가치에 대한 논의를 소개한다.

제6장과 제7장의 내용을 추가하면서 이 교재는 전략 분야에서 가장 최신의 이론적이자 분석적인 도구를 소개하는 특징을 갖게 되었다. 물론 이해하기 쉽게 말이다.

강의와 학습 방법

MBA와 또는 경영학 학부 과정에서는 학생들에게 경영의 전반적인 관점을 제공하기 위해 전략경영을 먼저 가르치기도 하고, 또는 다른 세부적인 영역을 모두 배운 후에 마지막에 전략경영을 가르치기도 한다. 이 두 경우에 있어서 전략경영을 배우는 학생들은 매우 상이한 배경 지식을 가지고 수업에 임하게 된다.

전략경영을 먼저 배우는 경우

학생들이 경영학의 다른 세부 영역을 배우기 전에 전략경영을 먼저 배우는 경우 강의자는 각 장의 본문에 집중하여 강의하고 '이론적 뿌리를 찾아서'와 '관련 실증 연구'에 대해서는 간략하게 강의하는 것이 좋다. '이론적 뿌리를 찾아서'와 '관련 실증 연구'는 본문에서 요구하는 배경 지식 이외의 깊이 있는 내용을 다루었다. 또한 본문은 학생들이 경영 사례를 읽고 분석하는 능력을 기르고, 앞으로 배울 세부 영역에 전략경영적 사고를 적용할 수 있도록 하며, 본인의 직업 경로를 선택하는 것을 돕는다.

전략경영을 마지막으로 배우는 경우

학생들이 경영학의 다른 세부 영역을 모두 배운 다음에 전략경영을 배우는 경우, 강의자는 '이론적 뿌리를 찾아서'와 '관련 실증 연구'의 심화 내용도 포함하여 폭넓게 강의를 진행할 수 있다. 이러한 내용들은 본문에 등장하는 개념의 기술적·경제적·수학적 논의를 담고 있으며 경영학의 세부 영역의 지식과 연결되어 있다. 즉 다른 세부 영역들이 전략경영 관련 개념과 어떻게 연결되어 있는가를 발견하고 사례를 논의하기 위한 구체적인 분석 방법에 대해 접근할 수 있다.

취업 능력의 배양

전략경영을 수강하는 학생들은 "이 과목이 내 취업에 도움이 되는가?"라고 질문한다. 이 질문에 대한 답변은 제1장에 제시했다.

VRIO 모형은 기업의 경쟁우위의 원천을 분석하는 도구만이 아니다. 이것은 학생들이 취업 시장에서 그들의 경쟁우위를 가졌는가에 대해 스스로를 평가하는 도구이기도 하다. 다음의 내용을 살펴보자.

- 기업의 할인율에 대해 학생이 이해하는 것은 취업에 도움이 되는가? 물론 이 능력은 가치가 있다. 그러나 다른 경영 전공 학생들도 이 지식을 갖추고 있을 것이기 때문에 희소한 능력이 아니며, 따라서 이 능력은 경쟁등위의 원천에 그치게 된다.
- 어느 기업의 전략을 깊게 이해하고 그 전략과 관련된 현금흐름과 할인율을 제시하는 능력은 취업에 도움이 되는가? 이 능력은 가치가 있을 뿐 아니라, 필자의 경험에 의하면, 희소하다. 그러므로 이 능력은 경쟁우위의 원천이 될 잠재력을 갖고 있다.
- (1) 마케팅에 등장하는 5P를 기억하는 경우와 (2) 기업의 마케팅 전략을 분석하는 능력을 기르는 독특한 인턴 또는 재직 경력이 있는 경우 중 어느 것이 경쟁우위의 원천이 될 것인가? VRIO 모형은 후자가 경쟁우위의 원천이 될 가능성이 높다고 설명한다.

취업 시장도 경쟁의 한 형태이다. 취업 시장에서 좋은 성과를 얻기를 원하는 학생은 가치 있고, 희소하고, 모방이 힘든 능력을 키워야 한다. 제3장에서 설명하듯이 이 능력은 사회적으로 복잡하거나, 경로 의존적이거나 인과적으로 복잡한 능력이다.

다시 말해서 이 교재는 단지 소비자 시장에서의 기업의 경쟁우위뿐만 아니라 취업 시장에서 학생의 경쟁우위를 설명한다.

VRIO 분석이란?

이 책은 단순히 개념, 모형, 이론을 나열하는 것에 그치지 않는다. 이 책은 경영 전략을 공부하는 학생들에게 새로운 분석의 틀과 실행의 내용을 담은 최초의 학부 수준 교재이다.

'VRIO'는 기존의 두 이론, 즉 포지셔닝 접근법과 자원기반이론을 결합한 모형이다. 주로 기업 자원을 분석하기 위한 모형이다. VRIO는 어떠한 기업 자원이 잠재적인 경쟁력을 가져올 수 있는가에 대해 점검하는 네 가지 질문의 첫 글자들의 조합이다.

1. V 가치[value]에 대한 질문 : 분석 대상 자원이 기업으로 하여금 환경에서의 기회를 이용하고 위협을 중화시키는가?
2. R 희소성[rarity]에 대한 질문 : 현재 분석 대상 자원을 소수의 경쟁 기업만 통제하고 있는가?
3. I 모방불가능성[imitability]에 대한 질문 : 분석 대상 자원을 통제하지 못한 기업이 그 자원을 획득하거나 개발하는 것에 있어서 비용 열위를 겪는가?
4. O 조직[organization]에 대한 질문 : 기업의 정책이나 업무 수행 과정이 그 기업의 가치 있고 희소하며 모방하기 힘든 자원을 이용할 수 있도록 조직되었는가?

VRIO 모형의 장점은 무엇인가

이 책은 VRIO 모형을 중심으로 구성되어, 학생들이 경영 사례를 분석하거나 현실 상황을 분석할 때 이용할 수 있는 의사결정 모형을 제시한다.

학생들은 수업을 통해 개념, 모형, 이론을 배우지만 그들이 어떻게 상호 관련되어 있는지 배우리라는 보장은 없다. 전략 수업도 예외가 아니다. 이러한 방식의 학습은 기계적인 암기만 요구할 뿐 진정한 이해를 돕지는 못한다. 이 책의 모든 장에서 일관적으로 접하게 되는 VRIO 모형을 통해 학생들은 중요한 개념들의 상호 관련성을 이해하게 된다. 즉 암기가 아니라 이해를 하게 되는 것이다.

이러한 이해를 통해 학생들은 경영 사례나 실제 현실을 더 잘 분석할 수 있게 된다. 이야말로 전략 과목을 공부하는 목표이다.

이 책의 각 장에서 VRIO 모형은 전략의 수립과 실행을 동시에 통합적으로 논의하게 한다.

VRIO 모형은 단순하면서도 통합적인 구조로 되어 있기 때문에, 우리는 다른 책에서 간과되어 왔던 주제들, 예를 들어 수직적 통합, 아웃소싱, 실물 옵션, 인수합병 등을 깊게 다룬다.

요약 차례

차례

제 1 부 전략적 분석 기법

제 3 부 전사적 수준의 전략

제 8 장 수직적 통합 ······ 230

제 9 장 다각화 전략 ······ 260

PART

1 전략적 분석 기법

CHAPTER

1 전략과 전략경영 과정

학습목표

1.1 전략의 개념을 정의하고 전략경영 과정을 기술한다.
1.2 경쟁우위를 정의하고 경제적 가치 창출과의 관계를 설명한다.
1.3 경쟁우위의 두 가지 측정 방법을 기술한다.
1.4 부상하는 전략과 의도된 전략의 차이점을 설명한다.
1.5 전략과 전략경영 과정을 공부하는 것이 중요한 이유를 설명한다.

포켓몬고

포켓몬고는 역대 모바일 앱 중 가장 성공적인 작품이었다. 2017년 7월에 출시된 지 30일만에 포켓몬고는 1억 3,000만 다운로드를 기록했고 90일 만에 5억 다운로드로 늘어났으며 그 결과 6억 달러의 수입을 창출했다. 또한 출시 한 달 만에 스냅챗, 틴더, 트위터, 인스타그램, 페이스북 등 어떤 인기 앱보다도 더 많은 이용률을 보였다. 포켓몬고 플레이어들은 포켓덱스라 불리는 리스트를 완성하기 위해 전 세계를 돌아다니고 있다. 이들이 걸어다닌 거리는 해왕성에서 태양까지의 거래와 같다.

포켓몬고는 게임 콘텐츠와 기술의 합작품으로 탄생했다. 콘텐츠의 관점에 볼 때 이 게임은 비디오 게임과 관련 제품을 계승한 작품이다. 닌텐도의 모바일 게임기인 겜보이의 콘텐츠로 1998년 9월 30일에 미국에서 출시된 오리지널 포켓몬은 피카츄, 루기아, 야도킹, 썬더 등 이름만큼이나 귀여운 캐릭터로 가득 찬 세상을 창조했다. 게임 플레이어들은 포켓볼을 던져서 이러한 포켓몬들을 잡고 훈련시켜서 포켓몬 리그에 참여시킨다.

이러한 오리지널 포켓몬은 경쟁, 환상, 그리고 수집의 요소들을 결합시켜서 많은 플레이어들에게 인기를 끌었다. 이 게임이 성공함으로써 닌텐도와 게임 프리크, 그리고 크리처스가 공동 소유했던 포켓몬이라는 이름이 비디오 게임 산업에서 강력한 명성을 얻게 되었다. 2000년대 초반까지 닌텐도는 책, 카드, 비디오, 채팅 룸 등 포켓몬 게임의 후속 제품들을 선보였다.

포켓몬고는 오리지널 포켓몬의 많은 요소들을 가지고 있다. 그러나 이러한 요소들은 나이앤틱 연구소가 개발한 증강 현실이라는 게임 기술에 의해 보강되었다. 나이앤틱 연구소는 원래 구글 소속이었다. 존 행크에 의해 2010년에 설립된 이 기업이 처음 만든 제품은 구글 지도를 이용해서 사용자들이 주변의 독특하고 숨겨진 사물들을 찾을 수 있도록 도와주는 모바일 앱인 '필드 트립'이었다. 2013년 10월에 나이앤틱 연구소는 두 번째 제품인 인그레스를 발표한다. 판타지 게임인 인그레스는 현실과 게임 내 요소를 결합시킨 증강 현실을 이용한 첫 번째 앱이었다. 이 게임은 기술적으

Liubomir Paut-Fluerasu/Alamy Stock Photo

로는 높은 평가를 받았지만 시장에서의 성과가 매우 높지는 않았다.

2015년 10월에 구글은 나이앤틱 연구소를 독립된 기업으로 분사했고 구글, 닌텐도, 그리고 포켓몬 컴퍼니는 이 새로운 기업에 공동으로 3,000만 달러를 투자했다. 나이앤틱 연구소는 벤처 캐피털리스트와 엔젤 투자자로부터 추가로 500만 달러를 투자받았다. 2014년 만우절에 나이앤틱 연구소는 '구글 지도 포켓몬 챌린지' 행사를 진행했는데, 이것은 구글, 포켓몬, 나이앤틱 연구소의 공동 작품으로서 나이앤틱의 인그레스 게임의 기술을 이용하여 플레이어들이 증강 현실 속에서 포켓몬 캐릭터를 찾아다니도록 하는 것이었다. 이 행사가 놀라운 관심을 끌자 포켓몬고 개발로 이어졌고, 이 새로운 게임은 2016년 7월에 전 세계 대부분의 지역에 출시되었다.

이 모든 과정은 재정적으로 매우 성공적으로 전개되었다. 닌텐도는 포켓몬고의 지분 중 일부만 보유하고 있다는 사실이 알려지면서 한 번 주가가 하락했음에도 불구하고 시장 가치가 420억 달러까지 증가하는 성공을 거두었다. 나이앤틱 연구소의 가치는 360억 달러를 상회했다. 이 게임을 즐기려는 사람들을 상대로 스마트폰을 판매하는 반사 이익을 누렸던 애플은 매출 증가를 30억 달러로 추정했다. 또한 포켓몬 캐릭터를 상점 주변에 두는 대신 작은 비용을 지불했던 상점 주인들도 매출의 증가를 경험했다.

물론 모든 상황이 성공적인 것만은 아니었다. 초기에 포켓몬고 서버는 급격한 사용자 증가로 어려움을 겪었다. 몇몇 지역은 특정한 포켓몬 캐릭터를 찾는 사람들이 쇄도하여 불편을 겪어야 했다. 묘지와 추모공원 등에서 게임을 하는 것은 사람들의 비난을 받았다. 어떤 사람들은 너무나 게임에 열중한 나머지 사고를 당했고 그중 몇 명은 치명적인 부상을 당하기도 했다.

사업의 관점에서 보면 포켓몬고의 성공은 다음과 같은 질문을 던진다. 이 성공은 곧 사라져버릴 것인가? 존 행크는 현재 포켓몬고 아이디어의 10%만이 사용되었다고 주장했지만, 과연 게임 플레이어의 관심을 지속시킬 수 있을 것인가? 이 게임에서 이용된 증강 현실은 이것이 전부인가 아니면 단지 시작일 뿐인가? 나이앤틱 연구소는 증강 현실 기술을 게임에서 구현할 최고의 기업인가 아니면 다른 기업이 등장할 것인가? 보다 궁극적으로, 증강 현실 기술 자체와 이 기술을 이용한 게임 콘텐츠 중 어느 것이 더 중요한가?[1]

이 책에서 논의되는 많은 전략 요소들은 포켓몬고의 사례에 담겨 있다. 포켓몬고의 성공은 닌텐도, 포켓몬 컴퍼니, 구글, 그리고 나이앤틱 연구소의 협력에 의해 이루어졌다. 이러한 형태의 전략적 제휴는 제11장에서 다룬다. 포켓몬고의 성공에 공헌한 포켓몬 브랜드의 중요성에 대해서는 차별화에 대해 논의하는 제5장에서 다룬다. 나이앤틱 연구소에 여러 기업이 투자했던 이유에 대해서는 유연성에 대해 논의하는 제6장에서 다루며, 구글이 나이앤틱 연구소를 분사했던 이유에 대해서는 수직적 통합에 대해 논의하는 제8장과 다각화에 대해 논의하는 제9장과 제10장에서 다룬다. 마지막으로 포켓몬고의 우위가 지속될 것인가에 대한 질문은 내부 환경 분석에 대한 모델을 논의하는 제3장에서 다룬다.

이러한 주제들을 포함하여 이 책에서 다루는 다양한 전략경영 이론과 모델들은 궁극적으로 매우 현실적으로 적용될 수 있다. 왜 몇몇 기업들은 생존할 수 없는 반면에 다른 기업들은 생존 또는 번영하는가에 대해 설명한다. 이러한 이론과 모델들을 적용하는 방법을 이해하는 것은 성공적인 직장을 선택하는 일과 성공적인 업무 능력을 함양하는 데 도움이 될 것이다.

전략과 전략경영 과정

대부분의 사람들이 기업의 생존과 번영은 뛰어난 전략을 선택하고 그것을 잘 실행하는 데 달렸다는 점에는 동의하는 반면, 전략이란 무엇인가, 그리고 무엇이 뛰어난 전략을 구성하는가 하는 질문에는 많은 이견이 있다. 실제로도 좋은 전략이란 무엇인가에 대해 다양한 정의가 존재한다.

전략이란 무엇인가

이 책에서는 어느 기업의 **전략** strategy을 경쟁우위를 획득하는 방법에 대한 이론이라고 정의하기로 한다.[2] 뛰어난 전략이란 그러한 우위를 실제로 창출해내는 전략이다. 포켓몬고의 이론은 포켓몬의 전통적인 명성을 증강 현실이라는 새로운 기술적 역량을 이용하여 경쟁우위를 획득하는 방법에 대한 것으로서 차별화에 대해 설명하는 이 책의 제5장의 사례와 관련된다.

이 산업에서 어떻게 이익을 창출할 것인가에 대한 다양한 이론들은, 그 시장에서 경쟁 상황이 어떻게 발전하고 그러한 발전 과정을 통해 어떻게 이익을 창출할 수 있는가에 대한 기업 나름대로의 가정과 전제에서 시작된다. 이러한 가정과 전제가 얼마나 정확하게 현실과 부합하는가에 따라 그 전략을 실행하는 기업이 성공할 확률이 결정된다. 만일 그 가정과 전제가 정확하지 못하다면 그 기업의 전략은 경쟁우위의 원천이 되지 못할 가능성이 높다.

하지만 이 부분에서 명심해야 할 것이 있다. 어느 시장에서의 경쟁 상황이 어떻게 발전되어 갈지 정확하게 추측하기란 매우 어려운 일이고, 기업이 확실하게 꼭 들어맞는 전략을 결정하기란 거의 불가능한 일이다. 이것이 바로 왜 어떤 기업의 전략은 거의 대부분 '이론'에 그치는가에 대한 이유이다. 전략은 경쟁환경이 어떻게 진화할 것이고, 또한 그 진화 과정에서 기업이 어떻게 경쟁우위를 획득할 것인가에 대한 최선의 추측일 뿐이다.

전략경영 과정

기업이 현재 최고의 전략을 추구하고 있다는 것을 확실하게 알기란 어려운 일이지만, 적어도 실패의 확률을 줄일 수는 있다. 그렇게 하기 위해서는 기업의 전략을 신중하고 체계적으로 결정하기 위한 전략경영 과정을 따라야 한다. **전략경영 과정**strategic management process이란 기업이 뛰어난 전략을 선택하기 위한, 즉 경쟁우위를 창출하는 전략을 선택하기 위한 분석과 선택의 절차를 나열해 놓은 과정이다. 〈그림 1.1〉은 전략경영 과정의 예를 보여 준다. 이 책은 이 전략경영 과정의 순서대로 전개되어 나갈 것이다.

기업의 사명

전략경영 과정은 기업이 사명을 정의하는 것에서 시작된다. 기업의 **사명**mission이란 그 기업의 장기적인 목적을 말한다. 사명은 기업이 장기적인 관점에서 무엇을 바라는가, 그리고 동시에 무엇을 피해야 할 것인가를 명시한다. 사명은 종종 **기업사명**mission statement의 형식으로 명시된다.

어떤 사명은 기업의 성과에 영향을 미치지 않기도 한다 대부분의 기업사명은 공통된 요소를 갖는다. 예를 들어 많은 기업들은 존슨앤존슨이 의료 제품에서, 3M이 접착 물질 분야에서 사업을 정의하듯 기업의 주된 활동 분야에서 사업을 정의하거나, 또는 어떤 기업사명은 그 사업을 실행하는 과정에서 기업이 어떤 방식으로 경쟁할 것인지를 정의하기도 한다. 또한 그 기업이 추구하는 가치를 표현하기도 한다.

사실상 많은 기업의 기업사명들이 너무나 비슷한 문구라서 어떤 사람들은 기업사명이 과연 기업 가치를 높일 수 있는지에 대해 의문을 제기해 왔다.[3] 또한 기업사명이 그 기업의 고유한 특성을 명시할지라도, 그것이 조직의 행동에 영향을 미치지 않을 경우 기업의 가치에 커다란 영향을 미치지 못할 수도 있다. 엔론은 광범위한 회계 부정을 저질렀지만[4] 그 사명서에서는 정직과 신뢰의 중요성을 강조했던 것을 볼 수 있다.[5] 연구에 따르면 평균적으로 기업사명은 기업의 성과에 영향을 미치지 않는다.

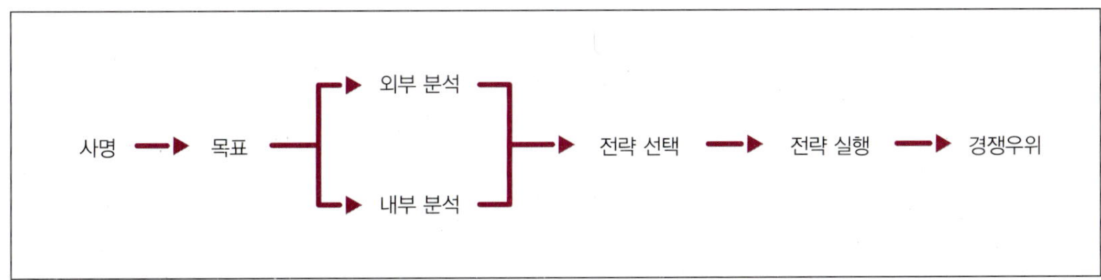

그림 1.1
전략경영 과정

어떤 사명은 기업의 성과를 높이기도 한다 그럼에도 불구하고 연구에 따르면 어떤 기업의 사명과 목적에 대한 인식은 그 기업의 모든 활동에 스며들어 있을 수 있다고 한다. 이러한 기업들의 예로서 3M, IBM, 필립모리스, 월마트, 디즈니를 들 수 있다. 이러한 **비전을 가진 기업** visionary firms, 즉 그 기업의 사명이 모든 기업 활동의 중심이 되는 기업에 대한 한 가지 흥미로운 점은 그 기업의 장기 수익률이다.[6] 1926년부터 1995년까지 1달러의 투자를 통해 6,536달러의 가치를 창출했다. 1995년에 다른 기업들은 평균적으로 415달러의 가치를 창출했다.

이러한 비전을 가진 기업들은 기업사명에서 자신들의 존재 이유가 이익 극대화가 아니라고 밝혔음에도 불구하고 다른 평균적인 기업들보다 훨씬 높은 수익을 창출했다. 그보다는 이들 기업의 존재의 이유는 일상 업무에서의 의사결정의 기준이 되는 가치와 신념에서 알 수 있다. 다른 기업들의 경영자들이 단기적인 이익을 위해 이러한 가치와 신념을 포기할 때, 비전이 있는 기업들 내에서는 단기적 성과에 대한 압력과 함께 장기적 성과에 대한 가치와 신념이 균형을 이루는 것을 볼 수 있다.[7]

물론 이러한 기업들이 수십 년 동안 높은 성과를 보였다고 해서 이 성과가 영원히 계속되리라는 것을 보장하는 것은 아니다. 아메리칸익스프레스, 포드, 휴렛팩커드, 모토로라, 소니 등 이전에 비전이 있는 기업으로 명명되었던 기업들도 최근에는 휘청거리고 있다. 그중 몇몇 기업들은 이전에 가졌던 사명에 초점을 맞추지 않았기 때문에 재정적으로 어려움을 겪고 있다고 분석되기도 한다.

어떤 사명은 기업의 성과를 해치기도 한다 어떤 기업의 사명은 그 기업의 경쟁우위를 창출하기 위해 사용되기도 하지만 기업의 성과를 해치기도 한다. 예를 들어 어떤 경우 기업의 사명이, 그 기업의 가치와 우선순위가 기업이 직면하고 있는 경제적인 현실과 일치하는지와는 관계없이, 기업 내부적인 사안에만 초점이 맞추어져 있거나 창립자나 최고경영층의 개인적인 신념만을 강조하기도 한다. 그러한 사명과 비전에 근거하여 만들어진 전략은 경쟁우위의 원천이 될 수 없다.

야후의 예를 들어보자. 2008년에 마이크로소프트는 야후를 주당 31달러, 총 446억 달러에 인수하려 했다. 이것은 당시 야후의 시장가치를 상회하는 것이었다. 야후는 그 기업의 글로벌 브랜드가 강하고 플랫폼에 투자를 했으며 지속적으로 훌륭한 전략을 추구하고 있다고 주장하며 마이크로소프트의 인수 제안을 거절했다. 즉 야후는 스스로의 사명을 추구하기 위해 독립적으로 경영하는 것을 선택했다.

그 이후 수년 동안 야후의 시장가치는 크게 요동쳤는데, 주당 10달러까지 하락했다가 2013년에는 다시 2008년의 시장가치로 환원했다. 그러나 이 기업가치가 지속되는 것은 어려웠는데, 야후가 독립적인 기업으로 남아있기는 했지만 가치는 점차 하락하고 있었던 것이다. 결국 2016년 7월에 야후는 버라이즌에 48억 달러에 인수되었다. 즉 독립적인 기업으로 남아있겠다는 사명을 고수하는 과정에서 야후는 거의 400억 달러의 기업가치를 불과 8년만에 상실하고

만 것이다.[8]

결론적으로, 기업의 사명은 기업의 성과에 도움이 될 수도 불리할 수도 또는 아무런 영향을 미치지 못할 수도 있기 때문에, 그 사명 자체로는 기업이 경쟁우위를 창출할 수 있는 전략을 선택하고 실행할 것을 보장하지는 않는다. 〈그림 1.1〉에 제시되었듯이 기업사명을 정의하는 것은 전략경영 과정의 첫 단계일 뿐 아니라 중요한 단계이기도 하다.

목표

기업의 사명이 기업의 목적과 가치에 대한 폭넓은 표현이라면, **목표**objectives는 기업이 사명을 이루기 위해 활용하는 현실적이고 측정 가능한 목표target이다. 좋은 목표는 기업의 사명과 직접적으로 연결되어 있으며 상대적으로 측정하기가 쉽다. 반면 부실한 목표는 기업의 사명과 관련되어 있지 않거나 측정하기 어렵거나 아예 존재하지 않는 경우이다. 확실히, 부실한 목표는 경영자들이 이를 이용해서 자신들이 기업사명을 얼마나 잘 실행하고 있는지 평가할 수 없게 만든다. 기업이 목표가 없거나 부실한 목표만 가지고 있다는 말은 그 기업이 기업사명을 얼마나 중요한 부분으로 생각하고 있지 않은가를 간접적으로 보여 주는 것이다.

외부환경과 내부환경 분석

전략경영 과정 중 다음 두 단계인 외부환경 분석과 내부환경 분석은 동시에 실행하게 된다. **외부환경 분석**external analysis을 실행함으로써 기업은 경쟁환경에서 중요한 기회와 위협을 인식하게 된다. 기업은 또한 이러한 환경에서 경쟁이 어떻게 발전하고 그것이 기업이 직면한 기회와 위협에 어떤 의미를 가지는가를 살펴볼 수 있다. 지난 수년간 많은 종류의 기법과 접근 방법이 외부환경 분석 실행을 위해 개발되어 왔는데, 제2장에서 이에 대해 다루기로 한다.

외부환경 분석이 기업이 직면한 환경적인 기회와 위협에 초점이 맞추어진 반면, **내부환경 분석**internal analysis은 기업이 자기 조직의 강점과 약점을 인식하는 것을 가능하게 한다. 내부환경 분석은 또한 기업이 자신들의 어떤 자원과 능력이 경쟁우위의 원천이 될 것인가에 대해 이해하도록 도와주기도 한다. 마지막으로, 내부환경 분석은 기업 조직 내에서 발전과 변화가 필요한 부분을 인식하게 해 주기도 한다. 외부환경 분석과 마찬가지로 내부환경 분석에도 지난 수년간 개발되어 온 기법과 접근법들이 있는데, 이것은 제3장에서 다루기로 한다.

전략 선택

사명과 목표, 그리고 완성된 내·외부 환경 분석을 갖춘 기업은 전략적 선택을 할 준비가 되어 있다. 다시 말해서 그 기업은 '어떻게 하면 경쟁우위를 창출할 수 있는가에 대한 이론'을 선택할 준비가 되어 있는 것이다.

기업이 가지고 있는 전략 선택은 두 가지 차원, 즉 사업부 수준의 전략과 전사적 수준의 전략으로 나뉜다. **사업부 수준의 전략**business-level strategy은 기업이 한 시장이나 산업에서 경쟁우위를 창출하려는 행동이다. 가장 잘 알려진 두 가지 사업부 수준의 전략은 저비용 전략(제4장)과 차별화 전략(제5장), 유연성 전략(제6장)이다. 또한 사업부 수준의 전략인 암묵적 담합은 제7장에서 설명할 것이다.

전사적 수준의 전략corporate-level strategy이란 기업이 여러 시장이나 산업에서 다양한 사업을 동시에 추진함으로써 경쟁우위를 창출하려는 행동이다. 이 전략들은 제3부의 주제다. 자주 이용되는 전사적 수준의 전략은 수직적 통합 전략(제8장), 다각화 전략(제9, 10장), 전략적 제휴 전략(제11장), 인수합병 전략(제12장)을 포함한다.

물론 어느 전략을 선택할 것인지에 관한 상세한 논의는 복잡한 일이므로 그 내용은 이 책의 각 장에서 더욱 자세하게 거론될 것이다. 그러나 전략 선택에 관한 근본적인 논리는 복잡하지 않다. 전략경영 과정에 따르면, 전략을 선택할 경우의 목표는 다음의 네 가지를 충족하는 전략을 고르는 것인데, (1) 기업의 사명을 뒷받침해 줄 것, (2) 기업의 목표와 일치할 것, (3) 기업의 외부 기회와 내부 강점을 활용할 것, (4) 기업의 외부 위협을 중화하고 내부 약점은 회피하는 것이다. 이러한 전략이 실행된다 — 전략경영 과정의 마지막 단계 — 는 가정하에 이 네 가지 조건을 만족시키는 전략은 그 기업이 경쟁우위를 창출하는 원천이 될 수 있다.

전략 실행

선택된 전략이 실행되지 않는다면 단순히 전략을 고르는 일은 무의미하다. **전략 실행**strategy implementation은 기업이 선택한 전략과 일치하는 조직적 정책과 행동이 실현될 때 존재한다. 세 가지 구체적인 조직적 정책과 행동으로서, 기업의 정규적인 조직formal organizational structure, 기업의 정규적·비정규적인 경영통제 시스템management control systems, 종업원 보상 정책employee compensation policies을 들 수 있다. 이러한 조직, 통제 시스템, 보상 정책을 기업 전략과 일치시킨 기업은 그렇지 않은 기업보다 전략을 효과적으로 실행할 가능성이 높다. 구체적인 조직 구조, 경영통제 시스템, 보상 정책은 이 책의 제2부에서 다루기로 하고, 전사적 전략의 실행에 대해서는 제3부에서 다루기로 한다. 일반적으로 특정 전략의 수립과 실행은 해당 부분의 동일한 챕터 내에서 다룬다. 그러나 다각화 전략의 실행은 중요성이 높기 때문에 다각화 전략의 수립에 대해서는 제9장에서, 그 실행에 대해서는 제10장에서 분리해서 다루기로 한다.

경쟁우위란 무엇인가

전략경영 과정의 궁극적인 목적은 기업이 경쟁우위를 창출하기 위한 전략을 선택하고 실행할 수 있게 하는 것이다. 그렇다면 과연 경쟁우위란 무엇인가? 일반적으로 한 기업이 다른 경쟁 기업들보다 경제적인 가치를 더 창출할 때 **경쟁우위**competitive advantage를 가진다고 정의한다. **경제적인 가치**economic value는 제품이나 서비스를 구입함으로써 구매자가 인식하는 수익perceived benefits과 그 제품이나 서비스를 제공하는 데 드는 경제적 비용economic cost의 차이를 뜻한다. 그러므로 한 기업의 경쟁우위 크기는 그 기업이 창출할 수 있는 경제적 가치와 다른 경쟁 기업들이 창출할 수 있는 경제적 가치의 차이를 뜻한다.[9]

〈그림 1.2〉에서 두 기업을 비교해 보자. 두 기업은 동일한 시장에서 동일한 구매자를 상대로 하고 있다. 그러나 기업 I은 제품이나 서비스를 한 단위 판매할 때마다 180달러를 창출하고, 기업 II는 150달러를 창출한다. 기업 I이 기업 II보다 더 큰 경제적 가치를 창출하기 때문에 기업 I은 기업 II보다 경쟁우위를 가진다. 경쟁우위의 크기는 그 경제적 가치의 차이, 즉 30달러(180달러 − 150달러)이다.

한편 기업 I의 우위는 다른 원천들에서 비롯될 수 있다. 예를 들어 기업 I은 기업 II보다 구매자가 인식하는 가치를 더 크게 창출할 수 있다. 〈그림 1.2〉의 (A)에서 보듯 기업 I이 단위당 230달러만큼의 구매자 수익을 창출하는 반면 기업 II가 200달러만큼의 구매자 수익을 창출한다면, 두 기업이 동일한 비용(단위당 50달러)임에도 불구하고 기업 I의 경제적 가치 창출(230달러 − 50달러 = 180달러)은 기업 II의 경제적 가치 창출(200달러 − 50달러 = 150달러)보다 크다. 만약 어떤 이유로든 기업 I이 기업 II보다 높은 비용이라 하더라도 기업 I의 높은 구매자 수익은 이를 어느 정도 상쇄할 수 있다.

〈그림 1.2〉의 (B)는 또 다른 종류의 경쟁우위의 원천을 보여 주고 있다. 여기에서 기업들은 같은 크기의 구매자 수익(210달러)을 창출하고 있지만 그 비용은 다르다. 즉 기업 I의 비용은 단위당 30달러로서 판매 단위당 180달러(210달러 − 30달러)의 경제적 가치를 창출하고 있다.

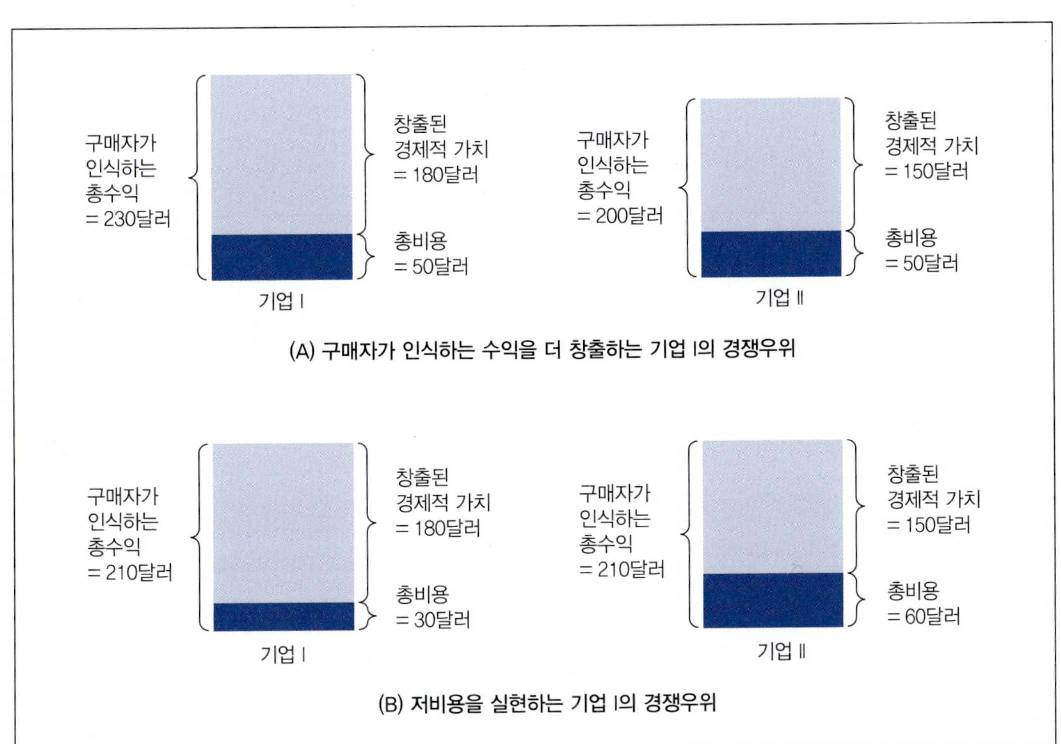

그림 1.2
기업 경쟁우위의 원천

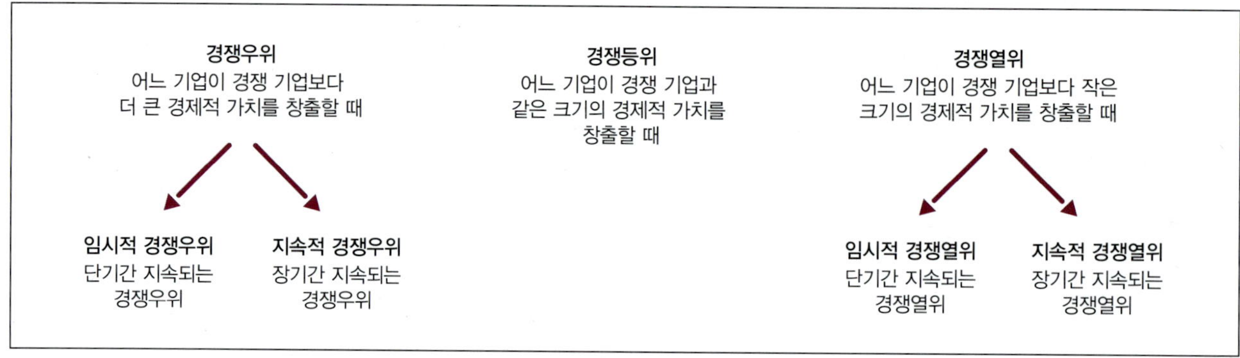

그림 1.3 경쟁우위의 형태

반면 기업 II의 비용은 단위당 60달러로서 판매 단위당 150달러(210달러 – 60달러)의 경제적 가치를 창출하고 있다. 만약 어떤 이유로든 기업 I이 기업 II보다 낮은 구매자 수익을 가지게 된다 하더라도 기업 I의 낮은 비용은 이를 어느 정도 상쇄할 수 있다.

기업의 경쟁우위는 임시적일 수도 있고 지속될 수도 있다. 〈그림 1.3〉에서 간략하게 요약하였듯이 **임시적 경쟁우위**temporary competitive advantage는 짧은 기간에만 존재하는 경쟁우위를 말한다. 반면에 **지속적 경쟁우위**sustained competitive advantage는 경쟁우위가 더 오랫동안 지속되는 경우를 말한다. 경쟁우위가 얼마나 오랫동안 지속될 수 있는가에 대해서는 '관련 실증 연구'에서 더 자세히 설명하기로 한다. 경쟁 기업과 동일한 수준의 경제적 가치를 창출하는 기업은 **경쟁등위**competitive parity를 갖는다. 경쟁 기업보다 낮은 수준의 경제적 가치를 창출하는 기업은 **경쟁열위**competitive disadvantage를 갖는다. 경쟁우위와 마찬가지로 경쟁열위도 임시적이거나 지속적일 수 있다.

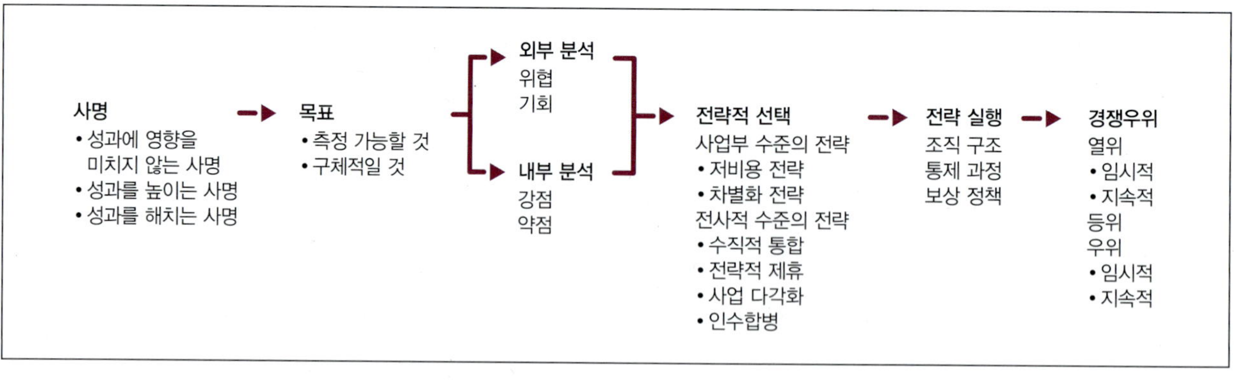

그림 1.4 전략경영 과정의 구체적 모형

관련 실증 연구

예전에는 경제학자들이 기업이 얼마나 경쟁우위를 지속할 수 있는가에 대해 관심을 가졌었다. 전통적인 경제 이론에서는 경쟁이 심한 시장에서는 경쟁우위가 단기간에만 존재할 수 있다고 예측하였다. 이 이론은 한 기업이 가진 경쟁우위가 다른 기업들에 의해 빠르게 인식되고 모방되어 장기적으로는 경쟁등위만이 존재한다고 주장한다. 그러나 현실적으로 경쟁우위는 이 이론이 주장하는 것보다 더 길게 지속된다.

데니스 뮬러는 이 주제에 대해 처음 연구한 학자들 중 하나였다. 그는 논문에서 472개 기업을 1949년 각각의 성과에 따라 8개의 범주로 나누었다. 그다음에 그는 각 기업의 처음 성과가 후속 성과에 미치는 영향에 대해 연구했다. 전통적인 경제학에 따르면 모든 기업의 성과는 평균 수준으로 수렴해야 했다. 그러나 결과는 달랐다. 초기에 높은 성과를 보였던 기업들은 나중에도 높은 성과를 유지했고, 초기에 낮은 성과를 보였던 기업들은 나중에도 낮은 성과를 유지하는 경향을 나타냈다.

제프리 워링은 뮬러의 연구를 이어받아서, 왜 어떤 종류의 산업에서는 다른 산업에서보다 경쟁우위가 더 오래 지속되는가에 대해 연구하였다. 워링은 그 결과로 (1) 정보적인 측면에서 복잡한 산업, (2) 구매자가 제품을 사용하는 데 많은 지식이 필요한 산업, (3) 연구개발비가 많이 요구되는 산업, (4) 규모의 경제가 크게 작용하는 산업에 속한 기업들이 그렇지 않은 산업에 속한 기업들보다 지속적인 경쟁우위를 가진다는 것을 발견하였다.

경쟁우위는 얼마나 지속될 수 있는가

피터 로버츠는 미국 제약산업에서의 이익률의 지속성을 연구하였다. 로버츠는 이 산업 내의 경쟁우위가 지속될 수 있음을 발견했을 뿐만 아니라, 그 우위는 기업들이 강력한 신약을 개발하는 혁신성에 기인한다는 것도 발견했다.

이 주제에 대한 가장 최근의 연구로는 애니타 맥거한과 마이클 포터가 쓴 논문이 있다. 그들은 높은 성과와 낮은 성과 모두 일정 기간 지속된다는 것을 보여 주었다. 지속적인 높은 성과는 그 기업이 속한 산업의 특성, 또한 특정 사업부가 속한 기업의 특성과 관련이 있었고, 그와는 대조적으로 지속적인 낮은 성과는 특정 사업부 자체의 특성과 관련이 있었다.

여러 측면에서 볼 때, 전통적인 경제학 연구가 경쟁우위가 지속되어서는 안 되는 이유를 찾아낸 것에 반해, 전략경영 연구에서는 경쟁우위가 지속되는 조건들을 찾아냈다는 점에서 두 연구의 차이점을 알 수 있다. 현재까지는 적어도 어떤 특정한 조건하에서는 기업들이 경쟁우위를 지속시킬 수 있다는 실증 연구가 주류를 이루고 있다.[10]

보완된 전략경영 과정

모든 전략경영 과정을 살펴본 이 시점에서, 기업이 전략 선택과 실행을 하는 가운데 가지고 있는 다양한 선택 사양을 고려하여 〈그림 1.1〉을 좀 더 보완하는 것이 가능하다. 이것이 〈그림 1.4〉인데 앞으로 이 책에서 이용할 구체적인 모형organizing framework을 보여 준다. 전략경영 과정의 대안으로 이용될 수 있는 비즈니스 모델 캔버스는 '이론적 뿌리를 찾아서'(12쪽)에서 설명하였다.

이론적 뿌리를 찾아서

최근 전략경영 분야의 몇몇 학자들은 전략경영 과정을 대체할 모형을 개발했다. 미션과 목표에서부터 시작하여 전략 실행까지 이어지는 요소들을 제시하는 대신 이 모형은 기업이 경제적 가치를 창출하고 획득하는 능력에 영향을 미치는 기업 활동들을 발견하는 것으로 시작하여 어떻게 이러한 활동들을 수행할 수 있는가에 대해 설명하는 구조를 갖추었다. 이러한 활동들은 기업의 **사업 모형**business model이라고 불린다.

기업의 사업 모델을 파악하는 방법으로서 가장 잘 알려진 것은 아마도 알렉스 오스터월더와 예스 피그누어가 개발하여 그들의 저서인 **비즈니스 모델의 탄생***Business Model Generator*에 소개한 모형일 것이다. 이 모형은 경영자가 단 한 장의 종이 위에 사업의 전반적 상황에 대해 파악할 수 있게 해주기 때문에 '비즈니스 모델 캔버스business model canvas'라고 불린다. 그 캔버스는 다음 페이지 그림과 같다.

이 캔버스의 중앙에는 '가치 제안value proposition'이라고 명명된 박스가 자리 잡고 있다. 기업의 가치 제안에는 기업이 고객을 위해 가치를 창출하는 방법들, 기업 활동을 통해 해결하는 고객의 문제점들, 그리고 기업이 초점을 맞출 고객 유형 등에 대한 내용이 포함된다. 기업의 가치 제안을 파악하는 것은 〈그림 1.4〉에서 보여주는 요소 중 기업의 전략에 대해 파악하는 것과 매우 유사하다.

일단 기업의 가치 제안이 파악되면 기업이 행해야 할 '핵심 활동들key activities'과 이러한 활동들을 수행하기 위해 통제해야 하는 '핵심 자원들key resources', 그리고 이러한 자원들을 이용하기 위해 필요한 '핵심 파트너들key partners에게 중요한 영향을 미치게 된다. 또한 가치 제안은 '구매자 관계customer relationships'와 그 구매자에게 접근하기 위한 '경로channels', 그리고 어떤 '구매자 집단customer segments'에게 접근할 것인가에 대한 결정을 내리는 것에 도움을 준다.

비즈니스 모델 캔버스

만약 기업의 핵심 활동, 자원, 파트너, 그리고 구매자 관계, 경로, 구매자 집단이 각각 가치 제안이 실행되는 것을 지원하게 되면 이러한 활동들은 모두 기업의 비용 구조와 수익 흐름을 개선하게 된다. 이 장에서 설명하는 개념에서 볼 수 있듯이 기업의 수익과 비용의 차이는 그 기업이 창출하는 경제적 가치를 측정하는 수치이다.

비즈니스 모델 캔버스에서는 상이한 요소에 대해 상이한 이름을 부여한다. 예를 들어 온라인 소매업과 오프라인 소매업이 결합되어 있는 사업 모델인 '온-오프병합bricks and clicks' 모형은 절반 정도 독립적인 가맹점들이 점포를 운영하는 '프랜차이즈' 모형 그리고 기업이 구매자로부터 직접 주문을 받음으로써 제조 과정의 재고를 없애는 '직접배송direct' 모델과 매우 다른 형태의 사업 활동을 보이게 된다.

어떤 학자들은 이러한 캔버스 모형이 기존의 전략경영 과정 모형과 근본적인 차이가 없기 때문에 새로운 모형으로 간주되기는 어렵다고 주장하고, 다른 학자들은 과정상의 중요한 요소들, 예를 들어 전략 실행을 위한 조직 과정이 캔버스 모형에서는 결여되어 있다고 주장한다. 또 다른 학자들은 캔버스 모형에는 경쟁의 개념이 잘 나타나 있지 않다고 주장하는데, 예를 들어 복수의 경쟁 기업들이 캔버스에서 제안하는 모형을 동시에 추구한다면 과연 어떤 기업에서 경쟁우위를 획득할 수 있는가에 대해 설명할 수 없다는 것이다. 그러나 기본적으로 캔버스 모형은 기업의 광범위한 활동을 잘 요약해서 서로 어떤 방식으로 연관되어서 기업의 비용 및 수익 구조와 연관되는지 알기 쉽게 설명하는 모델이다. 〈그림 1.4〉에서 설명하는 모형은 이 책의 흐름에 있어서 기본적 구조를 이루겠지만, 캔버스 모형의 개념들 역시 적절한 장소에서 이용될 것이다.[11]

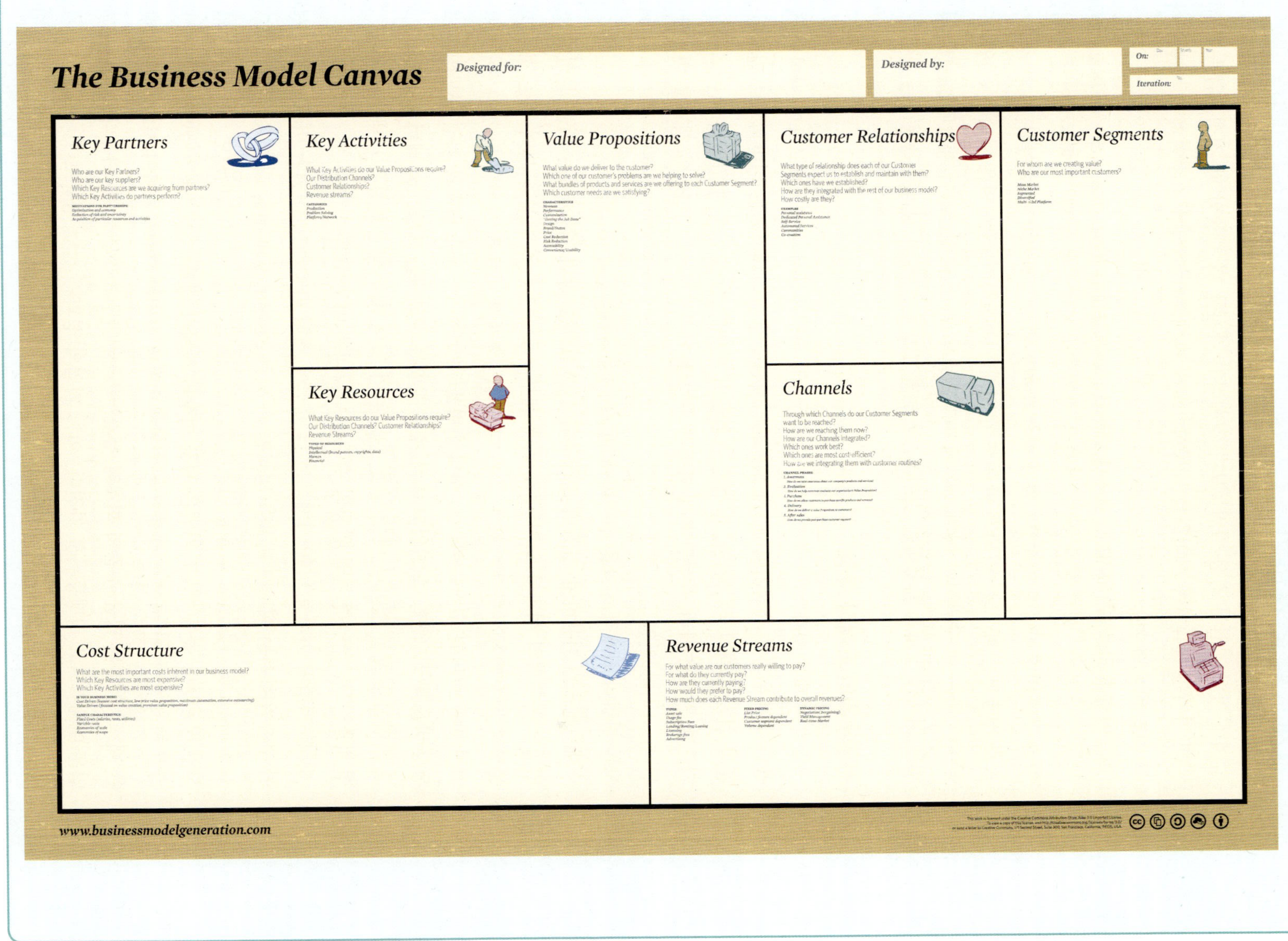
The Business Model Canvas
Designed for:
Designed by:
On:
Iteration:
Key Partners
Who are our Key Partners?
Who are our key suppliers?
Which Key Resources are we acquiring from partners?
Which Key Activities do partners perform?
Key Activities
What Key Activities do our Value Propositions require?
Our Distribution Channels?
Customer Relationships?
Revenue streams?
Key Resources
What Key Resources do our Value Propositions require?
Our Distribution Channels? Customer Relationships?
Revenue Streams?
Value Propositions
What value do we deliver to the customer?
Which one of our customer's problems are we helping to solve?
What bundles of products and services are we offering to each Customer Segment?
Which customer needs are we satisfying?
Customer Relationships
What type of relationship does each of our Customer Segments expect us to establish and maintain with them?
Which ones have we established?
How are they integrated with the rest of our business model?
How costly are they?
Channels
Through which Channels do our Customer Segments want to be reached?
How are we reaching them now?
How are our Channels integrated?
Which ones work best?
Which ones are most cost-efficient?
How are we integrating them with customer routines?
Customer Segments
For whom are we creating value?
Who are our most important customers?
Cost Structure
What are the most important costs inherent in our business model?
Which Key Resources are most expensive?
Which Key Activities are most expensive?
Revenue Streams
For what value are our customers really willing to pay?
For what do they currently pay?
How are they currently paying?
How would they prefer to pay?
How much does each Revenue Stream contribute to overall revenues?
www.businessmodelgeneration.com

경쟁우위 측정하기

앞에서 어떤 기업이 경쟁 기업들보다 경제적인 가치를 더 창출할 때 경쟁우위를 가지며, 경제적인 가치는 제품이나 서비스를 제공함으로써 구매자가 인식하는 수익과 그 제품이나 서비스를 제공하는 데 드는 경제적 비용과의 차이를 뜻한다고 정의한 바 있다. 이들 정의를 이해하는 것은 어렵지 않을 수 있지만, 정의를 내리는 것과 실제로 이들 개념을 수치화하는 것은 별개의 문제일 수 있다. 예를 들어 어느 기업의 제품이나 서비스를 통해 구매자가 얻는 수익은 그 수익을 구매자가 어떻게 인식하는가를 따르기 때문에 측정하기가 쉽지 않다. 또한 제품이나 서비스를 제공하는 데 드는 경제적 비용 또한 언제나 측정하기 쉬운 일은 아니다. 기업의 경쟁우위를 측정하는 데 수반되는 어려움을 해결하기 위해 두 가지 접근법이 개발되었는데, 첫 번째 방법은 회계적 성과를 측정하는 것이고, 두 번째 방법은 경제적 성과를 측정하는 것이다.

경쟁우위의 회계적 측정

기업의 **회계적 성과**accounting performance는 기업의 손익계산서와 대차대조표에 나타난 정보를 이용한 경쟁우위의 측정치이다. 기업의 손익계산서와 대차대조표는 일반적으로 인정된 회계 기준과 원칙에 따라 작성된다. 따라서 기업들이 상이한 산업에 속해 있다 하더라도 동일한 회계 기준과 원칙에 따라 작성된 재무제표의 수치를 기반으로 이 기업들의 성과를 비교할 수 있게 된다. 그러나 기업들은 회계 기준의 적용에 대해 어느 정도의 자율성을 가질 수 있기 때문에 모든 기업의 회계적 성과를 완벽하게 비교하기는 어렵다.

재무제표를 이용하여 기업의 경쟁우위를 측정하는 방법 중 하나는 비율 분석이다. 다양한 방법으로 기업의 성과를 보여 주기 위해 재무제표 수치들의 비율을 보여 주는 것을 **회계적 비율**accounting ratios이라 한다. 〈표 1.1〉은 대표적인 회계적 비율을 보여 주고 있다. 이 비율들은 네 가지 범주로 나뉠 수 있는데, (1) **수익성 비율**profitability ratios, 즉 이익과 기업 규모의 비율, (2) **유동성 비율**liquidity ratios, 즉 기업의 단기 재무 상황을 나타내는 비율, (3) **레버리지 비율**leverage ratios, 즉 기업이 부채를 얼마나 더 조달할 수 있는가 등의 재무적 유연성을 나타내는 비율, (4) **활동성 비율**activity ratios, 즉 기업 활동의 수준을 나타내는 비율이다.

물론 기업의 회계적 비율 자체로는 그 기업에 대해 파악하기 힘들다. 어느 기업의 성과를 보여 주기 위해서는 회계적 비율을 비교할 수 있는 기준이 필요한데, 그 기준은 일반적으로 같은 산업 내 경쟁 기업들의 회계적 비율의 평균이 된다. 비율 분석에 따르면, 어느 기업의 성과가 산업 평균보다 높을 때 그 기업은 **평균 이상의 회계적 성과**above-average accounting performance를 거둔다고 한다. 그러한 기업은 대체적으로 경쟁우위를 가진다. 어느 기업의 성과가 산업 평균과 같을 때 그 기업은 **평균 수준의 회계적 성과**average accounting performance를 거둔다고 한다. 그러한 기업은 대체적으로 경쟁등위를 가진다. 어느 기업의 성과가 산업 평균보다 낮을 때 그 기업은 **평균 이하의 회계적 성과**below-average accounting performance를 거둔다고 한다. 그러한 기업은 대체적으

표 1.1 기업의 회계적 성과를 측정하는 비율

비율	계산식	해석
수익성 비율		
1. 총자산수익율(ROA)	$\frac{\text{세후이익}}{\text{총자산}}$	총투자에 대한 수익
2. 자기자본이익률(ROE)	$\frac{\text{세후이익}}{\text{자기자본}}$	총자기자본에 대한 수익
3. 매출 총이익률	$\frac{\text{매출액} - \text{매출비용}}{\text{매출액}}$	업무상 비용을 제외한 이익
4. 주당 순이익(EPS)	$\frac{\text{세후이익} - \text{우선주 배당금}}{\text{보통주 유통주식주}}$	보통주 주주의 이익
5. 주가수익률(p/e)	$\frac{\text{주가}}{\text{주당 세후이익}}$	예상되는 기업 성과-높은 주가수익률은 주식시장이 성과에 대해 높게 평가한다는 것을 의미할 수 있다.
6. 주당 현금흐름	$\frac{\text{세후이익} + \text{감가상각}}{\text{보통주 유통주식주}}$	현행 자본비용보다 높은, 사업을 위해 충당할 수 있는 자금의 양
유동성 비율		
1. 유동 비율	$\frac{\text{유동자산}}{\text{유동부채}}$	단기간에 현금으로 전환하여 현재의 부채를 변제할 수 있는 능력(200~300%의 비율이 권장됨)
2. 당좌 비율	$\frac{\text{유동자산} - \text{재고자산}}{\text{유동부채}}$	현재의 재고를 처분하지 않고 현재의 부채를 변제할 수 있는 능력(100% 이상이 권장됨)
레버리지 비율		
1. 자산부채 비율	$\frac{\text{총부채}}{\text{총자산}}$	기업 활동을 유지하기 위한 자산에 대한 부채 의존도(높을수록 파산의 위험이 높음)
2. 자기자본부채 비율	$\frac{\text{총부채}}{\text{자기자본}}$	기업 활동을 유지하기 위한 자본에 대한 부채 의존도(대개 100% 이하임)
3. 이자보상 비율	$\frac{\text{이자 및 법인세 차감 전 이익}}{\text{이자비용}}$	이익을 통해 이자를 얼마나 지불할 수 있는가를 나타내는 능력(100%를 초과해야 함)
활동성 비율		
1. 재고자산 회전율	$\frac{\text{매출액}}{\text{재고자산}}$	재고가 소진·충당되는 속도
2. 매출채권 회전율	$\frac{\text{순외상매출액}}{\text{매출채권}}$	신용매출채권을 회수하는 평균시간
3. 평균매출채권 회수기간	$\frac{\text{매출채권}}{\text{1일 평균 매출액}}$	매출 후 대금 회수에 소요되는 시간

로 경쟁열위를 가진다.

예를 들어 애플을 살펴보자. 애플의 2015년과 2016년의 재무 상황은 〈표 1.2〉에 나타나 있다. 〈표 1.3〉에서는 애플의 2년간 회계적 성과의 몇 가지 비율 측정치가 계산되었다.

애플의 매출은 2015년에 비해 2016년에 2,340억 달러에서 2,156억 달러로 감소하였다. 수익성 비율들 중 총자산수익률(ROA)은 0.18에서 0.14로 감소했다. 그러나 자기자본이익률(ROE)은 0.4에서 0.39로 거의 변함이 없었다. 이것은 애플의 매출이 감소했음에도 불구하고 가격 하락이나 저비용 제품으로의 제품믹스 변화를 추구하지 않았다는 것을 의미한다. 낮은 매출은 낮은 이익으로 이어졌다. 또한 애플의 유동 비율과 당좌 비율은 증가했는데, 이것은 애플이 단기적인 자금 수요에 대처하기 위한 능력을 높였다는 것을 보여준다. 마지막으로 거의 일정한

표 1.2 2015년과 2016년에 애플의 재무 상황(단위 : 100만 달러)

	2015년	2016년
순매출액	233,715	215,639
매출비용	140,089	131,376
매출 총이익	93,626	84,263
판매 및 일반관리비	14,329	14,194
연구개발비	8,067	10,045
총영업비용	22,396	24,239
영업이익(손실)	71,230	60,024
세전총이익(손실)	72,515	61,372
법인세	19,121	15,685
세후순이익	53,394	45,687
재고자산	2,349	2,132
유동자산	89,378	106,869
총자산	290,345	321,686
유동부채	80,610	79,006
총부채	170,990	193,437
자기자본	27,416	31,251
이익잉여금	92,284	96,364

표 1.3 2015년과 2016년 애플의 회계 비율

	2015년	2016년
총자산수익률	41,711/176,064 = 0.237	45,687/321,686 = .14
유동 비율	89,378/80,610 = 1.11	106,869/79,006 = 1.35
자산부채 비율	170,990/290,345 = 0.59	193,437/321,686 = .60

부채 비율을 보면 애플이 2015년과 2016년에 걸쳐 추가적인 장기부채를 구하지 않았다는 것을 알 수 있다.

전반적으로 볼 때, 〈표 1.2〉와 〈표 1.3〉에 있는 정보는 애플이 2015년에 비해 2016년에 상황이 좋지는 않았지만 재무적으로는 대체로 매우 건전했다는 것을 보여 준다.

경쟁우위의 경제적 측정

경쟁우위를 회계적으로 측정하는 방식의 장점은 수치들을 상대적으로 쉽게 계산할 수 있다는 것이다. 모든 상장기업들은 재무제표를 공개할 의무가 있고, 심지어 사기업들도 어떤 형태로든 그들의 회계적 성과를 공개하게 마련이다. 일단 어느 기업의 재무제표를 입수하면 다양한 회계적 비율을 계산하기가 쉽다. 그 비율을 산업 평균 비율과 비교하면 산업 내에서 그 기업이 가진 경쟁적 지위를 알 수 있게 된다.

그러나 경쟁우위의 회계적 측정치들은 최소한 한 가지 중요한 약점을 가진다. 앞에서 설명하였듯이, 경제적인 이익economic profit은 제품이나 서비스를 구입함으로써 구매자가 인식하는 수익과 그 제품이나 서비스를 제공하는 데 드는 경제적 비용의 차이를 뜻한다. 그런데 경제적 비용을 측정하는 데 있어서 회계적인 수치가 거의 측정하지 못하는 중요한 요소가 하나 있는데, 그것은 바로 기업이 제품이나 서비스를 제공하기 위해 필요한 자본을 형성하는 데 드는 비용이다. 이 **자본비용**cost of capital은 기업이 자본 공급자 또는 투자자들에게 약속하는 수익률을 뜻한다. 일단 자본 투자가 이루어지면 기업은 그 자본을 이용해서 제품이나 서비스를 생산하게 되는데, 더 많은 자본 투자가 필요한 경우에는 기업이 자본 투자를 통한 일정 수준의 수익을 투자자들에게 약속함으로써 자본 투자를 유치해야 한다. 이러한 의미에서 **경쟁우위의 경제적 측정치**economic measures of competitive advantage는 산업 평균 수익과 기업의 수익을 비교하는 것이 아니라 그 기업의 자본비용과 기업의 수익을 비교하는 것을 뜻한다.

일반적으로 자본capital의 원천에는 두 가지가 있는데, **타인자본**debt(은행과 채권자로부터의 자본)과 **자기자본**equity(주주와 기관 투자자로부터의 자본)이 그것이다. **타인자본비용**cost of debt은 기업이 채권자들에게 지불하는 이자(세후이자)를 뜻하고, **자기자본비용**cost of equity은 주주들에게 약속하는 수익률을 뜻한다. 기업의 **가중평균자본비용**weighted average cost of capital, WACC은 자기자본과 타인자본의 각 비율과 그 비용을 각각 곱해서 합산한 평균 비용을 말한다. 수학적으로 기업의 가중평균자본비용은 다음과 같다.

$$\text{가중평균자본비용} = (\text{부채의 시장가치}/\text{기업의 시장가치}) \times \text{세후타인자본비용} + (\text{자본의 시장가치}/\text{기업의 시장가치}) \times \text{자기자본비용} \quad (1.1)$$

이러한 가중평균자본비용의 요소들을 계산하는 과정은 기업의 재무보고서에서 발견할 수 있다. **타인자본비용**cost of debt은 기업이 갚아야 하는 부채로부터의 이자이다. **세후타인자본비용**after-tax cost of debt은 기업이 지불하는 이자가 환급 대상이라는 가정하에서 (1 – 기업의 한계세율)

× 타인자본비용이다. 그 반면에 **자기자본비용**cost of equity은 기업의 투자자들에게 지불할 것을 약속한 금액이다. 대체로 자기자본비용은 **자본자산가격모델**capital asset pricing model, CAPM에 의해 추정되는데 그 공식은 다음과 같다.

$$\text{자본비용} = \text{무위험수익률} + \beta(\text{시장기대수익률} - \text{무위험수익률}) \tag{1.2}$$

여기에서 **무위험수익률**risk-free rate of return은 무위험자산(예 : 국채)의 이자율과 동일하고, **시장기대수익률**expected market return은 완전히 분산된 주식 투자로부터 투자자가 기대하는 수익률이며, β는 특정 기업의 주식이 완전히 분산된 포트폴리오와 비교하여 위험한 정도를 의미한다. 많은 상장기업의 β는 인터넷에 공지되어 있다.

이론적으로 어느 기업의 자본비용은 그 기업이 가지고 있는 두 이해관계 집단인 채권자와 주주를 만족시키기 위해 달성해야만 하는 성과를 의미한다. 자본비용보다 높은 수익을 거두는 기업은 채권자와 주주들로부터 더 많은 자본을 유치할 수 있다. 이 기업은 **보통 이상의 경제적 성과**above-normal economic performance를 거두는 기업으로서 상대적으로 낮은 비용의 자본을 유치하여 기업 성장과 확장을 위해 이용할 수 있다. 일반적으로 경쟁우위에 있는 기업은 보통 수준의 경제적 성과를 거두는 기업보다 더 많이 번다.

자본비용과 같은 수준의 수익을 거두는 기업은 **보통 수준의 경제적 성과**normal economic performance를 거두는 기업이다. '보통 수준'이라는 말을 사용하는 이유는 이 기업이 채권자와 주주들이 기대하는 만큼의 성과를 거두기 때문이다. 보통 수준의 경제적 성과를 거두는 기업은 현상 유지에 필요한 만큼 자본을 유치할 수 있다. 이 기업은 성장할 기회를 잡는 면에서는 다소 제한을 받을 수 있다. 일반적으로 경쟁등위를 가진 기업은 보통 수준의 경제적 성과를 보인다.

마지막으로, 자본비용보다 낮은 수준의 성과를 거두는 기업은 자본 감소의 과정을 거치게 된다. 어느 기업이 **보통 이하의 경제적 성과**below-normal economic performance를 가지게 되면 채권자와 주주들은 그 기업 대신 다른 투자처에서 적어도 보통 수준의 투자수익을 거둘 수 있는 대상을 찾게 된다. 이러한 기업은 성과가 제고되지 않는 한 장기적 생존을 기대하기가 어려울 것이다. 경쟁열위를 가진 기업은 일반적으로 보통 이하의 경제적 성과를 보인다.

기업의 성과를 전략적으로 분석할 때 자본비용을 기준으로 성과를 측정하는 것은 몇 가지 장점이 있다. 가장 중요한 장점은 기업이 두 이해관계 집단인 채권자와 주주를 만족시켜야 한다는 점을 상기시킨다는 것이다. 물론 이 개념에 따르는 단점도 있다. 예를 들어 기업의 자본비용을 계산하는 일은 어려울 수도 있는데, 특히 대상 기업이 **사적으로 경영되는**privately held 사기업인 경우나 또는 대기업의 한 계열 기업인 경우 그렇다. 이러한 상황에서는 회계적 비율을 이용하는 것이 필요할 수 있다. 또 다른 단점으로, 채권자와 주주를 만족시켜야 하는 기업의 사명을 강조하는 것은 좋지만, 반대로 이들 두 집단의 이익을 너무 강조함으로써 다른 이해관계 집단의 이익을 간과하기 쉽다는 점도 지적된다. 이 점에 대해서는 '전략과 기업윤리'에서 논의한다.

전략과 기업윤리

어느 기업의 성과를 측정할 때 주주와 채권자의 이익을 우선시해야 할 것인지, 아니면 다른 부류의 이해관계자도 고려해야 하는 것인지에 대해 논쟁이 이어지고 있다. 다른 부류의 **이해관계자**stakeholder로는 그 기업의 공급자, 구매자, 종업원, 그리고 그 기업이 속한 지역사회를 들 수 있다. 이들도 주주와 채권자들처럼 기업에 대해 투자를 하며, 따라서 그 투자에 대한 보상을 바란다.

어떤 학자들은 기업이 주주의 부를 극대화하기만 하면 다른 부류의 이해관계자들도 자동적으로 만족시킬 수 있다고 주장한다. 이 주장은 소위 주주의 **잔여권리 보유자**residual claimants 관점에 기반한 것이다. 이 주장에 따르면 주주는 기업의 다른 이해관계자들이 자신들의 권리를 모두 집행한 다음에야, 즉 종업원들이 임금을 받고, 공급자들이 대금을 지불받고, 구매자들이 만족하고, 지역사회에 대한 모든 의무를 이행한 다음에야 그 투자에 대한 보상을 받을 수 있다. 그러므로 잔여권리 보유자인 주주의 수익을 극대화함으로써 다른 이해관계자의 투자도 충분히 보상될 수 있다는 것이 이 주장의 내용이다.

주주와 이해관계자

반면에 다른 학자들은 주주의 이해와 다른 이해관계자의 이해는 때때로 충돌하므로 주주의 부를 극대화하는 것이 반드시 다른 이해관계자를 만족시키지는 않는다고 주장한다. 예를 들어 어느 기업의 구매자들은 그 기업이 높은 품질의 제품을 낮은 가격으로 판매하기를 원하는 반면, 그 기업의 주주들은 낮은 품질의 제품을 높은 가격으로 판매해서 주주의 부를 극대화하기를 원할 수 있다. 또한 어느 기업의 종업원들은 고용 안정성을 높이는 종신고용제를 원하는 반면, 그 기업의 주주들은 종업원의 고용 안정성을 위협하더라도 단기적 성과를 높이는 제도를 원할 수 있다. 지역사회와 주주의 이해도 충돌할 수 있는데, 특히 기업이 환경친화적인 경영 활동을 요구받아 그 활동으로 기업의 단기적 성과가 감소되는 경우에 그렇다.

이 논쟁은 여러 형태로 나타난다. 예를 들어 기업의 국제화를 반대하는 사람들은 기업의 국제화가 오직 주주의 이익을 극대화하기 위해 추구된다고 주장한다. 이들은 해당 기업의 종업원, 환경, 그리고 피투자국의 문화에 대한 우려를 나타낸다. 국제화를 추구하는 기업의 경영자들은 자신들은 기업의 주주에 대한 책임을 다하고 있다고 응답한다. 이러한 두 주장에 대한 열띤 공방이 금방 해결될 것 같지는 않다.[12]

경제적 성과와 회계적 성과의 관계

경제적 성과와 회계적 성과의 상관관계는 높다. 즉 한 가지 형태의 성과가 높으면 다른 형태의 성과가 높을 확률이 높으며, 반대로 한 가지 형태의 성과가 낮으면 다른 형태의 성과도 낮을 확률이 높다. 이 관계는 〈그림 1.5〉에서 설명한다.

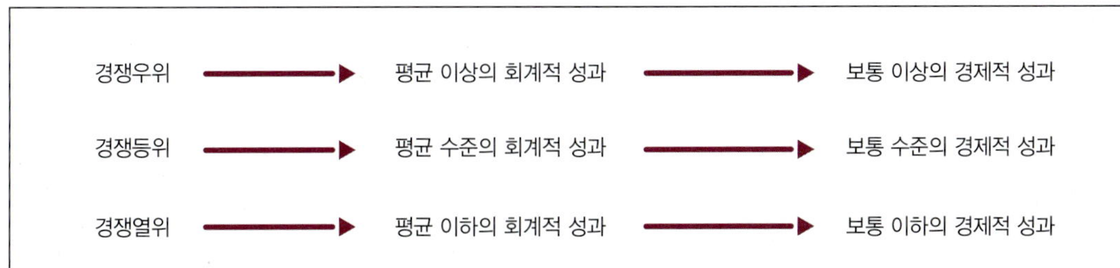

그림 1.5
경쟁우위와 기업의 성과

그러나 어느 기업이 평균 이상의 회계적 성과를 거두면서 동시에 보통 이하의 경제적 성과를 거두는 것은 불가능하지 않다. 예를 들어 어느 기업이 자본비용보다 낮은 수준의 성과를 거두면서 산업 평균 이상의 회계적 성과를 거두는 것이 가능하다. 또한 자본비용보다 높은 수준의 성과를 거두면서 산업 평균 이하의 회계적 성과를 거두는 것도 가능하다.

부상하는 전략과 의도된 전략

기업의 전략에 대해 가장 단순하게 접근하는 방법은, 기업이 〈그림 1.1〉에 나타난 과정 그대로 전략을 선택하며 실행한다고 가정하는 것이다. 즉 기업은 잘 정의된 기업사명과 기업목표를 설정하는 것으로부터 시작하여 외부환경 분석과 내부환경 분석을 실시하고, 전략을 선택하며, 그 전략을 실행에 옮기는데, 이 과정을 밟는 데 있어서 아무런 시행착오나 의심의 여지가 없다고 가정하는 것이다.

예를 들어 택배산업에서 범세계적 일류 기업인 페덱스는 이 산업에서 어떻게 경쟁우위를 획득할 수 있는가에 대해 잘 준비된 이론을 가지고 택배산업에 진입하였다. 페덱스의 창업자인 프레드 스미스는 예일대학교의 학부 과정에서 보고서를 쓰는 와중에 이 이론을 고안하게 되었다. 소문에 의하면 그는 이 보고서에서 고작 'C' 학점을 받았지만, 이 보고서에서 고안된 야간배달 사업의 경쟁우위에 대한 이론을 바탕으로 설립된 이 기업은 엄청난 성공을 거두었다. 1971년에 설립된 페덱스는 2016년 매출이 500억 달러에 달했고 40만 명 이상의 직원을 고용했다.[13]

다른 기업들도 잘 준비된 이론과 전략을 구비하고 사업을 시작하는 경우가 많지만, 정작 이론이나 전략을 시장에서 실행하면 그 이론이나 전략이 시장 현실과 맞지 않아서 대폭 수정해야만 한다는 것을 깨닫는 경우가 적지 않다. **부상하는 전략**emergent strategies은 한 산업 내에서 경쟁우위를 어떻게 획득할 수 있는가에 대해 시간이 흐름에 따라 자연스럽게 부상하는 이론을 말하거나, 또는 일단 실행된 전략이 크게 수정된 후 나중에 나타난 전략을 말한다.[14]

여러 유명한 기업들은 적어도 부분적으로는 부상하는 전략을 가지고 있다. 예를 들어 존슨앤존슨은 원래 살균거즈와 깁스를 공급하는 기업이었고, 소매 제품은 취급하지 않았다. 그러나 깁스에서 발생하는 가려움증에 대한 소비자의 불만에 대처하기 위해 존슨앤존슨은 깁스를 할 때 사용할 수 있는 파우더를 첨부하여 깁스를 판매하기 시작했다. 곧 구매자들은 파우더만을 살 수 있는 방법이 없는가를 문의하기 시작했고, 이 기업은 '존슨의 화장실용과 아기용 파우더' 제품을 시판하게 되었다. 나중에 한 종업원이 아내를 위한 일회용 밴드를 발명하게 되었는데, 아마도 부엌에서 자주 손을 베는 아내를 위한 아이디어였던 것 같다. 존슨앤존슨의 마케팅 관리자가 이 발명품에 대해 알게 되었을 때, 존슨앤존슨은 이 제품을 시장에 선보이기로 결정하였다. 이렇게 시작된 존슨앤존슨의 일회용 밴드Band-Aid는 존슨앤존슨의 제품들 중 가장 높은 판매고를 기록하는 제품이 되었다. 결론적으로, 존슨앤존슨의 의도된 전략은 의료산업 내에서 공급자로 경쟁하는 것이었지만, 의도하지 않게 부상한 소비자 제품 전략은 기업 매출의 40%를 상회하는 매출을 창출하게 되었던 것이다.

부상하는 전략을 이용한 또 다른 기업은 메리어트 코퍼레이션이다. 메리어트는 원래 식당 사업을 영위했다. 1930년대 후반에 메리어트는 8개의 식당을 소유·경영하고 있었다. 그중 한 식당은 워싱턴 D.C.의 공항 부근에 위치했는데, 경영자들은 구매자들이 비행기에서 먹기 위해 이 식당에서 음식을 구매한다는 사실을 발견했다. 메리어트 코퍼레이션의 설립자인 J. 윌러드 메리어트는 이 같은 여행자들의 습관을 염두에 두고 이스턴항공의 탑승객에게 포장 도시락을 제공하는 협상을 하게 되었다. 이 계약은 나중에 아메리칸항공으로 확대되었고, 시간이 지남에 따라 항공사 승객들에게 음식을 제공하는 일은 메리어트의 주된 사업이 되었다. 메리어트의 기존의 의도된 전략은 식당 사업을 영위하는 것이었지만, 세계적으로 100개가 넘는 항공사에 음식을 납품하는 사업이 부상함에 따라 그 부상하는 사업에 관여하게 되었다.[15]

물론 전략경영 과정을 효과적으로 실행하는 데 실패한 기업의 경우에만 부상하는 전략이 중요할 수 있다고 주장하는 사람들도 있을 수 있다. 전략경영 과정이 효과적으로 실행된다면 이 기업이 선택한 전략을 대체할 이유가 과연 있겠느냐 하는 질문이다.

현실적으로 어떤 기업이 그 전략을 선택하는 시점에 있어서는, 그 전략경영 과정을 완성하는 데 필요한 정보가 완전히 갖추어지지 않은 경우가 많다. 앞에서 설명하였듯이, 기업은 어느 산업에서의 경쟁 상황이 어떻게 변화될지에 대해 단지 '최선의 추측'만을 하는 현실이 있을 뿐이다. 이 현실적 상황에서 산업 내 부상하는 추세에 신속히 대응하여 전략을 변경할 수 있는 기업의 능력은 전략경영 과정을 완성하는 능력으로서 중요한 경쟁우위의 원천이 될 수 있다. 이러한 이유 때문에 부상하는 전략은 창업 기업들에게 특히 중요할 수 있다.

전략경영 과정을 왜 배워야 하는가

학생들은 기업의 전략과 전략경영 과정에 대해 왜 배워야 하는지 의문을 가질 수도 있는데, 그 이유는 전략을 선택하고 실행하는 사람들은 기업의 상급 경영자들이고, 학생들이 그런 지위에 오르려면 대개 오랜 시간이 지나야 하기 때문이다. 그렇다면 학생들이 전략경영 과정에 대해 지금 배워야 하는 이유는 무엇인가?

이에 대해 적어도 세 가지 이유를 찾아볼 수 있다. 첫째, 전략경영 과정은 당신을 고용하는 기업의 전략을 분석할 수 있는 도구를 제공한다. 우리는 이미 어느 기업의 전략이 그 기업의 경쟁우위에 얼마나 큰 영향을 미칠 수 있는가에 대해 공부했다. 당신의 직업상의 성공 여부는 그 기업의 경쟁우위에 의해 결정되는데, 성공적인 기업을 선택하여 직장생활을 시작하거나 계속해 나가기 위해서는 그 기업이 어떻게 경쟁우위를 획득하는가에 대한 이론을 이해하는 것이 중요하다. 즉 경쟁우위의 원천이 되지 못하는 전략을 가진 기업들은 경쟁우위의 원천이 될 수 있는 전략을 가진 기업들보다 당신에게 좋은 기회를 제공하지 못할 것이다. 이렇게 기업을 구분할 수 있는 능력은 당신이 경력을 관리하는 데 매우 중요할 수 있다.

둘째, 당신이 일단 기업을 선택한 다음에는 개인적인 성공을 위해 그 기업의 전략과 전략 실행 과정에서의 자신의 역할을 이해하는 것이 매우 중요하다. 기업이 추구하는 전략에 따라 당신이 하는 역할이나 기능에 대해 기업이 기대하는 것이 변할 가능성은 아주 높다. 예를 들어 이 책의 제2부에서 보게 될 내용처럼, 저비용 전략을 추구하는 기업에서의 회계 기능과 차별화 전략을 추구하는 기업에서의 회계 기능은 매우 다른 양상을 띤다. 마케팅 기능과 제조 기능 또한 매우 다른 기능을 가지게 된다. 즉 당신이 속한 기업의 전략을 잘못 이해하고 있다면 당신이 하는 회계, 마케팅 또는 제조 관련 업무의 효과성은 매우 저조할 것이다.

마지막으로, 대기업에서는 소수의 고위 경영자들만이 전략 선택의 기능에 관여하게 되지만, 소규모 또는 창업 기업에서는 더 넓은 범위의 종업원들이 전략경영 과정에 참여하게 된다. 만약 이 같은 소규모 또는 창업 기업에서 일하게 된다면, 당신은 전략경영 과정을 실행하거나 전략을 선택하는 직무를 실행할 가능성이 매우 크다. 이러한 상황에서 전략을 선택하거나 실행하는 데 유용하게 쓰이는 개념을 숙지하고 있는 것은 매우 도움이 될 수 있다.

보다 넓은 시각에서 볼 때, 전략과 전략경영 과정을 학습하는 것은 당신이 어떤 경력을 갖든 유익한 역량을 개발하는 것에 도움이 될 수 있다. 예를 들어 여기에서 설명된 전략 이론과 모델을 읽고 그것을 경영 사례 분석에 적용할 때 당신의 주장을 강의실에서 교수나 학우들에게 설득적으로 설명하는 과정에서 경영 분야 소통의 능력과 함께 논리적 사고 능력을 키울 기회를 갖게 된다. 경영 사례는 정량적·정성적 데이터를 포함한다. 이들을 분석하는 가운데 데이터 해석 능력을 갖추게 된다. 마지막으로 당신은 각 장에 포함된 전략과 기업윤리의 사례를 읽으면서 경영 현장에서의 윤리적 이슈들을 접하게 될 것이다. 즉 본문에서 설명하는 전략과 전략경영 과정의 내용에 더해서 이 책에서 다루는 내용들은 당신의 경영 분야 지식을 넓히고 당신의 경력과 무관하게 성공을 돕는 역할을 할 것이다.

요약

기업의 전략은 그 기업이 어떻게 경쟁우위를 획득할 수 있는가에 대한 이론이다. 다른 학문 분야의 이론들처럼 어느 기업이 가진 이론은 가정에 기초하게 되는데, 그 가정은 그 기업이 속한 산업 내에서 경쟁 상황이 어떻게 변화하고 진화할 것인가에 대한 가정이다. 이 가정이 실제 상황과 일치할 때 그 기업이 가진 전략은 경쟁우위를 창출할 가능성이 크다.

기업이 전략을 선택하는 한 가지 방법은 전략경영 과정을 이용하는 것이다. 이 과정은 기업이 '좋은' 전략을 선택하여 경쟁우위를 획득할 수 있는 가능성을 높여 주는 일련의 분석 절차이다.

전략경영 과정은 기업이 사명, 즉 기업의 장기적 목적을 정의하는 데서 시작된다. 기업의 사명은 종종 기업사명으로 표현된다. 기업사명은 기업의 성과에 긍정적이거나 부정적인 영향을 미칠 수 있고, 또는 아무런 영향을 미치지 못할 수도 있다. 기업의 목표는 기업사명의 성취 여부를 판단하는 데 이용될 수 있는 실제적인 측정치이다. 외부환경 또는 내부환경 분석은 기업이 외부적인 기회와 위협, 그리고 내부적인 강점과 단점을 찾아내는 과정이다. 이 분석을 거친 뒤에 기업은 전략을 선택할 수 있다. 전략은 크게 두 범주로 구분될 수 있는데, 사업부 수준의 전략(저비용 전략과 차별화 전략을 포함)과 전사적 수준의 전략(수직적 통합, 전략적 제휴, 다각화, 인수합병 전략을 포함)이 그것이다. 전략 선택에 따르는 전략 실행은 선택된 전략을 지원하는 조직 구조, 경영통제 시스템, 보상 정책을 선택하는 활동을 포함한다.

전략경영 과정의 궁극적인 목표는 경쟁우위를 실현하는 것이다. 기업은 경쟁 기업들보다 더 많은 경제적인 가치를 창출할 때 경쟁우위를 가진다. 경제적인 가치는 제품이나 서비스를 제공함으로써 구매자가 인식하는 수익과 그 제품이나 서비스를 제공하는 데 드는 경제적 비용의 차이를 뜻한다. 경쟁우위는 임시적이거나 지속적일 수 있다. 경쟁등위는 기업이 경쟁 기업들과 같은 크기의 경제적인 가치를 창출하는 것을 뜻한다. 경쟁열위는 기업이 경쟁 기업들보다 적은 경제적인 가치를 창출하는 것으로서, 경쟁우위와 마찬가지로 임시적이거나 지속적일 수 있다.

기업의 경쟁우위를 측정할 수 있는 대표적인 두 가지 방법으로는 회계적 성과와 경제적 성과를 들 수 있다. 회계적 성과는 어느 기업의 손익계산서와 대차대조표에서 계산될 수 있는 다양한 회계적 비율을 통해 그 기업의 경쟁우위를 측정하는 것이다. 어느 기업의 회계적 성과는 그 기업이 속한 산업의 평균 회계적 성과와 비교할 수 있다. 경제적 성과는 어느 기업의 수익을 자본비용과 비교하여 측정할 수 있다. 한 기업의 자본비용은 채권자와 주주들이 그 기업에 투자하도록 설득하기 위해 기업이 약속해야 하는 수익률을 뜻한다.

많은 기업들이 전략 선택과 실행을 위해 전략경영 과정을 이용하기는 하지만 모든 전략이 이 과정을 통해 선택되는 것은 아니다. 어떤 전략은 기업이 예측하지 못했던 산업 내 경쟁 상황의 변화에 대응하는 과정에서 부상하기도 한다.

학생들이 전략과 전략경영 과정을 이해해야 하는 이유는 적어도 세 가지가 있는데, 첫째로 직업을 선택하는 데 도움을 주기 때문이고, 둘째로 직업을 선택한 다음에 그 직장에서 성공하는 데 도움을 주기 때문이며, 마지막으로 소규모 기업이나 창업 기업에서는 입사 초기부터 전략경영 과정에 참여할 가능성이 크기 때문이다.

▶▶ 국내 사례

지속적 성장을 위한 공유가치창출 : CJ대한통운의 실버택배

2008년 경제위기 이후 기업의 지속적 성장이 관심을 받고 있다. 기업이 생존하고 장기적으로 성장하기 위해서는 경제적 이익만을 추구하는 것이 아니라 사회적 가치도 동시에 실현하는 것이 중요하다는 인식이 확산되고 있다. 이에 대해 마이클 포터와 마크 크레이머가 2002년, 2006년, 그리고 2011년에 연속적으로 발표한 논문들은 기업이 행하는 자선적 기부나 사회적 책임활동이 사회적 가치뿐 아니라 기업의 가치도 동시에 추구해야 한다는 것을 일관적으로 주장하고 있다. 이들이 2011년 논문에서 제시한 공유가치창출(creating shared value, CSV)의 개념은 각광을 받게 되었고, 한국은 전 세계에서 이 개념을 가장 열광적으로 추종하는 국가로서 2014년에 'CSV 포터상'을 제정하여 매년 시상하고 있다. 첫 시상식에 방문한 포터 교수 스스로도 "CSV 관련 상이 제정될 것이라고는 꿈에도 생각하지 못했다"라고 말할 정도였다.

한국의 많은 기업들은 사내에 CSR(corporate social responsibility) 또는 CSV 전담부서를 두고 사회공헌활동을 추진하고 있다. 그중 가장 눈에 띄는 사례로서 CJ대한통운의 실버택배 사업을 들 수 있다. 택배 사업에 있어서 가장 중요한 성공 요인은 시간이다. 폭주하는 물량을 정확히 처리하면서 배송 시간을 단축하는 것이 중요하다. 택배기사는 하루에 처리하는 물량에 따라 수당이 상승하고, 회사는 택배기사의 수가 적을수록 이익률이 상승한다.

CJ대한통운이 개발한 실버택배는 이 두 가지 조건을 충족시키면서 사회적 가치를 높이는 것에도 공헌했다. 모델은 사실 단순하다. 택배기사는 아파트 단지에서 집집마다 방문하여 개별적으로 배송하는 대신 단지 내 주차장, 공터, 상가 내 장소 등 특정 배송 거점까지만 묶음으로 운반한다. 그 대신 배송 수당의 절반만 받는다. 나머지 절반은 아파트 단지 내에서 가가호호 방문하여 전달하는 시니어 택배원, 즉 노인 분들이 수령하게 된다.

이 모델이 놀라운 이유는 여기에 참여하는 모든 이해관계자가 이득을 얻는다는 것이다. 먼저 택배기사는 물량당 수당은 절반으로 감소했지만 일일이 방문하는 시간을 줄여서 두 배 이상의 물량을 소화할 수 있게 되었다. 회사의 입장에서는 택배기사를 추가적으로 고용하지 않고도 증가하는 택배 물량을 소화할 수 있게 되었다. 특히 분실이나 기타 민원의 소지가 될 수 있는 일에 대한 책임에서 벗어날 수 있는 계기가 되었다. 마지막으로 지역의 시니어 택배원은 남는 시간을 활용하면서 돈도 벌 수 있고, 가가호호 방문하면서 지역 주민을 만나면서 보람과 즐거움을 느낄 수 있다.

이 사업을 위해 CJ대한통운은 2013년에 보건복지부의 한국노인인력개발원과 함께 '시니어 일자리 창출 MOU'를 체결하고 전국 지방자치단체들과 협약을 맺고 시니어 일자리를 지속적으로 확대하고 있다. 2017년 현재 전국 160개 거점에 1,300여 개 노인 일자리를 만들었다. 여기에 무공해 전동 카트나 전동 자전거 같은 배송장비도 제공하여 이 기업은 일자리, 친환경, 지역사회의 3대 가치를 동시에 구현하고 있다.

출처 : 뉴시스 2017. 12. 30. CJ대한통운, 장년층 고용촉진 기여, 고용노동부 장관상 표창 수상, 동아일보 2014. 12. 4. 제1회 'CSV 포터상' 현대자동차 등 12곳 수상; Porter, E., Kramer, M. (2002). The competitive advantage of corporate philanthropy, Harvard Business Review, Dec. 5-16; Porter, E., Kramer, M. (2006). Strategy and society: The link between competitive advantage and corporate social responsibility, Harvard Business Review, Dec. 1-13; Porter, E., Kramer, M. (2011). Creating shared value, *Harvard Business Review*, Jan-Feb. 62-77.

탐구과제

1.1 어떤 기업들은 기업사명을 연례보고서나 회사 편지지 인쇄 문구 또는 기업 광고에 삽입하여 널리 알리고 있다. 이러한 활동은 기업사명이 기업의 지속적인 경쟁우위의 원천이 될 수 있다는 주장과 연관이 있다고 생각하는가?

1.2 기업의 편지지 또는 광고문구 등에 기업사명이 포함되는 것이 왜 지속적 경쟁우위의 원천이 될 수 있는가?

1.3 기업이 공식적인 형태의 기업사명을 가질 때 성과를 높일 수 있다는 실증적인 증거가 별로 없음에도 불구하고, 많은 기업들은 기업사명을 개발하기 위해 많은 시간과 돈을 쓴다. 왜 그런가?

1.4 '부상하는 전략'과 '과거에 결정했던 전략에 대한 사후 합리화'를 구분할 수 있는지에 대해 설명하라.

1.5 외부환경 분석과 내부환경 분석은 전략경영 과정에서 모두 중요한데 그 순서 또한 중요한가?

1.6 만약 그렇다고 생각한다면 어느 환경 분석이 먼저 이루어져야 한다고 생각하는가?

1.7 만약 순서가 중요하지 않다고 생각한다면 왜 그런가?

1.8 지속적인 경쟁열위를 가진 기업은 반드시 도산하게 되는가?

1.9 오랫동안 평균 이하의 회계적 성과를 거둔 기업은 반드시 도산하게 되는가?

1.10 오랫동안 보통 이하의 경제적 성과를 거둔 기업은 반드시 도산하게 되는가?

1.11 동일한 산업 내에서 같은 기간 동안 복수의 기업이 경쟁우위를 가질 수 있는가?

1.12 동일한 기업이 경쟁우위와 경쟁열위를 동시에 가질 수 있는가?

연습문제

1.13 다음의 기업사명을 위한 각각의 목표를 쓰라.

(a) 우리는 제약 부문에서 혁신의 선도자가 될 것이다.
(b) 고객 만족은 우리의 최고 목표이다.
(c) 우리는 정시 배달을 약속한다.
(d) 최상의 품질은 우리의 최고 목표이다.

1.14 다음의 목표들을 보다 구체적으로 수정하라.

(a) 우리는 생산성을 개선할 것이다.
(b) 우리 제품의 성능은 매년 향상될 것이다.
(c) 원자재 비용은 절감될 것이다.
(d) 우리는 우리의 고객을 만족시킬 것이다.

1.15 다음 기업들은 보통 이하, 보통, 보통 이상의 경제적 성과 중 어느 것을 갖는가?

(a) 총자산수익률 = 14.3%, 가중평균자본비용 = 12.8%

(b) 총자산수익률 = 4.3%, 가중평균자본비용 = 6.7%

(c) 총자산수익률 = 6.5%, 가중평균자본비용 = 9.2%

(d) 총자산수익률 = 8.3%, 가중평균자본비용 = 8.3%

1.16 다음 기업의 성과에 대해 절대적 기준과 상대적 기준으로 평가하라.

(a) 가중평균자본비용 < 총자산수익률 < 산업평균이익률

(b) 가중평균자본비용 > 총자산수익률 > 산업평균이익률

(c) 총자산수익률 > 산업평균이익률 > 가중평균자본비용

(d) 총자산수익률 < 산업평균이익률 < 가중평균자본비용

1.17 한 기업이 보통 이상의 경제적 성과와 평균 이하의 회계적 성과를 동시에 보일 수 있는가? 한 기업이 보통 이하의 경제적 성과와 평균 이상의 회계적 성과를 동시에 보일 수 있는가? 그 이유는 무엇인가? 만약 가능하다면, 경제적 성과와 회계적 성과 중 어느 종류의 성과를 더 신뢰할 수 있는가? 그 이유는 무엇인가?

1.18 다음 기업의 웹사이트를 방문하여 그 전략이 부상하는 전략인지, 의도된 전략인지, 또는 부상하기도 하고 의도되기도 한 전략인지 판단하고 그 이유를 웹사이트에서 얻은 사실을 가지고 설명하라.

(a) www.lenovo.com

(b) www.mercedes-benz.com

(c) www.airtel.in

1.19 아래의 정보를 이용하여 이 기업의 총자산수익률, 자기자본수익률, 매출이익률, 당좌 비율을 계산하라. 이 기업의 가중평균자본비용이 6.6%이고 산업에서의 평균적인 기업이 8%의 총자산수익률을 가지고 있다면, 이 기업의 회계적 또는 경제적 성과의 수준은 어떻다고 말할 수 있는가?

순매출액	6,134	기타 유동자산	0	기타 부채	0
현금	3,226	우선주	0	영업 외 수익	245
유동부채	1,549	이자수익	72	고정자산장부가액	318
매출비용	(4,438)	유동자산	3,927	총부채와 자본	5,161
외상매출금	681	이익잉여금	0	순이익	554
장기차입금	300	이자비용	(47)	영업권	0
판매비와 관리비	(996)	고정자산	729	기타 자산	916
재고자산	20	보통주	3,104	총자산	5,161
이연법인세	208	법인세	(75)		
영업 외 비용	(341)	감가상각누계액	(411)		

참고문헌

1 Michael McWhertor "Nintendo, Google, and Pokemon Company Invest in Pokemon Go Developer," *Polygon*, Vox Media, retrieved October 15, 2015; "Company History: The Pokemon Company," retrieved July 21, 2014; "Google April Fools Prank Puts Pokemon in the Real World," *CNET*, retrieved July 8, 2016; Dean Takahashi, "Pokemon Go Chief Promises Player Battles, Live Events, More Creatures, and Stable Servers," *VentureBeat*, retrieved September 15, 2016; Don Reisigner, "Here's How Apple Could Generate $3 Billion on Pokemon Go," Fotune.com, retrieved on November 1, 2016; Walter Chen, "How Pokemon Go Is Driving Insane Amounts of Sales at Small, Local Businesses," Inc.com, retrieved November 1, 2016; Rafi Letzter, "Pokemon Go Players Have Walked Far Enough to Reach the Sun from Neptune," Uk.businessinsder.com, retrieved November 1, 2016,

2 This approach to defining strategy was first suggested in Drucker, P. (1994). "The theory of business." *Harvard Business Review*, 75, September–October, pp. 95–105.

3 See Bart, C.K., and Beatz. (1998) "The relationship between mission statements and firm performance: An exploratory study," Journal of Management Studies, 35(6): 823–853; Bartkus, B., Glassman, M.; and McAfee, B. (2000) "Mission statements: Are they smoke and mirrors?" Business Horizons, November/December: 23–28; and Smith, M., Heady, R., Cason, P, and Cason K. (2003) "Do Missions Accomplish Their Missions?: An Exploratory Analysis of Mission Statement Content and Organizational Longevity," Journal of Applied Management and Entrepreneurship, 6(1): 75–96.

4 See www.enron.com.

5 See Emshwiller, J., D. Solomon, and R. Smith. (2004). "Lay is indicted for his role in Enron collapse." *The Wall Street Journal*, July 8, pp. A1+; Gilmartin, R. (2005). "They fought the law." *BusinessWeek*, January 10, pp. 82–83.

6 These performance results were presented originally in Collins, J. C., and J. I. Porras. (1997). *Built to last: Successful habits of visionary companies*. New York: HarperCollins.

7 Collins, J. C., and J. I. Porras. (1997). *Built to last: successful habits of visionary companies*.

8 Yahoo's story is summarized in "Yahoo Rejects Microsoft's Bid," CNET.com, retrieved on November 1, 2016; Nicholas Carlson, "Jerry Yang's Last Laugh," businessinsider.com, retrieved November 1, 2016; and "Verizon Buys Yahoo for $4.8 Billion," CNBC.com, retrieved November 1, 2016.

9 This definition of competitive advantage has a long history in the field of strategic management. For example, it is closely related to the definitions provided in Barney (1986, 1991) and Porter (1985). It is also consistent with the value-based approach described in Peteraf (2001), Brandenburger and Stuart (1999), and Besanko, Dranove, and Shanley (2000). For more discussion on this definition, see Peteraf and Barney (2004).

10 D. C. Mueller (1977). "The persistence of profits above the norm." *Economica*, 44, pp. 369–380; P. W. Roberts (1999). "Product innovation, product-market competition, and persistent profitability in the U.S. pharmaceutical industry." *Strategic Management Journal*, 20, pp. 655–670; G. F. Waring (1996). "Industry differences in the persistence of firm-specific returns." *The American Economic Review*, 86, pp. 1253–1265; A. McGahan and M. Porter (2003). "The emergence and sustainability of abnormal profits." *Strategic Organization*, 1(1), pp. 79–108.

11 A. Osterwalder and Y. Pigneur (2010). Business Model Generator. NY: Wiley. G. George and A. J. Bock (2011). The business model in practice and its implications for entrepreneurial research. *Entrepreneurship: Theory and Practice*, 35(1), 83–111. C. Zott, R. Amit, and L. Massa. (2010). The Business Model: Theoretical Roots, Recent Development, and Future Research. Working Paper 862, IESE, Barcelona, Spain.

12 T. Copeland, T. Koller, and J. Murrin (1995). *Valuation: Measuring and managing the value of companies*. New York: Wiley; L. Donaldson (1990). "The ethereal hand: Organizational economics and management theory." *Academy of Review*, 15, pp. 369–381; and E. Freeman, J. Harrison, A. Wicks, B. Parmar, and S. de Colle (2010 Stakeholder Theory: The State of the Art. Cambridge: Cambridge.

13 FedEx's history is described in Trimble, V. (1993). *Overnight success: Federal Express and Frederick Smith, its renegade creator*. New York: Crown.

14 Mintzberg, H. (1978). "Patterns in strategy formulation." *Management Science*, 24(9), pp. 934–948; and Mintzberg, H. (1985). "Of strategies, deliberate and emergent." *Strategic Management Journal*, 6(3), pp. 257–272. Mintzberg has been most influential in expanding the study of strategy to include emergent strategies.

15 The J&J and Marriott emergent strategy stories can be found in Collins, J. C., and J. I. Porras. (1997). *Built to last: Successful habits of visionary companies*. New York: HarperCollins.

CHAPTER

2 기업의 외부환경 평가하기

학습목표

2.1 기업이 직면하는 일반환경의 요소들을 기술하고, 어떻게 이 환경이 기업의 기회와 위협에 영향을 미치는지 기술한다.

2.2 산업 구조가 그 산업에 속한 기업의 경쟁적 선택에 어떻게 영향을 미치는가에 대해 구조-행위-성과(S-C-P) 모델이 설명하는 것을 기술한다.

2.3 다섯 가지 위협 세력을 설명하고 각 세력이 어떻게 산업의 매력도를 높이거나 낮추는지 기술한다.

2.4 어느 산업의 경쟁을 분석하는 데 있어서 보완자의 역할에 대해 논한다.

2.5 네 가지 본원적 산업 구조를 기술하고, 각각의 구조에 있어서의 전략적 기회를 기술한다.

음악 스트리밍 산업은 얼마나 매력적인가

아이디어는 단순했다. 애플의 아이튠즈와 같은 온라인 소매점에서 음원을 구입하여 내려받지 않아도 청취자들이 원하는 시간에 원하는 음악을 들을 수 있게 한다는 것이다. 이 아이디어가 스트리밍 산업을 탄생하게 했다.

그 첫 기업은 1990년대에 인터넷상에서 스트리밍 기술을 개발하는 것에 주력했던 리얼네트웍스였다. 처음에 리얼원랩소디(훗날 랩소디)로 명명되었던 이 서비스는 33만 개 음원을 원하는 시간에 들을 수 있게 하는 요금으로 월 9.95달러를 책정했다. 2003년 4월에 출범했던 랩소디는 2009년에 80만 회원을 기록했다. 후발 기업들이 랩소디의 뒤를 따랐는데, 예를 들어 판도라, 슬랙커라디오, MOG가 2005년에, 스포티파이는 2008년에 창업되었다.

그러나 음악 스트리밍 사업체의 수가 증가함에도 불구하고 2000년대 중반에 스마트폰이 대중화되기 전까지는 산업 규모가 크게 증가했던 것은 아니었다. 초창기의 이동전화는 단지 이동 중에 이용할 수 있는 전화에 불과했다. 그러나 스마트폰의 기능이 추가되면서 인터넷 접근이 가능해짐에 따라 2010년에는 거의 3억 개의 스마트폰이 전 세계에서 판매되었다.

스마트폰은 음악 스트리밍 서비스의 가치를 극적으로 높였다. 구매자의 수의 증가가 그것을 말해주고 있다. 예를 들어 판도라가 2008년에 스마트폰 앱을 선보였을 때 구매자의 수는 두 배로 뛰었다. 2013년에 판도라는 전 세계에 7,000만 명의 월간 회원을 보유하고 있다고 발표했다.

이러한 성공이 2013년의 구글(구글플레이뮤직), 2014년의 아마존(아마존프라임), 2015년의 애플(애플뮤직)의 진입을 유도했던 것은 예상된 일이었다. 이러한 신규 진입자는 기존 기업이 갖지 않았던 새로운 기능들을 도입했는데, 예를 들어 애플뮤직은 시리를 통해 음악을 쉽게 검색할 수 있게 하

는 기능을 기존 기업과 동일한 가격에 제공했다.

이러한 스트리밍 서비스가 기존 음악 산업의 경제적 구조를 근본적으로 바꾼 것은 당연한 결과였다. 2011년에 미국 내 디지털 음원의 매출액은 음반의 매출액을 처음으로 넘어섰다. 2015년에 미국 음악 시장의 34.4%는 스트리밍 서비스가, 34%는 다운로딩이, 그리고 28.8%는 음반 매출액이 점유했다.

음악인들이 스트리밍 서비스 과정에서의 자신의 공정한 몫을 주장하는 과정에서 이슈들이 발생하기도 했다. 테일러 스위프트를 포함한 몇몇 가수들은 스트리밍 서비스의 로열티가 낮게 책정되었다고 주장하며 자신들의 곡이 스트리밍되지 못하게 하기도 했고, 제이 지 등 다른 가수들은 가수들에게 유리한 조건의 스트리밍 서비스를 시작하기도 했다. 제이 지의 서비스인 타이달은 비욘세, 다프트 펑크, 마돈나, 카니예 웨스트, 리하나 등 유명 가수가 참여했다. 또한 다른 어떤 가수들은 새로운 음반에 대해 특별한 조건으로 기존 스트리밍 업체과 계약을 맺기도 했다. 드레이크는 2016년 앨범인 뷰를 애플뮤직에서만 출시했고, 비욘세는 레모네이드를 타이달에서만 출시했다.

Neil Thomas/Gallo Images/Alamy Stock Photo

그러나 엄청난 수의 구매자와(애플뮤직은 출범 6개월 만에 1,100만 구독자를 확보했다) 엄청난 매출액(스포티파이는 2014년에 10억 유로 매출을 돌파했다), 그리고 수십억 달러에 달하는 엄청난 자본 조달액에도 불구하고 스트리밍 서비스는 안정적인 이익을 창출하지 못하고 있다.

그 이유 중 하나는 스트리밍 서비스가 구매자를 확보하기 위해서는 폭넓은 음원을 확보해야 하는데 이러한 음원이 3개의 대형 음반기획사인 소니뮤직, 유니버설, 그리고 워너뮤직에 지배되고 있기 때문이다. 이 3개의 기업은 전 세계 음원 생산량의 4분의 3을 점유하고 있고 높은 라이선싱 요금을 요구한다. 예를 들어 스포티파이는 고객들에게 제공하는 음원을 확보하기 위해 수익의 70%를 음반 기획사들에게 지불한다.

음악 스트리밍 산업에서 높은 성장률과 수익은 높은 이익을 보장하지 않는 것이 분명해 보인다.[1]

자, 음악 스트리밍 산업은 얼마나 매력적인가? 이 산업 내 기업의 경쟁 수준은 높아 보인다. 많은 수의 기업들이 경쟁하고 있고 그들의 유사성 또한 높다. 새로운 기업들이 계속 진입하고 있고 이 중 어떤 기업들은 애플, 구글, 아마존 등 헤비급 경쟁자들이다. 스트리밍 시장의 성장에도 불구하고 음악 다운로드와 실물 음반 등 스트리밍의 대체재 또한 2015년 미국의 음반 시장의 65%를 차지할 정도로 무시할 수 없다. 공급자인 가수와 음반 기획사는 압력을 행사하면서 음원 제작에 대해 높은 대가를 요구하고 있다. 또한 스트리밍 서비스의 가치는 스마트폰 시장의 성장에 의존하고 있다.

요약하면, 이 시장은 이익을 내기 힘든 시장이다.

이 장에서는 기업이 활동하는 특정 산업의 매력도를 평가하기 위한 모델과 도구를 설명한다. 먼저 기업이 처한 거시 환경에서의 추세들에 대해 설명하고 그다음으로 보다 구체적으로 기업의 산업 활동에서 발견되는 위협과 기회에 대해 설명하기로 한다.

기업의 일반환경 이해하기

기업이 직면하는 위협과 기회의 분석은 그 기업의 일반환경을 이해하는 것에서부터 시작해야 한다. **일반환경** general environment은 기업의 전략 선택에 영향을 주는 광범위한 조류 또는 동향으로 이루어진다. 〈그림 2.1〉에서 설명하듯이 일반환경은 6개의 상호 관련된 요소들, 즉 기술적 변화, 인구통계적 동향, 문화적 동향, 경제적 환경, 법적·정치적 상황, 특정한 국제적 사건으로 이루어진다. 각 요소들에 대해 살펴보자.

1899년, 미국의 특허청장인 찰스 H. 듀엘은 "발명될 수 있는 것은 모두 발명되었다"라고 말한 적이 있다.[2] 하지만 그는 틀렸다. 지난 수년간의 기술적 변화는 기업이 사업을 영위하는 방식, 그리고 그 제품과 서비스의 종류에 큰 영향을 미쳤다. 특히 컴퓨터, 인터넷, 무선전화 등 디지털 정보를 사용하는 기술에서 그러한 영향이 막대했다. 많은 사람들은 불과 몇 년 전에는 존재하지 않았던 디지털 제품과 서비스를 일상적으로 이용한다. 그러나 급격한 기술적 혁신은 디지털 기술에만 국한된 것이 아니다. 생명공학 분야도 지난 10년간 급격한 진보를 이루었다. 새로운 효능을 가진 약품이 계속 나오고 있고, 더 중요한 사실은 질병을 예방하고 치료하는 완전히 새로운 방법을 개발할 가능성이 나타나고 있다는 것이다.[3]

기술적 변화는 기업들이 그 기술을 이용하여 새로운 제품과 서비스를 개발함에 따라 기회를 창출할 수도 있고, 아니면 기존의 기술과 관련된 전략이 더 이상 현실적이지 않은 경우에는 위협을 창출할 수도 있다.

기업이 직면하는 일반환경의 두 번째 요소는 인구통계적 동향이다. **인구통계** demographics는 한 사회 내에서 연령별, 성별, 기혼 여부, 소득별, 인종별, 그리고 기타 구매 패턴과 연관이 있는 속성에 의해 나타나는 개인 분포를 말한다. 인구에 대한 이러한 기본적 정보를 이해함으로써 기업은 그 제품이나 서비스가 그 사회의 소비자들에게 매력적일 수 있는지, 그리고 시장 잠재

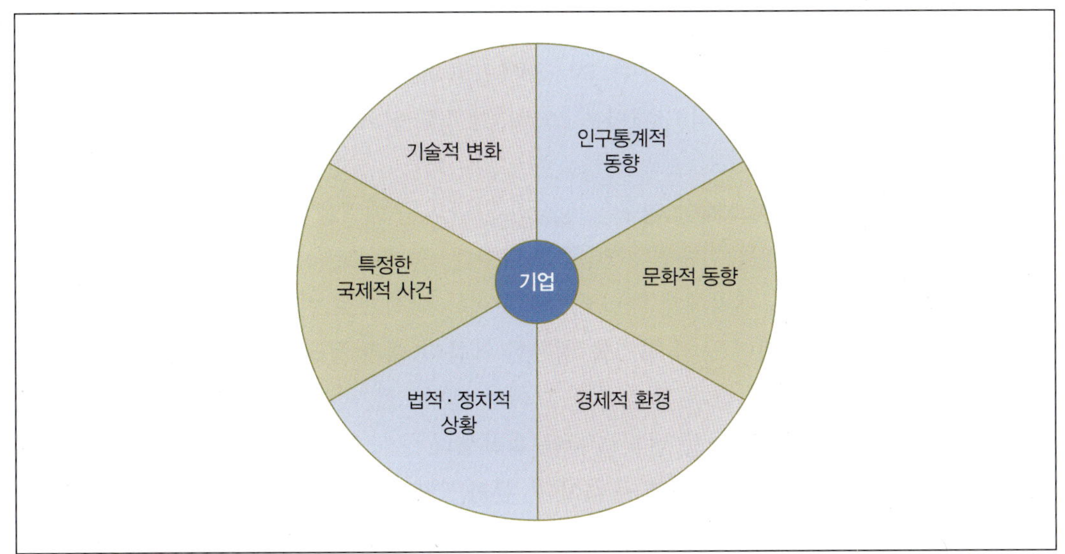

그림 2.1
기업들이 직면하는 일반환경

력은 얼마나 되는지 파악할 수 있게 된다.

어떤 인구통계적 추세는 아주 잘 알려져 있다. 예를 들어 당신은 베이비 부머 baby boomers (1946~1964년 탄생), X세대(1965~1976년 탄생), 밀레니얼 세대(1977~1995년 탄생), 그리고 i세대(1996년 이후 탄생)에 대해 들어 보았을 것이다. 비록 해당 세대 내 사람들도 서로 매우 다르지만, 그 세대에 해당하는 몇몇 추세들이 기업에 큰 영향을 미친다는 연구 결과가 제시되었다.[4]

예를 들어, 베이비 부머는 대개 '지금 구매하고 나중에 지불'하는 소비 패턴을 가지고 있고 때때로 은퇴를 위한 자금을 충분히 가지고 있지 않다. X세대는 매우 보수적이고 미래를 위해 저축을 많이 한다. 밀레니얼 세대는 쓰기 위해 버는 스타일로서 저축을 많이 하지 않는다. i세대는 아직 충분히 사회생활을 시작하지 않아서 그 스타일이 확실히 규명되지 않았다.

금융 서비스를 제공하는 기업들은 이러한 구매자 집단의 관심 사항에 맞춘 금융 상품을 제공해야 한다. 예를 들어 베이비 부머들은 저축을 거의 하지 않기 때문에 자동차 할부금 감면 서비스 등 대출금에 대해 낮은 이자율을 제시하는 금융상품이 인기를 끌 것이다. 반면에 X세대는 이미 저축한 자금을 투자할 적절한 기회를 찾고, 밀레니얼 세대는 저축을 하지도 않지만 그렇다고 부채를 선호하지도 않는다. 이들 세대에게는 저축 또한 소비의 하나의 형태라는 것을 이해시키는 것이야말로 금융 서비스 기업들에게 큰 도전이 될 수 있다. 마지막으로 X세대와 밀레니얼 세대는 모두 베이비 부머보다는 소셜 미디어 마케팅에 익숙한 반면, X세대는 직접 은행에 방문하는 것이 더 나을 수 있다.[5]

미국에서 지난 20년 동안 중요한 인구통계적 변화는 라틴아메리카계(히스패닉) 인구의 증가였다. 1990년에는 흑인 인구가 히스패닉 인구보다 많았다. 그러나 2000년에는 라틴계가 아프리카계 미국인보다 많아졌다. 현재 흑인 인구는 8%를 유지하는 반면, 히스패닉 인구는 17%

에 이른다. 이러한 추세는 남부 또는 남서부 지역에서 뚜렷하다. 예를 들어 네바다, 애리조나, 플로리다, 콜로라도의 히스패닉 인구는 20~34%이고 캘리포니아, 텍사스, 뉴멕시코에서는 35%에 달한다.[6] 히스패닉 인구의 구매력은 2010년에 1조 원으로서 미국 전체 구매력의 9%에 달한다.

물론 기업들은 이 같은 히스패닉 인구의 성장과 그들의 구매력을 인지하고 있다. P&G는 히스패닉 구매자에 대해 주의를 기울인 기업 중 하나인데, 콜게이트-파몰리브 치약에 있어서 제품과 서비스를 히스패닉 구매자에게 매력적으로 보이는 방식으로 변경하였다. 예를 들어 히스패닉 인구가 선호하는 라벤더 등의 향기를 첨가한 제품이 대거 등장했고, 스페인어로 적힌 할인 쿠폰을 발행했으며, 팬틴 샴푸 광고 모델로 에바 멘더스를, 비너스 여성용 면도기 광고 모델로 제니퍼 로페즈를 기용하는 등 남미 모델을 활용했다.[7]

일반환경 중 세 번째 요소는 문화적 동향이다. **문화**culture는 한 사회에서 사람들의 행위에 대한 가치values, 믿음beliefs, 규범norms을 뜻한다. 이 같은 가치, 믿음, 규범은 그 사회에서 무엇이 옳고 그른가, 무엇이 받아들여질 수 있는 행위이고 무엇이 받아들여질 수 없는 행위인가, 또는 무엇이 멋진 것이고 무엇이 고루한 것인가를 말해준다. 문화적 변화 또는 문화 간 상이성을 이해하지 못하면 기업이 경쟁우위를 획득하는 데 큰 차질을 빚을 수 있다.

특히 기업들이 여러 국가에서 동시에 사업을 영위할 때 문화적 요소는 매우 중요하다. 아주 작은 문화적 차이도 큰 영향을 미칠 수 있기 때문이다. 예를 들어 미국에서 방영되는 광고에서 엄지와 집게손가락으로 원을 만들어 표시한다면 이것은 그 제품이 좋다는 의미이지만, 브라질에서는 같은 동작이 저속하고 공격적인 의미를 지닌다. 미국 광고에 등장하는 결혼식에서 흰 옷을 입은 새 신부는 중국에서는 혼란스러운 의미를 줄 수 있는데, 전통적으로 중국에서 흰 옷은 장례식 때 입는 옷이기 때문이다. 미국에서는 남자가 약혼반지를 구매하지만 독일에서는 여자가 구매한다. 또한 일본이나 프랑스에서 남자들이 여자 동료를 대하는 태도와 미국에서 남자들이 여자 동료를 대하는 태도는 크게 다를 수 있다. 즉 기업이 처한 문화적 상황을 얼마나 잘 이해하는가는 기업이 경쟁우위를 창출하는 능력을 평가하는 데 중요한 요인이 된다.[8]

일반환경의 네 번째 요소는 경제적 환경이다. **경제적 환경**economic climate은 기업이 속한 경제의 전반적인 상황을 의미한다. 경제적 상황은 역사적으로 다양한 양상을 보였다. 호경기, 즉 제품과 서비스에 대한 수요는 많고 실업률이 낮은 때가 지나가면 그 반대인 불경기가 오곤 했다. 경제가 활발하지 않은 것을 **경기 후퇴**recession라 한다. 수년간 지속되는 심각한 경기 후퇴는 **불황**depression이라고 한다. 호황에서 경기 후퇴, 그리고 불황으로 이어지는 순환 구조를 **경기 순환**business cycle이라 한다.

1990년대 미국과 세계 경제는 지속적인 경제 성장의 시기를 거쳤다. 몇몇 사람들은 이제는 정부가 이자율을 통해 경제를 관리할 수 있는 능력을 가졌기 때문에 호황 뒤에 반드시 경기 후퇴가 따를 필요가 없다고 주장하기도 했다. 물론 경기 순환은 1990년대 이후에 두 차례나 발생했는데, 2001년 무렵의 기술 관련 버블 붕괴와 2008년의 신용 위기 사태가 그것이다. 많은 사람들은 정부가 경제 위기의 빈도와 규모에 영향을 미칠 수는 있지만 경제 위기를 궁극적으로 방지하지는 못한다는 데 동의한다.

일반환경의 다섯 번째 요소는 **법적·정치적 상황**legal and political conditions이다. 이것은 기업에 영향을 주는 법률, 법적 시스템, 그리고 정부와 기업 간의 일반적인 관계를 뜻한다. 이러한 법률과 정부·기업 관계는 국가마다 매우 상이하다. 예를 들어 일본에서 기업과 정부의 관계는 매우 밀접하고 협력적이라고 알려져 있다. 심지어 혹자는 지난 수십 년간 일본 경제가 너무나도 느리게 발전한 이유는 일본 정부가 몇몇 기업들 — 특히 대형 은행들 — 의 성과를 해칠 수 있는 구조조정 정책을 펴지 못했기 때문이라고 평하기도 했다. 반면에 미국에서 기업과 정부의 관계는 역사적으로 변화되어 왔다. 어떤 정부는 기업에 제약을 줄 수 있는 엄격한 반독점법과 환경보호법을 시행하였다. 다른 정부는 반독점법을 덜 엄격하게 적용하였고 환경보호에 관한 규정 실시도 연기하면서 기업에 전향적인 정책을 펴기도 했다.

일반환경의 마지막 요소는 **특정한 국제적 사건**specific international events이다. 이것은 내란, 정치적 쿠데타, 테러, 전쟁, 기아, 지역적 경기 후퇴 등을 포함한다. 이러한 모든 특정한 국제적인 환경은 기업의 경쟁우위 창출에 심각한 영향을 줄 수 있다.

물론 지난 수년간 일어난 가장 중요한 사건 중 하나는 2001년 9월 11일에 뉴욕시와 워싱턴 D.C.에서 발생한 테러일 것이다. 이 사건은 기업의 경영환경에 많은 영향을 주었다. 예를 들어 대부분의 미국 항공 운항사들은 그날 감소된 수요를 회복하는 데 5년 이상이 소요되었다. 보험 기업들은 그 사건과 관련된 보험금을 수십억 달러나 지불해야 했다. 군수품 제조 기업들은 미국과 아프가니스탄, 이라크에서의 치솟는 수요를 경험했다.

기업의 일반환경은 그 기업이 영위하는 사업을 둘러싼 광범위한 배경으로 정의된다. 일반환경을 이해하는 것은 기업이 직면하는 위기와 기회를 포착하는 데 도움을 준다. 그러나 일반환경은 기업을 둘러싼 보다 좁은 범위의 환경local environment을 통해서 간접적으로 영향을 주는 경우가 더 일반적이다. 그러므로 전략경영 과정에 있어서 어느 기업이 당면한 위협과 기회를 잘 이해하기 위해서는 일반환경의 분석도 중요하지만, 보다 좁은 범위의 환경을 이해하는 일도 중요하다. 다음에서는 기업의 좁은 범위의 환경을 분석할 수 있는 기법과 그 기법이 도출되는 이론적 배경을 설명한다.

기업 성과에 대한 구조-행위-성과 모델

1930년대 미국의 한 경제학자 모임이 기업의 환경과 행동, 성과 사이의 관계를 이해하기 위한 접근법을 개발하기 시작했다. 이 활동의 원래 목적은 산업 내 경쟁을 저해하는 요인들을 찾아냄으로써 정부가 이 요인들을 제거하여 산업 내 경쟁을 유도하는 정책을 펼 수 있도록 도와주는 데 있었다.[9]

이 활동을 통해 개발된 이론적 모델은 **구조-행위-성과 모델**structure-conduct-performance(S-C-P)

전략과 기업윤리

경제학 이론의 기본적인 믿음 중 하나는 산업에서 경쟁이 유지될 때 사회에는 이익이 된다는 것이다. 산업에서 경쟁이 일어나는 경우는 많은 수의 기업이 존재하고 제품이나 서비스가 서로 비슷하며 진입이나 퇴거가 용이한 경우다. '이론적 뿌리를 찾아서'(39쪽)에서 설명하듯이 이러한 산업들은 **완전경쟁**perfectly competitive 상태에 있게 된다.

산업들이 완전경쟁 상태에 있을 때 사회에 이익이 되는 이유는 잘 알려져 있다. 그러한 산업에서는 기업들이 끊임없이 비용을 절감하고 품질을 향상시켜야 하며, 적절한 혁신을 하지 않으면 생존하기도 힘들기 때문이다. 저비용, 고품질, 그리고 적절한 혁신은 기업 수매자들의 이익에 부합되고, 따라서 일반 사회의 복지에도 부합하게 된다.

사실 **사회적 복지**social welfare 또는 전반적인 사회의 이익은 S-C-P 모델을 개발하게 된 주된 이유였다. 이 모델은 완전경쟁이 일어나지 않는 산업, 즉 사회적 복지가 극대화되지 않는 산업을 찾아내기 위해 이용되었던 것이다. 이러한 산업이 발견되면 정부는 이 산업 내에서의 경쟁을 제고하는 조치를 취할 수 있고, 따라서 사회의 복지 수준도 높아질 수 있다.

기업의 경쟁우위 획득은 사회적으로 바람직한가

이러한 S-C-P 모델의 용도를 전략경영 분야의 학자들은 정반대로 적용하여 기업들이 경쟁우위를 획득하여 평균 이상의 성과를 거둘 수 있는 산업을 찾아내는 데 이용하였다. 그러나 몇몇 학자들이 의문을 제기했는데, 만약 전략경영이 산업 내 경쟁적 불완정성을 창출하고 이용하는 것에 대한 학문이라면, 결국 소수의 기업들을 위해 사회 전반의 복지를 희생시켜야 하는 것을 추구하는 학문이 아니냐는 것이었다. 소수 기업의 성과보다 사회 일반의 복지에 더 관심이 있는 사람들로서는 전략경영 분야의 도덕성에 대해 의문을 제기하는 것이 당연한 일이었다.

그러나 전략경영과 사회적 복지에 대한 또 하나의 관점이 있다. S-C-P 모델은 어느 기업의 경쟁우위는 사회의 이익을 감소시켜야만 한다는 가정을 갖지만, 그 대안적인 관점으로서 기업은 적어도 부분적으로는 구매자의 욕구를 경쟁자보다 더 효과적으로 대응하기 때문에 경쟁우위를 갖는다는 관점도 있다. 이 관점에 의하면 경쟁우위는 사회의 이익을 감소시키는 것이 아니라 더 증가시키게 된다.

물론 두 관점이 모두 사실일 수 있다. 예를 들어 마이크로소프트 같은 기업은 적어도 몇몇 법정이 판단하기에는 사회의 이익을 저해하는 활동을 하기도 했다. 그 반면에 마이크로소프트는 산업 내 구매자들의 욕구를 충족시켜서 사회의 이익을 극대화하도록 최상의 제품을 판매하기도 한다.[10]

model이라 불리며 〈그림 2.2〉에 요약되어 있다. **구조**structure는 산업 구조를 말하며 산업 내 경쟁자의 수, 진입과 철수에 드는 비용 등으로 설명할 수 있다. **행위**conduct는 산업 내에서 기업들이 행하는 전략을 뜻한다. 이 모델에서 **성과**performance는 두 가지 의미를 띠는데, 개별 기업의 성과와 전체 사회의 경제적 성과를 의미한다. 두 가지 의미에서의 성과가 모두 중요하지만, 제1장에서 설명한 전략경영 과정에서의 성과는 개별 기업의 성과에 초점을 맞추고 있음을 알 수 있다. 사실 '전략과 기업윤리'에서 볼 수 있듯이 개별 기업의 성과와 전체 사회의 경제적 성과의 관계는 단순하지만은 않다고 할 수 있다.

산업 구조와 기업의 행위, 기업의 성과를 연결 짓는 이 논리는 잘 알려져 있다. 어느 기업이 속한 산업의 여러 특성들은 그 기업이 내릴 수 있는 의사결정의 범위를 결정한다. 예를 들어

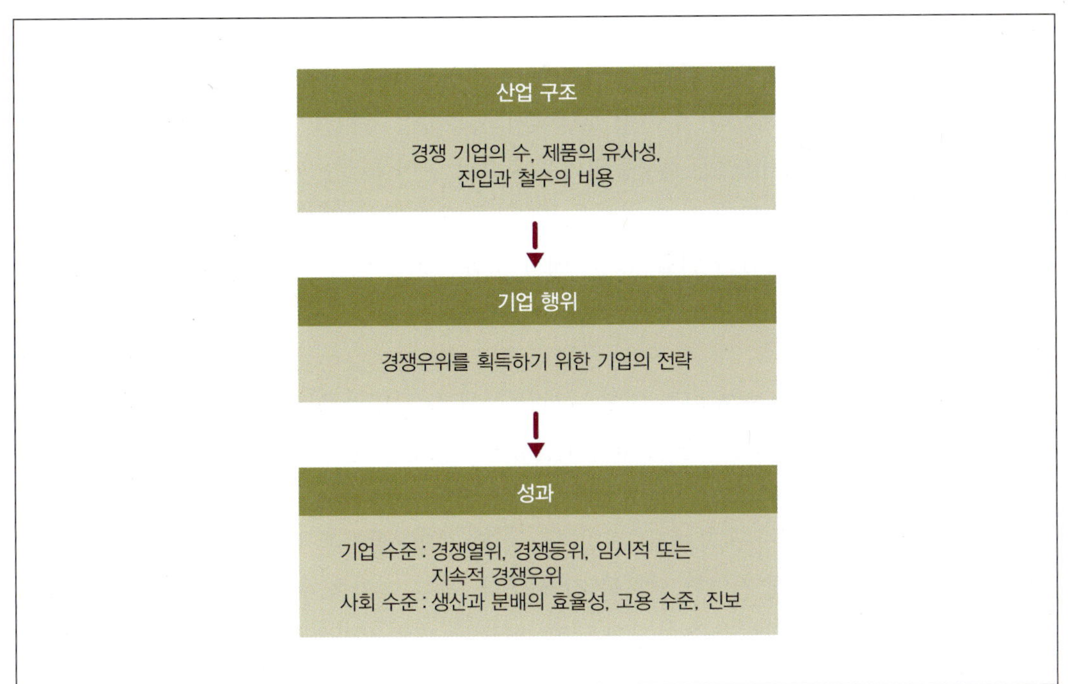

그림 2.2
구조-행위-성과 모델

어떤 산업에서는 기업들이 전략 선택의 대안은 별로 없으면서 의사결정을 제약하는 요인은 많이 가지고 있다. 이러한 산업에서는 기업들이 일반적으로 경쟁등위를 가지고 있으며, 산업 구조가 전적으로 기업들의 전략을 결정하고 더 나아가 장기적 성과를 결정하게 된다.

그러나 경쟁이 심하지 않은 산업에서의 기업들은 풍부한 전략 선택의 대안과 더불어 적은 수의 제약 요인을 갖게 되며, 이 중 몇몇 전략 대안은 기업들이 경쟁우위를 획득하도록 돕는다. 그러나 아무리 많은 전략 대안이 존재하더라도 결국 산업 구조는 전략 대안의 범위를 제한하는 기능을 한다. 또한 이 장의 후반부에서 설명하겠지만, 산업 구조는 기업이 경쟁우위를 얼마나 오래 지속시킬 수 있는지에도 영향을 미친다.

환경적 위협에 대한 모델

이론적으로 S-C-P 모델은 학문적으로나 정부 정책 입안자에게 매우 유용한 분석의 틀을 제공한다. 그러나 기업이 속한 좁은 범위의 환경에서 위협 요인을 분석하는 데는 애매모호한 경우도 있다. 다행스럽게도 몇몇 학자들은 S-C-P 모델을 바탕으로 특정 기업이 직면한 위협을 찾아낼 수 있는 구체적인 모델들을 개발했다.[11] 이러한 모델들은 〈그림 2.3〉에 나타낸, 기업이 직면하는 다섯 가지 위협 요인을 찾아내고 그 위협의 크기를 결정짓는 상황을 설명한다. 〈그림 2.3〉에 나타낸 S-C-P 모델과 그 프레임워크의 관계는 '이론적 뿌리를 찾아서'(39쪽)에 설명했다.

경쟁우위를 추구하는 기업에 있어서 **환경 위협**environmental threat은 그 기업의 성과를 저해하는 외부의 개인, 단체 또는 조직을 말한다. 위협은 그 기업의 비용 상승, 수익 하락 또는 다른 방법으로 기업의 성과를 저해한다. S-C-P 모델에서 사용하는 용어를 빌리자면, 환경 위협은 산업 내 경쟁을 늘려 기업의 성과를 경쟁등위의 수준으로 끌어내리는 세력들이다. 어느 산업에나 보편적으로 존재하는 다섯 가지 환경 위협은 (1) 신규(잠재적) 진입자 위협, (2) 기존 경쟁자 위협, (3) 대체재 위협, (4) 공급자 위협, (5) 구매자 위협이다.

신규(잠재적) 진입자 위협

〈그림 2.3〉에서 확인한 첫 번째 환경 위협은 신규(잠재적) 진입자로부터의 위협이다. **신규**(잠재적) **진입자**new competitors는 최근에 산업 내에서 활동을 시작한 기업이나 곧 활동을 시작할 것이라고 위협하는 기업이다. 음악 스트리밍 산업에서 애플, 구글, 아마존은 신규(잠재적) 진입자이다.

S-C-P 모델에 따르면, 신규(잠재적) 진입자는 어떤 산업 내에 존재하는 기업들이 높은 이익을 내고 있을 때 그 산업에 진입할 의도를 갖게 된다. 높은 이익을 추구하는 기업들이 이 산업에 진입함으로써 경쟁의 강도가 높아지게 되고, 따라서 기존 기업incumbent firm들의 성과는 낮아지게 된다. 즉 진입장벽이 없다면 어느 산업 내에서 높은 이익을 내는 기업이 하나도 없을 때까지 신규 진입은 계속될 것이고, 결국 모든 기존 기업이 경쟁등위를 가질 때 진입이 끝나게 된다.

신규 진입자들이 기존 기업들에게 주는 위협의 크기는 진입에 필요한 비용cost of entry이 얼마나 큰가에 달려 있다. 진입비용이 진입 후 얻을 수 있는 이익보다 크다면 신규 진입이 일어나지 않을 것이고, 따라서 잠재적 신규 진입자는 기존 기업들에게 위협이 되지 않을 것이다. 그러나 진입비용이 더 작다면 진입비용과 진입 후 이익이 같아질 때까지 진입이 일어날 것이다.

이처럼 신규 진입자 위협은 진입비용에 달려 있는데, 진입비용은 진입장벽의 '높이'에 달려

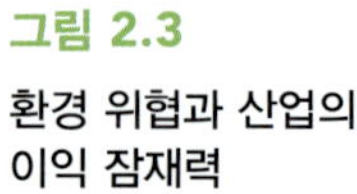

그림 2.3
환경 위협과 산업의 이익 잠재력

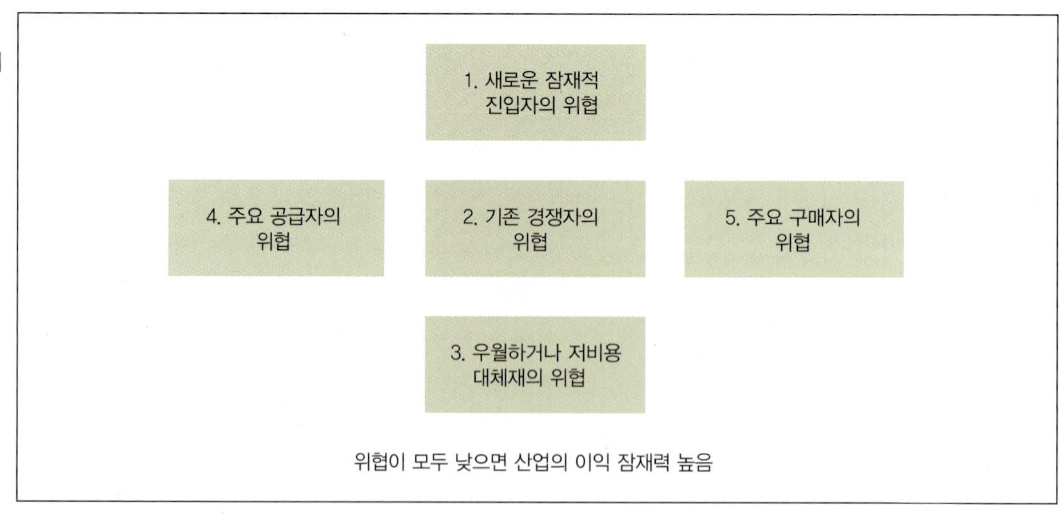

이론적 뿌리를 찾아서

환경 위협과 S-C-P 모델의 관계를 생각해 보면 그 위협들이 어떤 산업에서 경쟁의 성격에 미치는 영향에 대해 생각하게 된다. 어느 산업에서 다섯 가지 위협이 모두 높으면 그 산업에서의 경쟁은 경제학에서 일컫는 **완전경쟁**perfect competition의 상태가 된다. 반면 다섯 가지 위협이 모두 낮으면 경제학에서 말하는 **독점**monopoly의 상태가 된다. 완전경쟁과 독점 사이에서 경제학자들은 두 가지 경쟁 상황을 더 발견하였는데 그것은 독점적 경쟁과 과점이며, 이들 형태에서 다섯 가지 위협은 높은 편이다. 네 가지 유형의 경쟁 상황과 그 상황하에서 기업들의 기대 성과는 아래 표에 요약하였다.

어떤 산업에 있어서 많은 경쟁 기업이 존재하고 비용과 제품 특성의 측면에서 제품들이 유사하며 진입entry과 철수exit의 비용이 낮을 때 그 산업은 **완전경쟁적**perfectly competitive이라 할 수 있다. 완전경쟁적인 산업의 예는 원유의 현물시장을 들 수 있다. 이러한 산업에 속한 기업들은 오직 경쟁등위만을 기대할 수 있다.

또한 어떤 산업에 있어서 많은 경쟁 기업이 존재하고 진입과 철수에 따르는 비용이 낮을 때 그 산업은 **독점적 경쟁 산업**monopolistically competitive industry이라 할 수 있다. 그러나 완전경쟁의 경우와는 다르게 이 산업에 속한 제품들은 비용과 제품 특성의 측면에서 유사하지 않다. 독점적 경쟁 상태의 예로는 치약, 샴푸, 골프공, 자동차 산업을 들 수 있다. 이러한 산업에 속한 기업들은 경쟁우위를 얻을 수 있다.

환경 위협과 S-C-P 모델

과점oligopoly은 소수의 경쟁 기업들, 유사한 제품들, 그리고 높은 진입 및 철수 비용의 특징을 갖는다. 과점적인 산업의 예로는 1950년대 미국의 자동차 및 철강 산업과 현재의 시리얼 산업을 들 수 있다. 현재 미국 시리얼 시장 매출의 90%를 4개의 기업이 점유하고 있다. 이러한 산업에 속한 기업들은 경쟁우위를 얻을 수 있다.

마지막으로, **독점적 산업**monopolistic industry에는 오직 한 기업이 존재한다. 이러한 산업에의 진입은 매우 어렵다. 순수한 독점 산업의 예는 거의 찾아보기 힘든데, 예를 들어 역사적으로 미국의 우편배달 산업은 국내 우편의 경우 독점을 유지했었다. 그러나 이 독점 상태는 소형화물 배달 기업인 페덱스와 대형소포 배달 기업인 UPS에게 도전을 받았으며, 이메일에 의해 일반적인 편지 배달 기능도 대체되고 있다. 독점 기업은 때때로 매우 비효율적으로 운영되기도 하지만 경쟁우위를 창출할 수 있다.[12]

경쟁의 유형과 기업의 기대 성과

경쟁의 유형	특성	예	기업의 기대 성과
완전경쟁	다수의 기업, 유사한 제품들, 낮은 비용의 진입과 철수	주식시장, 원유시장	경쟁등위
독점적 경쟁	다수의 기업, 상이한 제품들, 낮은 비용의 진입과 철수	치약, 샴푸, 골프공, 자동차 산업	경쟁우위
과점	소수의 기업, 유사한 제품들, 높은 비용의 진입과 철수	1950년대 미국의 철강 및 자동차 산업, 미국의 시리얼 산업	경쟁우위
독점	하나의 기업, 높은 진입비용	우편배달 산업	경쟁우위

표 2.1 산업을 둘러싼 진입장벽

1. 규모의 경제
2. 차별화
3. 규모와 무관한 비용우위
4. 진입을 막는 정부 규제

있다. **진입장벽** barriers to entry은 진입비용을 높이는 산업의 구조적 특성을 말한다. 진입장벽이 높으면 잠재적 진입자들은 설사 산업 내 기존 기업들이 경쟁우위를 누리고 있더라도 그 산업에 진입하지 않을 것이다.

네 종류의 중요한 진입장벽이 S-C-P 모델과 기타 전략 분야의 연구에서 밝혀졌는데, 〈표 2.1〉에 정리된 이 네 가지 장벽은 (1) 규모의 경제, (2) 차별화, (3) 규모와 무관한 비용우위, (4) 진입을 막는 정부 규제이다.[13]

진입장벽으로서의 규모의 경제

규모의 경제 economy of scale는 기업의 생산량이 많아지면 기업의 비용이 감소할 때 존재한다. **규모의 불경제** diseconomy of scale는 이와 반대로 생산량이 많아지면 기업의 비용이 증가할 때 존재한다. 규모의 경제, 규모의 불경제, 그리고 기업의 생산량과의 관계는 〈그림 2.4〉에서 볼 수 있다. 기업의 생산량이 증가할수록 단위당 제조비용은 감소하기 시작한다. 이것은 규모의 경제를 나타낸다. 그러나 생산량이 너무 많아지면 어느 시점 이후의 비용은 상승하기 시작한다. 이것은 규모의 불경제를 나타낸다. 규모의 경제가 진입장벽의 역할을 하기 위해서는 생산량과 그 비용의 관계는 〈그림 2.4〉에서 보여주는 형태가 되어야 한다. 이 그래프에서 최적 생산량(X점)을 벗어난 생산량을 가진 기업은 높은 비용을 지불하게 된다.

규모의 경제가 어떻게 진입장벽의 역할을 할 수 있는가를 알아보기 위해 다음의 시나리오를 생각해 보자. 어느 산업 내에 5개의 기업이 있는데 각각 최적 규모의 생산량인 4,000단위를 생산하고 있다(X = 4,000). 시장에서의 총수요는 22,000단위이다. 규모의 경제 곡선은 〈그림 2.4〉와 동일하고, 각 기업은 하나의 공장만을 소유하고 있으며, 모든 제품은 차이가 없다고 가정하자. 이 시장에서의 총수요량(22,000)은 총공급량(4,000 × 5 = 20,000)보다 크기 때문에, 수요·공급의 법칙에 의하여 기존의 다섯 기업은 높은 수준의 이익을 얻고 있으며, S-C-P 모델에 의하면 신규 진입자가 이 산업에 진입할 동기를 부여한다.

그러나 잠재적 신규 진입자의 시각에서 이 상황을 살펴보자. 비록 기존 기업들이 높은 이익을 누리고 있는 것은 확실하지만 잠재적 진입자가 진입하기에 조건이 좋은 것만은 아니다. 첫째, 신규 진입자가 최적 생산량(4,000단위)을 생산하며 진입한다면, 진입 후 시장의 총공급량(20,000 + 4,000 = 24,000)은 총수요량(22,000)보다 커진다. 이는 이 시장의 모든 기업이 손실

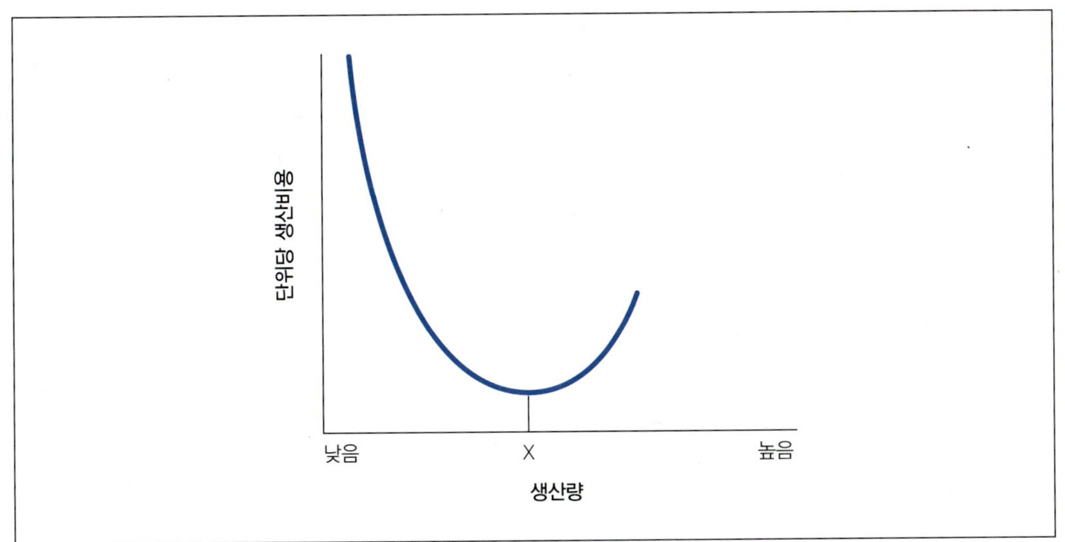

그림 2.4

규모의 경제와 제조비용

을 보게 됨을 뜻한다. 둘째, 신규 진입자가 최적 생산량보다 적은 생산량, 예를 들어 1,000단위를 생산하며 진입한다면 시장에서의 총공급량은 총수요량보다 적게 유지할 수 있으나(22,000 > 21,000) 신규 진입 기업은 홀로 심각한 비용상의 불리함을 감수해야 할 것이다. 어떤 결정을 하든 신규 진입자는 손실을 입게 될 것이므로, 기존 기업들이 이익을 누리고 있다 하더라도 이 시장에 진입하지는 않을 것이다.

물론 잠재적 신규 진입자는 다른 대안을 택할 수도 있다. 예를 들어 시장의 총수요를 (22,000에서 24,000단위로) 증가시키는 것을 먼저 시도하고, 다음에 최적 생산량을 생산하면서 진입을 시도할 수 있다. 또는 새로운 기술을 개발하여 신규 진입자의 최적 생산량을 감소시키고 나서 진입을 시도할 수도 있다. 또는 잠재적 신규 진입자는 그 제품을 차별화하여 높은 가격을 책정함으로써 최적 생산량보다 적은 생산량을 생산하는 데서 얻는 손실을 보전하려고 시도할 수도 있다.[14]

이러한 행위들은 기업이 산업에 진입할 수 있게 할지 모른다. 그러나 신규 진입자가 이러한 대안들을 이용할 때 지불해야 하는 추가적인 비용도 역시 고려해야 한다. 이러한 '진입장벽을 부수는' 활동에 드는 비용이 진입 후 이익보다 크다면, 기존 기업들이 이익을 누리고 있다 해도 진입은 일어나지 않을 것이다.

역사적으로 규모의 경제는 범세계적인 철강 산업에서 진입장벽의 역할을 해 왔다. 규모의 경제를 실현하기 위해 기존 철강 기업들은 큰 규모여야 했다. 신규 진입자가 이처럼 큰 규모의 설비를 가지면 철강 산업의 총공급량은 총수요량보다 커지게 되어 기존 기업이나 신규 진입자 모두 손실을 입으므로, 이 때문에 신규 진입이 억제되었던 것이다. 그러나 1970년대에 들어 미니밀mini-mill이라는 기술이 개발됨에 따라 철강 기업들은 대규모의 설비를 갖추지 않고도 효율적으로 철강 산업 내의 특정 제품을 생산할 수 있게 되었다. 이 제품에 대한 최적 생산량이 감소된 것이다. 이 기술로 말미암아 철강 산업의 진입장벽이 낮아지게 되었다. 뉴코스틸과 샤패럴스틸 같은 최근의 진입자들은 기존 설비를 이용하는 기존 기업들보다 월등한 비용우위를 누리고 있다.[15]

진입장벽으로서의 차별화

차별화product differentiation는 어느 기업이 다른 기업에 비해 높은 상표 인지도brand identification나 구매자 충성도customer loyalty를 가지는 것을 뜻한다. 상표 인지도나 구매자 충성도는 진입장벽의 역할을 하는데, 왜냐하면 신규 진입자들은 기존 기업들이 가지고 있는 일상적인 비용을 지불할 뿐 아니라 기존 기업의 차별화 우위를 극복하기 위한 비용까지 부담해야 하기 때문이다. 신규 진입에 따르는 이익보다 차별화 우위를 극복하기 위한 비용이 더 큰 경우, 신규 진입이 일어나지 않을 것이다.

차별화가 진입장벽의 역할을 하는 예는 여러 산업에서 볼 수 있다. 예를 들어 맥주 제조 산업에서 버드와이저, 밀러, 쿠어스 등의 기존 기업들은 상표 인지를 위해 막대한 광고비를 쓰고 있고(버드와이저 광고에 나오는 개구리를 잊을 수 있겠는가?), 이것은 외부 기업의 신규 진입을 매우 어렵게 한다.[16] 사실 벨기에에 본사를 둔 맥주 제조 대기업인 인베브는 미국 시장에 진입하기보다는 앤하이저부시를 인수하는 것을 선택했다.[17]

미국의 포도주 제조 기업인 E. & J. 갤로와이너리는 프랑스 시장에 진출할 때 차별화 진입장벽을 경험했다. 미국에서는 1인당 연간 1.8갤런, 총 2억 병의 포도주가 소비되는 반면, 프랑스에서는 1인당 연간 16.1갤런, 총 4억 병의 포도주가 소비될 정도로 프랑스는 거대한 포도주 시장을 가지고 있다. 이 거대한 수요에도 불구하고 프랑스인들의 프랑스산 포도에 대한 구매자 충성도가 너무 높기 때문에 갤로가 프랑스 시장을 개척하기는 매우 어려웠다. 미국산 포도주는 '재미난 선물gag gift' 정도로 취급받고 미국식 식당에서나 미국 와인을 판매하는 정도였다. 갤로는 차별화 진입장벽을 깨기 위해 프랑스인에게 이국적으로 여겨지는 '캘리포니아산'을 강조하는 한편, 프랑스인에게 별로 매력적이지 않은 '미국 기업'이라는 점은 최대한 감추려고 노력한다.[18]

진입장벽으로서의 규모와 무관한 비용우위

앞에서 열거한 진입장벽 외에도 산업 내 존재하는 기존 기업들은 규모와 무관한 여러 종류의 비용우위를 누릴 수 있다. 이러한 비용우위는 신규 진입자들의 입장에서는 비용열위로 작용하기 때문에 신규 진입을 막는 요인이 될 수 있다. 신규 진입자들은 이러한 비용열위를 극복하고자 여러 가지 활동을 할 수 있으나, 이 활동들이 또 다른 비용을 유발하기 때문에 진입에 따르는 경제적인 이익은 감소할 수밖에 없고, 이 비용 상승이 진입에 따르는 이익보다 큰 경우 신규 진입이 일어나지 않게 된다. 산업 내 기존 기업들이 누릴 수 있는 규모와 무관한 비용우위는 〈표 2.2〉에 정리되어 있는데, (1) 독점적 기술, (2) 경영상의 노하우, (3) 원재료에의 접근

표 2.2 진입장벽으로서의 규모와 무관한 비용우위의 원천

독점적 기술 : 기존 기업들이 특허를 가지고 있거나 보안을 유지하는 기술을 가지고 있는데 그 기술을 이용하여 잠재적 신규 진입자보다 낮은 비용을 유지할 수 있는 경우, 잠재적 진입자들은 대체 기술을 개발해야 한다. 이러한 대체 기술 개발의 비용은 진입장벽으로 작용한다.
경영상의 노하우 : 기존 기업들이 일상적으로 당연하게 여기는 지식, 기술, 정보를 소유하고 있는데 그것들을 개발하는 데 수년이 걸리는 경우, 이러한 노하우를 개발하는 비용은 진입장벽으로 작용한다.
원재료에의 접근 우월성 : 기존 기업들이 원재료에 대해 더 용이하게 접근할 수 있을 때, 잠재적 신규 진입자들이 비슷한 접근성을 얻기 위한 비용은 진입장벽으로 작용한다.
학습 곡선 비용우위 : 기존 기업들이 잠재적 신규 진입자들이 갖지 못한 누적 생산량을 통해 비용우위를 가질 때, 잠재적 진입자들이 갖는 비용열위는 진입장벽으로 작용한다.

우월성, (4) 학습 곡선 비용우위가 그것이다.

독점적 기술 어떤 산업에서는 **독점적 기술**proprietary technology(기밀이거나 특허로 등록된 기술)이 기존 기업들에 비용우위를 준다. 이러한 산업에 진입하기 위해서 잠재적인 진입자들은 그들 스스로 대체적인 기술을 개발하거나 아니면 기존 기업들의 독점적 기술 특허권을 침해하는 모험을 해야 하는데, 두 방법 모두 비용 상승을 초래한다. 여러 산업에 걸쳐서 많은 기업들이 다른 기업의 특허권을 침해하여 막대한 배상금을 지불한 바 있다. 사실 전자제품처럼 많은 상이한 기업들에 의해 개발된 기술이 제품에 반영되는 산업에서 특허법 위반 소송은 계속 증가 추세에 있다. 지난 수년간 인터트러스트는 애플을, 야후는 페이스북을, 구글은 BT를, 보스턴대학교는 애플을, 노키아는 HTC를, 삼성은 애플을, 애플은 삼성을 제소했다.[19] 2015년에 미국에서는 총 5,830건의 특허 소송이 제기되었는데 이것은 2013년의 6,114건보다는 감소했지만 2014년보다 15% 증가한 것이었다.[20]

경영상의 노하우 진입장벽을 만드는 요소로서 독점적 기술보다 중요한 것은 기업의 전통에 기반을 둔 경영상의 노하우이다.[21] **경영상의 노하우**managerial know-how는 한 산업 내에서 다른 기업들과 매일 경쟁하는 데 필요한 일상적인often-taken-for-granted 지식과 정보를 뜻한다.[22] 노하우는 기업 내에 수년간 또는 수십 년간 축적된 수많은 단편적 지식으로서, 고객과 공급자를 상대하는 법, 혁신적이고 창조적으로 사업을 영위하는 법, 좋은 품질의 제품을 생산하는 법 등을 포함한다. 대개 신규 진입자는 이러한 지식을 갖기 힘들며 짧은 시간 내에 노하우를 축적하기란 어렵게 마련이다.

이러한 노하우가 진입장벽으로 작용하는 산업의 예로서 제약 산업을 들 수 있다. 이 산업에서 성공하기 위해 기업들은 높은 수준의 연구개발 능력을 가져야 하는데, 세계적인 연구개발 능력은 기업이 지식과 기술, 아이디어, 즉 노하우를 수십 년간 축적해야만 가능한 것이다. 신규 진입자들은 이 노하우를 축적하기 위해 수십 년간 비용열위를 감수해야 하는 불리함이 있기 때문에 결국 제약 산업에서 경영상의 노하우는 신규 진입을 억제하는 역할을 해 왔다.[23]

원재료에의 접근 우월성 기존 기업들은 원재료에 더 쉽게 접근할 수 있다는 점에서 신규 진입자보다 비용우위를 가진다. 예를 들어 고품질의 철광 자원이 존재하는 지역에 이미 입지한 기존 기업들은 먼 거리로 그 원재료를 수송해야 하는 신규 진입자보다 비용 면에서 우위를 얻을 수 있다.[24]

학습 곡선 비용우위 항공기 제조와 같은 산업에서는 누적 생산량이 증가할수록 단위 제조비용이 하락하는 것을 볼 수 있다. 이와 같이 기존 기업들은 오랫동안 제조 경험을 쌓음에 따라 잠재적 진입자보다 비용우위를 누리게 된다. 잠재적 진입자들은 경험을 쌓을 때까지 상대적으로 높은 비용을 감수해야 하는데, 이 점이 기존 기업들의 높은 수익성에도 불구하고 그 산업으로의 진입을 억제하는 요인으로 작용하게 된다. 제4장에서 학습 곡선 비용우위를 더 자세히 설명할 것이다.

진입장벽으로서의 정부 정책

정부는 그 정책 목표에 따라 특정 산업의 진입장벽을 높이는 결정을 내릴 수 있다. 이 현상은 특히 정부가 독점적으로 어떤 사업을 운영할 때 나타나는데, 특정 제품이나 서비스에 대한 가격이 시장에서 결정되는 것보다 정부가 직접 결정하는 편이 낫다고 판단할 때 나타나게 된다. 전력 공급 산업이나 공교육 산업 등으로의 진입은 일반적으로 정부가 규제하고 있으며, 앞으로도 어느 정도의 규제가 있을 전망이다.

기존 경쟁자 위협

신규 경쟁자들이 기존 기업들이 성과를 유지·개선하는 데 중대한 위협을 가하는 유일한 존재는 아니다. 두 번째 환경적 위협은 어느 기업의 산업 내 직접적 경쟁자로부터의 위협이다. 스포티파이, 디저, 판도라, 랩소디는 음악 스트리밍 산업에서의 직접적 경쟁자들이다.

경쟁자는 어느 기업의 경제적 성과를 감소시킴으로써 위협을 하게 된다. 높은 수준의 경쟁자 위협은 잦은 가격 하락(예 : 항공 운항 산업에서의 가격 하락), 잦은 신제품 출현(예 : 가전제품 산업에서의 계속적인 신제품 출현), 높은 광고 지출(예 : 펩시콜라와 코카콜라 사이의 광고 경쟁), 긴박한 경쟁적 조치(예 : 항공 운항 산업에서 경쟁 기업의 가격에 대응하기 위한 긴박한 가격 조정 조치)를 통해 나타난다.

〈표 2.3〉에서 볼 수 있듯이 산업의 몇몇 특성들은 경쟁자 위협을 상승시킨다. 첫째, 산업 내 경쟁 기업의 수가 많으면 경쟁자 위협은 높을 수 있다. 컴퓨터 제조 산업이 그 예인데, HP, 델, 레노보, 아에르, 그리고 아수스의 시장 점유율을 합쳐도 전 세계 시장의 60%에 불과하고 그 외

표 2.3 경쟁자 위협을 증가시키는 산업 특성

1. 다수의 그리고 비슷한 규모를 가진 경쟁 기업들
2. 낮은 산업 성장률
3. 차별화의 부재
4. 큰 단위로만 이루어지는 공급량 증가

에 수백 개의 중소기업들이 경쟁하고 있다. 그 결과 소매가격은 2014년에 544.30달러까지 하락했고, 기업들의 평균 이익은 더 빨리 하락해서 대당 14.87달러로서 이익률은 불과 2.7%에 달했다.[25]

둘째, 어느 산업이 느린 속도로 성장할 때 경쟁자 위협이 높을 수 있다. 산업 성장률이 낮은 경우, 기업들은 매출을 늘리기 위해 경쟁 기업의 시장점유율을 뺏어 와야 하기 때문이다. 미국의 패스트푸드 산업이 정체되었을 때 버거킹의 99센트짜리 와퍼, 웬디스와 맥도날드의 '달러 메뉴(1달러짜리 메뉴)'가 등장했고 이는 치열한 가격 경쟁을 불러왔다.[26]

셋째, 어느 산업 내 기업들이 자신들의 제품을 차별화하지 못할 때 경쟁자 위협이 높을 수 있다. 차별화가 어려운 경우에는 가격을 낮추는 방법만이 유일한 경쟁 수단이 되기 쉬운데, 치열한 가격경쟁은 높은 경쟁자 위협을 야기한다. 예를 들어 미국 항공 운항 산업에서 장거리 구간(로스앤젤레스에서 뉴욕, 또는 로스앤젤레스에서 시카고 등)의 치열한 경쟁은 그 구간에서의 가격경쟁을 초래했다. 그러나 어떤 항공사들(아메리칸, 유나이티드, 델타)은 터미널 집중 방식^hub-and-spoke^(그 항공사의 대부분 구간이 특정 허브 지역을 통과하게 하는 시스템-역자 주)을 도입하여 특정 허브 지역에서는 지배적인 항공사가 되는 전략을 택했다. 이는 지역적으로 차별화된 서비스를 제공함으로써 경쟁자 위협을 부분적으로 감소시키는 효과를 가져온 것으로 볼 수 있다.[27]

마지막으로, 산업 내 공급 증가가 작은 단위로는 일어나지 못할 때 경쟁자 위협이 높을 수 있다. 만약 규모의 경제를 얻기 위해 한 번 추가되는 생산량의 단위가 커야만 할 때, 일단 생산량이 추가된 후에 이 산업은 공급 초과의 상태를 한동안 겪을 가능성이 크다. 이 공급 초과의 상태는 가격 경쟁으로 이어지게 된다. 상업용 제트기 산업에서 보잉과 에어버스 사이의 치열한 경쟁은 에어버스가 이 산업에 진입할 때 추가된 많은 생산량이 주된 원인이다.[28]

대체재 위협

세 번째 환경적 위협은 대체재로부터의 위협이다. 직접적인 경쟁자가 제공하는 제품이나 서비스는 고객이 가진 동일한 욕구를 동일한 방법으로 충족시킨다. 그러나 **대체재**^substitutes^는 고객이 가진 동일한 욕구를 다른 방법으로 충족시키게 된다. 다운로드된 음악의 대체재는 스포티파이, 판도라, 그리고 다른 음악 스트리밍 기업들을 포함한다. 텔레비전 스포츠의 대체재로는 스포츠 잡지, 신문 스포츠란의 기사, 스포츠 경기 관람 등을 들 수 있다.

대체재는 어느 기업이 산업 내에서 가질 수 있는 가격과 이익의 상한선을 결정한다. 극단적인 경우 대체재는 말 그대로 어느 산업 내의 제품이나 서비스를 대체할 수도 있는데, 이는 대체재가 기존 제품보다 확실히 우월할 때 나타날 수 있다. 예를 들어 전자계산기는 기계식 계산기를 대체했고 CD는 LP 레코드판을 대체했다(물론 LP판의 음질이 더 낫다는 주장이 있기는 하다).

대체재는 다양한 산업의 이익 감소를 야기하는 데 중요한 역할을 하고 있다. 예를 들어 법률 관련 산업에서는 법정 바깥에서의 중재 서비스가 변호사의 업무에 대한 실질적인 대체재로 떠오르고 있다. 출판 산업에서는 파일 형태의 책이 전통적인 책에 대한 실질적인 대체재로 간주되고 있다. CNN과 같은 TV 뉴스 프로그램은 **타임**이나 **뉴스위크** 같은 주간지에 대한 위협적인 대체재이다. 유럽에서는 소위 대형 할인점이 소형 식료품점을 위협하고 있다. 마이너리그의 야구 팀은 메이저리그의 야구 팀에 대해 부분적으로 대체재가 된다. 케이블 TV는 공중파 TV의 대체재이다. '창고형' 소매품점은 전통적인 쇼핑센터의 대체재이다. (네덜란드나 오스트레일리아에서 볼 수 있는) 우편배달 업무를 하는 사기업들은 정부 우편배달 서비스의 대체재이다. 가정용 재정 관리 소프트웨어는 전문적인 재정 관리 서비스를 부분적으로 대체한다.[29]

공급자 위협

네 번째 환경적 위협은 공급자로부터의 위협이다. **공급자**suppliers는 기업이 필요로 하는 원재료, 노동력, 기타 자산을 공급한다. 어느 산업의 공급자들은 이러한 공급 요소들의 가격을 높이거나 그 품질을 저하시킴으로써 그 산업에 존재하는 기업들의 성과에 위협적일 수 있다. 즉 그 산업의 기업들이 창출하는 이익은 상승된 공급 가격이나 저하된 품질(공급자의 비용이 하락하기 때문)을 통해 공급자들에게 전이될 수 있다. 음악 스트리밍 산업에서 좁은 범위에서는 3개의 주요 기업들과 넓은 범위에서는 유명한 아티스트들이 공급자 위협을 발생시킨다.

〈표 2.4〉에는 공급자 위협의 수준이 높을 수 있는 조건을 제시해 놓았다. 첫째, 공급자들이 속한 산업이 몇몇 기업에 의해 주도될 때 공급자 위협이 매우 높을 수 있다. 이러한 경우 한 기업이 선택할 수 있는 공급자가 제한되어 있기 때문이다. 제한된 수의 공급자들은 공급 요소 가격을 높인다든지 품질을 저하시키는 방법 등을 통해 구매하는 기업의 이익을 뽑아 낼 수 있다. 마이크로소프트는 윈도우 프로그램의 독점적 지위를 바탕으로 운영체제 시장에서 주도적인 역할을 하고 있다. 적어도 지금은 컴퓨터 제품을 판매하려는 기업들은 어떤 형태로든 마이크로소프트의 영향을 받게 된다.

반대로, 공급자의 수가 많은 경우에는 구매 기업의 성과에 대한 공급자 위협이 낮다. 예를 들어 미국의 변호사 수가 1981년 이래로 40%나 증가함에 따라(현재 거의 100만 명에 가깝다) 변호사 및 법무법인들은 치열한 경쟁을 해야만 하는 상황이 되었다. 그에 따라 기업 고객은 변호사가 부과하는 시간당 요금을 낮추고 반복되는 단순한 법률 관련 업무에 대해 낮은 고정요

표 2.4 공급자 위협이 높은 조건

1. 공급자들의 산업을 소수의 기업이 주도할 때
2. 공급자들이 특이하거나 고도로 차별화된 제품을 판매할 때
3. 공급자들이 대체재에 의해 위협받지 않을 때
4. 공급자들이 전방수직통합을 할 것이라고 위협할 때
5. 기업들이 공급자들에 대해 중요한 구매자가 아닐 때

금을 부과하도록 압력을 넣을 수 있게 되었다.[30]

둘째, 공급자들은 그들의 공급 요소가 매우 차별화되어 있을 때 높은 수준의 위협을 줄 수 있다. 농구 선수이자 방송인이며 또한 연예 스타인 르브론 제임스는 이 세상에 단 한 명밖에 없다. 그는 차별화된 지위를 이용하여 마이애미 히트 또는 클리블랜드 캐벌리어스나 나이키가 얻는 이익의 많은 부분을 가져가는 협상력을 발휘할 수 있었다. 또한 인텔이 가진 중앙처리장치의 개발·제조·판매에 대한 차별화된 능력 덕분에 인텔은 컴퓨터 제조 기업들에 대해 높은 협상력을 가질 수 있다.

차별화된 공급자의 예는 거의 모든 산업에서 찾아볼 수 있는데 TV 토크쇼는 좋은 예가 될 수 있다. 토크쇼의 공급자 중 하나는 그 쇼에 출연하는 인물인데, 어떤 게스트들은 그들의 독특한 특성 때문에 놀라운 명성을 얻을 수 있었다. 어떤 여성은 10명의 여자와 동시에 결혼한 동성애 남자의 열 번째 여자라는 아주 독특한 경력을 지닌 덕분에 여덟 편의 토크쇼에 출연할 수 있었다.

셋째, 공급자들은 대체재로부터 위협받지 않을 때 높은 수준의 위협을 줄 수 있다. 공급 요소를 대체할 효과적인 대체재가 존재하지 않을 때, 공급자들은 구매 기업들에 대해 우위를 가질 수 있는 것이다. 인텔과 마이크로소프트가 컴퓨터 기업들에 제공하는 중앙처리장치와 운영체제 요소는 독특한 제품 위치 때문에 이들 공급자는 컴퓨터 제조 기업들로부터 많은 이익을 낼 수 있다.

반면에 공급 요소의 대체재가 존재하는 경우 공급자의 협상력이 제한을 받는다. 예를 들어 캔 용기 산업에서 철제 캔은 플라스틱 캔 등으로 대체될 수 있기 때문에, 식품 제조 업체들에 계속 용기를 공급하기 위해서 철제 캔 제조 기업들은 낮은 가격을 유지해야 하는 것이다.[31]

넷째, 공급자들은 구매자 기업의 산업에 직접 참여할 것이라고 위협할 수 있을 때 높은 위협을 줄 수 있다. 이것은 **전방수직통합**forward vertical integration이라고 불리는데, 공급자들이 공급만 하는 것이 아니라 어떤 산업 내에서 공급자와 경쟁자의 역할을 동시에 하는 것을 뜻한다. 음악 스트리밍 산업에서 제이 지가 '아티스트에게 유리한' 타이달 서비스를 제공했던 것이 그 예이다.

전방수직통합의 위협은 진입장벽의 영향을 받는다. 높은 진입장벽이 존재할 때 공급자들은

전방수직통합을 통한 진입이 힘들기 때문에 기존 기업들에게 위협을 가하기 힘들다. 수직적 통합에 대해서는 제8장에서 자세하게 다루기로 한다.

마지막으로, 공급자들은 수익을 구매 기업들에 많이 의존하지 않을 때 높은 수준의 위협을 줄 수 있다. 예를 들어 철강 제조 기업들은 조각가나 소형 건축 회사 등의 고객을 잃는다고 해서 크게 동요되지 않는다. 그러나 대형 캔 제조 기업이라든가 백색 가전제품(냉장고, 세탁기, 건조기 등) 제조 기업, 자동차 제조 기업 등의 고객을 잃는다면 타격이 클 것이다. 철강 제조 기업들은 중요한 고객과의 거래를 계속하기 위해서 공급 철강재의 가격을 내린다든지 품질을 향상시키는 등의 노력을 할 것이다. 그러나 '덜 중요한' 고객에 대해서는 가격을 올린다든지 서비스와 제품의 질을 낮춤으로써 이익을 높이려 할 수 있다.

구매자 위협

마지막 환경적 위협은 구매자이다. **구매자**buyer는 기업의 제품이나 서비스를 구매한다. 공급자가 기업의 비용을 높이는 위협을 가하는 반면, 구매자는 기업의 수익을 낮추는 위협을 가한다. 음악 스트리밍 산업에서 중요한 구매자는 존재하지 않고 최종 소비자만 존재한다. 〈표 2.5〉에 구매자 위협의 정도를 결정하는 몇 가지 중요한 요소들을 설명해 놓았다.

첫째, 기업이 오직 한 구매자 또는 소수의 구매자를 가지고 있다면 이 구매자는 매우 위협적일 수 있다. 미국 국방성에 제품을 판매하는 기업들은 이러한 위협을 잘 알고 있다. 국방비 삭감은 방위산업체들에게 비용 절감과 품질 향상을 강요하기 때문이다. 그 결과 방위산업체들의 경제적 수익이 줄어들게 된다.[32] 대규모 소매점 체인을 상대로 제품을 판매하는 기업들은 높은 수익성을 유지하는 것이 얼마나 어려운지 잘 알고 있다. 월마트나 홈데포 같은 강력한 소매기업들은 납품업체에 대해 복잡한 물류 시스템 등의 활동을 요구할 수 있고, 납품업체들이 이를 충족시키지 못할 경우에는 '해고'할 수 있기 때문이다. 강력한 구매자들의 이러한 요구 조건은 납품업체들의 이익을 감소시키게 된다.

둘째, 구매자들에게 판매되는 제품이나 서비스가 차별화되지 못한 경우 구매자 위협이 클 수 있다. 예를 들어 농부들은 매우 표준화된 제품을 판매한다. 밀, 옥수수, 토마토 등의 농산물에 대해서는 비록 종자개량이나 수확시기 조절, 청정재배 등을 통해 어느 정도는 차별화된 제품을

표 2.5 구매자 위협이 높은 조건

1. 구매자가 소수일 때
2. 구매되는 제품들이 차별화되어 있지 않고 규격품일 때
3. 구매되는 제품들이 구매자의 최종 비용에서 큰 부분을 차지할 때
4. 구매자들이 높은 수준의 경제적 이익을 얻지 못하고 있을 때
5. 구매자들이 후방수직통합을 할 것이라고 위협할 때

생산할 수 있지만 일반적으로 다른 공산품에 비해 차별화가 힘들다. 그러므로 곡물 도매상과 중개업자는 대체 가능한 많은 농부들 사이에서 곡물의 공급자를 선택할 수 있다. 이러한 대체 가능성은 구매자의 위협을 증가시키고 농부들의 곡물 가격과 이익을 낮추게 된다. 어느 한 농부가 자신이 생산한 곡물의 가격을 높이려 하면 곡물 도매상은 즉시 다른 농부의 곡물을 구매하려 할 것이기 때문이다.

셋째, 구매자가 구매하는 제품이나 서비스가 이 구매자의 비용에서 차지하는 비중이 큰 경우, 이 구매자는 판매 기업들에 대해 높은 수준의 위협을 가질 수 있다. 이때 구매자는 비용을 통제하기 위해 항상 최저의 판매자를 찾을 것이기 때문이다. 예를 들어 캔 식품 산업의 경우 캔 용기의 비용은 제품 최종 가격의 40%나 차지한다. 그러므로 캠벨수프컴퍼니 같은 기업이 캔 공급업체의 가격에 대해 민감하게 반응하는 것은 당연한 일이라 할 것이다.[33]

넷째, 구매자가 높은 수준의 경제적 이익을 얻지 못할 때 판매 기업들에 대해 높은 수준의 위협을 가질 수 있다. 이 경우 구매자들은 판매 기업으로부터의 가격과 품질에 매우 민감할 것이기 때문이다. 판매 기업의 이익이 구매자의 이익보다 더 클 때 이 현상은 더 증폭될 수 있다. 어떤 경우에 구매자는 판매 기업의 산업에 진입하여 판매 기업이 얻는 경제적 이익을 직접 얻고자 하는데, 이것을 **후방수직통합**backward vertical integration이라 한다. 이에 대해서는 제8장에서 자세히 설명하기로 한다.

마지막으로, 구매자는 후방수직통합을 할 능력이 있을 때 판매 기업들에 대해 더 위협적일 수 있다. 이 경우 구매자는 구매자이자 경쟁자가 되어 판매 기업이 속한 산업의 매출액의 일정 부분을 차지하게 된다. 한편 수직적 통합과 연관된 구매자 위협은 판매 기업이 속한 산업의 진입장벽 높이와 반비례한다. 만약 판매 기업이 속한 산업의 진입장벽이 높으면 구매자 위협이 감소될 것이다.

환경적 위협과 평균적 기업 성과

다섯 가지 환경적 위협은 전략을 선택하여 실행하려는 경영자들에게 세 가지 중요한 시사점을 준다. 첫째, 이들은 산업 내 좁은 범위 환경에서의 가장 일반적인 위협의 원천을 설명하고 있다. 둘째, 이들은 한 산업의 전반적인 위협 수준을 설명하는 데 이용될 수 있다. 마지막으로, 〈표 2.6〉에 나타나 있듯이 S-C-P 논리에 따르면 어느 산업의 위협 수준은 그 산업에 속한 기업의 평균적인 성과에 영향을 주기 때문에, 이들 위협은 어느 산업 내 기업들의 평균적인 성과를 예측하는 데도 이용될 수 있다.

물론 특정 산업에 존재하는 다섯 가지 세력이 모두 위협적인 경우는 드물 것이다. 특정 산업을 둘러싼 위협의 수준이 일정하지 않을 경우 이 산업 내 기업들의 평균적인 성과를 예측하기는 힘들 수 있다. 〈표 2.6〉에 있는 네 가지 산업을 생각해 보자. 처음 두 산업에 속한 기업들의 평균적인 성과를 예측하기란 어렵지 않다. 산업 I에서 성과 수준은 낮을 것이고 산업 II에서 성과 수준은 높을 것이다. 그러나 산업 III와 산업 IV에 있어서 그 예측이 복잡해진다. 이러한 복

표 2.6 산업 내 평균 성과의 수준 추정하기

	산업 I	산업 II	산업 III	산업 IV
새로운 잠재적 진입자의 위협	고	저	고	저
기존 경쟁자의 위협	고	저	저	고
우월하거나 저비용 대체재의 위협	고	저	고	저
주요 공급자의 위협	고	저	저	고
주요 구매자의 위협	고	저	고	저
기대되는 평균 기업 성과	저	고	혼합	혼합

합적인 상황에서는 다음의 질문이 보다 적절할 것이다. "이 산업 내의 기업들이 창출하는 이익을 하나 또는 복수의 위협이 저하시킬 수 있는가?" 만약 이 질문에 대한 대답이 "그렇다"라면 이 산업에 속한 기업들의 평균적인 성과 예측치가 낮을 것이다. 만약 대답이 "아니다"라면 성과 예측치가 높을 것이다.

궁극적으로 볼 때, 이 분석 유형은 오직 한 산업 내 기업 성과의 평균치만을 예측하는 데 쓰일 수 있다. 만약 어느 기업의 성과가 주로 산업 요인에 의해서만 영향을 받는다면 별 문제가 없을 것이다. 그러나 다음 페이지의 '관련 실증 연구'에서 보듯이, 산업 요인만이 기업의 성과에 영향을 미친다는 것은 비현실적이라 할 수 있다.

또 다른 환경 세력 : 보완자

애덤 브란덴버거 교수와 배리 네일버프 교수는 산업의 잠재 이익 분석에 추가되어야 할 또 하나의 세력을 제시하였다.[34] 이 저자들은 '보완자'라 이름 붙인 세력을 경쟁자들과 구분한 것이다. 만약 당신이 어느 기업의 최고경영자라 한다면 경쟁자와 보완자를 구분하는 방법은 다음과 같다. 어느 구매자가 다른 기업의 제품을 샀을 때 당신 기업의 제품 가치를 낮게 평가한다면 그 기업은 당신의 **경쟁자**competitor이다. 직접적 경쟁자, 신규 경쟁자, 대체재 생산 기업은 모두 경쟁자의 구체적인 예이다. 반면, 어느 구매자가 다른 기업의 제품을 구매했을 때 당신 기업의 제품 가치를 더 높게 평가한다면 그 기업은 당신의 협력자 또는 **보완자**complementor이다. 음악 스트리밍 산업에 있어서 스마트폰은 이러한 역할을 한다고 볼 수 있다.

예를 들어 TV 프로그램 제작사와 케이블 TV 회사의 관계를 생각해 보자. 양쪽 세력의 가치는 상대방 세력의 존재에 달려 있다. 제작사들은 제작한 프로그램을 방영할 방송사가 필요한데, 케이블 TV 채널의 수가 증가하면 이는 방송 기회의 증가를 의미하므로 프로그램 제작사의 가치도 커지게 된다. 반면 케이블 TV 측면에서도 늘어난 방송 시간을 채워 줄 프로그램이 존

관련 실증 연구

얼마 전에 학자들은 어느 기업이 속한 산업의 특성이 그 기업의 성과에 미치는 영향과 그 기업 자체의 특성이 기업 성과에 미치는 영향의 상대적인 크기 차이에 관심을 가졌다. 이 주제를 다룬 첫 번째 연구는 리처드 슈말란시에 의해 이루어졌다. 1년 동안의 자료를 토대로 슈말란시는 어떤 기업들이 속한 산업에 귀속되는 성과에 대한 분산variance의 추정치estimate와 산업을 제외한 다른 요인들에 귀속되는 성과에 대한 분산의 추정치를 비교했다. 슈말란시는 기업 성과의 약 20%는 그 기업이 속한 산업에 의해 영향받는다는, 즉 산업이 기업 성과를 좌우하는 주된 요인이라는 S-C-P 모델의 주장이 맞다는 결론을 얻었다.

리처드 루멜트는 슈말란시의 연구에서 몇 가지 약점을 발견하였는데, 그중 가장 중요한 것은 슈말란시가 단 1년 동안의 자료를 이용했다는 점이었다. 루멜트는 4년 동안의 자료를 이용하여 안정적인 산업과 역동적인 산업의 차이를 반영할 수 있었다. 루멜트는 슈말란시와 비슷한 결과를 얻었는데, 그것은 슈말란시가 찾아낸 20% 대신 16%의 기업 성과가 그 기업이 속한 산업에 의해 영향을 받는다는 사실이었다. 그러나 루멜트가 찾아낸 새로운 사실은 이 16% 산업으로부터의 영향 중 오직 절반만이 안정적인 영향이었다는 것이다. 나머지 절반의 영향은 매년 변화하는 산업환경에 의해 좌우되었다. 이 결과는 S-C-P 모델이 설명하는 것과는 다른 것이다.

산업과 기업 특성이 기업 성과에 미치는 영향

루멜트는 또한 기업 특성이 그 기업의 성과에 미치는 영향을 조사하였는데, 기업 성과의 80% 이상이 기업 특성의 영향을 받으며 그중 절반 이상(46.38%)이 안정적인 기업 특성의 영향을 받는다는 것을 발견하였다. 이러한 안정적인 기업 특성 변수가 기업 성과에 미치는 영향 역시 S-C-P 모델과 모순되는 것이었다. 이러한 결과들은 제3장에서 설명하는 기업 성과에 대한 또 하나의 모델인 '자원기반이론resource-based view'과 일치한다.

루멜트의 연구 이후 다양한 기업 성과를 설명하는 요인을 찾으려는 연구가 가속화되었고, 이와 관련하여 적어도 아홉 편의 연구가 발표되었다. 이 중 가장 최근의 연구는 산업과 기업, 그리고 해당 사업의 요인들이 그 특정 사업의 성과에 미치는 영향은 다양하지만 전반적으로 사업 차원 요인들이 산업이나 기업 차원의 요인들보다 더 큰 영향력을 발휘한다고 설명하였다.[35]

재하는 한 채널의 수를 증가시킴으로써 케이블 TV 기업의 가치를 증대시킬 수 있다. 즉 프로그램 제작사와 케이블 TV 기업은 서로 보완관계에 있는 것이다.

브란덴버거와 네일버프는 더 나아가 보완자와 경쟁자의 중요한 차이는, 보완자가 어느 기업의 시장 규모를 증대시키는 반면 경쟁자는 시장점유율을 나누어 가지는 관계라고 주장하였다. 또한 저자들은 이 논리에 의거해서 기업은 항상 경쟁자의 진입을 꺼리는 반면 보완자의 진입을 유도할 것이라고 제안하였다. 앞의 예에서 프로그램 제작사들은 케이블 TV 기업들이 더 성장해서 많은 채널을 증가시킬 것을 바라고, 케이블 TV 기업들도 프로그램 제작사들이 더 성장해서 새롭고 창조적인 프로그램을 많이 제작하기를 바라는 것이다. 한쪽의 성장이 저해되면 그것은 다른 쪽의 성장도 저해하는 결과를 가져오게 된다.

물론 어느 기업이 특정한 기업에 대해서는 보완자가 되면서 동시에 다른 기업에 대해서는 경쟁자가 되는 경우도 있다. 예를 들어 위성방송의 발명에 따라 등장한 다이렉TV의 인기는 콕스 커뮤니케이션과 같은 기존 케이블 TV 기업들에게 위협을 가했다. 즉 다이렉TV와 기존 케이블 TV 서비스 기업들은 경쟁자인 것이다. 그러나 TV 프로그램 제작사에게 있어서 기존 케이블 TV 서비스 기업들과 다이렉TV는 모두 보완 관계이다. 그러므로 TV 프로그램 제작사의 입장에서 새로운 보완자의 진입을 유도할 것인가에 대해 결정할 때 새로운 보완자(다이렉TV)가 창출할 가치와 기존 보완자(케이블 TV 서비스 기업들)에게 미치는 경쟁적 영향을 고려해서 결정해야 한다.

하나의 기업이 경쟁자이자 동시에 보완자가 되는 것도 가능하다. 이런 현상은 기술 표준이 중요한 산업에서 종종 볼 수 있다. 예를 들어 DVD 표준이 확정되지 않았을 때 HD DVD 플레이어와 HD 영화의 매출이 증가하지 않았다. 블루레이 표준으로 정리된 다음에야 그 표준에 맞는 제품들의 매출이 증가하게 되었다.[36]

이러한 기술 표준을 세우기 위해서 기업들은 서로 기꺼이 협력할 의향이 있어야 한다. 즉 기술 표준에 대해서 기업들은 서로 보완자가 되고 이러한 관계를 통해 전체 시장의 규모가 증가하게 된다. 그러나 동시에 기업들은 증가된 시장에서 더 높은 점유율을 차지하기 위해 경쟁한다. 즉 이 시장의 기업들은 보완자인 동시에 경쟁자인 것이다.

기업들이 산업 내에서 경쟁자처럼 행동해야 할지 또는 보완자처럼 행동해야 할지를 결정하는 일은 때로 매우 어렵다. 어느 기업이 다른 기업들과 경쟁체제를 갖추기에 적절한 조직 구조와 통제 시스템, 보상 정책을 준비했다가 실제로 적어도 부분적으로는 다른 기업들과 보완적인 전략을 실행해야 하는 상황에 빠질 수도 있다. 브란덴버거와 네일버프가 '지킬 박사와 하이드'의 딜레마라고 부른 이 상황을 적절히 관리할 수 있는 기업은 더 이상 평범한 기업이 아닐 것이다.

산업 구조와 환경적 기회

환경적 위협을 발견하는 일은 외부환경 분석 업무의 절반에 불과하고, 환경적 기회를 발견함으로써 분석이 완성된다. 위협 요소를 분석할 때 이용한 S-C-P 논리가 기회 요소를 분석하는 기법을 개발할 때도 이용될 수 있다. 그러나 일반적인 위협 요소를 발견하는 대신, 기회 분석은 여러 본원적 산업 구조generic industry structure를 발견하고, 그 산업 구조에서 발견할 수 있는 기회들을 설명하는 내용을 포함한다.[37]

물론 본원적 산업 구조를 제시하는 방법은 여러 가지가 있을 수 있는데, 네 가지 산업 구조, 즉 (1) 세분화된 산업, (2) 부상하는 산업, (3) 성숙한 산업, (4) 쇠퇴하는 산업이 그것이다. 다섯 번째 산업 구조인 국제적 산업은 이 장의 후반부에서 설명하기로 한다. 〈표 2.7〉에 이들 산업 구조와 연관된 기회의 종류를 열거했다.

비록 이 네 가지 산업 구조처럼 보편적이지는 않지만 네트워크 산업과 '중심 공동화empty core'

표 2.7 산업 구조와 환경적 기회

산업 구조	기회
세분화된 산업 통합화	통합화
부상하는 산업	선도 기업 우위
성숙한 산업	제품 개선/서비스 질에의 투자/공정 혁신
쇠퇴하는 산업	리더십/틈새시장/수확/철수

산업의 특성도 중요할 수 있다. '이론적 뿌리를 찾아서'에서 이 산업들이 제공하는 기회에 대해 자세히 설명하기로 한다.

세분화된 산업에서의 기회 : 통합화

세분화된 산업fragmented industry은 산업 내에 많은 중소 규모의 기업이 존재하면서 시장점유율이나 중요한 기술을 특정한 소수 기업들이 주도하지 않는 산업을 의미한다. 소매업, 직물업, 인쇄업 등 대다수의 서비스 산업은 세분화된 산업의 예라 할 수 있다.

산업이 세분화되는 이유는 여러 가지가 있을 수 있다. 예를 들어 진입장벽이 낮은 경우, 많은 소규모 기업이 진입하여 세분화된 산업을 만들 수 있다. 규모의 경제가 존재하지 않거나 심지어 규모의 불경제가 존재하여 많은 기업들이 소규모로 남아 있을 수도 있다. 또한 동네 극장이나 동네 식당 등에서는 품질을 유지하거나 도난을 방지하는 등 세세한 부분까지 통제가 필요해서 소규모를 유지하기도 한다.

세분화된 산업에서는 기업들이 그 산업을 통합화, 즉 적은 수의 기업만이 존재하는 산업으로 바꾸는 전략을 실행하는 데서부터 기회를 찾을 수 있다. 이러한 **통합화 전략**consolidation strategy을 성공적으로 실행하는 기업은 산업의 선도자가 되어 그에 따른 이익을 얻을 수 있다.

통합화는 여러 가지로 이루어질 수 있다. 예를 들어 어느 산업에 존재하는 기존 기업은 그 산업에 존재하는 새로운 형태의 규모의 경제를 발견할 수 있다. 매우 세분화되었던 장례 산업에서 서비스 코퍼레이션 인터내셔널(SCI)은 체인을 구성하는 것이 이 사업에서 중요한 물품(관)을 구매하는 일과 희소한 자원(장의사와 영구차)을 적절히 운영하는 데 유리하다는 것을 발견했다. 그 결과 많은 장의업체들을 인수함으로써 SCI는 비용을 대폭 낮추며 경제적 성과를 높일 수 있었다.[38]

기존 기업들은 때때로 새로운 소유 구조를 갖춤으로써 산업을 통합하기도 한다. 캠프그라운즈 오브 아메리카(KOA)는 세분화된 캠핑 산업에서 프랜차이즈 계약을 이용했다. KOA는 각 지역에 산재한 캠프장 운영자들에게 전문적인 교육, 기술적 기법, 그리고 KOA의 평판을 제공했다. 프랜차이즈의 다른 예는 패스트푸드 산업(맥도날드), 자동차 정비 산업(미다스), 그리고 모텔 산업(라퀸타, 홀리데이인, 하워드존슨) 등에서 쉽게 찾아볼 수 있다.[39]

이론적 뿌리를 찾아서

네트워크 산업network industry에서는 제품 또는 서비스의 가치가 시장에 존재하는 제품 또는 서비스의 수와 밀접한 관련이 있다. 예를 들어 전화를 소유한 사람의 수가 소수에 불과하다면 전화의 가치는 작다. 이용자의 수가 많을 때 가치가 큰 것이다. 이러한 관계로 인해 네트워크 산업은 종종 **수확 체증 산업**increasing returns industry로 불리기도 한다.

물론 이러한 수확 체증 효과는 다른 산업 형태에서도 모두 중요할 수 있다. 그러나 네트워크 산업에 있어서는 다른 어떤 요인들보다 우선하여 제품 또는 서비스의 수가 가장 중요한 요인이 된다.

네트워크 산업은 디지털 시대에 있어서 특히 중요하다. 예를 들어 윈도우나 워드, 왓츠앱 등 특정 소프트웨어를 사용하는 사람이 늘어나면 그 소프트웨어를 통해 소통할 수 있는 사람의 수도 증가한다. 이것은 해당 소프트웨어의 가치를 증가시킨다.

네트워크 산업에 존재하는 주된 기회는 선도 기업이 되는 것이다. 선도 기업이 되어 신속하게 높은 시장점유율을 획득하면 거의 난공불락의 우위를 가질 수 있다. 이러한 전략은 종종 **승자독식**winner take all 전략이라고 불린다. 이러한 상황에서 신규 진입 기업들은 단순히 기존 기업들이 가진 기술 표준을 이용하는 이용자의 수 때문에 경쟁에서 불리하게 된다. 경쟁을 저해하는 이러한 속성 때문에 네트워크 산업은 여러 나라에서 반독점 규제의 대상으로 주목되기도 한다.

중심 공동화 산업empty core industries은 네 가지 특성을 갖는데, 그것은 (1) 수요에 비해 대규모로 공급 규모가 증가하고 (2) 공급 규모 증가에 따라 대규모의 불가피한 매몰비용sunk cost이 발생하며 (3) 수요

네트워크 산업과 중심 공동화 산업

가 예측하기 힘들게 변화하고 (4) 차별화가 이루어지기 힘들다는 것이다. '중심 공동화'라는 이름은 안정적으로 균형 이익에 도달하기 힘든 상황을 설정한 게임 이론 모델에서 연유되었다.

예를 들어 항공 운항 산업을 생각해 보자. 하나의 노선을 추가할 때 늘어나는 좌석의 수는 한두 개로 증가하는 것이 아니라 한 대의 비행기 단위인 수백 개로 늘어난다. 노선 추가에 따르는 비행기 이용 비용(리스 비용)은 해당 비행기의 운항 여부에 관계없이 확정적으로 지불해야 한다. 이것은 불가피한 고정비용을 창출한다. 또한 특정 노선의 이용객의 수는 때로는 매우 예측하기 힘들게 변화하고, 많은 항공사 이용자들은 항공사 서비스의 차별화를 인식하기보다는 가격을 중시하는 경향이 있다. 즉 차별화는 크게 중요하지 않다.

이러한 상황에서 운항하는 비행기 좌석의 수에 비해 수요가 미치지 못한다고 가정해 보자. 좌석 공급 규모는 큰 단위로 조정되기 때문에 항공사는 여행객의 수가 크게 줄지 않는 한 항공 노선을 없애지 못한다. 좌석을 절반만 채우고 운항하는 경우 항공사는 그 노선의 운항 중단을 검토할지도 모른다. 그러나 비행기의 운항 여부에 관계없이 비행기 리스 비용은 발생하고, '최고의 서비스' 등을 내세워 티켓 가격을 인상하는 것도 가능해 보이지는 않는다. 즉 좌석을 절반만 채우고 1만 달러 손해를 보는 것이 노선 운항을 중단하고 3만 달러 손해를 보는 것보다 그나마 나은 결정이 될 것이다. 이처럼 기업이 할 수 있는 최선의 결정마저 경제적 손실을 초래하는 상황을 **살인적 가격 인하 경쟁**cut throat competition이라고 부른다. 이러한 상황이 지속되면 파산에 이르게 되는데, 사실 미국의 항공 운항 산업은 지난 50년 동안 이 상황에 빠져 있었다.

'살인적'이라고 불리는 이러한 상황에도 불구하고 중심 공동화 산업에도 몇 가지 기회가 존재한다. 첫째, 기업들은 기술 변화를 통해 공급 규모가 대량으로 증가하지 않도록 할 수 있다. 항공사들은 보잉 737 기종 등 소형 기종을 도입함으로써 이것을 시도했다.

둘째, 기업들은 수요를 예측 가능하게 관리함으로써 공급의 증가분만큼만 수요가 증가하도록 시도할 수 있다. 항공사들은 **수요 관리**demand management를 통해 이 작업을 할 수 있는데, 이것은 과거의 여행객 정보를 바탕으로 특정 노선의 티켓 가격을 조정하여 좌석 수요와 공급의 갭을 작게 하는 활동을 의미한다. 이러한 활동의 결과 동일 노선의 가격이 하루만에

200달러에서 800달러로 인상되는 현상도 발생한다.

셋째, 기업들은 차별화를 대체할 수 있는 수단을 통해 가격 인상을 시도할 수 있다. 항공사들은 터미널 집중 방식hub and spoke system을 통해 특정 지역에서 사실상의 독점을 이룸으로써 가격을 상승시킨다. 일반적으로 허브 공항에서의 비행기 티켓 가격은 허브가 아닌 공항에서의 비행기 티켓 가격보다 비싼데, 그 이유는 특정 비행사의 허브 공항에서는 그 항공사가 어느 정도의 독점을 이루기 때문이다. 예를 들어 달라스(텍사스) 공항에서 올란도(플로리다)로 운항하는 아메리칸항공의 티켓 가격은 같은 항공사로 위치토(캔자스)에서 댈러스(텍사스)로 운항하는 티켓 가격보다 비싼데, 그 이유는 댈러스 공항이 아메리칸 항공의 허브 공항이기 때문이다.

넷째, 기업들은 살인적 가격 경쟁보다 높은 가격을 유지하기 위한 명시적 협력을 통해 담합을 시도할 수 있다. 이러한 담합 전략은 제7장에서 자세히 설명하기로 한다. 미국의 항공사들은 과거에 담합했는데, 이러한 담합 행위는 여러 나라에서 반독점행위 감독 기관의 규제를 유발했다.

마지막으로, 이 모든 전략이 수포로 돌아갔을 경우 기업들은 살인적 가격 경쟁 수준보다 높은 가격을 유지하도록 정부 규제를 유도할 수 있다. 미국의 항공사들은 정부가 항공산업에 가했던 규제 완화를 철회할 것을 여러 번 주장하였다.

항공 산업이 중심 공동화 산업의 특성을 가진 유일한 산업은 아니다. 해양 운송 산업, 화력 발전 산업, 제철 산업, 그리고 원자력 산업도 중심 공동화의 특성을 갖고 있다.[40]

세분화된 산업에서 통합화 전략을 실행하는 것의 장점은 대형 기업이 높은 시장점유율에서 얻을 수 있는 장점과 깊은 관련이 있다. 시장점유율이 높은 기업들은 중요한 비용우위를 가질 수 있는데 이는 제4장에서 논의하기로 한다. 또한 높은 시장점유율은 기업이 그 제품을 차별화하는 데 도움을 주어(제5장) 산업 내에서 가격을 설정하는 힘을 부여하기도 한다.

부상하는 산업에서의 기회 : 선도 기업 우위

부상하는 산업emerging industry은 기술 혁신, 수요 변화, 새로운 고객의 요구 등을 통해 새롭게 창조되었거나 재창조된 산업을 의미한다. 지난 30여 년 동안 세계 경제는 마이크로프로세서 산업, 컴퓨터 산업, 의학용 진단기기 산업, 생명공학 산업 등 부상하는 수많은 산업을 목격했다. 부상하는 산업에 속한 기업들은 높은 성과를 거두기 위해 이용할 수 있는 특별한 기회를 누릴 수 있다.

부상하는 산업에 속한 기업들은 선도 기업 우위라 칭할 수 있는 기회를 갖는다. 산업 발전의 초창기에 중요한 전략적 또는 기술적 결정을 내린 기업들이 얻을 수 있는 우위를 **선도 기업 우위**first-mover advantage라 한다. 부상하는 산업에서는 경쟁과 성공을 좌우하는 법칙과 표준적인 운영 절차 등이 아직 확립되지 않았기 때문에 선도 기업들은 자신들에게 유리하도록 경쟁의 법칙이나 산업 표준 등을 만들 수 있다. 일반적으로 선도 기업 우위는 세 종류의 원천을 가질 수 있는데, 그것은 (1) 기술적 리더십, (2) 전략적으로 가치 있는 자산의 선점, (3) 구매자 전환비용의 창출이다.[41]

선도 기업 우위와 기술적 리더십

기업들이 특정한 기술에 대해 다른 기업에 앞서 투자하는 것을 **기술적 리더십 전략**technological leadership strategy을 실행한다고 한다. 이 전략은 부상하는 산업에서 두 가지 우위를 창출할 수 있다. 첫째, 기업들은 특정한 기술을 이용해 생산량이 누적됨에 따라 저비용 지위를 획득할 수 있다. 이 비용우위는 듀폰이 티타늄 이산화물을 생산한 예나 또는 프록터앤드갬블이 일회용 기저귀에서 얻은 경쟁우위의 예에서 찾아볼 수 있다.[42]

둘째, 특정 기술에 대해 발빠르게 투자한 기업들은 특허권을 기반으로 성과를 높일 수 있다.[43] 제록스가 가진 복사 기술의 특허권과 제너럴일렉트릭이 가진 에디슨의 전구 기술에 대한 특허권은 이들 기술과 연관된 산업이 부상함에 따라 매우 중요하게 되었다.[44] 그러나 몇몇 예외적인 경우(예 : 제약 산업이나 특수 화학물질 등)를 제외하고 특허권 그 자체는 선도 기업들에게 비교적 작은 이익을 가져오는 기회만을 제공해 왔다. 한 연구 그룹은 모방 기업이 선도 기업의 특허 우위를 65%의 비용만 지불함으로써 모방할 수 있다는 사실을 발견하였다.[45] 이 연구자들은 또한 전체 특허의 60%가 불과 4년 안에 합법적으로 모방된다는 사실도 발견하였다. 제3장에서 논의하겠지만, 이처럼 특허는 심지어 부상하는 산업에서도 지속적 경쟁우위의 원천이 거의 될 수 없다.

선도 기업 우위와 전략적으로 가치 있는 자산의 선점

오로지 기술에만 투자하는 선도 기업들은 지속적 경쟁우위를 획득하지 못한다. 그러나 전략적으로 가치 있는 자원을 자신의 온전한 가치가 널리 알려지기 전에 선점하는 선도 기업들은 지속적 경쟁우위를 획득할 수 있다. **전략적으로 가치 있는 자산**strategically valuable assets은 산업 내에서 성공적으로 경쟁하는 데 필요한 자원을 뜻한다. 이러한 자원을 획득한 기업은 다른 기업들이 모방하지 못하도록 모방장벽barriers to imitation을 쌓는다. 이러한 자산의 예는 원재료에의 우월한 접근, 지역적으로 우월한 입지, 시장에서 특별히 가치 있는 제품 지위 등을 포함한다.

로열더치셸처럼 석유 탐사 능력이 뛰어난 석유 기업이 석유가 많이 있음 직한 곳의 채굴권을 따내는 경우, 이 기업은 원재료에의 우월한 접근을 획득하여 지속적인 경쟁우위를 창출할 수 있게 된다. 월마트가 경쟁자들이 오기 전에 중간 규모의 도시에 상점을 열면 월마트는 이 지역에서 경쟁을 효과적으로 막을 수 있게 된다. 그리고 아침 식사용 시리얼을 제조하는 기업이 다양한 종류의 곡물과 설탕으로 만들 수 있는 모든 조합으로 제품의 수를 늘린다면, 그 기업은 진입을 막기 위한 선도 기업의 우위를 이용한다고 할 수 있다.[46]

선도 기업 우위와 구매자 전환비용의 창출

기업들은 부상하는 산업에서 구매자 전환비용을 창출함으로써 선도 기업 우위를 획득할 수 있다. **구매자 전환비용**customer-switching cost은 구매자들이 특정 기업의 제품이나 서비스를 이용하기 위해 투자를 해야 하는 경우, 이 투자가 다른 기업의 제품이나 서비스를 이용하는 데는 쓸모가 없을 때 발생한다.[47] 이러한 전환비용은 PC 산업의 소프트웨어, 처방약, 식료품 등에서 중요한 요소가 된다.[48]

컴퓨터 이용자들은 특정 소프트웨어에 익숙해지기 위해 많은 시간과 노력을 투자한다. 일단 특정 소프트웨어에 익숙해지면 그 이용자들은 비록 다른 소프트웨어가 더 나은 기능을 제공한다 해도 그 새로운 제품으로 전환하지 않으려는 경향이 있다. 왜냐하면 새로운 소프트웨어의 사용법을 익히고 이전 소프트웨어와 어떤 점이 같고 어떤 점이 다른지 알아내는 일은 상당한 전환비용을 요구하기 때문이다.

처방약 분야에서도 비슷한 종류의 전환비용을 발견할 수 있다. 일단 어느 의사가 특정 약품의 효능이나 부작용 등에 익숙해지면, 그 의사는 효능이 더 뛰어나다고 주장하는 약품이 있다고 해도 그 새로운 약품으로 전환하지 않으려는 경향을 가진다. 왜냐하면 새로운 약품의 정확한 효능과 부작용 등을 새로 알아내기 위해서는 새로운 학습이 필요하고, 정부가 승인한 약품이긴 해도 자신의 환자들을 대상으로 '실험'하는 단계를 거쳐야 하기 때문이다. 이렇듯 많은 의사들이 신속하게 새로운 약품을 받아들이지 않기 때문에, 제약 기업들은 많은 돈과 시간을 들여서 고객인 의사들에게 정보를 전달하려고 애쓰게 된다. 이 같은 교육은 의사들의 전환비용을 낮추는 데 도움이 된다.

구매자 전환비용은 심지어 식료품점 산업에서도 중요한 역할을 한다. 각 식료품점은 특유의 제품 진열 구조를 가진다. 일단 구매자들은 특정 식료품점에서 자신이 찾는 제품이 진열된 장소를 기억하면 식료품점을 바꾸지 않으려 하는데, 새로운 식료품점에서는 자신이 찾는 제품의 위치를 또다시 새롭게 기억해야 하기 때문이다. 많은 구매자들은 이 같은 시간 낭비와 혼란을 줄이고 싶어 하기 때문에, 심지어는 기존에 다니던 식료품점이 높은 가격을 부과한다 해도 그 식료품점을 계속 다니게 하는 효과를 가져오기도 한다.

선도 기업 열위

부상하는 산업에서의 선도 기업 우위를 고려할 때, 이 우위와 관련된 위험도 함께 고려해야 한다. 부상하는 산업에는 높은 수준의 불확실성이 존재한다. 선도 기업들이 중요한 전략적 결정을 내릴 때 이 결정이 옳은 것인지를 판단하기 힘들 때가 많다. 이처럼 불확실한 상황에서는 선도 기업이 되는 대신 전략적 유연성을 지키는 것도 합리적인 전략적 대안이 될 수 있다. 선도 기업들은 의사결정을 신속히 내려서 부상하는 산업의 변화에 영향력을 행사하는 방법으로 불확실성을 해결하려고 하는 반면, 다른 기업들은 의사결정을 최대한 늦추어서 경제적으로 최선의 결과를 가져오는 전략이라는 확신을 가진 다음에야 그 전략을 신속히 추구해서 우위를 획득하는 방식, 즉 전략적 유연성을 택하는 방식으로 불확실성을 해결하기도 한다.

성숙한 산업에서의 기회 : 제품 개선, 서비스, 공정 혁신

부상하는 산업들은 종종 기존의 경쟁 법칙을 급격하게 대체하는 새로운 제품이나 기술에 의해 형성되곤 한다. 그러나 시간이 지남에 따라 새로운 경쟁의 법칙이 널리 받아들여지고 신기술이 경쟁자들 사이에서 널리 퍼지며 신제품이나 신기술의 혁신 속도가 둔화되면 그 산업은 성숙한 산업으로 진화하게 된다. 그러나 산업의 이 같은 변화는 그 산업에 속한 기업들이 감지하기 힘들 수 있고, 따라서 전략적으로나 일상적인 차원에서 문제를 일으킬 수 있다.

성숙한 산업mature industry의 일반적인 특성은 (1) 산업에서 총수요의 성장 둔화, (2) 오래된 반복 구매자의 형성, (3) 생산설비 증가율의 둔화, (4) 새로운 제품이나 서비스의 감소, (5) 국제적 경쟁 강도의 증가, (6) 산업 내 기업 이익률의 전반적 감소를 들 수 있다.[49]

미국의 패스트푸드 산업은 지난 몇 년간 성숙기에 들어섰다. 1960년대에 미국에서는 맥도날드, 버거킹, 데어리퀸만이 전국적인 체인을 가지고 있었다. 1980년대를 지나면서 이들 기업의 체인은 빠르게 성장했고 특히 맥도날드는 다른 두 기업을 훨씬 능가했다. 그러나 이 기간 동안 KFC, 웬디스, 타코벨 등 다른 전국적인 체인도 패스트푸드 산업에 진입했고, 잭인더박스와 인앤아웃버거 등의 경쟁력 있는 지역 체인들도 합류하였다. 결국 1990년대 초반에 이르러 이 산업의 성장률은 두드러지게 둔화되었고, 맥도날드는 새로운 맥도날드 매장의 입지를 찾는 데 어려움을 겪고 있다고 발표하였다. 아직 성숙기에 들지 않은 해외 영업장을 제외하고 미국 대부분의 패스트푸드 기업들은 1990년대에는 1960~1980년대만큼의 이익률을 내지 못했고, 그것은 2000년대 중반까지 이어졌다.[50]

성숙한 산업에 속한 기업들은 부상하는 산업에서 얻을 수 있는 기회와는 다른 성격의 기회를 얻는데, 부상하는 산업에서는 새로운 기술이나 제품 개발에 중점을 두는 반면, 성숙한 산업에서는 기존의 제품을 개선하는 것, 서비스의 질을 높이는 것, 공정 혁신을 통해 생산비용을 줄이거나 품질을 향상시키는 것 등에 중점을 두게 된다.

기존 제품의 개선

가정용 세제, 자동차 윤활유, 부엌용 가전제품 산업 등 성숙한 산업에서는 완전히 새로운 제품이 등장하는 일이 드물지만, 다른 종류의 혁신이 없는 것은 아니다. 이러한 산업들에서의 혁신은 기존 제품과 기술을 개선하고 확장하는 방식으로 나타난다. 가정용 세제 산업에서는 최근 새로운 포장 방법이나 고농도의 제품을 선보이는 방식에 혁신이 일어났다. 자동차 윤활유 산업에서는 최근 새로운 포장 방법(포일 캔에서 플라스틱 캔으로)과 윤활유 첨가물, 새로운 기능의 윤활유 등의 방식으로 혁신이 일어났다. 부엌용 가전제품 산업에서는 문에 얼음 또는 물의 배출구가 부착된 냉장고, 상업용으로까지 업그레이드된 오븐, 식기의 더러운 정도를 감지하여 세척 강도를 자동으로 결정하는 식기세척기 등이 최근의 혁신 제품이다.[51] 패스트푸드 산업에서 맥도날드나 웬디스 같은 기업들은 아이들이 좋아하는 햄버거류의 제품을 보완하기 위해서 성인을 겨냥한 보다 건강한 제품을 출시해 왔다. 이러한 움직임은 이들 기업이 이익을 회복하는 것에 기여했다.

서비스의 강조

기업들이 새로운 기술이나 제품을 통해 차별화를 이루기 어려운 경우, 종종 서비스의 질을 높임으로써 차별화를 도모하게 된다. 높은 품질의 서비스로 평판을 얻는 기업은 제품 자체가 차별화되지 못해도 높은 성과를 거둘 수 있다.

서비스의 강조는 많은 산업에 있어서 매우 중요하다. 예를 들어 식당 산업에서 패스트푸드 식당의 성장이 부진했던 주된 원인은 소위 '패스트 캐주얼' 식당의 성장에 있었다. 이 세분시장은 파네라브레드, 카페리오(멕시칸 식당), 치폴레 등이 포함되는데, 고객은 여전히 카운터에서 주문하고 음식을 받아가지만 품질과 음식의 비주얼적 측면에서 패스트푸드 식당의 음식보다 높은 수준이라고 인식되고 있다. 또한 패스트푸드 식당은 아이들을 대상으로 디자인된 반면(맥도날드 매장 중 다수는 아이들이 놀 수 있는 공간을 보유한다) 패스트 캐주얼 식당은 대개 안락한 의자와 부드러운 색상의 실내 분위기, 추운 겨울 밤에 따뜻한 온기를 더해주는 벽난로, 그리고 편안한 음악을 제공한다. 즉 패스트 캐주얼 식당은 패스트푸드 식당이 가진 신속한 주문 절차와 편의성에 패스트 다이닝(예 : 애플비나 칠리) 식당이 가진 고품질의 음식과 안락한 분위기를 결합시킴으로써 식당 산업에서 가장 신속하게 성장하는 분야가 되었다.[52]

공정 혁신

어느 기업의 **공정**processes은 제품이나 서비스를 기획, 생산, 판매하는 활동을 의미한다. 현재의 공정을 개선하고 발전시키는 노력을 **공정 혁신**process innovation이라 한다. 몇몇 학자들은 제품 혁신, 공정 혁신, 산업 성숙도의 관계에 대해 연구했다.[53] 이 연구에 따르면, 산업의 초창기에는 제품 혁신이 매우 중요하다. 그러나 시간이 지남에 따라 제품 혁신보다는 제조비용 감소와 품질 향상, 경영 효율성 증대 등을 목표로 하는 공정 혁신이 더 중요하게 된다. 공정 혁신은 성숙한 산업에서 기업이 경쟁 기업들과 비슷한 제품을 더 값싸게 생산하거나 또는 비슷한 비용을 들여서 더 나은 품질로 인식되는 제품을 생산함으로써 경쟁우위를 획득할 수 있도록 도와준다.

미국의 자동차 산업은 성숙한 산업에서 공정 혁신의 역할을 잘 보여 준다. 1980년대에 닛산, 토요타, 혼다와 같은 일본 기업들은 제너럴모터스, 포드, 크라이슬러와 같은 미국 기업들의 제품보다 훨씬 높은 품질의 자동차를 판매하였다. 이러한 경쟁열위에 직면한 미국 기업들은 제품의 품질을 향상시키기 위해 다양한 공정 개선을 단행하였다. 1980년대의 미국 자동차는 몸체 부품들이 서로 잘 맞지 않고 범퍼도 엉성하게 달려 있으며, 심지어 차종과 다른 엔진이 부착되는 등 기본적인 기능에서 구매자들의 불만을 사고 있었다. 현재는 미국 차와 일본 차의 품질 차이가 많이 좁혀졌다. 자동차의 성능을 평가하는 기업인 J. D. 파워스에 따르면 이제는 자동차의 성능을 비교할 때 컵 홀더의 편의성이나 키리스 엔트리keyless entry(열쇠를 몸에 지니기만 해도 자동차 문을 열 수 있는 기능-역자 주)를 얼마나 멀리에서도 작동시킬 수 있나 등 사소한 면들을 판단 기준으로 할 정도로 자동차 제품 간의 품질 차이가 세세한 부분에서만 나타난다고 한다.[54]

쇠퇴하는 산업에서의 기회 : 리더십, 틈새시장, 수확, 철수

쇠퇴하는 산업 declining industry은 상당 기간 매출량의 감소를 겪는 산업으로 정의된다.[55] 대표적인 예로는 미국의 방위 산업을 들 수 있다. 물론 쇠퇴하는 산업 내에서 기업들은 기회보다는 위협에 더 직면하게 된다. 경쟁자의 위협은 매우 높게 마련이고 구매자나 공급자, 대체재의 위협도 마찬가지이다. 그러나 이 상황에서 기업들이 인식하고 이용해야 할 기회 또한 존재한다. 쇠퇴하는 산업에서 기업들이 가질 수 있는 전략적 기회는 리더십, 틈새시장, 수확, 철수 전략이다.

시장 리더십

쇠퇴하는 산업의 특성은 제조와 유통 경로 등에서의 과밀화 현상이다. 산업에서의 수요가 감소하기 때문에 기업들은 **심각한 조정기** shakeout period를 거쳐야 한다. 조정기에는 많은 기업들이 도산하거나 인수되거나 퇴출되지만, 일단 조정기를 거치면 소수의 효율적인 기업들은 위협보다는 기회를 더 많이 갖게 된다. 만약 조정기를 거친 후의 산업 구조가 매력적일 것으로 판단될 때, 기업들은 조정기의 시련을 견딜 결정을 조정기 전에 할 수 있다. 즉 상황이 좋아진 후 더 나은 이익을 얻기를 바라며 생존하는 것이다.

이러한 경우, 기업은 조정기를 견뎌 내어 생존하기 위한 다양한 조치를 취할 수 있다. 가장 중요한 것 중 하나는 조정기 전에 **시장 리더** market leader가 되는 것인데, 대개 시장점유율이 가장 큰 기업이 되는 것을 의미한다. 시장 리더가 되는 목적은 암묵적 협력을 추구하거나 규모의 경제(제4장 참조)로부터 얻을 수 있는 낮은 비용을 추구하려는 것이 아니다. 그보다는 조정기에서 생존하기 힘든 경쟁 기업을 가능한 한 빨리 해당 산업에서 퇴거시킴으로써 그 산업을 매력적인 경쟁환경으로 만드는 것을 추구해야 하는 것이다.

이를 위해 시장 리더는 경쟁 기업을 인수한 다음 경쟁 제품을 사장시키거나 제품 생산 능력 또는 설비 생산을 감소시켜서 경쟁 기업의 퇴거를 유도하는 한편, 스스로는 해당 산업에서 떠나지 않겠다는 명백한 시장 신호를 보낼 수 있다. 예를 들어 유럽의 석유화학 산업에서 생산과다 문제가 발생했을 때 임페리얼 케미컬 인더스트리즈(ICI)가 보유했던 폴리에틸렌 생산설비와 BP가 보유했던 PVC 생산설비가 맞교환되어 그 문제가 부분적으로나마 해결된 바 있다. 이 경우 두 기업은 과다 생산설비를 정리함과 동시에 앞으로도 계속 그 산업에 남겠다는 명백한 신호를 보낼 수 있었던 것이다.[56]

틈새시장

쇠퇴하는 산업에서 리더십 전략을 추구하는 기업은 다른 기업들의 철수를 유도하는 반면, **틈새시장 전략** niche strategy을 추구하는 기업은 그 기업 영역을 축소시켜서 쇠퇴하는 산업 내의 좁은 시장에 집중하게 된다. 만약 이 전략을 추구하는 기업의 수가 적다면 그 기업들은 전반적으로 감소하는 수요 속에서도 우호적인 경쟁환경을 가질 수 있다.

틈새시장 전략이 부상했던 2개의 시장으로 아날로그 사진과 아날로그 음악 녹음 시장을 들 수 있다. 두 시장 모두 디지털 기술로 인해 쇠퇴했지만 아날로그 제품이 완전히 사라진 것은 아니었다. 예를 들어 코닥에서 분사한 알라리스와 창업 기업인 로모그래피는 전문가와 아마추어 사진사를 위한 필름을 계속 제조하고 있다. 이들 구매자들은 필름 사진에서 찾을 수 있는 품질, 예술성, 분위기 등에서 디지털 사진이 대체할 수 없는 가치가 있다고 믿는다. 또한 LP, EP, 심지어 45인치 레코드판의 수요가 되살아나고 있는데, 일부 음악 애호가들은 이러한 아날로그식 레코드가 가진 총체적 품질이 CD보다 높다고 믿는다. 그 결과 미국의 전체 음반 판매량보다는 8%, 영국의 전체 음반 판매량보다는 5% 밑돌기는 했지만 2015년 아날로그식 레코드의 판매량은 23.9%나 증가했다. 이에 어반 아웃핏터나 반즈앤노블과 같이 음반을 취급하는 점포들에서는 시장의 잠재력이 충분하다고 판단하여 아날로그식 레코드 판매를 시작했다.[57]

수확

리더십과 틈새시장 전략은 여러 상이점에도 불구하고 공통점이 있는데, 그것은 이 전략을 실행하는 기업들이 쇠퇴하는 산업에 남아서 계속 사업을 영위할 의도를 가진다는 것이다. 그러나 쇠퇴하는 산업에서 **수확 전략**harvest strategy을 추구하는 기업들은 장기적으로는 현재의 산업에서 퇴거할 계획을 가지고 있다. 즉 이 기업들은 장기적이고 체계적이며 단계적인 퇴거 계획을 가지고, 그 기간에 최대한의 기업 가치를 수확하려는 것이다.

수확 전략의 실행을 통해 기업 가치를 수확하기 위해서는 수확할 잔존 가치가 실제로 존재해야 한다. 즉 기업이 속한 산업이 쇠퇴기에 이르기 전에 기업이 실제로 이익을 내고 있었어야 한다. 이 기업들은 제품, 유통 경로, 구매자의 범위를 감소시키고, 제품과 서비스의 질을 저하시키며, 설비의 유지 및 보수를 최대한 지연시키는 등의 방식으로 수확 전략을 실행한다. 결국에 이 기업들은 시장 리더에게 사업을 인계하거나 또는 단순히 사업을 중단하게 된다.

이론적으로 수확 전략은 단순해 보이지만 현실적으로 경영상의 어려움을 수반하기도 한다. 수확 전략의 추구는 과거에 경영자들이 자랑스럽게 여겼던 사업을 포기하는 것을 의미한다. 그러므로 한때 고품질의 제품과 서비스, 구매자 가치를 추구했던 사업이 수확 전략을 추구할 때는 제품과 서비스의 질이 저하되고 가격 상승을 겪게 된다. 이러한 현상은 경영자가 받아들이기 힘들게 마련이고, 그 결과 직장에서 떠나는 일이 속출할 수 있다. 또한 능력 있는 경영자들은 다른 유망한 기업을 선호하기 때문에 수확 전략하에서 새로 고용하기도 힘들다.

이러한 이유 때문에 수확 전략을 추구한다고 발표하는 기업은 거의 없고 소수의 예만 존재한다. GE는 전기 터빈 사업에서, 유나이티드스테이츠스틸과 인터내셔널스틸그룹도 철강 산업의 특정 분야에서 수확 전략을 추구하는 것으로 보인다.[58]

철수

쇠퇴하는 산업에서 기업들이 가지는 마지막 기회는 철수이다. 수확 전략과 마찬가지로 **철수**divestment의 목적은 현재의 산업으로부터 퇴거하는 것이다. 그러나 수확과는 달리 철수는 신속히 진행되며 종종 산업의 쇠퇴와 거의 동시에 나타난다. 경쟁우위를 갖지 못한 기업들은 철수 전략이 수확 전략보다 더 우월하다고 판단할 수 있는데, 왜냐하면 수확 전략을 실행하기 위해서는 장기적인 퇴거 과정에서도 경쟁우위가 필요하기 때문이다.

1980년대에 GE는 가전 산업에서 이러한 신속한 철수 전략을 이용했다. 1980년대에 이 산업의 수요가 정체했으나 주로 아시아 기업들로 인한 경제 격화가 심화되었다. GE는 이 산업에 남기보다는 대부분의 사업을 정리하고 그 자본을 이용하여 더 매력적으로 보이는 의료영상 산업으로 진입하였다.[59]

방위 산업의 예에서 제너럴다이내믹스는 최소한 몇몇 사업부가 공식적으로 철수할 것이라고 발표하였다. 제너럴다이내믹스의 경영진은 방위 산업의 축소로 인해 그 산업 내의 모든 기업이 살아남지는 못할 것이라고 일찌감치 판단하였다. 제너럴다이내믹스는 이 산업 내에서 리더로 남지 못할 세분 시장을 확인한 다음 이 시장들에서 철수하기로 결정했다. 1991년 이래로 제너럴다이내믹스는 미사일 사업부, 세스나 항공기 사업부, 전술 항공기 사업부(매우 성공적이었던 F-16 전투기와 차세대 전투기인 F-22 전투기 개발 부문 등)를 포함해서 28억 3,000만 달러어치의 사업부들을 팔아 치웠다. 이 철수 전략은 제너럴다이내믹스의 주주에게 막대한 가치를 창출했는데, 25달러 하던 주가가 110달러까지 치솟았으며 한때 555%에 이르는 수익을 주주들에게 안겨 주기도 하였다.[60]

물론 모든 철수 전략이 산업 쇠퇴에 기인하는 것은 아니다. 기업들은 특정 분야에 집중하기 위해서, 자본을 조달하기 위해서, 또는 사업 구성을 단순화하기 위해서 다른 사업에서 철수하기도 한다. 이러한 철수의 유형은 기업의 다각화 전략을 반영하며 제8장에서 자세히 다루기로 한다.

요약

전략경영 과정에서 기업은 전략을 선택하기 전에 경쟁환경의 위협과 기회를 분석해야 한다. 이 분석은 기업이 속한 일반환경 분석에서부터 시작한다. 일반환경은 여섯 가지 요소, 즉 기술적 변화, 인구적 동향, 문화적 동향, 경제적 환경, 법적·정치적 상황, 특정한 국제적 사건으로 이루어진다. 이 중 어떤 요소들은 특정 기업에 직접적인 영향을 주기도 하지만, 대개 기업이 속한 좁은 범위의 환경을 통해 기업에 영향을 주게 된다.

S-C-P 모델은 기업의 경쟁환경 위협을 분석할 때 이용된다. 다섯 가지 환경 위협에 대한 가장 영향력 있는 이 도구들은 산업 내에서 기업이 거두는 성과에 초점을 맞춘다. 이 다섯 가지 위협은 신규 진입자 위협, 기존 직접 경쟁자 위협, 우월하거나 저비용의 대체재 위협, 공급자 위협, 구매자 위협이다. 진입자 위협은 진입장벽의 존재와 그 '높이'에 의해 결정된다. 대표적인 진입장벽으로는 규모의 경제, 차별화, 규모와 무관한 비용우위, 진입을 막는 정부 규제 등

이 있다. 경쟁자 위협은 어느 기업이 속한 산업 내 경쟁자의 수와 경쟁 강도에 의해 결정된다. 이 위협은 한 산업 내에 많은 기업이 경쟁하고 있고 그 기업들이 비슷한 규모를 가질 때, 산업 성장률이 낮을 때, 차별화가 존재하지 않을 때, 산업 내 공급 증가량이 큰 단위로만 이루어질 때 높다. 대체재 위협은 한 산업 내의 제품이나 서비스와 얼마나 비슷한(비용이나 성과 측면에서의 유사성) 제품이나 서비스가 존재하는가에 따라 결정된다. 경쟁자들은 고객이 가진 동일한 욕구를 동일한 방법으로 충족시키는 반면, 대체재들은 다른 방법으로 충족시킨다. 공급자 위협은 한 산업에 공급되는 공급물의 특이성에 따라 결정된다. 공급자가 특이하거나 고도로 차별화된 제품을 공급할 때, 공급자가 대체재로부터 위협받지 않을 때, 공급자가 전방수직통합을 할 수 있을 때, 공급자의 수입이 구매 기업에 많이 의존하지 않을 때 그 위협이 높다. 마지막으로 구매자 위협은 구매자의 수와 규모에 의해 결정된다. 구매자의 수가 적을 때, 구매자들에게 판매되는 제품이 차별화되지 않을 때, 구매자가 구매하는 제품이 구매자의 비용에서 차지하는 비중이 클 때, 구매자가 높은 이익을 얻지 못할 때, 구매자가 후방수직통합을 할 수 있을 때 구매자 위협이 크다. 결론적으로, 한 산업 내의 기업들이 얻을 수 있는 평균 성과의 기대치는 이 다섯 가지 위협의 수준을 통해 구할 수 있다.

보완자는 기업 환경에서 추가된 세력 중 하나이다. 경쟁 기업들(경쟁자, 신규 진입자, 대체재를 포함)이 한 시장에서의 이익을 나누어 가지는 반면, 보완자는 한 시장의 규모를 증가시킨다. 당신이 어느 기업의 최고경영자라면, 다른 기업의 제품이 당신 기업의 제품과 같이 사용될 때, 구매자에게 더 큰 가치를 줄 수 있다고 판단할 때, 그 다른 기업은 보완자라고 할 수 있다. 기업들은 경쟁자의 산업 진입을 꺼리는 반면 보완자의 진입은 독려하려 한다.

S-C-P 모델은 또한 전략적 기회를 분석하는 기법을 개발할 때도 이용될 수 있다. 즉 여러 산업 유형에서의 산업 구조와 기회를 찾아내는 것이다. 여기에서 발견하는 네 가지 산업 구조는 세분화된 산업, 부상하는 산업, 성숙한 산업, 쇠퇴하는 산업이다. 세분화된 산업에서의 주된 기회는 통합화이고, 부상하는 산업에서 가장 중요한 기회는 기술적 리더십, 전략적으로 가치 있는 자산의 선점, 구매자 전환비용의 창출을 통해서 선도 기업 우위를 얻는 것이다. 성숙한 산업에서의 주된 기회는 제품 개선, 서비스, 공정 혁신이며, 쇠퇴하는 산업에서의 주된 기회는 시장 리더십, 틈새시장, 수확, 철수이다.

▶▶ 국내 사례

보험업계의 환경변화와 비교견적 온라인보험사 : 인슈넷FC

환경변화는 끊임없이 새로운 기회를 창출한다. 일반환경의 요소인 기술, 인구, 문화, 경제, 법과 정치, 그리고 국제적 변화는 새로운 사업 모델이 부상하는 전기를 마련해 왔다. 특히 인터넷 기술이 일상화된 이후 가장 저렴한 상품을 선택하기 위해 온라인에서 가격을 비교하는 일은 현명한 소비자가 행해야 하는 기본적인 절차로 자리 잡았다. 특정 제품이나 호텔, 비행기 티켓 등의 최저가를 검색하면 여러 가격비교 사이트가 가장 저렴한 대안을 제시해 준다.

그런데 이러한 가격비교가 오랫동안 효과적이지 않았던 분야가 있는데 그것은 바로 보험사업이다. 보험업은 은행이나 증권 등 다른 금융업과 마찬가지로 가입자의 보호가 매우 중요한 사업이다. 금융상품 판매자가 그릇되고 과장된 정보를 제공하는 경우 금융상품 구매자는 큰 손실을 떠안을 수 있고, 특히 많은 고객을 대상으로 이러한 판매가 이루어지는 경우 사회적인 문제를 야기할 수도 있기 때문이다.

또한 보험상품을 비롯한 금융상품은 고객별로 상이한 조건이 적용되기 쉽다. 일반적인 금융상품의 경우 신용 등급이나 투자 성향에 따라 매우 다양한 조건이 적용되고, 보험상품 역시 보험 대상의 상태에 따라 매우 다양한 조건이 적용된다. 예를 들어 자동차 보험의 경우 대인, 대물, 자손, 자차 등의 보험적용 선택 조건과 운전자의 연령, 자동차의 연식 등에 대해서도 많은 선택사항이 존재한다. 생명보험은 더욱 복잡하다. 가입자의 건강 상태와 연령 및 범위, 자동차 용도에 따라 다를 뿐 아니라 납입한 보험료를 어떤 방식으로 운용할 것인지, 추후에 원금을 돌려받는 것인지 등에 따라 많은 상품이 개발되었다. 이러한 모든 조건을 충분히 설명하지 않은 상태에서 판매하다 보면 무리하게 금융상품의 구매나 투자를 권유하거나 고객이 부담하게 되는 비용과 위험을 설명하지 않고 금융상품을 판매하는 불완전 판매가 이루어질 가능성이 크다. 그래서 전통적으로 금융상품은 대면판매를 원칙으로 했다.

그런데 기술적 진보가 이루어지면서 보험업계에도 변화의 바람이 불어왔다. 2003년 보험업법 시행령이 개정되면서 전화 통신수단을 이용한 서명(공인인증서 또는 녹취 등)이 허용되었고, 2011년에는 인터넷에서도 공인인증서를 이용한 청약이 허용되었다. 즉 보안기술이 발전하면서 대면판매에서 전화판매, 온라인판매로 보험 가입절차가 진화하며 단순해진 것이다. 2017년

6월 기준 자동차보험시장의 절반 정도(46.1%)는 온라인과 전화 등 비대면 채널을 통해 이루어지고 이에 따라 개인 맞춤형 자동차보험 스타트업들도 태동하고 있다.

인슈넷FC는 온라인으로 보험가입을 할 수 있도록 중개하는 업체이다. 1985년에 설립된 이 회사는 초기에는 일반적인 보험대리점이었으나 기술 발달에 따라 1998년 여러 보험사의 조건을 비교 견적하는 서비스를 본격적으로 시작했다. 특정 제품이나 호텔 가격을 비교해 주는 역할과 유사한 기능을 하면서 해당 분야 선두 기업으로 성장했다. 인슈넷FC는 2017년 기준 35명이 근무하면서 연간 매출 200억 원, 매출수수료는 약 28억 원을 기록했다. 이 회사는 보험사의 기존 서비스에 24시간 주차 알림 서비스, 24시간 무인 긴급출동/사고접수 연결 서비스 등을 추가하여 단순한 비교 견적 서비스에서 차별화하고 있다. 또한 인공지능을 이용한 챗봇 서비스를 도입하면서 영업방식의 발전을 지속적으로 꾀하고 있다.

출처 : 교통신문 2018. 1. 2. 교통산업 스타트업; 아시아경제 2017. 6. 6. 차보험 가입, '비대면채널'로 갈아타기; 보험업법 시행령 42조, 43조; 손해보험협회 공시실 자료; 인슈넷FC 내부자료.

탐구과제

2.1 당신의 대학교 룸메이트였던 친구가 연락을 해왔다. 고향에서 피자 식당을 개업하기 위해 1만 달러를 빌릴 수 있냐는 것이었다. 그는 그 지역에 이미 많은 피자 식당이 있고 매달 3~4개의 식당이 새로 개업되고 있기 때문에 피자에 대한 수요는 충분히 많다고 말했다. 그는 또한 편의점에서 냉동 식품 판매가 지속적으로 증가하는 것으로 보아 간편하게 먹을 수 있는 음식의 수요 또한 매우 높다고 말했다. 당신은 돈을 빌려줄 것인가? 돈을 빌려주는 것에 따르는 위험은 무엇인가?

2.2 한 산업 내에서 구매자는 위협을 주는 요소 중 하나이다. 그러나 만족하지 않는다면 구매자들은 다른 곳에서 만족을 찾을 것이다. 구매자가 위협 요소 중 하나라는 사실과 그들을 만족시켜야 한다는 사실은 상호 모순되는 말인가?

2.3 정부 정책은 어느 산업 내 기업들의 평균 이익률에 중대한 영향을 줄 수 있다. 그러나 정부는 잠재 위협에 포함되지 않는다. 당신은 정부도 위협요인에 추가되어야 한다고 생각하는가? 그 이유는 무엇인가?

2.4 어느 산업에 많은 수의 보완자가 존재한다면 이 보완자들은 이 산업을 더 매력적으로 만드는가, 덜 매력적으로 만드는가, 혹은 산업의 매력도에 아무런 영향도 끼치지 않는가? 이유를 설명하라.

2.5 쇠퇴하는 산업을 포함한 거의 모든 산업에서 전략적 기회를 찾을 수 있다는 말이 사실이라면, 매력적이지 않은 산업은 존재하지 않는다는 말 또한 사실인가?

2.6 만약 매력적이지 않은 산업은 존재하지 않는다고 한다면, 이 내용이 외부환경 분석을 통해 위협요인을 발견하는 분석에 시사하는 것은 무엇인가?

2.7 기회가 존재하지 않는 산업에 대해 설명하라.

2.8 산업 구조가 성장기와 성숙기를 거쳐서 쇠퇴기로 진행하는 것이 어느 경우에 피할 수 없는 것인지 설명하라.

연습문제

2.9 다음의 두 산업에 대해 잠재 이익을 분석하라.

제약 산업

제약 산업은 약품을 개발하고 특허를 취득하며 판매하는 기업들로 이루어져 있다. 비록 생산에 있어서 규모의 경제는 크지 않지만 연구개발이 비용에 미치는 영향은 중요하다. 차별화 또한 존재하는데, 기업들은 종종 제품의 브랜드를 강조하기 때문이다. 기업들은 연구개발 활동에서 경쟁하지만 일단 제품이 개발되어 특허를 취득하면 경쟁은 감소한다. 최근에 특허가 만료된 약품에 대해 브랜드 없이 저렴하게 판매되는 약품generic drug이 증가하면서 기존 약품의 이익율을 위협하고 있다. 일단 효과가 있는 약품이 개발되면 그 약품을 대체하는 것은 거의 없게 마련이다. 약품의 원재료는 풍부하게 존재하는 화학물로서 많은 기업들이 공급하고 있다. 중요한 구매자는 의사와 환자들이다. 최근 정부와 보험 기업들은 제약 기업들이 가격을 내리도록 압력을 넣고 있다.

약품 유통 산업

약품 유통업은 제약 회사로부터 약품을 구입해서 약국, 병원, 기타 최종 구매자에게 약품을 판매하는 수백, 수천의 소매업소에게 약품을 판매하는 기업들로 구성된다. 기업이 기존 유통 경로를 통해 약품을 판매하는 한계비용은 0에 가깝기 때문에 규모의 경제는 매우 크다. 역사적으로 미국에는 350여 개의 약품 유통업자가 존재했는데 인수 합병을 통해 현재 전체 시장의 95%를 점유하고 있는 3개의 기업으로 압축되었다. 이들 기업 간의 경쟁은 매우 치열하며, 제약 기업과의 기존 관계를 유지하기 위해 종종 가격을 한계비용보다 낮게 설정하기도 하고(공급 측면의 경쟁), 약품 판매 소매업소와 통합되기도 한다(수요 측면의 경쟁). 몇몇 약품은 매우 비싸지만 수술보다 저렴한 치료 방법으로 인정되어 병원에서 치료 과정으로 일반적으로 채택된다.

2.10 다음의 산업에 대해 기회를 분석하라.

(a) 미국의 항공 운송 산업
(b) 미국의 맥주 제조 산업
(c) 미국의 화재 및 생명보험 산업
(d) 전 세계적인 휴대용 디지털 미디어(플래시 드라이브 등) 산업
(e) 전 세계적인 소량야간배송 서비스 산업

2.11 다음 기업들에 대해 적어도 두 경쟁자(기존 경쟁자, 신규 진입자 또는 대체재)와 두 보완자를 찾으라.

(a) 토요타 자동차회사
(b) 마이크로소프트
(c) 레노보
(d) HSBC 은행
(e) 애플

참고문헌

1 G. Vroom and I Sastre. (2016) *Spotify in 2016: Facing Increased Competition*. SM-1642-E, IESE Business School, Barcelona, Spain; R. Cookson, "Losses Point to Bleak Future for Music Streaming Services," *Financial Times*, December 3, 2015, retrieved November 7, 2016.

2 See (2003). *The big book of business quotations.* New York: Basic Books, p. 209.

3 See Weintraub, A. (2004). "Repairing the engines of life." *BusinessWeek*, May 24, 2004, pp. 99+ for a discussion of recent developments in biotechnology research and the business challenges they have created.

4 The data reported here are from an EY (formerly Ernst and Young) survey of 1,200 managers and non-managers across a variety of industries, reported in 2013. See V. Giong (2013) "Here are the Strengths and Weaknesses of Millennials, Gen X, and Boomers," *Business Insiders*, September 9, 2013, retrieved November 7, 2016.

5 These results are described in a report prepared by Oracle for its banking customers. This report can be found at: www.oracle.com/US/industries/financialservices/gen-y-survey-report/65297.pdf retrieved November 7, 2016

6 Census.Gov

7 See E. Bryan "Hola: P & G Seeks Latino Shoppers," *The Wall Street Journal*, September 15, 2011, retrieved on November 7, 2016

8 These and other cultural differences are described in Rugman, A., and R. Hodgetts. (1995). *International business.* New York: McGraw-Hill.

9 Early contributors to the structure-conduct-performance model include Mason, E. S. (1939). "Price and production policies of large scale enterprises." *American Economic Review*, 29, pp. 61–74; and Bain, J. S. (1956). *Barriers to new competition.* Cambridge, MA: Harvard University Press. The major developments in this framework are summarized in Bain, J. S. (1968). *Industrial organization.* New York: John Wiley & Sons, Inc.; and Scherer, F. M. (1980). *Industrial market structure and economic performance.* Boston: Houghton Mifflin. The links between this framework and work in strategic management are discussed by Porter, M. E. (1981a). "The contribution of industrial organization to strategic management." *Academy of Management Review*, 6, pp. 609–620; and Barney, J. B. (1986c). "Types of competition and the theory of strategy: Toward an integrative framework." *Academy of Management Review*, 1, pp. 791–800.

10 J. B. Barney (1986). "Types of competition and the theory of strategy." *Academy of Management Review*, 11, pp. 791–800; H. Demsetz (1973). "Industry structure, market rivalry, and public policy." *Journal of Law and Economics*, 16, pp. 1–9; M. Porter (1981). "The contribution of industrial organization to strategic management." *Academy of Management Review*, 6, pp. 609–620.

11 See, for example, Porter, M. E. (1979). "How competitive forces shape strategy." *Harvard Business Review*, March–April, pp. 137–156; and Porter, M. E. (1980). *Competitive strategy*. New York: Free Press.

12 J. Barney (2007). *Gaining and sustaining competitive advantage,* 3rd ed. Upper Saddle River, NJ: Pearson Higher Education.

13 These barriers were originally proposed by Bain, J. S. (1968). *Industrial organization.* New York: John Wiley & Sons, Inc. It is actually possible to estimate the "height" of barriers to entry in an industry by comparing the cost of entry into an industry with barriers and the cost of entry into that industry if barriers did not exist. The difference between these costs is the "height" of the barriers to entry.

14 Another alternative would be for a firm to own and operate more than one plant. If there are economies of scope in this industry, a firm might be able to enter and earn above-normal profits. An economy of scope exists when the value of operating in two businesses simultaneously is greater than the value of operating in these two businesses separately. The concept of economy of scope is explored in more detail in Part 3 of this book.

15 See Ghemawat, P., and H. J. Stander III. (1992). "Nucor at a crossroads." Harvard Business School Case No. 9-793-039.

16 See Montgomery, C. A., and B. Wernerfelt. (1991). "Sources of superior performance: Market share versus industry effects in the U.S. brewing industry." *Management Science*, 37, pp. 954–959.

17 Sorkin, A. R., and M. Merced. (2008). "Brewer bids $46 billion for Anheuser-Busch." *New York Times*, June 12. http://www.nytimes.com/2008/06/12/business/worldbusiness/12beer.html?_r=0

18 Stecklow, S. (1999). "Gallo woos French, but don't expect Bordeaux by the jug." *The Wall Street Journal*, March 26, pp. A1+.

19 Wingfield, N. (2013). "Intertrust sues Apple over patent violations." Bcts.blogs. NYTimes.com, March 20; Swisler, K. (2012). "Yahoo sues Facebook for patent infringement." Allthings.com, March 12; Fingas, J. (2013). "Google countersues BT." www.engadget.com, February 13; "Boston University sues Apple for patent infringement." (2013). www.macworld.com, July 3; "Nokia taking HTC to court over patent violations." (2013). www.mobilemg.com, May 25;Dobie, A. (2013). "Apple looks to add Sony Galaxy 54 to patent infringement suit."www.androidcentral.com, May 14; "Bad Apple." (2013). www.catholic.org, June 5.

20 See S. Brachmen. "2015 Litigation Trends," ipwatchdog.com, January 8, 2016. Retrieved November 7, 2016.

21 See Kogut, B., and U. Zander. (1992). "Knowledge of the firm, combinative capabilities, and the replication of technology." *Organization Science*, 3, pp. 383–397; and Dierickx, I., and K. Cool. (1989). "Asset stock accumulation and sustainability of competitive advantage." *Management Science*, 35, pp. 1504–1511. Both emphasize the importance of know-how as a barrier to entry into an industry. More generally, intangible resources are seen as particularly important sources of sustained competitive advantage. This will be discussed in more detail in Chapter 3.

22 See Polanyi, M. (1962). *Personal knowledge: Towards a post-critical philosophy*. London: Routledge & Kegan Paul; and Itami, H. (1987). *Mobilizing invisible assets.* Cambridge, MA: Harvard University Press.

23 See Henderson, R., and I. Cockburn. (1994). "Measuring competence: Exploring firm effects in pharmaceutical research." *Strategic Management Journal*, 15, pp. 361–374. Entry by pharmaceutical firms specializing just in research has been more common than entry by integrated research and development firms.

24 See Scherer, F. M. (1980). *Industrial market structure and economic performance.* Boston: Houghton Mifflin.

25 See Z. Epstein. "You Won't Believe How Little Windows PC Makers Earn for Each PC Sold," bgr.com, January 10, 2014. Retrieved on November 7, 2016.

26 Chartier, John. (2002). "Burger battles." CNN/Money, http://money.cnn.com, December 11.

27 See Ghemawat, P., and A. McGahan. (1995). "The U.S. airline industry in 1995." Harvard Business School Case No. 9-795-113.

28 Labich, K. (1992). "Airbus takes off." *Fortune*, June 1, pp. 102–108.

29 See Pollock, E. J. (1993). "Mediation firms alter the legal landscape." *The Wall Street Journal*, March 22, p. B1; Cox, M. (1993). "Electronic campus: Technology threatens to shatter the world of college textbooks." *The Wall Street Journal*, June 1, p. A1; Reilly, P. M. (1993). "At a crossroads: The instant-new age leaves *Time* magazine searching for a mission." *The Wall Street Journal*, May 12, p. A1; Rohwedder, C. (1993). "Europe's smaller food shops face finis." *The Wall Street Journal*, May 12, p. B1; Fatsis, S. (1995). "Major leagues keep minors at a distance." *The Wall Street Journal*, November 8, pp. B1+; Norton, E., and G. Stem. (1995). "Steel and aluminum vie over every ounce in a car's construction." *The Wall Street Journal*, May 9, pp. A1+; Paré, T. P. (1995). "Why the banks lined up against Gates." *Fortune*, May 29, p. 18 "Hitting the mail on the head." *The Economist*, April 30, 1994, pp. 69–70; Pacelle, M. (1996). "'Big Boxes' by discounters are booming." *The Wall Street Journal*, January 17, p. A2; and Pope, K., and L. Cauley. (1998). "In battle for TV ads, cable is now the enemy." *The Wall Street Journal*, May 6, pp. B1+.

30 Tully, S. (1992). "How to cut those #$%* legal costs." *Fortune*, September 21, pp. 119–124.

31 See DeWitt, W. (1997). "Crown Cork & Seal/Carnaud Metalbox." Harvard Business School Case No. 9-296-019.

32 Perry, N. J. (1993). "What's next for the defense industry." *Fortune*, February 22, pp. 94–100.

33 See "Crown Cork and Seal in 1989." Harvard Business School Case No. 5-395-224.

34 See Brandenburger, A., and B. Nalebuff. (1996). *Co-opetition.* New York: Doubleday.

35 R. P. Rumelt (1991). "How much does industry matter?" *Strategic Management Journal*, 12, pp. 167–185; R. Schmalansee (1985). "Do markets differ much?" *American Economic Review*, 75, pp. 341–351; V. F. Misangyi, H. Elms, T. Greckhamer, and J. A. Lepine (2006). "A new

36 See R. Lawler (April 16, 2009) "Analyst: '09 Blue Ray sales Double Those of '08" *Engagent.AOL.* Retrieved November 8, 2016.

F. Misangyi, H. Elms, T. Greckhamer, and J. A. Lepine (2006). "A new perspective on a fundamental debate: A multilevel approach to industry, corporate, and business unit effects." *Strategic Management Journal*, 27(6), pp. 571–590.

37 This approach to studying opportunities was also first suggested in Porter, M. E. (1980). *Competitive strategy.* New York: Free Press.

38 Jacob, R. (1992). "Service Corp. International: Acquisitions done the right way." *Fortune*, November 16, p. 96.

39 Porter, M. E. (1980). *Competitive strategy.* New York: Free Press.

40 K. Conner (1995) "Obtaining Strategic Advantage from Being Imitated," *Management Science*, 41, 209–225; M. Mandel (2000) "Anti-trust in the Digital Age," *Businessweek*, May 15, 51; L. Tesler (1978) *Economic Theory and the Core*. Chicago: Chicago; W. Sjostrom (1989) "Collusion in Ocean Shipping," Journal of Political Economy, 97, 1160–1179; A. McWilliams (1990) "Rethinking Horizontal Market Restrictions: In Defense of Cooperation in Empty Core Markets," *Quarterly Review of Economics and Business*, 30, 3–14

41 For the definitive discussion of first-mover advantages, see Lieberman, M., and C. Montgomery. (1988). "First-mover advantages." *Strategic Management Journal*, 9, pp. 41–58.

42 See Ghemawat, P. (1991). *Commitment.* New York: Free Press.

43 See Gilbert, R. J., and D. M. Newbery. (1982). "Preemptive patenting and the persistence of monopoly." *American Economic Review*, 72(3), pp. 514–526.

44 See Bresnahan, T. F. (1985). "Post-entry competition in the plain paper copier market." *American Economic Review*, 85, pp. 15–19, for a discussion of Xerox's patents; and Bright, A. A. (1949). *The electric lamp industry.* New York: Macmillan, for a discussion of General Electric's patents.

45 See Mansfield, E., M. Schwartz, and S. Wagner. (1981). "Imitation costs and patents: An empirical study." *Economic Journal*, 91, pp. 907–918.

46 See Main, O. W. (1955). *The Canadian nickel industry.* Toronto: University of Toronto Press, for a discussion of asset preemption in the oil and gas industry; Ghemawat, P. (1986). "Wal-Mart store's discount operations." Harvard Business School Case No. 9-387-018, for Wal-Mart's preemption strategy; Schmalansee, R. (1978). "Entry deterrence in the ready-to-eat breakfast cereal industry." *Bell Journal of Economics*, 9(2), pp. 305–327; and Robinson, W. T., and C. Fornell. (1985). "Sources of market pioneer advantages in consumer goods industries." *Journal of Marketing Research*, 22(3), pp. 305–307, for a discussion of preemption in the breakfast cereal industry. In this latter case, the preempted valuable asset is shelf space in grocery stores.

47 Klemperer, P. (1986). "Markets with consumer switching costs." Doctoral thesis, Graduate School of Business, Stanford University; and Wernerfelt, B. (1986). "A special case of dynamic pricing policy." *Management Science*, 32, pp. 1562–1566.

48 See Gross, N. (1995). "The technology paradox." *BusinessWeek*, March 6, pp. 691–719; Bond, R. S., and D. F. Lean. (1977). *Sales, promotion, and product differentiation in two prescription drug markets.* Washington, D.C.: U.S. Federal Trade Commission; Montgomery, D. B. (1975). "New product distribution: An analysis of supermarket buyer decision." *Journal of Marketing Research*, 12, pp. 255–264; Ries, A., and J. Trout. (1986). *Marketing warfare.* New York: McGraw-Hill; and Davidson, J. H. (1976). "Why most new consumer brands fail." *Harvard Business Review*, 54, March–April, pp. 117–122, for a discussion of switching costs in these industries.

49 Porter, M. E. (1980). *Competitive strategy.* New York: Free Press.

50 Gibson, R. (1991). "McDonald's insiders increase their sales of company's stock." *The Wall Street Journal*, June 14, p. A1; and Chartier, J. (2002). "Burger battles." CNN/Money, http://money.cnn.com, December 11. McDonald's lost money for only one quarter. It has since repositioned itself with nice upscale fast foods and has returned to profitability.

51 Descriptions of these product refinements can be found in Demetrakakes, P. (1994). "Household-chemical makers concentrate on downsizing." *Packaging*, 39(1), p. 41 Reda, S. (1995). "Motor oil: Hands-on approach." *Stores*, 77(5), pp. 48–49; and Quinn, J. (1995). "KitchenAid." *Incentive*, 169(5), pp. 46–47.

52 See "Fast Casual is the Fastest Growing Foodservice Segment Globally," *qsrmagazine.com*, April 20, 2016. Retrieved November 9, 2016.

53 See Hayes, R. H., and S. G. Wheelwright. (1979). "The dynamics of process-product life cycles." *Harvard Business Review*, March–April, p. 127.

54 See www.jdpowers.com. The exception to this conclusion about U.S. car manufactures seems to be Fiat Chrysler. See J. Stoll (June 17, 2015) "Fiat Chrysler Brands Get Poor Ratings in Quality Study," *Wall Street Journal*. Retrieved November 9, 2016.

55 See Porter, M. E. (1980). *Competitive strategy.* New York: Free Press; and Harrigan, K. R. (1980). *Strategies for declining businesses.* Lexington, MA: Lexington Books.

56 See Aguilar, F. J., J. L. Bower, and B. Gomes-Casseres. (1985). "Restructuring European petrochemicals: Imperial Chemical Industries, P.L.C." Harvard Business School Case No. 9-385-203.

57 See Harrigan, K. R. (1980). *Strategies for declining businesses.* Lexington, MA: Lexington Books. For the photographic film industry, see petapixel.com/film-photography-making-strong-comeback (Accessed January 5, 2017); www.lomography.com; and www.kodakalaris.com. For vinyl records, see DigitalMusicNews/2017/01/03/vinyl-record-sales-1991 (accessed January 5, 2017).

58 See Klebnikov, P. (1991). "The powerhouse." *Forbes*, September 2, pp. 46–52; and Rosenbloom, R. S., and C. Christensen. (1990). "Continuous casting investments at USX corporation." Harvard Business School Case No. 9-391-121.

59 Finn, E. A. (1987). "General Eclectic." *Forbes*, March 23, pp. 74–80.

60 See Smith, L. (1993). "Can defense pain be turned to gain?" *Fortune*, February 8, pp. 84–96; Perry, N. J. (1993). "What's next for the defense industry?" *Fortune*, February 22, pp. 94–100; and Dial, J., and K. J. Murphy. (1995). "Incentive, downsizing, and value creation at General Dynamics." *Journal of Financial Economics*, 37, pp. 261–314.

CHAPTER

3 기업의 내부 능력 평가하기

학습목표

3.1 자원기반이론을 설명하고 S-C-P 모델과의 차이점을 설명한다.

3.2 VRIO 모형에 대해 설명하고 자원기반이론과의 관련성에 대해 설명한다.

3.3 기업의 자원과 능력이 가진 경쟁적 시사점을 발견하기 위해 VRIO를 적용할 수 있다.

3.4 자원기반이론이 가진 중요한 시사점에 대해 아래의 내용을 중심으로 설명한다.

a. 기업의 가치 있는 자원과 능력을 발견하기 위해 가치사슬 분석이 어떻게 활용될 수 있는가에 대해 설명한다.

b. 자원과 능력이 가진 속성 중 모방이 힘든 속성은 무엇인지 설명한다.

c. 기업이 조직 구조, 형식적 또는 비형식적 통제 과정, 그리고 보상 정책을 통해 자원을 이용할 수 있는 방법에 대해 설명한다.

구글링

구글이 가장 처음 등장한 인터넷 검색 엔진은 아니다. 1998년에 구글이 나오기 전에 라이코스, 알타비스타, 익사이트, 야후, 애스크 지브스 등 적어도 19개의 검색 엔진이 존재했다. 또한 구글이 현재 존재하는 유일한 검색 엔진도 아니다. 애스크닷컴, 빙, 바이두, 덕덕고를 포함하여 적어도 32개의 검색 엔진이 존재한다.

그러나 이렇게 치열한 경쟁이 존재할 것으로 보이는 시장에서 구글은 미국과 전 세계 시장에서 60% 이상의 점유율을 차지하고 있다.

사실 구글은 너무도 보편적으로 이용되고 있어서 그 이름 자체가 동사형으로 사용되고 있다. 이제 어떤 것에 대해 "구글링한다"는 것은 그것에 대해 인터넷을 검색한다는 의미로 통한다. 심지어 구글을 이용하지 않을 때도 말이다.

구글이 왜 성공했으며 또한 이 성공을 계속 이어 나갈 수 있을 것인가에 대해 많은 사람들이 궁금해한다. 그 성공의 이유로서 세 가지가 꼽히고 있다.

첫째, 구글은 기술적 역량이 매우 훌륭하다. 1990년대 중반에 다른 검색 엔진들이 웹 페이지들의 키워드를 검색해서 어떤 웹 페이지가 검색 대상 키워드를 많이 가지고 있는가 계산했던 반면, 구글은 웹 페이지들 간의 관계를 파악하는 새로운 검색 프로세스를 개발해서 검색을 하는 사용자들을 가장 잘 도와줄 수 있는 웹사이트로 유도하는 방식을 채택했다. 대부분의 사람들은 구글의 방식이 월등하게 우월했다는 것에 동의한다. 이러한 기술적 역량은 구글이 키홀이나 글로벌아이피솔루션 등의 기업들의 기술을 매수하여 구글 어스나 구글 행아웃 등 성공적인 제품을 제작하는 것에 이

용하는 것이 가능하도록 하였다.

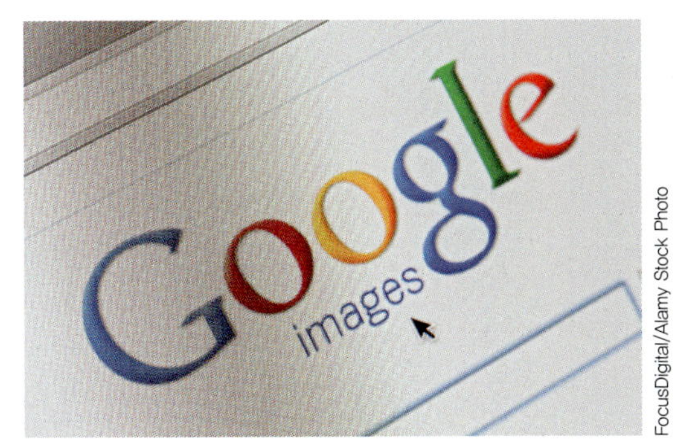

FocusDigital/Alamy Stock Photo

둘째, 구글은 소비자들에게 무료로 제공하는 소프트웨어를 통해 돈을 벌어들이는 방법을 찾아내는 일에 항상 매우 성공적이었는데, 구글의 애드워즈 프로그램이 가장 좋은 예일 것이다. 이 프로그램은 특정 웹사이트를 클릭할 때 뜨는 광고의 가치를 정확히 계산하여 주는 니즈에 부응하여 제작되었는데, 2012년에 구글 광고는 104억 2,000만 달러를 벌어들였다.

마지막으로, 구글의 창업자인 래리 페이지와 서지 브린은 구글의 독특한 조직 문화가 그 성공의 핵심에 자리 잡고 있다고 굳게 믿고 있다. 구글은 매우 도전적인 문화를 가지고 있다. 구글은 개발자들에게 가장 높은 기준의 성과를 요구하지만 그와 동시에 그들의 시간의 20%를 본인이 원하는 과업을 하는 것에 쓰도록 권장한다. 사실 그러한 개인적인 과업들은 많은 경우 구글에서 제품화되기도 한다. 구글이 2005년에 새로운 주식을 발행했을 때 주식의 숫자는 14,159,265주였는데, 그 이유는 원주율이 3.14159265이기 때문이었다. 구글의 비공식적인 슬로건은 마이크로소프트를 풍자하는 의미로 받아들여지는 "괴물이 되지 말자"인데, 구글은 높은 가격을 붙여서 독점적으로 판매하는 소프트웨어를 개발하지 않는다. 대신 구글은 이용자들을 믿고 그들이 새로운 제품을 개발하는 것에 따라서 개방적으로 소프트웨어를 개발하는 방식을 따른다.

구글의 이러한 특징들이 과연 지속적 경쟁우위의 원천인가에 대해서는 논란의 여지가 많다. 먼저 구글은 개방형 스마트폰 운영체제로서 현재 글로벌 시장을 장악하고 있는 안드로이드(애플의 iOS 점유율이 18%인 반면 안드로이드의 점유율은 80%에 달한다)를 개발하기 위해 이러한 세 가지 성공의 원천들을 이용했다. 또한 구글은 2016년 유튜브 인수를 통해 90억 달러의 수익을 올리면서 인수를 통한 수익 증대의 방법을 터득한 것처럼 보인다.

반면에, 구글이 모토로라 모바일을 125억 달러에 인수한 이후 레노버에 29억 달러에 되팔았던 것은 많은 사람들에게 구글의 전략에 대해 의문을 갖게 했다. 구글은 이에 대해 모토로라가 30억 달러의 현금을 보유하고 있었고 부채가 없어서 사실상의 인수 가격은 95억 달러였고, 모토로라의 사업부였던 케이블 사업을 23억 달러에 별도로 정리했으며, 55억 달러의 가치가 있는 모토로라 특허를 이용할 수 있었다고 주장했다. 즉 레노버와의 거래 당시 모토로라의 가치는 (125-30-23-55)억 달러인 17억 달러로서 29억 달러에 매각한 것은 문제가 없었다는 것이다.

또한 구글이 일반적인 검색 엔진 시장에서 독보적인 우위를 보이고 있는 반면에 특정 분야에서의 검색 엔진 분야에서는 여행에서의 트래블로시티, 소매에서의 아마존닷컴, 혈통 검색 분야에서의 앤

세스트리닷컴, 티켓 구매에서의 스텁허브 등의 기업들이 부상하고 있다. 구글이 이러한 특정 분야 검색엔진 기업들에 대해 우위를 유지할 수 있을 것인가에 대한 의문도 존재하고 있다.

이처럼 구글의 성공 공식에 대해서는 다양한 의견이 존재하고 있다. 당신이 구글에 대해 더 많은 정보를 얻기 위해 '구글링'하는 순간 여러분은 0.5초 만에 구글과 관련된 20억 개 이상의 웹사이트 리스트를 얻게 될 것이다.[1]

구글은 초기에는 인터넷 검색 엔진 분야에서, 그다음으로는 관련 시장에서 매우 큰 성공을 거두었다. 구글이 이러한 성장을 지속할 수 있다면, 그것을 가능하게 하는 자원이나 능력은 무엇일까? 이 장에서는 이 질문에 답을 하기 위한 아이디어를 제공한다.

기업의 자원기반이론

제2장에서는 기업의 외부적 위협과 기회를 분석하는 기법을 개발하기 위해 경제학에서 개발된 이론적 모델들, 특히 S-C-P 모델을 적용할 수 있다는 것을 보았다. 기업의 내부적 강점과 약점을 분석하는 것도 마찬가지이다. 그러나 제2장에서 설명된 기법들이 S-C-P 모델에 기반을 둔 반면, 이 장에서 설명하는 기법들은 기업의 **자원기반이론**resource-based view, RBV에 기반을 둔다. 자원기반이론은 기업이 통제하는 자원과 능력을 경쟁우위의 원천으로서 초점을 맞추는 기업 성과에 대한 모델이다.[2]

자원과 능력

자원기반이론에서의 **자원**resource은 기업이 전략을 고안하고 실행하는 데 이용하는 기업 통제하의 유·무형 자산으로 정의된다. 자원의 예로서 기업의 공장(유형 자산), 제품(유형 자산), 구매자 사이의 평판(무형 자산), 경영자 사이의 팀워크(무형 자산) 등을 들 수 있다. 구글의 유형 자산으로는 웹사이트와 소프트웨어를 들 수 있고, 무형 자산으로는 검색 엔진 분야에서의 브랜드와 명성을 들 수 있다.

능력capability은 기업 자원의 한 부분이며, 기업으로 하여금 통제하에 있는 다른 자원들을 최대한 이용하게 하는 유·무형 자산으로 정의된다. 즉 기업은 능력만 가지고는 전략을 고안하거나 실행하지 못하지만, 대신 기업의 능력은 기업으로 하여금 다른 자원들을 이용하여 전략을 고안하거나 실행하게 할 수 있다. 능력의 예로서 기업의 마케팅 기술과 경영자 사이의 팀워크 및 협력 등을 들 수 있다. 구글이 검색 엔진 시장을 석권하게 한 원동력이었던 소프트웨어 개발자와 마케팅 담당자의 협력이 바로 능력의 예라 할 수 있다.

기업의 자원과 능력은 네 가지 범주로 나눌 수 있는데 재무 자원, 실물 자원, 인적 자원, 조직 자원이 그것이다. **재무 자원**financial resource은 기업이 전략을 고안하고 실행하기 위해 이용하는 모든 형태의 자금을 뜻하는데 기업가, 주주, 채권자, 은행으로부터의 현금을 포함한다. 기업이 얻은 이익 중 그 기업에 재투자된 **이익 잉여금**retained earning도 중요한 재무 자원이다.

실물 자원physical resource은 기업의 모든 실물적 기술physical technology을 뜻하는데 공장과 설비, 지역적 입지, 원재료에의 접근이 포함된다. 공장과 설비의 예로서 컴퓨터 하드웨어와 소프트웨어 기술, 생산공정에서의 로봇, 자동화된 창고 등을 들 수 있다. 지역적 입지는 월마트(도시 지역보다 근교 지역에서 더 높은 수익을 얻음)나 L. L. 빈(메인 지역 시골의 기업 입지가 종업원으로 하여금 구매자의 야외 활동을 더 잘 이해하게 만들어 준다고 믿음) 등 다양한 기업들에게 중요하다.[3]

인적 자원human resource은 개개의 경영자들과 종사자들의 교육, 경험, 판단, 지능, 관계, 직관을 포괄한다.[4] 빌 게이츠(마이크로소프트)나 스티브 잡스(애플) 등 잘 알려진 기업가들의 인적 자원의 중요성은 널리 인정되고 있다. 그러나 가치 있는 인적 자원은 기업가나 고위 경영자에만 국한되지는 않는다. 사우스웨스트에어라인스 같은 기업의 종업원들은 그 기업의 전반적인 성공에 필수적인 요소로 간주된다. 곤경에 처한 여행자에게 농담 한 마디를 건넬 수 있는 공항 직원이나, 열심히 승객의 가방을 비행기로 나르는 운반 직원, 또는 연료를 아끼기 위해 애쓰는 조종사 등은 사우스웨스트가 경쟁이 매우 심한 미국의 항공 운수 산업에서 경쟁우위를 획득하게 된 이유이다.[5]

인적 자원이 개개인의 특성을 나타내는 반면, **조직 자원**organizational resource은 집단의 특성을 나타낸다. 조직 자원은 기업의 공식적인 보고 구조, 공식적이거나 비공식적인 계획·통제·조정 시스템, 기업 문화와 평판, 기업 내외의 비공식 관계를 포괄한다. 사우스웨스트에어라인스에서 개인들 사이의 관계는 중요한 조직 자원을 만들어 내고 있다. 예를 들어 사우스웨스트에서는 조종사들이 정시 출발을 위해 승객의 짐을 비행기에 싣는 일을 돕는 것을 흔히 볼 수 있다. 이 같은 협력과 봉사는 사우스웨스트의 종업원과 기업 간의 유대관계를 잘 보여 주는데, 사우스웨스트 종업원의 80%가 노조원임에도 불구하고 이 유대관계를 바탕으로 낮은 이직률과 높은 생산성을 나타낸다.

자원기반이론의 중요한 가정

자원기반이론은 기업이 통제하는 자원과 능력에 대해 두 가지 기본적인 가정을 가지고 있다. 첫째, 상이한 기업들은 비록 그들이 한 산업 내에서 활동하더라도 상이한 자원과 능력을 가지고 있다고 가정한다. 이 가정은 **자원 상이성**resource heterogeneity의 가정이다. 자원 상이성은 동일한 사업을 하는 데 있어서 어떤 기업이 다른 기업들보다 더 잘할 수 있다는 것을 의미한다. 예를 들어 토요타는 제조 기능이 다른 기업들, 가령 제너럴모터스보다 더 낫고, 애플은 제품 디자인이 IBM보다 낫다. 모터사이클 산업에서는 '웅장하고, 거칠며, 소란한 질주'의 명성을 갖고 있는 할리데이비슨이 다른 제품과 차별화되어 있다.

둘째, 기업들이 가진 상이한 자원과 능력의 차이점은 오래 지속될 수 있다. 이것은 기업이 어

이론적 뿌리를 찾아서

리카도 경제학과 자원기반이론

자원기반이론의 이론적 뿌리는 데이비드 리카도가 1817년에 발표한 연구에서 찾아볼 수 있다. 흥미로운 사실은 리카도가 그 당시에 기업의 이익률에 대해서는 전혀 연구하지 않았다는 것이다. 그는 비옥한 토지와 척박한 토지의 경제적 성과에 대해 연구했다.

생산 과정에 투입되는 다른 요소들과는 달리 토지의 공급량은 상대적으로 고정되어 있고, 아무리 토지에 대한 수요가 많고 가격이 높더라도 더 많은 토지가 공급되지는 않는다. 이러한 **공급에 있어서의 비탄력적**inelastic in supply 성향은 공급량이 가격 상승에 대응하지 않고 오직 고정된 공급량만 유지하는 것을 뜻한다. 이런 상황에서 고품질의 공급 요소(비옥한 토지)를 이미 소유하고 있는 농부들은 경쟁우위를 획득할 수 있다.

생산을 위한 투입 요소input로서의 토지에 대한 리카도의 주장은 〈그림 3.1〉에 요약되어 있다. 밀을 재배하기 위한 많은 토지 구획이 존재한다고 가정해보자. 또한 이 토지 구획들은 높은 비옥도(생산비용이 낮음)부터 낮은 비옥도(생산비용이 높음)까지 다양한 비옥도를 가진다고 가정해 보자. 밀의 시장가격이 낮을 때는 높은 비옥도의 토지에서 밀을 재배하는 농부만이 수지를 맞출 수 있을 것이다. 이 농부들만이 낮은 시장가격을 감수하고도 밀을 재배할 수 있는 낮은 비용 구조를 가지기 때문이다. 그러나 밀의 시장가격이 점차 상승함에 따라 낮은 비옥도의 토지를 가진 농부들도 순차적으로 밀을 재배할 수 있게 된다. 이 현상은 〈그림 3.1〉의 A에서 볼 수 있는 시장 공급 곡선을 도출한다. 가격(P)이 상승함에 따라 공급(S)도 상승하는데, 공급 곡선의 어느 시점에서 공급이 수요(D)와 만나게 된다. 이 지점에서 밀의 시장가격이 결정되며 그림에서 P^*로 표시되었다.

이제 두 농부의 상황을 고려해 보자. 리카도는 이 두 농부가 전통적인 경제학 이론에 의해 한계비용(MC)와 한계수익(MR)이 만나는 점에서 밀의 생산량(q)을 생산한다고 가정한다. 즉 마지막 단위 밀의 비용이 마지막 단위 밀의 판매로부터 나오는 수익과 같아지는 지점까지 생산을 계속하는 것이다. 그러나 이 결정은 낮은 비옥도의 토지를 가진 농부가 가지는 평균 총비용(ATC)가 고려된 것이며(〈그림 3.1〉의 B), 높은 비옥도의 토지를 가진 농부의 평균 총비용(〈그림 3.1〉의 C에서의 ATC)는 이보다 낮으므로, 결과적으로 시장에서 결정된 가격보다 더 낮은 비용으로 밀을 생산할 수 있게 된다. 즉 높은 비옥도의 토지를 가진 농부들은 보통 이상의 경제적 이익을 얻게 됨을 의미한다. 이것은 시장가격인 P^*에서 낮은 비옥도의 토지를 가진 농부들에게 있어서 $MC = ATC$이며, 반면에 높은 비옥도의 토지를 가진 농부들에게 있어서는 $MC > ATC$가 된다는 뜻이다.

전통적인 경제적 분석에 따르면, 높은 비옥도의 토지를 가진 농부들의 이윤은 다른 농부들의 진입을 유도하게 된다. 그

떤 자원과 능력을 개발하거나 획득하기가 매우 힘들 수 있다는 것을 의미한다. 이는 **자원 비유동성**resource immobility의 가정이다. 예를 들어 토요타는 피아트와 크라이슬러에 비해 제조 부문에서의 우월성을 30년 이상 유지하였다. 애플은 1980년대 설립 이래 IBM보다 우월한 제품 디자인 능력을 계속 유지해 왔다. 할리데이비슨의 독특한 명성은 수십 년간 계속되고 있다. 토요타, 애플, 할리데이비슨의 경쟁자들이 이러한 기업들에 대한 자사의 열등성에 대해 모르고 있는 것도 아니고, 심지어 IBM이나 일본의 많은 자동차 제조기업들은 자사의 열등성에 대해 인정하기도 했다. 그럼에도 불구하고 토요타, 애플, 할리데이비슨은 지속적으로 경쟁우위를 유

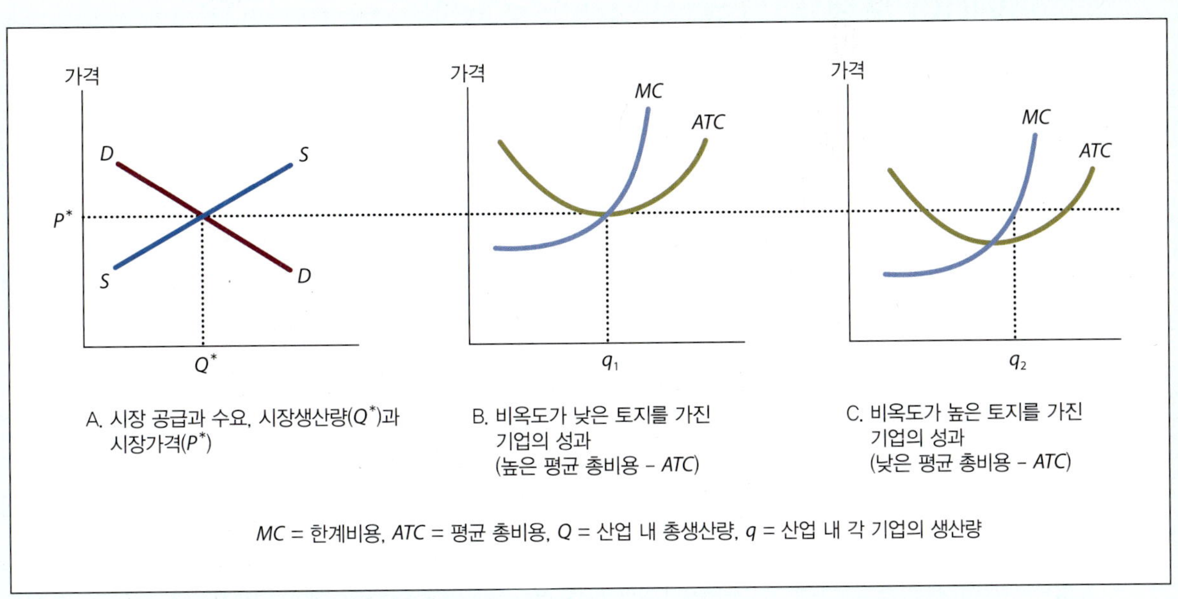

그림 3.1 상이한 비옥도를 가진 토지의 경제학

러나 P^*의 시장가격에서 적어도 보통의 수확을 얻기 위한 토지는 이미 모두 사용 중인 상태이다. 특히 높은 비옥도를 가진 토지는 더 이상 없으며 새로 만들어질 수도 없다고 가정했는데, 이것이 바로 토지는 공급에 있어서 비탄력적이라는 뜻이다. 비옥한 토지, 즉 낮은 비용 구조를 가진 농부는 척박한 토지, 즉 높은 비용 구조를 가진 농부에 비해 지속적인 경쟁우위를 가지며, 따라서 보통 이상의 경제적 이익을 얻을 수 있다.

물론 적어도 두 가지 상황이 이 지속적인 경쟁우위를 위협할 수 있다. 첫째, 시장 수요가 감소하여 수요 곡선이 아래로 움직일 수 있다. 그 결과로 척박한 토지를 가진 농부뿐만 아니라 비옥한 토지를 가진 농부의 이익도 함께 감소되어 극단적으로는 이익이 하나도 남지 않을 수 있다.

둘째, 척박한 토지를 가진 농부들이 그 토지의 비옥도를 높일 낮은 비용 방법을 개발하여 비옥한 토지를 가진 농부들의 우위의 격차를 줄일 수 있다. 예를 들어 값이 비싸지 않은 비료를 사용하여 토지의 비옥도를 높일 수 있는 것이다. 이러한 비료가 존재할 수 있다는 것은 중요한 의미를 갖는데, 즉 '토지'의 공급량은 고정될 수 있지만 '비옥도'는 변동할 수 있다는 것이다. 만약 많은 농부들이 토지의 비옥도를 높일 수 있다면 기존의 비옥한 토지를 가졌던 농부들의 우위가 사라질 것이다.

물론 자원기반이론은, 토지 외에도 공급에 있어서의 비탄력적인 자원을 많이 찾아볼 수 있으며, 또한 농부 외에도 이러한 자원으로부터 이익을 얻는 기업의 종류가 많이 발견될 수 있다는 사실을 제시하고 있다.[6]

지하고 있다.

이 두 가지 가정은 왜 기업들이 동일한 산업에서 경쟁하면서도 어떤 기업이 다른 기업들보다 우월한 성과를 낼 수 있는지를 설명해 준다. 만약 어떤 기업이 다른 경쟁자들이 가지지 못한 가치 있는 자원과 능력을 가지고 있고 경쟁자들이 그 자원과 능력을 모방하기(같은 자원과 능력을 개발하거나 획득하는 것) 힘들다면 그 기업은 지속적인 경쟁우위를 획득할 수 있다. 자원기반이론의 바탕이 되는 경제적 이론은 74~75쪽의 '이론적 뿌리를 찾아서'에서 설명한다.

VRIO 모형

자원기반이론을 바탕으로 기업이 보유한 모든 자원과 능력을 분석하고 이 자원과 능력이 경쟁 우위를 창출할 수 있는 잠재력에 대해 분석하는 기법을 개발할 수 있다. 이 분석 기법을 이용함으로써 기업이 가진 내부적 강점과 약점을 발견할 수 있는 것이다. 이러한 내부 분석을 할 수 있는 기법을 **VRIO 모형**VRIO framework이라고 한다.[7] VRIO는 기업의 자원과 능력이 가질 수 있는 경쟁적인 잠재력을 가늠할 수 있는 네 가지 질문의 앞 글자를 딴 말로서, 가치value, 희소성rarity, 모방 가능성imitability, 조직organization에 대한 질문이다. 〈표 3.1〉에 이 네 가지 질문을 요약하였다.

가치에 대한 질문

가치에 대한 질문question of value은 "어느 기업의 특정한 자원과 능력이 그 기업으로 하여금 외부로부터의 기회를 이용하고 위협을 중화할 수 있게 하는가?"에 대한 것이다. 만약 "그렇다"라고 대답할 수 있다면 그 기업의 자원과 능력은 가치가 있다고 할 수 있고, 그 기업의 강점으로 간주될 수 있다. 만약 "아니다"라고 대답하게 된다면 그러한 자원과 능력은 그 기업의 약점이 된다. 본래부터 가치 있는 자원과 능력은 존재하지 않고, 어느 기업의 경쟁 지위를 향상시킬 수 있을 만큼만 가치가 있다고 할 수 있다. 동일한 자원과 능력이라 할지라도 시장의 성격에 따라 어느 기업에게는 강점이 될 수도 있고 약점이 될 수도 있다.

가치 있는 자원과 기업 성과

때때로 어느 기업의 자원과 능력이 그 기업으로 하여금 기회를 이용하고 위협을 중화하게 하는지 판단하기 어려울 때가 있다. 이것을 파악하기 위해서 세세한 영업 정보를 구하기도 어렵다. 어느 기업의 자원과 능력이 외부 기회와 위협에 영향을 주더라도 그것이 가시화되는 데 시간이 많이 소요되기도 한다.

어느 기업의 자원과 능력이 외부 기회와 위협에 미치는 영향을 파악하는 한 방법은 자원과 능력이 그 기업의 수익과 비용에 미치는 영향을 조사해 보는 것이다. 일반적으로 자원과 능력을 외부 기회의 이용과 위협의 중화를 위해 이용하는 기업은 그렇지 않은 기업에 비해서 수익 증가나 비용 감소, 또는 두 가지 모두를 더 크게 경험하게 될 것이다. 즉 어느 기업의 자원과 능력의 가치는 그와 관련된 기업 활동의 결과로 인한 수익 증가와 비용 감소를 통해 나타나게 된다.

가치에 대한 질문 적용하기

많은 기업들에 있어서 가치에 대한 질문의 답은 "그렇다"이다. 즉 많은 기업들은 외부 기회를 이용하고 위협을 중화시키는 데 이용되는 자원과 능력을 가지고 있고, 이것들을 이용함으로써

표 3.1 지원기반이론을 통해 기업의 내부 강점과 약점을 분석하기 위한 질문

1. 가치에 대한 질문 : 특정 자원이 그것을 소유한 기업으로 하여금 환경적 기회를 이용하거나 환경적 위협을 중화시키도록 하는가?
2. 희소성에 대한 질문 : 특정 자원을 소수의 기업만 소유하고 있는가?
3. 모방 가능성에 대한 질문 : 특정 자원을 소유하고 있지 않은 기업이 그 자원을 획득하거나 개발하는 데 있어서 많은 비용이 소요되는가?
4. 조직에 대한 질문 : 특정 기업의 정책과 과정들이 그 기업이 소유한 가치 있고 희소하며 모방하기 힘든 자원을 충분히 인식하고 이용할 수 있는가?

수익을 증가시키고 비용을 감소시키고 있다. 예를 들어 소니는 소형 전자제품을 개발·제조·판매하는 일에 많은 경험을 쌓았는데, 이 자원과 능력을 비디오게임, 디지털카메라, 컴퓨터와 주변기기, 휴대용 컴퓨터, 가정용 비디오와 오디오 및 휴대용 오디오, 자동차 오디오 등의 제품에서 발견하는 기회를 포착하기 위해 이용했다. 3M 또한 화학약품, 코팅, 접착제, 그리고 위험 감수와 창의성을 장려하는 조직 문화에서 비롯되는 자원과 능력을 이용하여 투명 테이프와 포스트잇 제품 등의 사무용품 분야에서 기회를 이용하고 있다. 특유의 기술과 조직 문화를 포함한 소니와 3M의 자원과 능력은 이 기업들이 새로운 기회를 이용하거나 심지어 기회를 창출하는 것을 가능하게 하고 있다.[8]

가치에 대한 질문에 대해 "아니다"라고 답할 수밖에 없는 기업들도 있다. 예를 들어 2008년에 아비스는 웬디스를 23억 4,000만 달러에 매입했는데, 양 사의 패스트푸드 운영 능력을 향상시키려는 노력은 실패했으며 결국 2011년에 분사되었다. 또한 2008년에 뱅크오브아메리카는 부동산할부금융 기업인 컨트리와이드를 25억 달러에 인수했는데 인수 직후 발생한 글로벌 금융위기로 인해 실제 비용은 400억 달러를 초과했다. 2005년에 이베이는 스카이프를 26억 달러에 인수했는데 4년 만인 2009년에 19억 달러에 되팔았다. 2000년에는 새로운 형태의 뉴미디어 기업을 만들겠다는 목적으로 AOL이 타임워너를 1,600억 달러에 매입했는데, 2002년에 900억 달러의 가치 하락을 경험한 끝에 2009년에 결국 분사되었다. 이러한 모든 사례들에서 인수합병을 통해 획득한 새로운 자원과 능력은 가치를 창출하지 못했다.[9]

잠재적으로 가치 있는 자원과 능력을 발견하기 위해 가치사슬 분석 이용하기

어느 기업 내에서 잠재적으로 가치 있는 자원과 능력을 발견하는 방법 중 하나는 그 기업의 가치사슬을 연구하는 것이다. 기업의 **가치사슬**value chain은 그 기업이 제품과 서비스를 개발·제조·판매하기 위해 행하는 일련의 기업 활동이다. 기업은 가치사슬의 각 단계에서 각각 상이한 자원과 능력을 적용하고 통합해야 한다. 상이한 기업들은 상이한 가치사슬을 선택할 수 있기 때문에 그 가치사슬에 필요한 상이한 자원과 능력을 개발하게 된다. 심지어 그 기업들이 동일한 산업에 속하더라도 마찬가지이다. 가치사슬과 그에 따른 자원 및 능력을 어떻게 선택하는

전략과 기업윤리

전략경영 분야에 있어서 경쟁우위를 획득하고 유지하는 것은 기업의 소유주들을 위한 것이라는 관점이 지배적이다. 이해관계자stakeholder 관점(제1장의 '전략과 기업윤리' 참조)을 가지고 기업을 보더라도, 기업의 소유주가 이해관계자 집단들의 중심에 서 있는 것이 사실이고, 기업의 성과 개선은 그 소유주의 부의 증가를 의미하게 마련이다.

그러나 보다 넓은 관점에서 기업의 성과와 소유주의 부를 바라보면 더 넓은 의미에서의 영향, 즉 사회와 환경에의 영향이 간과되어 왔음을 발견할 수 있다. 경제학자들은 이러한 광범위한 영향을 '외부효과externalities'라 부르는데, 기업들이 어떻게 이익을 극대화하느냐 하는 중심적인 주제와는 다소 동떨어진 주제이기 때문이다. 즉 기업들은 이익 극대화 과정에서 외부환경에 미치는 영향에 대해 완전히 책임을 지지 않고 그 비용을 지불하지 않기 때문에 기업의 입장에서는 중심적인 주제로 간주되지 않는 것이다.

외부효과는 여러 가지 형태를 띠는데

외부효과와 이익 극대화의 결과

가장 흔한 것은 공해이다. 예를 들어 기업이 이익 극대화를 위해 공해물질을 배출하면 그 공해의 결과는 바로 외부효과가 된다. 공해는 사람들의 삶의 질을 떨어뜨리고 환경을 파괴하지만 공해를 일으키는 기업은 그 책임을 완전히 지지 않는다.

다른 형태의 외부효과로서 공중보건을 들 수 있다. 예를 들어, 담배 제조 기업이 이익을 극대화하는 과정에서 미성년자에게 담배를 판매하면 그 기업은 공중보건 외부효과를 만드는 것이다. 미성년자가 어린 나이부터 담배를 피우게 되면 기업에게는 이익이 되지만 그 아이들이 폐암에 걸리거나 폐기종, 심장질환, 기타 흡연과 관련된 질병에 걸릴 확률이 높아진다. 질병에 따르는 비용은 이 아이들이 대부분 부담하게 되지만, 이러한 질병 퇴치를 위한 사회적 비용도 뒤따르게 된다.

다시 말해서 어느 기업의 이익 극대화 과정은 그 기업과 기업의 소유주, 이해관계자들에게는 긍정적인 결과를 가져오지만 사회 일반에는 부정적인 결과를 가져올 수 있는 것이다. 이 문제를 해결하기 위해 두 가지 해결책이 제시되었다. 첫째, 정부가 이러한 외부효과가 일어날 수 있는 분야를 직접 관리하고 규제할 수 있다. 둘째, 정부는 외부효과를 일으키는 기업에 대해 법적 소송을 제기함으로써 그 비용을 부담시킬 수 있다. 일단 이 외부효과가 '내부화internalize'되면, 즉 기업들은 그 비용을 부담하면 이 비용을 이익 극대화 과정에서 고려하게 된다.

가 하는 문제는 결국 그 기업의 전략 선택에 영향을 주며, 더 나아가서는 '전략과 기업윤리'에서 설명하는 것과 같이 사회 전반에도 영향을 미치게 된다.

예를 들어 석유 산업을 생각해 보자. 〈그림 3.2〉는 원유가 최종 제품(예 : 석유)으로 되기까지의 모든 단계를 보여 준다. 이 단계는 원유 탐사, 시추, 채굴, 운송, 매매, 정제, 정제된 제품의 도매 유통, 소매 유통, 판매를 포함하고 있다.

상이한 기업들은 이러한 단계 중 자신이 실행할 단계에 대해 상이한 선택을 하게 마련이고, 따라서 상이한 자원과 능력을 가지게 된다. 예를 들어 원유를 탐사하는 일은 재정적 부담이 많이 드는 활동이므로 풍부한 재무 자원이 필요하고, 육지로의 접근(실물 자원)과 과학 지식의 적용(인적 자원)도 필요하며, 위험을 무릅쓰고 탐사를 하는 것에 대한 조직적 뒷받침(조직 자원)도 필수적이다. 원유 탐사를 하는 기업은 다른 단계의 기업, 예를 들어 석유를 최종 소비자

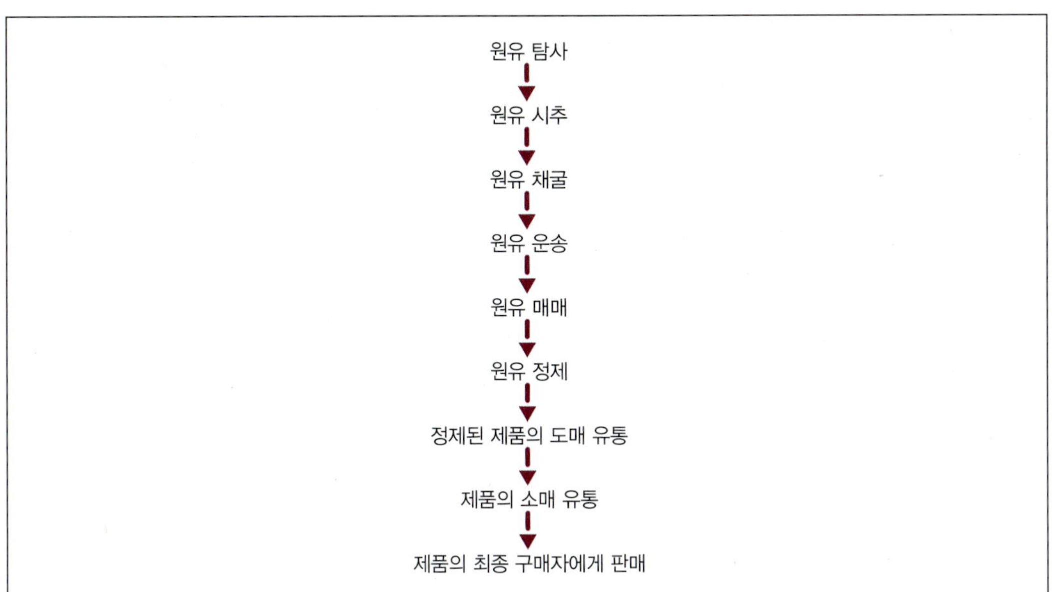

그림 3.2

가솔린이나 윤활유 같은 석유 제품의 단순화된 가치사슬 활동

에게 판매하는 기업에 필요한 자원 및 능력과는 매우 다른 종류의 자원과 능력을 가지고 있을 것이다. 석유 판매의 단계를 실행하는 기업들은 잘 정비된 주유소망이 필요할 텐데, 이 주유소망에 적합한 재무 자원과 실물 자원이 필요하게 된다. 또한 주유소를 효율적으로 운영할 인적 자원이 필요하고, 적절한 마케팅과 기타 창의적인 영업 수단을 개발하기 위해서는 그에 맞는 조직 자원이 필요하다.

더 나아가서, 심지어 기업들이 동일한 가치사슬을 가지고 있더라도 가치사슬에 대한 접근법이 다르다면 또한 상이한 자원과 능력을 개발하게 된다. 예를 들어 두 기업이 모두 최종 소비자에게 석유를 판매하는 가치 활동을 하고 있다 하더라도, 어느 기업은 직접 운영하는 주유소를 통해 석유를 판매하고 또 다른 기업은 프랜차이즈 등 직접 운영하지 않는 주유소를 통해 석유를 판매할 수 있다. 이러한 경우 비록 두 기업이 비슷한 인적 자원 및 조직 자원을 가질 수 있다 하더라도 적어도 재무 및 실물 자원은 매우 상이할 수 있다.

나쁜 행동을 하는 기업의 제품 또는 서비스를 이용하지 않음으로써 소비자들도 기업의 가치 활동 선택에 영향을 미칠 수 있는데, 어떤 경우에는 적극적으로 기업의 전략에 영향을 미친다. 예를 들어 남아프리카공화국이 인종 분리주의를 고수하고 있을 당시 많은 소비자들은 남아프리카공화국 기업 제품의 불매운동에 동참했다. 이 운동은 기업의 전략에 영향을 미쳤을 뿐만 아니라 국가의 정책에 영향을 미쳤다. 그 밖에도 소비자들은 아프리카의 저개발 국가들에게 AIDS 치료제가 전달될 수 있도록 제약 기업들에게 압력을 행사했고, 근로자의 임금과 노동 환경을 개선하도록 나이키에게 압력을 행사했다. '사회적 책임'에 대한 수요가 시장에 존재하는 한 기업들은 사회적으로 좋지 않은 행동을 하지 않는 방향으로 이익 극대화 활동을 하게 된다.[10]

가치사슬 모형은 우리가 기업의 자원과 능력을 아주 세세히 해부하도록 요구한다. 즉 기업이 행하고 있는 가치 활동이 그 기업의 재무 자원, 실물 자원, 인적 자원, 조직 자원에 어떻게 영향을 주는가를 파악하는 데 도움을 준다. 이러한 세부적인 분석을 토대로 그 기업이 가진 잠재적인 경쟁우위의 원천을 발견할 수 있는 것이다.

이러한 장점 때문에 보편적으로 적용될 수 있는 몇몇 본원적 가치사슬 모형이 개발되었는데, 맥킨지앤드컴퍼니가 개발한 첫 번째 모형이 〈그림 3.3〉에 있다.[11] 비교적 단순한 이 모형에 의하면 기업의 가치 창출은 기술 개발, 제품 디자인, 제조, 마케팅, 유통, 서비스의 여섯 가지 활동에 연관된다. 기업들은 개별적인 또는 조합적인 활동을 통해 기업 특유의 능력을 개발할 수 있다.

희소성에 대한 질문

기업이 가지고 있는 자원과 능력의 가치에 대해 이해하는 것은 그 기업의 강점과 약점을 파악하는 중요한 출발점이 된다. 그러나 어느 기업이 가지고 있는 자원과 능력을 다수의 경쟁 기업들도 가지고 있다면 그 자원들은 특정 기업의 경쟁우위의 원천은 될 수 없을 것이다. 이러한 경우 가치는 있으나 희소하지 않은 자원과 능력은 경쟁등위의 원천이 된다. 많은 기업들이 동일한 자원을 가지고 있지 않은 경우에만 그 자원은 경쟁우위의 원천이 된다. **희소성에 대한 질문**question of rarity이 중요한 이유가 바로 이것이다. 이 질문은 "얼마나 많은 경쟁 기업들이 특정한 자원과 능력을 이미 소유하고 있는가?"에 대한 것이다.

예를 들어 TV 스포츠 채널의 경쟁을 생각해 보자. 모든 주요 방송사들과 지역 방송사들이 스포츠를 중계하지만 이러한 스포츠 프로그램들은 게임 쇼, 아침 드라마, 뉴스, 코미디, 정치 드라마나 의학 드라마 등 다양한 프로그램 중 하나일 뿐이다. 1998년까지 공중파나 케이블 채널에서 전문 스포츠 채널은 존재하지 않았다. ESPN은 스포츠 전문 채널을 표방하고 코네티컷에서 탄생한 기업으로서 다양한 스포츠 경기와 중요한 스포츠 이벤트, 예를 들어 NFL과 대학 미식축구 결승전 등을 중계하는 기업으로 성장했다. 창립 후 2000년대에 이르기까지 ESPN과

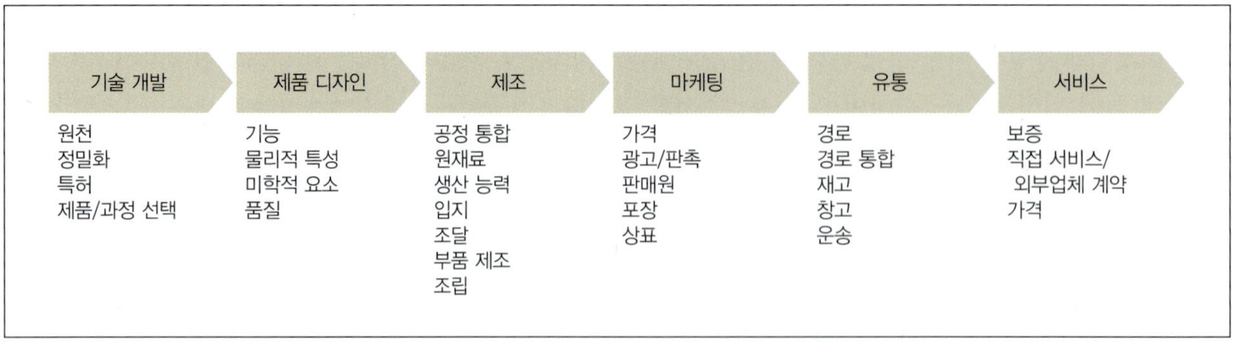

기술 개발	제품 디자인	제조	마케팅	유통	서비스
원천 정밀화 특허 제품/과정 선택	기능 물리적 특성 미학적 요소 품질	공정 통합 원재료 생산 능력 입지 조달 부품 제조 조립	가격 광고/판촉 판매원 포장 상표	경로 경로 통합 재고 창고 운송	보증 직접 서비스/ 외부업체 계약 가격

그림 3.3 맥킨지앤드컴퍼니가 개발한 본원적 가치사슬

그 계열사는 스포츠만을 편성하는 유일한 채널이었다. 이러한 희소성은 ESPN이 가진 매우 강한 브랜드 명성을 쌓는 것에 기여했다. ABC를 소유한 디즈니에 인수되기까지 ESPN이 보유했던 독특한 브랜드 명성은 적어도 임시적인 경쟁우위의 원천이었다.[12]

그러나 상황은 바뀌기 시작했다. 스포츠만을 편성하는 다수의 채널이 케이블과 위성방송에 등장하기 시작한 것이다. MLB네트워크에서는 프로야구를, NFL네트워크에서는 프로미식축구를, 골프채널에서는 프로골프를, 테니스 채널에서는 프로테니스를 전문적으로 중계한다. 또한 NBC, CBS, FOX 등 다른 방송사에서도 24시간 스포츠를 방송하고 해설하는 스포츠 채널을 만들어서 ESPN의 전통적인 스포츠센터 프로그램과 직접적으로 경쟁한다. 비록 ESPN이 TV 스포츠와 행사 중계에서 여전히 가장 잘 알려져 있고 "ESPN on ABC"라는 광고문구의 힘을 보유하고 있지만, ESPN이 여전히 희소한 채널인가에 대해서는 의문의 여지가 있다.[13]

물론 기업의 자원과 능력이 모두 가치 있고 희소한 것은 아니고 사실상 대부분의 기업들은 가치는 있으나 희소하지 않은 자원과 능력을 가지고 있다. 이러한 자원들은 심지어 임시적인 경쟁우위의 원천도 되지 못하며 오직 경쟁등위만을 창출할 수 있다. 경쟁등위를 가진 기업들은 생존할 확률이 높기는 하지만 경쟁우위를 갖는 것은 아니다.

예를 들어 기업의 전화 시스템을 생각해 보자. 거의 모든 기업은 전화번호를 가지고 있으므로 전화 시스템은 경쟁우위의 원천이 될 수 없다. 그러나 만약 전화번호가 없는 기업이 있다면 그 기업은 경쟁 기업들에 비해서 중요한 자원이 결여된 것이므로 경쟁열위를 경험할 수밖에 없을 것이다.

기업이 경쟁우위를 가지기 위해서 그 자원이나 능력이 얼마나 희소해야 하는가는 상황에 따라 다르다. 만약 가치가 있는 어느 특정한 자원이나 능력을 한 기업만이 소유하고 있다면 그 기업이 경쟁우위를 가질 수 있다는 것을 이해하기는 어렵지 않지만, 때로는 그 자원이나 능력을 복수의 기업이 소유하는 경우에도 경쟁우위를 창출할 수 있는 것이다. 일반적으로 가치가 있는 특정한 자원이나 능력을 가진 기업의 수가 한 산업이 완전경쟁 시장의 기능을 실행하기 위해 필요한 기업의 수보다 적을 경우, 그 자원과 능력이 희소하다고 말할 수 있고 따라서 경쟁우위의 원천이 될 수 있다.

모방 가능성에 대한 질문

가치 있고 희소한 자원은 기업의 전략을 혁신하는 원동력이 될 수 있는데, 왜냐하면 그것을 소유한 기업은 그 자원으로 말미암아 경쟁 기업들이 인식하거나 추구할 수 없는 전략을 가질 수 있기 때문이다. 이러한 기업은 제2장에서 다룬 선도 기업 우위를 가질 수 있다.

그러나 가치 있고 희소한 자원은 그것을 소유하지 못한 기업들이 그 자원을 획득하거나 개발할 때 비용상의 불리함을 겪어야 할 경우에만 기존의 소유 기업들에게 경쟁우위의 원천이 될 수 있다. 이러한 종류의 자원은 **불완전하게 모방 가능한**imperfectly imitable 자원이다.[14] 즉 **모방 가능성에 대한 질문**question of imitability은 "어떤 자원이나 능력을 소유하지 못한 기업들이 그것을 획득하거나 개발할 때 그 자원을 이미 소유한 기업들에 비해 비용열위를 가지는가?"에 대한 것이다.

5개의 기업이 존재하는 산업을 생각해 보자. 모든 기업이 동일한 제품, 동일한 원료, 동일한 구매자, 동일한 유통 경로를 가지고 있다면 이 기업들이 보통의 경제 성과를 거두고 있음을 짐작하기란 어렵지 않을 것이다. 만약 이들 중 한 기업이 어떤 가치 있는 자원을 새롭게 발견하게 되어, 기회를 이용하거나 위협을 중화시키기 위해 그 자원을 사용한다면 이 기업은 다른 기업들에 비해 경쟁우위를 획득하게 될 것이다.

다른 경쟁자들은 이러한 경쟁우위에 대해서 적어도 두 가지 반응을 보일 수 있다. 첫째, 경쟁자들은 이 기업의 성공을 무시하고 이제까지 하던 방식을 고수할 수 있다. 물론 이러한 대응의 결과는 경쟁열위밖에 없다. 둘째, 경쟁자들은 이 기업의 성공 비결을 알아내느라 애쓰면서 비슷한 전략을 실행하기 위해 새롭게 발견된 그 자원을 복제하려고 할 수 있다. 만약 경쟁자들이 그 자원을 획득하거나 개발하는 데 아무런 비용열위가 없다면 이러한 모방으로 말미암아 이 산업에는 경쟁등위만이 존재하게 될 것이다.

그러나 이 장에서 설명할 이유들로 말미암아 경쟁자들은 성공적인 기업의 가치 있는 자원을 복제하는 데 있어서 심각한 비용열위를 가질 수 있다. 이 경우에는 새롭게 자원을 발견한 기업이 지속적 경쟁우위, 즉 전략적 모방으로 인해 소멸되지 않는 우위를 획득할 수 있다. 모방이 힘들고 희소하며, 가치 있는 자원을 소유하고 이를 전략 선택과 실행에 이용하는 기업들은 지속적인 경쟁우위를 누릴 수 있다.[15]

예를 들어 앞에서 설명한 바와 같이 ESPN이 성공하는 것을 목격한 다른 기업들은 이와 비슷한 스포츠 채널을 선보이기 시작했다. ESPN에게 성공을 가져왔던 위성 중계 방식 등 다수의 자원과 능력은 모방하기 어렵지 않았기 때문에 지속적 경쟁우위의 원천이 되지 못했다. 반면에 ESPN의 명성은 모방이 어려울 수 있기 때문에 지속적 경쟁우위의 원천이 될 가능성이 있다.

모방의 형태 : 직접복제와 대체

일반적으로 모방은 **직접복제**direct duplication와 **대체**substitution의 두 가지 형태 중 하나로 이루어진다. 모방하는 기업들은 경쟁우위를 가진 기업의 자원을 직접적으로 복제하는 것을 시도할 수 있는데, 예를 들어 NBC는 ESPN을 모방하여 24시간 스포츠 방영 채널을 만들었다. 만약 직접복제를 위한 비용이 기존의 자원을 생산하는 비용보다 높다면 그 자원은 지속적인 경쟁우위를 창출하며, 직접복제의 비용이 높지 않은 경우에 그 자원은 오직 임시적인 경쟁우위를 창출할 수 있다.

또한 모방하는 기업들은 경쟁우위를 가진 기업의 모방하기 힘든 자원을 다른 자원으로 대체하는 것을 시도할 수 있다. 예를 들어 MLB네트워크나 NFL네트워크, 골프채널, 테니스채널 등 특정 분야 스포츠 채널들은 ESPN의 대체기업이 될 수 있다. 즉 단일 종목 스포츠 중계 채널은 광범위한 스포츠 중계 채널의 잠재적 대체재인 것이다. 만약 대체 자원이 존재하고 그 자원을 획득하는 것에 소요되는 비용이 높지 않다면 기존의 자원은 오직 임시적인 경쟁우위를 창출할 것이다. 그러나 만약 효과적인 대체 자원이 존재하지 않거나 또는 대체 자원을 획득하는 비용이 기존의 자원을 획득하는 비용보다 높다면 기존의 자원은 지속적인 경쟁우위를 창출할 수 있다.

다른 기업의 자원이나 능력을 모방하는 것은 왜 어려운가

여러 학자들은 다른 기업의 자원과 능력을 모방하는 일이 어려울 수 있는 이유를 찾아내기 위해 연구를 해 왔는데 네 가지 이유가 발견되었다.[16] 이 이유들은 〈표 3.2〉에 요약되었다.

고유한 역사적 상황 기업은 그 기업 고유의 역사적 상황으로 인해 어떤 자원이나 능력을 낮은 비용으로 획득하거나 개발했을 수 있다. 즉 자원의 획득, 개발, 또는 사용에 연관된 비용은 그 기업이 존재했던 시간과 공간에 따라 매우 달라질 수 있다. 시간은 되돌릴 수 없는 것이므로 어느 시점을 놓친 기업은 그 시점과 밀접하게 연관된 자원을 뒤늦게 획득하기 위해서 매우 높은 비용을 지불해야 하는 일이 발생한다.[17]

ESPN이 24시간 스포츠 방송의 중요성을 일찍 깨닫고 투자한 것은 이러한 고유한 역사적 조건의 예로 볼 수 있다. 이전에는 24시간 스포츠 방송의 수요가 존재할 것이라고 판단한 기업은 없었던 것이다. 오랜 기간 동안 ESPN은 이 서비스를 제공하는 유일한 기업이었다. ESPN은 이 기간 동안 구매자에게 선택될 수 있는 방식으로 24시간 스포츠 방송을 제공할 수 있는 능력과 업무 방식을 개발할 수 있었고, 결과적으로 ESPN이 다른 기업이 모방하기 힘든 명성을 쌓게 했다.

이러한 고유의 역사적 조건이 어느 기업의 지속적 경쟁우위에 영향을 주는 경로는 두 가지로 볼 수 있다. 첫째, 어느 기업은 그 역사적 조건으로 말미암아 어떠한 산업에서 특정한 기회를

표 3.2 모방이 힘든 이유

고유한 역사적 상황 : 어느 기업이 그 시간적·공간적 배경을 통해 특정 자원에 쉽게 접근할 수 있었다면 다른 기업들은 이 자원을 모방하는 데 어려움을 겪을 수 있다. 선도 기업 우위와 경로 의존은 이러한 고유한 역사적 상황을 창출할 수 있다.

인과적 모호성 : 어느 기업이 어떻게 특정한 우위를 획득할 수 있었는지에 대해 경쟁자들이 정확히 파악하지 못할 때 그 우위는 모방하기 어려울 수 있다. 인과적 모호성의 원천으로는 경쟁우위가 너무나 일상적인 자원과 능력에 기인한 경우와 경쟁우위의 원천에 대해 검증될 수 없는 많은 가정이 존재하는 경우, 그리고 경쟁우위가 상호 연관된 복잡한 요인들에 기반을 두는 경우 등을 들 수 있다.

사회적 복잡성 : 기업이 경쟁우위를 획득하기 위해 이용하는 자원과 능력이 개인적인 인간관계, 신뢰, 문화, 그리고 기타 단기적으로 모방하기 힘든 사회적 자원에 기반을 두는 경우

특허 : 제약 산업과 특수 화학 산업 등 몇몇 산업에서만 지속적 경쟁우위의 원천이 될 수 있다.

처음으로 발견하고 이용한 기업이 될 수 있는데, 이것은 제2장에서 설명한 선도 기업 우위와 같은 개념이다. 이러한 경우 나중에 그 기회를 발견하는 기업들은 비용상의 불리함을 감수해야 한다.

둘째, 선도 기업 우위가 주로 시장 진입의 타이밍과 연관된 반면, 기업 성장 경로의 선택과 관련된 역사적 조건도 찾아볼 수 있는데, 이것을 **경로 의존**path dependence이라 부른다.[18] 어떤 과정이 진화하는 데 진화 초기 단계의 사건들이 그 이후의 사건들에 심각한 영향을 줄 때 이 과정은 경로 의존적이라고 말한다. 이것을 어떤 산업에서의 경쟁우위의 진화에 적용시켜 본다면, 어느 기업은 그 산업의 진화 초기 단계에 내렸던 결정에 의해 획득, 개발되었던 자원들로 인해서 현재의 경쟁우위를 누릴 수 있다. 그 결정을 내릴 당시에는 특정한 자원이 미래에 어떤 가치를 지닐지 불확실한 경우가 많다. 이러한 불확실성 때문에 기업은 어느 자원의 진정한 가치보다 낮은 비용으로 그 자원을 획득하거나 개발할 수 있게 된다. 일단 불확실성이 해소된 이후에 다른 기업들이 동일한 자원을 개발·획득하려 하면 그 기업들은 이 자원을 미리 획득한 기업보다 높은 비용을 지불해야 한다. 즉 이 자원을 직접복제하거나 대체하기 위해 지불하는 비용은 예전에는 불확실했던 그 자원의 진정한 가치가 드러난 후에 일반적으로 상승하게 된다.

예를 들어 농장을 하기 위해 오래전에 토지를 구입한 기업이 최근에 그 토지에서 석유를 발견했다고 해 보자. 석유 매장지로서의 토지 가치와 농장 용도로서의 토지 가치의 차이가 이 기업이 갖는 경쟁우위의 원천이 된다. 또한 현재 그 토지나 부근의 토지(석유가 매장되어 있는)를 구입하려는 다른 기업은 석유 매장지로서의 토지 가격을 모두 지불해야 하므로 오래전에 농장 용도로 기존의 기업이 지불한 가격에 비해 비용열위를 가지게 된다.

인과적 모호성 어느 기업의 자원이나 능력을 다른 기업들이 모방하기 힘들 수 있는 두 번째 이유로서, 모방하는 기업들이 그 기업이 가진 자원과 경쟁우위 사이의 인과관계를 이해하지 못하는 것을 들 수 있다. 다시 말해서 어느 기업의 자원 및 능력과 그 기업의 경쟁우위 사이의 관계는 **인과적으로 모호**causally ambiguous할 수 있다.

먼저, 경쟁우위의 원천으로서의 인과적 모호성이 존재하는가에 대해 의심을 가질 수 있다. 기업을 경영하는 경영자들은 그 기업 내의 자원과 경쟁우위 간의 관계를 잘 이해하고 있다고 생각하기 쉽다. 한 기업의 경영자들이 그 내부의 자원과 경쟁우위의 인과성에 대해 완벽히 이해할 수 있다면 경쟁 기업들의 경영자들 또한 이 인과관계를 완벽히 파악하여 그들 기업 내부적으로 필요한 자원을 복제하거나 또는 대체할 수 있는 자원을 개발할 가능성이 크다. 만약 경쟁 기업이 이처럼 복제 또는 대체하는 데 큰 비용열위를 가지지 않는다면, 기업들 사이의 상호 모방은 그 산업 내에서 모든 기업의 경쟁등위를 가져올 것이고 모든 기업은 보통의 경제적 성과를 가질 것이다.[19]

그러나 어느 기업의 경영자들이라고 해서 그 기업이 통제하는 자원 및 능력과 그 기업의 경쟁우위 사이의 인과관계를 항상 명백하게 이해한다고는 할 수 없다. 이러한 몰이해는 세 가지 이유에서 나타날 수 있다. 첫째, 어느 기업의 경쟁우위의 원천이 되는 자원이나 능력이 일상적인 영업에서 너무나 당연하게 여겨지는 자원이라서 경영자들이 그 가치를 실제로 인식하지 못하는 경우가 있을 수 있다.[20] 최고경영층의 팀워크, 조직 문화, 종업원 간의 관계, 그리고 구매자나 공급자들과의 관계 등 조직 차원의 자원과 능력이 경영자들에게는 '보이지 않는' 경우가 많다.[21] 만약 이러한 조직 자원을 지닌 기업의 경영자들이 이 자원이 경쟁우위를 창출하는 인과관계를 인식하지 못한다면 다른 경쟁 기업들의 경영자들도 어떤 자원을 모방해야 하는지 알 수 없을 것이다.

둘째, 경영자들은 자신들이 속한 기업이 소유한 자원이나 능력이 그 기업의 경쟁우위를 창출하는 과정에 대해 여러 종류의 가설을 가지고 있을 수 있으나, 실제로 어떤 자원이 정말로 중요한 역할을 하는지에 대해서는 정확히 알지 못할 수 있다. 예를 들어 성공한 기업가에게 누군가가 성공의 비결이 무엇이냐고 묻는다면, 그 기업가는 아마도 "열심히 일하고 위험을 두려워하지 않았으며 최고경영자층이 훌륭했다"는 등의 여러 가지 가설에 기반하여 대답할 수 있다. 그러나 "열심히 일하고 위험을 두려워하지 않았으며 최고경영자층이 훌륭했던" 많은 기업들이 실패한 것 또한 사실이다. 그러므로 이러한 몇 가지 요인들이 기업이 성공하는 데 중요한 성공 요인인 것은 사실이나 다른 중요한 요인들도 분명히 작용한다는 것 또한 사실임을 알 수 있다. 정밀한 조사가 이루어지기 전에는 과연 어떤 요인들이 실제로(가설이 아니라) 기업의 경쟁우위를 결정하는가를 말하기란 매우 어렵다.

마지막으로, 어느 기업의 경쟁우위는 소수의 자원에 의해 창출되는 것이 아니라 수천 개의 자원들이 집단적으로 작용함으로써 창출될 수 있다. 경쟁우위를 창출하는 자원이나 능력이 개인이나 집단, 그리고 기술적으로 복잡한 네트워크를 이루고 있을 때 그것을 모방하기란 매우 어렵다.

경쟁우위의 원천이 그 기업 내부에서 인적으로, 지역적으로, 과정적으로 확산되면 경쟁 기업들은 그 원천을 모방하기가 힘들어진다. 아마도 이러한 자원의 가장 좋은 예는 지식knowledge 그 자체라고 할 수 있다. 어느 기업의 제품이나 과정, 구매자 등에 대한 가치 있는 지식이 조직 내부에서 더욱더 확산될수록 경쟁 기업들은 그 지식을 모방하기가 더 어려워지고 그 지식은 지속적인 경쟁우위의 원천이 될 수 있다.[22]

사회적 복잡성 어느 기업의 자원과 능력을 다른 기업들이 모방하기 힘들 수 있는 세 번째 이유로서, 어느 기업의 자원과 능력이 사회적으로 복잡한 현상이고, 그 현상을 기업들이 체계적으로 통제하거나 영향을 주지 못하는 것을 들 수 있다. 어느 기업의 경쟁우위가 이러한 사회적으로 복잡한 현상에 기반을 두는 경우 경쟁 기업들이 직접복제나 대체를 통해 이러한 현상(즉 자원이나 능력)을 모방하기가 매우 힘들다. 이러한 종류의 현상이 어느 기업에 있어서 오랫동안 자연스럽게 형성되는 경우 이 현상에 영향을 주기는 더욱더 힘들다.[23]

사회적으로 복잡한socially complex 자원이나 능력은 여러 가지가 있을 수 있다. 경영자들 사이의

사적 관계, 기업 문화, 그리고 공급자와 구매자 사이의 기업의 평판 등이 그 예이다.[24] 대부분의 경우 이러한 사회적으로 복잡한 자원들이 어떻게 기업의 가치를 상승시킬 수 있는지 밝혀내는 것은 어렵지 않다. 즉 이러한 자원 및 능력과 어느 기업의 경쟁우위의 관계에는 인과적 모호성이 존재하지 않는다. 그러나 이러한 자원들이 기업의 효율성을 높인다는 것을 이해하는 일과 이러한 자원들을 어떻게 창출할 수 있는가를 이해하는 일은 별개의 문제이다. 대부분의 기업들에 있어서 기업 내부에서 오랜 시간에 걸쳐 자연스럽게 형성되는 사회적으로 복잡한 현상들을 단기간 내에 인위적으로 조성하기란 거의 불가능하고, 가능하다 하더라도 매우 높은 비용을 수반하는 일이다.[25]

기업들이 물리적인 기술을 모방하려 할 때는 비록 그 기술이 복잡하더라도 종종 비용열위를 겪지 않는 경우가 많은데, 이것은 기술 자체에는 사회적으로 복잡한 요소들이 개입되지 않기 때문이다. 많은 종류의 물리적인 기술(기계, 로봇 등)은 시장에서 구입할 수 있다. 심지어 어느 기업이 자체적으로 고유한 기술을 개발한다 할지라도 분해공학의 발달로 인해 이 기술이 경쟁자들에게 쉽게 전파될 수 있다. 사실 물리적인 형태의 기술을 모방하는 일은 새로운 기술을 개발하는 일보다 비용이 덜 든다.[26]

물리적인 기술을 모방하는 것이 어렵지 않다 하더라도, 이 기술을 적용하는 일이 사회적으로 복잡한 조직 차원의 자원과 능력을 요구하는 때가 많다. 이러한 적용에 필요한 자원이 가치 있고 희소하며 모방하기 힘들 때는 물리적인 자원과 조직 차원 자원의 조합이 지속적인 경쟁우위의 원천이 될 수 있다. 사회적으로 복잡한 자원과 능력에 대해 전략적 인적 자원 관리 분야에서 연구된 내용은 '관련 실증 연구'에서 자세히 설명하였다.

특허 어느 기업이 특허를 획득하면 그 제품을 경쟁 기업들이 모방하기가 매우 어려울 것이라고 생각하기 쉽다.[27] 몇몇 산업에서 특허가 이러한 기능을 하는 것은 사실이다. 예를 들어 제약산업이나 특수 화학 산업에서는 다른 기업들이 동일한 제품을 판매하는 것을 특허 소멸 시기까지 금할 수 있다. 제2장에서 설명하였듯이 특허는 다른 여러 산업들에서도 모방의 비용을 상승시키는 효과를 갖는다.

그러나 다른 관점에서 보면 특허는 모방을 어렵게 만들기보다는 도리어 더 쉽게 만드는 효과가 있다. 특허권을 얻기 위해서 그 기업은 특허의 대상이 되는 제품에 대해 많은 정보를 노출해야 한다. 정부는 이 정보를 토대로 이 제품이 특허를 부여할 만한 제품인가를 판단해야 하기 때문이다. 특허권을 얻음으로써 그 기업은 경쟁 기업들이 어떻게 이 제품을 모방할 수 있을지에 대한 정보를 제공하게 되는 것이다.

또한 특허권 설정 여부와 관계없이 대부분의 중요한 기술적 진보는 산업 내에서 빠르게 확산되는 경향이 있는데, 왜냐하면 특허 취득 여부는 직접복제를 통한 모방은 제한할 수 있는 반면에 비슷한 기능을 실행하는 기술을 통한(대체를 통한) 모방을 실제로 더 촉진하기 때문이다. 즉 대체를 통한 모방이 활발히 이루어짐으로써 특허의 본래 효과는 감소하게 된다.[28]

조직에 대한 질문

기업이 가질 수 있는 경쟁우위의 잠재력은 그 기업이 소유한 자원과 능력의 가치, 희소성, 그리고 모방 가능성에 의해 결정된다. 그러나 그 잠재력을 충분히 실현하기 위해서 기업은 자원과 능력을 이용할 수 있도록 조직되어야 한다. 즉 **조직에 대한 질문**question of organization은 "기업은 자원과 능력을 가진 경쟁적 잠재력을 충분히 이용하기 위해 조직되었는가?"에 관한 질문이다.

기업 조직에 있어서의 다양한 요소들, 즉 공식적인 보고 구조, 형식적 또는 비형식적 경영통제 시스템, 보상 정책 등은 조직에 대한 질문과 관련이 있다. **기업의 공식적 보고 구조**formal reporting structure는 조직 내에서 누가 누구에게 보고하게 되어 있는지를 보여 주는데, 대개 **기업 조직도**organizational chart에서 나타난다. **경영통제 시스템**management control system은 경영자들이 기업의 전략과 일치하는 결정을 내릴 수 있도록 하는 공식적 또는 비공식적 시스템을 말한다. **공식적 경영통제**formal management control는 기업 조직도상에서 하위직 인원이 하는 업무의 내용이 상위

관련 실증 연구

자원기반이론을 검증하는 연구들은 기업 역사와 인과적 모호성, 그리고 사회적 복잡성이 어떻게 실제적으로 기업이 지속적 경쟁우위를 획득하는 데 영향을 주는가에 초점을 맞춰 왔다. 그중 사회적으로 복잡한 자원을 창출할 것으로 기대되는 인적자원관리 제도가 어떻게 기업 성과와 연관이 되는가에 대해 연구가 이루어졌는데, 이 연구를 '전략적 인적자원 관리'라 부른다.

첫 번째 실증 연구는 범세계적 자동차 산업에서 효율적으로 저비용 생산을 하는 기업들에 대한 연구의 일부분으로서 수행되었다. 매사추세츠공과대학의 연구진은 자동차 산업에서 중형 세단을 조립하는 70개 공장의 비용과 품질을 측정할 수 있는 방법을 개발하였다. 그들은 그 당시 단 6개의 공장이 저비용과 고품질을 겸비한 자동차를 생산하여 경쟁우위를 얻고 있다는 것을 발견하였다.

전략적 인적자원 관리 연구

이 6개의 공장과 다른 공장들을 구분 짓는 것이 무엇인가를 조사한 연구진은 먼저 이 공장들이 가장 최신 기술을 채택하고 있다고 설명하였지만, 사실 다른 공장들도 최신 기술을 채택하는 경우가 많았다. 기술 자체보다 중요한 요인으로 연구진이 밝힌 것은 인적자원관리 제도였다. 성공적인 6개 공장은 모두 경영 참여 제도, 품질 관리 소그룹, 팀 생산 등을 실행하고 있었다. 이러한 노력의 결과로서 이 공장들에서는 높은 종업원 충성도와 공장에의 기여, 그리고 경영진이 종업원들을 공평하게 대한다는 믿음 등을 발견할 수 있었다. 이러한 사회적으로 복잡한 자원과 능력이 바로 자원기반이론이 설명하는 지속적 경쟁우위의 원천인 것이다.

그 이후의 연구는 제조 산업 이외의 분야에서 인적자원관리 제도가 기업 성과에 미치는 영향을 조사하였다. 다양한 성과 변수와 인적자원관리 제도의 변수가 이용된 결과, 이 연구 역시 자원기반이론의 논리를 확인하였다. 즉 인적자원관리 제도를 통해 사회적으로 복잡한 인적·조직적 자원을 개발할 수 있는 기업들은 경쟁우위를 획득할 수 있다.[29]

직 인원에게 전달되게 하는 재무 활동 또는 보고 활동 등을 포함한다. **비공식적 경영통제**informal management control는 종업원 상호 간에 서로의 활동을 자발적으로 통제하게 하는 기업 문화를 포함한다. **보상 정책**compensation policy은 기업이 종업원에게 노동의 대가를 지불하는 방식을 말한다. 이러한 정책은 종업원이 특정 방식으로 일하도록 동기를 부여한다.

기업 조직에서의 이러한 요소들은 종종 **보완적 자원과 능력**complementary resource and capability이라고 불리는데, 이는 이 요소들이 독자적으로는 경쟁우위를 창출하기 어렵기 때문이다. 그러나 다른 자원 및 능력과 결합하면 이 요소들은 기업이 경쟁우위를 충분히 실현할 수 있도록 해 준다.[30]

예를 들어 ESPN이 오랫동안 스포츠 전문채널에서 경쟁우위를 가졌다는 것은 이미 설명한 바 있다. 그러나 만약 ESPN의 경영진이 이러한 강점을 인식하고 스포츠 이벤트 중계를 유치하는 것에 주저하거나 ESPN X-게임의 익스트림 스포츠 경연 분야로 새롭게 프로그램 범위를 확장하는 것에 주저했다면 이러한 강점은 충분히 발휘되지 않았을 수도 있었다. ESPN은 적합한 조직 구조를 갖추고 경영 통제를 했으며 직원 보상 정책을 가짐으로써 이러한 활동이 이루어질 수 있도록 했다. ESPN의 조직, 통제, 보상 정책은 그 자체로는 경쟁우위의 원천이 될 수는 없었지만 경쟁우위의 잠재성을 충분히 실현하기 위해 필수적인 조건이었다.

ESPN이 적합한 실행 수단을 가졌기 때문에 경쟁우위의 잠재력을 충분히 이용할 수 있었던 것에 비해, 소니는 부적합한 실행 수단을 가짐으로써 그 기업이 소유했던 가치 있고 희소하며 모방하기 힘든 자원의 잠재력을 충분히 실현하지 못했다.

이 장의 초반에서 소니는 다양한 전자 제품의 설계와 제조에 있어서 독보적인 경험을 가졌다고 설명했다. 이러한 대규모 전자제품 제조 기업으로 성장하는 과정에서 경영자들은 2개의 사업체를 인수·발전시켰는데, 그것은 소니 전자와 소니 레코드이다.

소니 전자가 개발한 많은 제품 가운데 초기의 MP3 플레이어를 생각해 보자. MP3 기술의 핵심은 압축에 있는데, 아날로그 신호를 압축하여 하드 드라이브에 저장하는 기술이다. 현재 수천 곡을 담는 MP3 플레이어에 압축 기술이 없다면 단지 몇 곡의 노래만 담을 수 있을 것이다. 소니는 압축 기술의 선도자였다.

물론 MP3 플레이어를 이용하기 위해서는 콘텐츠가 필요하다. 소니 레코드는 이러한 측면에서 매우 효과적으로 도왔어야 했다. 소니 레코드는 많은 유명한 아티스트와의 저작권 계약을 보유하고 있었고 소니 전자는 음악을 들을 수 있는 MP3 플레이어를 보유하고 있었으니 말이다.

그런데 어떻게 소니가 아닌 애플이 아이팟, 아이튠즈, 아이폰, 아이패드로 음악 산업을 지배하게 되었을까? 애플은 아무런 우위가 없었다. MP3 플레이어 산업에 진입한 것도 늦었고(물론 특별히 아름다운 디자인으로 진입하긴 했지만), 음악 콘텐츠를 보유하지도 못했으며, 온라인 사업도 강하지 못했다.

애플의 성공과 소니의 실패를 설명하는 이유 중 한 가지는, 소니는 시장을 지배할 잠재력을 지녔고 소니 워크맨과 같이 포터블 뮤직플레이어 시장을 석권했던 역사도 가지고 있었지만 소니 전자와 소니 레코드를 협력적으로 일하게 하는 방법을 찾지 못했다는 것이다. 다시 말해서 소니의 실패는 조직 차원의 문제였다. 소니 전자의 기술자들은 음악 산업에 있는 아티스트들과 일하는 방법에 대해 전혀 알지 못했다.

그 결과 애플은 소니 조직의 실패로 말미암은 기회를 포착하여 경쟁우위로 연결시키기 위해 많은 노력을 기울였다. 소니는 그 잠재력에도 불구하고 거대한 규모의 MP3 플레이어 시장에서의 경쟁우위를 획득하고 유지하는 것에 실패했다.[31]

VRIO 모형 적용하기

어느 기업이 가진 자원과 능력의 잠재력을 이해하기 위해 가치, 희소성, 모방 가능성, 조직에 대한 질문들은 하나의 모형으로 통합될 수 있다. 〈표 3.3〉에서 이 모형을 볼 수 있다. 〈표 3.4〉는 VRIO 모형과 기업의 강점 및 약점의 관계를 보여 준다.

표 3.3 VRIO 모형

자원이나 능력이				
가치 있는가?	희소한가?	모방하기 힘든가?	조직에서 이용되는가?	경쟁적 시사점
아니요	–	–	아니요	경쟁열위
예	아니요	–	↕	경쟁등위
예	예	아니요	↕	임시적 경쟁우위
예	예	예	예	지속적 경쟁우위

표 3.4 VRIO 모형과 조직의 강점 및 약점의 관계

자원이나 능력이				
가치 있는가?	희소한가?	모방하기 힘든가?	조직에서 이용되는가?	강점 또는 약점
아니요	–	–	아니요	약점
예	아니요	–	↕	강점
예	예	아니요	↕	강점이자 기업 특유의 역량
예	예	예	예	강점이자 지속 가능한 기업 특유의 역량

만약 어느 기업이 통제하고 있는 자원이나 능력이 가치가 없다면 그 자원이나 능력은 기업이 효과적으로 환경적 기회를 이용하거나 위협을 중화하는 전략을 선택하고 실행하는 것을 불가능하게 할 것이다. 이러한 자원을 이용하기 위해 기업을 조직한다면 그것은 그 기업의 비용을 높이거나 수익을 감소시킬 것이다. 이러한 종류의 자원은 기업의 약점이다. 기업은 이 약점을 보완하거나 아니면 전략을 선택 또는 실행할 때 이용하지 말아야 한다. 만약 이러한 무가치한 자원이나 능력에 의지한다면 그 기업은 이러한 가치 없는 자원을 소유하지 않거나 또는 이용하지 않는 다른 경쟁 기업들에 비해 경쟁열위를 가지게 된다.

만약 자원이나 능력이 가치가 있지만 희소하지 않다면 이러한 자원을 전략 선택과 실행에 이용하는 기업은 경쟁등위를 갖게 된다. 이러한 종류의 자원을 이용하는 기업은 경쟁우위를 창출하지는 않지만, 그렇다고 이용하지 않게 되면 경쟁열위에 빠지게 된다. 이러한 의미에서, 가치는 있으나 희소하지는 않은 자원은 적어도 조직의 강점으로는 간주될 수 있다.

만약 자원이나 능력이 가치 있고 희소하기도 하지만 모방하기 어렵지 않다면 이 자원을 이용하여 전략을 선택·실행하는 기업은 임시적인 경쟁우위를 창출할 수 있다. 이러한 종류의 자원을 이용한다면 그 기업은 선도 기업 우위를 획득할 수 있는데, 왜냐하면 특정한 자원을 이용하는 첫 번째 기업이기 때문이다. 그러나 일단 경쟁 기업들이 이 경쟁우위를 발견한다면 직접 복제나 대체를 통해 동일한 전략 실행에 필요한 자원을 획득하거나 개발할 수 있을 것이고, 시간이 지나면서 선도 기업이 가졌던 경쟁우위는 후발 기업들이 자원이나 능력을 모방함에 따라 모두 사라지고 말 것이다. 이러한 종류의 자원이나 능력은 조직의 강점이자 **기업 특유의 역량**^distinctive competency^으로 간주될 수 있다.

만약 자원이나 능력이 가치 있고 희소하며 모방하기 힘들다면 그 자원을 이용하여 전략을 선택하고 실행하는 기업은 지속적인 경쟁우위를 창출할 수 있다. 이 경우 경쟁 기업들은 성공적인 기업의 자원과 능력을 모방하는 데 있어서 상당한 비용열위에 직면하게 된다. 앞에서 설명하였듯이 이 경쟁우위는 성공적인 기업의 고유한 역사적 상황, 모방 대상 자원에 연관된 인과적 모호성, 자원과 능력에 얽힌 사회적 복잡성 또는 특허권에서 비롯된 우위에 기인할 수 있다. 그 원인이 어디에 있든지, 이러한 우위를 극복하려는 경쟁 기업들의 어떠한 시도도 그 경쟁 기업들에게 경쟁우위를 창출하지는 못할뿐더러, 심지어 경쟁등위도 창출하지 못할 수 있다. 경쟁 기업들이 모방 대상 자원을 획득하거나 개발한다 해도 그 활동에 소모되는 비용은 결국 그 기업들을 경쟁열위의 상태로 만들 것이기 때문이다. 이러한 종류의 자원이나 능력은 조직의 강점이자 **지속 가능한 기업 특유의 역량**^sustainable distinctive competency^으로 간주될 수 있다.

조직에 대한 질문은 VRIO 모형에서의 조정 요소^adjustment factor^로 작용한다. 예를 들어 (소니의 예에서 보듯이) 어느 기업이 가치 있고 희소하며 모방이 힘든 자원과 능력을 가졌으나 그 잠재력을 이용하기 위한 조직을 갖추지 못한다면 잠재적인 경쟁우위의 어떤 부분들은 실현되지 못하게 된다. 극단적으로 열등한 조직을 가진 기업은 경쟁우위를 창출할 수 있는 자원을 가지고도 경쟁등위나 경쟁열위만 창출할 수도 있다.

VRIO 모형을 사우스웨스트항공에 적용하기

VRIO 모형이 어떻게 실제 기업의 전략에 적용될 수 있는지 살펴보기 위해 사우스웨스트항공의 사례를 살펴보자. 사우스웨스트는 지난 30년간 많은 미국 항공사들이 파산과 회생을 반복할 때 유일하게 지속적으로 흑자를 기록했던 기업이다. 사우스웨스트는 어떻게 이러한 경쟁우위를 획득할 수 있었을까?

이러한 경쟁우위의 잠재적 원천은 두 가지의 큰 범주에서 발견할 수 있다. 그것은 사우스웨스트가 선택한 운영관리 방식과 인사관리 방식이다. 운영관리 방식에 있어서 사우스웨스트는 하나의 기종인 보잉 737만을 이용하고, 소형 공항으로만 운항하며, 복잡한 터미널 집중hub-and-spoke 방식을 지양하는 대신 직항point-to-point 방식을 채택한다. 인사관리 방식에서는 노동조합이 결성되었음에도 불구하고 종업원의 몰입과 충성도를 높이는 데 성공했다. 사우스웨스트의 종업원들은 업무 명세서에 나타나 있는 업무만 수행하는 것이 아니라 비행기의 안전 운항과 정시 운항에 도움이 되는 것이라면 기꺼이 솔선수범하는 것을 어렵지 않게 볼 수 있다. 운영관리 방식과 인사관리 방식 중 어느 것이 사우스웨스트의 지속적인 경쟁우위의 원천에 더 공헌할까?

사우스웨스트의 운영관리 방식과 경쟁우위

먼저 사우스웨스트의 운영관리 방식을 살펴보자. 첫째, 위에서 말한 운영관리 방식들은 사우스웨스트의 비용을 낮추거나 또는 고객이 기꺼이 지불할 의도를 높였는가? 즉 사우스웨스트의 운영관리 방식은 가치가 있는가? 사우스웨스트의 운영관리 방식이 비용 절감을 가져왔다는 것은 분명해 보인다. 예를 들어 사우스웨스트는 단일 기종을 채택함으로써 보수유지 인력의 교육훈련비용과 부품 재고비용, 그리고 보수에 필요한 시간 절감 등의 효과를 얻었다. 그리고 소형 공항으로만 운항함으로써 대형 공항에 지불해야 하는 거액의 사용료를 절감할 수 있었다. 또한 직항 운항 방식을 운영함으로써 광범위한 터미널 집중 방식을 갖추고 운영하는 데 소요되는 비용을 절감할 수 있었다. 즉 종합적으로 이러한 방식들은 가치가 있다고 할 수 있다.

둘째, 이러한 운영관리 방식은 희소했는가? 지금까지는 대체로 이러한 방식이 희소했다. 최근에 들어서야 기존의 대형 항공사들과 신규 진입한 소형 항공사들이 유사한 전략을 추진하기 시작했다.

셋째, 이러한 운영관리 방식은 모방하기 힘든가? 몇몇 기존 대형 항공사들은 사우스웨스트의 방식을 모방하기 위해 계열사를 수립하기 시작했다. 예를 들어 콘티넨탈은 콘티넨탈 라이트를 설립했고, 유나이티드는 테드를 설립했으며, 델타는 송을 설립했다. 이러한 모든 계열사들은 단일 기종을 채택하고 소형 공항을 운항하며 직항 방식을 운영하고 있다.

기존 대형 항공사 이외에도 세계 도처의 많은 신규 진입 항공사들은 사우스웨스트와 유사한 운영관리 방식을 채택했다. 미국에서는 에어트랜항공, 앨리전트항공, 젯블루, 스카이버스항공, 스피리트항공, 버진아메리칸항공이 신규 진입했다.

그러므로 비록 사우스웨스트의 운영관리 방식이 가치 있고 희소하다 하더라도 모방이 힘들지 않다는 것은 명백하다. 그것은 이러한 운영관리 방식을 갖는 데 필요한 자원과 능력을 모방하기 어렵지 않기 때문이다. 즉 이러한 자원과 능력은 기업 특유의 역사나 경로 의존적인 요소, 인과적 모호성, 사회적 복잡성에 기인하지 않기 때문이다.

마지막으로, 사우스웨스트는 이러한 운영관리 방식을 충분히 활용하기 위해 조직되었는가? 많은 사람들은 사우스웨스트의 조직 구조, 경영 통제, 보상 정책이 이들 방식과 조화된다고 평가한다.

종합적으로 말해서 이러한 분석을 통해 얻을 수 있는 결론은 사우스웨스트의 운영관리 방식은 가치가 있고 지금까지는 희소했으나 모방이 어렵지는 않다는 것이다. 비록 그 가치를 이용하기 위해 잘 조직되더라도 사우스웨스트는 이러한 운영관리 방식을 통해 오직 임시적 경쟁우위를 획득한다고 할 수 있다.

사우스웨스트의 인사관리 방식과 경쟁우위

위와 비슷한 방식으로 사우스웨스트의 인사관리 방식에 대해 VRIO 분석을 할 수 있다. 첫째, 사우스웨스트의 인사관리 방식은 비용을 절감하거나 구매자가 기꺼이 지불하려는 의도를 증가시킬 수 있는가?

사우스웨스트의 높은 종업원 몰입과 충성도는 다른 항공사에 비해 왜 종업원 생산성이 높은지를 설명한다. 높은 생산성은 여러 가지 형태로 나타난다. 예를 들어 사우스웨스트의 정비 소요시간은 평균 18분으로서 다른 항공사의 45분보다 훨씬 짧다. 사우스웨스트의 종업원들은 단지 승객의 수하물을 싣고 내리는 데서, 항공유를 주입하는 데서, 기내를 청소하는 데서 효과적으로 일할 뿐인데, 이에 따라 사우스웨스트의 항공기들은 지상에서보다는 공중에 머무는 시간이 더 많으며, 항공기가 돈을 버는 시간은 물론 공중에서 승객을 나르는 시간이기 때문에, 일견 단순하게 보이는 이 사실로 인해 결과적으로 사우스웨스트는 몇 억 달러의 비용을 절감할 수 있다.

이러한 충성도와 팀워크는 미국의 항공 산업에서 희소한 일일까? 지난 15년간 미국의 항공 산업은 노동쟁의로 인해 파행을 겪어 왔다. 많은 항공사들은 종업원을 해고하거나 임금을 삭감함으로써 여러 측면에서 종업원과의 관계가 긴장 상태를 지속했다. 이러한 타 기업의 노사관계와 비교할 때 사우스웨스트의 우호적인 노사관계는 희소했다고 할 수 있다.

이러한 노사관계는 모방하기 힘든가? 특정 항공사에서 기업과 종업원의 관계는 여러 측면에서 모방하기 힘든 면이 확실히 존재한다. 이러한 관계는 오랜 기간에 걸쳐 형성되고, 경로 의존적이며, 인과적 모호성이 있고, 사회적 복잡성이 있다. 이미 종업원과 긴장관계를 형성한 기존 항공사들이 사우스웨스트의 노사관계를 단기간에 모방하기가 어려울 것임은 쉽게 예측할 수 있다. 따라서 기존 항공사들에 비해 사우스웨스트의 인사관리 방식은 가치 있고 희소하며 모방하기 힘들다는 것을 알 수 있다. 이러한 인사관리 방식이 사우스웨스트의 조직 내에 충분히 녹아 들어갔다고 가정할 때, 사우스웨스트는 기존 항공사들에 비해 지속적인 경쟁우위를 보유했다고 말할 수 있다.

항공 산업에 신규 진입한 기업들을 대상으로 이 분석을 해 보면 기존 기업을 대상으로 할 때와는 다소 다를 수 있다. 신규 진입 기업들은 기존의 긴장된 노사관계가 존재하지 않기 때문에 사업 초기부터 사우스웨스트보다 더 가치 있는 노사관계를 정립할 수도 있다. 즉 사우스웨스트의 인사관리 방식은 신규 진입 기업의 인사관리 방식과 비교하여 가치 있고 희소할 수는 있지만 모방하기 어렵지 않은 것이다. 사우스웨스트가 이러한 인사관리 방식을 위해 잘 조직되었다고 가정할 때, 사우스웨스트는 신규 진입 항공사들에 비해 임시적 경쟁우위를 보유할 수 있다고 말할 수 있다.

산업 내에서의 모방과 경쟁역학

한 기업이 어느 산업 내에서 자원과 능력에 대한 분석을 한 결과, 가치 있고 희소하며 모방하기 힘든 자원과 능력을 가졌다고 결론짓고, 이것을 전략 선택과 실행을 위해 이용하며, 전략 실행 시에는 적합한 조직 구조, 형식적 또는 비형식적 경영 통제, 그리고 보상 정책을 갖춘다고 가정해 보자. 자원기반이론에 따르면, 이 기업은 비록 환경적 위협(제2장 참조)이 매우 매력이 없는 산업unattractive industry이라고 결론짓는 산업에 속해 있더라도 경쟁우위를 획득할 수 있다. 이러한 기업의 예로서 사우스웨스트항공, 뉴코스틸, 월마트 등을 들 수 있다.

그렇다면 어떤 기업이 한 산업 내에서 경쟁우위를 가지는 경우 다른 기업들은 어떻게 대응해야 하는가? 어느 기업의 전략적 선택에 따른 다른 기업들의 의사결정은 그 산업 내의 **경쟁역학**competitive dynamics의 성격을 규정짓게 된다. 일반적으로 경쟁우위를 가진 기업에 대한 경쟁 기업들의 대응은 다음의 세 가지 형태를 띤다. 첫째, 무반응을 들 수 있다. 예를 들어 월마트가 수퍼월마트를 개점하면서 식료품 할인점 시장에 진입했을 때 세이프웨이와 같은 몇몇 기존의 경쟁자들은 월마트의 활동을 무시하고 종전과 같이 활동했다. 크로거와 같은 다른 경쟁자들은 즉석 음식 판매를 늘리는 등 기존 마케팅 전술에 변화를 주기도 했다. 마지막으로, 타깃과 같은 또 다른 기업들은 매장의 수를 늘리고 할인된 식료품을 판매하는 등 그들의 전략을 근본적으로 수정하기도 했다.

다른 기업의 경쟁우위에 대응하지 않기

어느 기업이 다른 기업의 경쟁우위에 대응하지 않는 이유로는 적어도 세 가지를 들 수 있다. 첫째, 이 기업은 다른 기업과 무관하게 독자적인 경쟁우위를 가질 수 있다. 이 경우 다른 기업의 경쟁우위에 대응하는 것 자체가 그 기업 고유의 경쟁우위의 원천을 훼손하거나 적어도 위태롭게 할 수 있다. 예를 들어 디지털 시계 기술은 많은 사람들이 저렴한 가격으로 정확한 시계를 이용할 수 있게 하였다. 카시오 같은 기업들은 소형화 기술과 전자 기술 분야의 능력 덕분에 이 시장에서 우위를 가지고 있다. 실제로 시계 산업에서 카시오의 시장점유율과 기업 성과는 수년간 계속 성장하고 있다. 그렇다면 전자 기술을 사용하지 않는, 매우 고가의 시계를 생산하는 롤렉스는 카시오에 대해 어떻게 대응해야 할 것인가? 롤렉스의 대응은 '무대응'이었다. 롤렉스는 카시오와는 매우 다른 틈새시장을 상대하고 있다. 롤렉스가 수동으로 태엽을 감는 방식에서 보다 기술적으로 우수한 디지털 기술을 도입한다면, 그 전략적 변경은 롤렉스의 틈새시장에서의 경쟁우위를 쉽게 위협할 것이다.[32] 일반적으로 어느 기업이 이미 고유한 경쟁우위를 가지고 있을 경우 다른 기업이 통제하고 있는 다른 종류의 경쟁우위에 대해서는 대응하지 않을 것이다.

둘째, 어느 기업이 다른 기업의 경쟁우위에 대응하기 위해 필요한 자원과 능력이 부족하거나 또는 적합한 자원이 없는 경우 — 그 자원이 실물, 재무, 인적, 조직 자원 중 무엇이든 간에 — 성공적인 기업의 자원을 직접복제나 대체를 통해 모방할 수 없기 때문에 그 기업의 경쟁우위에 대해 대응하지 않게 된다. US항공과 사우스웨스트항공의 경우가 이에 해당한다. 사우스웨스트의 경영 자원과 능력은 US항공이 모방하지 못할 정도로 우월하다. 이러한 경우 US항공은 별다른 방도 없이 지속적인 경쟁열위를 받아들일 수밖에 없을 것이다.[33]

마지막으로, 어느 기업이 한 산업 내의 경쟁을 완화시키려고 시도하는 경우 경쟁 기업의 우위에 대응하지 않을 수 있다. 어느 기업이 취하는 행동이 다른 기업과 직접적 대화나 협상을 통하지 않고 산업 내 경쟁을 감소시키는 효과를 가질 때 이 행동은 **암묵적 협력**tacit collusion으로 간주될 수 있다. 이 전략은 제7장에서 자세히 다루기로 한다.

다른 기업의 경쟁우위에 전술적으로 대응하기

전술tactics은 기업이 전략을 실행하기 위해 행하는 실제적인 활동을 뜻한다. 전술의 예로서 기업이 그 제품의 특성(크기, 형태, 색깔, 가격 등)과 광고 유형, 그리고 판매와 마케팅에 대해 내리는 결정을 들 수 있다. 일반적으로 기업은 전략을 변경하는 것보다 더 자주 전술을 변경한다.[34]

기업들이 거의 비슷한 전략을 가지고 있을 때, 그 기업들의 경쟁우위는 그 기업들이 가지고 있는 전술의 차이에 기인하게 된다. 즉 기업들은 다른 기업이 가지고 있는 우위(즉 자기 기업의 열위)를 극복하기 위해 전술을 변경하려 하는데, 그 결과 경쟁등위를 획득하면 적어도 이전에 가졌던 경쟁열위보다 나은 지위를 갖게 되는 것이다.

몇몇 산업들은 이 같은 전술 변화의 효과에 대해 좋은 예를 보여 준다. 예를 들어 소비자와 직결된 산업의 경우, 세제에 레몬향을 첨가한 기업의 매출이 증가하면 바로 그 직후에는 모든 경쟁 기업도 레몬향을 추가한 제품을 선보이게 마련이다. 코카콜라가 보통 콜라보다 절반의 당도와 칼로리를 지닌 제품을 출시한 이후에 펩시콜라는 저당도/저칼로리 제품의 출시를 늦출 수 있었는가? 그리고 델타항공이 비행 운임을 낮춘 이후에 아메리칸과 유나이티드도 그 대응을 늦출 수 있었는가? 사실 이러한 종류의 전술적 변화는 가치 있고 희소하기는 하지만 모방이 어려운 것은 아니라서 대체로 임시적 경쟁우위의 원천만이 될 수 있다.

때때로 기업들은 경쟁 기업의 전술을 단순히 모방만 하는 것이 아니라 완전히 새로운 전술을 개발함으로써 경쟁 기업을 '뛰어넘기leapfrog'도 한다. 프록터앤드갬블은 새로운 제조 공법으로 생산한 농축세제인 타이드를 출시함으로써 이 전략을 추구하였다. 이 새로운 세제는 새로운 제조설비와 포장설비[기존 세제를 위해서는 이용할 수 없는 소형 박스(고농축 세제이기 때문에 가능)를 제조하는]를 필요로 했으므로, 다른 경쟁 기업들이 이 농축세제 제조 전술을 모방하기 위해서는 더 많은 시간이 걸렸다. 그러나 그럼에도 불구하고 몇 주 지나지 않아 다른 기업들도 자체 농축세제를 출시하기는 했다.

어떤 기업들은 새로운 제품이나 기타 전술을 혁신하는 데 특별한 능력을 가지고 있어서 이 혁신 능력이 지속적 경쟁우위의 원천이 되기도 한다. 예를 들어 소니의 기업 성과를 생각해 보라. 대부분의 사람들은 소니가 고품질의 소형 전자제품을 고안하고 디자인하며 생산하는 것을 가능하게 하는 경영 능력과 내부적인 조화 능력을 가지고 있다는 점에 동의한다. 그러나 소니가 새로운 제품을 선보일 때마다 거의 매번 경쟁 기업들은 분해공학을 이용해 그 제품을 재빠르게 복제하며, 궁극적으로 소니의 기술적 우위를 감소시킨다. 그렇다면 소니의 사회적으로 복잡한 소형 제품 제조 능력은 어떻게 지속적인 경쟁우위의 원천이 될 수 있겠는가?

소니는 새로운 제품을 출시하는 초기에는 그다음 신제품을 제작하는 데 이용할 수 있는 높은 수익을 얻을 수 있다. 그러나 이 수익은 경쟁 기업들로 하여금 분해공학을 통해 소니의 제품을 모방하도록 이끈다. 결국 경쟁이 치열해지면 이 신제품에 의한 이익도 감소한다. 즉 소니는 개별 제품의 차원에서는 오직 임시적인 경쟁우위만을 누릴 수 있다. 그러나 장기간에 걸쳐 출시되는 신제품들을 통해서 얻는 이익을 보면 소니는 지속적인 경쟁우위를 얻고 있다. 즉 소니는 소형 제품 제조 분야의 자원과 능력을 이용함으로써 새롭고 신기한 개인용 전자제품들을 계속적으로 소개할 수 있는 것이다. 개별적인 제품들은 각각 임시적인 경쟁우위만을 창출하지만, 여러 제품과 오랜 시간에 걸친 소니의 자원과 능력의 우위는 지속적인 경쟁우위를 이끌어 내고 있다.[35]

다른 기업의 경쟁우위에 전략적으로 대응하기

마지막으로 기업들은 다른 기업의 경쟁우위에 대응하기 위해 전략을 변경할 수 있다. 물론 이 경우는 흔하게 일어나는 것은 아니고 오직 다른 기업의 전략들이 그 기업의 경쟁우위를 침해할 때만 발생한다.

구매자 취향이나 인구적 특성 또는 법적 환경 등이 변화할 때 그 이전에는 가치 있었던 전략도 갑자기 가치를 상실할 수 있다. 그러나 이 모든 요인보다도 기술적 요인이 가장 빈번하게 영향을 미친다. 예를 들어 기계식 계산기가 아무리 잘 제작되었다 하더라도 전자계산기에는 미치지 못한다. 전보가 그 당시에는 아무리 효율적인 통신 수단이었다 하더라도 오늘날의 전화보다는 열등한 기술일 뿐이다. 그리고 아무리 주판알을 옮기는 손가락이 빠르게 움직일 수 있다 하더라도 상점의 매출을 기록하는 데는 전자식 금전 출납기가 더 낫다.

기업들이 전략을 변경할 때는 제1장에서 설명한 전략경영 과정을 모두 거쳐야 한다. 그러나 때로는 기존 전략을 깨끗이 포기하기 어려울 때가 많다. 대부분의 기업에 있어서 전략은 그들이 무엇을 하고 있고 또한 그들이 어떤 기업인가를 정의한다. 즉 전략을 변경한다는 것은 기업의 정체성과 존립 목표를 변경하는 것과 마찬가지인 셈이다. 이는 매우 결단하기 힘든 일이기 때문에 기업들은 재무적으로 곤경에 처해서 무언가를 하지 않으면 안 될 지경에 놓일 때까지 기다리게 된다. 그 이후에야 기업들은 심각한 재무적 압박 속에서 전략(정체성과 존립 목표까지)을 변경하게 된다.

거의 모든 경쟁우위는 언젠가는 소멸한다. 일반적으로 그 소멸 시점이 오기 전에 전략을 변경하는 것이 기업의 입장에서는 훨씬 낫다. 이렇게 함으로써 기업은 현재의 자원과 능력을 기반으로 하는 새로운 전략을 계획적으로 개발함과 동시에, 그 새로운 전략으로 미래에 경쟁하는 데 필요한 새로운 자원과 능력을 개발할 수 있다.

자원기반이론의 시사점

자원기반이론과 VRIO 모형은 개별 기업들이 과연 경쟁우위를 획득할 수 있는지, 이 경쟁우위가 얼마나 지속될 수 있는지, 그리고 이 경쟁우위의 원천은 무엇인지를 파악하도록 적용될 수 있다. 이러한 의미에서 자원기반이론과 VRIO 모형은 제2장에서 설명한 위협과 기회 분석을 보완한다.

그러나 특정 기업의 경쟁적 성과에 대한 시사점 이외에도 자원기반이론은 경쟁우위의 획득을 추구하는 경영자들에게 주는 일반적인 시사점들이 있다. 〈표 3.5〉에 정리해 놓은 이 시사점

표 3.5 **자원기반이론의 일반적인 시사점**

1. **기업 경쟁우위의 책임 소재** : 경쟁우위는 각각의 종업원에게 책임이 있다.
2. **경쟁등위와 경쟁우위** : 어느 기업이 하는 모든 활동이 다른 기업들이 하는 것과 동일하면 그 기업은 경쟁등위만을 획득할 수 있다. 경쟁우위를 획득하기 위해 기업은 경쟁 기업의 가치 있고 희소한 자원을 모방하기보다는 자신만의 가치 있고 희소하며 모방하기 힘든 자원을 이용해야 한다.
3. **실행하기 힘든 전략** : 일단 전략 실행의 비용이 전략 실행의 가치보다 낮다고 판단하는 경우에는 그 전략을 실행하는 데 따르는 절대적인 비용보다는 다른 기업이 그 전략을 실행하는 비용을 고려한 상대적인 비용이 더 중요하다. 기업들은 일관적으로 자신의 특유성에 대해 과대평가하거나 과소평가할 수 있다.
4. **사회적으로 복잡한 자원** : 종업원 권한 위임, 조직 문화, 팀워크는 가치 있을 뿐만 아니라 지속적인 경쟁우위의 원천이 될 수 있다.
5. **조직의 역할** : 조직은 기업이 가치 있고 희소하며 모방하기 힘든 자원을 이용할 수 있도록 지원해야 한다. 만약 이러한 자원과 조직이 갈등을 일으킨다면 조직을 바꾸어야 한다.

들에 대해 설명하면 다음과 같다.

기업 경쟁우위의 책임 소재

첫째, 자원기반이론은 경쟁우위가 어느 기업이 통제하는 다양한 자원과 능력에서 발견될 수 있다고 설명한다. 이 자원이나 능력은 고위 경영층만이 직접적으로 관리하는 것에 국한되지 않는다. 즉 가치 있고 희소하며 모방하기 힘든 자원과 능력을 창출하고 배양하며 이용하는 책임은 고위 경영층에게만 있는 것이 아니라 기업 내 모든 종업원들에게 있다. 이 책임을 다하기 위해 모든 종업원들은 자신들의 업무를 기능적인 차원에서만 정의 내리지 말고 경쟁적이고 경제적인 차원에서 정의해야 한다.

쉬운 예를 살펴보자. 매우 성공적인 자동차 생산 기업의 공장에 방문했을 때, 공장장에게 그의 업무 책임에 대해 질문하였다. 그의 대답은 "이 기업이 세계 최고의 자동차를 생산하고 판매하기 위해 이 공장을 경영하는 것입니다"였다. 한 생산 공정 관리자에게 비슷한 질문을 했을 때, 그 대답은 "이 기업이 세계 최고의 자동차를 생산하고 판매하기 위해 이 생산 공정을 관리하는 것입니다"였다. 다음에는 청소원에게 그의 업무 책임에 대해 질문하였다. 그 청소원은 다른 사람들이 어떻게 대답했는지 알지 못했지만, 그의 대답도 역시 "이 기업이 세계 최고의 자동차를 생산하고 판매하기 위해 이 작업장을 깨끗하게 유지하는 것입니다"였다.

이들 종업원 중 누가 경쟁우위의 원천이 될 것 같은가? 물론 공장장과 공정 관리자는 당연히 자신들의 업무를 세계 최고의 자동차를 생산하고 판매하는 것이라고 정의해야 한다. 그러나 다른 기업의 경영자들도 같은 질문을 받는다면 비슷한 대답을 하였을 것이다. 즉 이들 공장장과 공정 관리자의 업무 정의는 가치 있는 것이기는 하지만 희소하지는 않으며, 즉 그 기업에서 경쟁우위가 아닌 경쟁등위만을 창출할 수 있을 것이다. 반면에 그 기업의 청소원이 내린 업무 책임은 상당히 예외적인 것이라고 할 수 있다. 즉 청소원이 가진 업무 책임에 대한 정의가 희소성이 있다는 측면을 생각해 볼 때, 청소원의 업무 정의는 적어도 임시적인 경쟁우위의 원천이 될 가능성이 있다.[36]

한 명의 청소원이 자신의 업무를 기능적이 아닌 경쟁적인 차원에서 정의 내리는 것은 아마도 작은 가치만을 창출할지도 모른다. 그러나 이 공장의 모든 종업원들이 이같이 경쟁적인 차원에서 자신들의 업무를 정의한다고 가정해 보자. 이 분석을 하는 순간 우리는 중요한 가치 창출의 원천을 발견할 수 있을지도 모른다. 또한 어느 기업의 조직 문화와 전통이 이 기업 종업원들이 업무 책임을 이같이 정의하도록 유도한다면 다른 기업들은 이를 모방하기 힘들 것이다. 즉 자신의 업무 책임에 대해 경쟁적인 차원에서 정의하는 방식이 특정 공장에서 폭넓게 확산된다면 그것은 가치 있고 희소하며 모방하기 힘든 자원으로 간주될 수 있고, 따라서 지속적인 경쟁우위의 원천이 될 수 있다. 물론 그 기업이 이 자원을 이용하기 위해 잘 조직되었다는 가정하에서 말이다.

결국 경쟁우위는 고위 경영자들만이 다루기에는 너무도 중요한 것임이 명백하다. 종업원들이 모두 조직 내에서 업무 책임을 완수하기 위해 가치 있고 희소하며 모방하기 힘든 자원과 능력을 개발하고 이용한다면 그 기업은 지속적인 경쟁우위를 획득할 수 있을 것이다.

경쟁등위와 경쟁우위

둘째, 자원기반이론은 어느 기업이 하는 모든 활동이 다른 경쟁 기업이 하는 일과 같다면 그 기업이 기대할 수 있는 최선의 성과는 경쟁등위를 획득하는 것이라고 설명한다. 경쟁등위 이상을 기대하기 위해서 기업들은 가치 있고 희소한 활동을 해야 한다. 즉 다른 기업들이 생각지도 못했던 일들을 함으로써 경제적 가치를 창출해야 한다.

이러한 종류의 활동은 특히 경쟁열위를 경험하고 있는 기업들에게 중요하다. 이러한 기업들은 성공적이었던 경쟁 상황에 대해 조사하고, 그 경쟁이 왜 성공적이었는지, 그리고 경쟁 기업들을 모방하는 것이 합당한지에 대해 판단해야 한다. 이러한 의미에서 자기 기업의 성과를 경쟁 기업의 성과에 벤치마킹하는 것도 매우 중요할 수 있다.

그러나 이 기업이 벤치마킹만을 한다고 하면 이 기업은 오직 경쟁등위만을 획득할 수 있다. 경쟁우위의 획득은 어느 기업이 그 고유의 자원과 능력을 발견하고 그 자원과 능력이 어떻게 전략의 선택과 실행에 이용될 수 있는지를 발견하는 것에 달려 있다. 경쟁우위를 추구하는 기업은 다른 기업의 자원과 능력을 모방하는 데 탁월한 것보다는 그 기업 특유의 자원과 능력을 개발하고 이용하는 데 탁월한 것이 더 낫다.

그러나 이 말은 기업들이 경쟁우위를 획득하기 위해 언제나 '선도 기업'이 되어야 한다는 것을 의미하지는 않는다. 어떤 기업들은 효율적인 후발 기업이 되기 위해 필요한, 즉 다른 기업들의 제품 또는 기술 혁신을 신속하게 모방하고 개선하는 데 필요한 가치 있고 희소하며 모방하기 어려운 자원과 능력을 개발한다. 자원기반이론은 기업들이 지속적인 경쟁우위를 획득하기 위해서 언제나 선도 기업이 되어야 한다고 주장하는 대신, 그것이 어떠한 전략이든 간에 가치 있고 희소하며 모방하기 힘든 자원에 기반을 둔 전략을 실행해야 한다고 설명한다.

실행하기 힘든 전략

셋째, 기업들은 다양한 전략적 대안을 고려할 때 그 전략을 실행하는 데 얼마나 높은 비용이 요구되며 어떤 어려움이 있을 것인가를 평가한다. 일단 어떤 전략이 창출할 수 있는 가치가 그 전략에 필요한 비용보다 높은 경우, 자원기반이론은 "그 전략이 실행하기 쉬운 전략인가?"라고 묻는 대신 "그 전략을 경쟁 기업들보다 더 쉽게 우리 기업이 실행할 수 있는가?"라고 묻는다. 어떤 전략을 실행하기 위한 가치 있고 희소하며 모방하기 힘든 자원을 이미 소유하고 있는 기업들은 그 전략을 실행하기 위해 새로운 자원을 개발해야 하는 기업들보다 더 쉽게(즉 낮은 비용으로) 그 전략을 실행할 수 있을 것이다. 즉 필요한 자원을 이미 소유한 기업들은 자연스럽고 신속하게 전략 실행으로 옮겨 갈 것이다.

어떤 전략을 실행하는 비용을 이해하는 데 있어서 기업들은 두 가지 오류를 범할 수 있다. 첫째, 기업들은 자신들이 통제하는 자원의 특유성에 대해 과대평가할 수 있다. 비록 모든 기업은 각각 고유의 역사를 가지고 있고 고유한 경영 팀을 가지고 있지만, 그 사실이 곧 기업의 자원이 항상 희소하다는 것을 의미하지는 않는다. 비슷한 산업 내에서 역사를 공유하는 기업들은 종종 비슷한 능력을 개발할 수 있다. 만약 어느 기업이 그 자원과 능력의 희소성을 과대평가한다면 그 기업은 경쟁우위를 창출할 수 있는 능력에 대해 과대평가하는 것이다.

예를 들어 기업들에게 그들의 경쟁우위의 가장 중요한 원천이 무엇이냐고 묻는다면, 많은 기업들은 높은 수준의 최고 경영층과 고품질의 기술, 그리고 기업 활동의 모든 분야에서의 최고성 등을 들 것이다. 그러나 다른 경쟁 기업들에게 그들의 경쟁우위의 원천에 대해서 묻는다면 그들도 마찬가지로 최고 경영층, 기술, 기업 활동에 강점을 가지고 있다고 대답할지 모른다. 즉 이러한 특성들은 경쟁등위의 원천은 될지언정 경쟁우위의 원천은 되지 못하는 것이다.

둘째, 기업들은 때때로 자신의 특유성에 대해 과소평가하여 자신이 추구하는 전략들이 경쟁우위의 원천이 될 수 있다는 것을 간과할 수 있다. 기업들이 가치 있고 희소하며 모방하기 힘든 자원을 소유하고 있을 때 전략 실행은 비교적 쉽다. 이 때문에 다른 기업들이 이러한 '실행하기 쉬운' 전략을 모방하기도 쉽다고 생각할 수 있다. 물론 그 기업이 통제하는 자원이 객관적으로 매우 희소하거나 매우 모방하기 힘든 경우는 논외이기는 하다.

일반적으로 기업들은 자신의 특유성에 대해 과대평가하거나 과소평가하지 않도록 각별한 주의를 기울여야 한다. 즉 기업이 어떤 전략을 실행하기 위해 필요한 상대적 비용을 정확하게 이해하고 그 전략이 경쟁우위를 창출하는 잠재력을 이해할 수 있도록 기업이 가진 자원의 가치와 희소성, 그리고 모방 가능성에 대해 정밀하게 측정할 수 있어야 한다. 종종 기업들은 내부 경영자들이 그 기업에 대해 더 잘 알고 있음에도 불구하고 외부의 조언자를 고용하여 기업 자원의 희소성과 모방 가능성을 분석하도록 해야 한다. 외부 조언자는 그 기업의 특유성에 대해 평가할 수 있는 객관성의 척도를 제시할 수 있다.

사회적으로 복잡한 자원

지난 수십 년 동안 종업원 권한 위임, 조직 문화, 팀워크가 기업 성과에 대해 가지는 중요성이 심도 있게 연구되어 왔다. 대부분의 연구들은 권한을 위임하고 훌륭한 문화를 가지며 팀워크를 장려하는 기업들은 그렇지 않은 기업들보다 보편적으로 더 나은 전략적 선택을 하며 그 전략들을 보다 효율적으로 실행한다고 결론지었다. 자원기반이론의 용어를 사용한다면, 이 연구들은 권한 위임과 조직 문화, 팀워크는 적어도 어떤 상황하에서는 경제적으로 가치 있다고 결론지은 것이다.[37]

자원기반이론은 이 같은 조직 특성의 가치의 중요성을 인식한다. 그러나 자원기반이론은 또한 이러한 사회적으로 복잡한 자원과 능력이 희소하고 모방하기 힘들 수 있다는 점도 설명하며, 더 나아가 이 자원들이 지속적인 경쟁우위가 되기 위해서는 희소하고 모방이 힘들어야 한다는 점도 설명한다. 다시 말해서 자원기반이론은 사회적으로 복잡한 기업 특성에 대한 전통적인 분석을 계승하여 발전시킨다. 이러한 기업 특성은 가치가 있을 뿐 아니라 희소하고 모방이 힘들 수 있으며, 그 경우에만 지속적인 경쟁우위의 원천이 될 수 있다는 것이다.

조직 배태성의 역할

마지막으로, 자원기반이론은 어느 기업의 조직 구조, 통제 시스템, 보상 정책이 그 기업이 통제하는 가치 있고 희소하며 모방하기 힘든 자원과 능력을 이용하는 것을 지원해야 한다고 설명한다. 이러한 조직의 특성이 그 자체로 지속적인 경쟁우위의 원천이 되는 것은 아니다.

이것은, 즉 어느 기업의 자원과 그 기업의 조직 간에 갈등이 생기면 그 조직은 변화해야 한다는 것을 의미한다. 그러나 일단 어느 기업의 조직 구조, 통제 시스템, 보상 정책이 그 기업 내에 정착하게 되면 그 기업의 자원 및 능력과의 일치 여부에 관계없이 불변으로 남는 경우가 종종 있다. 그러한 경우에 그 기업은 통제하고 있는 자원의 경쟁적인 잠재력을 충분히 실현하지 못하게 될 것이다. 어느 기업의 자원과 능력이 진화하는 과정에서는 그 기업의 조직 구조, 통제 시스템, 보상 정책도 진화해야 한다. 이러한 조직 특성이 진화하는 가운데 경영자들은 기업의 자원 및 능력과 조직의 다양한 형태의 연관성에 대해 인지하고 있어야 한다.

요약

자원기반이론은 기업의 성과는 그 기업이 통제하는 자원과 능력의 특성의 함수라고 설명하는 경제학적 이론이다. 자원은 기업이 전략을 인식하고 실행하기 위해 이용하는 유형 또는 무형의 자산이다. 능력은 자원의 일종으로서 기업이 다른 자원을 이용할 수 있도록 해 준다. 자원과 능력은 재무 자원, 실물 자원, 인적 자원, 조직 자원으로 구분될 수 있다.

자원기반이론은 자원과 능력에 대해 두 가지 가정을 하는데, 자원 상이성의 가정(어떤 자원과 능력은 경쟁 기업들 간에 상이하게 분포되어 있다는 가정)과 자원 비유동성의 가정(이 상이성은 오랜 기간 지속될 수 있다는 가정)이 그것이다. 이 두 가지 가정은 기업들이 그 자원을 이용해서 경쟁우위를 획득하는 조건을 기술하는 데 쓰일 수 있다.

자원기반이론으로부터 기업의 내부적 강점과 약점을 분석하는 틀을 도출해 낼 수 있다. VRIO 모형이라고 불리는 이 분석 틀은 기업이 자신의 경쟁적 잠재력을 평가하기 위해 이용할 수 있는 네 가지 질문을 제시한다. 이 질문은 가치에 대한 질문, 희소성에 대한 질문, 모방 가능성에 대한 질문, 조직에 대한 질문이다.

어느 기업의 자원과 능력은 그 기업으로 하여금 외부의 기회를 이용하거나 위협을 중화시킬 수 있게 할 때 가치를 가진다. 그러한 가치 있는 자원과 능력은 그 기업의 강점이 되고, 가치가 없는 자원과 능력은 그 기업의 약점이 된다. 가치 있는 자원을 통해 외부의 기회를 이용하고 위협을 중화시킬 때 기업은 이익을 증가시키거나 비용을 감소시킬 수 있다.

기업의 가치 있는 자원과 능력을 발견하는 한 방법은 그 기업의 가치사슬을 조사하는 것이다. 기업의 가치사슬은 제품이나 서비스를 개발, 생산, 판매하기 위해 영위하는 기업 활동의 목록이다. 가치사슬의 상이한 단계에서는 상이한 자원과 능력이 요구되기 때문에 상이한 가치사슬을 가지고 있는 기업들에서도 상이한 자원과 능력이 요구된다. 본원적 가치사슬이 맥킨지앤드컴퍼니에 의해 개발되었다.

가치가 있으면서 흔한(즉 희소하지 않은) 자원과 능력은 경쟁등위의 원천이 될 수 있다. 그러한 자원에 투자하지 못한 기업은 경쟁열위를 겪을 수 있다. 가치 있고 희소한 자원은 적어도 임시적인 경쟁우위의 원천이 될 수 있다. 일반적으로 가치가 있는 특정한 자원이나 능력을 가진 기업의 수가 한 산업이 완전경쟁 시장의 기능을 실행하기 위해 필요한 기업의 수보다 적을 경우 적어도 임시적인 경쟁우위를 가질 수 있다.

가치 있고 희소하며 모방하기 힘든 자원과 능력은 지속적인 경쟁우위의 원천이 될 수 있다. 모방은 직접복제 또는 대체를 통해 일어난다. 어느 기업이 가진 자원과 능력을 다른 기업이 모방하기 힘든 이유가 네 가지 있는데, 그것은 고유한 역사적 상황, 인과적 모호성, 사회적 복잡성, 특허이다.

소유한 자원과 능력의 잠재력을 충분히 이용하려면 그 기업은 적절히 조직되어야 한다. 기업의 조직은 공식적 보고 구조, 형식적 또는 비형식적 경영 통제, 보상 정책으로 구성된다. 이러한 기업 조직은 그 자체로는 경쟁우위의 원천이 될 수 없으므로 보완적 자원으로 간주될 수 있다.

VRIO 모형은 어느 기업의 자원과 능력이 해당 기업에게 경쟁열위, 경쟁등위, 임시적 경쟁우위, 지속적 경쟁우위의 결과를 창출하는지에 대해 설명하고, 나아가 자원과 능력이 그 기업의 강점이나 약점이 되는지에 대해 설명한다.

어느 기업이 지속적 경쟁우위를 가진 경쟁자를 만나게 되면 세 가지 반응을 보일 수 있는데, 즉 대응하지 않거나, 전술을 변경하거나, 전략을 변경하는 것이다. 아무 대응을 하지 않는 이유는 적어도 세 가지를 들 수 있다. 첫째, 대응하는 것이 그 기업의 다른 분야에서의 지속적 경쟁우위를 해칠 수 있다. 둘째, 그 기업이 대응하는 데 필요한 자원이 결핍된 경우가 있다. 셋째, 그 기업은 산업 내에서 암묵적 협력을 꾀하고 있을 수 있다.

자원기반이론은 기업 경영상 광범위한 시사점을 가진다. 예를 들어 이 관점은 경쟁우위가 모든 종업원 각각의 책임이라는 것을 설명한다. 또한 이 관점은 어느 기업이 다른 기업과 동일하게 행동한다면 오직 경쟁등위만을 획득할 수 있으며, 경쟁우위를 획득하기 위해서는 다른 기업을 모방하기보다는 그 자신의 가치 있고 희소하며 모방하기 힘든 자원을 이용해야 한다고 강조한다. 그리고 이 관점은 일단 전략 실행에 따르는 비용이 그 가치보다 낮은 경우에는 전략 실행의 절대적 비용보다는 다른 기업과 비교해서 얻을 수 있는 상대적 비용이 더 중시되어야 한다고 설명한다. 또한 이 관점은 기업들이 자신의 희소성에 대해 일관적으로 과대평가하거나 과소평가할 수 있음을 경고한다. 종업원 권한 위임, 조직 문화, 팀워크는 기업에게 가치가 있

▶▶ 국내 사례

사회적 복잡성의 효과 : 나영석 피디의 예능 프로그램

기업의 지속 가능한 경쟁우위의 원천으로 작용할 수 있는 사회적 복잡성은 사실 이해하기 어렵지는 않다. 한 기업 내의 팀워크, 개인적 네트워크, 친분관계 등, 그리고 다른 기업과의 우호적 관계, 효율적인 지식 플랫폼의 존재, 장기적 거래 관계 등도 기업의 성과를 높일 수 있다는 것은 상식적으로 당연하다. 그런데 이러한 사회적 복잡성은 기업 이외의 분야에서도 다양하게 적용될 수 있다.

예를 들어 예능 프로그램에서도 사회적 복잡성이 가져오는 성과의 사례를 볼 수 있다. 나영석 피디는 시청률의 제왕이라고 불릴 만큼 성공적인 예능 프로그램을 만들어 내는 제작자로 유명하다. 2001년에 KBS 공채 프로듀서로 입사한 이후 '1박 2일'이 공전의 히트를 만들어 냈고 CJ E&M으로 옮긴 후에도 '꽃보다 할배', '꽃보다 누나', '꽃보다 청춘', '삼시세끼', '신서유기', '신혼일기', '윤식당', '알쓸신잡' 등 수많은 예능 프로그램을 만들었다. 2018년 1월 5일에 선보인 '윤식당 2'는 첫 방송부터 케이블 TV 시청률이라고 믿기 힘든 14.1%(닐슨 코리아)의 시청률을 기록하였고, 다른 프로그램들도 평균적으로 공중파 시청률로도 손색이 없는 6~8%를 유지했다.

나영석 피디의 예능 프로그램의 성공 요인에 대해서는 다양한 분석이 가능하지만, 자원기반 이론의 관점에서는 사회적 복잡성을 효과적으로 활용했다는 것을 들 수 있다. 여기에는 두 가지 수준의 사회적 복잡성이 발견된다. 첫 번째는 제작 과정에서의 사회적 복잡성이다. 예능 프로그램은 한 명의 피디가 만드는 것이 아니다. 예를 들어 '삼시세끼' 고창 편은 8명의 피디와 7명의 작가가 투입되어 프로그램 컨셉 잡기와 출연자 섭외, 장소 물색, 촬영지 집 개조, 동선 정리 등을 순차적으로 공동 작업으로 진행했다. 이 모든 과정에서 피디와 작가가 각자의 역할을 수행하면서 나영석 피디는 전체적인 조율 작업을 맡게 된다. '나영석 사단'이라는 명칭은 공동 작업을 하는 팀이 매우 효과적으로 움직이고 있다는 것을 단적으로 표현하고 있다.

두 번째 수준의 사회적 복잡성은 프로그램 등장인물들 간에 존재하는 관계이다. 모든 프로그램에서 그런 것은 아니지만, 대부분의 경우 나영석 피디의 프로그램에서는 매우 강한 유대관계를 갖는 등장인물들을 선보인다. 예를 들어 '1박 2일'에서 등장했던 강호동-이수근 라인은

'신서유기'와 '강식당'에서도 재현되었는데 명실공히 탄탄한 팀워크를 보여주는 관계로서 '아는 형님' 등 다른 피디의 프로그램에서도 이용되고 있다. '삼시세끼' 어촌 편은 차승원과 유해진의 우정을 기반으로 했다. '꽃보다 청춘' 시리즈에서는 1990년대를 장식했던 절친 뮤지션들인 윤상, 유희열, 이적을 페루에, '응답하라 1994'에서 하숙집 친구로 등장했던 유연석과 손호준을 라오스에, 그리고 '응답하라 1998'에서 라이벌로 등장했던 류준열, 박보검을 아프리카에 보내어 시청자의 관심을 극대화했다.

이러한 사회적 복잡성은 '익숙하면서도 새로울 것'이라는 나영석 피디의 기획 원칙을 충실히 수행하는 것에 효과적으로 기여하는 것으로 보인다. 특히 출연진의 자연스러운 친분관계는 시청자들에게 편안한 분위기를 전달하고, 여기에 다양한 게스트를 추가하여 새로운 변화를 시도하는 방식은 나영석 피디의 성공 방정식으로 보인다.

출처 : 네이버 지식인 2016. 8. 31. 나영석 PD님, 프로그램 제작과정이나 준비과정 등이 궁금합니다.

는 자원일 뿐 아니라 어떤 조건이 충족될 때는 지속적인 경쟁우위의 원천이 된다는 사실을 인식하게 한다. 그리고 어느 기업의 가치 있고 희소하며 모방하기 힘든 자원과 그 기업의 조직이 잘 융화하지 않을 때는 조직이 변화해야 한다는 것을 설명한다.

탐구과제

3.1 다음의 전략 수립 과정, 즉 (a) 외부의 기회와 위협을 먼저 평가하고 그다음에 이 기회를 이용하고 위협을 중화하기 위한 자원과 능력을 개발하는 방법과 (b) 내부의 자원과 능력을 먼저 평가하고 그다음에 이 자원이 이용될 산업을 찾는 방법 중 어느 것이 더 경제적 이익을 창출할 것이라고 생각하는가? 그 이유는 무엇인가?

3.2 자원 비유동성은 자원기반이론과 VRIO 모형의 핵심 가정이다. 그러나 수십년 동안 경쟁우위를 지켜온 많은 기업들은 새로운 경쟁자들에 의해 위협받고 있다. 이것은 자원 비유동성이 변화하고 있음을 의미하는가? 자원기반이론이나 VRIO 모형은 이러한 변화에 대해 설명하는가?

3.3 제약회사가 지속적 경쟁우위를 갖기 위해서는 최근에 개발한 신약과 높은 혁신과 성과를 거두는 인적자원관리 관행 중에서 어느 것이 더 중요한가?

3.4 경영자가 가치 사슬을 이용하여 기업 내에서 강점과 경쟁우위의 잠재적 원천을 발견하고 평가할 수 있는 방법을 설명하라.

3.5 신사업 개발부서에 한 신입 사원이 배속되었다. 이 신입 사원은 좋은 학점으로 갓 졸업하여 자부심에 충만했다. 그는 기업의 역량을 이용하여 시장 선도 기업을 벤치마킹하여 신속하게 시장 점유율을 높일 수 있다고 주장한다. 이 부서의 고참 경영자는 시장 선도 기업이 과거에 걸어온 방식은 현재의 상황에 적합한 방식과 상이하기 때문에 좋은 방법이 아니라고 설명하면서 그 대신 또 다른 시장을 동시에 추구해야 한다고 주장한다. 이 주장이 가진 '특이한 역사적 상황'에 대해 논의하라.

3.6 기업이 새로운 자원과 역량을 개발하기 위해 국제적 전략을 추구하는 상황에 대해 설명하라.

3.7 경영자는 전략을 수립하기도 하지만 이 전략이 실행되는 전술적 방안도 준비한다. 환경이 변화하면 전략도 바뀌어야 한다. 전략은 전술보다 더 자주 변경되는가? 그 이유는 무엇인가?

연습문제

3.8 VRIO 모형을 다음 상황에 적용하라. 이 활동들은 경쟁열위, 경쟁등위, 임시적 경쟁우위, 지속적 경쟁우위 중 어떤 결과를 가져올 것인가?

(a) 일본의 자동차 제조업체인 스즈키가 시장점유율 1위를 기록했던 인도에서 10만 대 리콜을 발표했다.

(b) ERP 소프트웨어 산업의 대표기업인 SAP가 임시직 관리 프로그램으로 유명한 필드글래스를 인수한다고 발표했다.

(c) 3,000개 이상의 지점을 둔 미국의 5대 은행 중 하나인 US뱅코프가 10개의 지점을 둔 지방 은행인 뱅크이스트를 인수한다고 발표했다.

(d) 건설 장비 제조 업체인 캐터필러가 새로운 머플러 장치의 특허를 취득했다.

(e) 대형 제약 기업인 글락소스미스클라인이 알츠하이머병을 치료할 가능성이 있는 새로운 약품의 특허를 취득했다.

(f) 컴퓨터 제조업체인 레노버가 자동차 경주 행사인 포뮬러 원을 스폰서한다고 발표했다.

(g) 정유업체인 모바일이 뉴질랜드의 주유소 망에서 석유 판매 가격을 5센트 인하했다.

(h) 액센츄어가 관련 자문 케이스의 자료를 이용하기 위한 자료 이용 및 인력 교육 시스템을 개발했다.

(i) 딜로이트가 파트너뿐만 아니라 모든 컨설턴트들이 기업의 이익을 공유하는 보상 시스템을 시행할 것이라고 발표했다.

(j) 에너지 드링크 업체인 레드불이 기존 제품의 포장 단위를 대형으로 바꾸었다.

3.9 기업이 보유한 자원과 능력을 언제든지 사용할 수 있는 경우에 이 자원과 능력이 희소하지 않다고 판단하여 활용하기를 주저할 수 있다. 당신은 이러한 기업에게 경쟁의 방법에 대해 어떻게 조언할 수 있겠는가? 당신이 사용할 사례를 소개하라.

3.10 두 기업을 선정하여 각각 가치사슬을 분석하라. 두 가치사슬을 비교하고 구체적인 예를 들면서 잠재적인 경쟁우의의 원천에 대해 설명하라.

참고문헌

1 www.Google.com; D. Vise and M. Malseed (2005). The Google Story. NY: Bantam; //Wikipedia/history-of-internet-search-engines. Retrieved July 5, 2013; "Google's Ad Revenues Hit $19 Billion," *Adweek*, July 28, 2016, retrieved November 10, 2016; "YouTube Earnt $9 Bn in Revenue Last Year," *Music Business World*, January 5, 2016, Retrieved November 10, 2016; P.Sikka "Must Know: Why did Google Sell Its Motorola Business to Lenovo?" *Market Realist*, March 11, 2014, Retrieved November

2 The term *the resource-based view* was coined by Wernerfelt, B. (1984). "A resource-based view of the firm." *Strategic Management Journal*, 5, pp. 171–180. Some important early contributors to this theory include Rumelt, R. P. (1984). "Toward a strategic theory of the firm." In R. Lamb (ed.), *Competitive strategic management* (pp. 556–570). Upper Saddle River, NJ: Prentice Hall; and Barney, J. B. (1986). "Strategic factor markets: Expectations, luck and business strategy." *Management Science*, 32, pp. 1512–1514. A second wave of important early resource-based theoretical work includes Barney, J. B. (1991). "Firm resources and sustained competitive advantage." *Journal of Management*, 7, pp. 49–64; Dierickx, I., and K. Cool. (1989). "Asset stock accumulation and sustainability of competitive advantage." *Management Science*, 35, pp. 1504–1511; Conner, K. R. (1991). "A historical comparison of resource-based theory and five schools of thought within industrial organization economics: Do we have a new theory of the firm?" *Journal of Management*, 17(1), pp. 121–154; and Peteraf, M. A. (1993). "The cornerstones of competitive advantage: A resource-based view." *Strategic Management Journal*, 14, pp. 179–191. A review of much of this early theoretical literature can be found in Mahoney, J. T., and J. R. Pandian. (1992). "The resource-based view within the conversation of strategic management." *Strategic Management Journal*, 13, pp. 363–380. The theoretical perspective has also spawned a growing body of empirical work, including Brush, T. H., and K. W. Artz. (1999). "Toward a contingent resource-based theory." *Strategic Management Journal*, 20, pp. 223–250; Marcus, A., and D. Geffen. (1998). "The dialectics of competency acquisition." *Strategic Management Journal*, 19, pp. 1145–1168; Brush, T. H., P. Bromiley, and M. Hendrickx. (1999). "The relative influence of industry and corporation on business segment performance." *Strategic Management Journal*, 20, pp. 519–547; Yeoh, P.-L., and K. Roth. (1999). "An empirical analysis of sustained advantage in the U.S. pharmaceutical industry." *Strategic Management Journal*, 20, pp. 637–653; Roberts, P. (1999). "Product innovation, product-market competition and persistent profitability in the U.S. pharmaceutical industry." *Strategic Management Journal*, 20, pp. 655–670; Gulati, R. (1999). "Network location and learning." *Strategic Management Journal*, 20, pp. 397–420; Lorenzoni, G., and A. Lipparini. (1999). "The leveraging of interfirm relationships as a distinctive organizational capability." *Strategic Management Journal*, 20, pp. 317–338; Majumdar, S. (1998). "On

the utilization of resources." *Strategic Management Journal*, 19(9), pp. 809–831; Makadok, R. (1997). "Do inter-firm differences in capabilities affect strategic pricing dynamics?" *Academy of Management Proceedings '97*, pp. 30–34; Silverman, B. S., J. A. Nickerson, and J. Freeman. (1997). "Profitability, transactional alignment, and organizational mortality in the U.S. trucking industry." *Strategic Management Journal*, 18 (Summer special issue), pp. 31–52; Powell, T. C., and A. Dent-Micallef. (1997). "Information technology as competitive advantage." *Strategic Management Journal*, 18(5), pp. 375–405; Miller, D., and J. Shamsie. (1996). "The Resource-based view of the firm in two environments." *Academy of Management Journal*, 39(3), pp. 519–543; and Maijoor, S., and A. Van Witteloostuijn. (1996). "An empirical test of the resource-based theory." *Strategic Management Journal*, 17, pp. 549–569; Barnett, W. P., H. R. Greve, and D. Y. Park. (1994). "An evolutionary model of organizational performance." *Strategic Management Journal*, 15 (Winter special issue), pp. 11–28; Levinthal, D., and J. Myatt. (1994). "Co-evolution of capabilities and industry: The evolution of mutual fund processing." *Strategic Management Journal*, 17, pp. 45–62; Henderson, R., and I. Cockburn. (1994). "Measuring competence? Exploring firm effects in pharmaceutical research." *Strategic Management Journal*, 15, pp. 63–84; Pisano, G. P. (1994). "Knowledge, integration, and the locus of learning: An empirical analysis of process development." *Strategic Management Journal*, 15, pp. 85–100; and Zajac, E. J., and J. D. Westphal. (1994). "The costs and benefits of managerial incentives and monitoring in large U.S. corporations: When is more not better?" *Strategic Management Journal*, 15, pp. 121–142.

3 Ghemawat, P. (1986). "Wal-Mart stores' discount operations." Harvard Business School Case No. 9-387-018, on Wal-Mart; Kupfer, A. (1991). "The champion of cheap clones." *Fortune*, September 23, pp. 115–120; and Holder, D. (1989). "L. L. Bean, Inc.—1974." Harvard Business School Case No. 9-676-014, on L. L. Bean. Some of Wal-Mart's more recent moves, especially its international acquisitions, are described in Laing, J. R. (1999). "Blimey! Wal-Mart." *Barron's*, 79, p. 14. L. L. Bean's lethargic performance in the 1990s, together with its turnaround plan, is described in Symonds, W. (1998). "Paddling harder at L. L. Bean." *BusinessWeek*, December 7, p. 72.

4 For an early discussion of the importance of human capital in firms, see Becker, G. S. (1964). *Human capital*. New York: Columbia University Press.

5 Heskett, J. L., and R. H. Hallowell. (1993). "Southwest Airlines: 1993 (A)." Harvard Business School Case No. 9-695-023.

6 D. Ricardo (1817). *Principles of political economy and taxation*. London: J. Murray.

7 See Barney, J. (1991). "Firm resources and sustained competitive advantage." *Journal of Management*, 17, pp. 99–120.

8 See Schlender, B. R. (1992). "How Sony keeps the magic going." *Fortune*, February 24, pp. 75–84; and (1999). "The weakling kicks back." *The Economist*, July 3, p. 46, for a discussion of Sony. See Krogh, L., J. Praeger, D. Sorenson, and J. Tomlinson. (1988). "How 3M evaluates its R&D programs." *Research Technology Management*, 31, pp. 10–14.

9 Anders, G. (2002). "AOL's true believers." *Fast Company*, July pp. 96+; Karnitschnig, M. (2006). "That's all, folks: After years of pushing synergy, Time Warner, Inc. says enough." *The Wall Street Journal*, June 2, A1+; www.cnbc.com/2009/12/29/top-ten-best-(andworst)-mergers-of-all-time (accessed January 6, 2017).

10 "AIDS in Africa." *British Medical Journal*, June 1, p. 456 J. S. Friedman (2003). "Paying for apartheid." *Nation*, June 6, pp. 7+; L. Lee (2000). "Can Nike still do it?" *BusinessWeek*, February 21, pp. 121+.

11 See Grant, R. M. (1991). *Contemporary strategy analysis*. Cambridge, MA: Basil Blackwell.

12 See Miller, J. and Shales, T. (2011) *ESPN: These guys have all the fun*. NY: Little Brown.

13 See Steinberg, D. (2013). "ESPN strives to maintain its lead as competition heats up." Variety.com/2013/tv/news. Accessed January 6, 2017. ESPN is also challenged by recent trends in "unbundling" cable channels. Currently, ESPN receives fees from cable users, whether those users watch ESPN or not. Unbundling and "cord cutting" would enable consumers to pay for only that content they actually watch. These changes led ESPN, in 2015, to reduce its overall workforce by 4%. See sportsbusinessdaily.com/Journal/Issues/2015/10/26/Media/ESPN. Accessed January 9, 2017.

14 Lipman, S., and R. Rumelt. (1982). "Uncertain imitability: An analysis of interfirm differences in efficiency under competition." *Bell Journal of Economics*, 13, pp. 418–438; Barney, J. B. (1986). "Strategic factor markets: Expectations, luck and business strategy." *Management Science*, 32, pp. 1512–1514; and Barney, J. B. (1986). "Organizational culture: Can it be a source of sustained competitive advantage?" *Academy of Management Review*, 11, pp. 656–665.

15 Note that the definition of sustained competitive advantage presented here, though different, is consistent with the definition given in Chapter 1. In particular, a firm that enjoys a competitive advantage for a long period of time (the Chapter 1 definition) does not have its advantage competed away through imitation (the Chapter 3 definition).

16 These explanations of costly imitation were first developed by Dierickx, I., and K. Cool. (1989). "Asset stock accumulation and sustainability of competitive advantage." *Management Science*, 35, pp. 1504–1511; Barney, J. B. (1991). "Firm resources and sustained competitive advantage." *Journal of Management*, 7, pp. 49–64; Mahoney, J. T., and J. R. Pandian. (1992). "The resource-based view within the conversation of strategic management." *Strategic Management Journal*, 13, pp. 363–380; and Peteraf, M. A. (1993). "The cornerstones of competitive advantage: A resource-based view." *Strategic Management Journal*, 14, pp. 179–191.

17 Dierickx, I., and K. Cool. (1989). "Asset stock accumulation and sustainability of competitive advantage." *Management Science*, 35, pp. 1504–1511. In economics, the role of history in determining competitive outcomes was first examined by Arthur, W. B. (1989). "Competing technologies, increasing returns, and lock-in by historical events." *Economic Journal*, 99, pp. 116–131.

18 This term was first suggested by Arthur, W. B. (1989). "Competing technologies, increasing returns, and lock-in by historical events." *Economic Journal*, 99, pp. 116–131. A good example of path dependence is the development of Silicon Valley and the important role that Stanford University and a few early firms played in creating the network of organizations that has since become the center of much of the electronics business. See Alley, J. (1997). "The heart of Silicon Valley." *Fortune*, July 7, pp. 86+.

19 Reed, R., and R. J. DeFillippi. (1990). "Causal ambiguity, barriers to imitation, and sustainable competitive advantage." *Academy of Management Review*, 15(1), pp. 88–102, suggest that causal ambiguity about the sources of a firm's competitive advantage need only exist among a firm's competitors for it to be a source of sustained competitive advantage. Managers in a firm, they argue, may fully understand the sources of their advantage. However, in a world where employees freely and frequently move from firm to firm, such special insights into the sources of a firm's competitive advantage would not remain proprietary for very long. For this reason, for causal ambiguity to be a source of sustained competitive advantage, both the firm trying to gain such an advantage and those trying to imitate it must face similar levels of causal ambiguity. Indeed, Wal-Mart sued Amazon for trying to steal some of its secrets by hiring employees away from Wal-Mart. See Nelson, E. (1998). "Wal-Mart accuses Amazon.com of stealing its secrets in lawsuit." *The Wall Street Journal*, October 19, p. B10. For a discussion of how difficult it is to maintain secrets, especially in a world of the World Wide Web, see Farnham, A. (1997). "How safe are your secrets?" *Fortune*, September 8, pp. 114+. The international dimensions of the challenges associated with maintaining secrets are discussed in Robinson, E. (1998). "China spies target corporate America." *Fortune*, March 30, pp. 118+.

20 Itami, H. (1987). *Mobilizing invisible assets*. Cambridge, MA: Harvard University Press.

21 See Barney, J. B., and B. Tyler. (1990). "The attributes of top management teams and sustained competitive advantage." In M. Lawless and L. Gomez-Mejia (eds.), *Managing the high technology firm* (pp. 33–48). Greenwich, CT: JAI Press, on teamwork in top management teams; Barney, J. B. (1986). "Organizational culture: Can it be a source of sustained competitive advantage?" *Academy of Management Review*, 11, pp. 656–665, on organizational culture; Henderson, R. M., and I. Cockburn. (1994). "Measuring competence? Exploring firm effects in pharmaceutical research." *Strategic Management Journal*, 15, pp. 63–84, on relationships among employees; and Dyer, J. H., and H. Singh. (1998). "The relational view: Cooperative strategy and sources of interorganizational competitive advantage." *Academy of Management Review*, 23(4), pp. 660–679, on relationships with suppliers and customers.

22 For a discussion of knowledge as a source of competitive advantage in the popular business press, see Stewart, T. (1995). "Getting real about brain power." *Fortune*, November 27, pp. 201+; Stewart, T. (1995). "Mapping corporate knowledge." *Fortune*, October 30, pp. 209+. For the academic version of this same issue, see Simonin, B. L. (1999). "Ambiguity and the process of knowledge transfer in strategic alliances." *Strategic Management Journal*, 20(7), pp. 595–623; Spender, J. C. (1996). "Making knowledge the basis of a dynamic theory of the firm." *Strategic Management Journal*, 17 (Winter special issue), pp. 109–122; Hatfield, D. D., J. P. Liebeskind, and T. C. Opler. (1996). "The effects of corporate restructuring on aggregate industry specialization." *Strategic Management Journal*, 17, pp. 55–72;

and Grant, R. M. (1996). "Toward a knowledge-based theory of the firm." *Strategic Management Journal*, 17 (Winter special issue), pp. 109–122.

23 Porras, J., and P. O. Berg. (1978). "The impact of organizational development." *Academy of Management Review*, 3, pp. 249–266, have done one of the few empirical studies on whether systematic efforts to change socially complex resources are effective. They found that such efforts are usually not effective. Although this study is getting older, it is unlikely that current change methods will be any more effective than the methods examined by these authors.

24 See Hambrick, D. (1987). "Top management teams: Key to strategic success." *California Management Review*, 30, pp. 88–108, on top management teams; Barney, J. B. (1986). "Organizational culture: Can it be a source of sustained competitive advantage?" *Academy of Management Review*, 11, pp. 656–665, on culture; Porter, M. E. (1980). *Competitive strategy*. New York: Free Press; and Klein, B., and K. Leffler. (1981). "The role of market forces in assuring contractual performance." *Journal of Political Economy*, 89, pp. 615–641, on relations with customers.

25 See Harris, L. C., and E. Ogbonna. (1999). "Developing a market oriented culture: A critical evaluation." *Journal of Management Studies*, 36(2), pp. 177–196.

26 Lieberman, M. B. (1987). "The learning curve, diffusion, and competitive strategy." *Strategic Management Journal*, 8, pp. 441–452, has a very good analysis of the cost of imitation in the chemical industry. See also Lieberman, M. B., and D. B. Montgomery. (1988). "First-mover advantages." *Strategic Management Journal*, 9, pp. 41–58.

27 Rumelt, R. P. (1984). "Toward a strategic theory of the firm." In R. Lamb (ed.), *Competitive strategic management* (pp. 556–570). Upper Saddle River, NJ: Prentice Hall, among others, cites patents as a source of costly imitation.

28 Significant debate surrounds the patentability of different kinds of products. For example, although typefaces are not patentable (and cannot be copyrighted), the process for displaying typefaces may be. See Thurm, S. (1998). "Copy this typeface? Court ruling counsels caution." *The Wall Street Journal*, July 15, pp. B1+.

29 J. P. Womack, D. I. Jones, and D. Roos (1990). *The machine that changed the world*. New York: Rawson; M. Huselid (1995). "The impact of human resource management practices on turnover, productivity, and corporate financial performance." *Academy of Management Journal*, 38, pp. 635–672; J. B. Barney and P. Wright (1998). "On becoming a strategic partner." *Human Resource Management*, 37, pp. 31–46.

30 For an insightful discussion of these complementary resources, see Amit, R., and P. J. H. Schoemaker. (1993). "Strategic assets and organizational rent." *Strategic Management Journal*, 14(1), pp. 33–45.

31 See H. Tabuchi (2012) How the tech parade passed Sony by. April 15, 2012. *New York Times*. http://www.nytimes.com/2012/04/15/technology/how-sony-fell-behindinthetechparade. Accessed January 27, 2014.

32 (2004). "Casio." *Marketing*, May 6, p. 95 Weisul, K. (2003). "When time is money—and art." *BusinessWeek*, July 21, p. 86.

33 That said, there have been some "cracks" in Southwest's capabilities armor lately. For example, in 2016, negotiation between Southwest and its unions became very heated. Union officials called for the resignations of Southwest's CEO. Southwest's board declined to do so. (Colmetsch, C. "Southwest's Board Tells Union CEO Not Going Anywhere," www.bloomburg.com, August 6, 2016). Whether this is an early indicator that Southwest's core people management strengths are being lost is not yet known. However, Southwest's stumbling would give other US airlines some hope.

34 This aspect of the competitive dynamics in an industry is discussed in Smith, K. G., C. M. Grimm, and M. J. Gannon. (1992). *Dynamics of competitive strategy*. Newberry Park, CA: Sage.

35 Schlender, B. R. (1992). "How Sony keeps the magic going." *Fortune*, February 24, pp. 75–84.

36 Personal communication.

37 See, for example, Peters, T., and R. Waterman. (1982). *In search of excellence*. New York: Harper Collins; Collins, J., and J. Porras. (1994). *Built to last*. New York: Harper Business; Collins, J. (2001). *Good to great*. New York: Harper Collins; and Bennis, W. G., and R. Townsend. (2006). *Reinventing leadership*. New York: Harper Collins.

PART

2 사업부 수준의 전략

CHAPTER

4 저비용 전략

학습목표

4.1 사업부 수준의 전략을 정의한다.

4.2 저비용 전략을 정의하고 기업들이 상이한 비용 구조를 가질 수 있는 여섯 가지 이유를 기술한다.

4.3 저비용 전략이 가치를 창출할 수 있는 이유에 대해 설명한다.

4.4 희소하고 모방하기 어려운 저비용 전략의 원천과 그 이유에 대해 기술한다.

4.5 기업들이 저비용 전략을 실행하기 위해 이용하는 기능적 조직 구조, 형식적, 비형식적 경영통제 시스템, 그리고 보상 정책을 설명한다

브래스웨이트 : 투명한 시계제조사

브래스웨이트는 미니멀 스타일의 손목시계 분야의 신규 진입기업이지만 저렴한 가격이라는 강력한 경쟁우위를 가지고 있다. 이 기업의 사명은 고객에게 비용과 이익을 모두 공개하여 시계제조업의 투명성을 실현하는 것이다. 창업자이자 최고경영자인 헨리크 토프는 기존의 시계가 높은 가격을 설정하는 것에 비해 브래스웨이트는 멋진 시계를 훨씬 낮은 가격에 제공하기 위해 비용 절감을 실현한다. 업계 전문가들에 의하면 이 기업은 미니멀리즘 손목시계의 글로벌 시장에 큰 충격을 줄 각오가 되어 있는데 그것이 투명한 마케팅 전략으로 구현되고 있다고 분석한다.

정교한 디자인을 갖춘 미니멀리즘 손목시계는 리처드 브래스웨이트라는 영국의 시인이 1631년에 펴낸 **영국 신사** *The English Gentleman*에서 우연히 시작되었다. 에티켓에 대해 기술한 이 책은 사람들이 행동하는 방식에 큰 영향을 미쳤다. 이 시계 브랜드는 유명한 그 시인의 이름을 떠올리게 할 뿐만 아니라 에티켓에 대한 그의 방식을 추종하는 사람들의 가치관을 담고 있다. 물론 이 시계를 착용할 때 말이다.

스마트시계의 등장으로 인해 시계 산업은 파괴적 혁신의 두 번째 단계에 접어들고 있다. 첫 번째의 파괴적 혁신은 1970년대에 일본 기업들이 전자식 수정 진동자 방식을 도입하면서 시작되었다. 스위스 시계제조업체들이 장악하고 있는 현재 시점에서 브래스웨이트의 진입이 이루어졌다. 최근의 산업 데이터를 살펴보면 복고풍의 시계가 다시 인기를 얻고 있는데, 스위스 시계의 수출액은 2016년의 48억 스위스 프랑에서 2017년의 2분기에 50억 스위스 프랑으로 증가했다.

시계의 제조비용은 총비용 중 일부일 뿐이며 광고 촉진이 상당한 부분을 차지한다. 스위스 수정 진동자 시계의 제조비용은 매우 장기간의 배터리 수명에도 불구하고 10달러 정도이며 어떤 것은 고

ruzanna/Shutterstock

작 3달러에 불과하다. 그러나 스타 광고 또는 다른 브랜드 광고 활동으로 인해 최종 가격은 제조비용의 50배 이상이 된다.

이 기업은 중국에서 제조하고, 중간거래상을 생략하며, 소셜 미디어에 집중하는 광고 전략을 추구한다. 부품 중 가죽 끈은 이탈리아, 수정 진동자는 스위스, 기타 부품은 일본에서 조달한다. 웹사이트에 공개하는 제조비용은 전통적인 스위스 모델의 경우 92.35 달러이다.

고급 사양의 스위스 시계 시장 점유율을 높이기 위해 이 기업은 셀리타 Sw260-1을 탑재한 한정판 시계를 출시했는데, 높은 진동수를 가진 이 보석은 시계의 정확도를 높인다. 이 모델은 럭셔리한 스위스 시계를 합리적인 가격에 제공하는 전략을 반영하고 있다.

이 기업의 전략은 손목시계 비용구조의 비밀을 공개하면서 저비용을 추구하는 동시에 시계 애호가들에게 고급 품질의 시계를 제공하는 양면성을 추구한다는 점에서 흥미롭다. 그러나 명심할 점은 이 기업이 아직 신규 진입 기업이며 앞으로도 많은 진입장벽에 직면할 수 있다는 점이다.[1]

브래스웨이트는 스와치나 티쏘 등 스위스 제조기업들이 점령하고 있는 전통적인 산업에서 성장할 수 있었다. 이 기업의 성공은 낮은 비용으로 스타일 손목시계를 제공했기 때문으로 볼 수 있다. 즉 저비용 전략의 전형적인 사례를 보여준다.

사업부 수준의 전략

이 책의 제1부에서 전략적 분석을 위한 기법들을 설명하였는데, 그것은 외부의 기회와 위협을 분석하는 것과(제2장) 내부의 강점과 약점을 분석하는 것이었다(제3장). 일단 이 두 가지 분석을 끝내면 전략적 대안을 만들 수 있게 된다. 제1장에서 설명하였듯이 전략적 대안은 크게 사업부 수준과 전사적 수준으로 나뉜다. **사업부 수준의 전략**business-level strategy은 기업이 특정한 시장이나 산업에서 경쟁우위를 얻기 위해 활용할 수 있는 전략을 말하며, **전사적 수준의 전략**corporate-level strategy은 한 기업이 여러 시장이나 산업에 걸쳐 있을 때 경쟁우위를 얻기 위해 전사적으로 활용할 수 있는 전략을 말한다.

사업부 수준의 전략은 이 장에서 다루는 저비용 전략, 제5장에서 다루는 차별화 전략, 제6장에서 다루는 유연화 전략, 그리고 제7장에서 다루는 담합 전략이 포함된다. 이러한 전략들의 중요성은 너무나 잘 알려져 있고 종종 **본원적 전략**generic business strategy이라고 불린다.

저비용 전략

저비용 전략cost leadership business strategy을 추구하는 기업은 경쟁 기업보다 비용을 낮춤으로써 우위를 획득하는 데 초점을 둔다. 그렇다고 다른 사업부 수준 또는 전사적 수준의 전략을 추구하지 않는다는 것은 아니다. 오직 비용을 낮추려고만 하는 기업의 제품은 어쩌면 아무도 구매하고 싶지 않을 수도 있을 것이다. 와비 파커는 비용과 가격을 낮추었지만 스타일을 포기한 것은 아니었다. 즉 저비용 전략은 기업이 비용 절감에 많은 노력을 기울임을 의미한다.

많은 기업들이 저비용 전략을 추구해 왔다. 라이언항공뿐만 아니라 시계 제조 산업에서 타이멕스와 카시오가, 일회용 볼펜과 면도기 제조 산업에서 BIC이 이 전략을 추구하고 있다. 모든 기업이 그들의 제품을 광고하지만, 저비용 전략을 추구하는 기업들은 특히 제품의 신뢰성과 낮은 가격을 중점적으로 광고한다.

자동차 제조 산업에서는 피아트가 낮은 가격을 강조하며 저비용 전략을 실행하고 있다. 라이언항공, 타이멕스, 카시오, BIC과 같이 피아트는 많은 돈을 광고에 쓰고 있는데, 그 광고는 주로 그들 차의 스포티한 스타일과 높은 연비를 강조하는 듯하다. 피아트는 고출력의 스포츠카나 고품격의 차가 아니라 부담 없고 저렴한 차의 제품 지위를 가지고 있다. 피아트가 이처럼 부담 없고 저렴한 이미지의 자동차를 판매할 수 있기 위해서는 적절한 디자인의 선택(단순한 디자인)과 낮은 제조비용을 유지하는 것이 관건이다.[2]

표 4.1 저비용 전략의 주된 원천

1. 기업 규모의 차이와 규모의 경제	2. 기업 규모의 차이와 규모의 불경제
3. 경험의 차이와 학습 곡선의 경제	4. 생산 요소에의 차별화된 저비용 접근
5. 규모와 무관한 기술적 우위	6. 정책 결정

저비용 전략의 원천

어떤 기업이 경쟁 기업들보다 비용 면에서 우위를 점할 수 있는 이유는 많이 찾아볼 수 있다. 비용우위는 경쟁 기업들이 비슷한 제품을 생산할 때도 나타날 수 있다. 〈표 4.1〉에 저비용 전략의 중요한 원천을 정리해 놓았다.

규모의 차이와 규모의 경제

저비용 전략의 원천으로 가장 많이 논의되는 것은 기업의 규모이다. 제조, 마케팅, 유통, 서비스 등 사업 부서에서 상당한 규모의 경제가 실현될 수 있을 때, 규모가 (어느 정도까지) 큰 기업들은 규모가 작은 기업들에 비해 비용우위를 가진다.

규모의 경제의 개념은 제2장에서 처음 소개되었다. 〈그림 4.1〉에서 보듯이 기업 규모(생산량)가 증가할 때 제품비용(평균적인 단위생산비용)이 감소하는 경우 **규모의 경제**economy of scale가 존재한다고 할 수 있다. 생산량이 증가하면서 평균 단가는 어느 지점(최적 지점 : X)까지 감소하는데 그 지점이 지나면 평균 단가는 다시 상승하기 시작한다. 이것을 **규모의 불경제**diseconomy of scale라 부르는데, 이 장의 후반부에서 설명하기로 한다.

어떤 산업에서 이 같은 규모의 경제가 존재하고 어느 기업이 최적 생산량 지점 이하의 구간

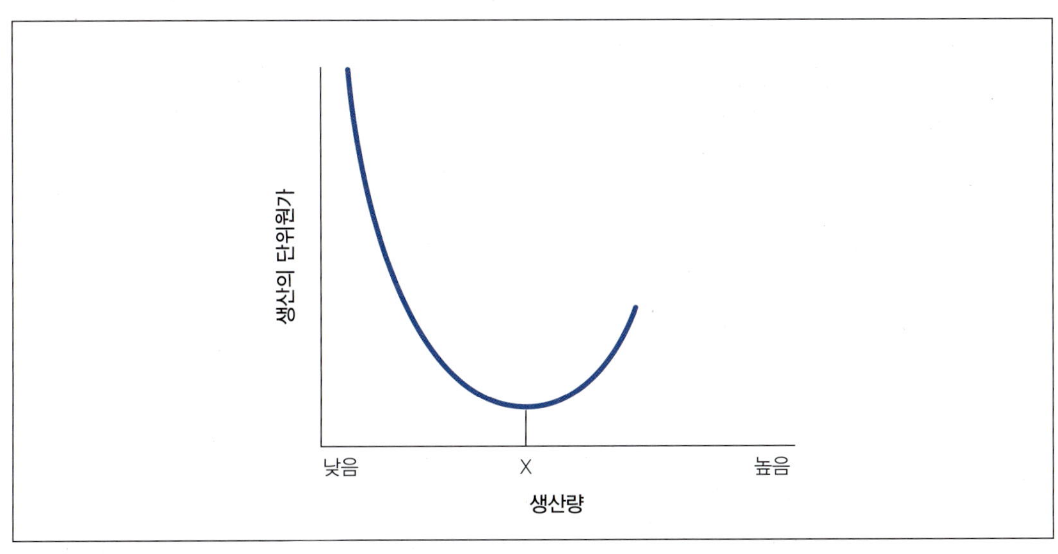

그림 4.1 규모의 경제

표 4.2 **생산량이 많은 기업이 저비용인 이유**

1. 기업은 특화된 기계를 이용할 수 있다.
2. 기업은 대규모 공장을 지을 수 있다.
3. 기업은 노동의 전문화를 증가시킬 수 있다.
4. 기업은 간접비용을 더 많은 제품에 분산시킬 수 있다.

에서 다른 기업들보다 생산량이 많을 때, 그 기업은 비용우위를 가질 것이다. 규모의 경제가 일어나는 중요한 이유를 〈표 4.2〉에 정리해 놓았다.

생산량과 특화된 기계 기업은 생산량이 많아지면 소규모 기업이 갖지 못하는 특화된 기계를 구입할 수 있게 된다. BIC의 제조 부문 관리자들은 이 장점에 대해 강조해 왔다.

> 우리는 자동화된 사업에 종사하고 있습니다. 우리의 거대한 생산량 때문에 (각각의 제품에서) 1센트의 10분의 1을 아낀다 하더라도 그것은 거대한 이익이 될 수 있습니다. … 자동화된 사업의 장점은 가장 좋은 장비를 구매하고도 그 비용을 단기간(4~5개월)에 뽑아 낼 수 있다는 점입니다. 저는 항상 가장 좋은 장비를 찾고 있습니다. 만약 제가 비용을 조금이라도 절감할 수 있는 기계를 찾는다면 저는 당장 그것을 구입합니다. 저에게 그 기계의 가격은 문제가 되지 않습니다.[3]

BIC의 생산량을 가진 기업들만이 이러한 방식으로 비용을 줄일 수 있다.

생산량과 제조설비비용 생산량이 많은 경우에 기업은 보다 큰 생산공정을 지을 수 있다. 어떤 산업에서 생산공정이 클수록 단위생산비용을 낮출 수 있다. 그러므로 다른 조건이 동일하다는 가정하에 어느 기업의 생산량이 많은 경우 평균 단가를 낮출 수 있다.

이 현상은 **공정 제조 산업**process manufacturing이라 불리는 산업, 즉 석유, 화학, 제지 산업 등에서 특히 중요하다. 공정 제조설비의 형태는 실린더 모양일 경우가 많은데 더 큰 용기를 제조하는 데 드는 비용의 상승분은 그 용기에 담기는 내용물의 양의 상승분보다 작다. 입체 모양 실린더의 표면적의 증가분이 실린더에 담기는 내용물의 증가분보다 작기 때문이다. 그러므로 최적 생산량을 넘지 않는 이상 공정 제조설비를 크게 지을수록 생산물의 평균 단가는 감소한다.[4]

예를 들어 1,000단위의 생산량을 만들어내는 기업의 비용이 100달러라면 평균 단가는 10센트이다. 표면적과 부피의 관계인 '3분의 2제곱'의 법칙에 따르면, 10,000단위의 생산량을 배출하는 더 큰 기업의 비용은 465달러(= $10,000^{2/3}$)이며, 평균 단가는 4.6센트가 된다. 10센트와 4.6센트의 차이가 바로 생산량이 더 많은 기업이 갖는 비용우위이다.

생산량과 종업원 특화 기업의 생산량이 많을 때 종업원의 특화 정도도 높아지게 된다. 종업원들이 더 분화된 작업을 실행할 때 더 능률적이 되어 기업의 비용을 감소시킬 수 있게 된다. 특화는 두 가지 측면이 있는데, 제조상에서의 특화(예 : 조립 라인에서의 전문화)와 경영상에서의 특화(예 : 회계, 재무, 판매 등의 전문화)로 나눌 수 있다.

소규모 기업들은 이 같은 종업원 특화를 고려할 만한 생산량을 갖지 못할 때가 많다. 생산량이 충분히 크지 않을 때 특화된 종업원들은 충분히 일할 작업량을 가지지 못하게 된다. 이러한 이유로 소규모 기업의 종업원들은 분화되지 않은 여러 가지 일을 실행하게 되고 특화된 업무, 특히 회계, 세무, 인력 관리 등은 외부의 파트타임 인력을 이용하는 경우가 많다.

생산량과 간접비용 기업의 생산량이 많을 때는 간접비용[overhead costs]을 더 많은 생산단위에 배분할 수 있으므로 단위당 간접비용을 감소시킬 수 있다. 가령 어떤 산업의 특성상 한 기업이 회계, 통제, 연구개발비로 지출하는 비용이 10만 달러라고 해 보자. 그 지출은 생산량과 직접적인 관계가 없게 마련이다. 그러므로 총생산량이 1,000단위인 기업은 100달러의 단위당 간접비용을 지출하게 될 것이고, 총생산량이 10,000단위인 기업은 10달러의 단위당 간접비용을 지출하게 될 것이다.

기업 규모의 차이와 규모의 불경제

규모의 경제가 큰 규모의 기업에 비용우위를 가져다주는 반면, 규모의 불경제는 기업이 너무 큰 규모를 가졌을 때 비용의 상승을 초래한다. 〈그림 4.1〉에서 볼 수 있듯이 기업이 최적 생산량 지점을 초과하여 생산하는 경우 단위생산비용의 상승을 경험하게 된다. 만약 어느 산업에서 다른 기업들이 모두 최적 규모를 초과하는 경우, 최적 규모 아래에 있는 소규모의 기업이 비용우위를 가질 수도 있는 것이다. 규모의 불경제를 가져오는 몇 가지 중요한 원천은 〈표 4.3〉에 정리되어 있다. 또한 '이론적 뿌리를 찾아서'에서 최적 생산량을 찾는 방식에 대한 연구를 소개한다.

효율적 규모의 존재 '3분의 2제곱의 법칙'에 의하면 어떤 산업에서는 큰 규모가 항상 유리하

표 4.3 규모의 불경제의 주된 원천

1. 효율적 규모의 존재
2. 경영상의 불경제
3. 종업원의 사기 저하
4. 시장과 공급자로부터의 거리

다. 그러나 제조설비에 있어서 물리적인 한계점이 있는 것은 사실이다. 기술자들에 따르면 1년에 700만 배럴 이상의 시멘트를 생산하면 제조설비의 내부에 불안정성이 증가된다고 한다. 또한 핵융합로와 같은 설비도 소형 설비에서 발견되지 않는 물리적 반응이 대형 설비에서는 심각한 수준으로 발견된다고 한다. 이러한 부작용들은 추가적인 비용 부담으로 이어지게 마련이다. 즉 〈그림 4.1〉에서와 같이 최적 규모 이상을 생산했을 때는 단위생산비용의 상승을 가져올 수 있다.[5]

경영상의 불경제 제조 과정에서 일어나는 물리적 현상이 비용을 상승시키는 것 이상으로 경영상의 불경제는 비용 상승의 중요한 원인이 된다. 기업이 규모를 확장하면 경영상의 복잡성도 증가하며 경영자들이 효율적으로 기업을 통제하고 운영할 수 있는 능력도 제한된다.

잘 알려진 예로서 크라운, 코크앤드실이 필라델피아에서 운영했던 캔 제조 공장을 들 수 있

이론적 뿌리를 찾아서

규모의 경제와 규모의 불경제가 존재하는 산업에서 최적 생산량이 존재한다는 것을 〈그림 4.1〉에서 보여준다. 즉 이보다 적거나 많은 생산을 하는 기업들은 높은 비용 구조를 갖는다는 것이다. 그림에서 최적 생산 구간은 매우 협소해 보이는데, 현실에서는 어느 정도의 범위를 허용할 수도 있다.

규모의 경제가 적용되는 상황에서 최적 생산량 X를 구하는 것은 매우 중요할 수 있다. 그 방법으로서 먼저 축적된 데이터를 수집하여 비용 요인과 총비용을 비교할 수 있다. 만약 어느 산업에 있어서 세 가지 비용 요인, 즉 생산량(Q), 노동비(w), 그리고 자본(r)이 존재한다고 가정해 보자. 일반적인 비용 함수는 초월 대수 **비용함수** translog cost function라고 불리는데, 이 함수는 다음과 같이 표현된다.

$$\begin{aligned}\text{Log } TC = b_0 &+ b_1\log Q + b_2\log w \\ &+ b_3\log r + b_4(\log Q)^2 + b_5(\log w)^2 \\ &+ b_6(\log r)^2 + b_7(\log w)(\log r) \\ &+ b_8(\log w)(\log Q) + b_9(\log r)(\log Q)\end{aligned}$$

산업에서의 최적 생산량 결정

비록 이 함수가 매우 복잡하게 보이기는 하지만 회귀분석을 통해 계수가 계산되면 손쉽게 최적 생산량을 구할 수 있다.

간단한 예를 들기 위해 기업들의 비용 요인 자료를 적용한 결과 $b_0 = 200$이고 유일하게 유의한 계수가 $b_4 = 5$로 계산되었다고 가정해 보자. 이 비용 함수는 다음과 같이 표현될 수 있다.

$$\text{TC} = 200 + 5Q^2$$

평균 비용은 총비용을 생산량(Q)으로 나눈 값이므로 다음과 같다.

$$\text{AC} = 200/\text{Q} + 5\text{Q}$$

위의 식에서 평균 비용은 Q가 1인 경우(AC = 205)와 Q가 6인 경우(AC = 63.3) 사이에서 결정됨을 알 수 있고 Q가 7 이상인 구간부터(AC = 63.57) 상승함을 알 수 있다. 그러므로 이 사례의 경우 X = 6이다.[6]

다. 금세기 초반까지 이 공장에서는 75개나 되는 캔 제조 라인을 운영했다. 그러나 이 산업에서의 효율적 규모는 10~15개 라인 정도였다. 결국 규모가 너무 컸던 이 공장에서는 잦은 공정 중단, 비효율적인 공정 관리, 낮은 품질 등의 문제가 끊이지 않았다.[7]

종업원의 사기 저하 규모의 불경제의 세 번째 원천으로서 규모가 커짐에 따라 업무의 특화 정도가 높아져서 동기부여가 감소되는 것을 들 수 있다. 앞에서 생산 규모가 커질수록 종업원들이 특화된 업무를 하게 되고 특정 작업의 능률이 향상한다고 설명한 바 있다.

하지만 많은 연구들은 지나치게 특화된 업무가 종업원의 사기를 저하시킬 수 있다고 주장한다. 사회심리학에서 제기된 동기부여 이론에 따르면 종업원이 지나치게 특화된 업무에 종사하면 할수록 자신이 그 제품 생산에 있어서 어떤 역할을 하고 있는지 알지 못하게 된다. 종업원이 고작 '생산공정의 톱니바퀴'가 될수록 사기는 떨어지고 생산성과 품질의 저하가 발생하게 된다.[8]

시장과 공급자로부터의 거리 규모의 불경제의 마지막 원천으로서 대규모 생산설비와 그 제품이 팔리는 시장과의 거리, 또는 생산설비와 중요한 원료 공급자와의 거리를 들 수 있다. 대규모 생산설비는 대체로 공급자나 시장과 멀리 떨어진 곳에 지어지게 마련이다. 원료 또는 완제품의 수송비용이 큰 경우, 규모의 경제에 의해 얻을 수 있는 이익은 높은 수송비용에 의해 상쇄되고, 더 나아가 비용을 상승시킬 수도 있다.

경험의 차이와 학습 곡선의 경제

비용우위의 세 번째 원천은 누적 생산량과 관련되어 있다. 제품 생산이나 서비스의 경험이 가장 많은 기업은 그 산업 내에서 비용이 가장 낮을 수 있고, 따라서 비용우위를 가지는 경우를 종종 볼 수 있다. 누적 생산량과 비용의 관계는 **학습 곡선**learning curve의 개념에서 찾아볼 수 있는데, 〈그림 4.2〉가 이것을 보여 준다.

학습 곡선과 규모의 경제 〈그림 4.2〉에서 볼 수 있듯이 학습 곡선은 규모의 경제와 매우 흡사하다. 다만 여기에는 두 가지 차이점이 있다. 첫째, 규모의 경제가 어느 한 시점의 생산량과 평균 단위생산비용의 관계를 설명하는 반면, 학습 곡선은 어느 기간 누적된 생산량과 평균 단위생산비용의 관계를 설명한다. 둘째, 규모의 경제에는 비용 상승 구간(최적 생산량 초과 구간)이 존재하는 반면, 학습 곡선에는 그런 구간이 없다. 즉 누적 생산량이 증가할수록 비용은 기술적으로 가능한 한계치까지 감소한다.

학습 곡선과 비용우위 학습 곡선 모델은 경험적으로 관찰된 모델이다. 이는 제2차 세계대전 이전에 항공기 제조공정에서 발견되었다. 연구에 따르면 누적 생산량이 두 배가 되면 항공기당

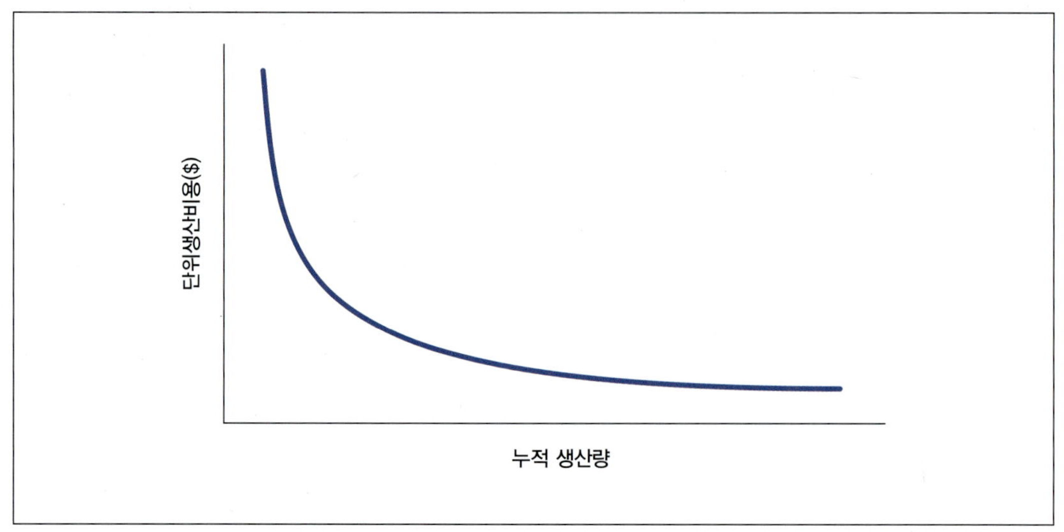

그림 4.2
학습 곡선과 단위생산비용

노동비용은 20%가 감소하는 것으로 나타났다.[9] 비록 노동비용 하락폭은 달랐지만 선박 건조, 컴퓨터, 우주선, 반도체 산업 등 다른 여러 산업에서도 비슷한 현상이 발견되었다. 이는 작업 방법의 개선, 생산 운영의 정밀화, 그리고 기타 사소한 학습을 통한 작업 효율의 극대화 등에 기인한 것이다.

그러나 학습 곡선을 통한 비용우위는 제조업에만 국한된 것이 아니다. 학습은 원료 구매, 유통, 서비스 등 어떤 경영 활동에서도 일어날 수 있다. 또한 서비스 산업에서도 중요한 학습 효과가 존재할 수 있다. 학습 곡선은 이처럼 누적된 활동에 의해 비용이 감소되는 어떠한 경우에도 다양하게 적용될 수 있다.[10]

학습 곡선과 경쟁우위 〈그림 4.2〉에 요약된 학습 곡선 모델은 학습과 평균 생산비용, 그리고 시장점유율의 관계를 규명하는 비용지향적인 경쟁우위 모델을 탄생시켰다.[11] 기업의 학습 곡선 우위를 추정할 수 있는 기법은 〈표 4.4〉에서 정리하였다.

경쟁우위에 학습 곡선을 적용하는 논리는 단순한데, 학습 곡선을 가장 먼저 하강시키는 기업이 경쟁 기업들에 비해 비용우위를 가진다는 것이다. 학습 곡선 효과를 가지려면 기업은 누적 생산량을 증가시켜야 한다. 물론 기업들이 생산된 제품을 소비자에게 판매해야 함은 당연하다. 제품을 판매함으로써 기업들은 시장점유율을 늘린다. 즉 학습 곡선을 하강시키고 비용우위를 얻기 위해서 기업들은 공격적으로 시장점유율을 높여야 한다.

학습 곡선의 논리를 이같이 적용하는 것에 대해 많은 학자들은 비판하였다.[12] 이 중 두 종류의 비판이 특히 돋보인다. 첫째, 시장점유율을 높이는 것이 생산비용을 감소시키는 측면이 있다 해도, 시장점유율의 증가 자체에 비용이 많이 들 수 있다는 비판이 있다. 연구에 따르면 기업이 시장점유율을 증가시키기 위해 지불하는 비용이 종종 비용 하락의 이점을 상쇄한다고 한

표 4.4 학습곡선을 적용하여 동일한 제품을 생산하는 두 기업의 비용을 추정하기

기업 A는 6개의 제품, 기업 B는 1개의 제품을 생산한다. A의 여섯 번째 제품의 제조비용과 B의 첫 번째의 제조비용을 비교한다.

기본원리 : 그림 4.2에 나타난 학습곡선은 다음의 공식으로 표현될 수 있다.

$$y = ax^{-\beta}$$

여기에서 a는 첫 번째 제품을 생산하는 것에 소요되는 시간, x는 총생산수량, β는 학습의 속도를 나타내는 계수, 그리고 y는 x개를 모두 생산할 때의 평균 소요 시간이다. β는 생산을 두 배로 할 때의 학습율에 따라 결정된다. 예를 들어 6개를 생산할 때 20분이 소요되는데 그 두 배인 12개를 생산할 때 16분이 소요된다면 학습율은 16/20 = 80%이다. 학습율이 80%일 때 β는 .3219이고, 90%일 때는 .1520이며, 95%일 때는 .0740이다.

1단계 : 기업 A의 특정 제품의 학습곡선 공식을 도출한다. 예를 들어 첫 제품의 생산소요시간이 45분이고 학습율이 80%라면 공식은 다음과 같다.

$$y = (45)(x)^{-.3219}$$

2단계 : 기업 B의 첫 제품도 45분이 소요될 것이다.

3단계 : 기업 A가 6개의 제품을 생산할 때의 제품당 평균 생산소요시간을 구한다.

$$y = (45)(6)^{-.3129}\ y = 25.3\text{분}$$

4단계 : 기업 A가 6개의 제품을 생산할 때의 총시간을 구한다.

$$6 \times 25.3\text{분} = 151.8\text{분}$$

5단계 : 기업 A가 5개의 제품을 생산할 때의 제품당 평균 생산소요시간을 구한다.

$$y = (45)(5)^{-.3129}\ y = 26.8\text{분}$$

6단계 : 기업 A가 5개의 제품을 생산할 때의 총시간을 구한다.

$$5 \times 26.8\text{분} = 134\text{분}$$

7단계 : 기업 A가 여섯 번째 제품을 생산할 때의 소요시간을 구한다.

$$151.8\text{분} - 134\text{분} = 16.8\text{분}$$

즉, 기업 A는 여섯 번째 제품 생산에서 16.8분이 소요되므로 45분이 소요되는 기업 B에 비해 비용우위를 가질 수 있다.

다. '관련 실증 연구'에서 이 점을 설명하였다.

둘째, 학습 곡선만을 강조하다 보면 다른 사업부 수준 또는 전사적 수준의 전략을 고려할 여지가 남지 않게 된다는 비판이 있다. 많은 산업들에서는 시장점유율과 단위생산비용 말고도 다른 전략이 중요할 수 있다. 그러나 학습 곡선 효과를 엄격하게 적용하다 보면 암묵적으로 비용을 제외한 다른 전략적 요소들을 전략 선택의 고려 대상에서 제외시키는 오류를 범할 수 있다.[13]

이러한 비판에도 불구하고, 많은 산업들에서 누적 생산량이 많은 기업이 낮은 평균 단위생산비용을 갖는 것은 사실일 것이다. 결론적으로, 비록 시장점유율에 기반한 비용 절감이 기업의 경쟁우위의 원천이 된다는 점에 대해서는 이견이 있다 할지라도, 적어도 경험이 많은 기업이 비용우위를 가질 수 있다는 점에는 이견이 없을 것이다.

생산 요소에의 차별화되고 쉬운 접근

규모의 경제, 규모의 불경제, 학습 곡선으로 인한 비용우위 이외에도 생산 요소에 대한 차별화된 접근은 어느 기업에게 비용우위를 줄 수 있다. **생산 요소**productive input란 기업이 경영 활동을 하기 위해 이용하는 요소로서 노동, 자본, 대지, 원료 등을 말한다.

예를 들어 사우디아라비아에서 원유를 채취하는 기업과 북극해에서 원유를 채취하는 기업을

관련 실증 연구

시장점유율과 기업 성과 간의 관계에 대한 연구는 수십 년을 이어져 왔다. 초기의 연구에서는 시장점유율이 기업 성과에 큰 영향을 미친다고 설명했으며, 심지어 어떤 유명한 연구는 시장점유율이 기업 성과의 가장 중요한 요소라고 설명하기도 했다.

이러한 결론은 시장점유율과 기업 성과 간에 정의 상관관계가 있다는 통계적 결과에 기반한 것이다. 즉 시장점유율이 높은 기업은 이익률이 높으므로, 높은 이익률을 원하는 기업은 시장점유율을 높여야 한다는 식의 논리였다.

그러나 얼마 지나지 않아서 이 논리가 이렇게 단순하지만은 않다는 것이 밝혀졌다. 다음 시나리오를 고려해 보라. 10개의 기업이 시장점유율을 기업 성과로서 가장 중요하게 판단했다고 가정하자. 시장점유율을 높이기 위해 이들 기업은 광고 등 마케팅 비용을 높임과 동시에 가격을 낮출 수 있다. 이것은 기업들이 획득하기를 원하는 시장점유율의 가격price on the market share을 상승시키는 효과를 가져온다. 즉 이들 기업은 '시장점유율의 시장market-for-market share'이라고 불릴 수 있는 것을 형성하게 되는 것이다. 이 시장점유율을 위한 시장은 10개 기업이 치열하게 경쟁하는 매우 경쟁적인 시장이기 때문에 시장점유율 획득을 통한 이득이 높지 않을 것이다.

이러한 분석을 통해 알 수 있는 것은, 비록 한 시점에서 어느 기업의 시장점유율과 기업의 성과 간에 높은 상관관계가 있다 하더라도 이러한 상관관계는 장기적으로 볼 때 존재하지 않을 수 있다는 것이다. 몇몇 논문이 이러한 가설에 대해 연구를 했다. 딕 루멜트와 로빈 웬즐리가 쓴 논문, 그리고 신시아 몽고메리와 버거 워너펠트가 쓴 유명한 논문은 시장점유율의 시장이 종종 그 모습을 보이고, 그 시장은 매우 경쟁적이며, 이러한 경쟁적인 시장에서 시장점유율을 획득하는 기업은 경제적 성과를 개선할 수 없다는 것을 보여주었다. 사실 맥주 산업을 대상으로 한 몽고메리와 워너펠트의 연구는 앤호이저부시와 밀러가 시장점유율을 늘리기 위해 너무나 많이 지불하는 바람에 오히려 이익률이 저하되었다는 것을 보여 주었다.

현재로서 이 분야의 연구들은 시장점유율 그 자체는 기업의 적절한 목표라기보다는 산업에서의 경쟁적 과정의 결과라는 데 의견이 모아지고 있는 것으로 보인다. 즉 특별히 가치 있는 전략을 추구하는 기업은 자연적으로 더 많은 구매자를 가질 수 있어서 높은 시장점유율을 가질 수 있는 것이다. 다시 말해서 가치 있는 전략은 기업의 성과와 시장점유율에 동시에 정의 영향을 미침으로써 두 변수 간의 정의 상관관계를 가져온다는 것이다.[14]

시장점유율은 정말로 가치가 있는가

비교해 보자. 사우디아라비아에서 원유를 채취하는 기업이 명백하게 낮은 비용 구조를 가질 것이다. 왜냐하면 북극해에서는 해상 시추 장치, 작업원을 위한 주거환경, 폭풍우를 헤치고 육지까지 원유를 운송하는 설비 등, 육지에서는 고려할 필요가 없는 추가 비용 요소가 많이 필요하기 때문이다.

물론 비용우위를 누리기 위해서는 차별화된 접근을 갖기 위한 비용이 그로 인해 얻는 이익보다 높지 않아야 한다. 예를 들어 사우디아라비아에서 원유를 채취하는 것이 북극해에서 채취하는 것보다 저렴하다 할지라도, 만약 사우디아라비아에서 원유를 채취하기 위해 많은 돈을 들여서 채굴권을 사야 한다고 해 보자. 이 경우 차별화된 접근에서 얻는 비용우위가 소멸되고 말 것이다. 즉 기업은 비용우위를 얻기 위한 비용cost of acquiring cost advantages과 그 이익을 비교해야 한다.

원유, 석탄, 구리 등의 원재료뿐만 아니라 다른 생산 요소에 대한 차별화된 접근도 중요한 비용우위의 원천이 된다. 예를 들어 우수한 공학도를 채용하기 위해서는 그 공학도들을 배출하는 우수한 학교들 근방에 자리 잡는 것이 유리할 것이다. 캘리포니아주의 실리콘 밸리, 매사추세츠주의 128번 도로 근방, 노스캐롤라이나주의 소위 연구 삼각지대Research Triangle 등은 이 현상을 적어도 부분적으로 설명해 준다. 이 지역에 자리 잡은 기업들은 첨단 기업의 핵심자원인 우수한 공학도들을 배출해 내는 대학교들과 지역적으로 가까이 위치하고 있다. '전략과 기업 윤리'에서는 이와 관련된 윤리적 문제들에 대해 설명하였다.

규모와 무관한 기술적 우위

또 다른 비용우위의 원천은 기업이 가지고 있는 차별화된 기술에서 찾아볼 수 있다. 이는 규모가 큰 기업이 규모의 경제를 통해 얻는 비용우위와 연관이 있기도 한데, 예를 들어 '3분의 2제곱의 법칙'의 비용우위도 그 기술력이 뒷받침되어야 획득할 수 있기 때문이다. 그러나 여기에서는 규모의 경제와 무관한 기술적 우위를 논의해 보자.

전통적으로 기술기반적 비용우위technology-based cost advantages는 기계, 컴퓨터, 기타 물리적 도구 등의 사용에 대해 초점을 맞췄다. 물론 어떤 산업들에서 비슷한 규모의, 즉 비슷한 생산량을 가진 기업들도 이런 유형적인 기술력의 차이 때문에 상이한 비용을 보이는 경우가 있다. 예를 들어 철강 산업에서도 기술 진보가 철강 생산비용을 절감시키는 예를 자주 보아 왔다. 즉 최신 기술을 보유한 기업이 그 기술을 갖지 못한 비슷한 규모의 경쟁 기업보다 비용우위를 갖는 것이다. 반도체, 자동차, 가전제품 등의 산업에서도 이 같은 현상을 볼 수 있다.[15]

이러한 유형적인 기술기반적 비용우위는 제조 산업뿐만 아니라 서비스 산업에서도 볼 수 있다. 오래된 예로서 증권 회사인 찰스 슈왑은 경쟁사들보다 저렴하고 빠르게 거래를 처리하기 위해 컴퓨터 시스템을 구입하였다.[16] 미국에서 가장 큰 의료보험사인 카이저퍼머넌트는 의사들로 하여금 오진을 방지하고 환자의 건강을 해치는 의료 과정을 사전에 방지하기 위한 정보 기술에 투자하였다. 이러한 오류를 방지함으로써 카이저퍼머넌트는 의료 서비스를 제공하는 비

용을 감소시킬 수 있었다.[17]

그러나 '기술'이라는 개념은 유형적인 설비나 시스템뿐 아니라 무형적인 경영 절차의 의미로도 확장될 수 있다. 즉 기계나 로봇 등 **기술적 하드웨어**technological hardware 뿐만 아니라 노사관계의 질이나 조직분화, 경영통제의 질 등이 포함되는 **기술적 소프트웨어**technological software 까지도 기술이라는 개념에 포함시킬 수 있는 것이다. 이러한 모든 특성은 그 기업의 경제적 비용에 영향을 줄 수 있다.[18]

전략과 기업윤리

거의 모든 기업에게 가장 중요한 생산요소는 노동이다. 차별화된 노동 자원에의 접근을 획득하는 기업은 비용우위를 가지게 된다.

몇몇 기업들은 노동비용을 감소시키기 위해 국제적인 '바닥으로의 경주race to the bottom'를 하고 있다. 잘 알려져 있듯이 대부분의 미국과 서유럽 국가들에서의 임금 수준은 발전 수준이 낮은 다른 국가들보다 높다. 미국에서는 운동화를 생산하기 위해 수당과 기타 급부를 합쳐서 시간당 20달러를 지불해야 하는 반면 필리핀이나 말레이시아, 중국에서는 하루에 1달러를 지불하고, 그 운동화는 미국이나 유럽에서 250달러에 판매된다. 그러므로 많은 기업들은 해외 생산을 노동비용 절감의 방법으로 간주하고 있다.

그러나 이처럼 낮은 노동비용을 추구하는 것은 의도하지 않았던, 그러나 중요한 결과들을 낳고 있다. 첫째, 최저 노동비용의 지역이 시간이 지남에 따라 바뀌고 있다. 그 지역은 멕시코에서 한국과 필리핀으로, 말레이시아로, 그리고 중국에서 지금은 베트남으로 바뀌었다. 이들 지역의 사회간접자본이 진화하여 세계적인 생산설비를 지원할 수 있게 되면서, 기업들은 기존 지역의 기업들과의 관계를 청산하고 새로운 국가에서의 저비용을 추구하게 되었다. 기존 지역의 설비가 살아남을 수 있는 길은 그 비용을 더 낮추는 것밖에 없다.

바닥으로의 경주

의도하지 않았던 두 번째 결과는 저비용 생산 지역의 끔찍한 노동 조건과 저임금 문제이다. 하루에 10시간씩 주당 6일을 일하고 일당 1달러를 받는 노동력은 기업 입장에서는 좋을지 모르지만, 많은 사람들이 이 같은 전략의 도덕적 · 윤리적 이슈에 대해 우려를 표하고 있다. 사실 나이키나 케이마트를 포함한 몇몇 기업들은 해외 노동자들의 임금을 올리고 노동 조건을 개선하도록 압력을 받기도 했다.

'바닥으로의 경주'의 더 비참한 결과는 몇몇 서유럽 국가들과 미국 일부에서 발견되는 노예 제도의 부활 현상이다. 더 나은 삶을 찾기 위해 서유럽이나 미국으로 유입되는 불법 이민자들은 때로는 불법 작업장에서 일해야 한다. 불법 이민자들은 이민의 대가로 하루에 20시간을 무보수 또는 아주 낮은 보수로 일해야 하는 경우도 있다. 그러나 그들은 불법적인 지위와 언어장벽 때문에 법의 보호를 받을 생각을 하지 못할 때가 많다.

물론 이러한 작업장을 마련하고 유지하는 사람들은 범죄자이고 경멸의 대상임에 틀림없다. 그러나 이러한 불법적이고 비도덕적인 생산 활동의 결과물을 구매하는 기업들은 어떠한가? 그 기업들도 불법성과 비도덕성 때문에 비난받아 마땅한가?[19]

정책 결정

지금까지의 내용은 어떤 기업이 다른 기업과 비슷한 제품을 생산하는데도 불구하고 어떻게 비용우위를 획득할 수 있는가에 대해 초점을 맞춰 왔다. 기업들이 실질적으로 동일한 제품을 생산할 때는 규모의 경제, 학습 곡선 우위, 생산 요소에의 차별화된 접근, 차별화된 기술 등이 비용우위를 창출할 수 있었다. 그러나 기업들은 또한 제품이나 서비스의 종류를 결정할 수 있는데, 그 결정이 기업의 비용 구조에 영향을 주는 것은 당연하다. 이 결정 사항을 **정책 결정**policy choices이라고 한다.

일반적으로 저비용 전략을 실행하는 기업들은 다른 전략을 추구하는 기업들에 비해서 단순하고 표준화된 제품을 생산하여 낮은 가격에 판매하려고 할 것이다. 이러한 경우 기업들은 더 많은 생산량을 가질 수 있을 것이고, 만약 규모의 경제가 작용한다면 저비용을 더 잘 추구하도록 도와줄 것이다.

이러한 제품이나 가격에 대한 정책 결정은 저비용을 추구하는 기업의 운영에 광범위한 영향을 주게 된다. 저비용을 추구하기 위해서는 특정 사업부가 아니라 모든 경영자와 종업원이 함께 노력해야 하기 때문이다. 비용 절감은 그 기업의 중요한 목표가 되게 마련이지만, 그렇다고 해도 경영자들은 비용 절감에 너무나 치중한 나머지 고객의 요구를 무시하게 되는 것을 항상 조심해야 한다.

저비용 전략의 가치

기업들이 비슷한 제품을 생산한다 하더라도 상이한 비용을 갖는다는 것은 누구나 인정하는 사실이다. 어떠한 제품을 생산할 것인가에 대한 정책 결정 또한 비용 차이를 가져오는 중요한 요인이다. 그러나 과연 어떤 상황하에서 이러한 비용우위가 실제적인 기업의 가치 창출을 가져올 수 있을 것인가?

저비용 전략과 환경적 위협

기업이 비용우위를 갖도록 하는 자원이나 능력이 기업에서 실제로 가치를 창출하는지 알아보는 한 가지 방법은 그 자원이나 능력이 외부 환경 위협을 중화하거나 기회를 이용할 수 있게 하는가를 알아보는 것이라고 제3장에서 설명하였다. 여기서는 저비용우위가 외부 환경 위협을 중화시키는 방법을 알아보고, 기회를 이용하게 하는 방법에 대해서는 연습문제에서 다룰 것이다. 저비용 전략의 구체적인 경제적 결과는 '이론적 뿌리를 찾아서'에서 좀 더 자세하게 살펴본다.

저비용 전략은 비용기반적 진입장벽을 형성함으로써 신규 진입 기업으로부터의 위협을 감소시킬 수 있다. 제2장에서 논의된 여러 종류의 진입장벽, 즉 규모의 경제나 규모와 무관한 비용우위 등은 어느 산업 내의 기업들이 신규 진입 기업들보다 낮은 비용을 가졌다고 가정한 것이

이론적 뿌리를 찾아서

저비용 전략이 경제적 가치의 원천이 된다는 사실을 보여 주는 또 하나의 방법은 저비용우위를 가진 기업이 창출하는 경제적 이익을 직접적으로 조사하는 것이다. 이것은 〈그림 4.3〉에서 볼 수 있다.

이 그림이 나타낸 기업은 **가격 순응자** price takers, 즉 기업 자신이 가격을 설정하는 것이 아니라 시장에서 결정되는 제품이나 서비스의 가격을 그대로 받아들이는 기업이다. 이는 이 시장에 차별화가 존재하지 않고 어떤 기업의 매출도 시장에서 큰 부분을 차지하지 않는다는 것을 의미한다.

이 같은 형태의 시장에서의 제품이나 서비스의 가격(P^*)은 산업의 총공급과 총수요에 의해 결정된다. 이 산업(시장)가격은 개별 기업이 직면하는 수요를 결정한다. 이 기업들은 가격 순응자이기 때문에 개별 기업이 직면하는 수요가 수평적이다. 즉 생산량의 수준에 대한 개별 기업의 결정은 산업 공급량에 거의 영향을 미치지 않고, 따라서 시장가격에도 영향을 주지 않는다. 잘 알려져 있듯이 기업은 이 상황에서 한계수익과 한계비용(MC)이 일치하는 수준의 생산량(Q)을 생산함으로써 경제적 성과를 극대화한다. 기업이 경제적 이익을 얻는 능력은 그 기업의 생산을 결정하는 수준에서의 시장가격(P^*)과 평균 총비용(ATC)의 관계에 달려 있다.

저비용 전략의 경제학

〈그림 4.3〉이 설명하는 시장에서의 기업들은 두 범주로 나누어 생각할 수 있다. 한 기업을 제외한 모든 기업은 평균 총비용 곡선인 ATC_2와 한계비용 곡선인 MC_2 곡선을 가지고 있다. 그러나 오직 한 기업만이 ATC_1과 MC_1 곡선을 가지고 있다. 두 부류의 성과 극대화 생산점인 Q_1과 Q_2에서 ATC_1은 ATC_2보다 낮다는 것을 주목하라. 이 상황에서 보통의 평균 총비용 곡선을 가진 기업들은 0의 경제적 성과를 가지는 한편, 유일한 저비용 기업은 정(+)의 경제적 이익을 얻는다(그림에서 표시된 부분). 다른 상황들도 설명될 수 있는데, 즉 다른 기업들이 경제적 손실을 보는 경우에도 저비용 기업은 손실을 보지 않을 수 있고, 다른 기업들이 적은 양의 경제적 이익을 얻을 때 저비용 기업은 많은 경제적 이익을 얻을 수 있으며, 다른 기업들이 큰 경제적 손실을 입을 때 저비용 기업은 경제적 손실을 덜 입을 수 있다. 그러나 이 모든 상황에서 저비용 기업은 산업 내 다른 기업들에 비해 더 큰 경제적 성과를 거두고 있다. 즉 저비용 전략은 기업의 경제적 성과에 중요한 영향을 미칠 수 있다.

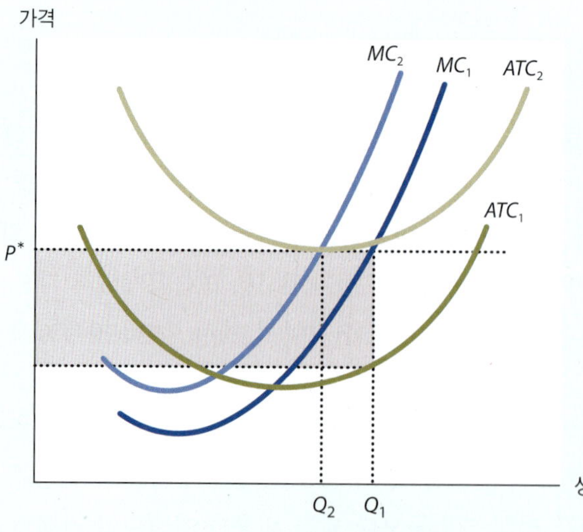

그림 4.3
저비용 전략과 경제적 성과

었다. 산업 내의 기업들이 낮은 비용을 가지고 있다면 신규 진입 기업들은 그 비용만큼 비용을 낮추기 위해 진입 이전에 많은 투자를 해야 할 텐데, 그것은 진입장벽으로 작용하게 된다. 종종 신규 진입 기업들은 비용을 낮추는 대신 다른 종류의 전략(예 : 차별화 전략)을 추구하기도 한다.

저비용 지위를 가진 기업은 경쟁 기업으로부터의 위협도 감소시킬 수 있다. 저비용 기업은 낮은 가격을 가짐으로써 경쟁 기업의 위협을 줄일 수 있고, 또한 더 높은 성과를 가짐으로써 위협을 줄일 수 있다.

제2장에서 설명하였듯이 대체재는 그 비용나 제품의 성능이 어느 기업의 제품 또는 서비스의 비용이나 성능보다 소비자들에게 더 매력적일 때 위협이 될 수 있다. 예를 들어 원유 가격이 상승하면 원유의 대체재는 더 매력적이 된다. 전자계산기의 가격 대비 성능이 좋아지면 기계식 계산기의 수요는 사라진다.

이러한 면에서 비용우위 기업은 제품과 서비스가 소비자에게 여전히 매력적으로 보이기에 유리하다. 고비용 구조를 가진 기업은 가격을 높게 유지해야 하기 때문에 대체재가 더 매력적이 되는 반면, 저비용 기업은 낮은 가격을 유지하면서도 보통 또는 보통 이상의 경제적 이익을 얻는다.

공급자들은 그들이 결정하는 공급물의 가격을 높이거나 품질을 낮춤으로써 구매 기업을 위협할 수 있다. 그러나 저비용 기업이 구매 기업인 경우, 그 저비용 기업은 높은 가격을 요구하는 공급자의 요구를 들어줄 수 있는 유연성이 있으므로 공급자에 의한 비용 상승에도 불구하고 여전히 보통 이상의 이익을 얻을 수 있다.

규모의 경제에 기반한 저비용우위 또한 공급자의 위협을 감소시킬 수 있다. 어느 기업의 생산량이 많다는 것은 원재료의 구매도 많음을 의미한다. 이러한 경우 공급자는 중요한 영업 상대인 그 구매자를 위협하기 힘들다. 반대로 구매자는 그 구매력으로 인해 공급자에게 대량 구매 할인을 요구하는 것이 보통이다.

저비용 전략은 구매자의 위협도 감소시킨다. 강력한 구매자는 낮은 가격이나 높은 품질을 요구함으로써 공급자를 위협할 수 있다. 낮은 가격은 공급자의 수익을 위협하고 높은 품질은 공급자의 비용을 증가시킨다. 저비용 기업은 강력한 구매자의 요구를 들어주어 낮은 하락이나 비용 상승을 감수하면서도 보통 이상의 이익을 실현할 수 있다.

구매자는 후방수직통합을 통해 공급자를 위협할 수도 있다. 저비용 기업은 구매자의 후방수직통합의 위협도 감소시킬 수 있는데, 후방수직통합을 할 경우 현재의 낮은 공급물 가격을 유지하지 못할 가능성이 크기 때문이다. 그러므로 구매자의 입장에서는 저비용 공급 기업으로부터 계속 공급물을 구매하는 것을 더 선호하게 된다.

마지막으로, 공급자의 저비용우위가 많은 생산량에 기반을 둔 경우에도 구매자의 위협이 감소된다. 이 경우 구매자는 소수의 기업으로부터 원재료를 구매할 가능성이 높기 때문에 이들 공급자에게 의존적이 될 수 있으며, 이 공급 의존성이 공급자를 위협하려는 동기를 감소시킨다.

저비용 전략과 지속적 경쟁우위

저비용 전략이 가치를 창출하는 상황하에서 그다음으로 떠오르는 질문은 "과연 어떤 상황하에서 저비용 전략이 지속적 경쟁우위를 창출할 것인가?"이다. 만약 한 산업 내에서 다수의 기업이 저비용 전략을 추구하거나, 다른 기업의 저비용 전략을 모방하는 데 어떠한 어려움도 없다면, 저비용 전략은 지속적 경쟁우위의 원천이 되지 못할 것이다. 제3장에서 설명하였듯이 가치를 창출하는 저비용 전략이 지속적 경쟁우위의 원천이 되기 위해서는 희소성과 모방 가능성(직접복제가 힘들거나 대체 전략이 없는 상황)이 수반되어야 한다. 〈표 4.5〉와 〈표 4.6〉에서 볼 수 있듯이 저비용 전략의 희소성과 모방 가능성은 적어도 부분적으로는 저비용우위의 원천을 설명해 준다.

저비용우위의 희소성

〈표 4.5〉에 경쟁 기업들 사이에 존재할 수 있는 저비용우위의 원천을 정리하였는데, 왼쪽에는 희소성이 높을 가능성이 있는 원천을, 오른쪽에는 희소성이 낮을 가능성이 있는 원천을 열거하였다. 희소성이 높을 가능성이 있는 원천은 학습 곡선의 경제(적어도 초기 단계의 산업들에서), 생산 요소에의 차별화된 접근, 기술적 소프트웨어 등이고, 나머지는 희소성이 낮을 가능성이 있는 원천이다.

희소성이 높은 저비용우위의 원천

새로운 산업이 막 시작되는 단계에는 몇몇 기업들의 누적 생산량이 다른 기업들보다 훨씬 많을 수 있다. 제2장에서 설명한 선도 기업 우위first-mover advantages는 바로 이러한 상황에서 창출될 수 있다. 이러한 누적 생산량의 차이가 학습 곡선의 경제와 결합되어 어느 기업의 저비용우위를 창출할 때, 이 우위는 임시적이거나 지속적인 경쟁우위의 원천이 될 수 있다.

생산 요소에의 차별화된 접근 또한 그 개념상 희소성을 갖기 쉽다. 물론 많은 기업이 차별화된 접근을 가지는 상황이 가능하다면 이는 경쟁우위의 원천이 되지 못할 것이다.

표 4.5 저비용우위의 원천의 희소성

희소성이 높은 저비용우위의 원천	희소성이 낮은 저비용우위의 원천
학습 곡선 경제(특히 부상하는 산업에서)	규모의 경제(효율적인 생산규모가 총산업 수요와 거의 같은 경우를 제외하고)
생산 요소에의 차별화된 접근	규모의 불경제
기술적 '소프트웨어'	기술적 하드웨어(기업이 독점적 하드웨어 개발 기법을 가지고 있는 경우를 제외하고)
	정책 결정

기술적 소프트웨어 또한 경쟁 기업들 사이에서 희소성을 갖기 쉬운데, 왜냐하면 기업 문화 등 기술적 소프트웨어의 특성은 그 기업의 고유한 성장 과정과 관련되어 있기 때문이다. 기업의 성장 과정은 대개 모두 다르기 때문에 그 기업이 만든 기술적 소프트웨어도 모두 다르다. 물론 여러 경쟁 기업이 모두 비슷한 성장 과정을 거치는 상황이 가능하다면 이는 경쟁우위의 원천이 되지 못할 것이다.

희소성이 낮은 저비용우위의 원천

산업 내 총수요가 매우 큰 것에 비해 개개 기업의 최적 생산규모는 작은 경우, 많은 기업들은 최적 규모의 생산을 할 가능성이 크다. 이러한 경우 이 산업 내에서 규모의 경제를 통해 저비용우위를 창출하는 것은 그리 희소하지 않을 것이다. 예를 들어 어느 산업의 총수요 규모가 500,000단위이고 한 기업의 최적 생산규모가 500단위라면, 이 산업 내에는 많은 기업이 정확히 최적 생산규모를 유지하고 있을 가능성이 크다. 즉 규모의 경제를 통한 저비용 전략은 희소한 전략이 아닌 것이다.

경쟁 기업의 규모의 불경제로 인한 비용우위도 이러한 상황에서는 희소하지 않을 것이다. 최적 생산규모가 상대적으로 작은 경우 많은 경쟁 기업들이 최적 규모 이상의 생산량을 가질 것이라고 기대하기는 힘들기 때문이다. 만약 소수의 기업들이 최적 규모 이상의 생산량을 가짐으로써 규모의 불경제를 겪는다고 해도 그로 인한 이익을 얻는 기업의 수는 많을 것이기 때문에, 이로 인한 경쟁우위는 희소성이 없을 것이다.

한 가지 예외적으로 고려할 수 있는 상황은 어떤 기술적 변화가 최적 생산량의 수준을 크게 감소시키는 경우일 것이다. 그 기술 변화로 인해 기존의 규모의 경제를 누리던 많은 기업들이 규모의 불경제를 겪게 되고, 기존에는 최적 규모 이하의 생산 수준을 가졌던 기업들이 이제는 희소한 비용우위를 가지게 되는 것이다. 대규모 공정을 지닌 철강 기업들은 소규모의 공정을 더 효율적으로 만들어 준 기술적 변화 때문에 '너무 큰' 규모가 되어 버렸고, 작은 공장들[mini-mills]은 비용 경쟁력을 갖게 되었다.

기술적 하드웨어 또한 희소성이 없을 가능성이 큰데, 특히 다른 공급자에 의해 만들어져서 시장에서 판매되는 경우에는 더욱 그렇다. 그러나 만약 어느 기업이 하드웨어를 위한 독점적인 기술을 보유하고 있다면 그 기술적 하드웨어는 희소한 비용우위를 창출할 수 있을 것이다.

마지막으로 정책 결정은 그 자체로는 희소성이 없을 것이다. 왜냐하면 그 결정의 대상이 되는 제품이나 서비스의 특성은 쉽게 관찰되거나 묘사될 수 있기 때문이다.

저비용우위의 모방 가능성

비록 비용우위의 어떤 원천이 희소하다 하더라도 그 원천은 모방하기 어려워야만 지속적 경쟁우위의 원천이 될 수 있다. 모방 가능성은 직접복제와 대체 가능성으로 나누어 생각해 볼 수 있다. 앞에서와 마찬가지로 저비용우위의 모방 가능성은 적어도 부분적으로는 저비용우위의 원천이 무엇인가에 달려 있다.

쉽게 복제되는 저비용우위의 원천

일반적으로 규모의 경제나 규모의 불경제에 원천을 둔 저비용우위는 쉽게 복제 가능하다. 〈표 4.6〉에서 볼 수 있듯이 이러한 원천은 기업의 역사나 불확실성, 또는 사회적 복잡성 등에 기반을 두지 않기 때문에 경쟁 기업이 쉽게 복제할 수 있다.

예를 들어 소수의 기업들이 규모의 경제에 기반을 둔 저비용우위를 가지고 있는데 생산규모와 저비용우위의 관련성이 그 산업 내에 널리 알려져 있다면 다른 경쟁 기업들은 생산량을 증가시킬 것이다. 아니면 분할되어 있는 생산 절차를 통합시키고, 이를 통해 특화된 기계를 이용한다든지, 단위당 제조 설비비용을 감소시킨다든지, 종업원 특화를 이룬다든지, 간접비용을 많은 생산 단위에 분산시키는 등의 방법으로 빠르게 규모의 경제를 이룰 수 있을 것이다.

규모의 경제가 쉽게 복제되지 않는 경우는 사실상 한 가지밖에 없는데, 그것은 한 기업의 최적 생산규모가 전체 산업의 수요에서 상당한 부분을 차지하는 경우이다. 물론 이 경우는 제2장에서 규모의 경제가 진입장벽을 형성하는 예로서 설명한 바 있다. 예를 들어 일회용 볼펜 제조 기업인 BIC은 그 산업에서 상당한 시장점유율을 가지고 있는데 잠재적인 진입 기업은 규모의 경제를 실현할 만큼의 충분한 시장점유율을 얻지 못하게 된다. 따라서 BIC은 규모의 경제에 기반을 둔 비용우위를 지속시킬 수 있고, 규모의 경제는 이 산업의 진입장벽을 형성하게 되는 것이다.

표 4.6 저비용 전략의 직접복제

구분	복제가 어려운 이유		
	역사	인과적 모호성	사회적 복잡성
복제하기 쉬운 저비용우위의 원천			
1. 규모의 경제	–	–	–
2. 규모의 불경제	–	–	–
복제하기 어려울 수 있는 저비용우위의 원천			
3. 학습 곡선 경제	*	–	–
4. 기술적 '하드웨어'	–	*	*
5. 정책 결정	*	–	–
복제하기 어려운 저비용우위의 원천			
6. 생산 요소에의 차별화된 저비용 접근	***	–	**
7. 기술적 '소프트웨어'	***	**	***

– 복제하기 쉬움 * 복제하기 약간 어려움 ** 복제하기 어려움 *** 복제하기 매우 어려움

규모의 경제와 마찬가지로, 다른 경쟁 기업의 규모의 불경제에 원천을 둔 저비용우위도 지속적인 경쟁우위를 창출하기는 힘들다. 단기적으로는 규모의 불경제를 겪는 경쟁 기업들이 생산량을 축소함으로써 경쟁력을 회복할 것이고, 장기적으로는 생산량을 조정하지 못하는 기업들이 평균 이하의 경제적 성과를 얻게 되어 생산을 중단할 것이다.

생산량을 축소하는 결정은 단순한 결정이라고 생각되기 쉬우나 사실상 실행하기 어려울 때가 많다. 불확실성의 존재 때문에 경영자들은 기업이 가지는 규모의 불경제가 비용에 악영향을 미친다는 사실을 이해하기 힘들 때가 많고, 그 대신 종업원들이 열심히 일을 하지 않는다든지, 생산공정에 문제가 있다는 등의 판단을 할 수 있다. 따라서 이러한 기업들은 그 비용이 산업 평균보다 높은데도 비효율적인 생산을 계속할 수 있다.[20]

다른 심리적인 요인들도 규모의 불경제를 지속시키는 원인이 될 수 있다. 그중 하나는 **몰입의 상승 효과**escalation of commitment라고 불린다. 종종 경영자들은 잘못된 행동(비용 상승이나 수익성 악화를 가져오는)을 일단 시작하게 되면 그 행동을 계속적으로 고집하는 경향이 있다. 예를 들어 어느 기업의 최적 생산규모를 너무 높게 판단한 경영자는 그 기업의 비용이 산업 평균보다 높은데도 계속적으로 생산량을 증가시킬 수 있다.[21]

규모의 불경제를 겪는 기업들은 외부 전문가의 도움을 필요로 할 경우가 많다. 외부 전문가는 기업이 가지고 있는 관습에 얽매이지 않고 그 조직이 가지고 있는 문제점들을 풀기 위한 새로운 시각으로 볼 수 있기 때문이다.[22]

어느 정도 복제하기 어려운 저비용 전략의 원천

학습 곡선에 기반을 둔 (특히 새롭게 시작되는 산업에서의) 비용우위는 희소성이 있지만 경쟁 기업들이 그 우위를 복제하기가 어렵지는 않다. 제2장에서 보았듯이 학습 곡선이 지속적인 경쟁우위의 원천이 되려면 그 기업이 독점적으로 학습 곡선 효과를 보유할 수 있어야 한다. 그러나 대부분의 연구들에서 학습 곡선 효과는 특정 기업에 국한되지 않고 대부분의 경우 산업 전반에 걸쳐 나타난다고 밝혀졌다.[23]

그러나 대부분의 산업이 모든 산업을 뜻하지는 않는다. 어떤 산업에서 기업들은 상이한 학습 능력을 가지고 있다. 예를 들어 어떤 기업들은 생산에서의 결함을 실패로 간주하고 결함을 만든 종업원들을 처벌한다. 이런 기업들은 사실상 종업원들이 결함을 줄이기에만 급급하게 만듦으로써 공정 자체를 개선하여 더 나은 결과를 가져올 수 있는 가능성을 박탈한다. 그와 반대로 생산에서의 결함을 공정을 개선할 수 있는 방법을 학습할 수 있는 기회로 간주하는 기업들은 누적 생산량과는 별도로 훨씬 빨리 학습 곡선을 진행시켜서 비용우위를 획득할 수 있을 것이다. 생산에서의 결함을 대하는 태도에서 기업들 간의 차이는 결국 기업 문화와 연관되어 있다. 기업 문화는 사회적으로 복잡하기 때문에 복제하기 힘들 수 있다.[24]

기술적 하드웨어는 대개 시장에서 거래되기 때문에 복제하기 힘든 것은 아니다. 그러나 때때로 어떤 기술적 하드웨어는 특정 기업에 독점적으로 존재하거나 그 기업이 보유하는 다른 복제

불가능한 자원과 묶여 있기 때문에 복제하기 힘들 수 있다.

정책 결정은 그 자체로는 지속적인 경쟁우위의 원천이 되기 힘들다. 앞에서 설명하였듯이 정책 결정의 대상이 관찰 가능하고 묘사를 하기 쉬운 제품의 특징에 관한 것이라면 그것은 다른 기업에 의해 쉽게 복제될 수 있고 비용우위도 단기간에 그칠 것이다. 그러나 만약 정책 결정이 기업 내부의 복잡한 의사결정 과정에 관한 것이라든지, 제품 디자인과 생산공정의 여러 부문에 걸친 협조 사항에 관한 것이라든지, 또는 앞에서 설명한 기술적 소프트웨어에 관련된 것이라면 이러한 사항에 대한 정책 결정은 오직 소수의 기업만이 할 수 있는 것이고, 따라서 지속적 우위의 원천이 될 수 있을 것이다.

사실 별로 매력적이지 않은 산업에서 성공적으로 운영되는 기업들은 기업 고유의 역사와 연관되고 인과관계가 모호하며 사회적으로 복잡한 사항들에 대한 정책 결정을 하는 것을 볼 수 있다. 예를 들어 월마트의 공급망 경영 전략(저비용 전략을 추구하는 정책 결정)은 월마트의 고유한 기업 성장 과정, 공급자와의 사회적으로 복잡한 친분관계, 그리고 고유한 기업 문화와 잘 연결되어 있다. 라이언항공의 저가격 전략(저비용 지위를 반영하는 정책 결정)은 라이언항공이 오랫동안 추구해 온 단일 기종 보유의 전통, 종업원의 기여, 카리스마 있는 설립자, 그리고 고유한 기업 문화와 잘 연결되어 있다. 이들 기업의 정책 결정은 모방하기 어려운 기업 특성과 잘 연결되어 있기 때문에 지속적인 경쟁우위의 원천이 될 수 있다.

그러나 이러한 정책 결정들 자체가 모방하기 어려운 것은 아니다. 그보다는 기업 고유의 역사와 연관되고 인과관계가 모호하며 사회적으로 복잡한 기업 특성이 이 정책 결정과 연결되기 때문이다.

복제하기 어려운 저비용우위의 원천

저비용 생산 요소에의 차별화된 접근과 기술적 소프트웨어는 일반적으로 복제하기 어려운 저비용 전략의 원천이다. 왜냐하면 이 생산 요소들은 종종 기업 고유의 역사와 연관되고 인과관계가 모호하며 사회적으로 복잡한 기업 자원과 연결되어 있기 때문이다. 앞에서 설명하였듯이 차별화된 접근은 종종 기업의 지역적 입지와 관련이 있다. 기업 입지의 가치가 경제적 이익의 원천이 되기 위해서 기업은 그 입지의 가치가 공공연하게 알려지기 전에 그곳에 자리 잡아야 한다. 입지와 관련된 특성들은 복제하기 어려운 우위를 창출할 수 있다. 첫째, 어떤 입지는 그 성격상 희소성을 지니고 복제하기 어렵다. 예를 들어 대다수의 골프장들은 캘리포니아 몬트레이에 있는 페블비치와 같은 아름다운 조경을 가지고 싶겠지만 페블비치는 이 세상에 하나밖에 없다. 조경이 골프장에 아무리 중요한 성공 요소라고 하더라도 그 조경을 다른 장소에 인위적으로 만드는 것은 현재의 기술로는 불가능하다.

둘째, 만약 특정한 입지에 자리 잡기가 가능하다 할지라도 일단 그 입지의 가치가 공공연하게 알려지면 그 입지를 취득함으로써 경제적 이익을 얻기란 매우 힘들어진다. 예를 들어 실리콘 밸리에 자리 잡는 전자 기업은 중요한 생산 요소에의 접근(기술자)이 용이해지겠지만, 실리

콘 밸리의 지대가 이미 오른 다음에 입주하는 기업들은 그 이전에 입주한 기업들보다 높은 비용을 가지게 된다. 이 높은 비용은 기업들의 경제적 성과를 감소시키게 된다. 제3장에서 설명하였듯이 생산 요소에의 차별화된 접근을 가지는 기업은 이와 관련된 독특한 기업의 역사적 성장 배경을 갖게 마련이다.

기술적 소프트웨어도 경쟁 기업들이 복제하기 힘들고, 따라서 지속적 경쟁우위의 원천이 될 수 있다. 제3장에서 설명하였듯이 기술적 소프트웨어를 구성하는 조직의 가치관, 믿음, 문화, 팀워크 등은 사회적 복잡성을 띠며 경쟁 기업이 복제하기 힘든 특성을 가진다. 이러한 사회적 복잡성을 가진 자원을 바탕으로 한 저비용우위를 가진 기업들은 그 조직의 여러 가지 측면에서, 즉 계속적인 품질 개선과 비용 절감 노력 이를 위한 종업원의 지속적인 관심 등을 통해 비용을 절감할 수 있다. 라이언에어, 델, 월마트, 사우스웨스트 등이 그 예이다. 한 산업 내에 이러한 기업이 많지 않다면 그 기업들은 비용우위를 통한 지속적인 경쟁우위를 누릴 수 있다.

저비용우위의 대체재

어떤 의미에서는 이 장에서 열거된 모든 저비용우위의 원천들은 서로 부분적으로 대체될 수 있다. 예를 들어 한 기업이 생산량을 증가시켜서 규모의 경제를 통해 비용을 절감할 때 그 경쟁기업은 학습 곡선의 경제를 통해 비용을 절감할 수 있다. 이같이 상이한 기업 활동(전략)이 동일한 효과를 가져오고 전략 집행에 필요한 비용이 동일할 때 두 기업 활동은 전략적 대체재라 불린다.

저비용우위의 원천들은 이처럼 서로 대체될 수 있는 특성이 있기 때문에 저비용 전략을 추구하는 기업들이 모든 가능한 기업 활동을 동시에 추구하는 것은 이상한 일이 아니다. 이처럼 어느 기업이 저비용을 획득하기 위한 일련의 기업 활동bundle of activity을 추구한다면 이 일련의 기업 활동을 대체할 수 있는 것은 거의 없을 것이다. 또한 만약 이 일련의 기업 활동이 희소성을 가지고 복제하기 힘들다면 지속적 경쟁우위의 원천이 될 수 있을 것이다.

이 장 이후에 소개되는 여러 전략들도 기업의 비용을 감소시키는 효과가 있을 수 있는데, 그러한 경우 이 장에서 소개한 전략들의 대체재가 될 것이다. 예를 들어 전략적 제휴를 실행하는 공통된 동기 중 하나는 파트너 기업 간의 자원을 결합함으로써 규모의 경제를 얻는 것이다. 그러므로 전략적 제휴는 비용을 절감한다는 측면에서 보면 기업이 홀로 규모의 경제를 추구하는 것의 대체재가 될 수 있다. 제8장에서 자세히 설명하겠지만, 알루미늄 원광석과 제조 산업에서 볼 수 있는 많은 전략적 제휴는 규모의 경제를 통한 비용 절감이 그 목적이다. 또한 기업 다각화 전략을 통해서 여러 산업에 걸쳐 있는 기업들은 규모의 경제를 얻을 수 있다. 이러한 의미에서 그 기업 각각의 산업에 있는 사업들은 규모의 불경제를 가진다고 볼 수 있고, 그 사업들이 하나로 통합될 때 규모의 경제를 얻음으로써 각각의 산업에서 저비용 지위를 얻을 수 있는 것이다(제9장 참조).

저비용 전략을 실행하기 위해 조직하기

다른 모든 전략과 마찬가지로 저비용 전략을 실행하는 기업들은 이 전략을 지원하기 위한 조직 구조, 경영통제 구조, 보상 정책을 가져야 한다. 이와 관련된 전략적 도구는 〈표 4.7〉에 정리되어 있다.

저비용 전략을 실행하기 위한 조직 구조

〈표 4.7〉에서 볼 수 있듯이 저비용 전략을 실행하는 기업들은 **기능적 조직 구조**functional organizational structure를 가진다.[25] 기능적 조직 구조의 예는 〈그림 4.4〉에서 볼 수 있다. 사실 기능적 조직 구조는 적절한 수정을 통해 모든 사업부 수준의 전략을 실행하는 데 이용될 수 있다.

기능적 구조에서는 **기능적 관리자**functional manager에 의해 중요한 경영 활동이 이루어진다. 예를 들어 어떤 기능적 조직 구조에 제조, 마케팅, 재무, 회계, 판매 기능이 포함된다면 이들 기능은 기능적 관리자들에 의해 운영된다. 그리고 모든 기능적 관리자들은 한 사람에게 업무 보고를 하는데, 그 사람의 직급명은 회장, 최고경영자, 사장, 창업자 등으로 다양하다. 여기에서는 편의상 **최고경영자**chief executive officer, CEO라고 부르기로 하자.

기능적 구조에서 최고경영자는 독특한 지위를 가진다. 그를 제외한 모든 사람들은 기능적 전문가functional specialists인데, 예를 들어 제조 인력은 제조를 담당하고, 재무 인력은 재무를 담당하는 등이다. 여기에서 여러 기능에 걸친 통합된 관점을 가져야 하는 유일한 사람이 최고경영자이다. 때때로 기능적 구조는 **U-form 구조**U-form structure(U는 unitary를 뜻함)라 불리는데, 이는 최고경영자 한 사람에게 모든 책임이 집중되어 있기 때문이다.

저비용 전략을 위해서 U-form 구조가 이용될 때, 이 구조는 최대한 단순하게 유지되어야 한다. 〈표 4.7〉에 제시되었듯이 조직 내 보고체계에는 수직적 층이 많지 않다. 한 종업원이 둘 이상의 상사에게 보고해야 하는 **매트릭스 구조**matrix structure와 같은 복잡한 구조는 회피된다.[26] 스태프(참모)의 수도 최소화된다. 이 조직을 이용하는 기업들은 방대한 기능을 유지하는 대신 그들이 속한 가치 있고 희소하며 모방하기 힘든 자원과 능력을 가진 경영 기능에만 집중한다.

저비용 전략을 추구하기 위해 이 조직을 채택한 기업의 좋은 예는 뉴코스틸이다. 대표적인 소형 철강 제조 기업인 뉴코는 경쟁 기업들이 12~15단계의 의사결정 단계를 가진 반면 겨우 5단계의 의사결정 단계를 가졌다. 생산에서의 의사결정은 공장 경영자에게 위임되었는데 그들은 손익에 대한 책임을 졌다. 스태프의 수가 적고 그들의 역할은 비용과 수익에 대한 회계 처리, 비용 절감을 위한 장기적인 공정 개발과 신사업 구상 등에 한정되었다. 뉴코의 전 회장인 켄 아이버슨은 뉴코가 단 두 가지 면, 즉 공장을 효율적으로 짓는 것과 그 공장을 효과적으로 운영하는 데만 강점이 있다고 믿었다. 그래서 이 두 가지를 제외한 나머지 다양한 경영 기능, 예를 들어 원재료 구매 등의 기능은 외부 업체와의 계약을 통해 실행하도록 했던 것이다.[27]

표 4.7 저비용 전략의 잠재력을 실현하기 위한 조직

조직구조 : 기능적 조직

1. 보고체계의 단계가 많지 않음
2. 단순한 보고관계
3. 소규모의 참모진
4. 좁은 범위의 기능들에 집중함

경영통제시스템

1. 치밀한 비용 통제 시스템
2. 수량적인 비용 목표
3. 노동력, 원재료, 재고 등 비용에 대한 꼼꼼한 관리
4. 저비용 철학

보상정책

1. 비용 절감에 대한 보상
2. 모든 종업원이 비용 절감에 참여하도록 동기부여

기능 조직에서 최고경영자의 책임

U-form 조직에서의 최고경영자는 두 가지 기본적인 책임이 있는데 (1) 전략 수립과 (2) 수립된 전략을 실행하기 위해 기능적 전문가들의 활동을 조정하는 것이다. 저비용 전략의 경우에 최고경영자는 〈표 4.1〉에 열거된 원천 중 무엇에 초점을 둘 것인가를 결정해야 하고, 이 전략의 경제적 잠재력을 충분히 실현하기 위해 기업의 기능을 조정해야 한다.

전략 수립 U-form 조직의 최고경영자는 제1장의 전략적 경영 과정을 적용하여 전략을 수립하게 된다. 최고경영자는 기업의 사명과 목표를 세우고, 외부환경으로부터의 위협과 기회를 평가하며, 기업의 강점과 약점을 이해하여 사업부 또는 전사적 수준의 전략을 선택한다. 그러므로 어느 기업이 저비용 전략을 채택한다는 의미는 최고경영자가 기업의 사명을 이루기 위해 전략적 경영 과정을 적용한 결과, 사업부 수준의 전략으로서 저비용 전략을 채택했다는 의미이다.

최고경영자에게 이 같은 궁극적인 책임이 있는 것은 사실이지만, 최고경영자는 기능적 관리자들의 견해와 분석, 참여를 필요로 한다. 전략 수립에서 기능적 관리자들의 참여를 끌어내지

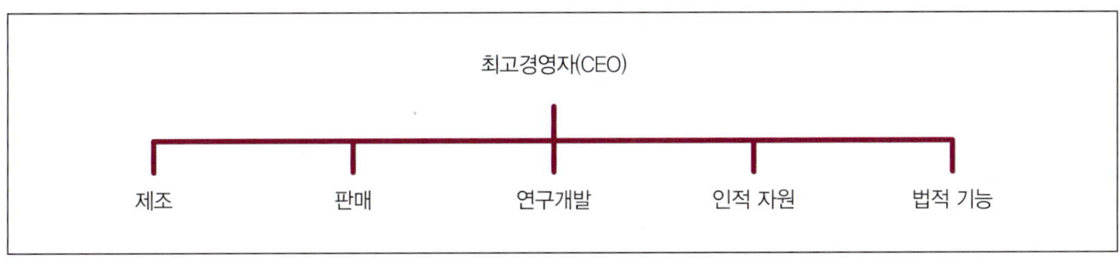

그림 4.4 U-form 조직 구조의 예

못하는 최고경영자는 다음과 같은 위험에 직면하게 된다. 첫째, 전략 수립에 있어서 충분한 정보가 결핍된다. 둘째, 수립된 전략에 대한 기능적 관리자의 이해와 참여가 결핍된다. 그 결과 기능적 관리자들은 수립된 전략을 추진할 능력이 결핍되거나 그 의욕을 상실하기도 한다.[28]

전략 실행을 위한 조정 가장 최선의 전략이라고 해도 실행되지 않으면 그 전략은 가치가 없을 것이다. 전략이 효과적으로 실행되기 위한 유일한 방법은 기업 내 모든 기능이 그 전략과 잘 조화되는 것이다.

예를 들어 저비용 전략을 추구하고 있는 다음의 두 기업을 비교해 보자. 첫 번째 기업은 다른 모든 기능이 잘 조화되고 있으나 마케팅 기능만 저비용 전략과 조화가 되지 않는다. 두 번째 기업은 모든 기능이 잘 조화되고 있다. 첫 번째 기업에 있어서 마케팅 기능이 조화되지 않음은 그 기업이 저비용 전략을 추구함에도 불구하고 제품의 광고가 스타일이나 성능에 치중할 수 있음을 뜻한다. 이에 반해 두 번째 기업은 신뢰성이나 제품 가격 등 저비용 전략에 어울리는 요소에 초점을 맞추는 광고를 할 것이다. 제품이 가지고 있는 실제적인 강점을 효과적으로 광고하지 못하는 기업은 결국 구매자를 만족시키지 못하는 반면, 그 실제적인 강점을 광고에서 강조하는 기업은 구매자를 만족시킬 확률이 높을 것이다. 즉 장기적으로 보면 적어도 저비용 전략의 측면에서 두 번째 기업이 첫 번째 기업보다 높은 성과를 거둘 것이라고 예측할 수 있다.

물론 마케팅뿐만 아니라 기업의 모든 기능에서의 조화가 필요하고, 또한 다른 어떤 기능에서도 부조화에 따른 부작용이 생길 수 있다. 〈표 4.8〉에 각 기능별로 저비용 전략을 실행하는 데 어떤 형태의 부조화가 생겨날 수 있는가를 열거해 보았다.

저비용 전략을 실행하기 위한 경영통제

〈표 4.7〉에서 제시했듯이 저비용 전략은 매우 치밀한 비용 통제 시스템, 빈번하고 구체적인 비용 통제 보고서, 수량화된 비용 목표의 강조, 그리고 노동력, 원재료, 재고 등 비용 요소의 정확한 운영 등을 특징으로 한다. 앞서 든 예에서 뉴코의 종업원들은 그룹별로 매주 비용과 생산성 개선 목표를 제시받는다. 이 목표를 달성하는 그룹은 보상을 받는다. 공장 경영자들은 각 공장의 비용과 이익에 대해 책임을 진다. 기업 차원 성과의 기대치를 충족시키지 못하는 공장 경영자는 뉴코에서 안정적인 일자리를 보장받지 못한다. 뉴코와 비슷한 그룹 단위의 비용 절감 시스템은 채퍼럴스틸을 포함한 뉴코의 직접적인 경쟁 기업들에서도 찾아볼 수 있다.[29]

저비용 기업들에는 비용 절감 철학을 보여 주는 비정형적인 경영통제 시스템도 존재한다. 예를 들어 월마트는 전 세계에서 가장 성공적인 기업임에도 불구하고 아칸소에 있는 본사는 매우 검소하고 단순하다. 심지어 혹자는 그 본사를 창고 같다고 표현하기도 했으며, 그 내부 디자인은 '구식 버스 정류장'이라고 묘사되기도 했다. 심지어 월마트는 주차장에서 쇼핑카트를 회수하는 인력을 절감하기 위해 고객들에게 "비용 절감을 도와주세요"라는 문구와 함께 주차장의

표 4.8 기업 내 기능과 저비용 전략 간 부조화의 예

	기업 내 기능과 저비용 전략이 잘 조화될 때	기업 내 기능과 저비용 전략이 조화되지 않을 때
제조	린(lean) 생산, 낮은 비용, 좋은 품질	비능률, 높은 비용, 낮은 품질
마케팅	가치, 신뢰성, 가격 강조	스타일과 성능 강조
연구개발	제품 확대와 공정 개선에 초점	급진적인 신기술과 신제품에 초점
재무	낮은 비용의 안정적인 재무 구조에 초점	비전통적인 재무 기관에 초점
회계	비용 자료의 수집과 보수적인 회계 원리 채택	비용과 무관한 정보 수집과 매우 공격적인 회계 원리 채택
판매	가치, 신뢰성, 낮은 가격에 초점	스타일, 성능, 높은 가격에 초점

정해진 구역으로 카트 반납을 부탁하기도 한다.[30]

보상 정책과 저비용 전략의 실행

〈표 4.7〉에 제시했듯이 저비용 기업의 보상 정책은 비용 절감 노력과 직접적으로 관련되어 있다. 저비용 기업들은 종종 종업원들이 비용 절감과 품질 향상을 위해 공동으로 협력하도록 동기를 부여하는 한편, 각 종업원들이 비용과 품질에 대해 책임감을 가질 것을 기대한다. 예를 들어 월마트와 같은 소매점의 중요한 비용 중의 하나는 도난으로 인한 손실인데, 절반 정도의 도난이 바로 그 소매점의 종업원에 의해 일어난다.

월마트는 한때 도난이 심각한 문제였다. 월마트가 이용한 방법(그중 한 가지는 '도우미' 고용인데 도우미의 실제 임무는 도난을 방지하는 것이었다) 중 하나는 도난으로 인한 손실이 감소하는 경우 그 감소분의 절반을 보너스의 형태로 종업원들에게 나누어 주는 것이었다. 이 인센티브 시스템으로 인해 월마트의 도난 문제는 현격히 줄어들었다.

요약

기업들이 사실상 동일한 제품을 생산하면서도 상이한 비용 구조를 가질 수 있는 이유는 여러 가지를 들 수 있다. 그중 몇 가지 중요한 이유로서 (1) 기업 규모의 차이와 규모의 경제, (2) 기업 규모의 차이와 규모의 불경제, (3) 경험의 차이와 학습 곡선의 경제, (4) 생산 요소에의 차별화된 접근, (5) 규모와 무관한 기술적 우위, (6) 정책 결정을 들 수 있다. 그 외에도 어느 기업이 제품이나 서비스의 종류에 대해 어떠한 정책 결정을 하느냐에 따라 같은 산업 내의 경쟁 기업들과 상이한 비용 구조를 가질 수 있다. 저비용 전략은 제2장에서 설명한 다섯 가지 세력의 위협을 감소시킴으로써 가치가 있을 것이다.

▶▶ 국내 사례

브랜드 없는 브랜드 : 이마트 노브랜드

이 장에서 배운 저비용 전략은 낮은 가격을 통해 높은 매출을 이루어 이익을 창출하는 전략이다. 그런데 낮은 가격을 이루기 위해서는 낮은 비용 구조를 갖추어야 한다. 이를 위해서는 많은 분야에서의 지출을 줄여야 하는데 그중에는 광고 비용이 포함된다. 그런데 여기에서의 문제는 광고를 하지 않으면 아무리 낮은 가격의 제품을 선보이더라도 소비자에게 알려지지 못하여 결국 매출이 발생하지 않는다는 것이다. 즉 브랜드화에서의 문제가 발생하는 것이다.

그런데 포장 방식이나 디자인, 브랜드 광고 등에 소요되는 비용을 절감한 것 자체를 브랜드화하는 사례가 있다. 2015년에 출시된 이마트의 노브랜드가 그것이다. 다양한 제품에 걸쳐 통일적으로 노란색 바탕에 검은색 글씨로 표기된 단순화된 디자인은 포장에 돈을 들이지 않았다는 것을 상징적으로 보여 주고 있다. 이마트 관계자는 생산비용 중 마케팅, 물류, 상품관리에 소요되는 비용이 절반 정도를 차지하므로 이 활동들을 생산업체가 아닌 유통업체가 담당하게 되면 비용을 상당히 절감할 수 있다고 주장한다. 또한 유통사는 제조업체 네트워크를 이용하여 국내외 여러 업체들 가운데에서 가장 저렴한 곳에서 제품 소싱을 할 수 있다는 이점이 있고, 유통사가 가지고 있는 기존의 브랜드 이미지를 이용하면 별도의 마케팅 비용을 절감할 수 있다고 주장한다. 이 브랜드는 출시 후 한 달 만에 매출 1억 9,000만 원을 달성하였고 2017년 말 전국적으로 80여 개의 전문매장에서 1,000여 종의 상품을 판매하는 성공을 거두고 있다.

사실 이러한 모델을 이마트가 처음 시도한 것은 아니다. 전통적으로 생산자 브랜드(national brand, NB)를 대체하는 유통업자 브랜드(private brand, PB)가 존재해 왔는데 신세계 백화점의 '피코크' 브랜드나 월마트의 '샘스 초이스', 코스트코의 '커클랜드' 등이 그 예이다. 특히 노브랜드는 직접적으로는 캐나다 최대 유통업체가 1978년에 런칭한 '노네임'의 컨셉과 매우 유사하여(노란 바탕에 검은 볼드체로 제품명만 간단히 표기하는 등) 표절이 아니냐는 지적이 나오기도 했다(회사 관계자는 캐나다 현지에 이마트 바이어가 가서 직접적으로 벤치마킹했다고 설명했다). 그런데 이마트의 노브랜드가 기존의 여러 PB들에 비해 훨씬 큰 성공을 거둔 이유는 단순한 벤치마킹이나 비용절감에만 있는 것은 아니었다. 저비용과 함께 상당한 수준의 차별화 활동을 병행했던 것이다.

예를 들어 광고비를 지출하지 않고 브랜드를 알리기 위해 사용되는 방법으로서 공식적인 광고가 아니라 사람들의 입에서 입으로 소문을 퍼뜨리는 마케팅 수단들, 예를 들어 WOM(word of mouth : 입소문), 바이럴 마케팅, 바이러스 마케팅, SNS 마케팅 등 다양한 명칭의 기법이 사용되기도 한다. 노브랜드의 경우 페이스북과 인스타그램에 수만 명의 구독자를 보유하고 있는 신세계그룹 정용진 부회장이 수시로 노브랜드를 소개하는 스토리텔링 방식의 포스팅을 올리고, 이마트의 신상품 개발을 연구하는 '비밀연구소' 부서의 활동을 흥미롭게 소개하면서 대중의 관심을 끌었다. 또한 SM엔터테인먼트와 라인프렌즈와의 협업으로 캐릭터를 개발하고 음원을 발매하는 활동을 했고, 제조사를 선택할 때 단지 저가 납품업체만을 선정하는 것이 아니라 해당 제품에서 오랫동안 업력을 쌓은 유명한 업체를 선정하여 노브랜드의 이미지를 높이는 방법으로 활용하였다. 노브랜드 제품들은 역설적으로 차별화된 브랜드 이미지를 가진 제품군을 이루고 있다.

출처 : 시사저널 2018. 1. 8. 노브랜드 vs. 온리프라이스… 같은 PB 다른 전략; 위키피디아 "이마트 노브랜드" retrieved on 2018. 1. 4.

이 장에서 설명한 저비용우위의 원천들이 희소하고 복제하기 힘들다면 그 원천들은 지속적인 경쟁우위의 원천이 될 수 있다. 대개 학습 곡선의 경제, 생산 요소에의 차별화된 접근, 기술적 '소프트웨어'는 비교적 희소할 가능성이 크다. 그중 생산 요소에의 차별화된 접근과 기술적 '소프트웨어'는 경쟁 기업들이 복제하기 힘들 가능성이 크다. 즉 이 원천들은 다른 저비용우위의 원천들보다 확률적으로 더 지속적인 경쟁우위의 원천이 될 가능성이 크다.

물론 이들 경쟁우위의 가능성을 충분히 활용하기 위해 기업은 적절하게 조직되어야 한다. 어떤 전략을 실행하기 위해 기업을 조직하는 활동에는 그 기업의 조직 구조, 경영통제 시스템, 보상 제도 등을 망라한 조정이 있어야 한다. 저비용 전략을 실행하기 위한(물론 다른 전략을 위해서 이용되기도 한다) 조직 구조는 기능적 조직 구조 또는 U-form 구조라 불린다. 이 조직 구조에서 최고경영자는 전사적인 관점을 가진 유일한 사람이다. 최고경영자는 두 가지 책임이 있는데, 전략을 수립하는 일과 기업 내 기능을 조정함으로써 그 수립된 전략을 실행하는 일이다. 기업의 모든 기능이 그 전략에 맞게 조정되어야만 수립된 전략이 성공적으로 실행될 수 있다.

U-form 구조가 저비용 전략을 위해 이용될 때 그 구조는 의사결정 단계의 수가 적고, 보고체계가 단순하고, 참모진(스태프)의 규모가 작으며, 적은 수의 관리 기능에 국한된 구조를 가진다. 경영통제 시스템은 대체로 매우 치밀하게 마련이며, 수량화된 비용 목표를 강조하고, 노동력, 원재료, 재고 등 비용 요소에 대해 정확한 운영을 추구하며, 저비용 전략을 뒷받침하는 기업 문화와 기업 정신을 강조한다. 마지막으로 저비용 전략을 위한 보상 정책은 비용 절감에 대한 보상과 공동체적인 비용 절감 노력을 강조하는 경향이 있다.

탐구과제

4.1 라이언항공, 월마트, 타이멕스, 카시오, 그리고 현대는 모두 저비용 전략을 추구하는 기업의 사례로 이용되었지만 이 기업들은 또한 막대한 광고비를 지출하기도 하는데, 이것은 차별화 전략과 관계가 있을 것으로 생각된다. 이 기업들은 실제로 저비용 전략을 추구하는가, 아니면 저비용을 강조하는 가운데 차별화 전략을 추구하는가?

4.2 저비용 우위를 실현하는 보편적 방법 중 하나는 규모의 경제를 달성하는 것이다. 대량 구매는 공급자와의 협상에서 비용절감을 가능하게 해준다. 그러나 기술 진보를 이루면 규모의 경제가 아니고도 저비용 우위를 실현할 수 있다. 그 예를 들라.

4.3 구매자가 가격에 민감하지 않은 시장(예를 들어 사치품 시장)에서도 기업은 저비용 전략을 추구할 수 있다. 다른 대부분의 기업들이 차별화 전략을 추구하는 상황에서 저비용 전략은 열등한 전략이라고 생각하는가? 이러한 상황에서 저비용 전략을 통해 이룰 수 있는 것은 무엇인가?

4.4 학습곡선은 저비용 전략과 어떻게 연결되는가? 높은 상관관계를 발견할 수 있는가?

4.5 저비용 전략을 실행하는 기업이 조직을 관리할

수 있는 방법으로 두 가지를 생각해볼 수 있는데, 먼저 매우 중앙 집중적인 조직에서 직접적인 통제의 수준을 높이고 종업원의 임금을 최소화하는 방법이 있을 수 있고, 또 한 가지는 비용 절감의 방법을 가장 잘 알고 있는 종업원이 실제로 의사결정을 할 수 있도록 분권화된 조직 구조를 가짐으로써 직접적인 통제의 수준을 낮추고 종업원의 임금은 다소 높게 정하는 방법이 있을 수 있다. 두 가지 접근법 중 어느 것이 더 옳다고 생각하는가? 어떤 조건하에서 첫 번째 또는 두 번째의 접근법이 더 나을 수 있는가?

4.6 앞에서 설명한 저비용 전략의 두 가지 방법 중 더 적절한 방법은 무엇인가?

4.7 앞에서 설명한 두 가지 방법 중 한 가지 방법이 더 적절하거나 부적절할 조건은 무엇인가?

연습문제

4.8 〈그림 4.1〉의 규모의 경제 곡선은 수학적으로 다음과 같이 표현될 수 있다.

$$\text{평균 비용} = a + bQ + cQ^2$$

여기에서 Q는 기업의 생산량이고 a, b, c는 산업 자료에서 구한 계수이다. 예를 들어 미국의 금전 대출 산업의 규모의 경제 곡선은,

$$\text{평균 비용} = 2.38 - 0.615A + 0.54A^2$$

여기에서 A는 대출의 총규모이다. 이 공식에 따르면 대출의 최적 규모는 얼마인가?(힌트 : A에 여러 숫자를 대입해서 가장 낮은 평균 비용을 구할 때의 A가 최적 규모이다.)

4.9 규모의 경제는 기업의 생산량이 많을 때 단위생산비용이 낮다는 것을 설명한다. 그러나 〈그림 4.1〉에서 볼 수 있듯이 규모의 불경제도 존재할 수 있다.

어떤 가상의 기업의 생산비 공식은 다음과 같다

$$TC = 300 + 8Q^2 \qquad (1)$$

$$AC = 300/Q + 8Q \qquad (2)$$

여기에서 TC는 총생산비이고 Q는 생산량, AC는 평균 생산비이다.

(a) 4개의 제품을 생산할 때의 총생산비는? 힌트 : (1)에서 Q에 4를 대입하라.

(b) 4개의 제품을 생산할 때의 평균 생산비는? 힌트 : (2)에서 Q에 4를 대입하라.

(c) 생산량이 1과 2인 경우에 대해 TC와 AC를 계산하라. 어떤 규칙을 발견할 수 있는가?

(d) 생산량에 55와 같이 큰 숫자를 대입해 보라. TC와 AC는 얼마인가? AC의 특징에 대해 설명해 보라

(e) 평균 생산비가 최저일 때 생산을 중단한다고 가정해 보자. 생산량은 얼마인가? (힌트 : Q를 1부터 조금씩 증가시키면서 AC를 살펴보라. Q가 10을 넘지는 않을 것이다.)

참고문헌

1 Brathwaite.com. *Our Story*. https://www.brathwait.com/inspiration (accessed October 10, 2017); Deloitte (2017). *The Deloitte Swiss Watch Industry Study 2017*. https://www2.deloitte.com/ch/swisswatchstudy (accessed October 10, 2017); Sellita (2017). *SELLITA SW260-1*. http://www.sellita.ch/images/stories/documents/SW260_1_23_20150203.pdf (accessed October 10, 2017); Singleton, M. (2017). "Despite the Smartwatch, the Clock Hasn't Stopped for Mechanical Watches." *The Verge*. https://www.theverge.com/circuitbreaker/2017/5/9/15584234/smartwatch-mechanical-martenero-omega-frederique-constant (accessed October 10, 2017); Statisticbrain.com (2017). *Wrist Watch Industry Statistics*. http://www.statisticbrain.com/wrist-watch-industry-statistics/ (accessed October 10, 2017).

2 Kiley, D. (2011). "Fiat headed back to U.S. after 27 years." http://autos.aol.com/article/fiat-500-coming-to-america/ Accessed Aug 21, 2013.

3 Christensen, C. R., N. A. Berg, and M. S. Salter. (1980). *Policy formulation and administration: A casebook of senior management problems in business*, 8th ed. Homewood, IL: Irwin, p. 163.

4 Scherer, F. M. (1980). *Industrial market structure and economic performance*. Boston: Houghton Mifflin; Moore, F. T. (1959). "Economies of scale: Some statistical evidence." *Quarterly Journal of Economics*, 73, pp. 232–245; and Lau, L. J., and S. Tamura. (1972). "Economies of scale, technical progress, and the nonhomothetic leontief production function." *Journal of Political Economy*, 80, pp. 1167–1187.

5 Scherer, F. M. (1980). *Industrial market structure and economic performance*. Boston: Houghton Mifflin; and Perrow, C. (1984). *Normal accidents: Living with high-risk technologies*. New York: Basic Books.

6 See D. Besanko and R. Braeutigam (2014) Microeconomics. 5th edition. NY: Wiley, pg. 320–321; Jay Barney (2011) Gaining and Sustaining Competitive Advantage. 4th edition. NY: Person, pg. 154–155.

7 Hamermesh, R. G., and R. S. Rosenbloom. (1989). "Crown Cork and Seal Co., Inc." Harvard Business School Case No. 9-388-096.

8 See Hackman, J. R., and G. R. Oldham. (1980). *Work redesign*. Reading, MA: Addison-Wesley.

9 This relationship was first noticed in 1925 by the commander of Wright-Patterson Air Force Base in Dayton, Ohio.

10 Learning curves have been estimated for numerous industries. Boston Consulting Group. (1970). "Perspectives on experience." Boston: BCG, presents learning curves for over 20 industries while Lieberman, M. (1984). "The learning curve and pricing in the chemical processing industries." *Rand Journal of Economics*, 15, pp. 213–228, estimates learning curves for 37 chemical products.

11 See Henderson, B. (1974). *The experience curve reviewed III—How does it work?* Boston: Boston Consulting Group; and Boston Consulting Group. (1970). "Perspectives on experience." Boston: BCG.

12 Hall, G., and S. Howell. (1985). "The experience curve from the economist's perspective." *Strategic Management Journal*, 6, pp. 197–212.

13 Hill, C. W. L. (1988). "Differentiation versus low-cost or differentiation and low-cost: A contingency framework." *Academy of Management Review*, 13(3), pp. 401–412.

14 R. D. Buzzell, B. T. Gale, and R. M. Sultan (1975). "Market share—the key to profitability." *Harvard Business Review*, 53, pp. 97–106; R. Rumelt and R. Wensley (1981). "In search of the market share effect." *Proceedings of the Academy of Management Meetings, 1981*, pp. 2–6; C. Montgomery and B. Wernerfelt (1991). "Sources of superior performance: Market share versus industry effects in the U.S. brewing industry." *Management Science*, 37, pp. 954–959.

15 See Ghemawat, P., and H. J. Stander III. (1992). "Nucor at a crossroads." Harvard Business School Case No. 9-793-039 on technology in steel manufacturing and cost advantages; Shaffer, R. A. (1995). "Intel as conquistador." *Forbes*, February 27, p. 130 on technology in semiconductor manufacturing and cost advantages; Monteverde, K., and D. Teece. (1982). "Supplier switching costs and vertical integration in the automobile industry." *Rand Journal of Economics*, 13(1), pp. 206–213; and McCormick, J., and N. Stone. (1990). "From national champion to global competitor: An interview with Thomson's Alain Gomez." *Harvard Business Review*, May/June, pp. 126–135 on technology in consumer electronic manufacturing and cost advantages.

16 Schultz, E. (1989). "Climbing high with discount brokers." *Fortune*, Fall (special issue), pp. 219–223.

17 Schonfeld, E. (1998). "Can computers cure health care?" *Fortune*, March 30, pp. 111+.

18 Ibid.

19 R. DeGeorge (2000). "Ethics in international business—A contradiction in terms?" *Business Credit*, 102, pp. 50+; G. Edmondson, K. Carlisle, I. Resch, K. Nickel Anhalt, and H. Dawley (2000). "Workers in bondage." *BusinessWeek*, November 27, pp. 146+; D. Winter (2000). "Facing globalization." *Ward's Auto World*, 36, pp. 7+.

20 See Meyer, M. W., and L. B. Zucker. (1989). *Permanently failing organizations*. Newbury Park, CA: Sage.

21 Staw, B. M. (1981). "The escalation of commitment to a course of action." *Academy of Management Review*, 6, pp. 577–587.

22 Hesterly, W. S. (1989). *Top management succession as a determinant of firm performance and de-escalation: An agency problem*. Unpublished doctoral dissertation, University of California, Los Angeles.

23 Barney, J. B. (1986). "Organizational culture: Can it be a source of sustained competitive advantage?" *Academy of Management Review*, 11, pp. 656–665.

24 See Spence, A. M. (1981). "The learning curve and competition." *Bell Journal of Economics*, 12, pp. 49–70, on why learning needs to be proprietary; Mansfield, E. (1985). "How rapidly does new industrial technology leak out?" *Journal of Industrial Economics*, 34(2), pp. 217–223; Lieberman, M. B. (1982). *The learning-curve, pricing and market structure in the chemical processing industries*. Unpublished doctoral dissertation, Harvard University; Lieberman, M. B. (1987). "The learning curve, diffusion, and competitive strategy." *Strategic Management Journal*, 8, pp. 441–452, on why it usually is not proprietary.

25 Williamson, O. (1975). *Markets and hierarchies*. New York: Free Press.

26 Davis, S. M., and P. R. Lawrence. (1977). *Matrix*. Reading, MA: Addison-Wesley.

27 See Ghemawat, P., and H. J. Stander III. (1992). "Nucor at a crossroads." Harvard Business School Case No. 9-793-039.

28 See Floyd, S. W., and B. Woldridge. (1992). "Middle management involvement in strategy and its association with strategic type: A research note." *Strategic Management Journal*, 13, pp. 153–167.

29 Ibid.

30 Walton, S. (1992). *Sam Walton, Made in America: My story*. New York: Doubleday.

CHAPTER

5 차별화 전략

학습목표

5.1 차별화 전략을 정의하고, 차별화의 12개 원천을 설명하며, 이러한 원천이 분류되는 세 가지의 범주를 설명한다.

5.2 차별화가 경제적 가치를 창출하는 방법에 대해 설명한다.

5.3 다음에 대해 설명한다.

a. 복제하기 쉬운, 복제가 어려울 수 있는, 그리고 복제하기 힘든 차별화의 방법

b. 차별화 전략의 주요 대체재

5.4 조직 구조, 통제 시스템, 보상 정책이 어떻게 차별화 전략을 실행하는 데 이용될 수 있는지 기술한다.

5.5 기업이 저비용 전략과 차별화 전략을 동시에 실행하는 것이 과연 가능한지 설명한다.

빅토리아는 누구이며 그 비밀은 무엇인가

섹시하고 매혹적이며 신비로운 빅토리아시크릿은 세계 최고의 속옷 및 미용제품 기업이다. 이 기업은 2015년에 미국과 캐나다에 1,100개가 넘는 직영 매장과 전 세계에 390개의 라이선스 매장에서 섹시한 속옷과 향수, 패션용품을 판매하여 76억 7,000달러의 매출과 14억 달러의 영업이익을 달성했다.

그러나 이러한 매혹과 성공은 두 가지 질문, 즉 "누가 빅토리아지?", "비밀이 뭐지?"라는 질문을 남겼다.

빅토리아는 런던의 패션가에 살고 있는 은퇴한 모델의 이름으로 밝혀졌다. 그녀는 남자 친구가 있어서 가정을 꾸릴 계획이었는데 이러한 모성적 본능과 그녀가 가진 모험적이고 섹시한 본능이 양립하게 되었다. 그녀는 좋은 음식, 고전음악, 그리고 훌륭한 포도주를 즐겼다. 그녀는 자주 여행을 다녔고 런던에 있는 것만큼이나 뉴욕, 파리, 로스앤젤레스에서 편안함을 즐겼다. 그녀가 선호하는 패션은 절대 식상하지 않을 정도로 첨단을 걸으면서도 지나치지 않은 실용성을 갖추었다. 그녀의 속옷은 잠옷의 중요한 부분이었다. 천박하게 보이지 않으면서도 섹시하고 매혹적인 그녀의 속옷은 그녀의 생활을 완벽하게 보완해 주었다. 가장 중요한 사실은, 빅토리아는 자신이 아름답고 섹시함을 알고 있음에도 불구하고 그녀의 지적인 부분이 삶의 성공에 있어서 중요하다는 것도 잘 알고 있다는 것이다.

바로 이 사람이 빅토리아시크릿 제품 디자인의 모델이 되고, 빅토리아시크릿 광고의 대상이 되고, 또한 빅토리아시크릿 판매원들이 목표로 삼는 고객의 표본이 된, 그 빅토리아였다.

그리고 빅토리아의 비밀은, 사실은 그녀가 존재하지 않는다는 것이다! 좀 더 정확히 말하면 빅토리아와 같은 실제 여성의 수는 극히 소수라는 사실이다. 그렇다면 왜 빅토리아시크릿 같은 기업이 디자인, 마케팅, 판매의 모든 노력을 존재하지도 않는 여성 고객 유형을 위해 집중한다는 말인가?

빅토리아시크릿은 빅토리아와 같은 고객이 실제로 거의 존재하지 않는다는 것을 알고 있다. 그러나 이 기업은 많은 고객들이 빅토리아시크릿의 매장을 방문했을 때 빅토리아와 같이 대접받고 싶어 한다는 것 또한 알고 있다. 빅토리아시크릿은 단지 속옷을 파는 기업이 아니다. 이 기업은 흥미로운 일이 가득하고 섹시한 도시에 살면서 전 세계를 여행하고, 날카로운 미각을 지닌 빅토리아처럼 될 수 있는 기회 또는 환상을 판매하는 기업인 것이다. 빅토리아시크릿의 제품을 사서 입음으로써 잠시 동안만이라도 빅토리아와 같은 삶을 사는 기회를 얻는 것이다.

현실적으로 말해서, 실제로 존재하지도 않는 고객을 대상으로 하는 기업을 영위하는 것은 몇 가지 재미있는 문제점을 일으켰다. 이 기업은 고객(빅토리아)에게 전화를 걸어서 그 라이프스타일을 물어보는 것이 불가능하다. 또한 새로운 제품을 평가할 고객 평가단을 구성하는 것도 불가능하다. 어떤 의미에서 빅토리아시크릿은 빅토리아라는 가상의 인물만을 만들어 내는 것이 아니라 빅토리아의 라이프스타일까지도 만들어 내야 하는데, 속옷과 향수, 장신구는 그 라이프스타일에 의해 디자인되는 것이다. 빅토리아시크릿이 실제 구매자들이 현실로는 이룰 수 없는, 그러나 항상 이루고 싶어 하는 라이프스타일을 이끌어 가는 한 빅토리아시크릿은 지속적으로 낭만적인 환상을 판매할 수 있을 것이다. 물론 제품도 더불어.[1]

빅토리아시크릿은 차별화 전략을 실행하기 위해 허구의 인물인 '빅토리아'를 이용했다. 그러나 이것은 빅토리아시크릿이 차별화하기 위해 추구한 많은 방법 중 한 가지에 불과하다.

차별화

브래스웨이트가 저비용 전략을 추구하는 기업의 좋은 예라면, 빅토리아시크릿은 차별화 전략을 추구하는 기업의 좋은 예라 할 수 있다. **차별화**product differentiation 전략은 기업이 다른 기업의 제품이나 서비스에 대해 구매자가 인식하는 가치보다 더 높은 가치를 구매자를 위해 창출함으로써 경쟁우위를 획득하려는 전략이다. 다른 기업이라 함은 같은 산업 내에서 직접적인 경쟁 기업일 수도 있고, 다른 산업에 존재하면서 대체재를 공급하는 기업일 수도 있다. 구매자가 인식하는 제품이나 서비스의 가치를 증가시킴으로써 그 기업은 높은 가격을 책정할 수 있고, 궁극적으로 그 기업의 수익을 증대시키고 경쟁우위를 창출할 수 있다.

기업은 경쟁 기업에 비해서 구매자가 인식하는 제품이나 서비스의 상대적인 가치를 증대시키기 위해 그 제품이나 서비스의 객관적인 요소를 변화시킬 수 있다. 롤렉스는 타이멕스와 카시오의 시계와 차별화하기 위해 금으로 시계 외관을 제작하였다. 메르세데스벤츠는 피아트 등의 자동차와 차별화하기 위해 정교한 엔지니어링과 높은 출력을 갖춘다. 빅토리아시크릿은 월마트를 비롯한 다른 소매점들과 차별화하기 위해 판매 품목과 판매 방식에서 색다른 경험을 구매자에게 제공하기 위해 노력한다.

이처럼 기업들은 나름대로 객관적인 차별화를 시도하기는 하지만, 궁극적으로 차별화의 성공 여부는 구매자가 실제로 어떻게 인식하느냐에 달려 있다. 만약 두 기업이 사실상 매우 비슷한 제품을 판매한다 해도 구매자들이 어느 한 제품을 더 가치 있는 것으로 간주한다면 그 제품은 차별화 우위를 갖게 된다.

예를 들어 고급 맥주(차별화된 맥주 상표로서 '크래프트' 맥주 또는 '마이크로브루어리' 맥주라고 불린다)가 어느 지역에서 제조되었는가에 따른 제품의 이미지는 실제로 어떻게 제조되었는가에 따른 이미지와는 무관함을 볼 수 있다. 보스턴비어컴퍼니는 새뮤얼애덤스비어를 판매한다. 일반인들이 보스턴비어컴퍼니 공장을 방문하면 한쪽 구석에 작은 맥주 탱크와 함께 10배럴짜리 주전자 2개와 고무장화를 신고 있는 양조 기술자를 볼 수 있다. 그러나 새뮤얼애덤스비어는 실제로 이 작은 공장에서 제조되지 않고, 대신 오하이오 신시내티의 후더폴-쉰링 브루잉 컴퍼니에 있는 200배럴짜리 맥주 탱크에서 제조된다. 이 기업은 외주 생산업체인데 허디볼드비어와 리틀킹스크림에일 등 다른 맥주들도 생산하고 있다. 마우이비어컴퍼니의 알로하라거 맥주는 오리건주 포틀랜드에서 생산되며, 페티스위키드에일은 "정성을 다해 소량 생산을 합니다"라는 광고가 무색하게도 400배럴짜리 대형 배치에서 생산되는데, 올드밀워키비어라는 보통 맥주를 생산하는 스트로 브루어리 컴퍼니가 제조하고 있다. 사실상 고급 맥주와 보통 맥주의 제조 방식에는 많은 공통점이 있음에도 불구하고, 구매자들이 고급 맥주와 보통 맥주의 제조 방식 사이에 중요한 차이가 있다고 믿을수록 그들은 고급 맥주를 더 높은 가격에 구입할 의사를 가지게 된다. 즉 고급 맥주의 차별화는 현실적인 차이점보다는 구매자의 '인식'에 기반을 두는 것이다.[2] 제품이나 서비스가 구매자들로부터 가치가 있다고 인식되는 한 차별화가 존재한다고 간주될 수 있다.

동일한 제품들 간에 상이한 구매자 인식이 존재할 수 있는 것과 마찬가지로, 실제로 상이한 제품들도 구매자들에게 다른 제품이라는 인식을 주지 못하면 차별화에 실패하는 경우도 있다. 예를 들어 와인 전문가가 식별할 수 있는 와인의 차이점을 일반 구매자들은 알지 못할 수 있다. 이러한 일반 구매자들은 고급 와인에 대해 더 높은 가격을 지불할 의사를 갖지 않을 것이다. 즉 이러한 일반 구매자들에게는 고급 와인의 차별화가 존재하지 않을 것이다.

차별화를 위해 기업이 구매자의 인식에 영향을 주는 방법도 다양하다. 즉 차별화의 다양한 요소를 추구하기 위해 기업은 다양한 접근법을 활용할 수 있다.

차별화의 방법

많은 학자들이 이론적으로나 실증적으로 차별화의 다양한 방법을 발견하기 위해 연구해 왔다.[3] 〈표 5.1〉에 이 방법을 정리했다. 기업들은 이 방법을 통해 구매자들이 다른 경쟁 기업들에 비해 특별하게 가치 있는 제품이나 서비스를 구매한다고 인식하도록 유도하게 된다. 그러나 이러한 목적을 달성하는 방식은 그 방법의 성격에 따라 약간씩 다를 수 있다. 예를 들어 첫 번째 그룹의 네 가지 방법을 통해 기업들은 보다 직접적으로 차별화된 제품이나 서비스를 강조함으로써 구매자의 좋은 인식을 유도한다. 두 번째 그룹의 세 가지 방법을 통해 기업들은 기업과 구매자의 우호적인 관계를 기반으로 구매자의 좋은 인식을 유도한다. 마지막 그룹의 다섯 가지 방법을 통해 기업들은 기업의 내부적 활동이나 기업 간의 우호적인 관계를 기반으로 구매자의 좋은 인식을 유도한다. 물론 이 방법들은 상호 배타적인 것이 아니라 한 기업이 동시에 추구할 수 있는 것이다. '관련 실증 연구'(148쪽)에서는 기업이 차별화의 방법을 발견할 수 있는 실제적인 방법을 소개한다.

제품이나 서비스의 속성에 기반을 둔 차별화

〈표 5.1〉에서 첫 번째 그룹의 차별화 방법들은 제품이나 서비스의 속성에 초점을 맞춘다.

제품 형태 기업은 제품이나 서비스의 형태를 경쟁 기업과 상이하게 함으로써 가장 명백하게 차별화할 수 있다. 자동차 산업이 그 좋은 예이다. 예를 들어 2017년 디트로이트 모터쇼에서 GM은 캐딜락 CTS 라인의 모델에서 'V2V'라는 새로운 기능을 선보였는데 이것은 차량들 간에 도로 상태나 교통량 등의 정보를 교환할 수 있게 하는 시스템이다. 벤틀리는 고급 SUV 기종에 48볼트의 전기 시스템을 장착했는데 이것은 기존의 12볼트보다 높은 힘을 제공하면서도 전기차의 300볼트처럼 위험하지는 않은 기능을 제공한다. 볼보, BMW, 토요타는 모두 e-액

표 5.1 기업들이 제품을 차별화할 수 있는 방법

제품이나 서비스의 속성에 초점을 맞추는 방법
1. 제품 형태
2. 제품 복잡성
3. 제품 생산 타이밍
4. 입지
기업과 구매자의 관계에 초점을 맞추는 방법
5. 맞춤형 제품 생산
6. 구매자 마케팅
7. 평판
기업의 내부 활동이나 기업 간의 우호적인 관계에 초점을 맞추는 방법
8. 기업 내부 기능들 사이의 관계
9. 다른 기업과의 관계
10. 제품 믹스
11. 유통 경로
12. 서비스와 고객 지원

출처 : M. E. Porter (1980). *Competitive strategy*. New York: Free Press; R. E. Caves and P. Williamson (1985). "What is product differentiation, really?" *Journal of Industrial Economics*, 34, pp. 113–132.

슬을 장착했는데, 이것은 대체로 후방 차축에 위치하는 전기모터 방식으로서 가솔린 엔진으로 구동하는 전방 차축을 보완하거나 심지어 대체하는 기능을 한다. 이러한 하이브리드 디자인은 가솔린과 전기동력을 모두 장착하는 디자인보다 단순하면서 우월한 성능을 보여 준다. 자동차 분야에서의 이러한 사례들은 제품 형태를 통해 차별화하는 방식을 보여 주고 있다.[4]

제품 복잡성 제품 복잡성에 기반을 둔 차별화는 제품 형태에 기반을 둔 차별화의 한 가지 특별한 경우라 할 수 있다. 어떤 산업 내에서 제품들은 그 복잡성의 차이가 현저할 수 있다. 예를 들어 BIC 볼펜의 '크리스탈 펜'은 전체의 펜이 하나의 몸체로 되어 있는 반면, 크로스 펜이나 몽블랑 펜 등은 많은 부품으로 이루어져 있다. 제품 복잡성의 차이가 구매자들에게 상이한 수준의 가치를 줄 수 있다고 설득할 수 있다면, 제품 복잡성에 기반한 차별화가 존재한다고 할 수 있다.

제품 생산 타이밍 제품을 적시에 출시하는 것도 차별화의 수단이 될 수 있다. 제2장에서 설명하였듯이 산업이 성장하고 있는 상황에서는 선도 기업, 즉 가장 먼저 신제품을 출시하는 기업이 되는 것이 가장 중요한 과제라 할 수 있다. 선도 기업이 되면 기술 표준을 획득하고, 전략적으로 가치 있는 자원을 선점하며, 구매자가 다른 기업의 제품을 선택하기 어렵게 하는 전환비용을 높일 수 있다. 이러한 선도 기업 우위는 구매자들이 이 선도 기업이 더 가치 있는 효용을 구매자들에게 준다고 인식하도록 유도하는 데 도움을 준다.[5]

그러나 제품 출시의 타이밍에 기반을 둔 차별화가 선도 기업의 우위에만 관련이 있는 것은 아니다. 후발 기업들도 적시에 적절한 제품이나 서비스를 선보임으로써 경쟁우위를 얻을 수 있다. 특히 어떤 제품의 성공이 이 제품을 보완해 줄 수 있는 다른 제품의 존재 여부에 달려 있을 때 이러한 현상을 볼 수 있다. 예를 들어 마이크로소프트의 MS-DOS와 윈도우 소프트웨어의 성공은 IBM의 PC와 연관 짓지 않고는 상상할 수 없는 것이었다. 즉 IBM PC의 출현 이후에야 MS-DOS의 성공이 가능했던 것이다.[6]

입지 기업의 지역적 입지도 차별화의 기반이 될 수 있다.[7] 예를 들어 플로리다 올랜도에 있는 디즈니랜드를 생각해 보자. 매직 킹덤과 엡콧 센터를 시작으로 디즈니는 세계적인 놀이공원과 휴양지를 만들었다. 그 후 수년간 디즈니는 MGM 스튜디오, 1만 1,000여 개의 방을 갖춘 호텔, 1억 달러 규모의 스포츠센터, 자동차 경주 시설, 야간 위락 단지 등의 시설을 올랜도 지역에 꾸준히 세웠고, 가장 최근에는 10억 달러 규모의 '애니멀 킹덤'을 건립하였다. 이제 전 세계 관광객들은 올랜도를 방문함으로써 디즈니가 제공하는 모든 종류의 오락시설을 한꺼번에 즐길 수 있게 되었다.[8]

기업과 구매자의 관계에 기반을 둔 차별화

〈표 5.1〉에서 두 번째 그룹의 차별화 방법은 기업과 구매자의 관계에 초점을 맞춘다.

맞춤형 제품 생산 제품은 특정한 구매자를 위해 맞춤 제작함으로써 차별화될 수 있다. 맞춤형 제품 생산은 기업용 소프트웨어부터 맞춤형 자전거까지 다양한 산업에서 차별화의 수단으로 활용될 수 있다.

기업용 소프트웨어는 기업의 모든 기능, 즉 인사 관리, 봉급 처리, 고객 관리, 매출 관리, 품질 관리 등을 효율적으로 처리하기 위해 개발되는 소프트웨어이다. 이 산업에서 경쟁하는 주요 기업은 오라클과 SAP가 있다. 그런데 이 기업들이 기본적인 소프트웨어를 판매하기는 하지만, 상이한 기업 고객들은 상이한 기업 구조를 가지기 때문에 자사의 형태에 맞는 맞춤형 제품을 원한다. 즉 복잡한 소프트웨어를 특정한 구매자를 위한 맞춤형 제품으로 생산할 수 있는 능력이야말로 이 산업에서 차별화할 수 있는 기반이 된다.

자전거 구매자들은 50달러부터 1만 5,000달러에 이르기까지 다양한 수준의 자전거에 대한 수요를 보인다. 까다로운 요구를 가진 구매자를 위한 고급 자전거는 브레이크나 기어 등의 부품에 최고의 품질을 요구한다. 그러나 사실상 품질보다 중요한 것은 이 고급 자전거가 얼마나 구매자에게 특별한 경험을 전달하는가에 있다. 고급 자전거 프레임은 특수강과 탄소강, 심지어 타이타늄을 이용하여 구매자의 키, 몸무게, 팔 길이, 다리 길이 등에 맞춤형으로 제작된다. 까다로운 구매자는 자신에게 맞는 자전거를 한번 발견하면 다른 자전거로 바꾸는 일을 거의 하지 않는다.

관련 실증 연구

특정 시장에 존재할 수 있는 모든 가능한 차별화의 방법들 중에서 어떻게 실제로 이용된 특정한 방법을 정확하게 집어 낼 수 있는가? 전략경영과 마케팅 연구자들은 다중 회귀분석 기법을 이용하면 차별화 방법을 찾아낼 수 있다고 주장하는데, 그 기법은 **최대만족 가격**hedonic prices을 추정하는 것이다. 최대만족 가격은 제품이나 서비스의 여러 특징이 각 가격의 일정 부분을 구성한다는 생각을 기반으로 하고 있다.

이 논리는 간단하다. 만약 구매자들이 어떤 특징을 가진 제품에 대해 그 특징을 지니지 않은 제품보다 높은 가격을 지불할 용의가 있다면 그 특징을 가진 제품은 그렇지 않은 제품과 차별화된다. 즉 이 특징은 이 시장에서의 차별화 방법이 되는 것이다.

예를 들어 중고차의 가격을 생각해 보자. 중고차의 시장가격은 일반적으로 중고차 구매 가이드에 의해 결정되는데, 그 가이드는 중고차의 기본 가격을 먼저 설정한다. 즉 모든 중고차가 가지고 있는 기본 사양(라디오, 보통의 엔진, 히터와 열선)을 갖춘 차는 최소한 기본 가격을 받을 수 있다. 이러한 제품 특성은 거의 모든 중고차가 가지고 있기 때문에 차별화의 방법이 될 수 없다.

차별화의 방법

그러나 이 기본 사양 이외에 FM 스테레오 시스템이나 대형 엔진, 냉방장치 등 추가적인 기능이 존재할 때 그 중고차의 가격은 기본 가격보다 높아질 수 있다. 각각의 기능에 대해 얼마나 더 비싼 가격이 매겨질 수 있는가, 즉 FM 스테레오 300달러, 대형 엔진 500달러, 냉방장치 200달러 등의 가격은 이들 기능의 최대만족 가격이 된다. 이런 제품 특징은 사양이 잘 갖추어진 중고차와 그렇지 않은 중고차를 차별화하게 되고, 구매자들은 좋은 사양의 중고차에 대해 높은 가격을 지불할 용의가 있을 것이므로 차별화의 방법으로 간주될 수 있는 것이다.

다중 회귀분석 기법을 이용하면 최대만족 가격을 다음과 같이 추정할 수 있다. 중고차를 예로 들면 다음의 회귀 방정식이 성립한다.

$$가격 = a_1 + b_1(스테레오) + b_2(엔진) + b_3(냉방장치)$$

여기에서 '가격'은 중고차의 가격이고, '스테레오'는 FM 스테레오 장착 여부를 나타낸다. 엔진은 대형 엔진 장착 여부를 나타내고, 냉방장치는 냉방장치 장착 여부를 나타낸다. 만약 이러한 기능들의 최대만족 가격이 앞에서 든 예와 같다면 회귀 방정식은 다음과 같을 것이다.

가격 = 7,800달러 + 300달러(스테레오)
+ 500달러(엔진)
+ 200달러(냉방장치)

여기서 7,800달러는 이 형태의 중고차의 기본 가격이다.[9]

구매자 마케팅 기업은 차별화된 마케팅을 통해 차별화를 시도할 수 있다. 광고 및 기타 마케팅 수단을 통해 기업은 그 제품의 실질적인 속성이 바뀌는 것과는 별도로 제품에 대한 현재 또는 미래 구매자의 인식이 바뀌도록 노력할 수 있다.

예를 들어 음료 시장에서 펩시콜라가 생산하는 마운틴듀는 본래 '산에서 맛보는 아침이슬'과 같이 청량하고 과일 내음이 나는 탄산수의 콘셉트로 시장에 선보였다. 그러나 1990년대 후반부터 마운틴듀의 제품 개념이 완전히 바뀌었는데, 과격한 스포츠를 즐기는 젊은 세대의 남성을 주된 구매자로 간주하고 '부드러운 아침이슬' 대신 '듀를 체험하라'와 같은 광고 문구를 사용하기 시작했다. 스노보드, 롤러블레이드, 산악자전거, 스케이트보드와 같은 모험적인 기구를 즐기는(주로 공중에서 마구 회전하는 장면을 연출하는) 젊은 세대의 모델들이 광고 화면을 가득 채웠다. 마운틴듀는 이 같은 많은 종류의 스포츠 대회를 후원하였으며, 스포츠 케이블 채널인 ESPN의 스포츠 프로그램인 'X-Games'의 후원사가 되었다. 이 같은 과감한 광고 이미지 전환은 어디까지나 마케팅상의 변화일 뿐 제품의 속성은 아무것도 바뀌지 않았다.

평판 아마도 기업과 구매자들의 관계에 영향을 가장 많이 미치는 요인은 구매자에 대해 어느 기업이 지닌 평판일 것이다. 기업의 **평판**reputation은 기업과 구매자 사이에 존재하는 사회적으로 복잡한 관계라고 할 수 있다. 일단 어느 기업이 평판을 얻게 되면 나중에 그 기업이 평판을 얻게 된 이유를 상실하더라도 평판 자체는 오랫동안 지속될 수 있다.[10]

오락 산업에서 기업의 평판 효과를 활용하려고 했던 기업은 비아콤의 한 계열사인 MTV이다. 비록 가수 마돈나의 뮤직 비디오를 방영 금지하기는 했지만, MTV는 TV 프로그램에서의 과감한 기업 이미지로 기업 평판을 얻을 수 있었다. MTV는 시청자들이 TV에서 보리라 기대하지 못했던 프로그램을 시청하기 바란다는 것을 믿었다. '비비스와 버트헤드'라는 만화 프로그램이 바로 그 예인데, 이 만화의 주인공들은 심각한 사회적·정서적 문제를 가지고 있는 십대 청소년으로서, MTV의 과감하고 상식을 벗어난, 그리고 기꺼이 위험을 감수하는 프로그램 기획 정신을 잘 보여 준다. 최근에 MTV는 아주 새로운 장르인 '리얼리티 TV'를 선보임으로써 기업 평판을 다시 한 번 공고히 하고 있다. '리얼 월드'와 '로드 룰즈' 등 이 장르의 프로그램들은 제작비가 저렴할 뿐 아니라 MTV가 가지고 있는 기업 평판(위험을 감수하고, 선정적이며, 반대 여론을 불러일으킬 여지가 있는)에 기반을 두고 있다. 사실 MTV는 이러한 이미지의 기업 평판을 너무나 성공적으로 쌓은 나머지, 그 본업인 뮤직비디오 방송을 위해서 MTV 2 채널을 새로 시작해야 했다.[11]

기업의 내부 활동이나 기업 간 우호적인 관계에 기반을 둔 차별화

〈표 5.1〉에서 세 번째 그룹의 차별화 방법은 기업의 내부적 활동이나 기업 간의 우호적인 관계에 초점을 맞춘다.

기업 내부 기능들 사이의 관계 기업은 기업 내부의 상이한 기능들 간에 연결 고리를 창조함으로써 차별화를 도모할 수 있다. 예를 들어 제약 산업에 대한 연구에 따르면 기업들은 기업 내 다양한 과학적 지식(생명공학, 생물학, 화학, 약리학 등)을 통합하는 능력이 상이하다. 새로운 분야의 약품을 개발하기 위해 기업 내 다양한 지식을 효과적으로 통합하는 능력은 **구성화 능력**architectural competence이라 불리기도 하는데, 이는 기업이 연구를 실행하기 위해 과학적 분과학들 간의 협력을 유도하는 일에 조직 구조를 이용하는 능력을 말한다. 이러한 능력을 가진 기업들은 다른 기업들에 비해 쉽게 신약을 개발하는 등 더 효과적으로 차별화를 이룰 수 있다. 이처럼 신약을 통해 많은 수익을 얻을 수 있는 기업에 있어서 기업 내부 기능들을 통합하고 조정

하는 능력은 그 기업의 중요한 경쟁우위의 원천이라고 할 수 있다.[12]

다른 기업과의 관계 차별화의 또 하나의 기반은 다른 기업들과의 관계에서 찾아볼 수 있다. 즉 어느 기업 내부에 존재하는 제품과 서비스가 타 기업들에 존재하는 제품이나 서비스와 관계를 가질 때 그 기업은 차별화를 누릴 수 있다.

이러한 형태의 차별화의 예는 최근 수년 사이에 증가했음을 볼 수 있다. 예를 들어 미국 내에서 자동차 경주를 즐기는 인구가 증가함에 따라 많은 기업들이 그 제품이나 서비스를 나스카의 이미지와 연관 지으려고 했다. 버거킹, 맥도날드, 타깃, 타코벨, 가이코 파머스 인슈어런스, 로우스, 페덱스, 파이브 아워 에너지, 밀러 라이트 같은 기업들은 모두 나스카를 후원한다. 코카콜라는 1년 동안 나스카 광고가 부착된 20만 개의 자동판매기 음료수를 공급했다. 비자는 나스카와 연관된 신용카드의 신규 주문을 처리하느라 애썼고, 마텔은 1년 동안 무려 100만 개의 나스카 바비 인형을 판매하여 5,000만 달러의 수익을 올렸다. 전략적 제휴가 기업에 있어서 가치를 창출하고 나아가 경쟁우위의 원천이 될 수 있는 조건에 대해서는 제11장에서 설명할 것이다.

제품 믹스 특정한 기업 내부 활동이나 기업 간의 관계로 인해 나타날 수 있는 결과 중 한 가지는 그 기업이 시장에 선보이는 제품 믹스, 즉 제품 종류의 변화이다. 제품 믹스 또한 차별화의 방법이 될 수 있는데, 특히 (1) 그 기업이 제공하는 제품이나 서비스가 기술적 요소가 강할 때, 또는 (2) 동일한 구매자가 한 기업으로부터 여러 가지 제품이나 서비스를 구매할 때 그렇다.

예를 들어 정보 기술 산업에서는 기술 표준 등 기술적 요소가 제품 판매에 매우 중요하므로 기술 표준 자체가 차별화의 중요한 방법이 될 수 있다. 그러나 하나의 기술 표준을 위해서 여러 기업이 관련된 경우, 즉 기업 A의 컴퓨터가 기업 B의 컴퓨터와 통신이 가능하기 위해서는 기업 C의 데이터가 필요한데, 여기에는 기업 D의 소프트웨어에서 만들어진 자료와 기업 E의 소프트웨어에서 만들어진 자료를 결합해야 하고, 이것이 다시 기업 F의 교환장치를 통해야만 전송될 수 있는 경우에는 이 모든 기업들을 위한 기술 표준을 확립하기가 매우 어려울 것이다. 이 때문에 정보 기술 산업의 기업들은 종종 관련된 제품들을 하나의 번들로 묶어 판매함으로써 구매자가 상이한 기술 표준 때문에 골치를 썩지 않아도 되도록 하고 있다. 효과적인 제품 번들을 구성하기 위해서는 기업의 연구개발 활동, 전략적 제휴, 인수합병 전략 등이 통합적으로 조정되어야 한다.

쇼핑몰은 제품 믹스가 중요할 수 있는 두 번째 이유, 즉 동일한 구매자가 여러 가지 제품이나 서비스를 구매하는 경우를 설명하는 좋은 예이다. 여러 종류의 상점들이 한 장소에 모여 있는 경우, 쇼핑객들은 여러 가지 물건을 사기 위해 멀리 이동할 필요가 없다. 즉 쇼핑몰에서의 '동일 지점 구매'가 가능하게 됨으로써 구매자의 이동시간을 줄여 주고 쇼핑을 하나의 즐거운 경험으로 만들어 주는 효과가 있다. 쇼핑몰을 개발하는 기업들은 이러한 이점을 알고 있기 때문에 여러 상점이 한 장소에 모여 있는 경우 구매자들에게 주는 가치가 상점들이 분산되어 있는 경우보다 크다는 것을 이용하여 점포 믹스의 효과를 극대화하려 한다.[13]

유통 경로 특정한 기업 내부 활동이나 기업 간의 관계는 그 기업이 어떤 유통 경로를 택하는가에 영향을 줄 수 있고, 유통 경로의 선택은 그 기업의 차별화 방법이 될 수 있다. 예를 들어 음료 시장의 경우, 코카콜라, 펩시콜라, 세븐업은 그들의 제품을 유통시킬 때 지역 유통 기업들인 '보틀러', 즉 지역 완제품 생산 기업을 이용하는데, 때로는 이들 지역의 기업들을 직접 소유하거나 독립된 지역 기업들을 이용하기도 한다. 음료 생산 기업들이 핵심 첨가물만 생산하여 지역 완제품 생산 기업에 보내면, 지역 완제품 생산 기업들은 이것을 탄산수와 함께 캔이나 병에 넣어서 포장을 마치고 지역 점포에 유통시킨다. 지역 완제품 생산 기업들은 관례적으로 각각의 지역에 대해 배타적인 유통권을 갖는다.

캐나다드라이는 이 관례와 전혀 다른 유통 경로 전략을 채택하였다. 지역 완제품 생산 기업에 의존하는 대신, 캐나다드라이는 몇몇 지역 거점에서 완제품을 생산하여 도매상들에게 직접 판매하였고, 이 도매상들이 지역 식료품점, 편의점, 기타 소매점에 판매하도록 하는 방식을 택했다.

이처럼 차별화된 유통 경로는 몇 가지 특이한 결과를 가져왔는데, 그중 하나로 캐나다드라이는 식료품점 매출에서는 강점을 보인 반면 자동판매기 매출에서는 취약점을 보였다. 자동판매기들은 코카콜라와 펩시콜라가 독점하다시피 하고 있는데, 지역 유통 기업들이 자동판매기를 보수·유지하고 제품을 판매하는 권리를 가지고 있기 때문이다. 캐나다드라이는 지역 유통 기업들을 이용하지 않았기 때문에 코카콜라나 펩시콜라의 지역 유통 기업들로부터 자동판매기를 구입한 경우를 제외하고는 자동판매기에 의한 매출을 기대할 수 없었다. 콜라 생산업체들과의 배타적 계약에 따라 이들 지역 유통 기업은 캐나다드라이의 진저에일(콜라 계열이 아닌)은 취급할 수 있었던 반면 다양한 콜라 제품은 취급할 수 없었기 때문이다.[14]

서비스와 고객 지원 마지막으로 기업들은 제품을 서비스와 지원의 정도에 의해 차별화할 수 있다. 예를 들어 어떤 PC 제조 기업들은 외부 기업에 서비스를 전적으로 위탁하여 낮은 서비스 수준을 유지한다. 어떤 기업들은 인도 등지의 기업에 서비스 활동을 위탁한 후 이를 관리하는 부서를 둔다. 다른 기업들은 높은 수준의 고객 지원을 위해 지속적으로 사내전문가를 고용한다.[15]

차별화와 창의성

〈표 5.1〉에 설명된 차별화의 방법들은 기업이 활용할 수 있는 다양한 종류의 기법을 설명하기는 하지만, 어떤 방법을 활용한다 할지라도 실패하지 않으리라는 보장은 없다. 차별화는 결국 얼마나 창의성을 발휘하는가를 의미하는데, 이는 한 산업 내에서 기업이 발견할 수 있는 기회를 얼마나 잘 포착하여 이 기회를 최대한 이용하기 위한 능력을 발휘하여 기꺼이 실행에 옮기

려 하는가에 관한 문제이다. 그러므로 학자들이 아무리 잘 준비된 차별화의 방법을 제시한다 하더라도 실무 차원에서 창의적인 숙련공이나 시장 전문가들, 또는 경영자들이 새로운 차원의 차별화 방법을 고안해 낼 가능성은 언제나 존재한다.

차별화의 가치

차별화의 방법을 통해 기업이 경쟁우위를 창출하기 위해서는 그 차별화의 방법이 가치 있어야 한다. '이론적 뿌리를 찾아서'에서는 차별화가 가치를 지니기 위한 시장 조건을 설명한다. 일반적으로 차별화의 방법이 가치를 지니기 위해서는 기업이 외부의 위협을 중화시키거나 외부의 기회를 이용하는 데 도움이 되어야 한다.

이론적 뿌리를 찾아서

차별화와 기업 가치의 관계에 대해 두 가지 연구가 거의 동시에 독립적으로 이루어졌는데, 에드워드 챔벌린과 조앤 로빈슨이 이 연구들을 수행하였다.

챔벌린과 로빈슨은 각각 완전경쟁 시장과 비교하여 차별화가 기업 성과에 미치는 영향을 조사하였다. 제2장에서 설명하였듯이 완전경쟁하에서는 시장에 수많은 기업이 존재하고 각각 작은 부분의 공급을 책임지며, 이 기업들이 공급하는 제품이나 서비스는 동일하다고 가정된다. 이 조건에서 기업들은 수평적인 수요 곡선을 가지게 되고(왜냐하면 이 기업들은 제품 가격을 결정할 권한이 없기 때문에), 한계수익과 한계비용이 같아지는 지점에서 생산량을 결정함으로써 경제적 성과를 극대화하게 된다. 이들 기업의 비용 구조가 동일하다고 가정하면 완전경쟁하에서 기업이 가질 수 있는 극대의 경제적 성과는 보통의 경제적 성과normal economic performance이다.

차별화된 제품을 판매할 때 기업들은 가격을 조정할 수 있게 된다. 즉 매우 높은 가격으로 소량 생산하거나 매우 낮은 가격으로 대량 생산할 수 있는 것이다. 가격과 생산량의 이러한 상반관계trade-off는 기업들이 완전경쟁에서와 같이 수평의 수요 곡선을 가지는 것이 아니라 우하방 경사의 수요 곡선을 가진다는 것을 의미한다. 차별화된 제품을 판매하여 우하방 경사의 수요 곡선을 가지는 기업들은 챔벌린이 이름 붙인 **독점적 경쟁**monopolistic competition의 산업 구조에 속한다. 이는 차별화된 제품의 영역 내에서 기업이 독점적인 지위를 가진다는 것을 의미한다.

차별화의 경제학

독점적으로 경쟁적인 시장에서의 기업들 역시 한계수익과 한계비용이 같아지는 지점에서 제품을 생산하여 판매함으로써 경제적 성과를 극대화한다. 이 최적점에서 기업이 책정할 수 있는 가격은 차별화된 제품에 대한 수요에 달려 있다. 만약 수요가 높으면 책정할 수 있는 가격도 높을 것이고, 수요가 낮으면 책정할 수 있는 가격도 낮을 것이다. 그러나 어느 기업의 평균 총비용이 가격보다 낮으면(즉 평균 총비용이 수요에 의해 정해지는 가격보다 낮으면) 이 기업은 보통 이상의 경제적 이익을 얻을 수 있다.

〈그림 5.1〉에서 설명하는 예를 생각해 보자. 이 그림에는 몇 가지 곡선이 있다. 먼저 수요 곡선(*D*)은 우하방 경사이다. 이는 이 산업이 완전경쟁 상태가 아니며 기업이 그 제품에 대한 가격 결정권을 가

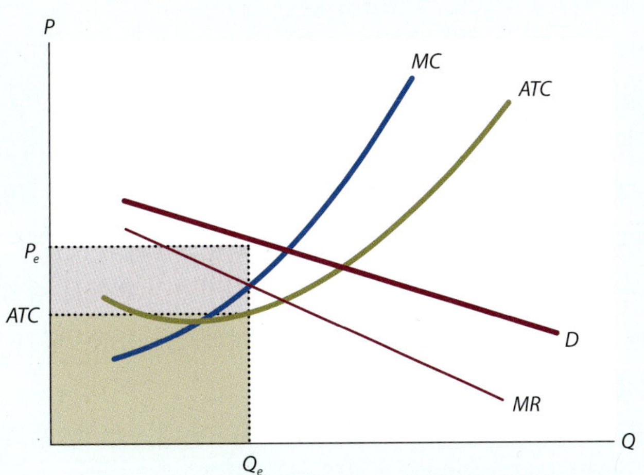

그림 5.1 차별화와 기업 성과 : 독점적 경쟁의 분석

진다는 것을 의미한다. 또한 한계수익 곡선(*MR*)도 우하방 경사이며 항상 수요 곡선보다 아래에 위치한다. 한계수익 곡선이 우하방 경사인 이유는 기업이 추가적인 단위를 판매할 때마다 그 가격을 조금씩 하락시킬 의향이 있어야 하기 때문이다. 한계수익 곡선이 수요 곡선보다 아래에 위치하는 이유는 낮은 가격이 기업이 판매하는 추가적인 제품뿐만 아니라 모든 제품에 적용되기 때문이다. 한계비용 곡선(*MC*)은 우상방 경사인데, 이는 추가적인 생산을 하기 위해 기업이 추가적인 비용을 가져야 함을 의미한다. 평균 총비용 곡선(*ATC*)은 여러 형태일 수 있는데 이는 규모의 경제, 생산 요소 가격, 그리고 제4장에서 설명한 기타 비용 요소에 의해 영향을 받는다.

이 네 가지 곡선(수요 곡선, 한계수익 곡선, 한계비용 곡선, 평균 총비용 곡선)은 독점적 경쟁하에서 기업들이 얻는 경제적 이익의 수준을 알아보는 데 이용될 수 있다. 기업은 이익 극대화를 위해 한계비용과 한계수익이 같아지는 생산량인 Q_e를 생산한다. 이 생산량에서 기업 제품의 가격을 결정하기 위해 Q_e를 지나는 수직선을 그어 수요 곡선과 만나는 점을 구한다. 이 점에서 다시 수평선을 그으면 가격 P_e가 된다. 이 가격 수준에서 평균 총비용은 가격보다 아래에 있다. 이 상황에서 총수익(가격 × 수량)은 그림에 표시되어 있다. 기업이 얻는 경제적 성과 또한 그림에 표시되어 있다. 기업이 얻는 경제적 성과가 평균 총비용보다 윗부분이라는 것은 이것이 기업이 얻는 경쟁우위임을 의미한다. 만약 이 부분이 평균 총비용보다 아래에 위치했다면 경쟁열위를 의미했을 것이다.

챔벌린과 로빈슨은 차별화 영역으로 정의되는 틈새시장market niche으로의 기업 진입이 갖는 영향도 논의하였다. 제2장에서 설명하였듯이 S-C-P 모델의 기본적인 가정은 어느 산업 또는 틈새시장이 갖는 보통 이상의 경제적 성과는 기업들이 이 산업 또는 틈새시장으로 새롭게 진입하는 것을 유도한다. 독점적 경쟁 산업에서 이러한 시장 진입은 수요 곡선을 아래 또는 왼쪽으로 이동시키는데, 이는 기업들이 가격을 유지한다면 구매자들은 적은 수량을 구매할 것이라는 것, 또는 기업들은 동일한 수량을 판매하기 위해 가격을 낮추어야 한다는 것을 의미한다. 장기적으로 보면 틈새시장으로의 진입은 기업이 책정하는 가격과 기업의 평균 총비용이 같아지게 하며, 기업은 차별화된 제품을 판매함에도 불구하고 아무런 경제적 이익을 얻지 못하게 된다.[16]

차별화와 환경적 위협

성공적인 차별화는 기업이 각 환경적 위협에 잘 대응하도록 도와준다. 예를 들어 차별화는 어떤 산업으로의 잠재적 진입 기업들로 하여금 일반적으로 발생하는 진입비용과 더불어 기존 기업의 차별화된 제품의 우위를 극복하기 위한 비용을 부담하도록 강요함으로써 그들에 의한 위협을 감소시키게 된다. 차별화와 시장 진입에 대한 내용은 이미 제2장에서 논의된 바 있다.

차별화는 경쟁자로부터의 위협을 감소시키는데, 왜냐하면 한 산업 내 기업들이 각각 세분 시장에서 우위를 점하려 하기 때문이다. 이 기업들은 넓은 의미에서 동일한 구매자를 대상으로 하기 때문에 경쟁이 완전히 사라지는 것은 아니지만, 실제로 각 기업들은 상이한 구매자 집단을 목표로 하기 때문에 직접적인 경쟁 강도가 낮다. 예를 들어 롤스로이스와 피아트는 자동차 구매자의 기본 욕구인 수송수단의 욕구를 충족시킨다는 점에서 경쟁 기업이다. 그러나 롤스로이스를 고려하는 구매자가 피아트도 똑같이 고려하리라고 생각하는 것은 비현실적이기 때문에 두 기업의 경쟁 강도는 낮다고 할 수 있다.

차별화는 또한 대체재로부터의 위협을 감소시키는데, 왜냐하면 차별화된 제품은 다른 산업에 존재하는 대체재보다 구매자에게 더 매력적일 수 있기 때문이다. 예를 들어 냉동식품과 냉동되지 않은 식품은 서로 대체재 관계에 있는데, 냉동식품을 더 매력적으로 보이기 위해서 스토퍼스나 스완슨 등의 기업들은 TV 광고나 신문 광고, 매장 진열, 쿠폰 할인 등에 막대한 투자를 하고 있다.

차별화는 공급자로부터의 위협도 감소시킨다. 어떤 이유에서든 유리한 위치에 있는 공급자는 자신이 제공하는 재화나 서비스의 가격을 올릴 수 있는데, 이 경우 기업의 이윤이 감소되지 않으려면 이렇게 상승된 공급 가격은 결국 제품이나 서비스의 가격 상승을 초래한다. 이 경우, 만약 그 기업이 차별화되지 않은 제품을 가지고 있는 경우 구매자는 비슷한 속성을 지닌 경쟁 기업의 제품을 구매할 확률이 크다. 그러나 기업이 차별화된 제품을 가지고 있다면 구매자들은 높은 가격을 감수하고라도 차별화된 그 제품을 계속 구매할 가능성이 높다. 그러므로 어느 기업이 차별화에 성공했을 경우, 공급자가 가격을 올리는 상황에 직면하더라도 어느 정도까지는 별 저항 없이 구매자에게 상승된 공급 가격을 전가할 수 있을 가능성이 크기 때문에 공급자로부터의 위협을 감소시킬 수 있는 것이다.

마지막으로 차별화는 구매자의 위협을 감소시킬 수 있다. 성공적으로 차별화된 제품을 판매하는 경우, 그 기업은 해당 제품 영역에서 '준독점quasi-monopoly'의 지위를 누린다. 이 상황에서 그 제품 영역에 관심이 있는 구매자는 이 기업으로부터 구매하지 않으면 안 된다. 즉 이 기업은 구매자로부터의 위협에서 자유로울 수 있는 것이다.

차별화와 외부로부터의 기회

차별화는 또한 기업이 외부로부터의 기회를 이용하도록 도와준다. 예를 들어 세분화된fragmented 산업의 기업들은 차별화를 통해 산업을 통합할consolidate 수도 있다. 예를 들어 제록스는 사무용 복사기 산업과 프린터 산업의 명성을 이용하여 사무용지 제조 산업에서 선두 기업의 지위에 올랐다. 제록스는 자사의 용지를 이용하면 복사기의 용지 얽힘 문제를 줄일 수 있다고 주장하며 이전에는 차별화되지 않았던 종이 제품을 차별화하는 데 성공하였고, 매우 세분

화되었던 용지 제조 산업을 몇몇 기업 중심의 산업으로 통합할 수 있었던 것이다.[17]

부상하는emerging 산업에서의 차별화의 기능은 제2장에서 설명한 바 있다. 이러한 산업에서는 선도 기업이 됨으로써 기술적 선도 기업의 이미지, 전략적으로 가치 있는 자원의 선점, 높은 전환비용을 통한 구매자 확보 등에 바탕을 둔 차별화 우위를 획득할 수 있다.

성숙한mature 산업에서의 차별화 전략은 과감한 신기술 도입을 시도하기보다는 기존 제품의 개선 쪽에 초점을 맞추는 경우가 많다. 예를 들어 자동차 주유소 산업은 성숙한 산업의 예

전략과 기업윤리

제품 성능에 대한 주장과 의료 산업에서의 윤리적 딜레마

차별화의 방법 중 가장 흔한 것은 제품의 성능이 좋다고 주장하는 것이다. 일반적으로 고성능의 제품은 저성능의 제품보다 높은 가격일 수 있다. 그러나 기업들은 고성능 제품이 갖는 잠재적인 가격우위에 유혹된 나머지 살짝 과장된 표현을 하거나 심하면 대놓고 거짓말을 하기도 한다.

이러한 제품 성능에 대한 주장이 구매자에게 별로 해를 주지 않을 때는 그다지 문제가 되지 않는다. 특정한 미백 치약이 당신의 치아를 다른 사람처럼 만들어 준다거나, 특정한 데오드란트를 사용하지 않았다고 해서 당신이 응원하는 풋볼 팀이 이겼을 때 만세를 부르면 주변 사람들에게 문제를 일으킨다고 정말로 믿는 사람은 별로 없다. 이러한 과장은 별로 해로운 것이 아니고 윤리적인 문제를 일으키지도 않는다.

그러나 의료 산업에서의 과장된 제품 효능은 심각한 문제를 일으킬 수 있다. 만약 환자가 과장되지 않지만 정확하게 효능을 표현하는 약품 대신 과장된 효능을 광고하는 약품을 선택하는 경우 이러한 문제가 생길 수 있다. 미국에서 역사적으로 일어난 잘못된 약효 주장의 결과물로 태어난 것이 약품이 시판되기 전에 그 효력을 검증하는 역할을 하는 미국식품의약국Food and Drug Administration, FDA이다. 역사적으로 FDA는 '까다로운 기준'을 가졌는데, 약품을 판매하는 기업은 약효뿐 아니라 환자들에게 아무런 해를 끼치지 않는다는 것을 증명해야 한다. 환자들은 FDA를 통과한 약품이 세계에서 가장 까다로운 기준을 충족한다고 믿을 수 있다.

그러나 이러한 약품 승인의 '까다로운 기준'은 중요한 윤리적 딜레마를 만들었는데, 대부분 FDA 승인을 받는 데 걸리는 시간과 관련된 것이었다. 승인 과정은 5~7년이 걸린다. 이 기간 동안 환자들은 승인되지 않은 약품을 이용할 수 없다. 즉 지금 당장 그 약품이 필요한 환자들에게는 문제가 될 수 있는 것이다.

FDA 승인 절차가 효능이 있는 약품이 시장에 나오지 않게 한다는 우려가 커짐에 따라 대체의학(식물 뿌리 등 천연재료에 기반을 둔)이 성장하게 되었다. 발모, 체중 감량, 금연 효과 등 그들이 주장하는 것들은 FDA의 검사를 받지 않았지만 계속 등장하고 있다.

이러한 주장들은 어떤 측면에서는 일리가 있다. 예를 들어 에페드린(감기약의 일종)이 암페타민(각성제의 일종)처럼 작용해서 운동 성과를 높여 준다는 것은 잘 알려져 있다. 다른 사실들(천연약재를 특정한 비율로 배합하여 먹으면 남성 성기의 크기를 증가시킬 수 있다는 등)은 아직은 근거를 찾기 힘든 것이 많다. 사실 천연약재에 대한 최근의 분석 결과는 이러한 효능을 보이는 성분이 없다고 밝혔고, 동물의 배설물에서 심각한 위장장애를 일으키는 농축된 박테리아군을 발견하기도 했다. 과장되고 근거 없는 효능에 기반해서 제품을 판매하는 기업들은 윤리적 딜레마에 직면한다. 그리고 FDA의 승인이 없는 경우, 매수자 위험 부담 원칙caveat emptor 또는 "구매자 스스로 조심하라"라는 구호가 좋은 조언이 될 것이다.[18]

라 할 수 있는데, 이 산업 내의 기업들은 경쟁 기업의 제품보다 조금 다른 기능(엔진 정화 기능 등)을 강조하거나 조금 다른 제품 믹스(잡화 판매 등)를 통해 제품 다각화를 시도한다. 성숙한 산업에서는 제품이나 서비스의 속성을 실질적으로 변화시키기가 매우 힘들기 때문에 기업들은 작은 차이를 과장해서 광고하기 쉽다. 이러한 과장 행위에 대해서는 '전략과 기업윤리'에서 설명한다.

차별화는 쇠퇴하는declining 산업에서도 하나의 중요한 전략이 될 수 있다. 차별화에 성공한 기업은 쇠퇴하는 산업에서도 기업 명성이나 특별한 제품 속성 등 여러 가지 경로를 통해 선도 기업의 위치를 유지할 수 있다. 또한 차별화에 성공한 기업은 전반적으로 쇠퇴하는 산업 내에서도 정상적인 매출을 유지하는 틈새시장을 개발하여 이에 집중함으로써 생존할 수 있다.

마지막으로, 어떤 기업의 국내에서의 차별화 전략은 그 기업의 국제화 전략에도 중요한 영향을 미친다. 예를 들어 의류 산업에서 차별화 우위를 지닌 외국 기업들은 이제 미국에 진출하기 시작했다. 이러한 기업들로 '칩 시크' 룩을 강조하는 스웨덴의 H & M, 네덜란드의 멕스, 스페인의 자라, 프랑스의 스포츠 의류업체인 라코스테 등을 들 수 있다.[19]

차별화와 지속적인 경쟁우위

차별화 전략은 기업이 제품이나 서비스의 평균 비용보다 높은 가격을 설정할 수 있게 함으로써 가치를 창출할 수 있다. 성공적으로 차별화를 실행하는 기업들은 다양한 환경적 위협을 중화시키고 다양한 환경적 기회를 활용할 수 있다. 그러나 제3장에서 설명하였듯이 어느 전략이 지속적인 경쟁우위를 창출하려면 그 전략은 가치를 창출할 뿐만 아니라 희소성이 있어야 하고 모방 가능성이 낮아야 한다. 앞에서 기술한 차별화의 방법들은 희소성과 모방 가능성의 측면에서 다양한 양상을 보일 수 있다.

차별화의 희소성

차별화를 언급할 때 우리가 암묵적으로 가정하는 것은 완전경쟁 시장의 조건에서 경쟁하는 기업의 수보다는 적은 기업이 차별화를 추구한다는 것이다. 즉 차별화를 추구하여 산업 평균보다 높은 가격을 부과할 수 있다는 사실 자체가 이 전략이 어느 정도는 기본적인 희소성을 갖는다는 것을 보여 준다.

궁극적으로 차별화의 희소성은 기업이 얼마나 창의적인 방법으로 그 제품이나 서비스를 차별화할 수 있는가에 달려 있다. 앞에서 설명하였듯이 창의적인 기업들은 제품을 차별화할 수 있는 새로운 방법을 끊임없이 발견하거나 창조할 수 있다. 경쟁 기업들이 끊임없이 모방함에도 불구하고 창의적인 기업들은 끊임없이 새로운 방법을 발견 또는 창조함으로써 경쟁 기업보다 항상 한 걸음 앞설 수 있다.

차별화의 모방 가능성

가치 있고 희소한 차별화 전략이 지속적인 경쟁우위를 창출하기 위해서는 반드시 모방 가능성이 낮아야 한다. 모방의 두 형태인 직접복제나 대체를 차별화와 관련하여 살펴보자.

차별화의 직접복제

제4장에서 설명하였듯이 저비용 전략을 성공적으로 실행하는 기업은 가격 정책에 있어서 두 가지 선택을 할 수 있다. 첫 번째 선택은 가격을 경쟁 기업들과 동일하게 유지하는 것으로서, 이러한 경우 비용우위를 가지고 있다는 사실을 경쟁 기업들에게 노출하지 않을 수 있다. 두 번째 선택은 가격을 경쟁 기업보다 낮게 유지하는 경우이다. 월마트처럼 다른 경쟁 기업들이 이 기업의 낮은 비용 구조를 쉽게 복제할 수 없을 것이라고 판단하는 경우에는 낮은 가격을 유지하여 비용우위를 노출하는 것도 두려워하지 않을 것이다.

반면에 차별화를 추구하는 기업들은 이러한 복수의 선택 사항을 가질 수 없다. 즉 차별화를 추구하는 기업들은 차별화의 기반이 되는 속성을 그대로 보여 주게 된다. 왜냐하면 차별화를 추구하는 기업들이 구매자나 잠재적 구매자에게 자신들의 제품이나 서비스가 어떻게 다른 경쟁 기업들의 제품이나 서비스보다 다른가를 보여 주는 과정에서 경쟁 기업들도 자연스럽게 그 정보를 알게 되기 때문이다. 경쟁 기업들은 그 기업의 제품이나 서비스를 구매함으로써 구매자와 똑같이 그 제품이나 서비스가 어떻게 차별화되었는가를 쉽게 경험할 수 있게 된다.

그러나 비록 어느 기업이 차별화 전략을 추구하고 있다는 사실을 알고 있다 하더라도 그 전략을 언제나 쉽게 복제할 수 있는 것은 아니다. 어느 기업이 어떤 방법으로 차별화를 추구할 것인가에 따라 그 전략을 복제하는 것이 얼마나 어려울지 정해지게 된다. 〈표 5.2〉에서 설명한 차별화의 방법 중 어떤 종류의 속성, 예를 들어 제품 형태에 기반을 둔 차별화는 가장 쉽게 복제가 가능하다. 다른 종류의 속성, 예를 들어 제품 믹스, 다른 기업들과의 관계, 맞춤형 제품, 제품 복잡성, 구매자 마케팅 등에 기반을 둔 차별화는 경우에 따라 복제가 힘들 수 있다. 마지막으로 또 다른 종류의 속성, 예를 들어 기업 내부 기능들 간의 관계, 제품 출시의 타이밍, 지역적 입지, 기업 평판, 유통 경로, 서비스와 고객 지원에 기반을 둔 차별화는 대체로 복제가 힘들다.

특정한 방법에 기반을 둔 차별화가 얼마나 힘든가 하는 문제는 그 방법이 어떤 종류의 자원이나 능력을 필요로 하는가에 달려 있다. 어떤 기업이 차별화를 추구하기 위해 이용해야 하는 자원이나 능력이 그 기업의 특정한 역사적 배경에서 획득되었거나, 이 자원이나 능력의 획득 과정을 외부 기업이 파악하기에 높은 불확실성이 존재한다거나, 또는 자원이나 능력이 사회적으로 복잡한 성격을 띠었다면 이러한 자원이나 능력을 이용한 차별화 전략은 경쟁 기업들이 모방하기 힘들 것이다. 이 경우 차별화 전략은 지속적인 경쟁우위를 창출할 수 있다. 반면에 특이한 역사적 배경, 불확실성 또는 사회적 복잡성의 속성을 지니지 않은 자원에서 비롯된 차별화는 오직 임시적인 경쟁우위만을 창출할 수 있을 것이다.

표 5.2 차별화의 방법과 복제의 용이성

구분	역사	인과적 모호성	사회적 복잡성
복제하기 쉬운 차별화의 방법			
1. 제품 형태에 기반한 차별화	–	–	–
복제하기 어려울 수 있는 차별화의 방법			
2. 제품 믹스	*	*	*
3. 다른 기업들과의 관계	*	–	**
4. 맞춤형 제품 생산	*	–	**
5. 제품 복잡성	*	–	*
6. 구매자 마케팅	–	**	–
복제하기 어려운 차별화의 방법			
7. 기업 내부 기능들 사이의 관계	*	*	**
8. 타이밍	***	*	–
9. 입지	***	–	–
10. 기업 평판	***	**	***
11. 유통 경로	**	*	**
12. 서비스와 고객 지원	*	*	**

– 복제하기 쉬움, * 복제하기 약간 어려움, ** 복제하기 어려움, *** 복제하기 매우 어려움

복제하기 쉬운 차별화의 방법 〈표 5.2〉에 열거한 차별화의 방법 중 쉽게 복제될 수 있는 것을 들자면 제품 형태에 기반한 차별화이다. 주변에서 가장 흔하게 볼 수 있는 차별화의 방법이 가장 쉽게 복제될 수 있는 차별화의 방법이라는 사실은 아이러니가 아닐 수 없다. 기업이 제품 형태 자체만으로 지속적인 경쟁우위를 획득할 수 있는 경우는 매우 드물다.

예를 들어 자동차 제조 기업들이 자신들의 제품을 차별화하기 위해 채택하였던 제품 형태는 거의 모두 경쟁 기업들에 의해 복제되었음을 볼 수 있다. 크라이슬러의 '캡 포워드' 디자인은 다른 많은 경쟁 차종에서도 볼 수 있다. 아우디의 곡선형의 스포티한 스타일은 렉서스와 제너럴모터스의 차종들에 도입되었다. GM의 '온 스타' 시스템은 메르세데스벤츠가 복제하였다. 메르세데스벤츠의 '크러블 존' 기술은 GM의 '유니바디' 구조와 더불어 산업 표준이 되다시피 하였다. 아직 경쟁 기업들에 의해 복제되지 않은 것으로 마즈다 미아타와 닛산 370Z, 포르셰 911 모델을 들 수 있는데, 사실 이 모델들은 제품 형태 자체보다는 이들 기업의 평판과 관련이 있다.

제품 형태 자체가 지속적인 경쟁우위의 원천이 될 수 있는 경우는 이 제품 형태가 특허법에 의해 보호받을 때뿐이다. 그러나 제2, 3장에서 설명하였듯이 어떤 기업이 특허를 가지고 있다 해도 아주 예외적인 경우를 제외하고는 직접복제의 도전으로부터 완전히 자유롭지는 못하다.

하지만 제품 형태를 기반으로 하는 차별화는 임시적인 경쟁우위의 원천이 될 수는 있다. 즉 경쟁 기업들이 제품 형태를 복제할 때까지의 한정된 기간에는 기업들이 그 제품을 통해 새로운 구매자를 개척할 수 있다. 만약 구매자들이 제품 형태에 끌려서 제품을 구매했다가 생각지 않았던 다른 속성에 매력을 느끼게 되었다면, 그리고 그 생각지 않았던 속성이 경쟁 기업들이 복제하기 힘든 것이라면 이 기업은 뜻하지 않게 지속적인 경쟁우위를 획득할 수도 있다.

복제가 어려울 수 있는 차별화의 방법 반면에 어떤 종류의 차별화 방법은 경우에 따라 복제가 힘든 경우도 있다. 〈표 5.2〉에 나열된 것들 중 첫 번째 것은 제품 믹스이다.

다른 기업의 제품 형태를 복제하는 것은 그리 어렵지 않다. 그러나 어느 기업이 일련의 제품들을 시장에 선보이는데 그 제품들이 각각 특이한 제품 형태일 뿐만 아니라 그 형태들이 모두 유사점을 지니고 있을 때는 그 일련의 제품들의 형태를 경쟁 기업이 모두 복제하기는 어려울 수 있다. IBM 등의 기업이 판매하는 일련의 정보 기술 제품들은 그 기업의 통합된 정보 기술에 의해 생산되는 것이므로 일반적으로 이 통합된 기술을 지니지 못한 다른 기업들이 복제하기 어렵다.

그러나 제품 믹스의 우위는 보편적인 구매자를 상대로 하는 것인 경우에는 복제가 아주 불가능한 것은 아니다. 쇼핑몰은 단독의 상점에 대해 경쟁우위를 가지지만 다른 쇼핑몰에 대해서도 경쟁우위를 갖는 것은 아니다. 즉 제품 믹스에 기반을 둔 쇼핑몰의 우위는 같은 구매자를 상대로 하는 다른 경쟁 기업의 쇼핑몰에 의해 복제될 수 있다.

다른 기업과의 관계 또한 복제하기 어려울 수 있는데, 특히 그 관계가 사회적으로 복잡한 관계에 기반할 때 그러하다. 제11장에서 기업 간 관계(전략적 제휴를 포함한)가 지속적인 경쟁우위의 원천이 되는 경우를 자세하게 설명할 것이다.

맞춤형 제품 생산과 제품 복잡성 또한 쉽게 복제하기 어려울 수 있는데, 맞춤형 제품을 계속 공급하기 위해서는 구매자와 밀접한 관계를 가져야 하기 때문이다. 맞춤형 제품을 생산하기 위해서 구매자와 공급자는 제품 개발, 생산공정 등 기업의 기밀과 관련된 민감한 부분에서도 밀접하게 협력해야 할 때가 많다. 즉 구매자 기업과 공급자 기업은 각각 서로의 경쟁 기업들에게 이러한 기업 기밀을 알려 주지 않을 것을 확신해야 하는데, 이것은 두 기업 사이에 신뢰관계가 형성되어 있지 않으면 불가능하다. 만약 두 기업이 이러한 사회적으로 복잡한 관계를 형성했고, 이것이 흔하지 않은 경우일 때, 이 기업 간의 관계는 지속적인 경쟁우위를 창출하는 원천이 될 수 있다.

기업용 소프트웨어와 맞춤형 자전거에서 볼 수 있는 맞춤형 제품 생산은 이러한 사회적으로 복잡한 관계를 잘 보여 준다. 구매자가 이러한 제품들을 구매하는 순간 공급자와의 관계가 시작되고, 이 관계는 오랫동안 지속되게 마련이다. 만약 구매자나 공급자 중 한 편이 더 큰 이익을 추구하기 위해 이 관계를 깨지 않는 이상, 이 관계를 지속하는 것이 구매자나 공급자 모두에게 이로울 것이다. 제11장에서 이 관계를 더 자세히 설명하기로 한다.

마지막으로, 구매자 마케팅은 차별화를 하기 위한 가장 흔한 방법임에도 불구하고 비교적 쉽게 복제될 수 있는 방법이다. 마운틴듀가 과격한 스포츠 콘셉트를 채택하였을 때 게토레이 등 다른 음료 기업들도 이와 비슷한 콘셉트를 표방했던 것이다. 물론 광고 공세나 상점 진열, 기타 마케팅 기법을 동원해서 기업들이 특정 제품에 대해 기대 이상으로 구매자의 시선을 끌 수는 있다. 맥주 산업에서 "Tastes great, less filling", "Why ask why?", "Budweiser Frogs", "What's Up?" 등의 광고는 이러한 성공을 보여 주었다. 이러한 성공이 단지 운이 좋았기 때문이었다면 이 기업들은 구매자 마케팅을 통해 지속적인 경쟁우위를 창출하지 않은 것으로 간주할 수 있다. 그러나 만약 기업들이 광고 대행사와의 관계에서 지속적으로 효과적인 광고를 창출할 수 있다면 이 또한 지속적인 경쟁우위의 원천이 될 수 있을 것이다.

복제하기 힘든 차별화의 방법 〈표 5.2〉에서 세 번째 그룹의 항목들은 복제하기 힘든 차별화의 방법을 보여 준다. 기업들이 이 방법들을 통해 차별화한다면 지속적인 경쟁우위를 창출할 수 있다.

기업의 내부 기능들 사이의 관계는 경쟁 기업들이 복제하기 힘들다. 다른 기업과의 관계는 경우에 따라 복제하기 힘들 수도 있고 복제하기 쉬울 수도 있는 반면, 기업의 내부 기능들 사이의 관계는 언제나 사회적으로 복잡한 관계에 기반하기 때문에 복제하기 힘들다. 기업의 내부 기능들 사이에는 항상 잠재적으로 갈등이 존재하게 마련이다. 어떤 조직이 내부 갈등을 효과적으로 제거하고 기능 간 협력을 이끌어 내는 조직 문화와 전통을 가질 수 있다면 이 조화능력을 바탕으로 차별화를 이루어 낼 수 있을 것이다. 그 반면, 기능 간 갈등의 역사를 가지고 있는 기업들은 새롭게 협력적인 조직 문화를 만들어 나가기 위해서 더 많은 어려움을 겪을 것이다.

실제로 제약 기업들의 구성화 능력에 대한 연구에 따르면, 이 능력을 가지고 있는 기업들과 그렇지 못한 기업들이 존재함을 볼 수 있다. 더 나아가서 구성화 능력을 가지지 못한 많은 기업들은 이 능력의 존재 유무에 따라 경쟁우위의 차이가 나타나는 것을 인식하면서도 이 능력을 개발하지 못했다. 이 사실은 기업의 내부 기능들 사이의 관계에서 비롯되는 능력은 경쟁 기업이 복제하기 힘들며, 따라서 지속적인 경쟁우위의 원천이 될 수 있다는 것을 시사한다.

타이밍 또한 복제하기 어려운 차별화의 방법이다. 제3장에서 설명하였듯이 어떤 기업의 특이한 역사를 다른 기업 내에서 똑같이 만들어 내기란 매우 어려운 일이다. 어떤 기업의 역사가 그 기업이 특별한 자원이나 능력을 쉽게 획득할 수 있는 기회를 주었고 그 기업이 이것을 차별화에 이용한다면 이 기업의 차별화는 지속적인 경쟁우위의 원천이 될 수 있다. 경쟁 기업들은 똑같은 기업 역사를 가지지 못하므로 그 기업과는 다른 방법으로 차별화를 시도해야 한다. 그러므로 미국에서 하버드나 예일 등 오래된 대학교와 경쟁하려는 대학교들이 전통 대신 대학 규모, 스포츠 팀의 명성, 학생이나 학과의 다양성 등을 강조하여 차별화하려고 시도하는 것은 당연하다고 할 수 있다.

지역적 입지도 종종 복제하기 어려운 차별화의 방법이 된다. 예를 들어 사업상 용무로 출장을 가는 기업인들의 호텔 선택을 연구한 보고서에 따르면 호텔의 위치가 호텔 선택에서 가장 중요한 결정 요인이라고 한다. 한 도시에서 전철 등 교통수단의 요지에 있으면서 대형 상권에 가까이 있는 호텔은 가격 등 다른 조건이 같다고 가정하면 다른 지역에 위치한 호텔보다 선호되게 마련이다. 사실상 사업상 출장을 가는 기업인들은 가격보다도 위치를 더 중요하게 여겼다. 그러므로 오직 소수의 호텔이 교통과 상권의 요건을 충족하는 좋은 위치에 자리 잡을 수 있고 다른 호텔들이 이 위치에 들어설 수 없다면 이 소수의 호텔은 지속적인 경쟁우위를 누릴 수 있는 것이다.

기업의 평판이야말로 가장 복제하기 어려운 차별화의 방법이라 할 수 있다. 앞에서 설명하였듯이 기업의 평판은 기업과 구매자들이 수년에 걸쳐 쌓은 경험과 신뢰관계를 바탕으로 하는 사회적으로 복잡한 관계를 기반으로 하고 있다. 기업 평판은 단기간에 획득될 수 없고, 또한 돈으로 사고팔 수 있는 것이 아니다. 이것은 오랜 기간에 걸쳐서 기업과 구매자의 관계 개선을 목적으로 이루어진 투자에 의해서만 얻을 수 있는 것이다. 훌륭한 기업 평판을 가진 기업은 높은 경쟁우위를 누릴 수 있는 반면, 나쁜 기업 평판을 가지거나 기업 평판이 없는 기업은 이를 극복하기 위해 오랜 기간의 투자가 필요하다.

유통 경로 또한 두 가지 이유에서 복제하기 어려운 차별화의 방법이 될 수 있다. 첫째, 어느 기업과 유통 기업의 관계는 때로 사회적으로 복잡한 관계일 수 있으므로 이 경우 다른 기업이 복제하기 힘들다. 둘째, 어느 산업 내의 유통 수단은 제한적인 경우가 많아서, 신규 기업들은 기존의 유통 수단을 이용하지 못하고 새로운 유통 경로를 만들거나 자체적으로 유통 경로를 소유·관리해야 한다. 기존 유통 경로 대신 새로운 유통 경로를 만드는 일은 매우 어려울 수 있다.[20] 이 때문에 많은 국제적 조인트 벤처가 만들어지기도 하는데, 이 점에 대해서는 제11장에서 자세히 설명할 것이다.

마지막으로 서비스와 고객 지원도 복제하기 어려운 차별화의 방법이다. 대부분의 산업에서 기본적인 서비스와 고객 지원은 어렵지 않게 이루어질 수 있다. 가전제품 산업의 경우 독립적인 수리점과의 계약을 통해 구매자에 대한 기본적인 서비스가 이루어진다. 자동차 산업에서는 판매점과 연결된 정비소에서 기본적인 수리를 할 수 있다. 패스트푸드 산업에서는 종업원 교육을 통해 기본적인 서비스를 제공한다.

그러나 기업이 기본적인 수준 이상의 서비스와 고객 지원을 하기 위해서는 두 가지 어려움을 극복해야 한다. 첫째, 서비스의 질과 고객 지원을 높이기 위해서는 종업원 교육에 투자를 많이 해야 한다. 맥도날드는 햄버거대학교를 설립하여 패스트푸드 산업에서 제공할 수 있는 최고의 서비스를 교육하고 있다. 제너럴일렉트릭은 지난 수년간 서비스 및 고객 지원과 관련한 종업원 교육에 막대한 투자를 해 왔다. 많은 일본 자동차 제조업체들은 미국 내 제조 공장을 설립하기 전에 판매점을 지원하기 위해 수백만 달러를 들여 종업원 교육을 해 왔다.[21]

차별화가 성공하기 위해 직접적인 종업원 교육의 비용보다 더 중요한 것은 구매자에 대한 기업과 종업원의 자세이다. 많은 기업들에게 구매자들은 '그리 즐겁지 않은 상대'로 인식되어 왔는데, 이것은 이해할 만한 일이기도 하다. 종업원들은 다른 종업원들과 접촉하는 것보다 상대적으로 고객과 덜 접촉하는데, 그것도 고객이 불만을 가져서 접촉하게 되는 경우가 많다. 즉 종업원들은 고객에 대해 비호감을 발전시킬 상황이 많이 생기게 마련이다. 고객에 대한 비호감은 서비스와 고객 지원을 바탕으로 한 차별화 전략과의 괴리를 만들어 낸다.

결국 서비스와 고객 지원을 바탕으로 한 차별화는 기업과 구매자 간의 사회적으로 복잡한 관계를 기반으로 한다. 고객과 갈등이 있는 기업은 경쟁 기업이 가지고 있는 높은 차원의 서비스를 복제하는 데 어려움을 겪을 것이다.

차별화의 대체재

이 장에서 소개된 차별화의 방법들은 그 희소성이나 복제 어려움의 정도가 다양함을 볼 수 있다. 여기에서는 차별화의 방법들이 경쟁 기업들에 의해 얼마나 쉽게 대체될 수 있는가를 살펴보기로 한다.

차별화의 대체재는 두 가지 형태로 존재한다. 첫째, 〈표 5.1〉에서 설명한 차별화의 방법들은 서로에 대해 부분적으로 대체될 수 있다. 예를 들어 제품 형태, 맞춤형 제품 생산, 제품 복잡성은 서로 비슷한 측면이 많으므로 서로의 대체재가 될 가능성이 크다. 기업 A가 맞춤형 제품 생산을 통해 차별화를 추진하려 할 때 경쟁 기업 B가 자사 제품의 특이한 제품 형태를 강조함으로써 기업 A의 차별화 효과를 반감할 수 있다는 것은 쉽게 상상할 수 있다. 또한 기업 내부 기능들 사이의 관계, 기업들 사이의 관계, 그리고 제품 믹스도 마찬가지로 서로의 대체재가 될 가능성이 크다. IBM은 컴퓨터 제조 산업에서 차별화를 위해 기업 내부의 판매, 서비스, 컨설팅 기능 사이의 밀접한 협력을 강조한다. 그러나 그 경쟁 기업들은 IBM과 경쟁하기 위해 내부적인 협력 대신 외부의 서비스 기업이나 컴퓨터 관련 컨설팅 기업과 밀접한 협력관계를 맺을 수 있다. 이처럼 차별화의 방법들이 서로 대체될 수 있기 때문에, 기업들이 여러 가지 차별화 방법을 동시에 사용하는 것도 당연하다 할 수 있다.

둘째, 이 책에서 소개되는 많은 종류의 전략들 역시 차별화의 방법을 대체할 수 있다. 어느 기업이 제품 믹스를 통해 차별화를 시도하려 할 때, 그 경쟁 기업은 전략적 제휴를 통해 차별화와 동일한 효과를 얻으려고 시도할 수 있다. 예를 들어 사우스웨스트항공의 차별화 전략의 수단인 친절한 서비스, 정시 운행, 저비용 서비스 등은 유나이티드항공이 루프트한자와의 제휴나 또는 스타얼라이언스를 통한 다른 비행사와의 제휴를 통해 추구하는 차별화 전략과 비슷한 효과를 가질 수 있다.[22]

이와는 대조적으로, 어떤 종류의 차별화 방법은 대체재가 거의 존재하지 않는다. 타이밍, 입지, 유통 경로, 서비스와 고객 지원을 통한 차별화가 그렇다. 이러한 방법들이 가치 있고 희소하며 복제하기 힘들다면 대체재가 존재하기 힘든 조건과 더불어 지속적인 경쟁우위를 창출하는 원천이 될 수 있다.

차별화 실행하기

제3장에서 설명하였듯이 어떤 전략이 잘 실행되기 위해서는 그 기업의 구조, 경영통제, 보상 정책이 그 전략과 잘 연계되어 있어야 한다. 저비용 전략을 실행하는 기업은 비용 구조를 낮추고 효율성을 높이는 데 주안점을 두는 반면, 차별화 전략을 실행하는 기업은 혁신, 창의력, 제품 성능에 집중해야 한다. 비용우위의 기업이 고객이 얻는 실용적인 가치에 주력하는 반면, 차별화 우위의 기업은 스타일에 주력한다. 어떤 기업이 스타일을, 즉 차별화 우위를 추구할 때 그 기업의 구조, 경영통제, 보상 정책에 어떠한 영향을 주는가가 〈표 5.3〉에 정리되어 있다.

조직 구조와 차별화 전략의 실행

저비용 전략과 차별화 전략은 모두 기능적 구조 또는 U-form 구조를 통해 실행될 수 있다. 그러나 저비용 전략을 위해 이용되는 U-form 구조의 경우 적은 수의 의사결정 단계, 단순한 보고체계, 소규모의 스태프(참모)를 가지고 소수의 경영 기능에 집중하는 반면, 차별화 전략을 위해 이용되는 U-form 구조는 비교적 복잡할 수 있다. 예를 들어 기업들은 창의적이고 차별화된 신제품을 개발하기 위해 여러 부서와 기능에 걸친 팀, 즉 복합적 기능의 팀cross-divisional and cross-functional team을 일시적으로 형성할 수 있다. 이러한 팀은 특정한 제품이나 서비스를 만들어 내는 부서와 기능 간의 협력을 이끌어 내기 위해 다양한 부서의 인원 구성을 갖게 된다.

효과적으로 복합적 기능의 팀을 운영하는 기업의 예로 영국의 광고대행사인 WPP를 들 수 있다. WPP는 다수의 대형 광고대행사와 홍보 회사, 시장조사 회사 등을 거느린 기업이다. 이 기업은 몇몇 산업에서는 복합적 기능의 팀이 중요하다는 사실을 발견했는데 의료 산업health care market이 그중 하나였다. WPP는 의료 산업에서 발견할 수 있는 기회를 활용하기 위해 광고 전

표 5.3 차별화 전략을 실행하기 위해 조직하기

조직 구조

1. 복합적 기능의 제품 개발 팀
2. 복잡한 매트릭스 구조
3. 고도의 창의적인 노력을 경주하는 특수한 팀 : 스컹크 워크스

경영통제 시스템

1. 폭넓은 의사결정 지침
2. 지침 내 재량권
3. 실험 장려 정책

보상 정책

1. 위험 감수에 대한 보상, 실패에 대해 처벌하지 않기
2. 창의적인 재능에 대한 보상
3. 다면적 성과 측정

문가, 시장조사 전문가, 홍보 전문가 등으로 이루어진 팀을 구성했다. 이 팀들은 의료 산업에서 마케팅 전략을 세우는 데 고도로 차별화된 새로운 접근법을 개발하는 임무를 부여받았다.[23]

이처럼 복합적 기능의 팀이 이용될 수 있다는 사실은 매트릭스 구조 또한 이용될 수 있음을 의미한다. 제4장에서 설명하였듯이, 조직 내의 한 종업원이 동시에 두 '상사boss'를 가질 때 이를 **매트릭스 구조**matrix structure라 한다. 예를 들어 WPP 내 광고대행사의 한 직원이 일시적으로 복합적 기능 팀에 합류하였을 경우, 그 직원은 기존 기업의 상사와 새로운 팀의 상사, 즉 2명의 상사를 갖게 된다. 2명의 상사가 상이한 이해관계를 가질 때 이 직원은 매우 어려운 처지에 놓일 수 있는데, 실제로 많은 경우 이 상사들은 상이한 이해관계를 가진다. 제8장에서 이에 대해 자세히 살펴보기로 한다.

어느 기업이 고도의 집중력을 가지고 새로운 제품이나 서비스 개발을 추구하는 경우 특별한 형태의 팀이 고안되기도 한다. 1950~1960년대에 록히드에서 구성된 소규모의 기술자 그룹들에서 그 좋은 예를 볼 수 있다. 이들 그룹은 일급 기밀의 첨단 군용기를 개발하는 임무를 맡았는데, 다른 기술자들에 비해 무제한적인 업무량을 감당했고 조직 내에서도 특별 취급을 받았다. 당시 이 팀들이 목욕할 시간도 없었다는 의미에서 그들이 하는 일은 '스컹크 워크스skunk works'라는 별명을 얻을 정도였다. 다른 많은 기업들도 고도로 차별화된 제품을 개발하기 위해 개개인의 창의성을 집중적으로 결집할 필요가 있는 경우 때때로 스컹크 워크스를 요구하기도 한다.[24]

경영통제와 차별화 전략의 실행

〈표 5.3〉에 제시된 차별화 전략을 실행하기 위한 경영통제 시스템들(전반적인 의사결정 지침과 지침 내에서의 재량권)은 서로 조화를 이루는 경우도 많이 볼 수 있다. 완전히 새로운 시장을 창출하기 위해 이들 통제 시스템을 이용할 수 있는 모델을 '이론적 뿌리를 찾아서'에서 다루었다.

전반적인 의사결정 지침은 자칫하면 매우 혼란스러울 수 있는 의사결정 과정을 체계적으로 정리하는 역할을 한다. 경영자들이 아무 제약 없이 의사결정을 하게 된다면 기업 내 다른 경영자와 상이한 의사결정을 하거나 또는 기업의 전반적인 목표와 다른 방향의 의사결정을 할 수도 있다. 결국 이러한 의사결정은 실행되지 않거나 또는 적절하게 실행되지 못하는 결과를 가져오게 된다.

반면에, 의사결정 지침이 너무 자세하게 규정된다면 그 기업의 창의성을 제약하게 된다. 앞에서도 설명하였듯이 한 기업의 차별화 능력은 궁극적으로 그 기업이 얼마나 창의적으로 일할 수 있는가에 달린 것이다. 그러므로 한 기업의 의사결정 지침은 각 경영자의 의사결정이 그 기업의 목표와 벗어나지 않을 만큼 자세하게 규정되어야 하는 한편, 각 경영자의 창의성이 제약받지 않을 만큼 폭넓게 규정되어야 한다. 차별화 전략을 효과적으로 실행하는 기업들의 경우, 경영자들은 전반적인 의사결정 지침이 폭넓게 규정되는 상황에서 창의적으로 의사결정을 내리

이론적 뿌리를 찾아서

대부분의 혁신은 연료 절약형 자동차, 세정력이 뛰어난 샴푸, 또는 불입액이 저렴한 보험상품 등 기존 경쟁 상태를 기반으로 기업의 제품을 리포지셔닝repositioning하는 것에 초점을 맞추고 있다. 제3장에서 설명한 이유들로 인해 이러한 노력들은 일정 기간 동안에는 차별화의 원천이 될 수 있지만, 궁극적으로 지속되는 경우는 드물다.

이러한 문제를 풀기 위해서 김위찬과 르네 마보안은 기존의 시장에서 제품을 리포지셔닝하기보다는 새로운 시장을 개척하기 위해 경쟁을 초월하는 기업들에 대해 연구하기 시작했다. 그들은 이러한 새로운 시장을 '블루 오션'이라고 불렀는데, 그 이유는 이 시장에서는 자신들의 지위를 개선(리포지션)하려는 경쟁자들이 별로 없고 비어 있어서 급속하게 기업의 성장을 이룰 수 있는 기회가 주어지기 때문이다. 즉 두 학자는 경영자들이 그들의 경쟁자를 물리치려고 하는 것이 아니라 오히려 경쟁자를 물리치려는 시도를 중단할 때 블루 오션을 창출할 수 있다고 주장하였다.

블루 오션을 창출했던 기업의 예로서 기존의 서커스를 국제적 공연 상품으로 재탄생시킨 태양의 서커스, 그리고 기존의 옐로우 테일 와인 브랜드를 맥주만큼이나 대중화시킨 카셀라 와인을 들 수 있다.

블루 오션을 찾아서

이러한 기업들은 기존 기업들과 경쟁하는 것을 시도하지 않고 기존 기업과는 무관한 새로운 경쟁 공간을 만들었던 것이다.

자, 그렇다면 기업은 어떻게 블루 오션을 창출할 수 있는가? 김위찬과 르네 마보안은 기업들은 산업 내에 존재하는 경쟁의 속성을 이해하는 것에서부터 시작할 수 있다고 제안한다. 미국의 와인 시장의 예를 들자면 카셀라는 와인 산업에서 가격, 포장에서의 고급스러운 이미지, 마케팅, 와인의 숙성도, 포도 산지의 명성, 맛의 복잡성, 그리고 와인의 다양성이라는 일곱 가지 경쟁 요소들을 파악했다. 이러한 차별화의 요소들이 파악된 다음, 기업은 산업의 경쟁 형태에 대해 다음의 네 가지 질문을 해야 한다.

1. 산업 내에서의 어떤 경쟁 요소가 '제거'되어야 하는가?
2. 산업 내에서의 어떤 경쟁 요소가 현재의 기준보다 '낮게 감소'되어야 하는가?
3. 산업 내에서의 어떤 경쟁 요소가 현재의 기준보다 '높게 증가'하여야 하는가?
4. 산업 내에서 제공되지 않았던 어떤 요소가 '창출'되어야 하는가?

카셀라는 경쟁 환경에 대해 이러한 네 가지의 질문을 적용함으로써, 포장에서의 고급 이미지, 와인의 숙성도, 포도 산지의 명성, 그리고 맛의 복잡성은 구매자의 와인 경험에 있어서의 복잡성을 증가시키기 때문에 차라리 제거하는 것이 낫겠다는 결론을 내렸다. 그 대신 경쟁에 있어서의 새로운 요소들을 발견했는데, 그것은 부담 없는 음주, 간편한 선택, 그리고 재미와 모험이었다. 그 결과 기존의 옐로우 테일 제품은 10년간 다른 와인 브랜드에 비해 높은 매출 신장을 기록했다.

블루 오션을 창출하기 위한 이러한 원리를 모든 기업에 적용하기는 힘들 수 있다. 그럼에도 불구하고 산업 내 경쟁 요소에 대해 체계적으로 재정의하는 과정을 거치면서 몇몇 기업들은 경쟁이 존재하지 않는 새로운 시장을 발견할 수 있었다.[25]

는 권리(사실상 의무)가 있다.

이 두 통제 시스템 사이에서 균형을 잡은 기업으로는 3M을 들 수 있다. 3M 내에서 가능한 의사결정의 범위를 정하기 위해 고위 경영자들은 독특한 지침을 고안해 냈다. 〈표 5.4〉에 창의적인 혼란innovative chaos의 경계선을 규정하는 전반적인 의사결정의 지침을 소개하였다. 이 경계선 내에서 경영자들과 기술자들은 고도로 차별화된 제품과 서비스의 개발을 위해 창조적이고

표 5.4 3M의 혁신 원리 지침*

1. **비전** : 혁신의 중요성을 선언하라. 그것이 기업의 자화상이 되게 하라.

   "혁신을 격려하고 지원하는 우리의 노력은 우리 자신에 대한 비전, 즉 사업과 개인적인 측면에서 우리가 원하는 모습이 될 것이라는 비전을 성취할 의도가 있음을 증명한다."

2. **조망** : 기술과 시장이 어디로 가고 있는지 살펴라. 표현된, 그리고 표현되지 않은 구매자의 욕구를 발견하라.

   "만약 당신이 차세대 의약 진단 기기를 개발하고 있다면 아마도 방사선학자들과 토의를 하고 있을 것이지만, 행성 간 우주탐사선의 영상을 연구하는 사람들과도 토의할 수 있다."

3. **목표** : 당신과 당신의 조직이 급격하게 진보할 수 있는 목표를 세우라. 비록 많은 과제들이 진행되더라도 그중에서 경쟁의 기반을 변화시키고 산업을 재정의하는 과제에 집중하라.

   "우리에게는 많은 목표가 있다. 첫 번째 목표는 우리가 매출의 30%를 최근 4년간 출시한 제품들로부터 달성하는 것이다. … 긴급성의 감각을 갖기 위해 우리는 최근에 또 한 가지 목표를 세웠는데, 그것은 매출의 10%를 최근 1년간 출시한 제품들로부터 달성한다는 것이다. … 혁신은 시간을 다투는 일이므로 우리는 신속히 움직여야 한다."

4. **권한 이양** : 훌륭한 사람들을 고용하여 그들을 신용하고 책임을 배분하며 여유 자원을 제공하고 그들이 일하는 데 장애물이 되지 않도록 하라. 창의적인 행동을 용인해야 하며 그 창의성 때문에 발생하는 실수를 용인해야 한다.

   "윌리엄 맥나이트(3M의 전 최고경영자)는 개인적인 노력을 조직에서 용인하는 것을 제도화하였다. 그는 모든 기술자들이 시간의 15%를 그들 자신의 발명을 위해 이용할 수 있도록 하였다. 다시 말해서 그들 시간의 15%는 스스로 결정하도록 한 것이다. 허용되는 시간의 양은 중요하지 않지만 그 의도는 중요하다. 이 조직은 여유 자원이 있기 때문에, 당신이 좋은 아이디어가 있고 그 아이디어를 발전시키기 위해 시간을 쪼개서 쓸 열정이 있으며 연구실 상사가 원하는 것을 피해 갈 배짱이 있으면 그 아이디어를 위해 일해도 좋다는 것이다. 또 다른 말로 표현하자면 우리는 연구실에서 약간의 반란이 일어날 수 있도록 제도화하고 싶은 것이다. 우리는 모든 사람들이 자기 직무를 게을리해도 된다고 말하는 것이 아니다. 규율은 여전히 중요하다. 그러나 그와 동시에 3M 경영진은 3M 경영진에 대한 건전한 반란을 원한다. 이것은 우리가 연례 보고서에 발표하는 내용은 아니지만, 우리가 흥미를 가지고 말하는 이 내용은 종종 상사들을 능가해서 성공한 직원들에 대한 이야기이다.

   우리는 사람들이 제각기 목표에 따라 행동하면 각각 다른 자리를 지킬 수 있음을 인정한다. 당신은 모든 사람들이 동일한 비전을 가지고 열을 맞추어 행진하게 할 수 없다. 어떤 사람들은 매우 꼼꼼하고 세부적인 사항에 강한 반면 다른 사람들은 대범하고 비전을 중요시 여길 수 있다. 그리고 이것이 바로 우리가 원하는 것이다."

5. **의사소통** : 아이디어를 공유하고 고도의 의견 교환이 이루어지는 장을 마련하며 그 책임이 개인에게 있게 하라. 정보 교류를 위한 다수의 방법이 필요하다.

   "혁신가들이 서로 의사소통할 때 당신은 그들이 발견한 사실을 이용할 수 있다. 이것은 기업에게 매우 중요한데 신기술에 대한 막대한 투자를 최대로 회수할 수 있도록 하기 때문이다. 이 의사소통은 또한 더 나은 혁신을 자극한다. 우리는 기술을 전달하고 혼합하는 능력이, 기술을 새롭게 개발하는 능력만큼이나 중요하다고 믿는다."

6. **보상과 인정** : 동료들의 평가 또는 경영적·기술적 경로를 통해서 이루어지는 개인적인 인정을 금전적 보상보다 더 강조하라. "혁신은 매우 인간적인 행위이다."

   "나는 3M의 기업 문화를 이루는 여섯 가지 요소, 즉 비전, 조망, 목표, 권한 이양, 의사소통, 인정에 대해 열거하였다. … 이 목록은 너무 정연하게 정리되어 있다. … 3M에서의 혁신은 질서 정연한 것이 아니다. 우리가 목표를 달성하기 위해 노력한다는 점에서 질서 정연한 면도 있지만 조직과 경영 과정, 또는 사람들이 때로는 혼돈 속에 머물 수도 있다. 우리는 이 혼돈을 관리하며, 당신이 혁신적이기를 원한다면 이것이 맞는 길인 것이다. 경쟁이 우리를 어디로 몰고 갈지는 아무도 모른다는 말이 있다. 사실 우리는 모른다."

* As expressed by W. Coyne (1996). Building a tradition of innovation. The Fifth U.K. Innovation Lecture, Department of Trade and Industry, London. Cited in Van de Ven et al. (1999), pp. 198–200.

혁신적이 될 것을 요구받는다.[26]

기업들은 또한 **실험 장려 정책**policy of experimentation을 채택함으로써 차별화 전략을 실행할 수 있다. 이 정책은 기업이 서로 관련성이 있는 여러 종류의 차별화 전략을 동시에 추구할 때 이용될 수 있다. 어느 기업이 특정 시장에 주목하여 차별화 전략을 추구한다는 사실은 그 시장이 성장할 것이라는 믿음을 갖고 있다는 뜻이다. 그러나 그 반면 여러 종류의 방법을 동시에 추구한다는 사실은 과연 어떤 방향으로 그 시장이 성장할 것인지에 대해 확신을 가질 정도는 아님을 보여 준다. 이러한 경우 그 기업은 복수의 전략에 대해 여러 가지 실험을 해 봄으로써 시장의 장래성에 대한 여러 가능성을 테스트해 볼 수 있다. 즉 이 정책은 특정 시장의 장래성을 파악하는 데 실제적인 도움을 줄 수 있다.

예를 들어 혁신적으로 사업을 영위하는 증권 회사인 찰스 슈왑을 생각해 보자. 주식 정보에 대해 꼼꼼한 서비스를 제공하는 대형 증권 기업들, 인터넷을 기반으로 저렴한 서비스를 제공하는 후발 기업들과의 경쟁에 직면하여 슈왑은 고객들에게 제공할 차세대 서비스의 형태와 그 차별화 방법에 대해 여러 가지 실험을 했다. 슈왑은 온라인으로 뮤추얼펀드를 선택할 수 있고 선물거래도 할 수 있으며 기업 정보도 검색할 수 있는 소프트웨어를 테스트해 보았다. 골드먼 삭스와의 잠정적인 제휴를 통해 슈왑의 고객들이 주식공개상장에 참여할 수 있는 가능성도 타진해 보았다. 이 모든 시도가 슈왑의 차별화 전략에 반영된 것은 아니었다. 예를 들어 신용카드 시장에 진출하는 것을 실험해 본 결과, 슈왑은 신용카드 시장에는 진출하지 않기로 결정하였다. 하지만 다양한 차별화 방법들을 실험함으로써 슈왑은 급격히 변화하는 금융 서비스 산업에서 폭넓은 신상품을 개발할 수 있었다.[27]

보상 정책과 차별화 전략의 실행

〈표 5.3〉에 있는 차별화 전략을 실행하기 위한 보상 정책은 조직 구조 및 경영통제 시스템과 상호 보완적인 성격을 띤다. 만약 직원이 실험 장려 정책을 통해 실험하는 혁신적인 전략이 실패할 때마다 기업으로부터 불이익을 받는다면 실험 장려 정책은 아무런 실효성이 없을 것이다. 그러므로 위험 감수를 보상하고 창의적인 재능을 축하하는 보상 정책이야말로 그 기업이 차별화 전략을 실행하는 것을 가능하게 해 준다.

백화점 기업인 노드스트롬의 예를 보자. 노드스트롬은 직원이 고객의 요구에 부응하기 위해 위험을 감수하고 창조적인 시도를 할 때 그것을 장려하는 전통을 갖고 있다. 노드스트롬에는 한 판매원에 대한 이야기가 있다. 그 판매원은 고객이 자동차 타이어를 가지고 와서 반품해 달라고 요구하였을 때 기꺼이 반품을 해 주었다. 그런데 흥미로운 점은 노드스트롬은 자동차 타이어를 취급하지 않는다는 사실이다. 그러나 이 판매원은 고객의 요구에 부응하기 위해 이러한 결정을 내릴 수 있다고 믿었고, 노드스트롬 내에서 이 이야기는 고객에 대한 서비스 정신의 좋은 모범으로 여겨지고 있다.

〈표 5.3〉에 열거된 보상 정책들 중 가장 마지막 정책은 다면적 성과 측정이다. 저비용 전략 실행에 있어서 보상 정책은 경영자와 종업원들이 비용을 절감하는 행동을 하도록 적절히 유도하는 데 초점을 맞춘다. 즉 비용 목표를 달성한 경영자나 종업원에게 다양한 형태의 현금, 주식, 스톡옵션 등의 보상을 함으로써 기업의 비용우위 추구와 보상 정책 사이에 강한 연관성을

만드는 것이다. 차별화 전략을 실행하기 위한 보상 정책도 이와 유사한 방법을 이용할 수 있다. 다만 일반적으로 차별화 전략은 새로운 제품 개발 팀의 구성 등 기업 내 여러 기능의 통합된 노력이 필요하기 때문에 이를 위한 보상 정책도 통합적이고 복합적인 측면을 띠어야 한다.

그러므로 차별화를 장려하는 보상 정책을 수립하기 위해서는 종업원의 단편적인 성과를 측정하기보다는 다면적인 성과를 동시에 측정하는 것이 중요하다. 예를 들어 어느 제품의 매출과 순이익만을 보기보다는 고객 만족도, 기업 내 타 부서와 기꺼이 협력하려는 자세, 복합적 기능의 팀에 기여하는 능력, 창조적인 의사결정 능력 등 다면적인 성과 측정의 기준을 만들 수 있다.

차별화 전략과 저비용 전략을 동시에 추구할 수 있는가

제4장과 이 장에서 저비용 전략과 차별화 전략은 일정한 조건하에서 지속적 경쟁우위를 창출할 수 있다고 하였다. 두 전략이 모두 기업의 전략적 입지에 도움을 준다고 말할 때, 우리는 중요한 질문을 갖게 된다. "한 기업이 두 전략을 동시에 추구할 수 있을까?" 즉 각각의 전략이 어느 기업의 성과를 높일 수 있다면, 두 전략을 동시에 추구하면 더 나은 결과를 가져오지 않을까?

아니다 : 두 전략을 동시에 추구할 수 없다

〈표 5.5〉에 정리된 내용에서 두 전략이 성공적으로 실행되기 위한 조직의 요건을 볼 때 많은 요건들이 상호 배반적임을 알 수 있다. 즉 저비용 전략은 단순한 보고 통제 조직을 필요로 하는 반면에, 차별화 전략은 복합적 기능의 팀을 강조한다. 저비용 전략은 섬세한 작업 분석을 필요로 하는 반면, 차별화 전략은 창조적인 종업원에 대해 자율성을 부여하는 것을 강조한다. 저비용 전략은 비용 절감에 대해 보상을 하지만, 차별화 전략은 창조적 착안에 대해 보상을 한다. 이처럼 상반된 측면을 가진 두 전략을 동시에 추구하는 것이 가능하지 않아 보이는 것은 당연하다.

어떤 학자들은 두 전략을 동시에 추구한 기업들이 결국 한 가지 전략도 제대로 실행하지 못했다고 주장한다. 이 논리에 따르면 어느 기업이 한 산업 내에서 높은 성과를 올리려면 (1) 높은 가격의 제품을 판매하고 낮은 시장점유율을 갖거나, (2) 낮은 가격의 제품을 판매하여 높은 시장점유율을 갖는 두 가지 길 중 하나를 선택해야 한다는 것이다. 즉 어중간한 가격을 선택하거나 두 가지 전략을 동시에 추구하는 기업들은 낮은 성과를 올리게 되는데, 이것을 '어중간한 상태stuck in the middle'라고 한다.[28]

그렇다 : 두 전략을 동시에 추구할 수 있다

최근의 연구들은 '어중간한 상태'의 약점에 대해 반론을 펴기도 한다. 즉 기업들은 두 전략을

표 5.5 저비용 전략과 차별화 전략이 실행되기 위한 조직의 요건

저비용 전략	차별화 전략
조직 구조 1. 보고체계의 단계가 많지 않음 2. 단순한 보고관계 3. 소규모의 참모진 4. 좁은 범위의 기능들에 집중함	조직 구조 1. 복합적 기능의 제품 개발 팀 2. 복잡한 매트릭스 구조 3. 고도의 창의적인 노력을 경주하는 특수한 팀
경영통제 시스템 1. 치밀한 비용 통제 시스템 2. 수량적인 비용 목표 3. 노동력, 원재료, 재고 등 비용에 대한 꼼꼼한 관리 4. 저비용 철학	경영통제 시스템 1. 폭넓은 의사결정 지침 2. 지침 내 재량권 3. 실험 장려 정책
보상 정책 1. 비용 절감에 대한 보상 2. 모든 종업원이 비용 절감에 참여하도록 동기부여	보상 정책 1. 위험 감수에 대한 보상, 실패에 대해 처벌하지 않기 2. 창의적인 재능에 대한 보상 3. 다면적 성과 측정

동시에 성공적으로 추구하여 지속적 경쟁우위를 획득할 수 있다는 주장이다. 이를 위해 적어도 두 가지의 설명이 제시되고 있다.

차별화, 시장점유율, 저비용 전략

제품과 서비스의 차별화에 성공한 기업들은 판매 증가를 이룰 수 있게 된다. 차별화가 특정 구매자가 아닌 일반 구매자를 대상으로 할 때 더욱 그렇다. 일단 높은 판매량을 확보하면 높아진 시장점유율을 기반으로 하여 규모의 경제, 학습 효과, 그리고 기타 여러 종류의 비용 절감 효과를 (제4장에서 설명한 대로) 경험할 수 있다. 그러므로 성공적인 차별화 전략은 저비용 달성에 도움을 주게 된다.[29]

맥도날드의 예는 이 상황을 적절히 보여 준다. 맥도날드는 전통적으로 청결 유지, 일관성, 즐거운 분위기 창출 등을 통해 차별화 전략을 추구해 왔다. 그런데 시간이 지남에 따라 맥도날드는 시장점유율에서 1위를 차지하게 되었고, 그 시장점유율을 바탕으로 비용 절감 또한 추진할 수 있었다. 즉 그 이후의 맥도날드의 성과는 차별화의 우위와 저비용우위 모두를 바탕으로 하게 되었다. 두 가지 우위 중 한 가지도 경쟁 기업이 모방하기에는 어려운 것인데, 두 가지 우위를 동시에 가진 맥도날드를 모방하기는 더욱 어려운 일이다.[30]

조직 내부의 갈등을 조정하는 능력

차별화 전략은 기업으로 하여금 높은 시장점유율을 통한 저비용을 이룰 수 있게 할 뿐 아니라, 기업으로 하여금 조직 내부의 갈등을 조정할 수 있는 특별한 능력을 발전시켜서 결과적으로 차

별화와 비용우위 전략을 동시에 추구할 수 있게 만들기도 한다. 최근에 발표된 연구에 따르면 자동차 산업에서 이 특별한 능력의 예를 볼 수 있다.[31] 일반적으로 자동차 제조 기업은 조립 라인의 속도를 증가시켜서 제조비용을 절감하거나 또는 조립 라인의 속도를 늦추는 대신 품질을 격상하는 방식을 추구해 왔다. 즉 어느 기업이 제조비용을 줄이는 일과 품질을 격상하는 일을 동시에 추구하는 것(저비용과 차별화를 동시에 추구하는 것)은 불가능하다고 여겨 왔다.

몇몇 학자들은 이 전통적인 이론이 과연 사실인지 검증했다. 그들은 자동차 산업에서 비용과 품질을 객관적으로 측정할 수 있는 방법을 개발하여 그 방법을 중형차를 생산하는 70여 개의 자동차 공장에 적용했다. 그 결과, 6개의 공장에서 저비용과 고품질이 동시에 존재하는 것을 발견했다.[32]

이 학자들은 6개 공장이 다른 공장들과 어떻게 다른지 조사하기 위해 광범위한 제조공정 지침과 경영 지침, 그리고 조직문화적 측면을 조사하였다. 그 결과 세 가지 중요한 시사점이 떠올랐다. 첫째, 이들 6개 공장은 레이저를 이용한 페인트 설비와 로봇 등 첨단 기술을 갖추었음을 발견했다. 그러나 사실 다른 여러 공장들도 이러한 첨단 기술을 갖춘 경우가 많았으므로 첨단 기술 그 자체는 6개 공장의 성공을 결정적으로 설명해 주지는 못했다. 둘째, 6개 공장은 경영 참여 제도participative management, 팀 생산team production, 전사적 품질 관리total quality management 등 그룹이나 팀에 기반을 둔 협동적인 생산 기법을 이용했다. 셋째, 6개 공장에서 일하는 종업원들은 공정하게 대우를 받고 있다고 믿고 있었고 그에 따라 애사심과 충성심을 가지고 있었다.

이 연구에서 보여 준 중요한 사실은, 기업들이 차별화와 저비용 전략의 상이함에서 오는 갈등을 효율적으로 조정하는 능력을 배울 수 있으면 이 두 전략을 동시에 추구하는 일이 불가능하지 않다는 것이다. 그 갈등은 종업원들 상호 간에, 종업원과 그들이 이용하는 기술 간에, 그리고 종업원과 기업 간에 나타날 수 있는데, 이처럼 다양한 갈등을 조정하는 일은 조직에 도움이 되는 사회적으로 복잡한 관계들을 형성함으로써 가능하다. 사회적으로 복잡한 관계들이 성공적으로 형성된다면 가치 있고 희소하며 모방이 힘든 '저비용과 차별화의 동시 추구' 전략을 통해 지속적인 경쟁우위를 획득할 수 있게 된다.

최근에 많은 학자들은 '어중간한 상태'에 대한 논리를 펴는 대신 저비용 기업들도 어느 정도의 차별화를 이루어야 하고 차별화 기업들도 어느 정도의 저비용 지위를 획득해야 한다는 주장을 하고 있다.[33] 예를 들어 패션 디자인 기업이자 고도의 차별화 기업인 베르사체도 비용 통제를 강화하기 위해 새로운 CEO를 고용하기도 했다.[34]

요약

차별화는 구매자가 특정 기업의 제품이 다른 기업의 제품보다 더 가치가 있다고 인식할 때 존재한다. 차별화를 달성하기 위한 여러 방법이 있지만 궁극적으로 구매자가 그것을 인식하느냐가 관건이다. 차별화의 방법으로는 (1) 제품이나 서비스의 속성(제품 특성, 제품 복잡성, 타이밍, 입지), (2) 기업과 구매자의 관계(맞춤형 제품 생산, 구매자 마케팅, 기업 평판), (3) 기업의 내부적 활동이나 기업 간의 우호적 관계(기업 내부 기능들 사이의 관계, 다른 기업과의 관계, 제품 믹스, 유통 경로, 서비스와 고객 지원)가 있다. 그러나 결국 차별화는 기업의 창의성에 달려 있다.

차별화는 그것이 기업으로 하여금 더 높은 가격을 책정할 수 있는 만큼 그 기업을 위해 가치를 창출할 수 있다. 차별화의 각 방법들은 외부로부터의 위협을 중화하고 기회를 활용하는 데 이용될 수 있다. 차별화의 희소성과 모방 가능성은 다양한 양상을 보인다. 모방이 쉬운 차별화의 방법으로는 제품 믹스, 다른 기업과의 관계, 맞춤형 제품 생산, 구매자 마케팅을 들 수 있다. 모방이 어려운 차별화의 방법으로는 기업 내부 기능들 사이의 관계, 타이밍, 입지, 기업 평판, 서비스와 고객 지원을 들 수 있다.

차별화 전략을 실행하기 위해서는 적절한 조직 구조, 경영통제, 보상 정책 등의 조정이 필요하다. 조직 구조의 측면에서 차별화 전략을 실행하는 기업은 종종 복합적 구조 또는 기능의 팀을 구성하고, 때로는 '스컹크 워크스'라 불리는 특별한 팀을 구성하게 된다. 경영통제 시스템의 측면에서는 폭넓은 의사결정 지침에 의거해서 경영자들이 자유롭게 판단하고 실행할 수 있는 분위기를 만들어 주는 것이 차별화 전략에 효과적인데, 실험 장려 정책이 한 예가 될 수 있다. 마지막으로 보상 정책에 대해서는 위험 감수를 장려하고 창의적인 관점을 격려하며 다면적인 평가 방법으로 종업원의 성과를 측정하는 정책이 차별화 전략에 도움이 될 수 있다.

차별화 전략을 성공적으로 실행하기 위해서는 또한 다양한 조직 특성이 필요하다. 어떤 학자들은 저비용 전략에 필요한 조직 특성과 차별화 전략에 필요한 조직 특성이 상호 배반적이기 때문에 두 전략을 동시에 추구하는 기업은 성과가 낮을 수밖에 없다고 주장한다. 그러나 보다 최근의 연구들은 차별화, 시장점유율, 저비용 간의 관계를 강조하면서 기업은 두 전략 사이의 상호 배반적인 관계를 효과적으로 관리하는 것을 학습함으로써 두 전략을 동시에 추구할 수 있다고 주장하기도 한다.

▶▶ 국내 사례

차별화된 한류 : 방탄소년단

일본 타워레코드 종합 앨범 주간 차트 1위, 아이튠즈 97개국 차트 1위, 애플뮤직 차트 1위, 아메리칸 뮤직 어워드 공연, CBS, NBC, ABC 토크쇼 집중 출연, 유튜브 1억 뷰 이상 뮤직비디오 11개 기록 등. 이러한 화려한 경력을 보면 미국이나 유럽의 초대형 가수라고 추측하기 쉽다. 그러나 놀랍게도 이 경력의 주인공은 외국에 BTS(Beyond The Scene)로 알려져 있는 한국의 7인조 보이 그룹, 방탄소년단(한글 음절의 영어 표기 첫 글자도 BTS)이다.

2013년에 데뷔한 방탄소년단의 첫 앨범은 '2 cool 4 skool'로서 그 타이틀에서 암시하듯이 청소년들이 직면하는 학교와 사회로부터의 억압과 편견에 굴복하지 않고 자신들의 꿈과 가치를 지켜 내겠다는 메시지를 던지고 있다. 이들이 만들어 내는 뮤직비디오는 고민과 고뇌, 저항과 도전의 이미지를 보여 준다. 또한 방탄복 입은 군인을 연상시키는 'army'가 팬클럽 이름인데 국내에서 가장 강한 팬덤을 가진 집단 중 하나로 알려져 있다.

방탄소년단은 대표적인 한류 아이돌 그룹으로 분류된다. 그런데 이 그룹의 성공 과정을 보면 기존의 한류 아이돌과는 상당히 다른 양상을 보인다. 이를 한마디로 표현하는 단어가 '흙수저돌'이다. 다른 성공적인 한류 아이돌 그룹들이 대형 기획사의 지원을 받으며 화려하게 데뷔하여 단기간에 대중의 관심을 받는 모형을 따르는 것에 비해 방탄소년단은 작곡가 방시혁이 이끄는 소형 기획사에서 육성되어 데뷔 후에도 2년 정도는 큰 조명을 받지 못하다가 세 번째와 네 번째 미니앨범에서 두각을 나타내게 되었다.

각 멤버의 음악적 역량도 기존 한류 아이돌 그룹과 다른 면모를 보이는데, 몇몇 멤버들은 방시혁과 더불어 방탄소년단이 발표하는 대부분의 곡을 공동으로 작사·작곡했으며, 어떤 멤버는 다른 가수의 프로듀서로서 활동하기도 하는 등 아이돌 멤버로서는 특이한 음악적 능력을 보이고 있다.

팬과의 소통 방식에 있어서도 기존의 한류 아이돌 그룹과는 상당히 달랐다. 기존의 많은 그룹들이 스타성을 높이기 위해 가수의 일상적 모습을 공개하지 않았던 반면에 방탄소년단은 신인 때부터 SNS에 일상적인 모습을 공개하며 친근감을 높였다. 대구, 광주, 부산 등 지방 출신이 많은 멤버들이 평상시 대화에서 사투리를 구사하는 것도 친근감을 높이는 역할을 했다. 활발한 유튜브 활동은 외국 구독자들에게 방탄소년단을 알리는 것에 큰 역할을 했다. 특히 한국어를 이해하지 못하는 외국인들도 뮤직비디오에서 전달하는 주제, 즉 청소년이 가지고 있는 고민과 억압에 대한 저항 등 세계 공통적인 이슈에 대해 공감했다. 즉 기존의 외국인 한류 팬들은 화려하고 환상적인 한류 아이돌 그룹의 모습을 보면서 동경에 빠졌던 반면에, 방탄소년단의 뮤직비디오를 시청하는 외국인 팬들은 여전한 칼군무와 수려한 외모에 반하면서도 그 영상에서 이해할 수 있는 자신들의 현실적인 문제에 대해 공감하면서 방탄소년단을 사랑하게 된 것이다.

출처 : 위키피디아 "방탄소년단" retrieved on 2018. 1. 4.; OSEN 2018. 1. 10. "순위역주행" 방탄소년단 'MIC Drop' 미 빌보드 '핫 100' 6주 연속 차트인; 경향신문 2017. 11. 24. 방탄소년단, K팝 새 역사 쓰다; YTN 2017. 12. 15. '미국진출' '11억뷰' 방탄소년단의 성공 전략

탐구과제

5.1 기업은 구매자가 가격에 매우 민감한 산업에서 차별화 전략을 추구해야 하는가? 저가격은 저비용에 의해 가능한데, 차별화 전략은 그러한 산업에서 어떤 것을 추구할 수 있는가?

5.2 차별화 전략을 실행하기 위해 기업들은 종종 제품 형태에 중점을 둔다. 그러나 제품 형태는 가장 모방하기 쉬운 차별화 방법 중 하나이기 때문에 지속적 경쟁우위의 원천이 되기는 어렵다. 이 두 가지 사실에서 어떤 모순점을 찾을 수 있는가? 어떻게 그 문제를 풀 수 있겠는가?

5.3 회귀분석이나 최대만족 가격 기법을 이용하여 차별화의 방법을 찾아내는 경우, 이 기법들의 장단점은 무엇인가?

5.4 차별화 전략을 추구하는 기업은 제품이나 서비스의 지속적인 개선을 통해 모방의 위협을 극복하고 지속적 경쟁우위를 이룰 수 있다고 주장하는 학자들이 있다. 이러한 전략이 과연 모방을 회피할 수 있는가에 대해 사례를 들어 논의하라.

5.5 차별화 전략을 실행하기 위해서 기업은 통제와 창의성의 조화를 적절히 이루어야 한다. 어떤 기업에 있어서 그 조화가 적절한지를 어떻게 알 수 있는가?

5.6 제품 복잡성은 차별화의 한 형태이다. 제품 복잡성이 목표 고객에게 제품의 독특성을 어떻게 강조할 수 있는가에 대해 설명하라.

5.7 어느 기업이 차별화를 추구하는 가운데 대체재(모방이 아님)의 위협을 받는 두 사례를 생각해 보라. 그 기업은 어떻게 대처해야 하는가? 일반적으로 지속적인 차별화 우위를 이루기 위한 시사점은 무엇인가?

연습문제

5.8 다음의 제품이 추구한 차별화 전략은 무엇인가?

(a) 루이비통 가방
(b) 삼성 스마트폰
(c) BBC 텔레비전 시리즈
(d) 말보로 담배
(e) 텐센트 서비스
(f) 애플 아이팟

5.9 앞의 문제에서 답한 차별화의 방법들 중 어느 것이 지속적 경쟁우위의 원천이 될 수 있다고 생각하는가? 그 이유는?

5.10 다음의 회귀분석에 따라 별(*) 표시가 된 항목이 통계적으로 유의한 결과를 보였다고 가정해 보자. 이 시장의 제품에 대한 차별화의 방법에 대해 어떤 분석을 내릴 수 있는가?

주택 가격 = 125,000* + 15,000*(3개를 초과하는 침실 수)

+ $18,000*(3,500평방피트를 초과하는 면적)
+ $150(수도시설) + $180(잔디 있는 마당)
+ 17,000*(1/2에이커를 초과하는 대지)

4개의 침실, 3,800평방피트의 건평과 1에이커의 대지로 이루어진 주택 가격에 대해 얼마를 기대할 수 있는가? 4개의 침실, 2,700평방피트의 건평과 1/4에이커의 대지로 이루어진 주택의 가격은? 이에 대한 대답들은 주택 시장에서의 지속적 경쟁우위에 대해 어떠한 시사점을 지니고 있는가?

5.11 본원적 전략의 선택은 전략 경영 과정에 있어서 중요한 요소이다. 아래의 제품 또는 서비스를 저비용과 차별화로 구분해 보라. 두 전략에 속하지 않는 것은 무엇인가?

(a) 프라다 핸드백
(b) 우주여행
(c) 고급 쇼핑 지역 내에서의 저렴한 제품 판매 점포
(d) 최소 주문금액을 조건으로 하는 저렴한 건강식 배송 서비스
(e) 복잡한 소프트웨어를 개발하기 위해 개발도상국의 기술자를 고용
(f) 영국의 고급 양주를 판촉하기 위해 술병에 남은 잔여 고급 양주를 잔으로 판매
(g) 고급 보석제품을 생산하기 위해 인턴과 학부생을 고용
(h) 디자이너 콘셉트 스마트폰 베르투
(i) 특별한 불우아동에 의해 디자인되고 주지사가 사인한 한정판 티셔츠

5.12 이 장의 '전략과 기업윤리'에서 기업들은 그들의 제품이 다양한 방식으로 차별화되었다고 주장하는 것을 볼 수 있다. 기업들은 목표시장을 구매력으로 세분화할 수 있다. 기본적 미용 제품 사용의 효과보다 고가의 미용 제품 사용의 효과를 더 과장하는 것은 윤리적으로 허용될 수 있는가?

참고문헌

1 Sec.gov/Archives/edgar/data/701985/000070198516000051/1613020 1610k.htm Accessed January 24, 2017
2 See Ono, Y. (1996). "Who really makes that cute little beer? You'd be surprised." *The Wall Street Journal*, April 15, pp. A1+. Since this 1996 article, some of these craft beer companies have changed the way they manufacture the beers to be more consistent with the image they are trying to project.
3 See Porter, M. E. (1980). *Competitive strategy*. New York: Free Press; and Caves, R. E., and P. Williamson. (1985). "What is product differentiation, really?" *Journal of Industrial Organization Economics*, 34, pp. 113–132.
4 www.usatoday.com/story/money/cars/2016/12/12/six-hot-car-technology-trends-watch-2017/95323726/ Accessed January 25, 2017
5 Lieberman, M. B., and D. B. Montgomery. (1988). "First-mover advantages." *Strategic Management Journal*, 9, pp. 41–58.
6 Carroll, P. (1993). *Big blues: The unmaking of IBM*. New York: Crown Publishers.
7 These ideas were first developed in Hotelling, H. (1929). "Stability in competition." *Economic Journal*, 39, pp. 41–57; and Ricardo, D. (1817). *Principles of political economy and taxation*. London: J. Murray.
8 See Gunther, M. (1998). "Disney's call of the wild." *Fortune*, April 13, pp. 120–124.
9 D. Hay and D. Morris (1979). *Industrial economics: Theory and evidence*. Oxford: Oxford University Press; K. Cowling and J. Cubbin (1971). "Price, quality, and advertising competition." *Economica*, 38, pp. 378–394.
10 The idea of reputation is explained in Klein, B., and K. Leffler. (1981). "The role of market forces in assuring contractual performance." *Journal of Political Economy*, 89, pp. 615–641.
11 See Robichaux M. (1995). "It's a book! A T-shirt! A toy! No, just MTV trying to be Disney." *The Wall Street Journal*, February 8, pp. A1+.
12 See Henderson, R., and I. Cockburn. (1994). "Measuring competence? Exploring firm effects in pharmaceutical research." *Strategic Management Journal*, 15, pp. 63–84.

13 Kotler, P. (1986). *Principles of marketing.* Upper Saddle River, NJ: Prentice Hall.
14 Porter, M. E., and R. Wayland. (1991). "Coca-Cola vs. Pepsi-Cola and the soft drink industry." Harvard Business School Case No. 9-391-179.
15 Ghemawat, P. (1993). "Sears, Roebuck and Company: The merchandise group." Harvard Business School Case No. 9-794-039.
16 E. H. Chamberlin (1933). *The economics of monopolistic competition*. Cambridge, MA: MIT Press; J. Robinson (1934). "What is perfect competition?" *Quarterly Journal of Economics*, 49, pp. 104–120.
17 Welsh, J. (1998). "Office-paper firms pursue elusive goal: Brand loyalty." *The Wall Street Journal*, September 21, p. B6.
18 J. Angwin (2003). "Some 'enlargement pills' pack impurities." *The Wall Street Journal*, April 8, p. B1; G. Pisano (1991). "Nucleon, Inc." Harvard Business School Case No. 9-692-041.
19 See White, E., and K. Palmer. (2003). "U.S. retailing 101." *The Wall Street Journal*, August 12, pp. B1+.
20 See Hennart, J. F. (1988). "A transaction cost theory of equity joint ventures." *Strategic Management Journal*, 9, pp. 361–374.
21 Deutsch, C. H. (1991). "How is it done? For a small fee . . . " *New York Times*, October 27, p. 25 and Armstrong, L. (1991). "Services: The customer as 'Honored Guest."' *BusinessWeek*, October 25, p. 104.
22 See Yoffie, D. (1994). "Swissair's alliances (A)." Harvard Business School Case No. 9-794-152.
23 "WPP—Integrating icons." Harvard Business School Case No. 9-396-249.
24 Orosz, J. J. (2002). "Big funds need a 'Skunk Works' to stir ideas." *Chronicle of Philanthropy*, June 27, p. 47.
25 W. Chan Kim and Renee Mauborgne (2005). *Blue ocean strategy.* Cambridge: Harvard Business School Press.
26 Van de Ven, A., D. Polley, R. Garud, and S. Venkatraman. (1999). *The innovation journey*. New York: Oxford, pp. 198–200.
27 Position, L. L. (1999). "David S. Pottruck." *BusinessWeek*, September 27, EB 51.
28 Porter, M. E. (1980). *Competitive strategy.* New York: Free Press.
29 Hill, C. W. L. (1988). "Differentiation versus low cost or differentiation and low cost: A contingency framework." *Academy of Management Review*, 13(3), pp. 401–412.
30 Gibson, R. (1995). "Food: At McDonald's, new recipes for buns, eggs." *The Wall Street Journal*, June 13, p. B1.
31 Originally discussed in the Research Made Relevant feature in Chapter 3.
32 Womack, J. P., D. I. Jones, and D. Roos. (1990). *The machine that changed the world.* New York: Rawson.
33 Porter, M. E. (1985). *Competitive advantage.* New York: Free Press.
34 Agins, T., and A. Galloni. (2003). "Facing a squeeze, Versace struggles to trim the fat." *The Wall Street Journal*, September 30, pp. A1+.

CHAPTER

6 유연성과 실물옵션이론

학습목표

6.1 유연성과 실물 옵션을 정의한다.

6.2 전략적 유연성과 실물 옵션이 기업에게 가치를 창출할 수 있는 방법에 대해 설명한다.

6.3 전략적 유연성과 실물 옵션이 지속적 경쟁우위의 원천이 될 수 있는 조건에 대해 설명한다.

6.4 전략적 유연성과 실물 옵션 전략을 실행할 때의 이슈들에 대해 설명한다.

넷플릭스의 유래

넷플릭스가 설립된 초기 10년 동안 사람들은 넷플릭스의 이름에 대해 의문을 가졌다. 1997년에 창립된 넷플릭스는 영화를 유통하는 기업이다. 이 기업의 사업 모델은 DVD를 대여하는 인터넷 사이트에서 주문을 받아서 우편으로 배송하는 것이었다. 그래서 '영화'의 의미를 가진 'flix'에 대해서는 사람들이 이해할 수 있었다. 그러나 'net'은 넷플릭스가 DVD를 유통하는 방식을 보여주지는 않는다. 오히려 'Mailflix'나 'Letterflix'가 더 어울리는 이름이었다.

DVD를 우편으로 배송하는 넷플릭스의 사업 모델은 매우 성공적이었다. 2000년대에 이르러 이 기업은 당시 DVD 대여 사업의 선두 기업이었던 블록버스터를 위협했다. 블록버스터는 DVD 영화를 대여하는 소매점인데, 사람들은 DVD를 반납하기 위해 동일한 점포에 방문해야 했다. DVD를 우편으로 대여하고 반납하는 방식은 점포를 두 번 방문하는 수고를 덜어주었고 배송에 걸리는 시간을 제외하고는 매우 편리한 방식이었다.

1990년대 후반에 블록버스터는 넷플릭스의 모델을 모방하려고 시도했으나 실패했다. 넷플릭스가 운영하는 효과적인 DVD 대여 및 반납 절차는 블록버스터가 모방하기에 매우 어려웠던 것이다. 후발 주자를 모방하는 것에 실패한 블록버스터는 2000년에 넷플릭스를 5,000만 달러에 인수하려 했다. 넷플릭스의 창업자인 리드 헤이스팅스와 마크 랜돌프는 이 제의를 거절했다. 그 대신 넷플릭스는 독자적으로 사업을 계속 진행하였고 소비자의 기대를 뛰어넘어 예능 분야에서 브랜드 명성을 쌓고 영화 제작에 관련된 지식을 축적하면서 기회가 오기를 기다렸다.

2002년에 넷플릭스는 기업 공개를 단행했는데 그 가치는 3억 900만 달러 이상이었다. 불과 2년 전에 블록버스터로부터 제안받은 가치의 여섯 배에 이르는 이 금액은 DVD 대여 서비스에서의 성공을 반영할 뿐 아니라 장래에 큰 가치를 가질 것으로 예상되는 온라인 예능 산업의 일부인 온라

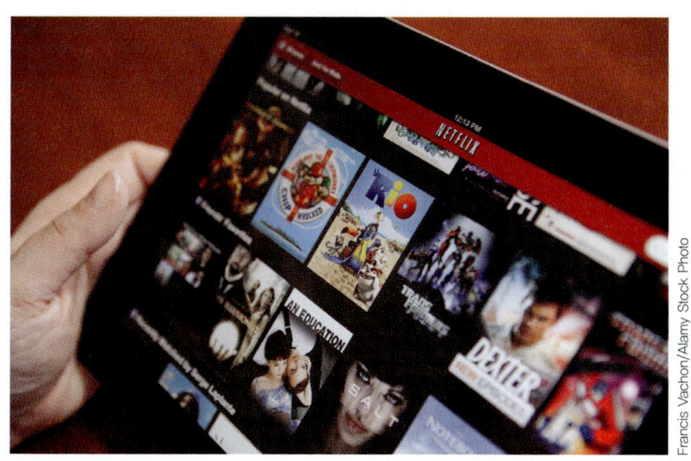

Francis Vachon/Alamy Stock Photo

인 영상물 스트리밍 시장에 성공적으로 진입할 것이라는 예측 때문이었다. 단 기업 공개 당시에 초고속 인터넷이 널리 보급되지 않았다는 점이 우려되는 부분이었다. 초고속 인터넷이 없으면 온라인 영화 스트리밍은 불가능하기 때문이다.

그러나 2002년에서 2007년에 이르기까지 넷플릭스는 온라인 영상물 스트리밍 서비스 기술에 지속적으로 투자했고, 이 기간 동안 초고속 인터넷 서비스는 점점 대중화되었다. 마침내 2007년에 넷플릭스는 진정한 의미에서 이름이 의미하는 서비스를 시작했다. 즉 'net'을 통한 'flix'의 유통을 이룬 것이다

이로부터 10년 후인 2017년에 넷플릭스는 190여 개 국가에서 9,300만 명의 온라인 영상물 스트리밍 구독자를 확보했다. 2016년에는 126개 시리즈를 자체 제작했는데 이것은 어떤 공중파나 케이블 방송사보다 많은 분량이었다. 훌루, 아마존프라임, 유튜브 등 많은 스트리밍 서비스와의 경쟁에도 불구하고 2016년 넷플릭스의 시장 가치는 411억 달러에 이르렀다.[1]

넷플릭스가 이루었던 DVD 대여 사업의 성공이 없었다면 과연 2007년에 영상물 스트리밍 산업에 뛰어들 수 있었을까? 아마도 그 성공이 없었다면 기업 공개를 통해 온라인 스트리밍 기술에 투자할 수 있었던 자본을 마련하기는 힘들었을 것이다. 즉 DVD 대여 시장에서 성공적으로 경쟁했던 사실로 인해 온라인 스트리밍 시장에 투자하고 결국 뛰어들게 되는 옵션을 획득할 수 있었다.

앞에서 살펴보았던 2개의 사업부 수준의 전략인 저비용과 차별화 전략은 조직이 선택한 전략을 실행하기 위해 집중적으로 몰입하는 방식을 요구한다. 즉 사업 방식과 실행 방식을 선택하고, 때로는 조직 문화까지도 선택하여 높은 수준의 몰입을 추구하게 된다. 이 경우 기업은 잦은 변화를 회피한다.

이 장에서는 이러한 사업부 전략들의 대안으로 추구할 수 있는 전략에 대해 설명한다. 집중적인 몰입 대신 전략적 유연성을 추구하는 것이다. 전략적 유연성은 하나의 행동 방식을 확정하는 대신 다수의 전략적 옵션을 동시에 추구하면서 해당 옵션들의 가치와 관련된 불확실성이 감소될 때까지 최종 결정을 지연시키는 것을 의미한다. 넷플릭스는 DVD를 우편으로 배송하는 기간 내내 온라인 스트리밍 사업 투자에 대한 옵션을 유지하다가, 초고속 인터넷의 광범위한 보급에 따라 온라인 스트리밍 사업의 수요에 대한 불확실성이 감소되자마자 진입 옵션을 행사하여 기술 투자를 행했으며 온라인 영상물 스트리밍 사업을 개시했다. 이처럼 전략적 유연성을 창출하는 옵션 전략은 저비용과 차별화 전략에 이은 제3의 본원적 전략이 될 수 있다.

전략적 유연성

기업이 **전략적 유연성**strategic flexibility을 보유하기 위해서는 복수의 전략적 옵션을 유지할 수 있어야 한다.[2] 예를 들어 기업은 차별화 전략을 실행하되 차별화만을 위해 전적으로 몰입하지 않을 수 있다. 프로그레시브 보험사는 미국에서 '플로Flo'라는 가상적인 광고모델을 이용하여 차별화를 추구하지만 때때로 그렇지 않은 경우도 있다. 즉 프로그레시브 보험사는 '플로우'라는 광고모델을 포기하는 옵션을 유지하고 있는 것이다.[3]

저비용 전략을 추구하는 기업들이 유연성을 추구하기도 한다. 예를 들어 비용 절감을 위해 제품을 다른 기업에 아웃소싱하거나 또는 기업 내부에서 직접 생산하는 것 중 어느 선택이 최선인가에 대해 결정내리기 힘든 경우가 있다. 이 경우 유연성을 추구하기 위해 일부 제품은 아웃소싱을, 일부 제품은 직접 생산을 하면서 두 방법의 비용을 세심히 평가할 수 있다. 이러한 실험을 통해 이 기업은 저비용 우위를 획득할 수 있는 방법을 찾아서 몰입할 수 있는 것이다.[4] 또는 이 기업은 한 가지 생산 방식을 채택하기보다 두 가지 방식을 동시에 추구하면서 시간이 지남에 따라 두 가지 생산 방식의 비용 구조가 예측 불가능하게 변화할 때 생산 비중을 수정할 수도 있다.

사실 이 장 이후에 등장하는 사업부 수준 또는 전사적 수준의 모든 전략들은 복수의 선택적 대안들을 가지고 있다는 점에서 전략적 유연성은 매우 중요하다. 수직적 통합의 여부(제8장), 다각화의 여부(제9장, 제10장), 전략적 제휴의 여부(제11장), 인수 합병의 여부(제12장)에 대해서 어떤 대안이 기업에게 더 나은 것인가에 대해 특정 시점에서 알기 힘들 때는 최종 결정을 뒤로 미루고 그 대신 전략적 유연성을 유지하는 것이 매우 중요한 대안으로 고려될 수 있다.

유연성의 형태

기업이 유연성을 갖기 위해서는 **전략적 옵션**strategic option을 보유하고 있어야 한다. 기업이 특정한 전략에 투자해야 하는 의무 대신 투자할 수 있는 능력을 가졌을 때 전략적 옵션을 보유할 수 있다. 재무적 옵션에 익숙한 사람은 전략적 옵션과의 유사성을 발견할 수 있을 것이다. 사실 전략적 옵션은 실물 옵션의 한 형태이다. **실물 옵션**real option은 기업이 실물 자산에 투자해야 하는 의무 대신 투자할 수 있는 능력을 가졌을 때 존재한다. **실물 자산**real asset은 기업의 생산에 영향을 미치는 토지, 빌딩, 원재료, 완제품 재고, 유통 시스템, 정보 기술 등의 유형적 자원을 의미한다.[5]

물론 전략적 유연성은 다양한 형태를 가질 수 있는데, 그 형태와 예는 〈표 6.1〉에서 설명하고 있다.[6] 예를 들어 기업은 어떤 전략에 대해 추가적인 투자를 일정 기간 미룰 수 있는 전략적 선택을 할 수 있다. 이것을 **지연 옵션**option to defer이라고 한다. 석유 기업이 원유 탐사와 채굴을 위해 토지를 매입하는 대신 리스를 선택한다면 이것은 매입을 지연하는 옵션을 추구하는 것이다. 토지를 리스함으로써 석유 가격의 불확실성과 탐사와 채굴에 필요한 기술 비용에 대한 불확실성이 해소될 때까지 매입 결정을 지연시킬 수 있는 것이다. 토지를 즉각적으로 매입하는 석유 기업은 이러한 옵션을 포기하고 유연성을 상실하게 된다.

또한 기업은 미래에 투자를 확대할 수 있는 능력을 확보하기 위한 전략적 선택을 할 수 있다. 이것을 **증가 옵션**option to grow이라고 한다. 예를 들어 제조 기업이 비교적 낮은 비용으로 생

표 6.1 유연성의 유형과 사례

유연성의 유형	사례
지연 옵션	석유 기업이 원유 탐사와 채굴을 위해 토지를 매입하는 대신 리스를 선택
증가 옵션	제조 기업이 비교적 낮은 비용으로 생산 용량을 증설할 수 있도록 하나의 공장에서 동시에 여러 소규모 제조라인을 확보
계약 옵션	기업이 정규직 직원을 고용하지 않고 계약직이나 임시직 직원을 고용
중단과 재개 옵션	해당 기업의 제품만 전담하는 유통업체를 선택하기보다는 다수의 기업의 제품을 다루는 유통업체를 선택하여 아웃소싱
포기 옵션	범용화된 제조 설비만을 갖춤
확장 옵션	미래에 제품 종류를 확장할 수 있는 제품에 대한 투자를 수행

산 용량을 증설할 수 있도록 하나의 공장에서 동시에 여러 소규모 제조라인을 확보하고 있으면서 수요가 증가할 때마다 점차적으로 제조라인을 증가시키는 것을 말한다.

기업이 미래에 소규모로 투자할 수 있도록 하는 능력을 확보하기 위한 전략적 선택을 할 수 있는데, 이것을 **계약 옵션**option to contract이라고 한다. 예를 들어 기업이 정규직 직원을 고용하지 않고 계약직이나 임시직 직원을 고용하는 것은 이러한 형태의 옵션이다. 대부분의 국가에서 정규직 직원을 해고하는 것보다 계약직 또는 임시직 직원을 해고하기 힘들다. 사실 독일과 프랑스 등에서는 정규직 직원을 해고하기 매우 힘들어서 정규직 직원 채용이 제한되는 요인으로 작용한다. 이처럼 계약 옵션을 추구하는 기업들은 유연성을 확보하기 위해 계약직 또는 임시직 직원 고용의 비율을 높일 수 있다.

미래에 사업을 중단한 후 낮은 비용으로 재개할 수 있는 능력을 확보하기 위한 전략적 선택을 **중단과 재개 옵션**option to shut down and restart이라고 한다. 다음 두 기업을 비교해 보자. 두 기업 모두 유통 기능을 아웃소싱했는데 첫 번째 기업은 해당 기업의 제품만 전담하는 유통업체를 선택했고 두 번째 기업은 다수의 기업의 제품을 다루는 유통업체를 선택했다. 시장 상황이 악화되어 두 기업 모두 당분간 생산을 중단할 상황에 처했을 때, 다시 생산을 재개하는 것을 고려하면 어느 기업이 더 높은 비용을 지불하겠는가? 첫 번째 기업이 아웃소싱했던 유통업체는 일감이 전혀 없었기 때문에 아마도 이미 도산했을지도 모르고, 따라서 첫 번째 기업은 새로운 유통업체를 찾아야 할지도 모른다. 이것은 기업이 아웃소싱을 중단하는 의사결정의 유연성을 제한하게 된다. 반면에 두 번째 기업이 아웃소싱했던 유통업체는 다른 기업들도 상대하고 있었기 때문에 여전히 사업을 계속했을 가능성이 높다. 즉 두 번째 기업이 생산을 재개했을 때 이전과 같은 관계로 복귀하기 쉽기 때문에 보다 유연하게 아웃소싱을 중단하는 결정을 내리기 쉽다. 그러므로 첫 번째 기업에 비해 두 번째 기업은 생산의 중단과 재개의 비용을 낮출 수 있기 때문에 그에 따르는 유연성을 가질 수 있다.

특정 전략을 포기할 수 있는 능력을 확보하기 위한 전략적 선택을 **포기 옵션**option to abandon이라고 한다. 예를 들어 범용화된 제조 설비만을 갖춘 공장을 가진 기업은 포기 옵션을 보유하게 되는데, 특정 제품만을 위한 설비에 비해 범용화된 설비는 잔존가치와 재판매 가격이 높기 때문이다. 어떤 전략으로 인해 집행되는 투자의 잔존가치를 높이는 능력을 확보하면 그 전략을 포기할 수 있는 유연성을 높일 수 있다.

마지막으로, 기업이 현재의 전략의 운영 범위를 확장할 수 있는 능력을 확보하기 위한 전략적 선택을 할 수 있는데, 이것을 **확장 옵션**option to expand이라고 한다. 어느 제약 회사가 A 약품을 개발하기 위해 연구개발 활동을 하고 있다고 가정해 보자. 이 연구개발로 인해 미래에 가치가 있을 수 있는 B 약품과 C 약품을 개발하기 위한 추가적인 투자가 가능하다면 이 기업이 수행하는 연구개발 활동은 확장 옵션으로 간주될 수 있다. 반면에 애당초 A 약품의 연구개발 활동에 투자하지 않은 기업은 B와 C 약품 개발을 위한 추가적인 투자를 할 확장 옵션을 보유하지 못하게 된다. 또한 이 사례는 하나 이상의 옵션이 동시에 추구될 수 있는 것을 보여주는데,

예를 들어 A 약품을 위한 연구개발에 투자하는 기업은 확장 옵션을 보유할 뿐만 아니라 B나 C 등의 다른 약품들의 개발에 대한 지연 옵션도 보유하게 되는 것을 알 수 있다.

전략적 유연성의 가치

전략적 유연성은 불확실성이 존재할 때 가치가 있다. 여기에서 불확실성과 위험의 차이점에 대해 이해할 필요가 있다. 의사결정이 특정 결과를 가져오는 것이 확실하지 않지만 어떠한 결과들이 존재할 수 있고 그 결과들이 발생할 확률을 알 수 있을 때 그 의사결정은 **위험**risk을 수반한다고 한다.[7]

예를 들어 카지노에서의 도박은 위험을 수반한 의사결정이다. 슬롯 머신의 레버를 당기거나 주사위를 던지거나 카드를 받을 때 그 결과를 사전에 알 수는 없다. 그러나 모든 가능한 결과들 중에서 특정 결과가 나올 수 있는 확률은 사전에 알 수 있다. 이 정보를 바탕으로 도박에서 행하는 특정 의사결정의 기대수익을 예측하는 것은 가능하다.

위험이 수반된 전략적 의사결정

이 책에서 등장하는 전략에 대한 논의에 있어서 대부분의 경우에 위험의 개념이 암묵적으로 적용되어 왔다. 제1장에서 기업의 경제적 성과를 나타내기 위해 다른 기업과 가중평균자본비용을 비교할 수 있다고 설명했는데, 가중평균자본비용의 중요한 구성요소로서 자기자본비용이 있고 이것은 자본자산가격모델(capital asset pricing model, CAPM)에 의해 측정될 수 있다. 이 모델에서는 특정 기업의 주식이 완전히 분산된 포트폴리오와 비교하여 위험한 정도를 의미하는 β가 포함되었다.

일반적으로 위험의 개념은 현재가치분석에서 가장 잘 나타난다. **현재가치**present value는 특정 전략을 선택하여 실행할 때 창출되는 현금흐름을 위험으로 할인하여 합계한 금액을 보여준다. 다음의 공식에서 현금흐름에 수반되는 위험은 할인율인 k로 나타난다.

$$\text{NPVj} = \sum_{t=0}^{N} \frac{(\text{NCFj,t})}{(1+k)^t}$$

여기에서

NPV_j = 기업 j의 현금흐름의 현재가치

N = 투자의 수명

$NCF_{j,t}$ = 기업 j가 시점 t에서 보유한 순현금흐름

k = 할인율

만약 특정 전략을 선택하여 실행하는 것에 따르는 현금흐름에 위험이 수반되지 않는다면 할인률 k는 매우 작아서 분모는 1에 가까워지므로 이 투자에는 할인이 적용되지 않는다. 만약 어떤 투자가 매우 위험하다면 분모가 커져서 현금흐름에 큰 할인이 적용된다.

위험 개념의 한계점

불확실성이 존재하는 경우에 위험의 개념을 적용하는 것은 적절하지 않다. 의사결정이 특정 결과를 가져오는 것이 확실하지 않고, 어떠한 결과들이 존재할 수 있는가에 대해서 알 수 없으며, 따라서 그 결과들이 발생할 확률도 알 수 없을 때 그 의사결정은 **불확실**uncertain하다고 한다. 앞에서 예를 든 카지노의 경우 어떤 주사위 숫자나 카드를 고르는 것이 가장 좋은 것인지 알 수 없거나 또는 게임의 규칙이 수시로 바뀐다면 게임이 가져올 수 있는 기대수익을 계산할 수 없게 된다. 불확실성의 조건하에서 현재가치분석이 가지는 세 가지 한계점은 다음과 같다.

첫째, 불확실성하에서는 현금흐름도 불안정하다. 다음의 시나리오를 생각해 보자. 만약 GM이 자동차 특정 모델의 수요가 증가할 것이라고 예측할 수 있다면 3교대 생산을 고려할 수 있다. 2교대 생산과 3교대 생산의 경험이 충분하다고 가정한다면 3교대 생산으로 인해 추가되는 비용과 수익에 대해 GM의 경영진은 잘 알고 있을 것이다. 즉 3교대로 변경할 때의 순현금흐름에 대해 GM의 경영진은 충분히 예측할 수 있다.

그러나 만약 기존 모델의 생산 방식 변경이 아니라 새로운 모델 생산에 대한 의사결정을 해야 한다고 생각해 보자. 이 모델은 새로운 기술을 기반으로 제조되어 새로운 고객에게 판매되기 때문에 새로운 시장을 개척하게 된다. GM과 시장 모두에게 참신한 이 모델이 창출하는 순현금흐름은 매우 예측하기 어렵다. 이러한 불안정한 상황에서는 비용과 수익을 추정하기 힘들기 때문이다.

둘째, 불확실성하에서는 현금흐름의 위험이 안정적으로 예측될 수 없다. 전통적인 위험 개념하에서는 상이한 전략으로부터의 현금흐름은 상이한 위험 수준에 따라 결정된다. 높은 위험의 현금흐름은 높은 할인율이, 낮은 위험의 현금흐름은 낮은 할인율이 적용된다. 그러나 불확실성하에서는 위험의 수준을 알 수 없다. 혹자는 이러한 경우 모든 현금흐름이 매우 위험하다고 가정해야 한다고 주장한다.[8] 그러나 이러한 가정하에서는 기업이 사전적으로는 위험하다고 평가되지만 사후적으로, 즉 실제로는 위험하지 않았던 전략을 포기할 수 있는 단점이 있다.

마지막으로, 현재가치 접근법은 전략 결정의 모든 의사결정이 단번에 이루어진다고 암묵적으로 가정한다. 그러나 현실적으로 전략적 결정은 종종 장기간에 걸쳐 단계적으로 이루어진다. 예를 들어 첫 단계에서는 실행 불가능한 대안을 탈락시키고, 두 번째 단계에서는 남은 대안 중에서 더욱 선별하거나 또는 대안을 더 늘릴 수 있다. 즉 전략 실행의 전 과정에 대한 결정이 단번에 이루어져야 한다면 환경이 변화한다는 것을 무시하거나 유연성의 중요성을 간과하는 결과를 가져오는 것이다.

유연성의 가치 평가하기

지금까지 현재가치 개념은 전략적 의사결정에 있어서 위험을 평가하기 위해 매우 유용하게 사용되지만 불확실성하에서는 적용될 수 없다는 것을 설명했다. 그렇다면 전략적 유연성의 가치는 어떻게 평가할 수 있을까? 이 장에서는 두 가지 방법을 소개하기로 한다. 두 방법은 모두 '이론적 뿌리를 찾아서'에서 설명하는 재무적 옵션에 기반한다.

이론적 뿌리를 찾아서

옵션의 가치는 다음과 같은 다섯 가지 요인에 의해서 결정된다고 알려져 있다.

1. 기초 자산의 가치, S(예 : 옵션의 대상이 되는 주식의 가치)
2. 옵션의 행사 가격, X
3. 옵션의 만기, T
4. 기초 자산의 가격이 변동하는 정도 또는 분산, σ^2(예 : 옵션의 대상이 되는 주식 가격이 변동하는 정도)
5. 무위험이자율, r_f

이 요인들이 다음 수식에 의해 옵션의 가치를 결정한다.

$$c = SN(d_1) - [Xe^{-r_fT}N(d_2)]$$

c = 옵션 가치
S = 옵션 행사로 인한 현금흐름
X = 옵션 행사 가격
T = 옵션의 만기
r_f = 무위험이자율

$$d_1 = \frac{\ln(S/X) + r_fT}{\sigma\sqrt{T}} + \frac{1}{2}\sigma\sqrt{T}$$
$$d_2 = d_1 - \sigma\sqrt{T}$$

$N(d_1)$과 $N(d_2)$는 정규분포 내에서 d_1과 d_2의 누적 영역이다. 이것을 **블랙-숄즈 공식**Black-Scholes formular이라고 한다.

이 공식이 어려워 보이긴 하지만 세 단계로 단순하게 구분하여 설명할 수 있다. 첫째, d_1과 d_2를 계산한다. 둘째, 정규분포표를 이용하여 $N(d_1)$과 $N(d_2)$를 찾는다. 셋째, 옵션 가치를 계산한다.

재무적 옵션을 평가하기 위한 블랙-숄즈 모형

다음의 예를 이용해 보자. (1) 기초 자산의 가치 $S = 50$(예 : 특정 주식의 가격이 50달러), (2) 옵션 행사 가격 $X = 45$, (3) 만기 $T = .25$(예 : 1년 중 3개월), (4) 기초 자산 가격의 분산 $\sigma^2 = .2$, (5) 무위험이자율 $r_f = .06$.[9]

이 숫자들을 공식에 대입하면 d_1과 d_2를 구할 수 있다.

$$d_1 = \frac{\ln(50/45) + .06(.25)}{\sqrt{.2}\sqrt{.25}} + \frac{1}{2}(\sqrt{.2}\sqrt{.25})$$
$$= .54 + .11$$
$$= .65$$
$$d_2 = d_1 - \sigma\sqrt{T}$$
$$= .65 - (\sqrt{.2}\sqrt{.25}) = .43$$

이 숫자들을 다시 대입하여 c를 구한다.

$$c = SN(.65) - Xe^{r_fT}N(.43)$$

$N(d_1)$과 $N(d_2)$는 〈표 6.2〉의 정규분포표에서 찾을 수 있다. 먼저 d_1은 .65이므로 표에서 .242를 찾을 수 있는데, 0에서 평균까지의 면적(정규분포의 중앙값보다 왼쪽에 있는 면적)이 .50이므로 누적 영역의 면적은 $N(d_1) = .5 + .242 = .742$이다. 동일한 과정을 이용하여 d_2는 .43인데 표에서 .166을 찾을 수 있고 0에서 평균까지의 면적은 .50이므로 누적 영역의 면적은 $N(d_2) = .5 + .166 = .666$이다.

이를 바탕으로 c를 구하면 다음과 같다.

$$c = 50(.742) - [45e^{-.06(.25)}(.666)]$$
$$= 37.10 - 45(.9851)(.666)$$
$$= 37.10 - 28.48$$
$$= 7.62$$

즉 이 옵션의 가치가 7.62달러라는 의미는, 이 주식의 가치가 과거에 변화했던 추이와 무위험이자율을 고려할 때, 현재 가격이 50달러인 해당 주식을 3개월 이내에 45달러로 구입할 수 있는 권리의 가격이 7.62달러라는 것이다.[10]

(계속)

표 6.2 확률분포표

D	.00	.01	.02	.03	.04	.05	.06	.07	.08	.09
0.0	.0000	.0040	.0080	.0120	.0160	.0199	.0239	.0279	.0319	.0359
0.1	.0398	.0438	.0478	.0517	.0557	.0596	.0636	.0675	.0714	.0753
0.2	.0793	.0832	.0871	.0910	.0948	.0987	.1026	.1064	.1103	.1141
0.3	.1179	.1217	.1255	.1293	.1331	.1368	.1406	.1443	.1480	.1517
0.4	.1554	.1591	.1628	.1664	.1700	.1736	.1772	.1808	.1844	.1879
0.5	.1915	.1950	.1985	.2019	.2054	.2088	.2123	.2157	.2190	.2224
0.6	.2257	.2291	.2324	.2357	.2389	.2422	.2454	.2486	.2517	.2549
0.7	.2580	.2611	.2642	.2673	.2704	.2734	.2764	.2794	.2823	.2852
0.8	.2881	.2910	.2939	.2967	.2995	.3023	.3051	.3078	.3106	.3133
0.9	.3159	.3186	.3212	.3238	.3264	.3289	.3315	.3340	.3365	.3389
1.0	.3413	.3438	.3461	.3485	.3508	.3531	.3554	.3577	.3599	.3621

전략적 유연성의 정성적 평가 전략적 유연성을 정량적으로 평가하는 방법에 대해 설명하기 전에 먼저 블랙-숄즈 모형에서 설명하는 정성적 방법에 대해 이해하는 것이 중요하다. 재무적 옵션의 가치를 평가하는 이 모형은 옵션의 가치가 다섯 가지의 요인에 의해 결정된다고 단순화하는데, 그것은 옵션 행사 가격(X), 옵션 행사로 인한 현금흐름(S), 옵션 만기(T), 무위험이자율(r_f), 그리고 기초자산가격의 분산(σ^2)이다. 〈표 6.3〉에서 다섯 요인들이 실물 옵션의 가치에 미치는 영향에 대해 설명하고 있다.

첫째, 옵션 행사 가격(X)이 낮을수록 실물 옵션의 가치는 크다. 그 이유는 실물 옵션 행사 가격이 낮으면 그 옵션이 행사될 확률이 높기 때문이다. 옵션이 창출하는 가치가 비용보다 클 때만 해당 옵션이 행사되므로 옵션이 행사될 가능성이 높다는 것은 가치가 높다는 의미이다. 반대로 가격이 높으면 옵션이 행사될 가능성이 낮고, 따라서 해당 실물 옵션이 가치를 창출할 가능성이 낮다. 즉 다른 조건이 동일할 때, 옵션 행사 가격이 낮은 실물 옵션이 선호된다.

둘째, 옵션 행사로 인한 현금흐름(S)이 클수록 실물 옵션의 가치는 크다. 이 현금흐름이 옵션 행사의 비용보다 커야 옵션이 행사될 수 있고, 옵션이 행사되어야 옵션의 가치가 존재할 수 있다. 즉 다른 조건이 동일할 때, 옵션 행사로 인한 현금흐름이 높은 실물 옵션이 선호된다.

셋째, 옵션 만기(T)가 장기일수록 실물 옵션의 가치는 크다. 실물 옵션은 불확실성하에서 기업에게 유연성을 부여하기 위해 존재한다. 의사결정을 더 장기간 미룰 수 있을수록 유연성의 수준은 높아진다. 기업은 만기 시점까지 의사결정을 미룰 필요는 없다.[11] 즉 만기 이전이라도

표 6.3 실물 옵션의 요인

실물 옵션의 속성	실물 옵션의 가치에 미치는 영향
옵션 행사 가격(X)	옵션 행사 가격이 낮을수록 옵션가치는 크다.
옵션 행사로 인한 현금흐름(S)	옵션 행사로 인한 현금흐름이 클수록 옵션가치는 크다.
옵션 만기(T)	옵션 만기가 길수록 옵션가치는 크다.
무위험이자율(r_f)	무위험이자율이 높을수록 옵션가치는 크다.
기초자산가격의 분산(σ^2)	기초자산가격의 분산이 클수록 옵션가치는 크다.

언제든지 추가 비용 없이 실물 옵션을 행사할 수 있기 때문에 적절한 시기에 옵션을 행사할 것이다. 그러므로 장기간의 옵션 만기는 기업에게 높은 수준의 유연성을 제공한다.

넷째, 무위험이자율(r_f)이 높을수록 실물 옵션의 가치는 크다. 그러나 대개의 경우 무위험이자율은 기업의 통제권 밖에서 결정되기 때문에 전략적 결정에 있어서 중요한 의미를 갖지는 않는다. 그러나 무위험이자율이 상승 또는 하락하는 과정에 있다면 그에 따라 실물 옵션의 가치가 변화하는 추이를 분석하는 것은 중요하다.

마지막으로, 기초자산가격의 분산(σ^2), 즉 불확실성이 클수록 실물 옵션의 가치는 크다. 사실 불확실성의 크기와 실물 옵션의 가치가 밀접하게 관련이 있다는 것은 직관적으로 짐작할 수 있다. 전략적 결정의 대상이 되는 기초자산가격이 불확실할 때 유연성을 유지하는 것이 가장 좋은 전략이라는 것은 자명하다. 그러므로 다른 조건이 동일할 때, 기초자산가격의 불확실성이 높은 실물 옵션이 선호된다.

실물 옵션의 가치가 불확실성의 영향을 받는다는 것은 매우 중요하다. 기업은 옵션 행사의 비용, 즉 옵션 행사 가격보다 옵션 행사로부터의 이득, 즉 현금흐름이 더 클 때 경제적 가치를 실현한다(즉 $S>X$). 그러나 이러한 옵션을 새로 설정하는 비용은 고정되어 있다. 즉 실물 옵션의 잠재적 이득은 옵션 행사로 인한 현금흐름 창출의 크기에 달려 있고, 최악의 위험은 고정되어 있다. 이러한 상황에서 불확실성이 큰 현금흐름이 더 선호된다. 다시 말해서 불확실성이 높을 때 이득의 확률은 높고 손실의 확률은 낮다. 그러므로 불확실성이 높을수록 실물 옵션의 가치는 크다.

실물 옵션의 이러한 특성은 기업이 높은 불확실성에 직면할 때 실물 옵션 분석을 해야 한다는 시사점을 준다. 또한 다양한 실물 옵션 중 어느 것을 선택해야 하는가에 대해[즉 옵션 행사 가격(X)이 낮은, 옵션 행사로 인한 현금흐름(S)이 큰, 옵션 만기(T)가 장기인, 무위험이자율(r_f)이 높은, 그리고 기초자산가격의 분산(σ^2)이 큰 옵션이 선택되어야 한다는 것에 대해] 설명한다. 이 모든 과정을 통해 실물 옵션의 가치를 실제로 계산해야 하는가에 대해 결정하게 된다.

제약기업이 제품 A를 생산함으로써 제품 B와 제품 C를 생산할 수 있다는 앞의 예를 다시 사용해 보자. 〈표 6.3〉에서 제시한 기준은 비록 실물 옵션의 가치에 대해 정량적인 계산을 할 수 없는 상태에서도 제품 A를 생산해야 할 것인가에 대한 의사결정에 도움을 준다. 그러나 이 의사결정의 과정에서 경영자는 다음과 같은 질문을 던진다. 제품 B와 C를 생산하기 위해 소요되는 추가 비용은 얼마인가? 제품 B와 C가 창출하는 현금흐름은 얼마인가? 제품 B와 C를 생산한다는 의사결정을 얼마나 미룰 수 있는가? 현재의 무위험이자율이 얼마이며 향후 어떻게 변화할 것인가? 제품 B와 C가 창출하는 현금흐름의 변동성은 얼마나 되는가?

만약 제품 B와 C를 생산하기 위한 추가 비용이 작다면, 만약 제품 B와 C가 창출하는 현금흐름이 크다면, 만약 이 기업이 제품 B와 C를 생산하기로 결정하기 위해 주어진 기간이 길다면, 만약 현재의 무위험이자율이 높다면, 그리고 만약 제품 B와 C로부터의 현금흐름의 불확실성이 높다면 이 기업이 제품 A를 생산하는 투자에 관련된 실물 옵션의 가치는 크다. 이 경우 비록 제품 A의 현재가치가 작거나 심지어 음수인 경우에도 제품 B와 C의 생산과 관련된 기회에 접근하기 위해 제품 A를 생산하는 것이 바람직할 것이다.

전략적 유연성의 정량적 평가 많은 경우에 있어서 〈표 6.3〉은 기업의 전략 선택에 있어서 유연성을 적용하는 방식으로서 충분하다. 그러나 어떤 경우에 있어서는 실물 옵션이 가진 유연성의 가치를 정량적으로 평가하는 것이 가능하고 또한 더욱 도움이 될 수 있다.

〈표 6.4〉는 가상적인 두 단계의 투자를 통해 전략적 유연성을 정량적으로 평가하는 예를 보여준다.[12] 첫 해에 기업은 1단계 투자를 수행하기 위해 1,350억 원을 투자했다. 1단계 투자의 현금흐름은 표 A에 설명되어 있다. 12%의 할인률을 적용한 순현재가치는 142.4억 원이다. 이제 이 기업은 3년차에 2단계 투자를 수행하기 위해 4,870억 원을 투자할 수 있다. 표 B에서 볼 수 있듯이 2단계 투자의 순현재가치는 －416.8억 원이다. 두 단계의 투자의 총합은 표 C에서 볼 수 있듯이 －306.2억 원이다. 이러한 분석에 따르면 이 기업은 투자를 수행하면 안 된다.

그러나 이러한 전통적인 분석은 기업이 1단계 투자와 2단계 투자의 결정을 동시에 해야 한다고 가정한다. 그러나 실제로는 1단계 투자가 이루어진 3년 후에 2단계 투자가 이루어진다는 실물 옵션의 개념이 간과되고 있다. 즉 이 기업이 당면한 질문은 "1단계 투자를 수행함으로써 발생하는 실물 옵션이 창출하는 가치가 1단계와 2단계 투자를 현지 시점에서 동시에 고려하는 전통적인 투자가치 평가 방식에 의한 가치보다 충분히 큰가?"이다. 〈표 6.5〉에서 이 질문에 답하는 여섯 단계의 과정을 설명한다.

과정 1 : 실물 옵션 존재 확인 과정 1은 해당 투자와 관련된 실물 옵션이 존재하는가에 대해 살펴보는 것이다. 앞의 사례에서는 투자가 두 단계로 나누어져 있어서 투자의 유연성이 존재한다는 것이 명백했다. 두 단계의 투자를 순차적으로 수행함으로써 기업은 시장 상황이 변화함에 따라 지연 옵션, 증가 옵션, 확장 옵션을 보유할 수 있기 때문에 이 상황에서는 실물 옵션이 적용될 수 있다.

표 6.4 두 단계 투자의 예 : 무위험이자율이 12%인 경우와 5.5%인 경우

(A) 1단계의 투자

연도	0	1	2	3	4	5	6
현금흐름	0	10.0	12.0	13.4	14.5	15.1	12.8
잔존가치							185.0
초기투자	(135)						
할인율	1.0	.893	.797	.712	.636	.567	.507
현재가치	(135)	8.93	9.56	9.54	9.22	8.56	100.28
순현재가치	11.09						

(B) 2단계의 투자

연도	0	1	2	3	4	5	6
현금흐름	0	0	0	0	26.2	28.3	27.0
잔존가치							510.1
초기투자				(487)			
할인율	1.0	.893	.797	.712	.636	.567	.507
현재가치	0	0	0	(346.7)	16.7	16.1	272.3
순현재가치	(41.68)						

(C) 1단계와 2단계의 종합

연도	0	1	2	3	4	5	6
현금흐름	0	10.0	12.0	13.4	40.7	43.4	39.8
잔존가치							695.1
초기투자	(135)			(487)			
할인율	1.0	.893	.797	.712	.636	.567	.507
현재가치	(135)	8.93	9.56	(337.16)	25.92	24.66	372.58
순현재가치	(30.51)						

과정 2 : 재무적 옵션의 요인을 적용하여 실물 옵션 기술 과정 2는 재무 옵션의 다섯 요인이었던 옵션 행사 가격(X), 옵션 행사로 인한 현금흐름(S), 옵션의 만기(T), 무위험이자율(r_f), 그리고 기초자산가격의 분산(σ^2)을 적용하여 해당 투자를 기술하는 것이다. 이것은 실물 옵션 투자가 가진 상황들을 재무적 옵션의 요인의 상황으로 비유하여 대응시키는 과정을 의미한다. 〈표 6.6〉에서는 앞에서 사용한 사례를 블랙-숄즈 모형의 다섯 요인과 대응시키는 과정을 보여

표 6.5 실물 옵션 가치 평가의 과정

과정		
과정 1 실물 옵션 존재 확인	⟶	두 단계 투자는 2단계의 투자를 3년간 지연시킬 수 있게 한다. 이것은 지연, 증가, 또는 확장의 옵션 기회를 창출한다.
과정 2 재무적 옵션의 요인을 적용하여 실물 옵션 기술	⟶	〈표 6.6〉을 참조한다.
과정 3 벤치마크 설정	⟶	전통적인 1단계 투자의 결과인 −306.2억 원
과정 4 옵션 가치 측정 항목 계산	⟶	$NPV_q = S/PV(X) = S/\lvert X/(1+r_f)^T\rvert = .775$ $\sigma\sqrt{T} = .4\sqrt{3} = .693$
과정 5 블랙-숄즈 모형을 기반으로 실물 옵션 가치 추정	⟶	$(NPV_q, \sigma\sqrt{T}) = (.775, .693) = 19.7$ $.197 \times S =$ 현재가치 $.197$ (3,050.2억) = 600.9억
과정 6 평가기준 가치와의 비교	⟶	벤치마크 = −306.2억 총현재가치 = 1단계 순현재가치 + 2단계 추가의 실물 옵션 가치 = 142.4억 + 600.9억 = 743.3억

743.3억 원이 −306.2억 원보다 크므로 이 기업은 2단계 투자의 실물 옵션 가치를 추구하기 위해 1단계 투자를 수행해야 한다.

출처 : Adapted from T. Luehrman, "Investment Opportunities as Real Options: Getting Started on the Numbers," Harvard Business Review 76, no. 4 (1998) 51–67; and T. Luehrman, "Strategy as a Portfolio of Real Options," Harvard Business Review 76, no. 5 (1998): 89–98.

준다(무위험이자율은 5.5%로 가정했다).

먼저 옵션 행사 가격을 살펴보자. 재무적 옵션 행사 가격은 기업이 옵션을 실제로 행사하기 위해 지불해야 하는 금액으로서 앞의 예에서는 2단계 투자금액인 4,870억 원에 해당한다.

재무적 옵션에서 옵션 행사로 인한 현금흐름은 2단계 투자의 현재 시점에서의 실물 옵션의 현재가치(0원)와 옵션이 행사되었을 시점 이후의 2단계 투자의 현재가치의 합계인 166.7 + 160.5 + 2,723 = 3,050.2억 원이다.

재무적 옵션에서의 만기는 기업이 실물 옵션 행사를 지연시킬 수 있는 기간에 비유할 수 있다. 앞의 사례에서 만기는 3년이다.

무위험이자율은 기업이 옵션을 행사하지 않고 지연시킬 때 얻을 수 있는 이득과 관련되는데

표 6.6 〈표 6.4〉의 사례에 적용된 재무적 옵션과 실물 옵션의 대응표

재무적 요인	실물 옵션 요인	사례
옵션 행사 가격 : X	기업이 옵션을 실제로 행사하기 위해 지불해야 하는 금액	2단계 투자금액인 4,870억 원
기초자산가격 : S	옵션 행사로 인한 현금흐름	2단계 투자(4, 5, 6년차)의 현금흐름과 잔존가치의 현재가치/현재 시점에서의 실물 옵션의 현재가치(0원)와 옵션이 행사되었을 시점 이후의 2단계 투자의 현재가치의 합계인 167 + 161 + 2,723 = 3,051억 원
옵션 만기 : T	기업이 실물 옵션 행사를 지연시킬 수 있는 기간	$T = 3$년
무위험이자율 : r_f	무위험이자율	$r_f = 5.5\%$
기초자산가격의 분산 : σ^2	옵션이 행사되었을 때 창출되는 가치가 갖는 불확실성의 크기	$\sigma^2 = 0.16$

무위험이자율이 높을수록 기업에게 유리하다. 여기에서는 임의로 5.5%로 설정했다.

마지막으로 재무적 옵션에서 설명하는 기초 자산의 가격의 분산(변동 가능성)은 실물 옵션의 상황에서는 옵션이 행사되었을 때 창출되는 가치가 갖는 불확실성의 크기로 비유된다. 물론 불확실성의 크기는 측정될 수 없는데 바로 이 불확실성의 크기에 따라 옵션의 가치가 결정된다.

이 문제를 해결하는 하나의 방법은 기초 자산 가격의 분산(변동 가능성)을 제외한 다른 모든 요인들을 측정한 다음 의사결정에 영향을 미치는 불확실성의 크기에 대해 마지막으로 고려하는 것이다. 그 결과 다양한 불확실성의 수준에 대응하는 실물 옵션의 가치를 평가하여 경영자의 최종 의사결정에 도움을 주는 것이다. 예를 들어 만약 다른 요인들의 추정치가 모두 결정되었을 때 기초 자산 가격의 분산(변동 가능성)이 매우 커야만 실물 옵션의 가치가 존재할 수 있는 상황이라면(즉 옵션 행사 가격, 옵션 행사로 인한 현금흐름, 만기, 무위험이자율 등이 모두 옵션의 가치에 부정적으로 작용하는 상황이고 경영 환경이 매우 안정적이라면) 위험회피형 경영자들은 이러한 실물 옵션에 투자할 매력을 느끼지 않을 것이다. 반대로 기초 자산 가격의 변동 가능성이 별로 크지 않아도 다른 요인들의 추정치가 모두 실물의 가치에 긍정적으로 작용하고 경영 환경의 변동성이 매우 크다면 위험회피형 경영자들일지라도 실물 옵션의 가치가 존재한다고 판단하여 실물 옵션에 투자할 것이다. 이 사례에서는 기초 자산 가격의 분산을 .16으로 가정했다.

과정 3 : 벤치마크 설정 실물 옵션에 투자하는 것이 전통적인 투자에 비해 추가적인 가치를 창출할 수 있는가에 대해 판단하기 위해서는 전통적인 투자 결과를 벤치마크로 이용하는 것이 필요하다. 이 사례에서는 −306.2억 원이 이에 해당한다.

과정 4 : 옵션 가치 측정 항목 계산 여러 학자들은 블랙-숄즈의 재무적 옵션 가격 모형은 두 가지 측정 항목으로 요약될 수 있다고 설명했다. 이 측정 항목들은 다섯 가지의 요인들의 정보를 모두 포함하여 2개의 숫자로 표현하는 것이다.[13] 즉 재무적 옵션의 가치 평가를 단순하게 요약하게 된다.

옵션 가치 측정 항목은 실물 옵션에서도 적용될 수 있다. 첫 번째의 항목은 NPV_q는 옵션 행사로 인해 창출되는 현금흐름의 현재가치와 옵션 행사를 위한 비용의 현재가치의 비율이다. 〈표 6.5〉에서 다음의 추정치를 확인할 수 있다.

$$NPV_q = \frac{S}{PV(X)} = \frac{S}{X(1 + r_f)^T}$$

이 사례에서 옵션 행사로 인한 현금흐름은 3,050.2억 원, 옵션 행사 가격은 4,870억 원이었다. 12%의 할인율을 적용하면 *NPV*q는 .775로 계산된다.

$$NPV_q = \frac{305.01}{487(1 + .055)^3} = .775$$

두 번째의 측정 항목은 누적 변동성이라고 불리는데 다음과 같이 특정된다.

$$\text{누적 변동성} = \sigma\sqrt{T}$$

지금까지 기초 자산 가격의 변동성을 표현하기 위해 분산을 사용했는데 여기에서는 그 제곱근인 표준편차가 사용된다. σ^2을 .16으로 가정했으므로 σ은 .4, 그리고 만기인 T는 3이므로 누적 변동성은 .693으로 계산된다.

$$\text{누적 변동성} = .4\sqrt{3} = .693$$

과정 5 : 블랙-숄즈 모형을 기반으로 실물 옵션 가치 추정 2개의 옵션 가치 측정 항목을 사용하는 것의 장점은 이 책의 부록에 준비된 블랙-숄즈 옵션 가격표를 이용하여 특정 옵션의 가치를 쉽게 검색할 수 있다는 것이다. 즉 두 가지 옵션 가치 측정 항목을 이 표에서 이용하면 특정 비율을 검색할 수 있는데, 이 비율이 의미하는 것은 해당 옵션의 가치가 해당 옵션 행사로 인한 현금흐름(S)에서 갖는 비율이다.

*NPV*q = .775와 누적 변동성 = .693이므로 블랙-숄즈 옵션 가격표에서 18.7%를 발견할 수 있고, 이것은 실물 옵션 가치가 3,050.2억 원 × .187 = 600.8억 원이다.

과정 6 : 평가기준 가치와의 비교 물론 이것은 전통적인 방식으로 계산된 −306.2억 원보다 크다. 1단계 투자와 2단계 투자가 갖는 3년의 간격이 실물 옵션을 발생시키고 이 옵션이 경제적 가치를 갖는다는 것은 명백하다. 학자들은 기업이 정성적 또는 정량적으로 전략적 유연성을 평가할 때 기업의 성공에 있어서 매우 중요한 시사점을 얻을 수 있다는 연구 결과를 제시하고 있다. 이것은 '관련 실증 연구'에서 다루었다.

$$\text{현재가치} = \$14.24 + \$60.09$$
$$= \$74.33$$

관련 실증 연구

맥그레이스와 맥밀란은 불확실성하에서 경영자는 다양한 실물 옵션에 투자해야 한다고 주장했다.

여기에서 **기술적 불확실성**technical uncertainty은 새로운 제품이나 서비스가 개발되는 과정을 실제로 그 과정이 시작되기 전에 경영자가 이해하는 정도에 대한 것이다. 신제품이나 서비스를 개발하기 위해 필요한 기술과 자원을 경영자가 잘 알고, 이러한 기술과 자원의 획득에 소요되는 비용이 낮고, 효과적인 관리 방법을 잘 알 때 기술적 불확실성은 낮다.

시장 불확실성market uncertainty은 새로운 제품이나 서비스가 시장에 적합한가에 대해 경영자가 이해하는 정도에 대한 것이다. 새로운 제품이나 서비스가 판매될 수 있는 가격이나 시장 규모, 경쟁자의 대응 등에 대해 잘 알 때 시장 불확실성은 낮다.

실물 옵션의 가치

기술적 불확실성과 시장 불확실성이 낮으면 새로운 제품이나 서비스에 대한 투자의 실물 옵션 가치는 낮다.

기술적/시장 불확실성이 증가하면 실물 옵션 가치도 증가한다. 새로운 제품 또는 서비스는 새로운 기술적 플랫폼을 소개하는 양상을 띠는데, 이 플랫폼은 기존의 제품 또는 서비스와 관련되어 있다. 또한 이 플랫폼으로 인해 더욱 새로운 제품이나 서비스를 출시할 수 있게 된다.

기술적/시장 불확실성이 높으면 실물 옵션의 가치도 높다. 맥그레이스와 맥밀란은 이러한 옵션들을 **포지셔닝 옵션**positioning option(기술적 불확실성이 높고 시장 불확실성이 낮은 경우), **스카우팅 옵션**scouting option(시장 불확실성이 높고 기술적 불확실성이 낮은 경우), 그리고 **스테핑-스톤 옵션**stepping-stone option(두 유형의 불확실성이 모두 높은 경우)으로 구분했다. 〈표 6.7〉에서 이러한 옵션들을 정리했다.

포지셔닝 옵션은 기술적 표준이 형성되

표 6.7 기술적 불확실성과 시장 불확실성하에서의 실물 옵션

포지셔닝 옵션	기술적 불확실성이 높다 : 다수의 대안적 기술적 투자 포지션을 설정하고 기술적 불확실성이 제거되었을 때 투자한다
스카우팅 옵션	시장 불확실성이 높다 : 다수의 제품을 소비자에게 제공하고 반응을 살핀다. 소비자 선호가 확실해지면 해당 제품 생산에 투자한다
스테핑-스톤 옵션	기술적 불확실성과 시장 불확실성이 모두 높다 : 특정 유형에 고착되는 것을 피하고 신속하면서도 피해를 최소화하고, 실패하고, 신속하게 학습하며, 재도전한다.

출처 : R. G. McGrath and I. MacMillan, *The Entrepreneurial Mindset*, (Boston: Harvard Business School Press, 2000).

(계속)

는 것에 대해 기다릴 수 있는 시간을 부여한다. 전략적 제휴나 다수의 기술에 대한 소규모 투자를 함으로써 획득할 수 있다.

포지셔닝 옵션을 획득하면 기술적 불확실성에 대처하여 생존할 수 있지만, 하나의 기술에 모험을 걸었던 투자가 적중했던 기업에 비해 임시적 경쟁열위를 겪을 수 있다. 하나의 기술에 투자하여 시장을 선점했던 기업은 해당 기술에 대해 더 많은 경험을 쌓아서 저비용 또는 차별화 우위를 획득할 수도 있다. 그러므로 〈표 6.1〉에서 설명한 실물 옵션들이 다른 사업부 수준의 전략들과 갖는 대안적 관계가 〈표 6.7〉의 옵션 유형들에게도 적용될 수 있다.

맥그레이스와 맥밀란은 스카우팅 옵션이 창업 실험과 같다고 설명한다. 기업은 스카우팅 옵션을 통해 기업의 새로운 역량이 새로운 시장에서 갖는 잠재적 가치에 대해 실험한다. 그러나 스카우팅 옵션이 시장에서 갖는 순현재가치는 낮을 것으로 예상되므로 옵션 투자 비용은 작아야 한다.

그러나 하나의 스카우팅 옵션이 경제적 이익을 창출할 가능성은 작지만 여러 옵션이 총체적으로 창출할 확률은 낮지 않다. 또한 스카우팅 옵션이 간접적으로 창출할 수 있는 기회도 존재할 수 있다.

이 기회는 스테핑-스톤 옵션과 관련된다. 이것은 블랙-숄즈 모형에서 설명하는 연속적인 투자와 동일한 개념이다. 스테핑-스톤 옵션을 적절히 활용하기 위해서는 의사결정의 과정을 치밀하게 준비해야 한다. 예를 들어 새로운 공장 투자에 대한 의사결정의 기한이나 새로운 제품에 대해 투자하기 위한 명확한 조건 등이 필요하다. 종종 기업들은 옵션을 유지하는 것에 집착하여 투자를 실행하지 못하는 경우도 있다. 이러한 기업은 옵션을 설정하고도 기회를 상실하게 된다. 그 반대로 불확실성이 충분히 제거되기 전에 옵션을 너무 일찍 행사해서 가치 창출에 실패하는 경우도 있다. 실물 옵션 행사의 조건에 대해 명확한 조건과 일정을 확립한 기업만이 실물 옵션의 가치를 실현할 수 있다.

순현재가치만을 분석하는 기업은 개량 버전 출시의 경계를 벗어나기 힘들다. 이 투자는 종종 기업의 주주가치를 높이지만 새로운 기술, 자원, 역량을 개발하기에 한계를 갖는다. 즉 기업이 변화하는 것에 제한적으로 작용하게 된다.

기업이 포지셔닝 옵션, 스카우팅 옵션, 스테핑-스톤 옵션에 분산투자하면 더 큰 실물 옵션 효과를 기대할 수 있다. 이러한 분산투자는 직접적인 주주가치를 상승시키면서 동시에 예측하지 못한 새로운 기회를 추구할 수 있다.[14]

전략적 유연성과 지속적 경쟁우위

높은 불확실성의 상황에서 기업이 실물 옵션을 활용할 수 있다는 점에서 유연성은 가치를 가질 수 있다. 그러나 제3장에서 설명했듯이 여러 경쟁 기업들이 동일한 수준의 불확실한 의사결정을 하고 모두 전략적 유연성의 가치를 유사하게 평가한다면 그 결과 전략적 유연성은 경쟁우위가 아니라 경쟁등위의 원천이 될 뿐이다. 즉 실물 옵션의 활용은 가치는 있지만 희소하지 않다. 그렇다면 어떤 상황에서 전략적 유연성은 지속적 경쟁우위의 원천이 될 수 있겠는가?

희소하고 모방이 힘든 유연성

유연성과 실물 옵션은 제3장에서 설명한 역사와 경로 의존의 개념과 밀접하게 관련되어 있다. 특정 기업이 추구하는 실물 옵션이 기반한 실물 자원은 그 기업이 위치한 특정 장소와 특정 시간에 관련되어 있을 수 있고, 또는 기업의 조직 내에서 오랜 기간에 걸쳐 형성된 자원과 관련되었을 수 있다.[15]

어느 생명공학 기업이 약품 생산 전략을 수립한다고 가정해 보자. 이 기업이 생산하는 약품이 궁극적으로 시장에 도달하기까지 두 가지 형태의 활동이 수행되어야 한다. 첫 번째의 활동은 정부의 승인을 받기 위해 시제품을 생산하는 것이다. 시제품이 승인을 받게 되면 두 번째의 활동으로서 시장 판매용 생산을 할 수 있다. 그런데 시장 판매용 생산 과정이 매우 복잡해서 그 방법을 숙달하기 위해서는 시제품 생산의 노하우가 필요하다고 가정하자. 마지막으로 시장에서 이 약품이 잘 판매될 것인가가 매우 불확실하다고 가정하자.

〈표 6.5〉에서 설명했듯이 의사결정의 1단계에서는 이 상황에서 실물 옵션이 존재하는가에 대해 파악해야 한다. 높은 불확실성의 상황에서 시장 판매용 생산 활동을 위한 공장 제조를 지연시키는 것은 가치를 갖는다고 볼 수 있다. 〈그림 6.1〉은 이 옵션을 보여 주고 있다.

그러나 모든 선택지가 동일한 확률로 존재한다고 볼 수는 없다. 시장 판매용 생산을 위해 시제품 생산의 경험이 중요하기 때문에 시제품 생산 공장은 시장 판매용 생산 활동의 전제조건이라 할 수 있다. 즉 시장 판매용 생산의 유연성을 확보하기 위해 시제품 생산 공장은 반드시 세워져야 한다.

〈그림 6.1〉의 예는 실물 옵션이 매우 경로 의존적일 수 있다는 것을 보여 준다. 처음에 특정 경로를 선택한 기업만이 이후에 유연성을 창출하거나 유지할 수 있다. 한번 결정한 사항을 나중에 바꾸기 위해서는 높은 비용을 지불해야 한다. 예를 들어 시제품 생산 공장을 건설하지 않기로 결정한 기업이 그 이후에 시장 판매용 생산 공장을 짓기로 결정한다면 이미 시제품 생산 공장을 건설한 경쟁 기업에 비해 심각한 경쟁열위를 겪게 된다.

만약 기업이 직면한 실물 옵션 상황이 경로 의존적이고 모든 경쟁 기업들이 실물 옵션 분석을 할 수 있는 것이 아니라면 유연성의 추구는 지속적 경쟁우위의 원천이 될 수 있다. 반면에 실물 옵션이 경로 의존적이 아니거나 모든 경쟁 기업이 실물 옵션 분석을 할 수 있는 능력을 갖추었다면 실물 옵션 분석은 지속적 경쟁우위의 원천이 되기 힘들 것이다.

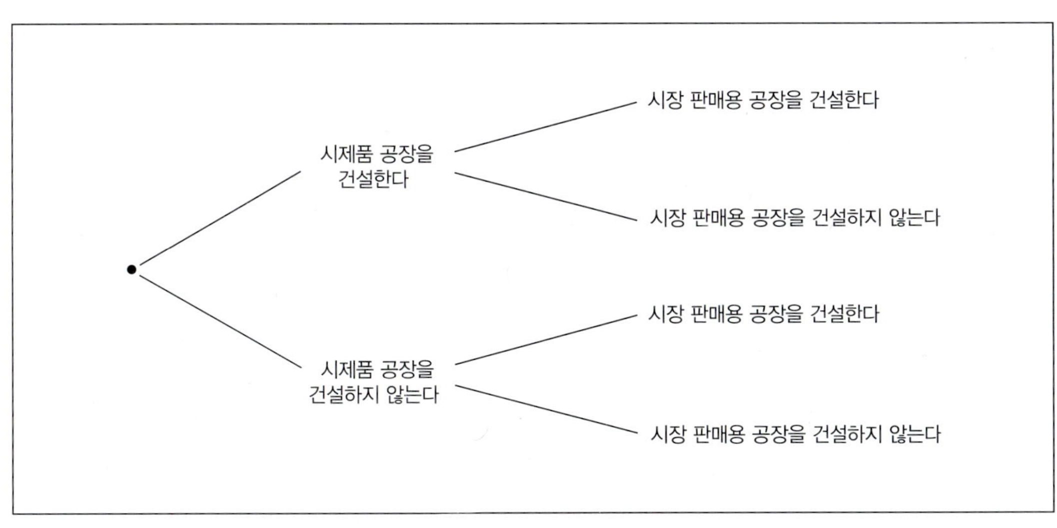

그림 6.1
시장 판매용 공장 건설 의사결정을 지연하는 옵션

전략적 유연성 실행하기

불확실성하에서 전략적 유연성을 실행하는 기업이 유연한 조직을 채택하는 것은 당연하다. U-form 구조와 이에 수반하는 통제 시스템과 보상 정책을 추구하는 기업도 어느 정도의 유연성을 가질 수는 있지만, 실물 옵션을 추구하는 기업은 이보다 더 높은 수준의 유연성을 추구하게 된다. 그러므로 실물 옵션 개념을 적용하면 기존의 사업부 수준의 전략이 포함하는 유연성보다 더 증강된 성격의 유연성이 실행 과정에 포함된다.

제8장에서 보다 구체적으로 설명하겠지만, 수직적 통합은 시장 거래나 전략적 제휴보다 거래의 유연성을 감소시킨다. 특히 시장 거래나 전략적 제휴를 맺는 경우 특정 거래의 가치가 낮다고 판단될 때는 거래를 쉽게 중단할 수 있기 때문에 거래의 가치가 불확실한 경우에 사용될 수 있는 거래 형태이다. 반면에 특정 거래가 기업의 영역 내부로 포함되면(즉 수직적 통합이 되면) 거래를 중단하는 것에는 높은 비용이 수반된다. 그러므로 다른 조건이 동일한 경우 높은 불확실성을 수반한 거래는 수직적 통합을 활용하기보다는 다양한 형태의 전략적 제휴를 통해 이루어지게 된다. 이에 대해서는 제8장과 제11장에서 더 자세하게 다루기로 한다.

불확실성하에서는 조직 구조, 경영 통제, 보상 정책의 유연성이 높을수록 선호된다. 경직된

전략과 기업윤리

휴렛팩커드, 마이크로소프트, P&G, 캐터필러, 아메리칸익스프레스, 시스코, 월마트, 인텔, 뱅크오브아메리카의 공통점은? 물론 이 기업들은 미국에서 존경받는 유명 기업들이다. 그렇지만 동시에 2015년과 2016년에 수천 명의 직원을 해고한 기업들이기도 하다. 휴렛팩커드는 2015년에 3만 명을, 마이크로소프트는 2015년에 7,860명과 2016년에 4,700명을, P&G는 2015년에 6,000명을, 캐터필러는 2015년에 5,000명을, 아메리칸익스프레스는 2015년에 4,000명을, 시스코는 2016년에 1만 4,000명을, 월마트는 2016년에 1만 7,500명을, 인텔은 2016년에 1만 2,000명을, 그리고 아메리칸익스프레스는 2016년에 8,000명을 해고했다.

예전에는 이들과 같이 성공적인 대기업에서는 고용의 안정성이 높았다. 지금은 다르다. 대기업들도 소규모 기업처럼 정기적으로 해고한다. 해고는 너무나 일상화되어서 우리는 온라인에서 해고 통지 견본을 쉽게 찾을 수 있다. 해고 서비스를 전문으로 하는 산업도 탄생했다.

직원을 유동 자산으로 취급하기

기업들은 직원을 유지할 방법을 찾기보다는 임시직 또는 계약직을 선호한다. 이를 통해 유연성을 높이려 하는데 이 장에서 설명한 것과 유사하게 보일 수 있다. 그러나 실제적인 인적 비용은 더욱 증가한다. 해고로 인한 걱정, 불안, 증오, 두려움, 불신 등 감정적 장애와 피로, 두통, 체중 변화, 불면증, 현기증 등 신체적 장애가 보고되었다.

이 모든 현상은 단순한 진리를 보여준다. 유연성의 증가는, 특히 인적자원 측면에서는 공짜로 이루어지는 것은 아니라는 것이다.[16]

관료제, 예산 할당, 위원회 등은 모두 유연성을 저하시킨다. 그보다는 제5장에서 설명한 차별화 전략 실행을 위한 통제 시스템이 불확실성하에서는 더 적합하다고 할 수 있다. 이를 위해 기업 내부적으로 의사결정의 자율권의 한도를 정의하는 구체적인 원칙을 확립할 필요도 있다. 이 원칙이 정하는 한도 내에서 직원들은 자유롭게 의사결정을 할 수 있다.

이러한 유연한 조직이 전략적 유연성의 가치를 실현하는 것에 도움이 되는 반면에 직원들에게 다른 측면에서 중요한 영향을 미칠 수 있다. 이에 대해서는 '전략과 기업윤리'에서 설명하기로 한다.

요약

기업은 복수의 전략적 대안 중에서 선택할 수 있을 때 전략적 유연성을 갖는다. 이러한 대안들은 실물 옵션으로 불린다. 기업은 지연 옵션, 증가 옵션 등 다양한 형태의 실물 옵션을 창출할 수 있다.

의사결정이 이루어지는 시점에 모든 결과의 형태와 각각의 확률이 결정되지 않는 상황, 즉 불확실성이 존재하는 상황에서는 유연성과 실물 옵션이 매우 중요하다. 반면에 사전에 모든 결과와 각각의 확률을 알 수 있는, 즉 위험만이 존재하는 상황에서는 유연성과 실물 옵션의 중요성이 낮다. 이러한 옵션의 가치는 정성적 또는 정량적으로 추정할 수 있으며 블랙-숄즈의 옵션 가치 평가 모형에 기반한다.

옵션의 가치 평가보다 중요한 것은 옵션을 고려하는 사고 방식인데, 기업은 혁신적 투자의 포트폴리오를 관리하는 것에 이를 이용해 왔다. 기술과 시장 불확실성에 따라 다양한 옵션을 활용하면 전략적 유연성을 창출할 수 있다.

어떤 옵션들, 특히 점진적으로 확장하는 옵션은 경로 의존 과정에 기반하기 때문에 옵션을 활용하지 않는 기업이 추후에 모방하기는 어렵다. 이 때문에 전략적 유연성과 실물 옵션은 지속적 경쟁우위의 원천이 될 수 있다.

마지막으로, 전략적 유연성의 실행은 유연한 조직 구조, 경영 통제, 보상 정책의 채택을 통해 이루어진다. 그러나 이러한 정책들은 기업의 성공에 필수적인 자원들, 특히 직원들에게 심각한 부담을 지우기도 한다.

▶▶ 국내 사례

인슈넷FC의 실물 옵션

제2장에서 인슈넷FC가 기술적 환경의 변화와 법적 변화에 발맞추어 새로운 형태의 사업으로 진화했던 사례를 설명했다. 온라인으로 여러 보험사의 조건을 비교하여 가장 저렴한 상품을 추천 및 연결 서비스를 제공하는 이 기업은 피보험자와 보험회사의 단순 연결만이 아닌 주차 알림, 긴급출동, 사고접수 연결 등 부가 서비스를 제공하고 있다.

그런데 최근 이 기업은 스마트폰 애플리케이션을 개발하면서 더욱 다양한 서비스를 제공하기 위해 진화하고 있다. 그중 한 가지는 법적 서비스이다. 자동차 사고가 발생하여 병원치료를 할 때 피보험자는 보험회사에 보험금을 청구할 수 있는 피해 보상 정도에 대해 심사를 받게 되는데, 이때 손해사정사의 활동이 개입된다. 즉 고객의 입장에서 보험금 청구에 도움을 주는 우수한 손해사정사를 연결해주면 피보험자는 더 나은 보상을 받을 확률이 높아진다. 또한 보험금 청구가 거절되는 경우 보험금 소송 및 민사소송으로 진행될 수 있는데, 이 경우에도 변호사 역량에 대한 정보를 제공해서 연결해 줄 수 있다. 보통 개별 보험가입자는 손해사정사나 변호사의 역량에 대해 잘 알지 못한다. 인슈넷FC가 고객 입장의 손해사정사나 관련 사건 승소율이 높은 변호사에 대한 정보를 제공하면 고객에게 도움이 되고, 손해사정사 및 변호사의 입장에서도 우수한 사고처리 성과를 쌓을 수 있다. 그리고 이것이 보험가입자에게 알려지면 더 많은 선택을 받게 되어 수입이 증가하므로 이득이 된다.

인슈넷FC의 신규 애플리케이션은 자동차 관리 서비스도 제공한다. 전통적으로 오일 교체, 타이어 관리 등 차량관리 업무는 단골 정비업체에 일임하는 경우가 많다. 그런데 집이나 회사 근처의 많은 정비업체들을 모두 경험한 후에 한 곳을 단골로 선택하는 경우는 드물다. 인슈넷FC의 가입고객이 사고 접수를 하거나 긴급출동 서비스를 이용할 경우 고객의 집이나 회사 근처의 정비업체들로부터 수리비 견적을 받아 고객에게 제공해주면 도움이 된다. 뿐만 아니라 동일한 서비스를 저렴하게 제공하는 소규모 정비업체들도 경쟁력을 확보할 수 있다.

이러한 정보제공 서비스는 인슈넷FC의 기존 사업모델인 보험사 추천 서비스와는 다소 거리가 있다. 또한 주차 알림, 긴급출동, 사고접수 등 기존의 부가 서비스와도 다르다. 피해보상에 대한 법적 서비스나 차량 정비업체 정보제공 서비스는 근본적으로 다른 성격을 가진다. 즉 이러한 서비스를 이용하는 보험가입자의 정보가 축적될수록 인슈넷FC가 제공할 수 있는 서비스는 늘어난다는 것이다. 예를 들어 사고유형에 대한 피해보상 심사결과의 정보가 누적되면 보험료를 정밀하게 산정하는 것이 가능해지고, 이는 자동차 보험사에게 매우 중요한 정보이다. 뿐만 아니라 차량 정비업체의 역량에 대한 정보가 누적되면 정비업체들에 대한 추천권 등 협상력이 발생할 수 있다. 마치 뉴스 포털 산업이나 음악 스트리밍 산업에서 광범위한 플랫폼을 획득한 기업과 유사한 협상력을 가질 수 있는 것이다.

인슈넷FC는 새로 선보이는 애플리케이션을 통해 여러 사업을 시도하는 것으로 보인다. 아직 구체적인 수익모델로 발전하지 않았지만 향후 상황에 따라 사업모델로 전환할 수 있는 씨앗을 뿌리고 있다. 인슈넷FC에게 있어 새로운 애플리케이션은 중요한 실물 옵션 투자라 할 수 있다.

출처 : 인슈넷FC 이태우 대표 개인 인터뷰, 2020. 4. 23

탐구과제

6.1 최근에 실물 옵션을 이용한 전략을 추구한 기업의 예를 찾아, 이 장에서 소개된 실물 옵션의 유형 중 적어도 두 가지 유형을 적용하라.

6.2 어느 기업이 악화된 시장 상황에 대응하기 위해 지금까지 아웃소싱했던 제조 공정을 중단하고 앞으로 시장 상황이 호전되면 다시 재개할 것을 고려하고 있다. 이 전략을 알게 된 아웃소싱 대상 기업이 취해야 하는 행동에 대해 논의하라.

6.3 특정 전략을 먼저 고안했다고 해서 그 전략의 이득을 가져가는 것은 아니다. 어떤 기업은 다른 기업의 전략을 모방하여 경쟁우위를 획득한다. 이 방법이 항상 통하지 않는 이유에 대해 사례를 제시하며 설명하라.

6.4 사업 환경에는 불확실성이 만연하여 미래 예측을 힘들게 한다. 그러나 이를 극복하기 위해 유연성을 추구하는 전략을 실행하는 것에도 많은 어려움이 따를 수 있다. 유연성을 추구하는 전략을 실행하는 것을 방해하는 사례를 설명하라.

연습문제

6.5 어느 기업이 비처방약품을 세계 시장에 판매할 새로운 유통망을 구축하기 위해 투자할 것을 고려하고 있다. 이에 소요되는 초기투자와 현금흐름은 〈표 A〉와 같다. 또한 추가적인 투자를 통해 처방약품을 판매할 때 이 유통망은 〈표 B〉와 같은 현금흐름을 창출할 수 있다. 무위험이자율은 13%이다.

비처방약품 유통망 구축 투자에 어떠한 실물 옵션의 성격이 존재하는가? 초기투자와 현금흐름으로 볼 때 옵션 행사 가격과 기초자산의 가격, 그리고 옵션 만기는? 만약 무위험이자율이 5.5%이고 처방약품 유통망 투자의 현금흐름의 분산(불확실성)이 0.25라고 가정해 보자. 유통망 구축에 대한 고려가 전혀 없다면 새로운 비처방약품 유통망 구축의 현재가치는? 실물 옵션의 가치는? 결론적으로 새로운 가정하에서 이 기업은 비처방약품 유통망을 구축해야 하는가?

〈표 A〉 비처방약품 유통망 구축의 초기투자와 현금흐름

연도	0	1	2	3	4	5	6	7	8
현금흐름	0	7.0	8.5	11.2	11.3	12.0	12.3	12.4	13.0
잔존가치									87.8
초기투자	(72.0)								

〈표 B〉 처방약품 유통망 구축의 초기투자와 현금흐름

연도	0	1	2	3	4	5	6	7	8
현금흐름	0	0	0	0	0	32.4	48.2	65.7	68.4
잔존가치									428.3
초기투자					(275)				

참고문헌

1 Netflix.wikipedia (accessed January 28, 2017); forbes.com/companies/Netflix (accessed, January 29, 2017).

2 Sanchez (1997) "Strategic Flexibility, Firm Organization, and Managerial work in Dynamic Markets: A Strategic Options Perspective," in *Advances in Strategic Management*, Vol. 8

3 Adage.com/article/cmo-strategy/flo-s-progressive-evolution/295734 (accessed April 5, 2017)

4 This strategy has been called "tapered integration." See F. Kessler and R. Stern (1959) "Competition, Contract, and Vertical Integration," Yale Law Journal, 69(1).

5 See R. Brealy and S. Myers (1988) *Principles of Corporate Finance*. 3rd edition. NY: McGraw Hill.

6 See E. Bowman and D. Hurry (1993) "Strategy Through an Options Lens," Academy of Management Review, 18(4): 760–782; R.; B. Kogut (1991) "Joint Ventures and the Option to Expand and Acquire," *Management Science* 37: 19–33.

7 The first author to distinguish between risk and uncertainty was Frank Knight (1921*) Risk, Uncertainty, and Profit*. London: London School of Economics.

8 See I. Gilboa and D. Schmeidler (1989) "Maxmin Expected Utility with Non-Unique Priors," *Journal of Mathematical Economics*, 18(2): 141–153.

9 See T. Copeland and J. Weston (1983) *Financial theory and Corporate Policy*. Reading, MA: Addison-Wesley pages 255–256.

10 See F. Black and M. Scholes (1973) "The Pricing of Options and Corporate Liabilities," *Journal of Political Economy*, 81: 637–658.

11 When firms can exercise an option before its exercise date, that option is called an American Option. Options that can be exercised only on their exercise date are called European Options. Most real options are American options.

12 This approach was first proposed by T. Luehrman (1998) "Investment Opportunities as Real Options: Getting Started with the Numbers," Harvard Business Review, 26: July/August, 51–67.

13 Option metrics are derived in R. Brealy and S. Myers, *Principles of Corporate Finance*, 3rd Ed. NY: McGraw Hill.

14 See R. McGrath and I. MacMillan (2000) *The Entrepreneurial Mindset*. Boston: Harvard Business School Press.

15 The decision tree in this example suggests another approach to valuing real options in the literature. Called the binomial approach, it is described in T. Copeland and P. Tufona, "A Real World Way to Manage Real Options," *Harvard Business Review*, 82(3): 90–99.

16 See fortune.com/2015/10/02/biggest-layoffs-2015; 27wallst.com/special-report/2016/08/19/12-company-laying-of-the–most-workers/5/; www.theatlantice.com/science-agrees-being-laid-off-is-terrible/389447; cardinalatwork.stanford.edu/faculty-staff-help-center/work-related/coping-emotional-impact-layoff

CHAPTER

7 담합

학습목표

7.1 명시적 담합과 암묵적 담합을 정의하고 담합이 왜 사회적 복지를 감소시키는지 설명한다.

7.2 담합이 경제적 이익을 창출하는 이유를 설명한다.

7.3 담합적 계약이 파기되는 다양한 이유와, 산업 요인이 담합적 계약의 지속가능성을 예측할 수 있는 이유에 대해 설명한다.

7.4 담합 전략을 실행하는 것에 방해가 되는 두 가지 요소를 설명한다.

주유소의 의사결정

다음의 시나리오를 읽으면서 지금까지 배운 모든 이론과 모델을 적용해 보자.

당신은 당신이 사는 지역의 번화가 사거리에서 주유소를 소유 경영하고 있다. 이 지역에는 다른 주유소도 있지만 다소 멀리 떨어져 있다. 당신은 공중파 광고를 하는 유명 브랜드의 석유를 판매한다. 다른 주유소보다 비싸게 석유를 판매하는 한편 당신의 주유소는 깨끗하게 관리되고 있고 최신식의 셀프서비스 설비를 보유했으며 다양한 품목을 갖춘 청결한 편의점을 운영하고 있다. 이 편의점은 음료, 스낵, 몇몇 자동차용품들을 판매하여 제법 이익을 내고 있으며, 최근 통계에서 주유소 편의점 최상위 100대 판매제품으로 알려진 제품들 중 95%를 판매하고 있다. 또한 사람들은 당신이 판매하는 커피를 인근 지역의 주유소 중 최고급으로 평가한다. 2년 전에 당신은 주유소 뒷쪽에 세차 설비를 추가했는데 이 사업도 잘되고 있다. 당신이 주유소를 세운 5년 동안 이 지역에는 다른 주유소가 들어서지 않았다.

지금까지는 그랬다.

어느 날부터인가, 당신의 주유소가 위치한 사거리의 대각선 지점에 새로운 주유소가 들어설 것이라는 소문이 돌기 시작했다. 공사가 시작되자 이 소문이 사실이라는 것이 확실해졌다. 당신과 거의 같은 규모인 이 주유소에서는 당신과는 다른 브랜드의 석유를 판매할 예정이지만 당신보다 조금 작은 규모의 편의점에서는 당신과 거의 동일한 품목을 취급할 예정이다. 심지어 새로운 주유소는 당신과 브랜드는 다르지만 자동 세차장도 갖출 예정이다. 이 주유소가 개장할 즈음에 당신은 그 주인을 알게 되었는데 그녀는 이 지역에서 사업가로서 높은 명성을 가지고 지역 주민의 존경과 사랑을 받고 있었다. 그녀가 주유소 사업에서 성공할 것은 확실시되었다.

Carolyn Franks/123RF.com

성대했던 주유소 개업식 이후 3주가 지난 시점에 놀라운 일이 벌어졌다. 개업 초기에 그녀의 주유소의 광고판에 적혀 있었던 석유 가격은 당신 주유소의 가격과 동일했다. 당신은 신규 주유소 개업식 이전에 당신의 석유 판매 가격을 몇 센트 내렸었는데 그 가격은 다른 주유소 가격보다는 여전히 높은 수준이었고, 그녀는 주유소의 가격을 보통의 낮은 수준에 맞춘 것이었다. 어제까지는 그랬다. 그런데 오늘, 그녀는 갤런당 5센트 가격을 인상했다. 석유 도매 공급 가격의 변화는 없었다.

당신은 어떻게 대응할 것인가?

저비용, 차별화, 그리고 유연성으로 대표되는 본원적 전략을 선택하고 실행하는 기업들은 경쟁 기업보다 낮은 비용구조를 이루거나, 제품을 차별화하거나, 또는 이러한 활동을 유연하게 수행함으로써 효율적이고 효과적으로 구매자의 니즈를 충족하는 방식으로 경제적 이익을 창출한다. 이러한 의미에서 본원적 전략에 의해 창출되는 경제적 이익은 효율성과 효과성 측면에서의 이익이라고 볼 수 있다.

이 장에서는 경제적 이익의 원천을 개별 기업의 전략적 효율성과 효과성으로 보는 대신 특정 시장 또는 산업에 속한 기업들이 경쟁을 회피하기 위해서 집단적으로 협력하는 능력으로 보는데, 이러한 전략을 담합이라고 부른다. 예를 들어 담합을 통해 경쟁 기업들은 산업 수요 이하의 수준으로 공급량을 제한하여 경쟁 상태보다 높은 수준의 가격을 유지할 수 있는데, 이러한 가격 수준은 이 장에서 설명하는 경제적 이익의 원천이 될 수 있다. 이러한 이익은 기업들이 구매자 니즈를 충족하기 위해 효율적이거나 효과적으로 행동한 결과가 아니라 단지 경쟁을 회피하기 위해 경쟁 기업과 담합했던 결과였다는 것에 주목해야 한다. 이러한 과정을 통한 경제적 이익은 담합 이익이다.

도입 사례에서 등장하는 주유소는 암묵적 담합이라고 불리는 형태의 담합으로 설명할 수 있다. 어느 주유소가 특별한 이유 없이(즉 석유 공급 가격이 변하지 않았음에도 불구하고) 가격을 올리는 결정을 하는 것은 가격 경쟁을 회피하고 담합 이익을 창출하자는 의도를 담은 신호를 다른 주유소에게 보내는 것으로 해석할 수 있다. 그러나 이러한 신호가 확실히 전달되는 것도 아니고, 경쟁 기업 간에 직접적으로 가격에 대해 논의하는 것은 불가능하다. 이러한 명시적 담합은 대부분의 선진국에는 불법으로 간주된다.

자, 당신의 '경쟁자'가 '호의적'인 신호를 보냈을 때 당신은 어떻게 대응할 것인가? 이 장에서는 이러한 결정과 관련된 경제적, 전략적, 법적, 그리고 윤리적 이슈에 대해 논의하기로 하자.

담합은 무엇인가

담합collusion은 동일한 산업 또는 시장에 속한 2개 이상의 기업이 경쟁을 회피하기 위해 협력할 때 발생한다. 이러한 협력은 다양한 형태를 취할 수 있는데, 동일한 지리적 시장을 회피하거나(예 : 코카콜라와 펩시콜라가 각각 서부 유럽 시장과 러시아 시장에 초점을 맞추는 것[1]), 동일한 기술의 연구개발을 회피하거나(예 : GE와 웨스팅하우스가 각각 대형 발전터빈과 소형 발전터빈 기술에 초점을 맞추는 것[2]), 그리고 경쟁 수준 이하로 생산량을 감소시키는 것(예 : OPEC 회원국이 1973년에 석유 감산을 결정하여 1차 오일쇼크를 일으킨 것[3]) 등을 볼 수 있다. 이러한 과정에서 경쟁은 감소하고 가격은 상승하며 기업들은 경제적 이익을 실현한다.

물론 모든 기업 간 협력이 경쟁 회피를 추구하지는 않는다. 즉 모든 협력이 담합은 아니다. 예를 들어 기업들은 시장 또는 산업에서의 경쟁력을 강화하기 위해 전략적 제휴를 통한 협력을

전략과 기업윤리

경제 이론에서는 완전경쟁시장에서 사회적 복지가 완전히 실현된다고 설명한다. 그러나 이러한 시장에서 기업은 경제적 이익을 실현할 수 없고 전략 또는 전략경영이 이루어질 여지가 거의 없다.

또한 가치 있는 자원과 역량이 기업들 사이에 상이하게 분포되어 있고 이동에 비용이 존재하며 이러한 자원과 역량을 보유한 기업들이 그 경쟁우위를 고객의 니즈를 충족하는 것에 효율적이고 효과적으로 사용한다면, 이러한 기업의 행동 역시 사회적 복지 실현과 일치한다고 설명한다. 심지어 이들 기업이 경제적 이익을 취할 때도 말이다. 이 논리가 바로 이 책의 제3장에서 소개한 자원기반이론의 논리이다.

그러나 이 장의 '이론적 뿌리를 찾아서'에서 자세히 설명하였듯이, 유사한 자원과 역량을 보유한 기업들이 상호 경쟁의 수준을 완전경쟁보다 낮추기 위해 협력하여

담합의 윤리적 이슈

경제적 이익을 창출하는 경우에는 사회적 복지는 감소한다. 경제학에서 이러한 폐해를 **후생손실**dead weight loss이라 한다. 후생손실은 만약 가격이 적정했다면 구매했을 제품을 가격이 제품의 효용보다 높아서 구매하지 않음으로써 발생하는 경제적 손실이다.

후생손실을 발생시키는 원인은 특정 제품에만 적용되는 세금 등 다양하지만 담합을 비롯한 기업의 전략적 행동에서 비롯되기도 한다. 그러나 전략 또는 전략경영의 폐해는 담합을 통해 경쟁 수준이 감소하여 후생손실이 발생할 때 발생한다. 사실 이러한 성격의 전략은 제2장에서 설명한 구조-행위-성과 모델의 논리에 기반을 둔 전략이다.

그러므로 기업이 전략을 추구하거나 또는 전략경영을 수행하는 것이 사회적 복지를 반드시 저해하는 것은 아니며, 일부의 전략이 사회적 복지를 저해할 수 있다고 말할 수 있다. 이러한 전략은 기업의 이익을 높일 수 있으나 반독점법, 정부 규제, 기타 제재의 대상이 된다. 경영자들은 기업의 이익이 사회적 복지의 대가로 창출될 수 있다는 사실에 주의해야 한다.[4]

할 수 있다. 이러한 형태의 협력은 제11장에서 다루기로 하고 이 장에서는 주로 담합적 협력을 설명하기로 한다.

담합은 명시적 담합과 암묵적 담합의 형태를 갖는다. **명시적 담합**explicit collusion은 산업 내 기업들이 경쟁을 회피하는 방법에 대해 직접적으로 협상하는 것을 말한다. 명시적 담합은 대부분의 선진국에서 불법으로 간주된다. 그 반면에 **암묵적 담합**tacit collusion은 합법적일 수 있다. 경쟁을 회피하기 위해 기업들이 서로 협력하지만 직접적인 협상은 하지 않는 것이다. 새로운 주유소가 가격을 인상하는 것은 불법적인 명시적 담합으로 간주될 수 있는 직접적인 가격 협상 없이 암묵적 담합을 하고 싶다는 의도를 담은 신호를 보내는 것으로 볼 수 있다.

명시적이든 암묵적이든 담합을 하는 기업들은 다양한 윤리적 문제에 직면한다. 이러한 문제의 몇몇 사례는 '전략과 기업윤리'에서 다루기로 한다.

암묵적 담합을 하는 기업들은 경쟁을 회피하기 위해 협력할 의사가 있다는 것에 대해 간접적인 신호를 보내야 한다. 그러나 이러한 신호는 때로는 경쟁 기업이 이해하거나 해석하기 힘들 수 있다. 이 경우 암묵적 협력으로부터의 이득은 줄어들 수 있다.

표 7.1 죄수의 딜레마에서의 이득 매트릭스

		기업 1	
		전략 A	전략 B
기업 2	전략 A	기업 1의 이득 : 3,000달러 기업 2의 이득 : 3,000달러	기업 1의 이득 : 10,000달러 기업 2의 이득 : 0달러
	전략 B	기업 1의 이득 : 0달러 기업 2의 이득 : 10,000달러	기업 1의 이득 : 1,000달러 기업 2의 이득 : 1,000달러

단순화된 '죄수의 딜레마 게임'은 이와 관련하여 잘 알려진 사례이다. 〈표 7.1〉에서 두 기업이 이 게임을 통해 얻는 이득을 정리했다. 만약 두 기업이 모두 A 전략을 선택한다면, 즉 그들이 서로 협력한다면 그들은 3,000달러의 이득을 취한다. 만약 기업 1이 A 전략을, 기업 2가 B 전략을 선택한다면, 즉 기업 1은 협력을 하려 하지만 기업 2가 협력을 하지 않기로 선택한다면 기업 2는 1만 달러의 이득을 취하는 반면 기업 1은 아무것도 얻지 못한다. 기업 1이 B 전략을, 그리고 기업 2가 A 전략을 취하면 그 반대의 결과를 가져온다. 마지막으로 두 기업이 모두 B 전략, 즉 둘 다 협력하지 않기로 선택한다면 각 기업은 1,000달러의 이득만을 취한다.

이 상황에서 두 기업이 협력을 할 경우에 각각 3,000달러의 이득을 취할 수 있다는 것은 쉽게 알 수 있지만, 그들은 각각 더 큰 이득(1만 달러)의 유혹을 받고, 만약 두 기업이 모두 이 유혹에 넘어가는 경우 그들의 이득은 1,000달러로 줄어든다. 즉 협력은 이득을 가져오지만 상대방의 선택에 따라 그 이득은 실현되기 힘들 수 있다.

만약 기업 1과 기업 2가 직접적으로 소통한다면 협력은 훨씬 쉬울 것이다. 이 경우 각 기업은 상대방의 의도를 파악하고 협력에 대한 협정이 실제로 이행될 수 있도록 압력을 행사하며 호의적인 관계와 신뢰를 구축하는 등의 조치를 취할 것이다. 그러나 이러한 직접적인 소통은 불법이므로 협력을 쉽게 실현하는 것은 힘들다.

담합이 가진 이러한 어려움에도 불구하고 다양한 기업들은 명시적 또는 암묵적 담합을 하고 있다. 예를 들어 1990년에 미국의 메이저리그 구단주들은 에이전트 시장에서 담합을 한 것이 드러나서 유죄 판결을 받았다. 1991년에 MIT 대학과 아이비리그 대학들은 금전적 지원이 필요한 대학 지원자들을 대상으로 장학금을 임의로 배분하는 담합을 했던 것이 밝혀졌다. 농업 분야의 대기업인 아처 다니엘스 미들랜드는 1998년에 경쟁 기업들과 담합을 하여 유죄 판결을 받았다. 2007년과 2008년에는 브리티시에어웨이와 버진에어가 유류할증료 담합을 했고, 영국 식료품 소매기업인 세인즈버리와 아샤는 2002년과 2003년에 우유의 소매가격 담합을 했으며, 유리 제조기업인 아사히, 가디언, 핑킹턴, 세인트고어만은 2004년과 2005년에 제품 가격 담합을 했다. 최근에는 미국의 대형 전자제품제조사, 타이어 제조사, 그리고 신용카드사들이 미국 법무성의 조사를 받았다.[5]

담합의 가치

담합이 경제적 가치를 창출하는 방법을 설명하는 한 가지 방법은 제2장에서 설명한 구조-행위-성과(S-C-P) 모델을 적용하는 것이다. 이 모델은 본래 완전경쟁의 원리가 작동하지 않아서 기업들이 가중평균자본비용보다 높은 이익률을 달성하고 있는 산업의 특성을 연구하기 위해 경제학자들에 의해 개발되었다고 설명한 바 있다. 경영학자들은 이 S-C-P 모델을 이용하여 특정 산업에 속한 기업들의 이익에 영향을 미치는 다섯 가지 세력, 즉 기존 경쟁자, 공급자, 구매자, 대체재, 그리고 잠재적 진입자의 위협을 평가했다.[6] 기업들은 담합 전략을 통해 이러한 요소들의 위협을 낮출 수 있다.

잠재적 진입자의 위협을 낮추는 담합

기업은 다른 기업과 담합하여 높은 진입장벽을 형성함으로써 잠재적 진입자의 위협을 낮출 수 있다. 그 방법 중 한 가지는 기존 기업들 간 협력을 통해 매우 큰 규모의 생산 설비를 공동으로 만들어 신규 진입자가 아닌 기존 기업들의 생산을 위해서만 사용되도록 하는 것이다. 이 경우 신규 진입자의 제조 비용은 기존 기업의 제조 비용보다 높게 된다. 원유 정제 설비를 공유하는 석유화학 기업들은 이러한 공동 투자의 예를 보여준다.[7] 이것은 규모의 경제를 통해 진입장벽을 높이는 것으로 볼 수 있다.

또한 기존 기업들은 공통의 기술 표준을 개발하여 신규 기업의 진입을 억제할 수 있다. 특히 기존 기업들만이 특정 기술 표준이 요구하는 경험과 지식을 보유하고 있을 때는 이 장벽은 매우 중요하게 작용할 수 있다. 이것은 규모와 무관한 비용 우위의 예로 볼 수 있다.

기업들이 고객 충성도를 위해 협력하는 것도 진입장벽을 형성할 수 있다. 즉 기존 기업들이 제조하는 각각의 제품들의 차별점에 대해 강조하는 대신 잠재적 진입 제품에 대항하는 의미에서 산업 내 기존 제품들의 차별점을 공동으로 부각시킬 수 있다.[8] 예를 들어 "Made in USA"를 강조하는 광고 문구는 미국 내에서 생산된 제품이라는 것을 부각시켜서 잠재적 수입품에 대한 진입장벽을 형성한다.

동일한 산업에 속한 기업들은 정부에 대해 공동으로 로비를 함으로써 진입장벽을 만들기도 한다. 이러한 로비 활동은 "진입 기업에 대항하여 우리가 이익을 얻을 수 있게 도와달라"고 직접적으로 요청하는 대신 진입 기업들이 국내 일자리를 감소시킬 수 있다거나 소비자 안전이 침해될 수 있다거나 비윤리적인 미성년 노동을 야기할 수 있다는 등의 명분을 이용하게 된다. 기존 기업들의 이러한 공동 로비 활동은 진입장벽을 형성할 수 있다.[9]

기존 경쟁자의 위협을 낮추는 담합

담합은 본래 산업 내 기업들이 경쟁 수준을 낮추기 위해 이루어진다. 비용의 측면에서 볼 때 기업들은 담합을 통해 제조 비용을 낮추기 위한 비용과 차별화를 위한 비용, 그리고 구매자가

이론적 뿌리를 찾아서

담합 기업이 경제적 이익을 창출하는 방법을 이해하기 위해 다음의 단순한 예를 살펴보자. 산업 내에 2개의 기업이 있고 모든 것을 둘로 나누기로 합의했다고 가정하자. 즉 각 기업은 생산량과 이익을 양분한다. 이때 이들 기업은 동일한 수요곡선을 갖게 된다. 이 수요곡선의 공식이 다음과 같다고 가정하자.

$$P(Q) = 10 - Q$$

여기에서 Q는 매년 생산하는 생산량(백만 파운드), P는 파운드당 가격(달러)이다. 만약 파운드당 8달러를 가격으로 책정하면 이 기업들은 200만 파운드를 판매하게 된다. 만약 파운드당 6달러를 가격으로 책정하면 이 기업들은 400만 파운드를 판매하게 된다.

생산량과 가격을 변화시킴으로써 이 기업들은 수익을 조정할 수 있다. 총수익(TR)은 가격과 생산량의 곱이므로 다음과 같다.

$$TR(Q) = P(Q) \times Q$$

$$TR(Q) = (10 - Q)Q$$

$$TR(Q) = 10Q - Q^2$$

이 기업들이 8달러로 200만 파운드를 판매하면 총수익은 10×2-4 = 1,600만 달러이고 각 기업의 총수익은 800만 달러가 된다. 동일한 방법으로 계산하면 만약

담합 기업이 경제적 이익을 창출하는 방법

이 기업들이 6달러로 400만 파운드를 판매하면 총수익은 2,400만 달러이고 각 기업의 총수익은 1,200만 달러가 된다.

이제 두 기업의 비용 공식이 다음과 같다고 가정하자.

$$TC(Q) = (1/2)Q^2$$

만약 두 기업이 각각 100만 파운드를 생산하면 각 기업의 총비용은 50만 달러가 되고, 만약 두 기업이 각각 200만 파운드를 생산하면 각 기업의 총비용은 200만 달러가 된다.

제1장에서 설명했듯이 기업의 이익은 총수익에서 총비용을 차감한 것이다. 만약 두 기업이 8달러의 가격을 책정해 200만 파운드를 판매하면 각각 800만 달러의 총수익과 50만 달러의 총비용, 즉 750만 달러의 이익을 갖게 된다. 만약 두 기업이 6달러의 가격을 책정하여 400만 파운드를 판매하면 각각 1,200만 달러의 총수익과 200만 달러의 총비용, 즉 1,000만 달러의 이익을 갖게 된다.

이러한 계산은 3개 이상의 기업에도 적용할 수 있다. 만약 4개의 기업이 담합하기로 합의한다고 가정해 보자. 위와 같은 방법으로 계산하여 6달러의 가격으로 400만 파운드를 판매하면 산업의 총수익은 2,400만 달러, 각 기업의 총수익은 600만 달러이다. 각 기업의 총비용은 50만 달러이므로 각 기업의 이익은 550만 달러가 된다.

진입장벽이 없다면 진입기업의 수가 증가하여 더 이상 경제적 이익이 존재하지 않을 때까지 생산량 증가와 가격 하락이 진행될 것이다. 그러나 산업 내 기업들이 담합을 통해 진입장벽을 세운다면 경제적 이익이 존재할 수 있다.[10]

쉽게 구매할 수 있도록 하는 비용을 절감할 수 있다. 수익의 측면에 볼 때 기업들은 담합을 통해 경쟁 기업이 더 낮은 가격을 설정할 것이라는 우려 없이 가격을 올릴 수 있다. 담합 기업들은 담합을 하지 않을 경우보다 더 낮은 비용과 더 높은 수익을 이룰 수 있기 때문에 경쟁 상황에 비해 더 높은 이익을 얻을 수 있다. 더 자세한 내용은 '이론적 뿌리를 찾아서'에서 설명하였다.

기타 경쟁 위협을 회피하는 담합

기업들은 높은 진입 방벽을 세우거나 비용 또는 판매 가격을 조율하는 담합을 통해 이익을 창출할 수 있는 것 이외에도 다른 형태의 경쟁 위협을 회피하는 담합을 할 수 있다. 예를 들어 기업들은 경쟁 상태보다 낮은 가격으로 특정 원재료를 구입하기로 담합하여 공급자 위협을 회피할 수도 있고, 생산량을 자발적으로 제한하기로 담합하여 구매자 위협을 회피할 수도 있다.

물론 이러한 행동들은 대체재의 매력도를 높이는 결과를 가져오기도 한다. OPEC 회원국들이 석유 생산량을 제한하기로 결정하자 많은 기업들은 석유를 대체할 수 있는 에너지를 개발하고 환경보전을 원하는 구매자들을 개척하였다. 이러한 의미에서 대체재의 가치는 공급 제한을 위한 담합의 경제적 이익을 제한한다고 할 수 있다.[11]

담합과 지속적 경쟁우위

앞에서 담합은 경제적 이익의 원천이 될 수 있다고 설명하였다. 그리고 담합과 관련된 사례들은 명시적이든 암묵적이든 일정 기간 동안 담합이 유지될 수 있다는 것을 보여 준다. 그러나 종종 담합은 장기간에 걸쳐 실행되기는 힘든 전략이다. 특히 암묵적 담합은 직접적으로 협력 조건에 대해 협상하지 않기 때문에 장기적으로 지속되기 더 어렵다.

담합이 장기적으로 지속되기 어려운 이유는 담합의 경제적 이익이 존재하는 반면에 상대방을 속이려는 강한 동기 역시 존재하기 때문이다. 〈표 7.1〉에서 설명한 죄수의 딜레마의 예를 보면 두 기업이 순조롭게 협력하면 각각 3,000달러의 이익을 얻을 수 있음에도 불구하고 이에 협력하지 않는 기업은 더 나은 결과를 얻을 수 있다. 즉 '속임수'를 행하는 비협력 기업은 1만 달러를 얻고 협력 기업은 아무것도 얻지 못한다.

다른 예를 들어보자. 어떤 산업 내에 6개의 기업이 있고 모두 유사한 제품을 판매한다.[12] 만약 제품 1개당 10달러로 가격을 매겨서 각각 1,000개의 제품을 판매하기로 합의한 것을 5개 기업이 잘 준수한 반면 1개 기업만 그 합의를 깨고 개당 9달러로 설정하여 3,000개를 판매했다고 하면, 5개 기업의 수익은 각각 1만 달러($10 × 1,000개)인 반면 속임수를 쓴 기업의 수익은 2만 7,000달러($9 × 3,000)가 될 것이다. 각 제품의 제조비용이 개당 3달러로 동일하다고 가정하면 5개의 담합 기업들의 이익은 7,000달러[$(10 − 3) × 1,000]인 반면에 속임수를 쓴 기업의 이익은 1만 8,000달러[$(9 − 3) × 3,000]가 된다. 가격을 낮추고 판매량을 늘린 결과 속임수를 쓴 기업은 경제적 이익을 크게 늘릴 수 있다.

담합을 깨는 속임수

기업들은 다양한 방법으로 담합을 깨는 속임수를 행할 수 있다. 이러한 다양한 방법들은 담합 상대의 행동에 대한 다양한 가정에 기반하는데, 그 결과 기업들의 성과에 상이한 영향을 미치게 된다. 대표적인 모형으로 꼽히는 버트런드 속임수와 쿠르노 속임수의 개요가 〈표 7.2〉에 소

표 7.2 동일한 제품을 가진 복점(duopoly) 상황의 담합 전략, 의사결정 변수, 가정, 그리고 성과

전략	의사결정 변수	가정	성과
협력	가격/생산량	두 기업은 협정을 준수	독점 이익을 공유
가격 설정	가격/생산량	두 기업은 상호의존성을 무시	보통의 이익
버트런드 속임수	가격	한 기업은 다른 기업이 가격을 유지할 것으로 가정, 학습이 이루어지지 않음	보통의 이익
쿠르노 속임수	생산량	한 기업은 다른 기업이 생산량을 유지할 것으로 가정, 학습이 이루어지지 않음	독점 이익과 보통의 이익 사이

개되었다. 이러한 속임수의 형태들을 담합 전략과 비교하고 또한 경쟁 가격 전략과 비교하기로 한다.

버트런드 속임수 경제학자이자 수학자였던 조지프 버트런드는 담합 기업들이 협정 가격 이하로 가격을 설정하는 속임수를 시작했을 때 각 기업의 이익이 어떻게 변화하는가에 대해 연구했다.[13] 그의 모델에서 버트런드는 속임수를 쓰는 기업이 가격을 조정할 때마다 다른 기업들이 협력을 할 것이라는 (비현실적인) 가정을 세웠다. 시장 내 제품들이 차별점이 거의 없고 소수의 기업이 존재한다는 가정하에서 그가 내린 결론은 만약 한 기업이 가격을 내리는 속임수를 쓰는 경우 다른 기업들도 같은 행동을 하기 때문에 장기적으로는 이 산업 내의 어떤 기업도 경제적 이익을 얻을 수 없다는 것이었다.

이 현상은 〈표 7.3〉에서 볼 수 있다. 해당 산업 내에는 2개의 기업만 존재하고 제품 간에는 상이성이 존재하지 않는다고 가정한다. 기업 A와 기업 B는 P_1 가격에서 생산량을 제한하기로 합의했다. 그 이후 기업 B가 속임수를 쓰기로 결정하고 생산량을 늘리면서 가격을 P_2로 변경한다면, B가 이익을 내기 위한 P_2는 P_1보다는 낮은 수준이 될 것이다. 이제 모든 구매자는 기업 B의 제품을 P_2의 가격으로 구매할 것이다. 기업 A는 이에 대응하기 위해 P_2보다 낮은 P_3의 가격

표 7.3 동일한 제품을 가진 복점 상황의 버트런드 속임수

기업 A	기업 B
P_1 →	
	$P_2(P_2<P_1)$
$P_3(P_3<P_2)$ ←	
	$P_4(P_4<P_3)$
$P_5(P_5<P_4)$ ←	

을 설정한다. 이에 구매자들은 모두 기업 A의 제품을 구매하고 이에 대해 기업 B가 대응하게 된다. 이 같은 과정은 가격이 비용과 동일해질 때까지 반복되고, 그 상태에서 기업들은 아무런 경제적 이익을 얻지 못하게 된다.

쿠르노 속임수 버트런드는 담합으로 인해 발생한 초과 이익은 사라지기 쉽기 때문에 어떤 기업이라도 먼저 속임수를 쓰기 시작하면 신속하게 모든 기업의 경제적 이익은 0이 된다고 설명하였다. 이에 대해 앙투안-오귀스탱 쿠르노는 약간 다른 접근법을 사용했다.[14] 즉 가격 인하에 초점을 맞추는 대신에 속임수를 쓰는 기업이 생산량을 조정하면 시장에서 가격이 결정되어 그 결과 속임수를 쓰는 기업의 성과가 어떻게 결정되는가에 대해 연구했다.

생산량에 대한 속임수가 성과에 미치는 영향은 〈표 7.4〉에서 설명되어 있다. 두 기업이 참여한다는 가정하에서 산업의 수요곡선, 한계수익, 한계비용 등 정보가 포함되었다. 이 표가 보여주는 것은 명백하다. 버트런드와 같이 쿠르노도 기업 A와 B가 이전 기간에 했던 의사결정이 변하지 않고 계속된다고 단순하게 가정했지만 버트런드가 가격에 초점을 둔 대신 쿠르노는 생산량에 초점을 둔 것이 상이할 뿐이었다.

이러한 가정하에서 기업 A와 B가 상대 기업의 직전 기간 생산량을 전제로 각각 생산량을 결정한다면 그들은 마치 전체 산업 수요 중에서 다른 기업이 생산하지 않은 부분에 대해 독점 기업처럼 행동하게 된다. 즉 미충족 수요에 대해 이익 극대화 생산량을 결정하게 되는 것이다. 그러나 이러한 결정은 상대방 기업에게 영향을 미치게 되어 다음 기간에 새롭게 계산된 미충족 수요를 바탕으로 한 새로운 수요 곡선에 기반하여 생산량을 결정하게 된다. 버트런드 모형에

표 7.4 동일한 제품을 가진 복점 상황의 쿠르노 속임수와 성과

조건 : (1) 산업 수요공식은 $P = 100 - Q$, (2) 총생산량 $Q = q_1 + q_2$, (3) 편의상 각 기업의 한계비용은 0으로 가정, (4) 산업의 한계수익은 $MR = 100 - 2Q$

기업 B가 이전 단계의 생산량을 유지할 것을 전제로 기업 A는 최적 생산량을 결정한다. 그다음 단계에서는 기업 A가 이전 단계의 생산량을 유지할 것을 전제로 기업 B가 최적 생산량을 결정한다.[a]

단계	결정 기업	상대 기업의 이전 생산량	결정 생산량	A 이익	B 이익
1	A	0	50	2,500	0
2	B	50	25	1,250	625
3	A	25	37.5	1,406	938
4	B	37.5	31.25	1,172	977
5	A	31.25	34.38	1,182	1,074
*	*	*	*	*	*
*	*	*	*	*	*

(계속)

표 7.4 동일한 제품을 가진 복점 상황의 쿠르노 속임수와 성과(계속)

조건 : (1) 산업 수요공식은 $P = 100 - Q$, (2) 총생산량 $Q = q_1 + q_2$, (3) 편의상 각 기업의 한계비용은 0으로 가정, (4) 산업의 한계수익은 $MR = 100 - 2Q$

단계	결정 기업	상대 기업의 이전 생산량	결정 생산량	A 이익	B 이익
*	*	*	*	*	*
n	B	33.33	33.33	1,111	1,111

a. 계산방식은 다음과 같다. 예를 들어 4단계의 기업 B는 3단계의 기업 A의 생산량이 유지될 것을 가정한다.

$$q_1 = 37.5$$

기업 B는 기업 A의 생산량을 기반으로 수요를 추정한다.

$$\begin{aligned} P &= 100 - Q \\ &= 100 - (37.5 + q_2) \end{aligned}$$

기업 B는 이익극대화 조건을 적용하여 생산량을 결정한다.

$$\begin{aligned} MC &= MR \\ 0 &= 62.5 - 2q_2 \\ q_2 &= 31.25 \end{aligned}$$

시장 가격을 도출한다

$$\begin{aligned} P &= 100 - Q \\ &= 100 - (q_1 + q_2) \\ &= 100 - (37.5 + 31.25) \\ &= 31.25 \end{aligned}$$

이 가격에서 기업의 이익을 각각 도출한다.

$$\begin{aligned} R_A &= P \times q_1 \\ &= 31.25 \times 37.5 \\ &= 1,172 \\ R_B &= P \times q_2 \\ &= 31.25 \times 31.25 \\ &= 977 \end{aligned}$$

한계비용이 0이므로 수익은 이익과 동일하다. 장기적으로 생산량의 3분의 1은 기업 A, 3분의 1은 기업 B에 의해 생산되고 나머지 3분의 1은 생산되지 않는다. 가격은 경쟁시장보다 높게 형성된다. 생산량 경쟁에 있어서 속임수는 경제적 이익을 창출하지만 협력 전략의 상황보다는 낮다.

서와는 달리 쿠르노 모형에서는 기업들은 담합을 유지할 때보다는 작지만 여전히 얼마간의 경제적 이익을 취할 수 있다.

다른 형태의 속임수 버트런드와 쿠르노 속임수에서는 내 행동에 대해 상대방 기업이 어떻게 반응할 것인가에 대한 가정에 따라 경제적 성과가 결정된다. 두 모형에서 모두 기업은 지난 기간의 가격과 생산량을 고정된 변수로 가정하고, 그들 자신의 의사결정으로부터는 학습하지 않는다고 가정한다는 공통점이 있다. 그러나 이러한 가정은 현실적이지 않기 때문에 보다 현실적인 가정을 사용하는 다른 모델들이 개발되었다. 에지워스는 버트런드와 같이 가격에 대한 속임수 모델을 연구했는데[15] 기업들이 생산량을 변경하는 것보다 가격을 보다 신속하게 변경할 수 있다는 점에 착안하여 생산 능력에 대한 제약 조건을 그의 모델에 포함시켰다. 이 제약 조건 때문에 높은 가격의 기업이라도 시장점유율이 0이 되지는 않고, 완전한 버트런드 속임수의 생산 패턴에서 벗어나서 두 기업 모두 경제적 이익을 거둘 수 있다. 비록 쿠르노 속임수와 같은 크기의 이익은 아니라도 말이다.

슈타켈버그는 쿠로노와 같이 생산량에 초점을 맞추면서도 하나의 선도기업(슈타켈버그 리더)이 다른 기업의 반응 행동을 정확히 예측하여 이익 극대화 생산량을 지속한다는 가정을 세웠다.[16] 다른 기업들(슈타켈버그 팔로워)은 리더의 행동에 따라 그들의 생산량을 조절한다. 이러한 산업에서의 기업들은 경제적 이익을 거두는데, 순수한 쿠르노 모델에서의 이익보다는 낮은 수준으로 결정된다.

여러 다른 학자들도 경쟁 기업들의 행동에 대해 상이한 가정을 채택했다. 버트런드와 쿠르노 속임수를 기반으로 하여 경쟁기업들의 이익을 연구하되 어떤 학자들은 차별화된 제품의 가정을 추가했고, 어떤 학자들은 상대 기업의 속임수를 알아낼 때까지의 시차를 도입하기도 했으며, 복수의 시장에서 동시에 경쟁하는 가정을 도입하기도 했고, 기업들이 상대의 가격 또는 생산량 속임수를 알아채지 못한다고 가정하기도 했으며, 가격이 신속하게 조정되지 못한다고 가정하거나 속임수를 쓰는 기업에 대해 반응하지 않는다는 평판이 있다고 가정하기도 하였다.[17] 일반적으로 완전한 담합 상황에서의 이러한 속임수를 통해 얻는 장기적 이익은 완전경쟁에서 경제적 이익이 없는 상태와 완전 협력에서 독점 이익을 공유하는 상태 사이에 놓인다고 할 수 있다.

명시적 담합과 암묵적 담합

이처럼 담합을 통한 성과는 상대방 기업의 행동에 대한 가정에 달려 있기 때문에 '상대방 기업의 의도가 무엇인가에 대해 학습하는 방법'이 중요한 이슈가 된다. 물론 가장 쉬운 방법은 현재와 미래의 가격과 생산량에 대해 상대 기업과 직접 소통하는 것이고 이를 통해 담합 기업이 공통으로 상호 이익 극대화를 할 수 있는 가격과 생산 전략을 협상하는 것이지만 앞에서 말했듯이 이러한 명시적 담합은 대부분의 선진국에서 불법이다.

상호간의 이익 극대화 협력 전략을 추구하는 담합 기업들은 직접적인 소통과 명시적 담합 대신 암묵적 담합을 해야 한다. 암묵적 담합하에서 기업들은 잠재적 담합 기업들 간에 협력(또는 협력하지 않겠다는) 의도가 담긴 신호를 교환하여 해석하게 된다.[18]

때로는 담합 의도의 신호는 매우 모호할 수 있다. 예를 들어 기업들이 수요 감소에도 불구하고 가격을 내리지 않으면 그것은 담합을 원한다는 신호로 해석될 수도 있지만 차별화를 통해 높은 이익을 추구하려는 것으로 해석될 수도 있다. 또한 공급 비용 하락에도 불구하고 가격을 내리지 않으면 그것은 담합을 원한다는 신호로 해석될 수도 있지만 개별적으로 경제적 성과를 극대화하고 있다는 것으로 해석될 수도 있다. 두 경우 모두 상대 기업의 의도는 모호한 상태로 남아있게 된다.

관련 실증 연구

담합 파트너에게 보낼 수 있는 시그널에는 두 가지의 유형이 있다. 먼저 **강성 시그널**tough signal은 속임수가 발생하는 경우 가격을 더욱 인하하거나 생산량을 더욱 축소할 것이라는 신호를 보내는 것이다. **연성 시그널**soft signal은 그 반대로 속임수가 발생하는 경우 가격이나 생산량을 크게 변화하지 않을 것이라는 신호를 보내는 것이다. 강성 시그널의 예로서 제조라인 증설에 투자하는 것을 들 수 있다. 유사시에는 비용 절감을 통해 가격을 인하하거나 생산량을 증가시킬 수 있다는 것을 담합 파트너에게 알리는 것이다. 연성 시그널의 예로서 담합 파트너의 제품과 겹치지 않게 제품의 포지셔닝을 정하는 것을 들 수 있는데, 이 시그널은 만약 담합 파트너의 속임수가 발생하는 경우 이 기업은 차별화된 제품을 더욱 강조하여 담합의 수준을 낮출 것이라고 알리는 것이다.

담합이 가격과 생산량에 초점을 맞출 때 각각 강성과 연성 시그널이 갖는 의의에 대해 〈표 7.5〉에서 설명하고 있다.[19] 어느 산업에서 가격이 주된 경쟁 요인일 때 기업들은 제조라인에 투자하여 강성 시그널을 보내면 안 된다. 이러한 투자가 직접적인 이익을 가져오더라도 매우 부정적인 전략적 시사점을 갖기 때문이다. 이 상황에서 강성 시그널은 버트런드 속임수의 가능성을 제기하여 담합이 지속되기 힘들게 한다. 그러므로 강성처럼 보이는 시그널을 보내는 것을 피해야 한다. 이 전략을 혹자는 '애완견 전술puppy-dog ploy'이라고 명명했는데, 비록 생산설비 증설이 생산비용 절감을 가져올 수 있더라도 담합을 유지하기 위해 증설하지 않는 것을 의미한다.

담합 유지를 위한 시그널

애완견 전술을 사용했던 예로서 클라우드에 기반하여 화면 공유와 화상회의 서비스에 특화된 팀뷰어사를 들 수 있다. 신생 기업으로서 마이크로소프트, 구글, 페이스북 등 기존의 대기업과 경쟁하는 것은 벅찬 일이었다. 이 기업이 2005년에 독일에서 설립될 때 온라인 사업은 마이크로소프트와 MSN 메신저, 그리고 ICQ, QIM, 스카이프 등의 사업체가 지배하고 있었다. 비록 화면 공유의 틈새 시장에 사용되는 TCP-IP 기술은 상용화된 기술이었지만 이 기업은 기존 대기업이 관심을 두지 않는 영역에 진입할 수 있었다. 그 후 10년 동안 이 기업은 건실하게 성장하였고 PC와 스마트폰 연결 기능, 채팅 서비스, 데이터 공유, 화이트보드 기능, 녹화 기능을 추가했다. 그러나 이 서비스의 핵심은 여전히 원격으로 컴퓨터를 통제하는 것이었다. 장기간에 걸쳐 이 핵심 서비스에 조금씩 부수적인 기능을 추가하면서 이 기업은 대기업과의 경쟁을 회피할 수 있었다. 현재 이 기업은 15억 개의 컴퓨터에 실치되어 있고 30여 개 언어로 제공되고 있으며 세계적으로 700명 이상의 직원을 고용하고 있다.[20]

강성 시그널을 보내지 않는다고 해서 연성 시그널을 보내는 것은 아니다. 강성 시그널을 보내는 것의 반대 개념은 시그널을 보내지 않는 것이다. 가격이 경쟁의 도구가 되는 산업에 있어서 기업들은 연성 시그널에 집중해야 한다. 이러한 행동은 담합이 지속될 것이라는 신호를 파트너들에게 확인시켜 준다. 이 전략은 '살찐 고양이 효과fat-cat effect'라고 불린다. 이것은 상대에 대해 강하게 대응하지 않고 마치 순한 고양이처럼 행동할 것이라는 의미이다. 이 전략을 추구하는 전략은 담합 파트너를 자극하지 않도록 차별화에 초점을 맞춘다.

스웨덴의 가구제조업체인 이케아의 예를 들어 보자. 이 기업은 가구 산업에서 목재 조립분야에 특화되어 있다. 이 기업은 강한 공급, 제조, 유통 역량으로 인해 높은 경쟁우위를 보유하고 있다. 이러

표 7.5 속임수의 대상이 가격과 생산량인 경우 강성 시그널과 연성 시그널 전략의 사례

전략 논리	전략적 시사점	전략 이름	사례
담합에서 속임수의 대상이 가격인 경우			
강성 시그널을 보내면 다른 기업이 강성 대응을 할 것으로 예측	강성 시그널을 보내지 않음으로써 가격 경쟁을 회피	애완견 전술 : 공격적이지 않은 자세를 취하여 다른 기업들을 자극하지 않기	팀뷰어사가 틈새 시장에만 집중함
연성 시그널을 보내면 다른 기업이 강성 대응을 하지 않을 것으로 예측	연성 시그널을 보내어 다른 기업이 강성 대응을 할 필요가 없게 느끼게 함	살찐 고양이 효과 : 다른 기업이 위협을 느끼지 않을 분야에 공격적으로 투자	이케아가 목재 조립가구 분야에만 투자
담합에서 속임수의 대상이 생산량인 경우			
강성 시그널을 보내면 다른 기업이 연성 대응을 할 것으로 예측	강성 시그널을 보내어 다른 기업이 강성 대응을 할 경우 실제로 공격할 것이라고 믿게 함	리더 전략 : 다른 기업이 반격의 위협을 느끼도록 공격적으로 투자	한국의 메모리칩 기업들은 대규모 제조 역량을 보유하여 미국이나 일본 기업의 진입을 저지
연성 시그널을 보내면 다른 기업이 강성 대응을 할 것으로 예측	연성 시그널을 보내지 않음으로써 강성 대응을 회피	간소한 집중 전략 : 좁은 분야에 공격적 투자를 시도하여 다른 기업의 진입 동기를 약화시킴	휴렛팩커드가 전자부품 사업을 분사하여 컴퓨터와 프린터 부문에 경영 역량을 집중함

한 경쟁우위를 기반으로 전통적 가구시장으로 진출할 수 있지만, 이 기업이 전통적 기성가구시장으로 진출하는 경우 기존 기업들이 목재 조립가구 분야로 진입할 가능성이 있고 이케아의 전반적 이익률이 하락할 가능성이 크다. 그러므로 목재 조립분야 가구에서의 낮은 경쟁을 유지하기 위해 이케아는 전통적 기성가구시장으로 진출하지 않을 것이다.

그런데 이케아 사례는 애완견 전술로 그치는 것이 아니다. 이케아는 목재 조립가구 분야를 공격적으로 개척했을 뿐 아니라 이 접근방식은 다른 전통적인 분야에 활용하기 힘든 방식이었다. 즉 저비용, 고품질, 자가 조립 가구 분야에서의 명성은 다른 가구분야로 이전되기 힘든 역량이었다. 즉 특정 분야에서의 지위가 다른 분야에서 활용되기 힘든 경우에는 살찐 고양이 효과가 적용된다.[21]

반면에, 어느 산업의 주된 경쟁 요인이 생산량인 경우 강성 시그널은 매우 효과적으로 작용할 수 있다. 이 경우 담합 파트너가 속임수를 행할 경우 매우 부정적 결과를 초래할 것이라는 강한 신호를 보내야 한다. 이 전략은 '리더 전략top-dog strategy'이라고 불린다. 이 전략을 추구하는 기업들이 제조 역량에 큰 투자를 하면 비록 직접적으로는 경제적 이익을 창출할 수 없더라도 담합 기업들에게 명백한 신호를 보내서 속임수 행동을 하는 것을 저지할 수 있다. 이를 통해 담합이 유지되면 기업의 성과에 긍정적 영향을 미친다.

마지막으로, 어느 산업의 주된 경쟁 요인이 생산량인 경우 연성 시그널을 보내는 것은 오히려 담합 파트너가 공격적으로 행동하는 것을 유도하여 담합 유지를 위협할 수도 있다. 이 경우 연성 시그널을 보내는 기업은 쉽게 속임수의 대상이 될 수 있으므로, 연성 시그널을 보내는 대신 '간소한 집중lean-and-hungry look' 전략을 취해야 한다.

휴렛팩커드가 전자부품 사업을 분사한 것은 여러가지 측면에서 간소한 집중 전략으로 해석할 수 있다. 이 행동을 통해 이 기업은 컴퓨터와 프린터 부문에 모든 활동을 집중할 것임을 보여주었다.[22] 즉 컴퓨터와 프린터 부문에 속한 기존 기업이 새로운 기술을 개발하려 하거나 또는 새로운 기업이 이 부문으로 진입하려 할 때 휴렛팩커드와의 치열한 경쟁을 의식하지 않을 수 없게 만들었다. 즉 휴렛팩커드의 간소한 집중 전략은 해당 부문에서의 경쟁 수준을 낮추게 했다.

게임 이론 분야의 최근 연구에 따르면 담합을 원하는 기업은 '공격적' 신호, 즉 속임수 행위에 대해 공격적인 반응을 보내는 대안과 '호의적' 신호, 즉 속임수 행위에 대해 공격적이지 않은 반응을 보내는 대안 중에서 선택해야 한다. 이러한 연구는 관련 실증 연구에서 소개하고 있다. 그러나 직접적인 신호를 보내지 않는 암묵적 담합도 불법적일 수 있다. 기업들이 경쟁을 회피하기 위해 의도적으로 가격과 생산량을 정할 때 법원은 이것을 **고의적 동조행위**conscious parallelism로 간주하여 반독점법 위반으로 처벌을 내릴 수 있다. 이러한 이유 때문에 기업들은 암묵적 담합을 시도할 때도 적절한 법률적 자문을 구해야 한다.[23]

산업 특성과 속임수의 위협

'관련 실증 연구'에서 소개된 전략들 이외에도 기업들은 속임수가 일어날 수 있는 확률을 측정하기 위해 다양한 산업 특성들을 고려할 수 있다. 일반적으로 이러한 산업 특성들은 속임수를 적발할 확률에 영향을 미친다. 속임수를 적발하는 기업은 앞에서 설명한 것과 같이 상대방에 대해 전략적 대응을 하게 되는데, 이러한 과정의 결과 나타나는 두 기업의 성과는 담합의 성과보다 낮다. 즉 속임수를 적발할 확률이 높은 산업 환경에서는 두 기업이 예측할 수 있는 성과는 낮게 되므로 실제로 속임수가 일어날 확률은 낮게 된다. 반면에 속임수를 적발할 수 있는 확률이 낮은 산업 환경에서는 속임수가 실세로 일어날 확률이 높게 된다.

몇몇 산업 특성은 속임수를 적발할 확률을 높이는데, 이것은 〈표 7.6〉에 정리되어 있다.[24] 각 특성은 특정 산업 내에서 담합 전략이 가져올 수 있는 기회와 위협의 수준에 영향을 미친다.

산업 내 기업의 수 암묵적 담합은 산업 내 소수의 기업이 존재할 때 성공하기 쉽다. 앞에서 설명했듯이 암묵적 담합에 있어서는 협력 의도의 신호를 보내고 해석하는 것이 관건이 된다. 가격과 생산량에 대한 직접적인 소통은 금지되기 때문에 기업 간 신호의 해석과 그에 따른 행동의 조율은 간접적이고 암묵적이어야 한다. 만약 상대 기업의 행동에 대해 면밀하게 감시하고 평가할 수 있다면 이러한 조율이 가능하겠지만, 상대해야 하는 기업의 수가 많다면 조율을 위한 업무의 양은 매우 증가할 것이다. 실제로 기업의 수가 산술적으로 증가할 때 기업들 간의 관계의 수는 기하급수적으로 증가한다. 그 결과 기업 간 관계에서 감시하고 해석해야 할 신호의 수가 기하급수적으로 증가할 때 신호를 통해 기업의 의도를 파악하는 것은 매우 어렵게 되

표 7.6 암묵적 담합을 유도하는 산업 특성

소수의 기업	제품 유사성
비용구조 유사성	가격 선도 기업
산업의 사회적 구조	주문 빈도와 주문의 규모
재고와 미발송 주문량의 규모	진입장벽

고, 속임수의 위험을 극복하고 암묵적 담합을 유지하기란 불가능에 가깝게 된다.

또한 산업 내 기업의 수가 많으면 속임수를 쓰는 하나의 기업이 여전히 담합을 유지하고 있는 다른 기업들의 성과에 미치는 영향의 크기가 줄어든다. 만약 2개의 기업만이 존재하고 담합을 하고 있는데 그중 한 기업이 가격을 내린다면(버트런드 속임수) 속임수를 쓰는 기업이 얻는 매출 증가는 상대방 기업의 매출에 큰 타격을 미치게 된다. 즉 이러한 손실을 회복하기 위해 가격을 내리는 반응을 해야 하고 그 결과 두 기업 모두 경쟁적으로 가격을 인하하는 게임이 시작될 수 있다. 이러한 연쇄 반응은 쉽게 예상할 수 있기 때문에 어느 기업이라도 담합 관계를 깨려 하기는 힘들 것이다.

그러나 만약 어느 산업 내에 50개의 기업이 존재하고 그중 한 기업이 가격을 인하했다고 해보자. 그 속임수의 행동은 다른 49개 기업들에게 큰 영향을 미치지 않기 때문에 다른 기업들은 별다른 대응을 하지 않을 수 있다. 즉 한 기업의 속임수가 다른 기업의 대응을 불러 일으키지 않는 경우에는 속임수가 일어날 확률이 높아진다. 요약하면, 산업 내 기업의 수가 적어서 명백한 상호의존성이 존재하면 암묵적 담합이 발생할 확률이 높아지고, 기업의 수가 많아서 상호의존성이 높지 않으면 암묵적 담합이 발생할 확률이 낮다.

종종 정부 규제 기관은 산업 내 기업의 수를 기반으로 그 기업들이 담합을 추구하고 있는가에 대해 판단한다. 예를 들어 GE와 드비어스가 산업용 다이아몬드 시장에서 담합을 하여 가격을 인상했으리라고 추정하는 과정에서 6억 달러에 이르는 시장 규모의 80%를 이 두 기업이 점유하고 있다는 정황을 고려하여 미국 법무성은 가격 조작의 죄목으로 GE를 기소했다. 이에 대해 연방 법원은 이에 대한 구체적인 증거가 존재하지 않는다고 판단하여 이를 기각했다.[25]

산업 내 기업의 수가 소수이기 때문에 미국 연방정부가 반독점법을 적용했던 사례도 존재한다. 대형 컴퓨터 시장을 장악했던 IBM, PC 운영체계를 장악했던 마이크로소프트, 그리고 최근에는 신용카드 시장을 장악하고 있는 비자와 마스터카드사들은 반독점법으로 기소된 바 있다.

사실 담합 기업의 수 자체가 담합을 실행할 수 있는 능력에 큰 영향을 미치기 때문에 대부분의 경제학자들은 다수 기업의 경쟁 상태가 아닌 과점 상태에서의 담합만을 연구 대상으로 삼는다. 서부 유럽에서 정부가 제재하는 명시적 가격 카르텔에 대해 연구했던 논문에 따르면 이러한 카르텔의 80% 이상은 기업의 수가 10개 이하인 경우에 발생했다. 즉 명시적 담합의 경우에 있어서도 기업의 수가 적을 때 협력이 발생하며, 암묵적 담합의 경우에는 기업의 수가 더 중요한 것으로 보인다. 산업 내 기업의 수가 소수이면 속임수가 적발될 확률이 높아지기 때문에 속임수로부터 얻을 수 있는 기대 이득이 감소하게 된다.

특정 지역에서 경쟁하는 기업의 수와 가격의 관계에 대한 최근 연구에 따르면 소수의 지배적 기업이 존재하는 집중화된 구조의 경우 가격이 평균적으로 높다. 주유소의 예를 들면 3개의 주유소 기업이 60% 이상의 시장을 점유하는 지역의 경우 50% 이하의 시장을 점유하는 지역에 비해 석유 가격이 5% 높았다. 이 연구 결과는 소수 기업들이 암묵적 담합을 할 능력이 있다는

것을 뒷받침해 준다.[26]

제품 유사성 암묵적 담합은 기업들이 유사한 제품 또는 서비스를 판매할 때 발생하기 쉽다.[27] 사실 가격 변화는 제품 특성 변화보다 감지되기 쉽기 때문에 속임수를 행하는 기업은 암묵적으로 합의된 가격을 바꾸기보다는 제품에 양질의 특성을 추가하거나 품질을 높이거나 서비스 수준을 높이는 방식으로 속임수 행위를 할 수 있다. 즉 차별화를 통한 이러한 노력은 적발하기 힘들기 때문에 기업들은 이러한 방식의 속임수 행위를 할 강한 유혹에 빠질 수 있다.

그러나 만약 산업 내 경쟁 기업의 제품이나 서비스가 매우 유사하여 차별화가 힘든 경우에는 가격 인하 이외의 속임수의 방법을 찾기 힘들 수 있고, 그 경우 버트런드 속임수의 결과인 0의 경제적 이익으로 이어지게 된다. 즉 제품 유사성이 높은 산업의 경우 속임수가 적발될 확률이 높기 때문에 담합이 유지될 가능성이 높아진다.

비용구조 유사성 기업들의 비용구조가 유사한 경우 암묵적 담합이 발생하기 쉽다. 기업들이 매우 상이한 비용구조를 가지면 최적 생산량의 수준도 상이하게 된다. 이익 극대화를 추구하는 기업은 한계비용과 한계수익이 일치하는 수준의 생산을 해야 하기 때문이다. 만약 기업들간에 한계비용이 상이하여 최적 생산량이 상이하면 공동으로 추구할 수 있는 최적 생산량을 추정하기 힘들게 된다. 이 경우 기업들은 생산량 결정에 대해 속임수를 쓸 강한 동기를 갖게 되어 암묵적 담합은 매우 불안정하게 된다.

대표적인 명시적 카르텔인 석유수출국기구(OPEC)가 생산량과 가격 담합에 실패해 온 이유로서 비용구조의 비유사성을 들 수 있다. 각 산유국들은 상이한 비용구조, 즉 상이한 최적 석유 생산량을 갖기 때문에 이들 산유국들은 합의된 수준 이상으로 생산하려는 동기를 갖게 된다.[28]

반면에 협력 기업들이 유사한 비용구조를 가질 때는 상호간에 만족할 수 있는 생산수준을 발견하기가 비교적 쉽다. 이것은 암묵적 담합을 유도한다.

가격 선도 기업

암묵적 담합으로 인한 기회를 창출하는 또 다른 산업 특성은 산업 가격 선도기업의 존재이다. **가격 선도 기업**price leader은 산업 내에서 다른 기업들이 '받아들일 만한acceptable' 가격이나 이익률을 제시하는 기업이다. 종종 가장 큰 시장 점유율을 가진 기업이 가격 선도 기업의 역할을 맡는데 암묵적 담합이 장기간 유지될 수 있는 시장 질서와 규율을 만들 수 있기 때문이다. 또한 가격 선도 기업은 가격과 이익률에 대한 산업 수준의 표준을 세움으로써 전반적인 협력 체계를 깨지 않으면서 기업들이 가격과 이익률을 조정할 수 있도록 돕는다. 일반적으로 가격 선도 기업은 스타켈버그 리더라고 할 수 있다.[29]

1950년대와 1960년대에 걸쳐서 GM은 미국 자동차 시장의 가격 선도 기업의 역할을 했다.

GM이 매년 가을에 새로운 자동차 모델을 선보이면서 가격 상승폭을 공식적으로 발표하면 포드와 크라이슬러는 대체로 이 인상폭에 보조를 맞추어 가격을 인상했다. 그러나 일본과 독일 기업들이 미국 자동차 시장에 진입하여 경쟁 기업의 수가 증가되면서 GM은 더 이상 가격 선도 기업의 역할을 하지 않게 되었다.[30]

산업의 사회적 구조

산업의 사회적 구조는 암묵적 담합의 기회를 창출한다. **산업의 사회적 구조**industry social structure란 특정 산업에서 기업 행동과 경쟁에 있어서 일반적으로 받아들여지는 규범이다. 이러한 규범은 항상 암묵적이며 **산업 문화**industry culture의 요소가 될 수 있다. 스펜더는 이러한 기대와 규범을 총체적으로 **산업 행동 양식**industry recipe라 부르면서 이러한 기대와 규범이 기업 행동에 미치는 광범위한 영향력에 대해 강조했다.[31] 즉 산업 행동 양식은 기업이 운영되는 절차, 합의된 경쟁 방식, 그리고 기업들의 행동 규범 등을 정의한다. 이러한 규범과 기대를 저버리는 기업은 '산업 에티켓'을 위배하는 것으로 간주된다.

산업의 사회적 구조를 창출하는 과정에는 여러 요인이 존재한다. 어떤 산업들에 있어서는 태동기부터 한두 개의 지배적 기업들이 주도하기 때문에 이 산업에서 일하는 대부분의 경영자들은 이러한 지배적 기업들에서 훈련을 받고 경험을 쌓게 된다. 즉 지배적 기업들의 문화가 곧 산업의 문화가 되고 이 산업에서 일반적으로 받아들여지는 경쟁의 방식 또한 지배적 기업의 영향을 받게 된다. 이러한 영향력은 태동기의 지배적 기업이 그 리더십을 잃어버리더라도 오랫동안 산업의 문화로 남아있게 된다.

동일한 지역에서 근무하는 경영자들은 그 지역의 기부 행사, 사교 모임, 기타 사회적 이벤트에 초청받게 마련이다. 이러한 사회적 활동을 통해 경영자들은 일반적으로 받아들여지는 경쟁의 방식에 대한 상호간의 기대를 공유하게 되고, 담합으로 발전할 수 있는 신뢰를 쌓게 된다. 상공회의소 등에서의 회의를 통해서도 동일한 산업 내의 경영자들은 사회적 관계를 맺게 되어 해당 산업에서의 행동 양식을 익히게 된다.

정도의 차이는 있겠지만 이러한 사회적 상호 기대는 특정 형태의 경쟁 방식을 공동으로 배제함으로써 암묵적 담합을 촉진할 수 있다. 즉 산업 행동 양식의 존재는 경쟁자의 위협을 증가시키는 경쟁 방식을 배제함으로써 암묵적 담합의 실행을 용이하게 할 수 있다.

산업의 사회 구조가 담합을 촉진했던 좋은 사례는 1980년대 미국의 메이저리그 구단주 사이의 관계에서 찾아볼 수 있다. 북미 지역의 메이저리그 구단주들은 경기 일정과 경기 규정, 그리고 기타 리그 운영 규칙을 정하기 위해 서로 협력해야 했다. 이러한 공식적인 협력 관계를 가지면서 구단주들은 자유 계약 선수를 끌어오기 위한 경쟁에 있어서 공격적인 높은 연봉을 제시하지 않는다는 암묵적이고 비공식적인 합의를 하게 되었다.[32] 이러한 합의의 결과 야구 선수의 연봉은 1980년대 초반의 구단 수입의 38%에서 1989년에는 31%로 감소했다. 1990년에 미국 법정에서는 메이저리그 구단들이 담합하여 선수노조와의 노동계약을 위반했다고 판정했고,

그 결과 구단주들은 1억 250만 달러의 벌금을 물고 선수들의 연봉은 구단 수입의 40% 이상으로 인상되었다.

주문 빈도와 주문의 규모

기업들은 담합이 높은 기회비용을 수반할 때 속임수를 행할 의도를 가질 수 있다. 예를 들어 암묵적 담합을 하고 있는 기업이 어떤 중요한 구매자와 대규모의 공급 계약을 맺으려 하는데 이 계약은 수년간 연장될 수 있다고 가정해 보자. 만약 이 기업이 이 계약을 맺게 된다면 수년간 안정적인 수요를 확보할 수 있다. 그러나 이 계약을 맺지 않는다면 이 기업의 이익률은 불확실한 산업 수요에 의해 좌우될 뿐 아니라 다른 기업들의 암묵적 담합에도 영향을 받게 된다. 또한 이러한 좋은 조건의 계약은 20년에 한 번 올 정도로 희소한 기회이다. 이 경우 기업들은 안정적 공급 계약의 기회를 획득하기 위해 담합을 깰 가능성이 높아진다.

많은 산업들에 있어서 비정기적인 대규모 계약이 존재한다. 군용 항공기 산업에서는 중요한 계약을 한번 놓치면 10~15년 동안 어려운 상황에 처하게 된다.[33] 상용 항공기 산업에서 특정 기업이 체결한 대형 계약은 다른 기업들에게 큰 영향을 미친다. 비록 산업 내 기업이 소수이더라도 이러한 비정기적인 대규모 주문의 경쟁 환경에서는 암묵적 담합이 유지될 가능성은 낮다.

재고와 미발송주문량의 규모

기업들이 대규모의 재고와 미발송주문량order backlogs을 감당할 수 있는 능력을 갖추게 되면 암묵적 담합이 촉진될 수 있다.[34] 미발송주문량은 주문은 받았지만 바로 발송하지 않아도 되는 물량을 의미한다. 재고와 미발송주문량은 기업과 경쟁 환경 사이에서 완충 작용을 한다. 이러한 완충 능력을 확보한 기업은 급격히 변화하는 시장 상황에서 매번 생산량과 가격을 조정할 필요가 없다. 수요가 하락할 때는 바로 가격을 내리는 대신 완제품의 재고를 늘리면서 기다릴 수 있다. 또한 수요가 증가할 때 바로 가격을 올리는 대신 미발송주문량을 늘릴 수 있다. 이러한 완충 능력은 기업이 생산량과 가격에 대해 일관성을 갖게 도와주기 때문에 암묵적 담합을 촉진할 수 있다.

어떤 산업에 있어서는 재고를 갖는 것이 기술적으로 불가능할 수도 있고 미발송주문량을 확보하는 것이 구매자들에게 불만을 일으킬 수도 있다. 예를 들어 신선한 과일을 다루는 사업에 있어서 대규모 재고를 갖는 것은 과일의 부패로 인한 비용 증가로 이어진다. 이러한 비용을 피하기 위해 예상치 못한 수요 감소 또는 공급 증가에 직면하는 기업들은 가격 조정을 해야 한다. 이러한 급작스러운 가격 변화의 필요성이 존재하면 가격과 생산량의 불안정성을 초래하여 결국 암묵적 담합을 힘들게 한다.

진입장벽

〈표 7.6〉에 설명된 산업 특성들은 암묵적 담합으로 인한 기회의 크기에 영향을 미치지만 진입

장벽만큼 큰 영향을 미치는 것은 없다. 진입장벽이 없다면 암묵적 담합으로 인한 경제적 이익은 바로 새로운 진입 기업들에 의해 사라질 것이다. 새로운 진입 기업들은 담합을 촉진하는 산업 특성들을 제거하기 때문이다. 즉 새로운 진입 기업들은 경쟁 기업의 수를 증가시키고, 제품 유사성과 비용 구조 유사성을 감소시키며(새로운 기업들은 새로운 제품을 생산하고 또한 기존 기업들과는 대체로 상이한 비용 구조를 가지기 때문에), 가격 선도 기업의 리더십을 무시하고, 산업의 사회적 구조에 속하지 않을 수 있다. 또한 새로운 진입 기업은 그 규모에 관계 없이 모든 주문에 대해 경쟁하고, 가격 경쟁을 유발하여 경쟁 기업들이 재고를 둘 여유를 허용하지 않으며, 구매자를 만족시키기 위해 미발송주문량을 최소화할 수 있다. 즉 새로운 진입 기업들은 평화로운 산업에 침입한 돌출 행위자[loose cannons]가 될 수 있다. 이러한 잠재적 진입자의 위협을 감소시키기 위해 암묵적 담합 기업들은 진입장벽을 높여야 한다.

희소하고 모방 불가능한 담합 전략

담합 전략은 제3장에서 설명한 지속적 경쟁우위를 위한 희소성의 요건이 결핍된 것처럼 보일 수 있다. 희소성이 존재하기 위해서는 산업 내 소수의 기업만이 특정 전략을 추구하기 위한 자원을 보유하고 있어야 하는데, 암묵적 담합이 이루어지기 위해서는 산업 내 모든 또는 대다수의 기업이 참여해야 하기 때문이다. 산업 내 모든 기업이 참여하는 담합 전략은 과연 희소성을 가질 수 있겠는가?

그 대답은 〈표 7.6〉에 설명된 산업 특성 중 첫 번째에 소개된 소수 기업이라는 요건에서 찾을 수 있다. 기존 기업들만의 시각에서 보면 암묵적 담합 전략은 희소할 수 없다. 그러나 기존 기업과 잠재적 진입자 모두의 관점에서 보면 성공적인 암묵적 담합 전략은 희소할 수도, 희소하지 않을 수도 있다. 즉 기존 기업뿐 아니라 잠재적 기업을 포함한 관점에서 볼 때 암묵적 담합 전략이 경제적 이익을 창출하기 위해서는 희소성의 요건을 충족해야 한다.

또한 암묵적 담합 전략은 모방 불가능성의 요건과도 모순되는 것처럼 보인다. 암묵적 담합이 이루어지기 위해서는 담합에 참여하지 않은 기업이 쉽게 담합에 참여할 수 있어야 한다고 생각되기 때문이다. 이 경우 암묵적 담합은 어떤 기업이라도 모방하기 쉬운 전략으로 생각될 수 있다.

그러나 앞에서와 마찬가지로 잠재적 진입 기업을 함께 고려하여, 〈표 7.6〉에 설명된 산업 특성 중 마지막에 소개된 진입장벽의 요건을 적용하면 이러한 모순은 해결된다. 산업 내 모든 기존 기업들이 추구하는 동일한 전략(암묵적 담합)은 산업 경계 밖에 있는 잠재적 진입 기업들에게 있어서 마치 하나의 기업(산업 내 모든 기존 기업이 집단적으로)이 추구하는 전략과 동일하게 평가될 수 있다. 즉 기업 단위의 모방 장벽과 산업 단위의 진입장벽이 동일시되는 것이다. 이 경우 모방 불가능성 수준은 진입장벽의 높이에 의해 평가되고, 제3장에서 설명한 VRIO 모형은 기존 기업들이 집단적으로 추구하는 산업 수준의 암묵적 담합 전략의 모방 불가능성을 평가하는 모형으로 이용될 수 있다. 결론적으로, 산업 내 소수 기업의 요건은 희소성의 요건과, 그리고 진입장벽의 요건은 모방 불가능성 요건과 동일하다고 볼 수 있다.

암묵적 담합의 실행

다른 모든 전략과 마찬가지로 암묵적 담합 전략의 이득은 실행 능력에 달려 있다. 그러나 암묵적 담합만을 위한 조직 구조, 통제 시스템, 그리고 보상 정책은 거의 없다. 대신 암묵적 담합을 실행에 옮기기 위한 두 가지 중요한 이슈는 조직 효율성과 조직의 자율적 관리이다.

조직 효율성

암묵적 담합을 위한 가장 중요한 이슈 중 한 가지는 기업 운영의 효율성에 대한 것이다. 경쟁적 상황에서는 기업들은 직원의 수와 간접비를 낮게 유지해야 하고 전략적으로 중요하지 않은 비용을 절감해야 한다. 즉 경쟁은 조직을 간소하고 효율적으로 만들도록 압력을 행사한다. 이러한 압력에 대응하지 못하는 기업은 스스로 변화를 추구해야 하고 그렇지 않은 경우 더 효율적인 기업에 의해 퇴출된다.

그러나 암묵적 담합에 참여하는 기업들은 새로운 이슈에 직면한다. 암묵적 제휴와 관련된 이익은 종종 비용 절감이나 차별화 등과 직접적으로 관련되지 않는다. 이러한 행동들은 오히려 암묵적 담합을 저해하는데, 이러한 행동으로 인해 비용 또는 제품의 상이성이 증가하고 경쟁 위협이 증가하며 가격 경쟁이 격화되기 때문이다. 즉 경쟁 상황을 회피하기 위해 담합에 참여하는 기업들은 그 대가로 조직의 효율성 및 효과성이 저해되는 것을 감수하게 된다. 이것은 암묵적 담합이 지속되거나 높은 진입장벽이 유지되는 경우에는 큰 문제가 되지 않을 수 있다. 그러나 만약 기존의 담합이 깨지거나 새로운 진입 기업이 증가하는 상황이 되면 일단 저하된 조직의 효율성은 차후 경쟁 상황에 있어서 커다란 약점으로 작용할 수 있다.

암묵적 제휴가 가진 취약한 구조와 잠재적 진입자의 위협을 고려할 때 담합 기업들은 마치 담합 상황이 아니라 경쟁 상황에 처한 것처럼 가정하여 효율적 조직을 유지하기 위해 노력해야 한다. 물론 현실적으로 담합에 참여하면서 이러한 조직 효율성을 유지하는 것은 쉽지 않고 기업에게 비용 부담이 될 수 있다. 그러나 향후 담합이 깨어질 때를 대비하여 신속하게 효율적 조직으로 이행할 수 있는 능력을 갖추는 것은 그만한 가치가 있을 것이다.

암묵적 또는 명시적 제휴 기업들과 독점적 기업들에 대한 한 연구에서 이러한 기업들은 대부분 비효율적으로 조직을 운영한다는 것을 발견했다. 이들 기업은 대체로 지나치게 두터운 상위 경영층, 높은 관료주의, 위험 회피 성향, 사치스러운 회사 건물 보유 등의 특징을 보였다. 즉 암묵적 담합 전략을 추구하는 것은 마치 자멸의 씨앗을 뿌리는 것처럼 보이기도 한다. 암묵적 담합 기업들의 조직 효율성이 점차 저하되어 임계치에 다다르게 되면 높은 진입장벽에도 불구하고 더 효율적인 새로운 진입 기업들이 기존 기업들을 쉽게 대체할 수 있다.[35]

조직의 자기 관리 능력

담합에 참여하는 기업들이 당면한 또 하나의 이슈는 자기 관리 능력에 대한 것이다. 기업이 암묵적 담합을 시도하면 상대방 기업은 거의 매번 이를 검증한다. 예를 들어 GE가 증기 터빈 산업에서 가격 경쟁을 하지 않겠다는 신호를 보냈을 때 주요 경쟁 기업이었던 웨스팅하우스는 가격 인하를 공표했다. 이는 GE가 보냈던 신호가 진심이었는가에 대해 웨스팅하우스가 시험했던 것으로 볼 수 있다. 이에 대응하여 GE는 가격을 인하하기는 했지만 기존 구매자에 대해 상당한 비용을 지출함으로써 웨스팅하우스와의 가격 경쟁을 회피하겠다는 의도를 확인해 주었다. 그 직후 웨스팅하우스는 GE의 원래 가격 수준으로 가격을 인상했고 그 이후 거의 15년 동안 두 기업 사이에는 안정적인 가격이 유지되었다.[36]

암묵적으로 협력하는 기업들은 거의 필수적으로 가격과 생산량 유지의 의도가 확실한가에 대해 검증 절차를 거치기 때문에 암묵적 담합의 성공 여부는 얼마나 자발적으로 스스로를 관리할 수 있는 능력이 있는가에 달려 있다. 즉 담합의 성공 요인이 상대방 기업과의 협력 의지에 달려 있고 이것에 대해 확실한 신호를 보내기 위해 상대방의 시험에 경쟁적인 반응을 보이지 않을 때만 암묵적 담합은 성공할 수 있다. 이러한 자기 관리 능력은 적절한 경영 통제 시스템과 보상 정책에 의해 강화되어야 한다.

요약

이 책에서 지금까지 다룬 대부분의 사업부 차원의 전략은 산업 또는 시장 내에서 성공적으로 경쟁하기 위해 어떻게 사용할 수 있는가에 초점을 맞추어 왔다. 이 장에서는 경쟁을 통하지 않고 경제적 이익을 획득하는 대안, 즉 기업들이 경쟁을 회피하기 위해 담합을 하는 방법에 대해 살펴보았다.

담합은 기업들이 산업 내 경쟁을 회피하여 협력할 때 발생하는데, 모든 형태의 협력이 담합을 의미하는 것은 아니다. 기업들이 직접적으로 협력할 때 명시적 담합이, 그리고 협력하겠다는 의도를 담은 신호를 보낼 때 암묵적 담합이 형성된다. 대부분의 선진국에서 명시적 담합은 불법이고 암묵적 담합도 경우에 따라 불법으로 간주될 수 있다.

담합은 공급을 수요 이하로 감소시켜서 기업의 경제적 이익을 창출한다. 또한 담합은 진입장벽을 높이거나 경쟁자 위협을 감소시키는 것 등을 통해 산업 특성을 개선하는 것에 이용될 수 있다.

기업들은 종종 담합하려는 강한 동기를 갖지만, 일단 담합이 이루어진 다음에는 이 관계를 깨려는 동기도 가질 수 있다. 이러한 '속임수'는 다양한 방법으로 발생하며 버트런드, 쿠르노, 슈타켈버그 속임수는 각각 기업에 상이한 수준의 이익을 가져온다. 가격에 대한 버트런드 속임수에서 어떤 기업도 경제적 이익을 얻지 못하는 반면에 생산량에 대한 쿠르노 속임수에서 기업들은 어느 정도의 경제적 이익을 획득할 수 있지만, 두 속임수 모두 담합을 유지할 때만큼의 이익을 얻지는 못한다.

▶▶ 국내 사례

펭수와 유산슬이 한국의 빙과업계에 미치는 영향

2020년 3월 31일, 빙그레는 해태아이스크림의 보통주 100%를 인수하는 계약을 체결했다. 인수 전에는 롯데제과, 빙그레, 롯데푸드, 해태아이스크림이 각각 29%, 26.9%, 15.8%, 15.3%, 합계 87%를 차지하는 경쟁 구도였는데 이 인수를 통해 빙그레는 42.2%의 '실질적인' 점유율을 차지하게 되었다. '실질적인'이라는 의미는 빙그레가 해태아이스크림을 실제로 인수한 것이 아니라 지분만을 인수하고 별도 법인은 유지된다는 의미이다. 롯데제과와 롯데푸드도 동일 계열사이지만 법적으로는 별도 기업이다. 그러므로 인수 후에도 법적으로는 4개의 기업이 여전히 존재하고 있지만 실질적으로는 롯데와 빙그레의 양강 체제로 전환되었다.

흥미로운 사실은 이러한 양강 체제가 공정거래위원회이 독과점 기준인 '1개사 시장점유율 50%'와 '상위 3개사 시장점유율 75%'를 아슬아슬하게 피해갔다는 것이다. 롯데제과와 롯데푸드의 지분을 합친 44.8%와 빙그레와 해태아이스크림의 지분을 합친 42.2%는 '1개사 시장점유율 50%'를 넘지 않았다. 또한 법적으로 독립 법인인 해태아이스크림을 제외한 상위 3개사 시장점유율의 합도 29% + 26.9% + 15.8% = 71.7%로서 기준 점유율인 75%를 넘지 않았다. 그러므로 적어도 법적으로는 독과점 조건을 벗어났다. 독과점으로 판정되는 경우 기업 인수가 금지될 수도 있다.

그러나 공정거래위원회는 단순한 점유율로만 독과점 여부를 판정하는 것이 아니라 신규 진입자에 대한 제한 등 잠재적 진입장벽도 고려하여 합병 승인을 결정짓는다고 했다. 그리고 합병 승인이 된 이후에도 공정거래에 피해를 줄 수 있는 행위가 적발되는 경우 적절한 조치를 취하겠다고 했다.

사실 빙과업계에는 담합의 전력이 있다. 2007년에 공정거래위원회는 그 당시 시장점유율 80%를 차지하고 있었던 롯데제과, 해태제과, 빙그레, 롯데삼강 4개 회사는 아이스크림 콘의 가격 담합을 통해 9개월간 700원에서 1,000원으로 단계적으로 인상했고, 이것이 적발되어 46억 3,000만 원의 과징금이 부과되었다. 이들 업체들은 원재료 가격 상승과 포장지 고급화, 용량 증대 등을 이유로 들었으나 당시 공정거래위원회는 이들 기업의 영업 담당 임원들이 단계적인 가격 인상을 위해 정보를 교환했다는 증거를 확인했다고 밝혔다. 이러한 정보교환은 가격 경쟁을 회피하고 이익을 확보하기 위한 전형적인 담합 행위이다. 이제 빙과업계 경쟁구도가 양강 체제로 개편된 이상 또 다른 담함으로 인해 소비자 편익이 저해될 수 있다는 우려가 제기되는 것이 과거의 전력과 무관하지 않다. 담합을 할 상대의 수가 감소했으니 쉽게 담합할 수 있다는 것이다.

그런데 사실 빙그레가 해태아이스크림의 지분을 인수하게 된 배경에는 광고모델로 기용한 EBS 연습생 펭수와 신인 트로트 가수 유산슬이 슈퍼콘과 붕어싸만코의 매출을 끌어올렸던 효과가 있었다. 특히 펭수가 광고했던 붕어싸만코는 전년 대비 50%나 매출이 성장했던 것이다. 아이스크림 소매점 매출은 2016년 이래 매년 하락하고 있고 특히 주요 소비층인 어린이 인구가 감소하면서 이러한 시장 축소는 지속될 것으로 볼 때 펭수와 유산슬의 역할은 매우 컸다고 할 수 있다. 빙그레는 자사가 보유한 해외 유통망을 통해 해태아이스크림의 제품(예 : 부라보콘)을 외국으로 유통할 수 있다고 주장했는데, 이것은 궁극적으로 한국 빙과업계에 이득이 될 수 있다. 펭수와 유산슬이 가져온 빙그레의 약진은 과연 한국 소비자에게 득이 될 것인가, 아니면 해가 될 것인가?

출처 : 아이뉴스 24, 빙과업계 양강구도 구축한 빙그레, 2020. 4. 6; 인베스트 조선, 반값 아이스크림 사라지나, 2020. 4. 9; YTN, 아이스크림 콘 가격 담합 적발, 2007. 3. 18; 뉴시스, 아이스크림 콘 값, 왜 오르나 했더니 '담합', 2007. 3. 18.

암묵적 담합이 유지되기 어려운 이유 중 하나는 담합 의도에 대한 신호가 모호할 수 있기 때문이다. 만약 기업들이 집단적으로 맺은 담합을 한 기업이 위반했을 때 이에 대해 기업들이 어떻게 대응할 것인가에 대해 예측하기 쉬울 때 기업들은 신호의 불확실성에서 벗어날 수 있게 된다. 산업 특성, 특히 산업 내 기업의 수와 진입장벽의 높이 등은 담합이 얼마나 지속될 수 있는가에 대해 예측하는 것에 이용될 수 있다.

담합의 실행 과정에서 두 가지의 특이한 이슈를 발견할 수 있다. 첫째, 담합을 통해 경쟁자 위협을 성공적으로 회피한 이후 얼마나 기업이 효율성을 유지할 수 있을 것인가, 둘째, 담합에 대한 의도를 상대 기업이 검증할 때 얼마나 확실하게 자기 관리 능력을 보여서 실행할 수 있을 것인가에 대한 이슈들이 그것이다.

탐구과제

7.1 일부 기업에 의해 발생하는 담합이 시장 전체에 대해 미치는 영향에 대해 설명하라.

7.2 경쟁관계에 있는 기업들이 서로 속임수를 쓰려는 유혹은 항상 존재하는데, 성과에 대한 압박이 높을 때 더욱 그러하다. 반면에 이해관계자의 높은 기대, 경쟁 격화, 또는 단순한 탐욕 등은 담합을 발생하게 한다. 어떠한 경우에 담합이 발생할 것이 예측되는가? 즉 속임수를 억제하는 산업의 특성은 어떤 것이 있는가?

7.3 특정 산업 내의 '모든' 기업들이 암묵적 담합 전략을 추구하는 것은 지속적 경쟁우위의 조건인 희소성과 모방불가능성의 조건에 부합되지 않는 것으로 보인다. 이러한 모순이 해결될 수 있는가에 대해 이유를 들어 설명하라.

7.4 기업은 일반적으로 조직 효율성을 추구한다. 그러나 담합의 상황에서는 개별 기업의 차원에서 조직 효율성을 추구하는 것은 불필요하게 보인다. 기업이 암묵적 담합을 통해 이득을 취하는 활동과 그러한 유혹을 물리치고 단독적으로 경영 과정을 조직하는 활동의 필요성 사이에 존재하는 역설적 상황에 대해 설명하라.

연습문제

7.5 이 장의 도입 사례는 당신에게 전략적 질문을 던진다. 당신이 사례에 등장하는 주유소를 운영한다면 가격을 올릴 것인가? 그 이유는 무엇인가?

참고문헌

1 See npr.org/sections/thesalt/2014/03/10/288570744/what-pepsi-can-teach-us-about-soft-drink-dominance-in Russia. Coca-cola's dominance was so great in Western Europe, in 2005 the EU implemented rules to reduce Coca-Cola's market share. See www.beveragedaily.com/Manufacturers/ED-curbs-Coca-Cola-market-dominance.

2 See Porter. "General Electric vs. Westinghouse in Large Turbine Generators (A)."

3 www.thebalance.com/opec-oil-embargo-causes-and-effects-3365806.

4 See J. Hirshleifer. (1980). Price Theory and its Applications. Upper Saddle River, NJ: Prentice Hall.; H. Demsetz. (1973). "Industry Structure, Market Rivalry, and Public Policy." Journal of Law and Economics 16: 1–9.

5 AN 7 plus: bbc.co.uk/2/hi/business/7132108.stm and mentalfloss.com/article/22843/5-brazen-examples-price-fixing.

6 M. Porter. (1980). *Competitive Strategy*. NY: Free Press.

7 www.jonesday.com/files/Publication/U.S. v Gunnison PDF.

8 J. Anton and D. Yao. (1995). "Standard Setting Consortia, Antitrust, and High Technology Industries;." *Antitrust Law Journal* 64(1): 247–265.

9 G. Grossman and E. Hellpman. (1994). "Protection for Sale." *American Economic Review*, 84: 833–850.

10 D. Besanko and R. Braeutigam. (2014). Microeconomics. 5th ed. NY: Wiley.

11 Recently, this traditional relationship between oil prices and alternative energy has switched. With very low oil prices crude oil producers are investing even more heavily in alternative energy as a substitute for their oil products. See ww.mottmac.com/views/will-the-falling-oil-price-boos-the-renewable-energy-market.

12 This analysis can be generalized to differentiated products. See J. Tirole, *The Theory of Industrial Organization.* (Cambridge, MA: MIT Press, 1988).

13 J. Bertrand. "Théorie mathématique de la richesse sociale." *Journal des Savants* (1883): 499–508.

14 A. Cournot, *Recherches sur les principes mathématiques de la théorie des richesses.* (1838); English edition: N. Bacon, *Researches into the Mathematical Principles of the Theory of Wealth.* (London: Macmillan, 1897). Both Bertrand and Cournot are excellent examples of dead economists.

15 F. Edgeworth. "La teoria pura del monopolio." *Giornale degli Economisti* 40 (1897): 13–31; in English: F. Edgeworth. "The pure theory of monopoly." in *Papers Relating to Political Economy* 1 (1925).

16 H. von Stackelberg. *Marktform und Gleichgewicht.* (Vienna: Julius Springer, 1934).

17 For Bertrand and Cournot cheating when firms sell differentiated products, see R. L. Hall and C. J. Hitch. "Price Theory and Business Behavior." *Oxford Economic Papers* 2. (1939): 1245; P. M. Sweezy. "Demand under Conditions of Oligopoly." *Journal of Political Economy* 45. (1939): 568–573; and H. Hotelling. "Stability in Competition." *Economic Journal* 39. (1929): 41–57. When there are time lags in discovering cheating, see Tirole, *The Theory of Industrial Organization.* When firms interact simultaneously in several markets, see R. D. Bernheim and M. D. Whinston. "Multimarket Contact and Collusive Behavior." *Rand Journal of Economics* 12 (1990): 605–617. When other firms can't observe price or quantity cheating, see E. J. Green and R. H. Porter. "Non-cooperative Collusion under Imperfect Price Information." *Econometrica* 52 (1984): 87–100. When prices cannot be adjusted quickly, see E. Maskin and J. Tirole."A Theory of Dynamic Oligopoly." *Econometrica* 56 (1988): 549–600; and J. Eaton and M. Engers. "International Price Competition." (mimeograph, University of Virginia, 1987). When firms have a reputation for not retaliating against cheaters, see A. Ortega- Reichert. "Models for Competitive Bidding under Uncertainty." (dissertation, Stanford University, 1967).

18 See F. M. Scherer. *Industrial Market Structure and Economic Performance.* (Boston: Houghton Mifflin, 1980). Some of these signals of intent to collude are discussed later.

19 This analysis was first developed by D. Fudenberg and J. Tirole, "The Fat Cat Effect, the Puppy Dog Ploy, and the Lean and Hungry Look." *American Economic Review* 74. (1984): 361–366.

20 TeamViewer (2017). "A Brief History of TeamViewer." https://www.teamviewer.com/en/company/; "TeamViewer's Features in Detail," https://www.teamviewer.com/en/features/; C. Busse and M. Hägler (2016)."Das ist eine richtige schwäbische Geschichte." http://www.sueddeutsche.de/digital/teamviewer-das-einhorn-aus-goeppingen-1.2944176-2.

21 See *Discount Merchandiser*. "It's the IKEA Way or No Way." 39, no. 1 (1999): 51–53.

22 See E. Nee. "Lew Platt: Why I Dismembered HP." *Fortune*, March 29, 1999, 167–170.

23 See M. E. Porter. "General Electric vs. Westinghouse in Large Turbine Generators (A)." (Harvard Business School Case no. 9-380-128, 1979).

24 Scherer. *Industrial Market Structure and Economic Performance*.

25 See Z. Schiller. "Diamonds and Dirt." *Businessweek*, August 10, 1992, 20–23; Z. Schiller, "This Diamond Case Had Too Many Flaws." *Businessweek*, December 19, 1992, 34; and R. Donoho. "GE Off Hook in Price-Fix case." *Sales and Marketing Management* 147 (1992): 11.

26 Results that link the existence of price-fixing cartels and the number of colluding firms can be found in C. D. Edwards. *Cartelization in Western Europe.* (Washington, DC: U.S. Department of State, Government Printing Office, 1964); G. A. Hay and Kelly. "An Empirical Survey of Price Fixing Conspiracies." *Journal of Law and Economics* 17. (1974): 13–38. Research on the relationship between market concentration and prices is reviewed in L. Weiss, ed., *Concentration and Price.* (Cambridge, MA: MIT Press, 1989); and R. Schmalansee. "Studies of Structure and Performance." in R. Schmalansee and R. Willig, eds., *The Handbook of Industrial Organization.* (Amsterdam: North-Holland, 1989).

27 Scherer. *Industrial Market Structure and Economic Performance*.

28 R. El Mallakh. *OPEC: Twenty Years and Beyond.* (Boulder, CO: Westview Press, 1982).

29 See J. W. Markham. "The Nature and Significance of Price Leadership." *American Economic Review* 41. (1951): 891–905; Scherer. *Industrial Market Structure and Economic Performance*; and von Stackelberg. *Marktform und Gleichgewicht*.

30 L. J. White. *The American Automobile Industry Since 1945.* (Cambridge, MA: Harvard University Press, 1971).

31 J. C. Spender. *Industry Recipes: An Enquiry into the Nature and Sources of Managerial Judgment.* (New York: Blackwell, 1989).

32 A. Berstein. "The Baseball Owners Get Beaned." *Businessweek*. October 15, 1990, p. 122.

33 See E. Schine. "Northrop's Biggest Foe May Have Been Its Past." *Businessweek*. May 6, 1991, pp. 30–31; and J. Cole. "Rising Turbulence: Boeing's Dominance of Aircraft Industry Is Beginning To Erode. *Wall Street Journal*. July 10, 1992, A1.

34 Scherer. *Industrial Market Structure and Economic Performance*.

35 See T. Jankik and A. Makhiga. (2005). "Can Diversification Create Value? Evidence from the Electric Utility Industry." *Financial Management*, 34(1); 61–93 and K. Palmer. (1991). "Diversification by Regulated Monopolies and Incentives for Cost Reducing R&D." *American Economic Review*, 81(2): 266–270.

36 See Porter. "General Electric vs. Westinghouse in Large Turbine Generators (A)."

PART

3 전사적 수준의 전략

CHAPTER

8 수직적 통합

학습목표

8.1 전사적 전략을 정의한다.

8.2 수직적 통합, 전방 통합, 후방 통합을 정의한다.

8.3 수직적 통합이 다음의 경로를 통해 가치를 창출하는 방법에 대해 설명한다.

a. 기회주의의 위협을 감소

b. 가치 있고 희소하며 모방이 힘든 자원과 능력을 이용

c. 유연성을 유지

8.4 수직적 통합이 지속적 경쟁우위의 원천이 될 수 있는 조건에 대해 설명한다.

8.5 조직 구조, 경영통제, 보상 정책이 수직적 통합을 실행하기 위해 어떻게 이용되는지 기술한다.

서비스의 아웃소싱

아웃소싱은 다양한 산업에서 이루어지고 있다. 전통적으로는 비용 절감을 위해 아웃소싱을 했으나 이제는 그 이상의 목적으로 이용된다. 즉 비핵심 활동에 대해서는 다른 기업을 활용함으로써 기업은 본래의 핵심 역량에 집중하여 비용을 절감할 수 있는 것이다.

그 목적이 무엇이든 아웃소싱의 빈도와 범위는 증가일로에 있다. 예전에는 고객은 자신이 구매하는 제품이 중국이나 인도에 아웃소싱 생산되었다는 사실을 잘 알지 못했고 서방의 첨단 서비스가 아웃소싱될 수 있다는 사실이 믿어지지 않았다. 그러나 1990년대 이후 30년 동안 아웃소싱이 급속히 진행되면서 아웃소싱의 영역에는 제한이 없는 것으로 보인다. 콜센터, IT 기능, 디자인, 연구 기능이 이제는 일반적으로 아웃소싱되고 있다.

항공 산업도 예외가 아니며 핵심 기능도 그 대상이 되고 있다. 브리티시에어웨이즈, 버진애틀랜틱, 델타, 이지젯, 라이언에어도 지금까지, 그리고 앞으로 아웃소싱의 범위를 넓히고 있다.

이러한 항공사들이 어떤 기능을 아웃소싱하고 있는가에 대해서는 아직 고객에게 구체적으로 알리지는 않는다. 당신이 공항에 가면 당신을 응대하는 직원을 항공사의 직원으로 생각하겠지만 그들은 대부분 용역업체 직원이다. 당신이 항공 스케줄을 변경하기 위해 전화를 하는 경우에 응답하는 직원도 마찬가지이다. 항공기를 청소하는 직원들도 마찬가지이다. 기내에서 제공되는 음식을 정말로 항공사가 준비한다고 생각하는가?

다른 산업과 마찬가지로 항공산업에서도 아웃소싱되는 기능을 적절히 수행하기 위해서는 까다로운 절차를 거친 용역업체를 선정하고 유지하게 된다. 그러나 수월성과 효율성이 중요하기는 하지만

Markus Mainka/Alamy Stock Photo

역시 가장 중요한 것은 비용이다. 이 조건은 일상적인 운영에서의 높은 비용 구조를 가진 항공산업에 있어서 더욱 중요하다.

대부분의 경우 항공사는 아웃소싱을 통해 적정한 수준의 고객 서비스를 유지하면서 그들이 원하는 비용 절감을 이루게 된다. 그러나 항상 그런 것은 아니다.

2016년에 브리티시에어웨이즈는 아웃소싱 영역을 공격적으로 넓히면서 수백 명의 IT 직원의 업무를 타타 자문서비스에 아웃소싱했다. 1년 후인 2017년 5월에 브리티시에어웨이즈는 다수의 고객에게 불편을 끼치고 수백만 파운드의 손실을 가져온 치명적인 IT 오작동을 겪게 된다. 영국의 대표적인 5월 연휴 시즌에 수백 편의 항공권이 취소되고 7만 5,000명의 승객이 여행계획을 변경해야 했다. 이 사고는 정전으로 인해 항공사의 IT 시스템 전원이 끊어졌을 때 인도의 용역업체 직원이 신속하게 대응하지 못해서 발생했던 것으로 보고되었다. 브리티시에어웨이즈는 아웃소싱 때문이 아니라고 반박했지만 일각에서는 용역업체의 비숙련 직원이 사태를 악화시켰다고 분석했다. 이 사건의 원인이 아웃소싱이든 아니든, 브리티시에어웨이즈는 1억 파운드의 손실과 명성의 손상을 입었다고 추정되었다.

브리티시에어웨이즈는 이 사건에도 불구하고 아웃소싱을 지속하고 있다. 이 기업은 현재 콜센터 기능을 런던에 있는 캐피타사에 아웃소싱하는 것을 추진 중이다. 이를 통해 고객과의 소통을 늘리면서도 비용을 절감할 것을 기대하고 있다. 그러나 콜센터 아웃소싱은 이 기업의 명성을 더 훼손할 위험도 안고 있다. 아웃소싱은 대상 활동에 대한 통제력 상실을 의미하고 업무의 핵심을 충분히 이해하지 못한 비숙련 인력에게 업무를 맡기는 것일 수도 있다.[1]

기업이 그들의 영역 내에서 수행하던 활동을 외부에 맡길 때 그 비중이 어느 정도냐에 따라 수직적 통합의 수준이 결정된다. 이러한 의사결정은 고객에게 제공되는 서비스의 질에 영향을 미치기 때문에 신중하게 이루어져야 한다.

전사적 수준의 전략

수직적 통합은 이 책에서 다루는 전사적 수준의 전략 중 첫 번째 전략이다. 제1장에서 설명하였듯이, **사업부 수준의 전략**business strategy은 어느 기업이 단일 사업 또는 산업 내에서 어떻게 경쟁우위를 획득할 수 있는가에 대한 이론으로 정의된다. 이 책에서 설명한 두 가지 사업부 수준의 전략은 저비용 전략과 차별화 전략이다. **전사적 수준의 전략**corporate strategy은 복수의 사업을 동시에 운영하면서 어떻게 경쟁우위를 얻을 수 있는가에 대한 이론으로 정의된다. 종종 수직적 통합 여부에 대한 의사결정은 그 기업이 단일 사업을 운영하게 될 것인지 또는 복수의 사업을 운영하게 될 것인지를 결정하게 된다. 이 책에서 다룰 다른 전사적 수준의 전략으로는 전략적 제휴, 사업 다각화, 인수합병 전략이 있다.

수직적 통합

기업의 가치사슬의 개념은 제3장에서 설명한 바 있다. 잠깐 그 개념을 복습하자면, **가치사슬**value chain은 기업이 제품이나 서비스를 구매자에게 판매하기 위해 원재료의 상태에서 최종 단계까지 실행해야 하는 일련의 기업 활동이다. 〈그림 3.2〉에서 설명한 석유 산업에서의 단순화된 가치사슬의 예를 〈그림 8.1〉에 다시 옮겨 보았다.

어느 기업의 **수직적 통합**vertical integration의 수준은 간단히 말하면 이 가치사슬 내의 활동 중 그 기업의 영역boundary 안에서 실행되는 활동의 수를 뜻한다. 더 높은 수준으로 수직통합된 기업은 더 많은 활동을 그 기업의 영역 안에서 실행한다. 수직적 통합의 수준에 대해 좀 더 세분화된 측정 방법은 '이론적 뿌리를 찾아서'(234쪽)에서 설명하기로 한다.

기업이 현재 실행하는 기업 활동으로부터 가치사슬의 근원지 쪽, 즉 원재료 쪽 방향의 활동들을 그 영역 안으로 끌어들일 때 **후방수직통합**backward vertical integration을 한다고 한다. 컴퓨터 기업들이 소프트웨어를 직접 개발할 때 그 활동은 가치사슬의 근원지 쪽에 있으므로 후방수직통합을 하는 것이다. 컴퓨터 기업들이 소프트웨어를 직접 개발하는 대신 인도에 있는 기업들과 계약을 맺으면 그 기업들은 낮은 수준의 후방수직통합을 하게 된다.

기업이 현재 실행하는 기업 활동으로부터 가치사슬의 마지막 부분, 즉 최종 구매자 쪽 방향의 활동들을 그 영역 안으로 끌어들일 때 **전방수직통합**forward vertical integration을 한다고 말한다. 기업들이 미국 내에서 소비자의 전화에 응답하는 부서를 직접 운영한다면 최종 구매자에 가까이 있는 활동을 실행하는 것이므로 전방수직통합을 하는 것이다. 만약 이 기업들이 인도에 있

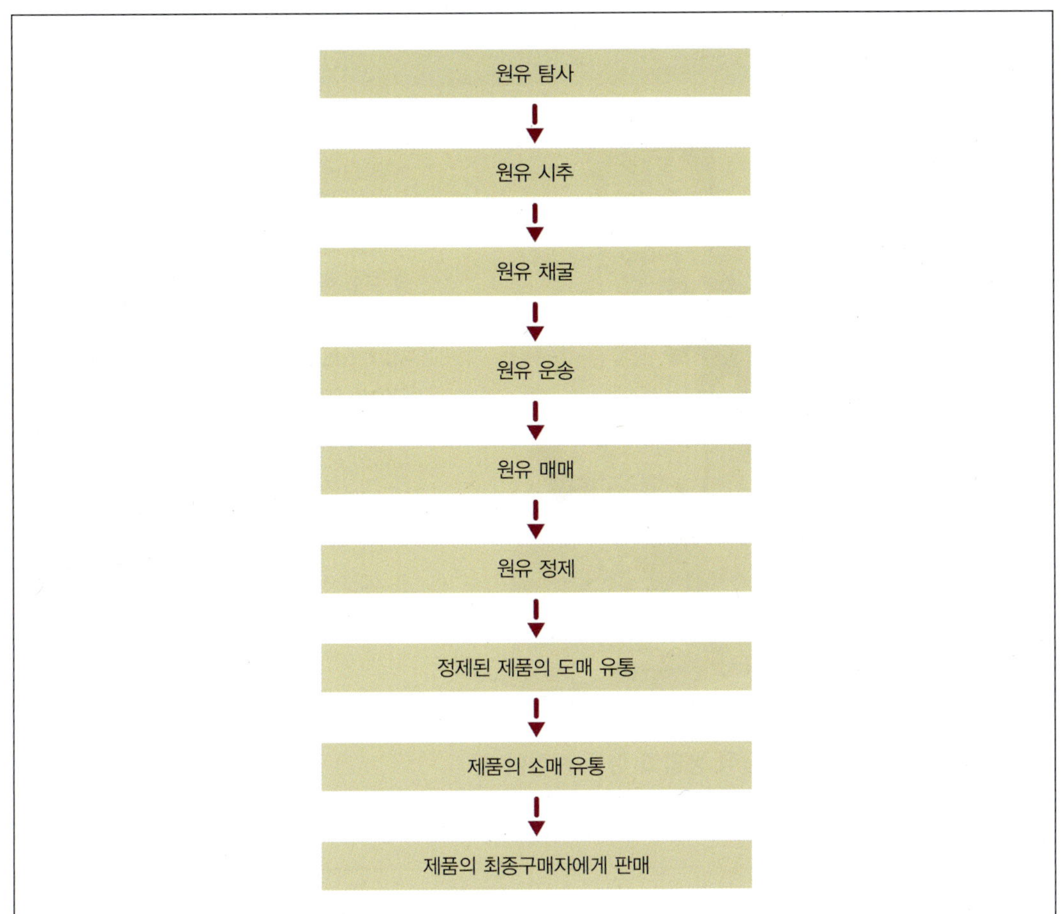

그림 8.1
석유 산업에서의 단순화된 가치사슬

는 기업들과 이 서비스에 대해 계약을 맺으면 그것은 낮은 수준의 전방수직통합을 하게 됨을 의미한다.

물론 기업의 영역 내에서 실행할 가치 활동을 결정할 때 기업이 단순히 수직통합을 할 것인가, 하지 않을 것인가의 두 가지 선택권만 갖는 것은 아니다. 사실 이 두 극단점 사이에는 다양한 수준의 수직적 통합의 방법이 존재한다. 그 예로 전략적 제휴와 조인트 벤처를 들 수 있는데, 이에 대해서는 제11장에서 자세히 다루기로 한다.

수직적 통합의 가치

수직적 통합에 대한 질문, 즉 어떤 가치 활동이 기업의 영역에 포함되어야 하고 그 이유는 무엇인가에 대해 거의 100년에 걸쳐 수많은 학자들이 연구해 왔다. 이 질문이 왜 흥미로운지에 대해서는 노벨상을 수상한 경제학자인 로널드 코스가 가장 먼저 논리적으로 정리하였다. 1937년에 발표한 유명한 연구 논문에서 코스는 단순한 질문을 던졌다. “시장경제가 개개인이

이론적 뿌리를 찾아서

기업이 수행하는 가치 활동을 관찰하여 수직적 통합의 수준을 직접 관찰하는 것이 때로는 가능하다. 그러나 어떤 때는 직접적인 관찰이 어려울 때도 있다. 특히 자신들이 수행하는 수직적 통합이 잠재적인 경쟁우위의 원천이라 믿을 때 그 기업들은 수직적 통합에 대한 정보를 공공연히 드러내지 않으려 하기 때문에 관찰이 더욱 어렵다.

이러한 경우 어느 기업의 수직적 통합의 수준을 알기 위해서 가치 활동의 개수 대신 그 기업의 **매출 대비 부가가치**value added as a percentage of sales를 이용할 수 있다. 매출 대비 부가가치는 어느 기업의 영역 내에서 창출된 가치를 그 기업의 매출과 비교하는 것이다. 매출 대비 부가가치의 비율이 큰 기업은 그 기업 내에 가치를 창출하는 활동을 많이 가진 것이므로 수직적 통합의 수준이 높다고 할 수 있다. 매출 대비 부가가치의 비율이 낮은 기업은 수직적 통합의 수준이 낮은 것이다.

매출 대비 부가가치는 보기 1의 공식으로 구할 수 있다.

인플레이션과 세제 변화의 영향을 배제하기 위해 순이익과 법인세는 분자와 분모에서 모두 공제된다. 순이익, 법인세, 매출액은 기업의 손익계산서에서 구할 수 있다. 기업의 부가가치는 보기 2의 공식으로 구할 수 있다.

기업의 부가가치를 구하기 위한 수치들은 해당 기업의 손익계산서와 재무상태표에서 구할 수 있다.[2]

수직적 통합의 정도 측정하기

보기 1

$$\text{수직적 통합}_i = \frac{\text{기업의 부가가치}_i - (\text{순이익}_i + \text{법인세}_i)}{\text{매출액}_i - (\text{순이익}_i + \text{법인세}_i)}$$

수직적 통합$_i$ = 기업 i의 수직적 통합 수준
기업의 부가가치$_i$ = 기업 i의 부가가치 수준
순이익$_i$ = 기업 i의 순이익 수준
법인세$_i$ = 기업 i의 법인세
매출액$_i$ = 기업 i의 매출액

보기 2

기업의 부가가치 = 감가상각 + 감모상각 + 고정비용 + 이자비용 + 급여와 복리후생비 + 퇴직 급여 + 법인세 + 세후순이익 + 임대료 맺는 수많은 경제적 거래economic exchanges를 효율적으로 조정할 수 있다면 왜 기업이라는 또 다른 경제적 거래 조정 수단이 존재하는가?" 시장에서는 어떠한 중앙 통제적인 기구가 존재하지 않으면서도 애덤 스미스가 이름 붙인 '보이지 않는 손invisible hand'이 시장가격을 통해 모든 재화와 서비스의 수요와 공급을 조정한다. 반면에 기업이라는 통제 기구 내에서는 중앙 통제적인 관리자가 하급자들을 감시하고 통제하며, 하급자들은 살아남기 위해 이전투구식으로 경쟁하고 있다. 왜 보이지 않는 손의 '우아함'이 현대 기업 내에서 볼 수 있는 꼴사나운 '보이는 손'으로 대체되는 것인가?[3]

코스는 자기 스스로 던진 이러한 질문에 대해 답하기 시작한다. 그는 어떤 경우에는 경제적 거래를 관리하기 위해 시장을 이용하는 비용이 그 경제적 거래를 기업 영역 내부로 끌어들여서 수직적 통합을 하는 비용보다 더 높다는 사실을 발견했다. 그 이후의 많은 학자들은 이러한 경우가 생기는 보다 구체적인 조건에 대해 연구했고, 그 결과 수직적 통합이 시장 거래보다 수익을 높이거나 비용을 낮출 수 있는 조건, 즉 수직적 통합이 가치를 창출할 수 있는 조건을 발견하였다. 그중 가장 대표적인 세 가지 조건과 이에 관련된 이론들을 여기에서 설명할 것이다.

수직적 통합과 기회주의의 위협

수직적 통합이 가치를 창출할 수 있는 이유 중 가장 잘 알려진 것으로서 수직적 통합이 기회주의의 위협을 감소시킬 수 있다는 주장을 들 수 있다.[4] **기회주의**opportunism는 기업이 거래 파트너에 의해 불공정하게 이용당할 때 존재한다. 기회주의의 예로서 어느 기업이 거래 파트너에게 높은 품질의 제품을 기대했으나 실제로 낮은 품질의 제품을 공급받는 경우, 거래 파트너로부터 정해진 기한에 서비스를 받기로 기대했는데 실제로는 시간이 지연되거나 또는 너무 이르게 서비스를 받은 경우, 거래 파트너에게 일정한 가격을 지불하기로 합의하였는데 실제로 파트너가 더 높은 가격을 요구하는 경우 등을 들 수 있다.

물론 어느 기업이 기회주의적으로 행동할 때 거래 파트너 기업의 경제적 가치는 감소한다. 기회주의의 위협을 감소시킬 수 있는 하나의 방법은 그 거래를 기업의 영역 내부로 끌어들이는, 즉 그 거래를 수직통합시키는 것이다. 이렇게 함으로써 이 기업의 경영자들은 시장이 그 거래를 관리하도록 의존하는 대신, 기업이 직접적으로 관리하고 통제하도록 할 수 있다. 그 거래가 해당 기업의 활동을 공급자 쪽으로 가깝게 만든다면 이것은 후방수직통합의 예라고 할 수 있다. 또한 그 거래가 해당 기업의 활동을 구매자 쪽으로 가깝게 만든다면 이것은 전방수직통합의 예라고 할 수 있다.

물론 기업들은 수직적 통합의 비용이 기회주의의 위협으로 인한 비용보다 낮은 경우에만 시장 거래를 그 기업의 영역 내부로 끌어들일 것이다. 수직적 통합의 비용—그것이 후방수직통합이든 전방수직통합이든—이 기회주의로 인한 비용보다 높다면 그 거래를 수직통합해서는 안 된다.

그렇다면 기회주의의 위협이, 기업이 수직적 통합의 비용을 감수할 만큼 클 조건은 무엇이겠는가? 이에 대해 많은 연구들은 어느 기업이 소위 **거래 특유의 투자**transaction-specific investment를 할 때 거래 파트너에 의한 기회주의의 위협이 증가한다고 보여 주었다. 거래 특유의 투자는 현행 거래가 다른 용도의 거래로 전환될 때 그 투자의 가치가 현저하게 감소하는 성격을 띠는 투자를 말한다. 예를 통해서 이 투자가 어떠한 것인가를 알아보자.

〈그림 8.2〉에서 원유 정제 기업과 원유 부존지 소유주와의 경제적 거래를 생각해 보자. 그림에서 볼 수 있듯이 이 원유 정제 시설은 바닷가에 건설되어 있어서 거대한 원유 수송선으로부터 직접 원유를 공급받게 된다. 그러나 수마일 떨어진 육지에도 원유 부존지가 있어 그곳으로부터도 원유를 공급받을 수 있는데, 현재의 운송 수단은 트럭밖에 없고 그 운송비는 원유 수송선과 비교할 때 매우 비싸다. 그러나 만약 원유 정제 기업이 원유 부존지로부터 원유를 저렴하게 공급받을 수 있는 방법을 찾아낼 수 있다면 이 원유 정제 시설의 가치는 매우 높아질 수 있다.

이제 원유 부존지의 소유주에 대해 생각해 보자. 이 사람이 원유 정제 기업에 대해 본인의 원유 부존량을 일정한 가격에 독점적으로 공급하는 송유관을 건설해 주겠다는 제의를 했다고 가정해 보자. 그 대신 원유 정제 기업은 일정 기간, 예를 들어 향후 5년간 상호 합의된 가격으로 수송관을 통해 원유를 구매하게 된다. 만약 그 가격이 유조선이나 트럭을 이용하는 것보다 낮은 수준에서 합의된다면 이 제의는 양측 거래 당사자들에게 매우 매력적으로 받아들일 것이다.

그림 8.2
원유 정제 기업과 원유 수송관 건설 기업의 거래

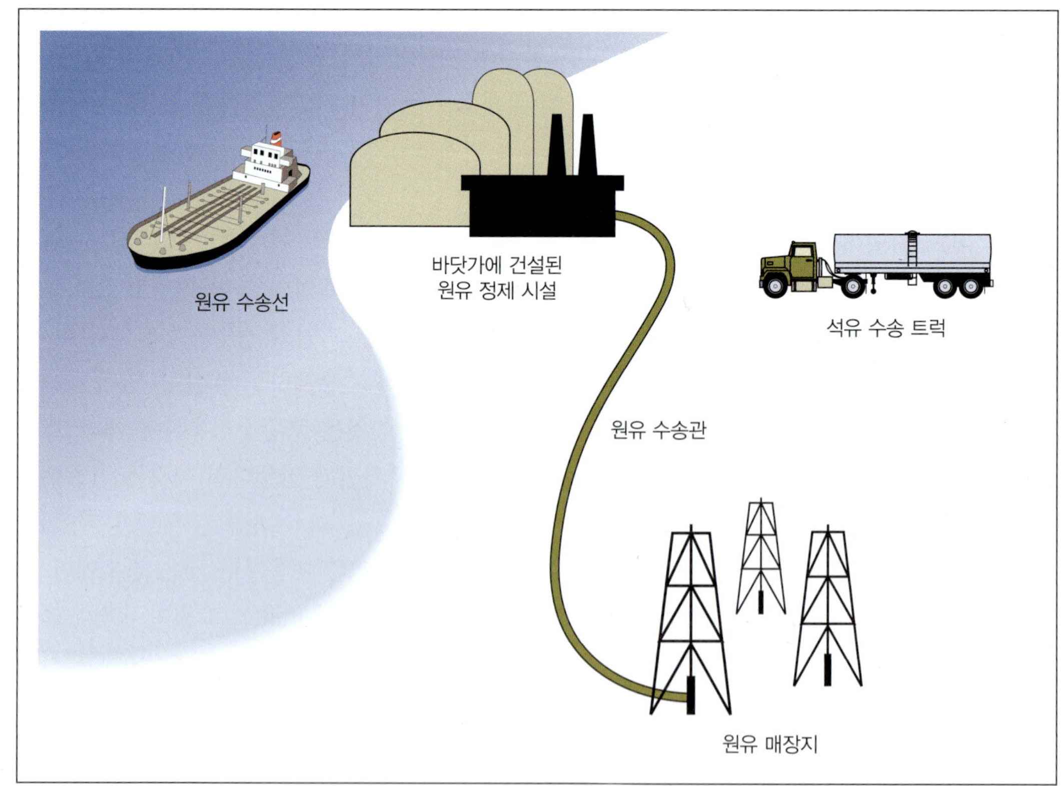

지금까지의 분석을 바탕으로 생각해 보면 원유 정제 기업과 원유 부존지의 소유주는 협력할 가능성이 크고 송유관이 건설될 가능성도 크다.

이제 5년이 지나서 계약을 갱신할 시점이 왔다고 해 보자. 두 거래 당사자 중 어느 쪽이 더 큰 거래 특유의 투자를 했다고 생각하는가? 거래 특유의 투자는 다른 용도로 쓰일 때 그 가치가 현저히 감소한다는 것을 상기해 보라.

원유 정제 기업은 어떤 성격의 투자를 했는가? 만약 원유 부존지 소유주와의 계약이 갱신되지 못하고 종료된다면 원유 정제 시설의 가치는 현저하게 하락할 것인가? 어느 정도의 가치 하락은 있을 수 있다. 예를 들어 처음부터 원유의 공급선으로 원유 수송선이나 트럭을 이용했더라면 상당액의 할인을 받을 수 있었다고 가정하면, 5년 전에 송유관을 선택함으로 이 할인의 기회를 잃을 수 있다. 이로 인해 원유 정제 기업의 가치가 100만 달러에서 90만 달러로 감소했다고 해 보자. 이 10만 달러의 차이는 송유관 방식을 선택함으로 인하여 원유 정제 기업이 부담하는 거래 특유의 투자의 규모이다.

그러나 원유 부존지의 소유주가 부담하는 거래 특유의 투자 규모가 원유 정제 기업이 부담하는 투자 규모보다 훨씬 크리라는 것은 쉽게 짐작할 수 있다. 원유를 계속 공급할 때 송유관의 가치가 75만 달러라고 가정해 보자. 만약 그 송유관이 더 이상 원유를 공급하지 못한다면 그 가치는 어떠할 것이라고 생각하는가? 원유를 수송하지 못하는 송유관은 별 쓸모가 없다. 어쩌면 세계에서 가장 큰 수영장용 미끄럼틀 정도로 쓰일 수 있을는지 모르겠다. 가령 세계 최대 미끄럼틀의 가치가 1만 달러 정도라고 가정하면, 원유 부존지 소유주가 부담하는 거래 특유의 투자의 규모는 75만 달러 − 1만 달러 = 74만 달러이다.

자, 계약을 갱신할 시점에서 거래 당사자 중 어느 쪽이 더 큰 기회주의의 위협에 직면하는가? 말할 것도 없이 원유 부존지 소유주가 잃을 것이 더 많다는 사실을 쉽게 알 수 있다. 만약 계약 갱신이 이루어지지 않는다면 원유 부존지 소유주는 74만 달러의 가치를 상실하는 반면 원유 정제 기업은 10만 달러의 가치를 상실한다.

물론 원유 부존지 소유주가 바보가 아닌 이상 5년 후에 일어날 이 같은 불리한 상황에 대해 모를 리가 없다. 그러므로 처음 계약을 맺을 때 훨씬 높은 원유 공급 가격을 제시하여 계약 기간인 5년 동안 송유관 건설 비용을 모두 보전받으려 시도할 수도 있다. 그러나 이러한 높은 가격이 선박이나 트럭을 이용하는 가격보다 높다면(거의 확실히 높을 것이다) 원유 정제 기업은 받아들이지 않을 것이다. 또한 5년이 아니라 50년이나 500년으로 계약 기간을 연장하는 것도 하나의 방법이 될 수 있지만 이 방법 역시 장래에 일어날 수 있는 여러 불확실한 상황으로 인해 쉽지 않다('계약'은 '계약'일 뿐이므로 유능한 변호사에 의해 얼마든지 폐기될 위험이 있다). 결론적으로, 송유관 건설로 인해 원유 부존지와 원유 정제 시설 양측이 모두 확실히 이익을 얻을 수 있었음에도 불구하고 시장 계약을 통해서 송유관이 건설될 가능성은 매우 낮다.

그렇다면 송유관 건설을 통해 두 거래 당사자가 모두 이익을 얻을 수 있는 방법은 없는 것인가? 그 하나의 방법은 원유 부존지 소유주가 원유 정제 기업을 인수하는 것, 즉 원유 부존지 소유주가 전방수직통합을 하는 것이다.[5] 두 거래 당사자가 한 몸이 됨으로써 이제 원유 정제 기업이 송유관 건설 비용의 약점을 기회주의적으로 이용하려는 동기가 사라질 수 있다. 즉 수직적 통합은 거래 특유의 투자를 방해하는 기회주의의 가능성을 제거하여 하나의 위계적 조직 내에서 거래 특유의 투자를 통한 가치 창출을 가능하게 한다.

지금까지의 내용은 수직적 통합이 가치를 창출할 수 있는 이유를 기회주의에 기반을 둔 논리로 설명한 것이다. 거래 특유의 투자를 부담한 기업은 거래 파트너의 기회주의적 성향에 의해 불리한 입장에 빠지게 되는데, 수직적 통합은 그 불리함을 극복하는 해결책이 된다. 제2장에서 이용한 개념을 사용하여 설명하자면, 수직적 통합은 어느 기업이 부담한 거래 특유의 투자 때문에 발생한 공급자나 구매자로부터의 위협을 감소시킴으로써 그 기업에 가치 있는 전략이 된다고 설명할 수 있다.

수직적 통합과 기업의 능력

수직적 통합의 두 번째 이유로서, 지속적 경쟁우위를 창출하는 기업의 능력에 대해 초점을 맞출 수 있다.[6] 이 접근법은 넓은 범위에서 두 가지 시사점을 가진다. 첫째, 기업들은 그들이 가진 가치 있고 희소하며 모방하기 힘든 자원과 능력을 이용할 수 있는 활동들을 대상으로 수직적 통합을 해야 한다. 이렇게 함으로써 이 활동들이 창출할 수 있는 이익을 획득할 수 있다. 둘째, 기업들은 경쟁우위를 획득하는 데 필요한 자원을 획득할 수 없는 활동에 대해 수직적 통합을 하지 말아야 한다. 이 활동은 이익을 창출할 수 없기 때문이다. 즉 어느 활동에 필요한 가치 있고 희소하며 모방하기 힘든 자원을 가지지 못한 활동을 실행함으로써 그 기업은 오직 경쟁열위만을 가지게 된다.

이것이 바로 수직적 통합에 대해 기업 능력에 기반을 둔 접근법으로 설명하는 방법이다. 다시 정리하자면, 만약 기업이 어떤 활동을 위해 가치 있고 희소하며 모방하기 힘든 자원을 소유하고 있다면 그 활동을 수직통합해야 하며, 그렇지 않다면 수직통합을 삼가야 한다. 이 논리는 때로는 기회주의에 기반을 둔 논리와 모순된 결론을 가져오기도 한다.

예를 들어 월마트에 물품을 공급하는 기업을 생각해 보자. 월마트는 할인 소매점 산업에서 강한 경쟁우위를 가지고 있다. 이론상으로는 월마트에 물품을 공급하는 기업들은 전방수직통합을 함으로써 제품을 직접 구매자에게 판매할 수 있다. 그러나 그러한 전략은 경쟁우위의 원천이 되지 못할 것이다. 왜냐하면 월마트의 자원과 능력은 공급자들이 모방하기에는 너무도 힘들기 때문이다. 그런 이유 때문에 월마트의 공급자들은 판매 활동에 대해 수직적 통합을 하기보다는 월마트를 통해서 판매하는 것을 선택하고 있다.

물론 월마트에 너무 의존하는 것은 이 기업들로 하여금 심각한 거래 특유의 투자를 하게 만드는 문제를 일으킨다. 만약 월마트와의 관계가 끊어진다면 그 기업들은 도산하게 될지도 모른다. 그러나 월마트에는 다른 많은 잠재적 공급업자가 있으므로 거래 중단이 심각한 문제를 일으키지 않는다. 월마트가 이러한 점을 이용하여 공급 기업들에 대해 낮은 가격과 높은 품질,

그리고 자사에 유리한 배송상의 조건 등을 요구한다는 것은 잘 알려진 사실이다.

위의 예에서 수직적 통합을 둘러싼 기업의 자원과 능력에 기반한 논리와 기회주의의 위협에 기반한 논리 간에 존재하는 갈등을 발견할 수 있다. 기회주의의 위협에 기반한 논리는 월마트의 공급자들이 할인 소매 산업으로 전방수직통합을 해야 한다고 제안한다. 기업의 자원과 능력에 기반한 논리는 월마트의 공급자들이 월마트와 경쟁할 수 없으므로 전방수직통합을 해서는 안 된다고 제안한다. 그렇다면 도대체 무엇이 맞는 답인가?

월마트의 공급자들은 대부분 이 문제를 해결하기 위한 묘안을 찾지 못하고 있다. 즉 이들 대부분은 할인 소매 산업으로 수직적 통합을 하지 않았으며, 그 대신 월마트 이외 국내외의 할인 소매점에도 물품을 공급함으로써 월마트에 치중된 거래 특유의 투자를 감소시키려 애쓰고 있다. 그들은 또한 제품을 차별화함으로써 월마트에서 그 제품을 구매하는 구매자들이 월마트가 계속 그 제품을 취급하기를 바라도록 기도하고 있다. 또한 비용을 낮추거나 품질을 높이려는 노력도 게을리하지 않고 있다.

수직적 통합과 유연성

수직적 통합의 세 번째 이유인 기업의 유연성에 대해서는 제6장에서도 다뤘다. **유연성**flexibility은 기업이 그 전략이나 조직적 차원의 결정을 얼마나 쉽게 변경할 수 있는가를 의미한다. 전략 변경의 비용이 낮을 때 유연성의 정도는 높고, 전략 변경의 비용이 높을 때 유연성의 정도는 낮다.

그렇다면 기업이 수직적 통합을 할 때와 하지 않을 때를 비교하면 어느 경우에 유연성이 낮은가? 연구에 따르면 수직적 통합을 하는 경우 기업의 유연성이 낮아진다.[7] 왜냐하면 일단 기업이 수직적 통합을 하게 되면 효율적인 운영을 위해 조직 구조와 경영통제, 보상 정책 등의 측면에서 수직적으로 통합된 어느 정도 고정된 형태를 가져야 하기 때문이다. 수직적 통합을 하지 않으면 이러한 조직적 특성들을 변경하기가 용이해진다.

예를 들어 수직적으로 통합된 어느 기업이 한 사업에서 철수한다고 가정해 보자. 이를 위해 이 기업은 그 사업에서의 생산을 중지해야 하는데, 이는 해고되는 종업원이나 남아 있는 종업원에게 나쁜 영향을 미치게 된다. 또한 기업 내부의 공급자와 구매자에게 타격을 가하게 되며, 기업 내부의 보고 시스템에도 변화를 가져와야 한다. 반면에 수직적으로 통합되지 않은 기업이 한 사업에서 철수한다고 할 때 별다른 복잡한 문제가 일어나지 않음을 볼 수 있다. 단지 그 사업에 연관된 계약을 종료하면 되는 것이다. 일반적으로 수직통합되지 않은 사업을 중지하는 데 따르는 비용은 수직통합된 사업을 중지하는 데 따르는 비용보다 훨씬 낮다.

물론 유연성이 항상 가치가 있는 것은 아니다. 사실 유연성은 기업이 불확실한 상황에서 의사결정을 하는 경우에만 가치가 있다. 어떤 거래가 이루어질 당시에 그 거래를 위한 투자의 미래 가치를 알 수 없을 때 그 의사결정은 **불확실하다**uncertain고 한다. 불확실성하의 상황에서 낮은 수준의 수직적 통합은 높은 수준의 수직적 통합보다 유리한데, 이것은 높은 수준의 수직적 통합이 유연성을 저해하기 때문이다. 만약 그 거래가 가치가 없는 것으로 판명날 때 수직적으로 통합된 기업이 그 거래를 그만두는 데 필요한 비용은 그렇지 않은 기업에 비해 높게 마련이다.

예를 들어 어느 제약 기업이 생명공학 분야에 투자하는 경우를 생각해 보자. 생명공학 분야의 연구가 과연 성공적인 결과를 가져올 수 있는지는 매우 불확실하다. 만약 제약 기업이 특정 생명공학 분야의 연구를 실행하기 위해 그 분야 전공의 과학자를 고용하고, 값비싼 실험실을 만들며, 그 분야에 필요한 기타 기술을 개발한다면 그것은 매우 대규모의 투자가 될 것이다. 이제 그 투자의 결과가 매우 실망스럽다고 가정해 보자. 그 기업은 이제 막대한 투자의 가치를 거의 상실하게 될 것이다. 만약 그 기업이 투자하지 않은 다른 생명공학 분야가 훨씬 가치 있는 것으로 나타나는 경우에도 그 기업이 행한 엉뚱한 분야에서의 투자는 매우 실망스러운 결과를 가져올 수 있다.

수직적 통합에 대한 유연성에 기반을 둔 논리는 기업이 그 가치가 매우 불확실한 활동에 대해서는 수직적 통합을 하지 말아야 하며 그 거래(활동)를 관리하기 위해 전략적 제휴를 맺어야 한다고 제안한다. 수직적 통합에 비해 전략적 제휴는 기업에 유연성을 부여함과 동시에 해당 거래의 가치를 평가하기 위한 충분한 정보를 획득할 수 있는 시간을 부여한다.

제휴의 두 번째 장점은 그 투자에 따르는 최악의 위험downside risks이 고정되어 있다는 점이다. 여기에서 말하는 위험은 제휴를 체결하고 유지하는 데 소요되는 비용이다. 이 위험 또는 비용은 기업 인수의 비용에 비하면 매우 작으며 상대적으로 고정되어 있다. 기업이 상대적으로 작은 고정된 비용을 부담하는 대신, 만약 이 거래가 가치 있는 것으로 판명났을 때는 막대한 잠재적인 이득upside potential에 접근할 수 있다. 미국의 제약 기업들이 인도의 연구개발 기업들과 조인트 벤처를 맺어서 아웃소싱을 하는 이유가 여기에 있다. 전략적 제휴가 가진 이러한 특성에 대해서는 제11장에서 자세히 설명할 것이다.

수직적 통합에 대한 세 가지 논리, 즉 기회주의, 능력, 유연성에 기반한 논리들에 대해 많은 실증적 연구가 이루어졌다. '관련 실증 연구'에서 이에 대한 몇 가지 연구를 소개한다.

기업의 전화응답 서비스 활동에 이론 적용하기

가장 흔하게 아웃소싱되며, 심지어 외국으로 아웃소싱되는 기업의 기능 중 한 가지는 전화응답 서비스이다. 그러면 이 세 가지 이론이 전화응답 서비스에 어떻게 적용되는지 알아보자. 즉 어떤 상황에서 이 서비스가 기업 내부에서 이루어져야 하고, 어떤 상황에서 이 서비스가 아웃소싱되어야 하는지 세 가지 이론을 이용하여 차례로 살펴보자.

거래 특유의 투자와 전화응답 서비스

수직적 통합의 기회주의적 관점을 적용하기 위해, 먼저 거래에 따르는 실제적인 또는 잠재적인 거래 특유의 투자에 대해 고려해 보자. 거래 특유의 투자 수준이 높으면 수직적 통합이 필요할

관련 실증 연구

수직적 통합의 세 가지 이론 가운데 기회주의에 기반한 이론이 가장 오래되었고, 따라서 가장 많은 실증 연구가 이루어졌다. 일리노이대학교의 조 마호니 교수에 의한 실증 연구는 이 이론의 중심 논리, 즉 높은 수준의 거래 특유의 투자가 높은 수준의 수직적 통합을 유도한다는 논리를 실증적으로 보여주었다.

최근에는 수직적 통합의 세 가지 이론이 수직적 통합에 미치는 다양한 영향trade-offs을 보여주는 실증 연구들이 이루어지고 있다. 예를 들어 퍼듀대학교의 팀 폴타 교수는 기회주의에 기반한 이론과 유연성에 기반한 이론을 비교 검증하였다. 그의 결론은 기회주의에 기반한 이론과 대체적으로 일치하였으나, 유연성에 기반한 변수를 그의 분석에 추가하였을 때 기업들은 좀 더 낮은 수준의 수직적 통합을 한다는 것을 발견하였다. 즉 기업들이 수직적 통합을 결정할 때 거래 특유의 투자에 대해 고려하는 것은 사실이지만, 되돌리기 힘든 투자를 할 때는 불확실성 또한 고려하는 것이 사실이라는 것이다.

수직적 통합 이론의 실증분석

좀 더 최근의 연구는 오하이오대학교의 마이클 라이블라인과 일리노이대학교의 더그 밀러에 의해 이루어졌는데 그들은 세 가지 이론을 모두 검증하였다. 이 연구는 반도체 제조 산업에서 세 가지 이론이 모두 설득력이 있다는 것을 보였다. 즉 이 산업 내의 기업들은 수직적 통합을 결정할 때 거래 특유의 투자, 현재 기업의 능력, 기업의 소유하고 싶은 능력, 시장에서의 불확실성을 모두 고려한다는 사실을 실증적으로 증명하였다.[8]

것이고, 거래 특유의 수준이 낮으면 수직적 통합을 해서는 안 될 것이라고 앞에서 설명한 바 있다.

전화응답 서비스는 1980년대에 처음 소개되었을 때는 높은 수준의 거래 특유의 투자를 요구했다. 첫째, 기업은 이 서비스만을 위한 설비를 구입해야 했다. 이 설비는 다른 용도로는 이용될 수 없는 것이었다. 그러므로 이 설비는 거래 특유의 투자의 특성을 가졌다고 할 수 있다.

또한 전화응답 서비스를 제공하기 위해 전화 안내원들은 그 기업의 제품에서 발생할 수 있는 문제점에 대해 숙지하고 있어야 했다. 이를 위해 기업은 자사제품의 문제점에 대해 자세히 연구해야 했고, 또한 이에 대해 안내원들을 교육시켜야 했다. 이 교육 과정은 매우 복잡하고 시간이 소요되기 때문에 안내원들의 입장에서는 그들이 속한 기업만을 위한 심각한 거래 특유의 투자를 해야 했다. 즉 대기업의 정규직 종업원들, 즉 교육받은 내용을 안정적이고 장기적으로 이용할 수 있는 종업원들만이 이러한 투자를 할 수 있었다. 이러한 이유들로 인해 기업들은 전화응답 서비스 기능을 수직적으로 통합하여 직접 관리해야 했다.

그러나 정보 기술이 발달함에 따라 기업들은 안내원 교육을 훨씬 쉽게 할 수 있음을 발견했다. 이제 안내원들은 컴퓨터에 미리 입력된 내용에 따라 고객들에게 미리 정해진 질문을 함으로써 고객의 문제를 쉽게 파악할 수 있다. 그 문제에 대한 대답도 이미 컴퓨터에 입력되어 있고, 아주 특이한 문제에 대해서만 컴퓨터에 의존하지 않는 안내원이 다루게 된다. 컴퓨터에 의존하는 이러한 안내는 종업원이 부담해야 하는 기업 특유의 투자 수준을 낮추었기 때문에 소규모의 기업에서 비정규직 종업원도 충분히 실행할 수 있는 업무가 되었다. 이러한 이유로 이제 기업들은 전화응답 서비스 기능을 수직적으로 통합할 필요가 없게 되었다.

기업의 능력과 전화응답 서비스

기회주의에 기반해서 수직적 통합을 보는 관점에서는 거래 특유의 투자를 먼저 평가하여, 그 평가에 기초해서 수직적 통합의 의사결정을 하게 된다. 반면에 능력에 기반한 관점에서는 먼저 기업의 가치 있고 희소하며 모방하기 힘든 자원과 능력을 평가하고, 그 평가에 기초하여 수직적 통합의 의사결정을 하게 된다.

전화응답 서비스가 처음 등장하였을 때 기업들은 그 기능을 얼마나 잘 활용하는가에 따라 경쟁우위를 획득할 수 있었다. 그 당시 전화응답 기술은 새로운 기술이었고 안내원 훈련 절차는 까다로웠다. 이 서비스를 잘 활용할 수 있는 능력을 가졌던 기업들은 경쟁우위를 가졌고 그 때문에 전화응답 서비스를 수직적으로 통합하려 했다.

그러나 시간이 지남에 따라 전화응답 서비스 기기를 만드는 공급자들이 증가하고 그 기술과 안내원 훈련 절차가 보편화됨에 따라 기업들이 전화응답 서비스를 통해 경쟁우위를 창출하기는 어렵게 되었다. 즉 전화응답 서비스는 아직도 가치 있는 능력이지만 더 이상 희소하거나 모방이 힘든 능력은 아닌 것이다. 기업들은 이제 자체적인 전화응답 서비스를 중단하고 저렴한 외주 기업에 아웃소싱을 하고 있으며, 지속적인 경쟁우위를 창출할 수 있는 다른 활동들에 주력하고 있다.

물론 이러한 설명은 전화응답 서비스의 품질이 높더라도 이를 통해 기업이 경쟁우위를 획득하지는 못할 것이라는 가정을 담고 있다. 그러나 지난 수년간 전화응답 서비스를 아웃소싱했던 기업들 중 일부는 고객이 가진 니즈에 부응하지 못하는 것을 경험했는데, 특히 복잡하거나 드물게 발행하는 문제에 대한 대응 능력이 부족했다는 것을 발견했다. 이러한 문제에 대응하기 위해 어떤 기업들은 일부 전화응답 서비스 기능을 다시 기업 내부로 수직적 통합했다. 이들 기업들은 높은 수준의 전화응답 서비스가 적어도 임시적 경쟁우위의 원천이 될 수 있다고 믿었던 것이다. 이 장에서 다룰 델 컴퓨터의 사례가 이에 대해 설명할 것이다.[9]

유연성과 전화응답 서비스

기회주의의 관점은 거래 특유의 투자를 우선시할 것을 제안하고, 기업 능력의 관점은 가치 있고 희소하며 모방하기 힘든 자원과 능력의 평가를 우선시할 것을 제안하는 데 비해, 유연성의 관점은 거래에 연관된 불확실성의 원천을 평가하는 것을 우선시할 것을 제안한다.

전화응답 서비스를 통한 구매자 서비스에 관련된 가장 큰 불확실성은 "안내원들이 실제로 구매자들을 도울 수 있을 것인가?" 하는 점이다. 특히 기업이 아주 복잡한 제품을 판매하고 있어서 구매자들이 다양한 문제를 가질 수 있을 때 이 질문에 답하기는 더욱 어려워진다. 이 불확실성을 해소하기 위해 많은 기법이 개발되었지만, 실제로 기업이 어느 특정한 기법의 전화응답 서비스를 실행해 보기 전에는 이 불확실성이 계속 남아 있게 마련이다.

이 불확실성을 줄이기 위해 기업은 각각 다른 기법의 전화응답 서비스를 하고 있는 여러 기업과 관계를 유지하며 그 기업들의 성과를 살펴볼 수 있다. 일단 가장 우월한 기법이 확인되면 이 기업은 더 이상 유연성을 유지할 필요가 없으므로 가장 우월한 특정 기법의 전화응답 서비스에 대해 수직적 통합 또는 아웃소싱 등의 전략적 결정을 할 수 있다. 물론 이 의사결정은 기회주의나 기업의 능력을 고려한 결정일 것이다.

수직적 통합과 관련된 이론 통합적으로 고려하기

수직적 통합으로 어떻게 가치를 창출할 것인가를 둘러싼 세 가지 이론은 일견 서로 상충되는 면이 보이기도 한다. 과연 이 이론들은 어느 기업의 수직적 통합에 대해 서로 다른 제안을 하는 것은 아닐까?

대답은 "그렇다"이다. 우리는 이미 월마트의 예에서 기회주의에 기반을 둔 이론과 기업의 능력에 기반을 둔 이론이 서로 다른 결론을 낸 것을 살펴본 바 있다.

그러나 이 세 가지 이론은 서로 보완적인 면이 더 강하다. 즉 세 가지 이론을 동시에 적용할 때 서로 모순되는 결론를 얻기보다는 동일한 결론을 얻게 되는 경우가 더 많다. 또한 상황에 따라서는 세 가지 이론을 모두 적용하기보다는 한 가지 이론만 적용하는 것이 충분할 때도 있다. 그러나 분석가가 세 가지 이론을 모두 갖춘 '공구가방tool kit'을 가질 수 있다면 어떤 상황에 대해서도 더 나은 직관력을 가질 수 있을 것이다.

비록 세 가지 이론이 상반되는 결론을 가져온다 하더라도 그 상반성을 고려하며 결론을 내리는 것이 한 가지 이론만을 가지고 결론을 얻는 것보다는 낫다. 왜냐하면 그것은 현재의 전략적 결정의 장단점을 잘 설명하기 때문이다. 예를 들어 기회주의에 기반을 둔 이론이 어떤 기업이 통합하려는 활동과 관련된 거래 특유의 투자에 중점을 두어 수직적 통합을 권유한다 하더라도, 기업 능력에 기반을 둔 이론이 그 수직적 통합에 필요한 자원과 능력을 개발하기 위한 비용이 너무 높다는 것을 지적하고, 또한 유연성에 기반을 둔 이론이 수직적 통합이 기업의 유연성을 크게 감소시킨다는 점을 지적한다면, 그 수직적 통합에 대한 결론의 장점과 단점을 파악하는 데 필요한 많은 정보를 얻을 수 있는 것이다.

결론적으로, 수직적 통합과 관련된 세 가지 이론을 모두 고려하는 사람은 그렇지 않은 사람에 비해 많은 우위점을 가질 수 있다. 물론 기업이 수직적 통합의 수준을 낮추는 결정을 할 때는 윤리적인 딜레마를 가질 수 있다. 이 딜레마의 예는 '전략과 기업윤리'에서 설명하였다.

수직적 통합과 지속적인 경쟁우위

물론 수직적 통합 전략이 지속적인 경쟁우위의 원천이 되기 위해서는 그 전략이 가치가 있을 뿐 아니라(기회주의의 위협을 중화하거나, 자기 또는 통합 대상 기업의 가치 있고 희소하며 모방하기 힘든 자원과 능력을 이용하거나, 또는 유연성을 획득함으로써), 희소하고 모방하기 힘든 전략이어야 하고, 또한 기업이 수직적 통합 전략을 실행하기에 적절하게 조직되어야 한다.

수직적 통합의 희소성

어느 기업의 수직적 통합 전략은 소수의 경쟁 기업들만 수직적 통합 전략을 통해서 가치를 창출할 수 있을 때 희소성을 갖는다고 할 수 있다. 여기에는 두 가지 상황이 있을 수 있다. 다른 기업들이 모두 수직적 통합을 하지 못한 상황에서 소수의 기업들만이 효율적으로 수직적 통합 전략을 실행할 때 수직적 통합을 하는 기업들은 희소성을 가질 수 있고, 또한 다른 기업들이 모두 수직적 통합을 하고 있을 때 오직 소수의 기업들만이 수직적으로 통합하지 않을 때 수직적 통합을 하지 않는 기업들은 희소성을 가지게 된다.

희소한 수직적 통합

다른 기업들이 수직적 통합을 통해 가치를 창출하지 못할 때 어느 기업이 수직적 통합 전략을 실행하여 가치를 창출하는, 적어도 세 가지 이유를 찾아볼 수 있다. 이들 이유는 이 장에서 설명한 세 가지 이론에 기반한 것들이다.

희소한 거래 특유의 투자와 수직적 통합 첫째, 기업은 파트너 기업이 상당한 거래 특유의 투자를 할 것을 요구하는 새로운 기술이나 사업 방식을 개발할 수 있다. 이러한 경우 기업들은 이러한 기술이나 사업 방식에 대해 수직적 통합을 함으로써 이익을 추구할 수 있다. 이러한 기술이나 사업 방식이 희소하고 모방하기 힘든 것이라면 그것은 수직적 통합을 한 기업의 경쟁우위의 원천이 될 수 있다.

예를 들어 컴퓨터 산업의 많은 기업들은 그들의 주요 경영 기능을 아웃소싱하고 있다. 그러나 델 컴퓨터는 최근에 전화응답 서비스 기능 중 한 기능을 미국 내의 활동으로 다시 합류하여 수직적 통합을 이루었다. 델이 본사에 합류한 기능은 기업 고객에 대한 전화응답 서비스였다.[10] 기업 고객들이 가진 문제점은 개인 고객이 가진 문제보다 훨씬 복잡하다. 또한 기업을 대상으로 하는 컴퓨터 기술은 개인 컴퓨터 기술보다 훨씬 빨리 변화한다. 즉 모든 전화응답 안내원들을 기업 고객의 문제에 대응하도록 훈련시키는 일은 매우 어렵다. 이러한 상황에서 델은 기업 고객이 가진 문제에 대응할 수 있는 고도의 훈련을 받은 안내원들을 유지하기 위해서 이 안내원들을 기업 영역 내로 끌어들이는 것, 즉 기업 고객 안내 기능을 수직적으로 통합하는 것이라고 결정하게 된 것이다.

전략과 기업윤리

수십 년 동안 수직적으로 통합된 사업을 운영하고 있는 기업을 생각해 보자. 종업원들은 매일 일을 하러 출근한다. 그들은 자신들의 업무를 잘 알고 있고, 서로 도울 부분도 잘 알고 있으며, 주차는 어디에 해야 하는지도 안다. 그들의 직장은 단순히 돈을 버는 곳이 아니라 사회생활의 터전인 것이다. 가까운 친구들은 대부분은 같은 직장, 같은 부서에서 일을 하는 동료이다. 그들의 미래는 다분히 지난 과거와 비슷할 것처럼 보인다 – 편안하고 잘 설계된 은퇴 후 생활을 위한 안정된 고용과 업무를 영위하는 것이다. 그런데 어느 날, 그 직장이 아웃소싱 전략을 채택한다고 한다. 지금까지 기업 내에서 하던 업무를 외부 기업에 맡긴다고 한다.

아웃소싱 전략의 경제적 논리는 탄탄할 수 있다. 아웃소싱은 기업의 비용을 절감하고 경쟁우위에 중요한 활동에만 집중할 수 있게 해 준다. 잘 실행되기만 하면 아웃소싱 전략은 기업의 주인인 주주들을 위해서 가치를 창출할 수 있다.

이러한 이유로 아웃소싱 전략은 최근 유행이 되고 있다. 2015년까지 미국에서 330만 개의 일자리가 외국으로 이전할 것으로 예측되고 있다.

아웃소싱의 윤리적 측면

그러나 직장을 잃는 종업원들에 대해서는? 그들의 평생 노력의 결과인 업무의 안정성은? 그들의 안락한 은퇴 후 생활은? 아웃소싱 전략은 그것이 가진 경제적 가치에도 불구하고 사람들의 인생을 망쳐 놓을 수 있다는 점에서 비판의 대상이 될 수 있다. 물론 어떤 기업들은 종업원들이 받는 영향을 최소화하기 위해 별도의 방도를 마련하기도 한다. 은퇴가 가까운 종업원들은 조기 은퇴가 권장되기도 한다. 장기 근속 종업원들은 명예퇴직 수당을 받기도 한다. 어떤 기업들은 종업원이 새로운 직장을 찾는 것을 도와주는 기업을 고용하기도 한다.

그러나 아웃소싱의 폭풍을 누그러뜨리는 이러한 모든 노력들이 폭풍 자체를 없애 주지는 않는다. 많은 종업원들은 자신들과 기업이 "업무를 잘하는 한 나는 해고되지 않는다"는 계약을 암묵적으로 하고 있다고 가정한다. 그 계약은 이제 "기업이 나를 원하는 한 나는 해고되지 않는다"로 바뀌고 있다. 이제 많은 종업원들이 현재 일하고 있는 기업에서 성과를 올리는 데 매진하기보다는 다른 많은 기업에서도 인정받을 수 있는 훈련과 경험을 쌓음으로써 자신의 고용 안정성을 높이는 데 더 매진하는 것을 볼 수 있는 것도 놀라운 일은 아니다.[11]

만약 델이 이 수직적 통합 결정으로 인해 경쟁자들보다 더 고객들을 만족시킬 수 있다면, 그리고 이 수직적 통합이 지나치게 높은 비용을 요구하지 않는다면 이 수직적 통합의 결정은 가치 있고 희소하기 때문에 적어도 델이 임시적으로 경쟁우위를 차지할 수 있게 해 준다.

희소한 기업 능력과 수직적 통합 델 같은 기업은 또한 전화응답 서비스 활동을 운영하는 것에서나 종업원 훈련을 실행하는 기능 등에서 자사가 뛰어난 능력을 가지고 있다고 판단할 수 있다. 만약 이러한 능력이 가치 있고 희소한 것이라면 이 능력을 이용할 수 있는 기업 활동을 수직적으로 통합하는 것은 이 기업에게 적어도 임시적인 경쟁우위를 창출할 수 있다. 그러나 어느 기업이 스스로 가치 있고 희소한 능력을 가지고 있다고 믿는 것은 때로는 그 산업 내에서 희소한 수직적 통합 전략을 실행하는 것을 합리화하는 방법일 수도 있다.

희소한 불확실성과 수직적 통합 마지막으로 기업은 경쟁자들보다 먼저 불확실성을 해소함으로써 수직적 통합의 우위를 획득할 수 있다. 예를 들어 산업 내 여러 기업들이 불확실성이 존재하는 여러 형태의 기술에 투자한다고 해 보자. 유연성 논리에 따르면 기업들은 그 기술에서 파생되는 제품의 디자인과 형태가 정착되고 그 수요가 보장되기 전까지는 가능한 한 특정 기술에 대한 투자를 미루고 수직적 통합을 기피해야 한다.

그러나 한 기업이 이러한 불확실성을 다른 기업들보다 먼저 해소했다고 해 보자. 이 기업은 불확실성하에서 가치가 있던 기업의 유연성을 더 이상 유지할 필요가 없다. 그 대신 이 기업은 특정 기술을 이용한 제품을 생산하는 새로운 설비를 개발하고 오직 생산의 효율성을 높이는 일에만 주력할 수 있다. 그러한 설비는 유연성을 가져올 수는 없으나 매우 효율적일 수 있다.

물론 이 기업과 협력하는 기업들은 특정 기술과 연관된 새로운 설비를 이용하는 데 따르는 심각한 거래 특유의 투자를 기피할 수 있다. 이 상황에서 기업은 자사가 개발한 새로운 설비를 이용하여 제조 활동을 하기 위해 협력 기업들을 수직적으로 통합해야 할 것이다. 즉 이 기업은 어떤 기술과 관련된 불확실성을 경쟁 기업들보다 먼저 해소함으로써 수직적 통합에 기반한 경쟁우위를 획득할 수 있다. 경쟁 기업들이 아직 유연성에 집중할 때 이 기업은 구매자의 요구에 부응하는 효율성에 집중할 수 있다. 이것은 분명히 경쟁우위의 원천이 될 수 있는 것이다.

희소한 수직적 분해

수직적 통합과 경쟁우위의 관계를 설명하는 사례는 기업이 수직적 통합 전략을 실행함으로써 경쟁우위를 창출하는 것에 초점을 맞춰 왔다. 그러나 기업들은 수직적 분해vertical disintegration를 통해, 즉 기존에 기업 영역에 존재했던 활동들을 아웃소싱하는 결정을 통해서도 경쟁우위를 획득할 수 있다. 만약 어느 기업이 어떤 경제적 거래와 관련된 거래 특유의 투자 수준이 이전처럼 높지 않다는 것을 발견하거나, 어떤 거래가 더 이상 희소하거나 모방이 어렵지 않다고 판단하거나, 어떤 거래의 가치와 연관된 불확실성이 증가한 것을 발견한다면, 그 기업은 다른 경쟁자들보다 먼저 그 거래를 아웃소싱하는 희소한 결정을 내릴 수 있다. 만약 그 결정이 가치 있는 것이라면 그 기업은 적어도 임시적인 경쟁우위를 획득할 수 있다.

수직적 통합의 모방 가능성

가치 있고 희소한 수직적 통합 전략이 지속적인 경쟁우위의 원천이 되기 위해서는, 이 책에서 제시하는 다른 전략들과 마찬가지로 이 전략의 모방 가능성이 낮아야 한다. 다른 기업의 수직적 통합 전략을 모방하기 위해서는 직접복제와 대체가 이용될 수 있다.

수직적 통합의 직접복제

경쟁 기업들이 어느 기업이 실행하고 있는 가치 있고 희소한 수직적 통합 전략에 필요한 자원과 능력을 개발하거나 획득할 때 직접복제가 일어나게 된다. 만약 이 자원과 능력이 경로 의존적path dependent이고 사회적으로 복잡하며socially complex 인과적으로 모호하다면causally ambiguous 이들 자원과 능력은 직접복제로부터 자유로울 수 있고, 따라서 지속적 경쟁우위의 원천이 될 수 있다.

전화응답 서비스를 인도에 아웃소싱하는 전략을 많은 기업들이 실행하고 있다는 사실은 이 전략이 모방하기 쉽다는 것을 의미한다. 델과 같이 전화응답 서비스를 국내에서 운영하는 기업이 뉴스에 등장할 정도로 이 분야에서의 아웃소싱은 흔한 전략이다.

그러나 많은 기업들이 인도에서 이 서비스를 운영하고 있다는 사실이 곧 모든 기업이 이 서비스를 통해 똑같은 성과를 거둔다는 것을 의미하지는 않는다. 이와 같은 성과의 차이는 기업들이 가진 능력의 차이를 반영한다. 이 차이는 곧 소수의 기업들이 가지는 지속적 경쟁우위를 설명할 수 있다. 특히 어느 기업이 사회적으로 복잡하고 경로 의존적인 능력에 바탕을 둔 상태에서 특정한 경제적 거래의 특성을 분석하는 능력을 가지게 되어 특정한 수직적 통합을 실행하게 되었다면, 이러한 수직적 통합 전략은 직접복제로부터 자유로울 수 있다.

이러한 능력으로는 기업이 경제적 거래의 특성을 분석하는 능력과 수직적 통합 전략을 분석하여 실행하는 능력을 들 수 있다. 이러한 능력들은 사회적 복잡성과 경로 의존적 성격을 띨 수 있다.

수직적 통합의 대체재

수직적 통합의 주된 대체재, 즉 전략적 제휴는 제11장의 주된 주제이다. 그러므로 전략적 제휴가 어떻게 수직적 통합을 대체할 수 있는가에 대해서는 제11장에서 자세히 살펴보기로 하자.

수직적 통합의 실행

수직적 통합의 실행을 위해 다른 사업부 수준 또는 전사적 수준의 전략을 실행하기 위한 수단들, 즉 조직 구조, 경영통제, 보상 정책에 대해 생각해 볼 수 있다.

조직 구조와 수직적 통합의 실행

저비용 전략과 차별화 전략을 실행하는 데 이용되었던 조직 구조는 수직적 통합 전략을 실행하기 위해서도 이용될 수 있다. 즉 수직적 통합으로 말미암아 기업의 영역에 속하게 되는 거래들은 기능적 조직 구조에서 한 기능의 역할을 하게 된다. 어떤 제조 기능이나 마케팅 기능을 수직적으로 통합할 것인가에 대한 의사결정은 결국 그 기업의 제조 또는 마케팅 기능의 범위와 책임을 결정짓게 된다. 그러므로 어느 기업이 내리는 수직적 통합에 대한 의사결정에 따라 그 기업의 기능적 조직 구조가 형성된다.

이처럼 수직적으로 통합된 기능적 조직 구조의 최고경영자(CEO)는 제4장에서 설명한 두 가지 책임을 갖는데, 전략 수립strategy formulation과 전략 실행strategy implementation이 그것이다. 그러나 수직적 통합 전략에 있어서 이 두 가지 책임은 더 넓은 차원의 책임을 의미한다. 최고경영자는 수직적 통합에 포함될 기업 활동을 선별하는 책임을 가짐과 동시에 통합 이후에 자연적으로 나타나는 활동 간 갈등을 해소할 책임을 지는 것이다.

수직적으로 통합된 기업에서 기능 간 갈등 해소하기

최고경영자가 수직적 통합 전략을 실행할 때는 기능적 관리자들 사이에서 나타나는 갈등을 해소해야 하는 경우가 거의 '항상' 생긴다. U-form 구조에서 기능적 관리자들 간의 갈등은 상존하는 것이다. 사실 U-form 구조에서 아무 갈등도 일어나지 않는다면 그것은 어느 기능적 관리자가 제 할 일을 하지 않고 있음을 의미할 수도 있다. 최고경영자의 임무는 이 갈등이 마치 없는 것처럼 꾸며 대거나 무시하는 것이 아니라 전략 실행을 추진하는 방향으로 갈등을 관리하는 것이다.

예를 들어 제조 기능과 매출 기능의 관리자들을 생각해 보자. 대개 제조 기능의 관리자들은 단일 품종의 제품을 오랫동안 생산하는 것을 선호한다. 그러나 매출 기능의 관리자는 구매자의 특성에 맞추는 다양한 제품을 선호한다. 또한 제조 기능의 관리자들이 많은 양의 재고가 쌓이는 것을 원하지 않는 반면 매출 기능의 관리자들은 구매자의 수요에 빨리 대응할 수 있는 수준의 재고량을 원한다. 이러한 상이한 관심사들이 만약 U-form 구조에서 갈등을 일으키지 않는다면, 아마 제조 기능 관리자들이 비용 절감이나 품질 향상에 충분히 주의를 기울이지 않거나, 매출 기능 관리자들이 구매자 만족을 시기 적절하게 충족시키는 일에 충분한 주의를 기울이지 않고 있다고 생각할 수 있다. 아니면 두 기능 관리자들 모두 제 할 일을 하지 않고 있거나.

다른 기능들 간의 갈등도 수직적으로 통합된 U-form 조직에서 찾아볼 수 있다. 회계 기능 관리자들은 경영의 안정성과 비용 통제를 극대화하기를 원하는 반면, 연구개발 기능의 관리자들은 이러한 회계적 기능이 기업의 혁신과 창의력을 저하시킨다고 우려할 수 있다. 재무 기능 관리자들은 기업과 자금 시장의 관계에 주의를 기울이는 반면, 인적 자원 기능 관리자는 기업과 노동 시장의 관계에 더 주의를 기울인다.

이러한 상황에서 최고경영자의 임무는 그 기업의 전략 실행을 촉진하는 방향으로 이러한 갈등을 해소하는 것이다. 기능적 관리자들이 서로를 '좋아할' 필요는 없다. 그러나 어느 기능이 그 기업의 수직적 통합 구조에 포함되었다는 것은 그 기능이 그 기업의 영역 내에서 가치를 창출할 수 있다는 것을 의미한다. 기능 간 갈등은 각 기능의 잠재적 가치를 저하시킬 수 있다.

경영통제와 수직적 통합의 실행

적절한 조직 구조가 수직적 통합을 실행하는 데 중요한 한편, 그 조직 구조를 지원하는 다양한 경영통제 과정 또한 중요하다. 특히 예산 계획 과정과 경영위원회 감시 과정이 중요한데, 이 과정들은 최고경영자가 기능 간 갈등을 해소하는 데도 도움을 줄 수 있다.

예산 계획 과정

예산 계획budgeting은 최고경영자가 수직적으로 통합된 U-form 구조에서 가질 수 있는 가장 중요한 통제 시스템 중의 하나이다. 대부분의 U-form 기업들에게 예산에 필요한 자금을 조성하고 예산 집행 성과를 평가하는 일은 대단히 중요하다. 예산은 비용, 수입, 그리고 다른 많은 기업 활동으로 조성된다. 종종 경영자들의 보상과 승진 기회는 그 경영자들의 예산 집행 성과에 의해 좌우되기도 한다.

예산 계획은 기업에서 중요한 통제 도구이기는 하지만 예상치 못한 부작용을 가져오기도 한다. 예를 들어 예산 집행 성과 측정은 경영자들이 측정하기 쉬운 단기 성과에만 초점을 맞춘 나머지 상대적으로 측정하기 힘든 장기 성과를 과소평가하기도 한다. 즉 단기적인 예산 집행 성과를 지나치게 강조하는 기업은 경영자가 유지 보수와 종업원 훈련비용을 증가시켜서, 장기적 성과에 필요한 기술적·인적 자원을 강화할 필요가 있는 상황에서도 그 경영자로 하여금 이 활동들에 대한 지출을 지연시키도록 유도할 수 있는 것이다.

최고경영자는 이러한 예산 계획의 '단기지향주의short-termism'를 지양하기 위해 여러 가지 일을 할 수 있다. 예를 들어 예산 대비 경영 성과를 평가하는 방법은 (1) 예산 수립 과정이 투명하고 의견을 수렴할 때, (2) 예산 수립 과정이 기능적 관리자와 기업이 직면하는 경제적 현실을 잘 반영할 때, (3) 기능적 관리자의 양적 평가가 질적 평가에 의해 상향 조정될 때, 효과적인 통제 수단이 될 수 있다고 연구된 바 있다. 투명하고 참여적인 과정을 통해 예산이 수립되면 현실적인 예산 목표를 세울 수 있고 기능적 관리자들이 수긍하기 쉽게 된다. 또한 질적 평가 항목이 포함되면 기능적 관리자들이 기업의 장기적 이익을 희생시키면서 단기적 성과를 높이려는 성향을 억제할 수 있다.[12]

경영위원회 감시 과정

U-form 조직은 경영통제의 도구로서 예산 계획과 더불어 다양한 내부적 경영위원회management committees를 가질 수 있다. 두 가지 대표적인 경영위원회로서 **간부위원회**executive committee와 **운영위원회**operations committee를 들 수 있다(이들 위원회는 기업마다 이름이 상이할 수 있다).

U-form 조직에서 간부위원회는 대개 최고경영자와 2~3명의 고위 기능 관리자를 포함한다. 이 위원회는 보통 1주일에 한 번씩 소집되어 기업의 단기 성과에 대해 검토한다. 이 위원회가 관할하는 기능은 일반적으로 회계, 법률, 제조, 매출 등의 기능으로서 기업의 단기 성과에 결정적인 영향을 미치는 것들이다. 간부위원회의 궁극적인 목적은 단기 성과를 검토함으로써 기능 관리자들에게 예산 집행의 성과를 통보·독려하며 위기에 대처하는 것이다. 또한 간부위원회는 수직적으로 통합된 기업에서의 기능 간 갈등을 사전에 예방하는 역할을 한다.

간부위원회 이외의 그룹으로서 기업의 운영을 돕는 위원회가 있는데, 일반적으로 운영위원회라고 불리는 이 위원회는 최고경영자와 모든 기능 관리자들로 구성되고 대개 한 달에 한 번 소집된다. 즉 간부위원회는 운영위원회의 소모임이라 할 수 있다.

운영위원회의 목적은 간부위원회보다 조금 장기적인 기업 성과를 검토하고 또한 장기적·전략적인 투자와 활동을 통제하는 것이다. 이러한 투자는 공장 확장, 신제품 출시, 비용 절감이나 품질 향상 프로그램을 실행하는 것 등을 포함한다. 운영위원회는 고위 경영자들이 기업이 직면한 문제점과 기회를 공유하고 전략들을 실행하는 데 기업 활동 간의 상호 조정을 이루기 위한 토론의 장을 제공한다. 즉 운영위원회는 수직적으로 통합된 기업에서 갈등이 일어난 후에 그 갈등을 해결하는 역할을 한다.

이 두 종류의 위원회 이외에도 U-form 조직에서 실행되는 특별한 과업과 업무를 관리하기 위해 다른 위원회도 조직될 수 있다. 이러한 위원회들은 대개 간부 위원회나 운영위원회의 구성원이 의장을 맡으며 이들 위원회에 활동 내용을 보고하게 된다.

수직적 통합 전략 실행에서의 보상 정책

조직 구조와 경영통제 시스템은 기업이 수직적 통합 전략을 실행하는 능력에 중요한 영향을 주는 것과 마찬가지로, 기업의 보상 정책도 중요한 역할을 하게 된다.

우리는 보상 정책이 기업이 저비용 전략과 차별화 전략을 실행하는 데, 그리고 수직적 통합 전략을 실행하기 위한 예산 집행 성과를 측정하는 데 어떤 역할을 할 수 있는지를 이미 보았다. 그러나 기업의 수직적 통합을 설명하는 세 가지 이론을 통해서도 기업의 보상 정책의 방법을 살펴볼 수 있다. 세 가지 이론이 보상 정책에 가지는 시사점을 다음에서 살펴보고 보상 정책의 방법에 대해 설명하기로 한다.

기회주의에 기반한 수직적 통합과 보상 정책

수직적 통합에 대한 기회주의에 기반한 접근법을 노사관계에 적용한다면, 기업을 위해 기업 특유의 투자를 많이 한 종업원은 그렇지 않은 종업원보다 더 큰 가치를 창출할 수 있다고 볼 수 있다. 기업 특유의 투자는 거래 특유의 투자 중 한 형태이다. 거래 특유의 투자가 다른 거래보다 이 거래에서 더 많은 가치를 가지는 투자라고 정의한다면, **기업 특유의 투자**firm-specific investments는 종업원이 하는 투자로서 다른 기업보다 이 기업에서 더 많은 가치를 가지는 투자라고 정의할 수 있다.[13]

기업 특유의 투자는 기업 문화에 대한 종업원의 이해도, 종업원의 기업 내 인간관계, 종업원의 기업 특유의 업무 절차에 대한 지식 등을 예로 들 수 있다. 이러한 모든 지식은 특정 기업 내에서 가치를 창출할 수 있으나 다른 기업에서는 가치가 거의 없다. 그러므로 종업원들이 이러한 지식을 가지기 위해 기울이는 노력은 기업 특유의 투자라 할 수 있다.

이같이 기업 특유의 투자가 기업을 위해 가치를 창출함에도 불구하고 기회주의에 기반한 논리는 종업원들이 기업 특유의 투자를 하지 않을 것이라고 설명하는데, 왜냐하면 일단 기업 특유의 투자를 하면 종업원은 그 기업에 대해 불리한 위치에 놓이게 되기 때문이다. 예를 들어 어느 기업을 위해 높은 기업 특유의 투자를 한 종업원은 어떤 이유로든, 즉 승진에 실패했거나, 봉급 인상을 못 받거나, 혹은 차별대우를 받는 등의 불이익을 받더라도 다른 기업으로 이직하는 데 주저하게 될 것이다. 일단 다른 기업으로 이직하면 특정 기업에서 그동안 해 왔던 모든 투자가 물거품이 되기 때문이다. 즉 이 종업원이 다른 기업으로 옮길 가능성이 매우 낮기 때문에, 기업으로부터 기회주의적으로 이용당한다 해도 기업에 대해 대응할 수 있는 방법은 별로 없다. 이 때문에 종업원들은 종종 기업 특유의 투자를 하는 것을 꺼리게 되는 것이다.

그러나 기업은 종업원들이 기업 특유의 투자를 해서 기업이 얻을 수 있는 모든 경제적 잠재력을 얻기를 원한다. 이를 위해 기업은 보상 정책을 통해 종업원들이 기업 특유의 투자를 하도록 유도할 수 있다.

기업의 능력과 보상 정책

기업의 능력에 기반한 수직적 통합의 논리 역시 기업 특유의 투자의 중요성을 인정한다. 사실 많은 가치 있고 희소하며 모방하기 힘든 자원과 능력은 종업원에 의해 만들어진 기업 특유의 투자의 또 다른 표현이다. 그러나 기회주의에 기반한 논리가 기업 특유의 투자를 종업원 개개인이 하는 것으로 생각하는 반면, 기업의 능력에 기반한 논리는 기업 특유의 투자를 종업원이 집단적으로 하는 것으로 생각하는 경향이 있다.[14]

제3장에서 기업의 가치 있고 희소한 자원이 모방하기 힘든 하나의 조건으로서 사회적 복잡성이 있을 수 있다고 설명한 바 있다. 사회적으로 복잡한 자원과 능력은 팀워크나 종업원 간 협력, 그리고 기업 문화 등을 말하는데, 이는 어느 기업 내에서의 가치는 높지만 다른 기업이 모방하기는 힘든(적어도 어느 정도의 시간이 흐르기까지는) 능력이다. 또한 이 능력은 개인이 만드는 것이 아니라 종업원들이 집단적으로 기업 특유의 투자를 할 때 만들어진다.

그러므로 보상 정책을 설계하는 입장에서 보면 종업원들이 개별적으로 기업 특유의 투자를 하도록 유도해야 할 뿐 아니라, 중요한 팀의 구성원들이 집단적으로 기업 특유의 투자를 하도록 유도하는 보상 정책을 설계해야 한다. 만약 그렇지 않다면 기업 내의 팀들이 경쟁우위를 창출하고 유지하는 것이 상당히 제한적일 수밖에 없을 것이다.

유연성과 보상 정책

유연성에 기반을 둔 수직적 통합의 논리 또한 기업의 보상 정책에 중요한 시사점을 갖는다. 특히 종업원들이 기꺼이 고정된 최악의 위험과 높은 잠재적 이득upside potential을 취할 용의가 있어야만 기업이 유연성을 가질 수 있기 때문에, 이러한 성격을 갖는 보상 정책이 실행되어야 종업원들이 유연성 있는 수직적 통합 전략을 채택하도록 유도할 수 있다.

표 8.1 보상의 형태와 수직적 통합 이론

기회주의에 기반한 이론	봉급 개인적인 성과에 바탕을 둔 현금 보너스 개인적인 성과에 바탕을 둔 주식 형태의 보상
기업의 능력에 기반한 이론	기업 또는 집단의 성과에 바탕을 둔 현금 보너스 기업 또는 집단의 성과에 바탕을 둔 주식 형태의 보상
유연성에 기반한 이론	개인적, 집단적, 또는 기업의 전반적인 성과에 바탕을 둔 스톡옵션

보상 정책의 대체재

〈표 8.1〉은 몇 가지 보상 정책의 방법을 설명하는데 이 방법들이 수직적 통합과 관련된 세 가지 이론과 어떤 관계인지 설명하고 있다. 기회주의에 기반한 논리는 개별 종업원에 초점을 맞추어서 그 종업원이 기업 특유의 투자를 하도록 유도하는 보상 정책이 수직적 통합 전략을 실행하는 기업들에게 매우 중요하다는 점을 설명한다. 이러한 개인적인 보상 정책은 종업원의 봉급, 개인적 성과에 따른 현금 보너스, 개인적 성과에 따른 **주식 형태의 보상**stock grants 등을 포함한다.

기업의 능력에 기반한 논리는 가치 있고 희소하며 모방하기 힘든 자원과 능력에 대해 기업 특유의 투자를 하는 종업원 집단에 초점을 두는 보상 정책이 수직적 통합 전략을 실행하는 기업에게 매우 중요하다는 점을 설명한다. 그러한 집단적인 보상 정책은 기업의 전반적인 성과에 바탕을 둔 현금 보너스와 주식 형태의 보상 등을 포함한다.

마지막으로 유연성에 기반한 논리는 고정적인 최악의 위험과 높은 잠재적 이득을 가진 보상 정책이 수직적 통합 전략을 실행하는 기업에게 중요하다는 점을 설명한다. 종업원이 정해진 가격으로 자신이 속한 기업의 주식을 구입할 수 있는 **스톡옵션**stock options을 수여하는 것은 이러한 형태의 보상이라 할 수 있다. 스톡옵션은 개인적인 성과나 기업의 전반적인 성과 등에 바탕을 두어 수여할 수 있다.

수직적 통합 전략을 실행하는 최고경영자가 가진 임무는 지속적인 경쟁우위를 창출하기 위해 종업원의 어떤 행위를 유도해야 하는지를 결정하고 그에 맞는 보상정책을 실행하는 것이다. 실제로 대다수의 최고경영자들은 이 세 가지 논리가 모두 중요하다는 것을 충분히 인식하고 있고, 따라서 〈표 6.1〉에 나열된 보상 정책들의 다양한 조합을 이용하고 있다. 즉 많은 기업들은 개인적인 성과와 기업 차원의 성과 모두에 바탕을 둔 봉급, 현금 보너스, 주식 형태의 보상, 스톡옵션 등의 보상을 그 기업의 성과에 가장 크게 기여한 종업원들에게 수여하고 있다.

요약

수직적 통합은 한 기업이 그 영역 안으로 끌어들이는 가치 활동의 수로 정의된다. 전방수직통합은 기업의 가치 활동을 구매자 쪽으로 이동시키는 수직적 통합을 의미하고, 후방수직통합은 기업의 가치 활동을 원재료 쪽으로 이동시키는 수직적 통합을 의미한다. 특정한 기업 활동에 대해 수직적 통합을 결정함에 있어서 기업은 낮은 수준의 통합, 중간 수준의 통합, 높은 수준의 통합 중에서 선택할 수 있다.

수직적 통합은 세 가지 방법으로 가치를 창출할 수 있다. 첫째, 공급자와 구매자의 기회주의적 성향으로부터의 위협을 감소시킬 수 있는데, 그 위협은 기업이 만든 거래 특유의 투자 때문에 발생하는 것이다. 거래 특유의 투자는 어떤 투자가 다른 거래보다 특정 거래에서 훨씬 큰 가치를 갖는 투자이다. 둘째, 수직적 통합은 기업이 가치 있고 희소하며 모방하기 힘든 자원과 능력을 이용하게 함으로써 가치를 창출할 수 있다. 기업들은 이러한 우위를 가질 수 있는 활동에 대해 수직적 통합을 해야 하고 우위를 가지지 못하는 활동에 대해서는 수직적 통합을 하면 안 된다. 셋째, 수직적 통합은 대개 불확실성이 낮은 경우에만 가치를 창출한다. 불확실성이 높은 경우에 수직적 통합은 기업으로 하여금 되돌리기 힘든 행동을 하게 하므로 낮은 수준의 수직적 통합으로 인한 유연성이 더 선호된다.

종종 이 세 가지 접근법은 어느 기업의 수직적 통합의 의사결정에 대해 일관된 결론을 가져온다. 그러나 비록 이 세 가지 접근법이 수직적 통합의 결정에 대해 상이한 결론을 가져온다 할지라도 그 기업을 위해 유익한 관점을 제시하는 것은 사실이다.

수직적 통합 전략은 희소하고 모방하기 힘든 경우에 지속적 경쟁우위를 창출할 수 있다. 수직적 통합 전략은 두 가지 경우에 희소할 수 있는데, 그것은 (1) 대부분의 경쟁 기업들이 수직적 통합을 하지 않을 때 특정 기업만 수직적으로 통합하는 경우, (2) 대부분의 경쟁 기업들이 수직적으로 통합할 때 특정 기업만 수직적으로 통합하지 않는 경우이다. 어느 기업이 다른 기업과 상이한 수준의 거래 특유의 투자 특성이 있거나, 특이한 자원과 능력을 가질 때, 그리고 상이한 수준의 불확실성을 가질 때 이러한 희소한 수직적 통합의 전략을 가질 수 있다.

어느 기업의 수직적 통합 전략의 직접복제 가능성은 그 전략을 추진하는 데 필요한 자원과 능력을 직접복제하는 것이 얼마나 어려운가에 달려 있다. 수직적 통합의 대체재는 전략적 제휴인데, 제11장에서 자세히 설명하기로 한다.

수직적 통합을 실행하기 위한 기업의 조직은 그 기업의 조직 구조, 경영통제, 보상 정책에 반영된다. 수직적 통합을 실행하기 위한 보편적인 조직 구조는 기능적 조직 또는 U-form 조직으로서 이는 저비용 전략과 차별화 전략을 위해서도 이용되는 구조이다. 수직적으로 통합된 U-form 구조에서 최고경영자는 어느 기능을 수직적으로 통합해야 할 것인가를 결정할 뿐만 아니라 수직적으로 통합된 구조 내에서 불가피하게 발생하는 갈등을 해결해야 한다. 수직적 통합 전략을 실행하고 기능 간 갈등을 해결하는 것을 돕기 위한 두 가지 경영통제 시스템은 예산 계

▶▶ 국내 사례

자원기반이론이 기업의 영역을 설명하는 사례 : 월간 윤종신

기회주의, 유연성, 그리고 기업의 역량은 모두 수직적 통합의 수준을 결정하는 요인이다. 기회주의opportunism를 중시하는 거래비용이론에서는 거래 상대와 자신 사이에 존재하는 거래 특유의 투자가 클수록 그 투자를 수행한 거래 당사자가 높은 비용을 감수하더라도 거래 상대와 통합하려는 의도가 발생한다고 설명한다. 유연성flexibility을 중시하는 실물옵션이론에서는 거래 상대와 함께 만들어 내는 산출물의 가치가 불확실할 때 거래 상대를 통합하는 비용을 지불하지 않으려는 의도가 발생한다고 설명한다. 마지막으로 역량capability을 중시하는 자원기반이론에서는 거래 상대와 역량을 통합하는 과정에서의 문제가 없을 것이 예상될 때 높은 수준의 통합을 하려는 의도가 발생할 것이고, 통합 과정의 문제에 대해 불확실성이 높은 경우에는 거래 상대와의 통합을 기피하려는 의도가 발생한다고 설명한다.

사실 앞의 두 이론은 기업의 영역을 설명하는 기업 이론으로서 널리 인정되고 있지만 세 번째 이론은 앞의 이론들만큼 기업 이론으로서 널리 인정되고 있지 않다. 그런데 2017년 한국에서 등장한 '뮤지션 음원 플랫폼' 모델은 기업 영역을 설명하는 자원기반이론의 적절한 사례다. 이 모델은 월간 윤종신이라는 플랫폼을 통해 실현되고 있다.

2018년 초에 열린 골든디스크 시상식에서 윤종신은 생애 첫 본상을 수상했다. 이 행사에서 본상을 수상한 다른 가수들이 아이유, 악동뮤지션, 방탄소년단 등 20대 가수들인 것을 볼 때 1969년생 윤종신의 수상은 이례적인 일이었다. 1990년 정석원, 장호일이 결성한 015B의 1집에서 객원 보컬로 데뷔한 윤종신은 그 후 1992년 '너의 결혼식'과 1993년 '오래전 그날', 1996년 유희열과 함께 작업한 '환생'에 이르기까지 연속으로 대중의 인기를 얻으며 화려한 1990년대를 보냈다. 그러나 군 제대 후 선보인 1999년 7집 이후 2008년 11집까지의 앨범에서는 대중의 호응을 얻지 못했다. MP3 음원으로 앨범 형식이 바뀌면서 음악 산업의 성공 모델을 찾기는 매우 힘들었다. 바로 이때가 윤종신이 월간 윤종신을 펴내기 시작한 2010년 3월이었다. 이 작업은 세월호 참사가 일어났던 2014년 4월만 제외하고 매월 지속되고 있다.

월간 윤종신은 윤종신 혼자 내는 앨범이 아니다. 윤종신이 가장 강점을 갖고 있는 작사 작업은 거의 혼자 하지만 작곡은 다른 많은 작곡가와 공동 작업을 거치고, 특히 피처링과 리메이크를 통해 다른 가수들과 다양한 공동작업을 했다. 다양한 능력을 가진 뮤지션들과 협력하면서 창출한 음원을 대중들에게 선보이는 플랫폼으로 자리 잡은 것이다. 이러한 협업 작업이 지속적으로 이루어지게 된 것은 역설적으로 윤종신이 스스로의 능력의 한계를 직시했기 때문이기도 했다. 2012년에 출연했던 한 예능 프로그램에서 윤종신은 "나는 정석원을 보면서 어깨너머로 음악을 배웠다. … 유희열도 천재였다. … 천재란 친구들, 잘하는 친구들과의 시너지를 맛보게 됐다. 무조건 열등감을 느끼고 돌아설 게 아니었다. 그런 사람들과 친화력이 있는, 그런 색깔(능력)을 내가 가졌다고 생각했다"라고 말했다. 윤종신이 가졌던 능력은 다른 천재들이 와서 놀 수 있는 공간을 만들어 주는 능력이었다. 물론 아무리 천재라고 해도 음악적 색깔이 다른 뮤지션과는 낮은 수준의 공동작업을 했을 것이고, 큰 시너지를 낼 수 있는 뮤지션과는 높은 수준의 공동작업을 했을 것이다. 아마도 장기적으로 협업하면서 상호 성장할 수 있다고 판단되는 신진 가수들은 그가 운영하는 미스틱엔터테인먼트에 영입했을 것이다. 뮤지션 음원 플랫폼은 기업 영역에서 현실로 나타나는 자원기반이론의 적절한 사례이다.

출처 : 동아비즈니스포럼 2017. 11월호 윤종신의 음악 창작 및 유통 플랫폼 전략, 47-55, 2012. 2. 13; SBS 힐링캠프 30회 윤종신 편.

획 과정과 경영위원회이다.

수직적 통합에 관한 세 가지 이론은 수직적 통합을 실행하는 기업들이 추구해야 하는 보상 정책에 대해 다양한 방안을 제안한다. 기회주의에 기반한 이론은 개인적인 보상 정책, 즉 개별적 성과에 바탕을 둔 봉급, 현금 보너스, 주식 형태의 보상을 제안한다. 기업의 능력에 기반한 이론은 집단적인 보상 정책, 즉 기업 또는 집단 수준의 성과에 바탕을 둔 현금 보너스나 주식 형태의 보상을 제안한다. 그리고 유연성에 기반을 둔 이론은 유동적인 보상 정책, 즉 개인적, 집단적, 혹은 기업 전체의 성과에 바탕을 둔 스톡옵션을 포함을 제안한다. 세 가지 이론이 한 기업 내에서 동시에 적용될 수 있기 때문에 기업이 이 모든 종류의 보상 정책을 동시에 사용하는 것도 가능하다.

탐구과제

8.1 어떤 기업은 공급자들이 얻는 경제적 이익을 흡수하기 위해 후방수직통합을 하였다. 이 후방수직통합의 동기를 이 장에서 설명한 기회주의에 기반한 논리를 이용하여 어떻게 설명할 수 있겠는가?(힌트 : 그 기업이 후방수직통합을 통해 피할 수 있는 기회주의적 요소들에 대해 생각해 보라.)

8.2 어느 대형 식품유통업체가 수직적 통합을 추진하고 있다. 후방 또는 전방 통합의 대상을 설명하라.

8.3 거래 관계에서 협상이 이루어지기는 하지만, 일반적으로 공급업체들은 구매기업에 대해 불공정한 계약조건을 받아들여야 하는 경우가 많은데, 특히 제조비용이 크고 제조기간이 길수록 더 그러하다. 이러한 불공정성은 구매기업의 기회주의에 의해 발생한다. 수직적 통합이 이러한 기회주의의 위협을 완화하는 방법에 대해 설명하라.

8.4 수직적으로 통합된 기업의 최고경영자는 기업 내 상이한 영역의 경영자들 사이에 발생하는 갈등에 대해 조치를 취해야 하는가?

8.5 매출 기능과 제조 기능이 가질 수 있는 보편적인 갈등에 대해서 이 장에서 설명하였다. 연구개발 기능과 제조 기능이 가질 수 있는 갈등은 어떠한 것이 있을 수 있는가? 재무 기능과 제조 기능은? 마케팅 기능과 매출 기능은? 회계 기능과 다른 기능들은?

8.6 CEO는 조직에서의 기능적 부서 간의 갈등을 해결하기 위해 무엇을 할 수 있는가?

8.7 수직적 통합이 지속적 경쟁우위의 원천이 될 수 있는 방법에 대해 설명하라.

8.8 수직적으로 통합된 기업에서는 그렇지 않은 기업에 비해 경영자들이 성공적으로 기업의 목표를 달성했을 때 제공되는 보상의 유형이 상이한가?

연습문제

8.9 아래에 비교되는 두 기업 중 어느 기업이 더 수직적으로 통합되었는가? 기업의 홈페이지를 방문하여 필요한 정보를 수집하라.

(a) 보다폰과 에어텔

(b) 쿠어즈와 하이네켄

(c) BMW와 로터스

(d) 로레알과 에이본

8.10 다음의 거래에서 거래 특유의 투자의 수준은 어떠한가? 어느 거래 파트너가 위험을 부담하는가?

(a) 에너지드링크를 제조하는 대규모 공장 옆에 알루미늄 캔을 제조하는 소규모 기업이 최근 문을 열었다. 에너지드링크 제조 기업은 2개의 캔 제조시설을 공장 안에, 그리고 1개의 플라스틱 병 제조시설을 50킬로미터 내에 보유하고 있다. 반경 200킬로미터 내에는 다른 음료 제조 공장이 없다.

(b) 이스라엘의 다각화된 대규모 법률회사가 지식재산권 연구 부문을 인도의 전문적 기업에 아웃소싱하였다. 이 계약은 80%의 수익을 인도 기업에게 제공하는 반면 아웃소싱으로 인해 이스라엘 기업은 10%의 비용 절감을 이룰 수 있다. 이 인도 기업은 이스라엘 기업에 맞춘 소프트웨어와 직원 훈련에 투자해 왔다. 이스라엘 기업의 아웃소싱 제안에 응답한 인도 기업은 9개였다.

(c) 많은 수의 컴퓨터 제조 기업들은 컴퓨터의 두뇌에 해당하는 CPU를 공급하는 인텔이 의존한다. 컴퓨터 제조 기업들은 최신 제조되는 칩에 맞추어 그들의 조립 과정, 부품, 그리고 소프트웨어까지 변경한다. 인텔은 많은 수의 컴퓨터 제조 기업들에게 칩을 공급하는 한편 인텔의 경쟁자는 별로 없다.

(d) 현재 지구상에는 미국 해군이 대부분 보유한 몇 개의 핵 추진 항공모함이 존재한다. 미국의 국방성에 의하면 이 항공모함들은 모두 잉걸스 조선소라는 하나의 기업에 의해 건조되었다.

8.11 다음의 상황에서 당신은 수직적 통합 여부를 두고 어떤 조언을 하겠는가? 그 이유는?

(a) 기업 A는 자사의 제품 제조공정을 위해 새롭고 특이한 기술이 필요하다. 그것을 대체할 수 있는 기술은 없다. 기업 A는 그 기술을 개발해야 하는가, 또는 거래를 통해 도입해야 하는가?

(b) 기업 I는 제품을 외부 유통 기업을 통해 판매했고 그동안 시장의 리더가 되었다. 그러나 그 외부 유통 기업은 시장의 진화에 적응하지 못해서 구매자의 불만이 누적되었고, 다른 유통 기업은 존재하지 않는다. 이 기업은 현재의 유통 기업과의 관계를 지속시켜야 하는가, 아니면 기업 자체의 유통 활동을 시작해야 하는가?

(c) 기업 a는 수년간 자사 제품을 생산해 왔다. 그러나 최근에 그 제품 중 한 가지가 점점 더 평범한 일용품commodity처럼 되고 있다. 다수의 다른 기업들이 기업 a와 같은 가격과 품질로 이 제품을 판매하고 있다. 단지 그 기업들은 기업 a의 브랜드 네임이 없을 뿐이다. 기업 a는 이 제품을 계속 생산해야 하는가, 아니면 다른 기업에 아웃소싱해야 하는가?

(d) 기업 I는 어떤 부류의 기술이 상품화될 경우, 시장에서 경제적인 잠재력을 갖는다는 것을 알고 있다. 그러나 그 부류의 기술 중에서 어느 특정 기술이 시장을 지배할지에 대해서는 알지 못한다. 현재 이 시장에는 8개의 기술 방식이 존재하는데, 궁극적으로는 하나의 방식이 시장을 지배할 것이다. 기업 I는 이 모든 8개의 기술 방식에 투자해야 할 것인가? 아니면 하나의 기술 방식에만 투자해야 할 것인가? 아니면 이 기업은 다른 기술 방식에 투자하는 다른 기업들과 파트너십을 가져야 할 것인가?

참고문헌

1 S. Calder (2017). "British Airways May Outsource Call Centre Jobs after Suffering Bank Holiday IT Meltdown." *The Independent*. http://www.independent.co.uk/travel/news-and-advice/british-airways-outsourcing-call-centre-jobs-capita-bank-holiday-it-meltdown-customer-service-a7787231.html; J. Webb (2017). "British Airways Flights and IT Failure: Cue Furious Debate around Outsourcing." *Forbes*. https://www.forbes.com/sites/jwebb/2017/05/29/british-airways-flights-and-it-failure-cue-furious-debate-around-outsourcing/#503b5d557839; J. Mitchell (2017). "British Airways Accused of 'Degrading' Workforce in Row Over Outsourcing Jobs." *The Evening Standard*. https://www.standard.co.uk/news/transport/british-airways-accused-of-degrading-workforce-in-row-over-outsourcing-jobs-a3564206.html; M. Hughes (2017). "Did Outsourcing Cause the British Airways IT Meltdown?" The Next Web. thenextweb.com/insider/2017/05/29/outsourcing-cause-british-airways-meltdown/; G. Topham (2017). "British Airways Looks to Capita to Run Call Centres after IT Meltdown." *The Guardian*. https://www.theguardian.com/business/2017/jun/13/ba-capita-call-centres-it-meltdown-airline-outsourcing-flight-cancellations; "British Airways Union Blames Massive IT Failure on Outsourcing IT Jobs to India," *Huffington Post* (2017.) http://www.huffingtonpost.in/2017/05/28/british-airways-union-blames-massive-it-failure-on-outsourcing-i_a_22113082/; S. Sinhal (2017). "After IT Outage, British Airways Union Blames Outsourced IT Jobs in India for Problem." *The Times of India*. https://timesofindia.indiatimes.com/business/india-business/after-it-outage-british-airways-union-blames-outsourced-it-jobs-in-india-for-problem/articleshow/58874334.cms; "Fears for up to 800 UK Jobs as British Airways Hires Indian Firm Tata Consultancy Services to Provide IT Services," This Is Money (2016). http://www.thisismoney.co.uk/money/news/article-3643368/Fears-800-UK-jobs-British-Airways-hires-Indian-firm-Tata-Consultancy-Services-provide-services.html.

2 A. Laffer (1969). "Vertical integration by corporations: 1929–1965." *Review of Economics and Statistics*, 51, pp. 91–93; I. Tucker and R. P. Wilder (1977). "Trends in vertical integration in the U.S. manufacturing sector." *Journal of Industrial Economics*, 26, pp. 81–94; K. Harrigan (1986). "Matching vertical integration strategies to competitive conditions." *Strategic Management Journal*, 7, pp. 535–555.

3 Coase, R. (1937). "The nature of the firm." *Economica*, 4, pp. 386–405.

4 This explanation of vertical integration is known as transactions cost economics in the academic literature. See Williamson, O. (1975). *Markets and hierarchies: Analysis and antitrust implications*. New York: Free Press; Williamson, O. (1985). *The economic institutions of capitalism*. New York: Free Press; and Klein, B., R. Crawford, and A. Alchian. (1978). "Vertical integration, appropriable rents, and the competitive contracting process." *Journal of Law and Economics*, 21, pp. 297–326.

5 Another option—forming an alliance between these two firms—is discussed in more detail in Chapter 9.

6 This explanation of vertical integration is known as the capabilities-based theory of the firm in the academic literature. It draws heavily from the resource-based view described in Chapter 3. See Barney, J. B. (1991). "Firm resources and sustained competitive advantage." *Journal of Management*, 17, pp. 99–120; Barney, J. B. (1999). "How a firm's capabilities affect boundary decisions." *Sloan Management Review*, 40(3); and Conner, K. R., and C. K. Prahalad. (1996). "A resource-based theory of the firm: Knowledge versus opportunism." *Organization Science*, 7, pp. 477–501.

7 This explanation of vertical integration is known as real-options theory in the academic literature. See Kogut, B. (1991). "Joint ventures and the option to expand and acquire." *Management Science*, 37, pp. 19–33.

8 J. Mahoney (1992). "The choice of organizational form: Vertical financial ownership versus other methods of vertical integration." *Strategic Management Journal*, 13, pp. 559–584; T. Folta (1998). "Governance and uncertainty: The trade-off between administrative control and commitment." *Strategic Management Journal*, 19, pp. 1007–1028; M. Leiblein and D. Miller (2003). "An empirical examination of transaction-and firm-level influences on the vertical boundaries of the firm." *Strategic Management Journal*, 24(9), pp. 839–859.

9 Witsil, F. (2014). "Call center jobs increase as more return from overseas." *Detroit Free Press*, Aug 4, 2014. https://www.usatoday.com/story/money/business/2014/08/04/call-center-jobs-overseas/13560107/. Accessed 8/31/2017.

10 Kripalani, M., and P. Engardio. (2003). "The rise of India." *BusinessWeek*, December 8, pp. 66+.

11 S. Steele-Carlin (2003). "Outsourcing poised for growth in 2002." FreelanceJobsNews.com, October 20; (2003). "Who wins in off-shoring?" McKinseyQuarterly.com, October 20.

12 See Gupta, A. K. (1987). "SBU strategies, corporate-SBU relations and SBU effectiveness in strategy implementation." *Academy of Management Journal*, 30(3), pp. 477–500.

13 Becker, G. S. (1993). *Human capital: A theoretical and empirical analysis, with special reference to education*. Chicago: University of Chicago Press.

14 Barney, J. B. (1991). "Firm resources and sustained competitive advantage." *Journal of Management*, 17, pp. 99–120.

CHAPTER

9 다각화 전략

학습목표

9.1 기업 다각화를 정의하고 다각화의 다섯 가지 형태를 기술한다.

9.2 기업 다각화 전략이 경제적 가치를 창출하기 위한 두 가지 조건을 명시한다.

a. '범위의 경제'를 정의하고, 다각화된 기업이 이용할 수 있는 아홉 가지 잠재적인 범위의 경제를 열거한다.

b. 이 중 기업 외부의 주식 투자자들이 쉽게 실현할 수 있는 범위의 경제가 무엇인지 식별한다.

9.3 기업의 다각화 전략이 지속적 경쟁우위의 원천이 될 수 있는 조건을 명시한다.

a. 이 장에서 소개된 범위의 경제의 형태 중 어느 것이 모방이 쉽고 어느 것이 모방이 어려운지 설명한다.

b. 기업 다각화의 두 가지 잠재적 대체재를 설명한다.

야마하의 다각화

1887년에 도라쿠스 야마하가 풍금을 수선하다가 독자적인 악기를 제조하게 된 때로부터 피아노 제조기업 야마하의 스토리는 시작된다. 그가 제작한 피아노는 서방 기업의 악기에 비해 음질이 좋지 않았으나 튜닝 기술을 개선하고 음악 이론을 학습한 결과 오늘날의 고품질 오르간인 야마하를 탄생시켰다.

기업이 성장하면서 1900년에 피아노와 1922년에 축음기로 제품을 확장하고 1955년에는 모터사이클을 선보였다. 모터사이틀 사업부를 설립하면서 야마하 모터로 명명했는데, 음악과 전혀 다른 분야로 다각화한 이후 70년 동안 이 사업을 수행하고 있다.

그 당시의 회장인 겐니치 가와카미는 1950년까지 악기 사업부에서 근무하다가 새로운 사업 분야를 탐색하기 시작했다. 재무적으로 튼튼해서 새로운 사업을 탐색할 필요는 없었지만 여분의 기계로 새로운 제조라인을 만들 수 있음을 발견하고 면밀한 시장조사 끝에 1953년에 모터사이클 엔진의 시제품이 개발되었다. 이 기업의 장기적 목표는 이 제품을 최상의 품질로 만드는 것이었고, 오랜 연구 끝에 첫 번째 모터사이클이 탄생했다.

1960년대 후반까지 야마하의 악기사업부와 모터사이클 사업부는 품질과 혁신으로 글로벌 시장에서 두각을 보였다. 서방의 기업들과 경쟁한 결과 1964년에 야마하는 전 세계에서 가장 큰 피아노 제조기업이 되었다. 모터사이클 사업부는 기존 제품과 함께 해양 산업으로 다각화하여 보트와 선외부착 모터 제조로 그 역량을 활용했다. 이제 야마하 모터즈는 모터사이클, 보트, 설상차, 경주용차 엔진, 스쿠터 등을 제조한다.

Nick Layton/Alamy Stock Photo

그러나 야마하는 어느 때에도 본래의 사업을 떠나지 않고 있었다. 모터사이클 사업부를 설립하기 1년 전인 1954년에 야마하 음악 학교는 미취학 아동을 위한 교실을 열었다. 오늘날 야마하 음악교육 시스템은 40개 국가에서 500만 명의 졸업생을 배출했다. 이러한 성공은 가와카미의 지도력으로 인해 이루어졌는데, 그가 유럽에 출장 갔을 때 청소년 음악연주가 유럽의 지역사회 결속을 돕는 것을 목격한 것이 계기가 되었다. 그는 야마하가 악기를 제조할 뿐 아니라 악기를 연주하는 것을 가르칠 책임이 있다고 판단하게 된 것이다. 야마하의 목표는 음악을 통해 사람들의 삶을 풍성하게 하는 것으로 설정되었고 야마하 음악교육 시스템은 이러한 목표 위에 추구되었다.

음악가, 교육자, 그리고 심리학자로 구성된 전문가 팀을 구성한 야마하는 음악적 역량을 키우는 동시에 향유하는 법을 가르치는 독특한 학습 경험을 제공했다. 일본에서 3년간 12만 명을 배출한 이후 야마하 음악 학교는 미국, 아시아, 그리고 유럽에 수출되었고 학생 연령도 아이들로부터 모든 연령으로 확대되었다. 이 학교는 현재 팝뮤직, 뮤직 페스티벌, 그리고 음반 출시로 다각화되었다.

1960년대 초반에 접어들어 야마하는 악기, 모터사이클, 교육 콘텐츠 분야에서 국제적으로 경쟁적인 기업이 되었지만 새로운 시장으로의 진출을 멈추지 않았다. 1958년에 이 기업은 레크레이션과 라이프스타일에 관심을 두고 스포츠 장비를 생산하기 시작했다. 음악 교육 사업에 진출했던 때와 마찬가지로 이 사업은 가와카미가 서방을 여행하면서 스포츠로 여가 시간을 보내는 사람들을 목격한 후 사람들의 삶을 풍성하게 하는 또 다른 방법으로서 스포츠가 있다고 판단한 가와카미에 의해 주도되었다. 이에 야마하는 기존의 금속 처리 기술을 활용하여 양궁, 스키, 테니스 용품을 생산하기 시작했다. 1982년에 야마하는 카본 합성물질로 제조된 첫 번째 골프채를 출시하여 품질을 중시하는 노력을 다시 한 번 입증했다. 오늘날 이 기업은 일본에서 가장 좋은 골프코스로 꼽히는 가츠라기 클럽을 비롯한 스포츠 클럽도 운영하고 있다.[1]

야마하는 다른 대부분의 대기업들과 마찬가지로 다각화된 형태를 가지고 있다. 사실 글로벌 500대 대기업은 제품 또는 지역적으로 모두 다각화되어 있다. 단일 사업 기업으로 규모가 큰 기업의 예는 거의 없다. 그런데 이러한 대기업들의 다각화 유형은 야마하가 음악과 모터사이클, 그리고 라이프스타일 분야로 다각화한 것과 같이 모두 상이하다.

기업 다각화

한 기업이 복수의 산업 또는 시장에서 동시에 복수의 사업을 영위할 때 그 기업은 **기업 다각화 전략**corporate diversification strategy을 실행한다고 한다. 한 기업이 복수의 산업(제품 시장)에서 동시에 사업을 영위할 때, 그 기업은 **제품 다각화 전략**product diversification strategy을 실행하고 있다고 한다. 한 기업이 복수의 지리적 시장에서 동시에 사업을 영위할 때, 그 기업은 **지리적 시장 다각화 전략**geographic market diversification strategy을 실행하고 있다고 한다. 한 기업이 이러한 두 가지 형태의 다각화를 동시에 실행할 때, 그 기업은 **제품·시장 다각화 전략**product-market diversification strategy을 실행하고 있다고 한다.

우리는 이미 제8장에서 수직적 통합 전략을 설명할 때 다각화 전략에 대해 잠깐 논의한 바 있다. 때때로 한 기업이 전방수직통합 또는 후방수직통합을 할 때 그 기업은 새로운 제품 또는 지리적 시장에서 사업을 시작한다. 이 현상은 컴퓨터 소프트웨어 기업이 전화응답 서비스를 시작할 때 발생했다. 전방수직통합을 할 때, 이 기업은 '컴퓨터 소프트웨어 개발' 사업에서 '전화응답 서비스 관리' 사업으로 이동하였다. 이러한 관점에서 볼 때, 수직적으로 통합하면 그 기업은 또한 다각화 전략을 실행하고 있는 것이다. 그러나 여기에서 설명하는 다각화 전략과 제8장에서 논의한 수직적 통합 간의 중요한 차이점은, 제8장에서는 그러한 다각화가 종종 수직적 통합 전략의 부산물이었던 것에 비해 이 장에서는 다각화 자체가 전략의 주된 목적이라는 점이다.

기업 다각화의 형태

기업은 다양한 형태의 다각화를 가지고 있다. 아마도 기업 다각화의 차이를 알아보는 가장 단순한 방법은 사업의 관련성에 초점을 맞추는 것일 것이다. 〈그림 9.1〉에서 볼 수 있듯이 기업은 제한된 다각화, 관련 다각화, 또는 비관련 다각화 전략을 추구할 수 있다.

제한된 다각화

한 기업이 단일 산업과 지역적 시장(〈그림 9.1〉의 A 참조) 내에서 모든 또는 대부분의 사업 활동을 할 때, 그 기업은 **제한된 다각화**limited corporate diversification 전략을 실행한다고 할 수 있다. 두 종류의 기업이 이러한 기업 다각화 범주에 속하는데, **단일 사업 기업**single-business firms(하나의 제품 시장에서 총매출의 95% 이상을 가진 기업)과 **지배적 사업 기업**dominant-business firms(단일한 제

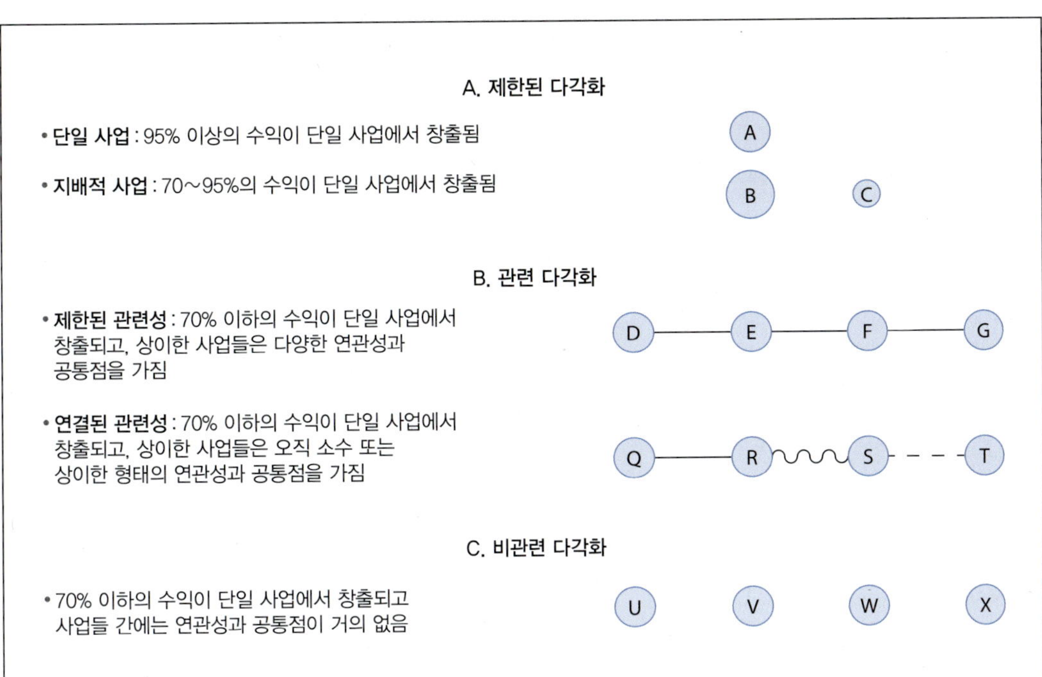

그림 9.1
다각화의 수준과 형태

품 시장에서 70~95%의 총매출을 가진 기업)이 그것이다.

단일 사업과 지배적 사업 기업 간의 차이는 〈그림 9.1〉의 A에서 설명된다. 단일 사업 다각화 전략을 추구하는 기업은 단 하나의 사업인 사업 A에 종사한다. 단일 사업 기업의 한 예로 캘리포니아의 샌디에이고에 위치한 WD-40 컴퍼니를 들 수 있다. 이 기업은 단 하나의 제품인 스프레이식 윤활유 WD-40을 제조하고 유통시킨다.

지배적 사업 기업은 사업 E와 그에 부속된 사업 F를 추구한다. 지배적 사업 기업의 한 예로는 도나토스피자를 들 수 있다. 도나토스피자는 단일한 시장(미국)에서 단일한 제품(피자)을 가지고 대부분의 사업을 한다. 그러나 도나토스피자는 페퍼로니를 자동으로 얇게 잘라서 피자 위에 토핑하는 기계를 만드는 자회사도 소유하고 있다. 도나토스는 이 기계를 자신의 피자 가게에서 사용할 뿐만 아니라 냉동 페퍼로니 피자를 만드는 식품 제조업체에 팔기도 한다.

제한된 다각화 전략을 추진하는 기업은 자원과 능력을 단일 제품 또는 단일 시장 이외에서는 이용하지 않는다. 그래서 제한된 다각화 전략을 분석하는 것은 논리적으로 이 책의 제2부에서 논의한 사업부 수준의 전략들을 분석하는 것과 다를 바 없다. 그러므로 이 장의 나머지 부분에서는 더 높은 수준의 다각화와 관련된 전사적 수준의 전략에 초점을 맞추기로 한다.

관련 다각화

한 기업이 둘 이상의 제품 또는 시장에서 사업을 영위할 때, 그 기업은 단일 사업 또는 지배적 사업의 차원을 떠나 더 높은 수준의 다각화를 선택하게 된다. 기업 수익의 70% 이하가 단일 제품 시장에서 발생하고, 다양한 사업이 서로 연결되어 있으면 그 기업은 **관련 다각화**related corporate diversification 전략을 실행하고 있다고 한다. 여러 사업이 각각 운영될 때 비해 한 기업 내에서 동시에 운영될 때 더 큰 가치가 창출되는 경우 **범위의 경제**economy of scope가 발생한다. 범위의 경제가 발생하는 원천에 대해서는 이 장의 뒷부분에서 설명하기로 한다.

다각화된 기업이 추구하는 복수의 사업은 두 가지 측면에서 관련될 수 있다(〈그림 9.1〉에서 B 참조). 만일 한 기업이 관리하는 모든 사업이 많은 투입 요소, 제조 기술, 유통 경로, 비슷한 구매자 등을 공유한다면 이러한 기업 다각화 전략은 **제한된 관련성**related-constrained을 갖는다고 할 수 있다. 이 전략이 '제한적'이라고 불리는 이유는 현재 기업이 영위하는 사업과 새로운 사업 간에는 자원과 능력의 측면에서 상당 부분 공통점이 있어야 하기 때문이다.

펩시코는 제한된 관련성 다각화 기업의 한 예이다. 펩시코는 전 세계에서 복수의 사업을 영위하고는 있지만 그 사업들은 음식이나 음료 등 모두 스낵 형태의 제품임을 알 수 있다. 이것은 펩시코로 하여금 적어도 두 가지, 즉 공통된 유통 경로와 브랜드라는 범위의 경제를 획득할 수 있게 한다.

먼저 유통 경로의 측면에서 펩시코의 거의 모든 제품은 식료품점, 편의점, 샌드위치 점포, 패스트푸드 점포 등 유사한 판로를 갖는다. 상이한 형태의 점포들에 대해 동일한 제품을 제공하는 것이 쉬운 일은 아니지만 펩시코는 다양한 유통 능력을 개발하여 이에 대처하고 있다.

또한 펩시코는 거의 모든 사업에 있어서 브랜드를 적극적으로 활용하고 있다. 펩시, 도리토스, 마운틴듀, 빅레드 등 제품들은 펩시코 브랜드에 기반하고 있다. 사실 펩시코는 연간 각각 10억 달러 이상 매출을 기록하는 22개의 브랜드를 보유하고 있다.[2]

유통 역량과 브랜드 역량은 범위의 경제를 창출한다. 펩시코의 거의 모든 사업들이 이 두 가지의 역량에 기반하기 때문에 펩시코는 제한된 관련성 다각화 전략을 추구한다고 볼 수 있다.

만약 어느 기업이 추구하는 상이한 사업들이 상이한 형태의 범위의 경제를 추구한다면 이러한 다각화 전략은 **연결된 관련성**related-linked을 갖는다고 할 수 있다. 예를 들어 사업 Q와 사업 R이 제조 기반 범위의 경제를 갖고, 사업 R과 사업 S는 판매 및 유통 기반 범위의 경제를 가지며, 사업 S와 사업 T는 공급 기반 범위의 경제를 가질 수 있다. 이러한 전략은 〈그림 9.1〉에서 다양한 형태의 범위의 경제(직선과 곡선)로 표현되고 있다.

연결된 관련성 다각화 기업의 예로서 디즈니를 들 수 있다. 디즈니는 단일 사업 기업(만화영화를 제작하는 것 외에는 아무것도 하지 않았을 때)으로 시작하여 지배적 사업 기업(가족영화와 하나의 테마파크를 제작했을 때)으로, 그리고 제한된 관련성 다각화 기업(가족영화, 복합 테마파크를 제작하고 디즈니 스토어에서 기념품을 판매할 때)으로 진화하였다. 최근에는 다각화 수준이 더욱 높아져서 관련 다각화 기업의 면모를 보인다. 디즈니 제국의 많은 부분이 만화영화의 캐릭터를 토대로 세워졌지만, 어른들을 위한 영화 제작소와 호텔, 휴양지, 텔레비전 방송사(ABC)는 만화영화 캐릭터와는 거의 관련이 없는 것들이다. 그러나 이것이 디즈니가 비관련 다각화 전략을 추구하고 있다는 것을 의미하는 것은 아니다. 결국 대부분의 사업들은 넓은 범주로 보면 오락 산업에 관련되어 있기 때문이다. 그보다는 디즈니의 기업 전체를 꿰뚫는 하나의 끈, 즉 미키마우스나 라이온 킹과 같은 하나의 특정 요소를 찾는 것이 더 이상 가능하지 않다는 것을 의미할 뿐이다. 이러한 관점에서 디즈니는 연결된 관련성 다각화 기업이라고 할 수 있다.[3]

비관련 다각화

관련 다각화 전략을 추구하는 기업들은 대부분의 사업들 간에 어떤 형태로든 연관성을 가지고 있다. 그러나 기업들은 연관성이 없는 많은 사업을 추구할 가능성도 있다(〈그림 9.1〉의 C 참조). 기업 수익의 70% 이하가 단일 제품 시장에서 발생될 때, 그리고 기업의 사업이 공통된 부분을 가지고 있지 않을 때, 그 기업은 **비관련 다각화**unrelated corporate diversification 전략을 추구하고 있다고 한다.

기업이 범위의 경제를 갖지 않는 복수의 사업을 보유하는 이유를 경제적으로 설명하기는 힘들다. 이 때문에 비관련 다각화의 예를 찾는 것은 쉽지 않다. 비록 이전에는 존재했다 하더라도 말이다.

기업 다각화의 가치

기업 다각화가 경제적으로 가치를 지니기 위해서는 두 가지 조건이 필요하다. 첫째, 기업이 실행하고 있는 복수의 사업들 사이에서 가치 있는 범위의 경제가 실현되어야 한다. 둘째, 기업 내부의 경영자들은 외부 투자자(일반 주식 투자자)들보다 이러한 범위의 경제를 더 쉽게 실현할 수 있어야 한다. 만일 외부 투자자(주주)들이 그들 스스로 특정한 범위의 경제 가치를 낮은 비용으로 실현할 수 있다면, 그들은 범위의 경제를 실현하기 위해 경영자들을 '고용'할 동기를 거의 갖지 못할 것이다. 기업 가치를 증가시키기 위한 기업 다각화의 조건은 다음에서 살펴보기로 한다.

가치 있는 범위의 경제의 유형

앞에서 설명한 바와 같이 여러 사업이 각각 운영될 때 비해 한 기업 내에서 동시에 운영될 때 더 큰 가치가 창출되는 경우 범위의 경제가 발생한다. 이 정의에서 '범위'는 다각화된 기업이 실행하는 사업들의 수를 의미하고, '경제'는 비용 절감이나 수익 증대 등의 이득을 의미한다. 이러한 정의에 따르면 오직 다각화된 기업들만이 범위의 경제를 실현할 수 있다. 범위의 경제는 기업의 수입을 증가시키거나 비용을 감소시키는 만큼의 가치가 있다.

잠재적으로 가치 있는 범위의 경제의 다양한 형태에 대해 많은 연구가 이루어졌는데, 〈표 9.1〉에 이를 요약하였다. 실제로 범위의 경제가 평균적으로 얼마나 가치가 있는가에 대해 이루어진 연구들은 '관련 실증 연구'에서 요약한다.

표 9.1 범위의 경제의 유형

1. 공유된 활동의 범위의 경제
2. 핵심 역량 활용의 범위의 경제
   - 사업부 수준의 공유된 역량
   - 전사적 수준의 공유된 역량
3. 재무적 범위의 경제
   - 내부자본시장
   - 위험 감소
   - 세금 혜택
4. 반경쟁적 범위의 경제
   - 복수시장 경쟁
   - 시장 지배력의 활용
5. 경영자 보상 극대화의 범위의 경제

관련 실증 연구

1994년에 랭과 스툴츠는 한 기업이 기업 다각화 전략을 실행하기 시작하면 그 기업의 가치는 평균적으로 약 25% 하락한다는 놀라운 논문을 발표했다. 랭과 스툴츠는 기업 다각화 전략을 추구하는 기업들과 제한된 다각화 전략을 추구하는 기업들의 포트폴리오의 시장 성과를 비교함으로써 이러한 결론을 얻었다. 즉 제한된 다각화 전략을 추구하고 있던 기업들의 포트폴리오의 시장 성과는 이러한 포트폴리오에 포함된 비즈니스 모두에서 사업을 수행하고 있는 다각화 기업들의 시장 성과보다 25% 더 높았다. 이 결과는 범위의 경제가 가치가 없을 뿐만 아니라 이러한 범위의 경제를 실현하려는 시도(다각화 전략)가 평균적으로 기업의 경제적 가치를 하락시킨다는 결론을 제시한다. 코멘트와 자렐도 상이한 방식으로 기업 성과를 측정한 연구를 통해 비슷한 결과를 발견한 논문을 발표했다.

이러한 결과는 큰 반향을 불러일으켰다. 만일 랭과 스툴츠가 옳다면 다각화된 기업들이 – 그들이 실행했던 다각화 전략이 어떤 종류이든 – 엄청난 가치 하락을 자행했던 것이다. 이는 미국 경제의 근본적인 재조정을 이끌 수 있는 것이었다.

범위의 경제의 가치

그러나 최근의 연구는 랭과 스툴츠의 결론을 상당히 중화시켰다. 비록 25%의 성과 감소가 있더라도 다각화가 여전히 가치를 가질 수 있다는 두 가지 새로운 이유를 제시한 것이다. 첫째, 빌라롱가와 다른 연구자들은 다각화 전략을 추구하는 기업들이 일반적으로 다각화 전략을 추진하지 않는 기업들보다 다각화를 시작하기 전에 더 낮은 성과를 보였다는 점을 발견했다. 즉 다각화가 경제적 가치의 손실을 이끄는 것처럼 보이지만, 사실은 이러한 기업들이 다각화 전략을 실행하기 전에 이미 가치의 손실이 발생하고 있었다는 것이다. 사실 더 최근의 몇몇 연구들은 비교적 낮은 성과를 보이는 기업이 다각화를 통해 그들의 시장 가치를 실제로 증가시킬 수 있다고 설명한다.

둘째, 밀러는 자신의 이익을 극대화하기 위해 다각화하는 기업이 매우 예측 가능한 방식으로 다각화한다는 것을 발견했다. 이러한 기업들은 가장 이익이 되는 사업으로 첫 번째 다각화를 하고, 두 번째 이익이 있는 사업으로 두 번째 다각화를 한다. 즉 이러한 기업들에 의해 추구되는 50번째 다각화는 추가적 이익이 그리 많지 않을 수도 있지만, 여전히 평균적으로 0보다는 클 것이다. 이처럼 다각화로 인한 이익의 증가율은 한계 체감의 양상을 보이기 때문에, 다각화된 기업의 전반적인 평균 수익은 다각화 전략을 추구하지 않은 기업의 평균 수익보다 전반적으로 더 작을 것이다. 그러므로 비다각화 기업의 시장 가치와 다각화된 기업의 시장 가치 사이에는 실제적인 차이가 존재한다 해도 이러한 차이 자체가 다각화된 기업의 경제적 가치가 파괴된다는 것을 의미하지는 않는다. 그것은 단지 다각화하고 있는 기업이 다각화를 계속할 때 더 작은 증가량으로 가치를 창조하고 있다는 것을 의미하는 것이다.

이 모든 연구결과는 다각화의 이득에 대해 설명한다. 그러나 다각화의 이득은 기업이 보유한 특정한 자원과 능력의 유형, 그리고 이들이 다각화를 통해 가치를 창출하도록 이용되는 여부에 달려 있다. 예를 들어 윤활제를 생산하는 WD-40과 같이 단일 기업으로 가치를 창출할 수 있는 기업은 다각화를 하면 안 된다. ESPN과 같이 공유된 활동의 범위의 경제를 창출하는 기업은 관련 다각화를 추구해야 한다. 또한 버크셔 해서웨이처럼 공유된 활동을 보유하지 않는 기업은 비관련 다각화를 추구해야 한다. 2017년에 발표된 맥키, 바니, 닷슨의 연구는 모든 형태의 다각화가 가치를 창출하는데 그중 90%의 기업은 주주의 가치를 창출하는 유형의 다각화를 선택한다고 발견했다.[4]

공유된 활동의 범위의 경제

제3장에서 가치사슬 분석은 기업의 특정 사업 활동을 보여 준다고 설명하였다. 이 가치사슬 분석은 다각화된 기업 내에서 상이한 사업들 간에 공유될 수 있는 사업 활동을 보여 주기 위해서도 사용될 수 있다. 이러한 **공유된 활동**shared activities은 다각화된 기업이 갖는 잠재적인 운영적 범위의 경제의 원천이다.

예를 들어 〈그림 9.2〉에 나타낸 가상적인 기업을 고려해 보자. 이 다각화된 기업은 A, B, C의 세 가지 사업을 운영한다. 그러나 이 세 가지 사업은 그들의 가치사슬을 통해 다양한 활동을 공유한다. 예를 들어 이 세 가지 사업은 모두 동일한 기술개발 활동에 의존한다. 제품 디자인과 제조는 사업 A와 B에서 공유되며 사업 C와는 구별된다. 이 세 가지 사업은 모두 공통의 마케팅과 서비스 활동을 공유한다. 사업 A는 독자적인 유통 시스템을 가지고 있다.

이러한 종류의 공유된 활동은 제한된 관련성related-constrained과 연결된 관련성 다각화 기업related-linked diversified firm에서 흔하게 볼 수 있다. 예를 들어 텍사스인스트루먼츠에서 다양한 전자 사업은 몇몇 연구개발 활동을 공유하고 또한 공장 입지를 공유한다. 프록터앤갬블의 다양한 소비재 사업은 종종 공장 입지를 공유하며 소매점들을 통해 유통망을 공유한다.[5] 다각화된 기업 내에서 찾을 수 있는 대표적인 공유된 활동과 그들의 가치사슬에서의 위치는 〈표 9.2〉에 요약되어 있다.

〈표 9.2〉에 열거된 공유된 활동 중 대다수는 다각화된 기업의 비용을 절감하는 데 도움을 줄 수 있다. 특히 공유된 활동으로 인해 규모의 경제를 실현할 수 있을 때 그러하다. 예를 들어 다각화된 기업이 공유된 구매 활동을 가진다면 구매 시 상당한 할인을 받을 수 있다. 또한 다각화된 기업 내 다른 사업들의 투입물로 이용될 수 있는 제품을 생산함으로써 기업의 총비용을 절감할 수도 있다. 다각화된 기업 내 다양한 사업들의 제품이나 서비스를 동일한 판매 창구를

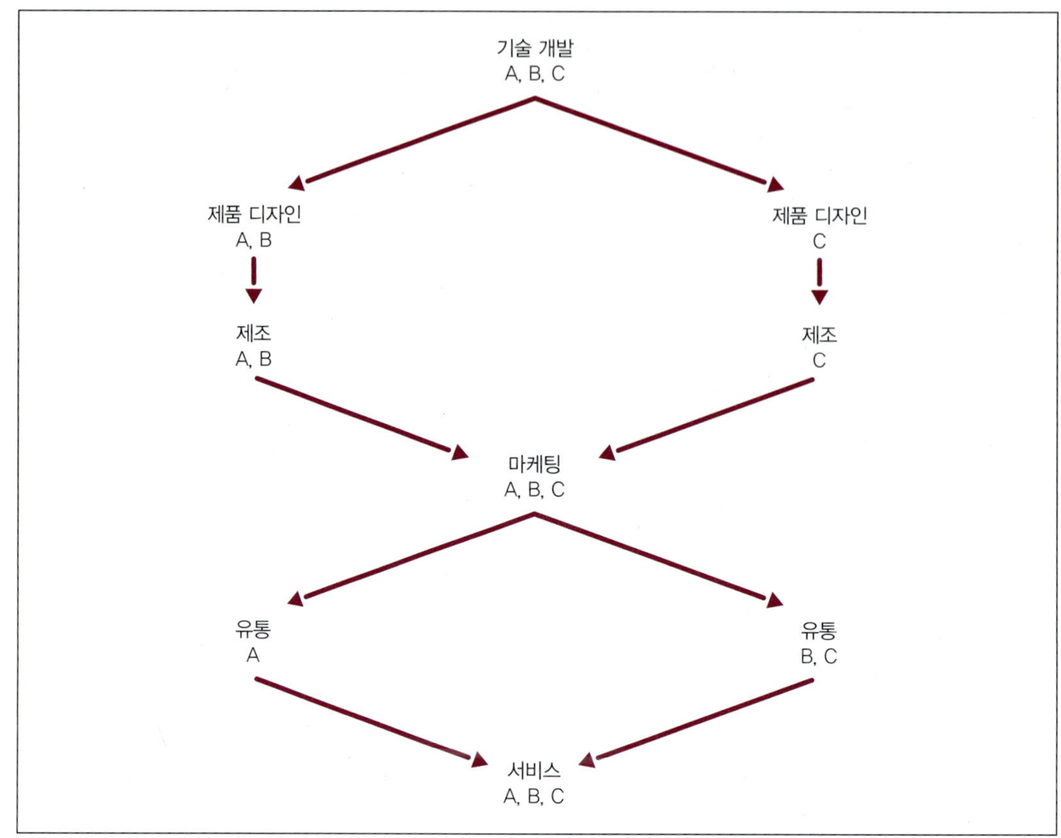

그림 9.2
세 가지 사업 사이에 공유된 활동을 가진 가상 기업의 예

통해 판매함으로써 기업 차원에서 판매비용을 절감할 수 있다. IBM, HP, GM과 같은 기업들은 모두 공유된 활동을 통해 비용을 절감했다.

공유된 활동을 이용하지 못하는 기업은 통제불능비용out-of-control costs를 가질 수 있다. 예를 들어 KFC가 펩시콜라의 한 사업 부문이었을 때, KFC는 북미 지역의 각 지역 사업부에 각각 독자적인 질적 개선 계획을 개발하도록 독려하였다. 그 결과로 엄청난 중복 투자와 적어도 세 가지 모순된 품질 개선 계획을 초래하였다. 비슷한 예로서 리바이스는 주문 처리를 중앙통제식으로 조정하는 것을 꺼린 결과, 여섯 가지 독립된 주문 처리 컴퓨터 시스템이 동시에 작동하는 상황이 야기되었다. 이러한 값비싼 중복된 처리 시스템은 궁극적으로 기업 내에서 공유하는 단일의 통합된 주문 처리 시스템으로 대체되었다.[6]

공유된 활동은 다각화된 기업의 사업 수입을 증가시킨다. 이것은 적어도 두 가지 경로로 발생할 수 있다. 첫째, 공유된 제품 개발 활동과 판매 활동은 다각화된 기업이 둘 이상의 제품을 번들로 만들어 동일한 구매자에게 제공할 수 있도록 한다. 때때로 이러한 '제품 번들product bundles'의 가치는 각각 분리된 제품의 가치보다 더 크다. 이러한 추가적인 구매자 가치는 그 사업이 다각화되지 않은 경우보다 더 크며, 따라서 기업으로 하여금 더 큰 수익을 창출하게 한다.

표 9.2 공유된 활동의 유형과 가치사슬 내에서의 위치

가치사슬 활동	공유된 활동
투입활동	공동 구입 공동 재고 통제 시스템 공동 보관시설 공동 재고 수송 시스템 공동 품질 인증 공동 투입 요건 시스템 공동 공급자
생산활동	공동 제품 부품 공동 제품 부품 제조 공동 조립설비 공동 품질 통제 시스템 공동 유지 활동 공동 재고 통제 시스템
보관 및 유통	공동 제품 수송 시스템 공동 보관시설
판매 및 마케팅	공동 광고 활동 공동 판촉 활동 제품의 교차판매cross-selling 공동 가격 시스템 공동 마케팅 부서 공동 유통 경로 공동 판매 인력 공동 판매 사무실 공동 주문 처리 서비스
판매소 지원 및 서비스	공동 서비스망 공동 품질 보증 공동 매출채권 관리 시스템 공동 판매원 훈련 공동 판매소 지원 서비스

출처 : M. E. Porter (1985). *Competitive advantage*. New York: Free Press; R. P. Rumelt (1974). *Strategy, structure, and economic performance*. Cambridge, MA: Harvard University Press; H. I. Ansoff (1965). *Corporate strategy*. New York: McGraw-Hill.

AT&T가 이동통신 서비스로부터 시작해서 다양한 케이블 TV를 인수하고 최근에 위성방송 채널인 다이렉트TV를 인수한 것은 제품 번들을 구성하기 위해서였다. AT&T 가입자들은 TV, 태블릿, 이동전화 등 다양한 기기를 이용하여 TV 프로그램을 시청할 수 있고 하나의 고지서로 납부할 수 있다. 만약 소비자들이 이러한 편의성을 가치 있다고 생각한다면 공유된 활동은 AT&T에게 가치를 창출할 것이다.[7]

이러한 제품 번들은 다른 기업에서도 중요하다. 많은 소매점들은 바쁜 구매자들이 한 장소에

서 모든 종류의 식품을 접하기를 원한다는 것을 알고 현재 전통적인 식품과 즉석식품을 나란히 판매하고 있다.[8]

둘째, 공유된 활동으로 인해 기업 내 다른 사업의 강하고 긍정적인 평판을 이용하여 수입을 향상시킬 수 있다. 예를 들어 한 사업이 고품질 생산에 대한 매우 긍정적인 평판을 가지고 있다면, 이 사업과 생산 활동을 공유하는 다른 사업들도 이러한 평판의 이점을 얻을 것이다. 또한 만약 한 사업이 고성능의 제품 판매에 대해 매우 긍정적인 평판을 가지고 있다면, 이 사업과 판매 및 마케팅 활동을 공유하는 다른 사업들은 이러한 평판의 이점을 얻을 것이다. 두 가지 경우에서, 공유된 활동을 통해 다른 사업의 평판의 이점을 얻는 사업들은 더 나은 수입을 얻을 수 있다.

공유된 활동의 한계점 공유된 활동이 가치 있는 기업 다각화 전략의 원천이 될 수 있음에도 불구하고 공유된 활동은 세 가지 중요한 한계점을 가지고 있다.[9] 첫째, 조직에서 문제의 많은 부분은 다각화된 기업이 사업 간 관계cross-business relationships를 관리하는 방법을 얼마나 잘 학습할 수 있는가와 종종 관련이 있다. 이러한 관계를 효과적으로 관리하기가 매우 어려울 수 있으며, 이에 실패하면 관료주의, 비효율성, 조직의 마비를 야기할 수 있다. 이러한 이슈는 제10장에서 자세히 논의된다.

둘째, 공유된 활동은 어떤 사업이 특정 구매자의 요구에 잘 대응하지 못하게 할 수도 있다. 만약 두 사업이 제조 활동을 공유한다면 그들은 제조비용을 절감할 수 있겠지만, 이러한 비용상의 이점을 얻기 위해 이 사업들이 표준화된 생산 방식을 채택한다면 그들 각 구매자의 요구를 충분히 만족시키지 못할 수도 있다. 유통 활동을 공유하는 사업들은 전반적으로 더 낮은 유통비용을 가질지도 모르나 그 구매자들 각각에게 제품을 배달할 수 없을지도 모른다. 판매 활동을 공유하는 사업들은 전반적으로 더 낮은 판매비용을 가질지도 모르나 각각의 사업에서 요구되는 특별한 판매 방식을 더 이상 가질 수 없을지도 모른다.

부서에 따라 상이한 구매자의 특수한 요구를 만족시키지 못해서 고전했던 다각화된 기업으로는 제너럴모터스(GM)를 들 수 있다. 새로운 자동차 디자인에서 범위의 경제를 실현하기 위해 GM은 몇몇 부서들로 하여금 디자인 과정을 공유하게 했다. 그 결과 1990년대에 출시된 자동차들은 과거 올즈모빌과 캐딜락에서 볼 수 있었던 전통적인 차종별 독특함을 상실했고, '과자절단기cookie-cutter' 처럼 보이는 비슷비슷한 자동차들을 생산하는 결과를 가져왔다.[10]

셋째, 만약 다각화된 기업에서 하나의 사업이 좋지 못한 평판을 가지고 있다면 그 사업과 공유된 활동을 가진 다른 사업들 역시 나쁜 평판을 들을 수 있다.

결론적으로 이러한 활동 공유의 단점들은 활동 공유로 인한 이익을 상쇄하고도 더 큰 손실을 끼칠 수 있다. 사실 지난 10여 년 동안 점점 더 많은 다각화된 기업들이 각각의 사업을 독립적으로 경영하는 것을 더 선호하고 있다. 예를 들어 ABB, Inc.(스위스의 엔지니어링 기업)와 CIBA-가이기(스위스의 화학 기업)는 사업들 간 활동 공유를 제한하는 기업 정책을 채택했었다.[11] 네슬레와 제너럴일렉트릭을 포함하는 다른 다각화된 기업들은 연구개발 또는 경영 연수 같은 한두 개의 활동만을 공유하도록 제한했다. 그러나 다각화된 기업이 이러한 문제들을 피할 수 있는 한 공유된 활동은 기업의 가치를 증가시킬 수 있다.

핵심 역량 활용의 범위의 경제

두 번째의 잠재적 범위의 경제로서 핵심 역량을 들 수 있다. **핵심 역량**core competence은 프라할라드와 하멜에 의해 '다양한 제조 능력을 상호 조정하고 복수의 기술을 통합하는 방법에 대한 조직에서의 총체적인 학습'이라고 정의된다.[12] 핵심 역량은 경영 또는 기술적 노하우, 경험, 지식을 통해 다각화된 기업에서 상이한 사업들을 연결하는 자원과 능력의 복잡한 집합체이다.[13]

사업부 수준의 역량과 초국가 전략 핵심 역량의 개념과 관련하여 적어도 두 가지 방향의 연구가 진행되었다. 첫 번째 방향의 연구는 하나의 사업부에서 개발된 학습, 노하우, 그리고 경험이 다각화된 기업 내의 다른 사업부에서 활용되는 현상에 초점을 맞춘다. 이러한 **사업부 수준의 공유된 역량**shared business level competence은 공유된 활동shared activities과 반드시 동반되지는 않는다. 또한 국내에서 개발된 역량이 외국의 사업부에서 활용될 때 이것을 **초국가 전략**transnational strategy이라 부른다.[14]

GE는 의학 영상 사업부문에서 초국가 전략의 형태를 띤 범위의 경제를 활용한 기업이다. 처음에는 GE는 값비싼 MRI 및 관련 의학 영상 기계 부품을 조달하기 위해 중국에 진출했다. 이러한 부품은 중국에서 생산되어 중국 외 지역에서 완제품으로 조립된 후 이 완제품은 다시 중국 또는 다른 지역에서 판매된다. 그런데 서구 지역에서의 MRI 사용 빈도와 중국에서의 MRI 사용 빈도는 매우 상이했기 때문에 서구의 사용 기준으로 제작된 MRI는 중국에서는 제대로 작동하지 않을 수 있었다. 예를 들어 MRI가 미국에서는 하루에 5~6회 사용되는 반면에 중국에서는 하루에 25~30회 사용되기 때문에 중국에서는 기기의 신뢰성이 확보되지 못했다.

GE의 중국 지사는 이 문제를 인지하고 빈번하게 사용할 수 있는 새로운 제품을 설계했고, 이 신제품은 중국에서 매우 인기를 끌었다. 그러나 더 흥미로운 사실은 중국 이외의 지역에서도 이 제품을 판매하게 되었다는 것이다. 즉 GE 중국 지사에서 개발한 역량은 GE의 다른 사업부에서도 가치가 있는 것이었고 GE 전체에 가치를 창출하게 되었다. GE 중국 지사의 제품 역량은 이제 GE의 가장 성공적인 의학 영상 기술로 손꼽히고 있다.[15]

전사적 수준의 역량 두 번째 방향의 연구는 전사적 수준에서 역량을 활용하는 것에 대한 것으로서 이것은 **전사적 역량**corporate competence이라 부른다. 이 형태의 역량은 다각화된 기업을 관리하기 위해 개발하는 경영 기법, 기술적 노하우, 경험, 지혜 등을 의미하며 주로 기업 본사에 존재하게 된다. 이 역량 역시 공유된 활동과 반드시 동반되지는 않는다.

버크셔 해서웨이는 공유된 활동과 동반하지 않는 전사적 역량의 예를 보여준다. 2,100억 달러에 달하는 이 기업의 매출액은 크게 보험, 철도, 공공 서비스와 에너지, 그리고 기타 제조/서비스/소매의 네 가지 분야로 구분되지만 사실 수백 개의 자회사를 소유하고 있다. 이 중 텍사스에 위치하는 TTI처럼 다른 전자제품 제조사에 부품을 공급하는 유명하지 않은 자회사도 있지만 어떤 자회사는 가이코, 프룻오브더룸, 저스틴브랜드, 벤자민무어, 데어리퀸, RC 와일리, 허츠버그다이아몬드 등 소비자에게 잘 알려진 기업들도 많다.

버크셔 해서웨이는 이러한 수백 개의 자회사 이외에도 마스, 아메리칸익스프레스, 코카콜라, 웰스파고, IBM 등의 기업에 대해 지분 투자를 하여 '통제하지는 않지만 상당한 크기의substantial but not controlling' 지분과 이해관계를 유지한다. 그러나 공유된 활동을 통한 범위의 경제를 실현하는 기업들과는 달리 버크셔 해서웨이의 사업부들은 공유된 활동을 거의 갖고 있지 않다.

그러나 버크셔 해서웨이는 공유된 활동이 아닌 형태의 범위의 경제를 개발했는데, 그것은 바로 이러한 형태의 기업을 경영하는 능력이다. 2012년에 발간한 기업경영백서에서 이 기업은 "버크셔는 매우 분권화되어 운영된다. 판매, 마케팅, 구매, 법률 서비스, 또는 인적자원관리 등 기능적인 측면에서 실질적으로 중앙집중되거나 통합적으로 운영되는 기능이 없으며 버크셔의 본사는 개별 사업부의 일상 업무에 최소한으로 개입한다"라고 서술했다.

이 기업의 창업자이자 이사회 의장인 워렌 버피는 버크셔 해서웨이의 경영 원칙에 대해 다음과 같이 기술했다. "우리는 회사를 파트너십으로 봅니다. 찰리 멍거(이사회 부의장)와 저는 주주들을 소유 파트너로, 우리를 경영 파트너로 생각합니다 … 우리는 기업을 절대적인 주체라기보다는 주주들이 각자의 자산을 소유하는 하나의 수단이라고 봅니다… 우리의 장기적 목표는 사업 고유의 가치에 기반하여 개별 투자자가 가져가는 주당 평균 이익을 극대화하는 것에 두고 있습니다. 여기에 버크셔의 기업 규모는 관련이 없습니다."[16]

핵심 역량과 공유된 활동의 관계 물론 핵심 역량과 공유된 활동이 배타적인 것은 아니다. 다각화된 기업은 이 두 형태의 범위의 경제를 동시에 실현할 수 있다. 다나허 코퍼레이션이 그 예이다. 200억 달러의 매출을 기록하는 이 기업은 다양한 분야에 있어서 린 제조 역량을 개발했다. 각 사업부에 의사결정 권한을 이양하는 반면 린 제조 기술을 지도하는 리더는 본사가 육성한다. 즉 다나허는 린 제조 기술을 다양한 사업부에 적용하는 부분에 대해서는 핵심 역량을, 린 제조 기술을 지도하는 분야에서는 공유된 활동을 활용한 범위의 경제를 실현하고 있다.[17]

핵심 역량의 한계점 공유된 활동이 한계점을 가지고 있는 것처럼 핵심 역량을 이용한 범위의 경제 실현도 한계점을 가지고 있다. 첫 번째 한계점은 제11장에서 논의될 실행상의 이슈에서 비롯된다. 다각화 전략을 실행하는 방식은 핵심 역량의 이용을 촉진할 수도 있고 억제할 수도 있다.

두 번째 한계점은 범위의 경제가 가진 무형의 성질에서 비롯된다. 공유된 활동은 다각화된 기업에서 유형적인 성격의 운영을 반영하는 한편, 핵심 역량은 여러 사업을 통해 공유된 지식,

경험, 지혜만을 반영한다. 흔히 공유된 지식, 경험, 지혜가 상이한 사업들 간에 공유되는 전략에 대한 공통된 견해를 뜻하는 **지배적 논리**dominant logic로 표현되는 것을 보면, 이 개념들이 얼마나 무형적인 성격을 갖고 있는가를 알 수 있다.[18]

핵심 역량의 무형성은 다각화된 기업이 경영 관련성에서 두 가지 실수를 하도록 유도할 수 있다. 첫째, 무형 핵심 역량은 경영자들로 하여금 완전히 비관련된 사업들도 연관성이 있다고 믿게 함으로써 다각화 전략을 정당화하는 데 이용될 수 있다. 비행기와 신발을 제조하는 기업은 이들 사업을 통해 운송 사업의 핵심 역량을 가질 수 있다고 주장함으로써 이러한 다각화를 합리화할 수 있다. 전문적인 미식축구 사업과 영화 사업을 영위하는 기업은 이 사업들을 통해 오락 사업의 핵심 역량을 가질 수 있다고 주장함으로써 이러한 다각화를 합리화할 수 있다. 이러한 **허구의 역량**invented competencies은 실제적인 범위의 경제의 원천이 아니다.

둘째, 다각화된 기업의 사업들이 핵심 역량에 관련이 있더라도 이 사업들의 비용 또는 수익에 미미한 영향만을 미칠 수 있다. 예를 들어 어느 기업의 모든 사업은 정부 조치에 의해 영향받을 수도 있는데, 이 사업들의 비용과 수익은 정부 조치에 별로 영향받지 않을 수도 있다. 이러한 경우 이 기업이 정부와의 관계를 잘 관리하는 데서 핵심 역량을 가질지도 모르나, 이러한 핵심 역량은 특정 사업에 대해 비용을 감소시키거나 수익을 향상시키는 측면에서 오직 미미한 영향만을 가질 것이다. 또 하나의 예로서, 어느 기업이 광고를 하는 능력에서 핵심 역량을 가지고 있다 하더라도 광고가 각각의 사업에 있어서 수익 증가 효과를 가지지 못한다면, 광고에 있어서의 핵심 역량은 이 기업의 비용을 감소시키거나 수익을 증가시키지 못한다. 이러한 경우 핵심 역량은 범위의 경제의 원천은 될지언정 그 가치는 매우 작을 것이다.

재무적 범위의 경제

다각화의 세 번째 동기는 재무적 이득에 초점을 맞춘다. 여기에서는 다각화의 세 가지 재무적 시사점이 연구되어 왔다. 그것은 다각화와 자본 할당, 다각화와 위험 감소, 다각화의 세금 혜택이다.

다각화와 자본 할당 자본은 두 가지 방법 중 한 가지 방법으로 사업에 이용될 수 있다. 첫째, 독립적인 존재로서의 사업들은 외부자본시장에서 자본을 얻기 위해 경쟁할 수 있다. 이 사업들은 주식 투자자들이 주식을 구입하도록 하기 위해 충분히 높은 배당을 제공함으로써, 또는 채권자들이 원금과 이자를 회수할 수 있도록 충분한 현금흐름을 가짐으로써 자본을 얻을 수 있다. 둘째, 사업들은 다각화된 기업의 일부분이 될 수 있다. 다각화된 기업들은 외부자본시장에서 자본을 위해 경쟁하고, 내부적으로 다양한 사업에 이 자본을 할당한다. 이러한 의미에서 다각화는 다각화된 기업 내에서 기업 자본에 대해 사업들이 경쟁하는 **내부자본시장**internal capital market을 창출한다.[19]

내부자본시장이 다각화된 기업 내에서 가치를 창출하기 위해서는 외부자본시장보다 효율성의 측면에서 이점이 있어야 한다. 내부자본시장이 외부자본시장보다 더 효율적이기 위해서는 외부의 자본 공급자가 접근할 수 있는 정보보다 더 풍부한 고급 정보가 내부적으로 공급되어야 한다. 다각화된 기업은 그 사업들의 실제 성과와 미래에 대한 실제 전망, 그리고 그에 따라 각 사업의 자본비용과 할당되어야 하는 자본의 크기에 대한 자세하고 정확한 정보에 접근할 수 있다. 반면에 외부 투자자들은 실제 성과와 미래 전망을 판정하는 데 있어서 상대적으로 제한된 정보를 가진다.

어떤 사람들은 다각화된 기업이 실제로 외부 투자자들보다 각각의 사업에 대해 더 풍부하고 더 양질의 정보를 가지는가에 대해 의문을 제기한다. 왜냐하면 독립적인 사업들도 자본을 얻기 위해 자본의 외부 공급자에게 충분한 정보를 제공할 강한 동기가 있기 때문이다. 그러나 하나의 사업을 소유하는 한 기업이 자본의 외부 공급자보다 적어도 두 가지 측면에서 정보적 이점을 가질 수 있다.

첫째, 독립적인 사업이 자본의 외부 공급자에게 정보를 제공할 동기를 가지고 있을지라도, 그 사업에 대한 부정적인 정보를 축소하거나 심지어 감출 동기 또한 가지게 된다.[20] 그러한 부정적인 정보는 독립적인 기업의 자본비용을 올릴 것이다. 자본의 외부 공급자는 독립적인 사업이 실제 성과와 전망을 속여서 자본비용을 낮추려고 시도하는 것을 막는 것을 완전히 방지할 수 없다. 반면 기업은 그 사업에 대해 소유권을 가지고 있으므로 보다 완전한 정보 공개를 요구할 권리를 가진다(비록 완벽한 정보 공개가 기업 내에서도 보장되지는 않지만). 즉 보다 높은 수준의 정보를 가진 다각화된 기업은 각각의 사업에 적절한 자본비용으로 합당한 양의 자본을 할당할 수 있다.

둘째, 독립적인 사업은 그것의 실제 성과와 전망에 대한 모든 긍정적인 정보를 밝히지 않을 동기를 가질 수도 있다. 제3장에서 설명했듯이, 기업이 경제적 이익을 획득하는 능력은 기업의 자원과 능력의 모방 가능성에 달려 있다. 독립적인 사업이 가진 모든 경쟁우위의 원천에 대해 자본의 외부 공급자들에게 알리게 되면, 이 사업은 경쟁우위의 원천에 관해 잠재적인 경쟁자들에게도 이 정보를 노출하게 되는 것이다. 이러한 정보 공유는 그 경쟁우위의 원천들이 모방될 가능성을 증가시킨다. 이러한 이유로 독립적인 사업은 모든 긍정적인 정보를 공유하지는 않을 것이며, 따라서 자본의 외부 공급자들은 사업의 실제 성과와 전망을 과소평가할 수 있다.

그러나 다각화된 기업은 잠재적인 경쟁자들에게 그것을 밝히지 않고도 기업 내부 사업의 이러한 추가적인 정보에 접근할 수 있다. 다각화된 기업은 외부자본시장보다 자원 할당과 그 자본의 비용에 대해 더 풍부한 정보를 갖고 의사결정을 하게 된다.[21]

장기적으로 보면 외부자본시장을 통한 자본 조달과 비교하여 내부자본시장을 통한 자본 조달은 실수가 적게 마련이다. 실수가 적다는 사실은 내부자본시장의 자본 할당이 외부자본시장을 통한 자본 할당보다 우위를 가진다는 것을 의미한다. 또한 이것은 다각화된 기업이 자본의 외부 공급자에 의해 투자된 자본보다 다소 높은 투자 자본의 수익률을 획득할 수 있음을 의미한다.

그러나 다각화된 기업 내의 사업이 항상 자본비용상의 우위를 얻는 것은 아니다. 몇몇 학자들은 다각화된 기업이 전반적으로 더 낮은 위험을 가지기 때문에(다음의 논의를 참조하라) 기업 내 사업의 자본비용도 낮다고 주장해 왔다. 그러나 낮은 위험 때문에 다각화된 기업 내 사업의 자본비용이 감소될 수 있을지라도, 이 사업의 적절한 자본비용은 각각의 사업 성과와 전망에 의존한다. 사업 성과와 전망에 대한 기업의 우위는 더욱 적절한 자본 할당을 초래하는 것이지, 단지 더 낮은 자본비용만을 초래하는 것은 아니다. 사실 사업의 자본비용은 외부자본시장에서 보다 더 낮을 수도 있고(기업이 그 사업의 긍정적인 측면을 더 완전히 평가할 수 있기 때문에), 또는 더 높을 수도 있다(기업이 그 사업의 부정적 측면을 더 완전히 측정할 수 있기 때문에).

물론 만약 이러한 사업들이 단지 다각화된 기업의 부분이기 때문에 더 낮은 비용 또는 높은 기대수익을 갖는다면, 그 비용/수익 우위는 이들 사업의 자본비용에 적절히 반영될 것이다. 이러한 의미에서 재무적 범위의 경제를 실현하는 다각화된 기업은 어떤 형태로든 운영적 범위의 경제를 실현할 수 있다.

내부자본시장의 한계점 비록 내부자본 할당이 다각화된 기업 내에서 몇몇 잠재적인 이점을 가지고 있을지라도 이 자본 할당 과정에는 몇 가지 한계점이 존재한다. 첫째, 기업이 추구하는 다각화의 수준과 형태는 이러한 자본 할당 과정의 효율성에 영향을 미칠 수 있다. 경영자들이 매우 상이한 사업들의 성과와 전망을 평가해야 하는 비관련 다각화의 경우, 관련 다각화를 추진하는 기업의 경영자들보다 더 어려운 자본 할당 기술을 요한다. 사실 극단적인 경우, 광범위한 비관련 다각화를 추진하는 기업의 자본 할당 효율성은 아마도 외부자본시장의 자본 할당 효율성보다 더 낫지 않을 것이다.

둘째, 내부자본 할당 효율성의 증가는 자본의 외부 공급자가 갖는 정보보다 내부의 경영자가 얼마나 더 좋은 정보를 갖는가에 달려 있다. 그러나 이러한 고품질의 정보가 보장되는 것은 아니다. 외부 자본 공급자들에게 성과와 전망을 과장하는 동기가 기업 내부에도 존재할 수 있다. 사실 더 많은 내부자본에 접근하기 위해 성과 보고서를 위조하는 사업부 수준 경영자들의 예가 발견되었다.[22] 이러한 경영자들의 부풀린 성과와 전망을 올바르게 측정하기 위해 경영자들에 의한 자본 할당 요청이 다각화된 기업에서 정기적으로 삭감되어야 한다는 연구 보고도 있다.[23]

마지막으로, 사업부 수준의 경영자들만이 다각화된 기업에서 그들의 사업 성과와 전망을 과장할 동기를 가질 뿐만 아니라, 이러한 기업에서 자본 할당의 책임을 맡은 기업 수준의 경영자들도 특정한 사업부의 저조한 성과와 전망에도 불구하고 그 사업에 투자를 계속할 동기를 가질 수도 있다. 이러한 경영인들의 평판과 지위는 종종 그들이 승인한 사업 투자의 성공에 달려 있는데, 일단 내린 결정이 옳은 결정이었다는 것을 정당화하기 위해 그들은 종종 그 사업이 언젠가는 개선되리라는 희망을 가지며 상당한 투자를 계속한다. 조직심리학자들은 이러한 투자 과정을 **몰입의 상승 효과**escalation of commitment라 부르는데, 경영자들이 특정

한 투자에 대해 비이성적으로 그 액수를 점점 더 키워 나가는 현상에 대해 많은 예를 제시하였다.[24]

사실 다각화된 기업 내의 내부자본시장의 가치에 대한 연구는 평균적으로 이러한 시장의 한계점이 그 이점보다 많다고 주장한다. 예를 들어 다각화된 기업에서 저조한 성과를 보이는 사업에 과도한 투자를 하면 기업 규모를 감안하더라도 평균적으로 그 기업의 시장 가치를 감소시키게 된다.[25] 그러나 많은 기업들이 내부자본시장으로부터 이점을 얻지, 사실 어떤 기업도 이러한 이점을 얻지 못한다는 것을 의미하지는 않는다. 만일 소수의 기업들이라도 성공적으로 내부자본시장의 한계점을 극복하면서 이점을 얻을 수 있다면 이러한 재무적 범위의 경제는 적어도 임시적인 경쟁우위의 원천이 될 수 있다.

다각화와 위험 감소 다각화된 기업이 갖는 또 다른 잠재적인 재무적 범위의 경제는 이미 짧게 언급한 바 있다. 즉 다각화된 기업의 현금흐름의 위험은 비다각화 기업의 현금흐름의 위험보다 더 낮은 것이다. 예를 들어 두 사업을 영위하는 다각화된 기업의 위험과 독립적으로 영위되는 두 사업의 위험을 생각해 보자. 만약 이 두 사업이 각각 매우 위험한 사업이며 두 사업의 현금흐름의 상관관계가 높지 않다면, 단일한 기업 속에서 이러한 두 사업을 결합할 때의 위험은 사업의 위험을 더한 것보다 낮을 것이다.

이러한 낮은 수준의 위험은 두 사업의 낮은 상관관계에서 비롯된다. 사업 I이 저조한 시기를 보내고 있을 때 사업 II는 호황의 시기를 보내고 있을 수 있으며, 이때 사업 2개를 동시에 영위하는 기업은 보통 수준의 성과를 올릴 수 있다. 또 다른 시점에서 사업 II는 저조한 반면 사업 I은 호황일 수 있다. 아까와 마찬가지로 이 두 사업을 동시에 영위하고 있는 기업은 평균의 성과를 얻을 수 있다. 기업이 서로 상관관계를 갖지 않는 현금흐름을 갖는 많은 사업으로 다각화할 때, 그 기업은 비교적 안정적인 수익을 얻을 수 있다.

다각화의 세금 혜택 다각화를 통한 또 하나의 재무적 범위의 경제는 가능한 세금 혜택에서 찾을 수 있다. 이러한 가능한 세금 혜택은 한 가지 또는 두 가지 효과로 반영된다. 첫째, 다각화된 기업은 한 사업에서의 손실을 다른 사업에서의 이익으로 상쇄하는 것으로 이용하면서 전반적인 세금 의무를 감소시킬 수 있다. 물론 한 사업에서 너무나 큰 손실을 입은 경우 다른 사업에 너무나 악영향을 미쳐서, 만일 독립적이었다면 지속될 수 있는 사업이 중단되는 사태를 맞을 수도 있다. 그러나 한 사업의 손실이 너무 크지 않는 한 다각화된 기업의 세금 의무가 감소될 수 있다. 실증 연구들은 비록 이러한 세금 절감이 그 규모는 대개 미미할지라도 분명히 존재한다고 보고한다.[26]

둘째, 다각화가 기업의 현금흐름의 위험을 감소시킬 수 있다는 사실은 곧 기업이 파산을 선고할 가능성이 낮다는 것을 의미한다. 이는 기업의 부채 부담 규모^debt capacity^를 증가시킬 수 있다.. 이 부채 부담 규모 상승의 효과는 다각화된 기업의 사업들의 현금흐름이 완벽하게 음의 상관관계를 가질 때 극대화되지만, 이러한 현금흐름이 완벽하게 양의 상관관계를 가지더라도 여전히 부채 부담 규모가 약간은 증가할 수 있다.

부채 부담 규모는 이자가 세금 공제 대상인 세금 환경에서 특히 중요하다. 이러한 의미에서 다각화된 기업은 부채 부담 규모까지 부채를 얻어서 그 이자에 해당하는 세금 절감을 할 수 있다. 물론 이자가 세금 공제의 대상이 아니라면, 또는 법인세율이 비교적 낮다면, 다각화의 세금 혜택은 미미할 것이다. 최근의 실증 연구들은 다각화된 기업들이 비다각화 기업들보다 큰 부채 부담 규모를 가진다고 보고한다. 그러나 적어도 미국에서와 같이 법인세가 낮은 지역에서는 다각화의 평균적인 세금 혜택이 비교적 적다.[27]

반경쟁적인 범위의 경제

다각화에 대한 세 번째 동기는 다각화 전략과 기업의 다양한 반경쟁적 활동 사이의 관계에 기초한다. 반경쟁적 활동의 두 가지 예는 (1) 상호 관용과 암묵적 담합을 증진하기 위한 복수시장 경쟁과 (2) 시장 지배력을 이용하는 것이다.

복수시장 경쟁 복수시장 경쟁multipoint competition은 둘 이상의 다각화된 기업이 복수시장에서 동시에 경쟁하는 것을 말한다. 예를 들어 HP와 델은 PC 시장과 컴퓨터 프린터 시장에서 경쟁한다. 미쉐린과 굿이어는 미국 자동차 타이어 시장과 유럽의 자동차 타이어 시장에서 경쟁한다. 디즈니와 AOL/타임워너는 영화 산업과 출판 사업에서 경쟁한다.

복수시장 경쟁은 **상호 관용**mutual forbearance이라 불리는 특별한 형태의 암묵적 담합을 증진시킨다. 제7장에서 설명하였듯이 **암묵적 담합**tacit collusion은 기업이 완전경쟁하의 경쟁 강도보다 낮은 수준의 경쟁 상황을 만들기 위해 다른 기업들과 협력하는 것을 의미한다. 다각화된 기업 A와 B가 직면한 상황을 고려해 보자. 이 두 기업은 동일한 사업인 사업 I, II, III, IV를 영위하고 있다(〈그림 9.3〉 참조). 이러한 상황에서 기업 A가 사업 I과 III에서 공격적인 행동을 취한다면 기업 B는 사업 II와 IV에서 공격적으로 대응할 것을 고려할 것이다. 이 경우 각각의 기업은 일부 사업에서 경험할 잠재적인 손실과 다른 사업에서 경험할 경쟁우위를 비교할 것이다. 만약 이익의 현재가치가 보복으로부터 손실의 현재가치보다 크지 않다면 두 기업은 경쟁적인 활동을 피할 것이다. 이러한 경쟁 억제는 상호 관용을 의미한다.[28]

복수시장 경쟁의 결과인 상호 관용은 여러 산업에서 발생했다. 예를 들어 이 특수한 형태의 암묵적 담합은 미쉐린과 굿이어 사이에서, 맥스웰하우스와 폴저스 사이에서, 캐터필러와 존디어 사이에서, 또한 BIC과 질레트 사이에서 존재했다.[29] 또한 항공 산업에서도 그 예를 찾을 수 있다. 예를 들어 아메리카웨스트는 매우 낮은 진입 가격으로 휴스턴 국제공항에서 서비스를 시작했다. 휴스턴 국제공항의 지배적 기업이었던 콘티넨털항공은 이에 대응하여 애리조나의 피닉스에서 미국 몇몇 도시들까지의 운임을 감소시킴으로써 아메리카웨스트의 낮은 운임에 신속하게 대응했다. 피닉스는 아메리카웨스트의 본거지 공항이다. 단지 몇 주 안에 아메리카웨스트

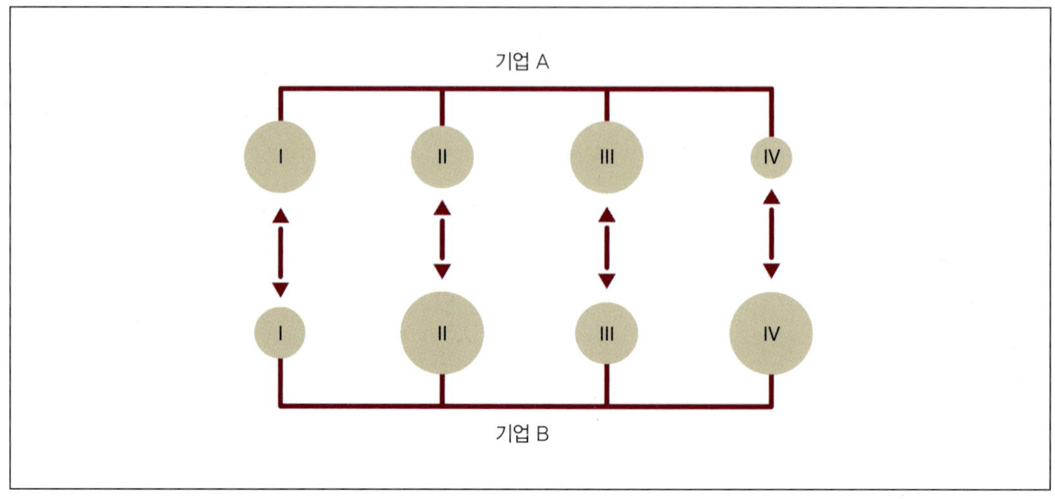

그림 9.3
가상기업 A와 B 간의 복수시장경쟁

는 휴스턴 시장에서의 낮은 운임을 철회했고, 이에 콘티넨털도 피닉스 시장에서의 낮은 운임을 철회했다. 시장에서의 보복 위협은 아메리카웨스트와 콘티넨털이 암묵적으로 가격 담합을 하도록 유도하였다.[30]

최근의 몇몇 연구들은 복수시장 경쟁이 상호 관용을 이끌어 내지 않는 조건과 또한 상호 관용이 이루어지는 조건을 조사하고 있다.[31] 일반적으로 복수시장 경쟁이 상호 관용을 이끌어 내기 위해서는 보복의 위협이 커야 한다. 그러나 상호 관용의 이점이 클 뿐 아니라 이러한 전략을 추구하는 기업들이 가지는 다각화된 사업들 사이에는 강한 전략적 연관성이 있어야 한다. 이것은 복수시장 경쟁에 기초하여 상호 관용을 추구하는 기업들이 대개 관련 다각화를 추구하고 있다는 것을 보여 준다.[32]

다각화와 시장 지배력 다각화된 기업의 사업들 사이에서 발생하는 자본의 내부 할당은 한 사업이 가지는 시장 지배력을 다른 사업들도 가질 수 있게 만든다. 예를 들어 한 기업이 특정 사업에서 독점적 이익을 얻고 있다고 가정해 보자. 이 기업은 또 다른 사업의 운영을 보조하기 위해 이러한 독점적 이익을 이용할 수 있다. 이러한 상호 보조cross-subsidization는 **약탈 가격 정책**predatory pricing, 즉 보조를 받는 사업의 비용보다 더 낮은 가격을 책정하는 가격 정책을 포함한 몇몇 형태를 취할 수 있다. 이러한 상호 보조의 효과는 보조를 받는 사업의 경쟁자들을 그 산업에서 퇴출시켜서, 보조를 받는 사업이 독점 이익을 얻도록 하는 것이다. 이러한 측면에서 보면 다각화는 한 기업이 독점적 지배력을 다수의 사업들에서 적용할 수 있도록 한다. 경제학자들은 이것을 다각화의 **풍성한 자금 모델**deep-pockets model이라 한다.[33]

정부로부터 독점적으로 인정된 사업을 가진 다각화된 기업들은 상호 보조 행위를 하는 것에 대해 비판받았다. 예를 들어 미국의 지역전화 사업자들은 대부분 다각화 전략을 추구하고 있다. AT&T를 분할했던 법령은 이러한 상호 보조가 다각화된 기업에 불공정한 경쟁우위를 부

여한다는 것을 가정한 가운데 지역전화 사업과 기타 사업들 간의 상호 보조를 금지한 것이었다.[34]

이론적으로는 이러한 범위의 경제의 시장 지배력이 존재할지라도 실증 연구들에 의해 밝혀진 것은 거의 없었다. 사실 1980년대에 이루어진 연구에서, 수도나 가스 등 독점적인 사업에서 획득한 독점 이익을 다른 사업에서 이용한 기업들은 그 사업들에서 이익을 얻지 못하고 도리어 독점적 사업에서 개발된 열악한 경영기법을 다른 사업에 적용함으로써 다각화 기업의 이익률을 저하시켰다고 설명하였다.[35] 그럼에도 불구하고, 대규모 다각화 기업들이 시장 지배력을 이용하여 사회적으로 무책임한 행동을 하는 것을 막기 위해 이 기업들의 경제적·정치적 지배력을 제한하는 조치를 취해야 한다고 요청하는 사람들이 등장하고 있다. 이러한 이슈는 '전략과 기업윤리'(281쪽)에서 논의한다.

경영자 보상 극대화의 범위의 경제

종업원들은 범위의 경제의 이점과는 무관하게 기업의 다각화를 원할 동기를 가질 수 있다. 특히 종업원들이 상급 지위에 있고 특정 기업에서의 재임 기간이 긴 경우 그렇다. 이러한 종업원의 동기는 기업 규모와 경영자 보상 정책 사이의 관계를 반영한다.

최근 몇 년 동안의 연구에 따르면 기업의 최상급 경영자의 보상은 그 기업의 경제적 성과가 아니라 대개 매출액으로 측정되는 기업의 규모에 달려 있다고 설명한다.[36] 따라서 수입을 극대화하려는 경영자들은 기업의 규모를 키우기 위해 노력하게 된다. 기업의 규모를 키우는 가장 쉬운 방법 중 하나는 기업 다각화인데, 특히 인수와 합병을 통한 비관련 다각화이다. 규모가 큰 기업 인수를 함으로써 기업은 짧은 기간에 큰 규모가 되고 상급 경영자는 최고의 수입을 얻을 수 있다. 이러한 모든 것은 다각화 기업의 경제적 이익과는 무관한 것이다. 상급 경영자들은 기업의 이익 수준이 너무 낮아서 비우호적인 기업 인수의 위협을 받거나 또는 이사회에서 경영진을 교체하려고 하는 상황 이외에는 다각화 기업의 경제적 이익에 대해 우려할 필요가 없다.

최근에 기업 규모와 경영자 보상 사이의 전통적인 관계가 깨지기 시작했다. 상위 경영자들에 대한 보상이 점점 더 기업의 경제적 성과에 따라 지급되기 시작한 것이다. 특히 주식 등의 형태의 보상은 경영자의 최고 관심이 기업의 경제적인 성과에 맞추어지도록 하였다. 보상 정책에서의 이러한 변화는 기업들이 모든 형태의 다각화를 포기할 것을 의미하지는 않는다. 대신 경영자들은 진정한 범위의 경제를 발생시키지 않는 다각화를 포기할 것임을 의미한다.

주주들은 스스로 이러한 범위의 경제를 실현할 수 있는가

이 장의 앞부분에서 기업이 가치 창출을 위해 다각화 전략을 추구하려면 다음의 두 가지 조건을 갖추어야 한다고 설명하였다. 첫째, 다각화 전략은 가치 있는 범위의 경제를 실현해야 한다. 잠재적으로 가치 있는 범위의 경제는 〈표 9.1〉에서 제시되었으며 앞에서 논의되었다. 둘째, 어느 기업에서 경영자들이 이러한 범위의 경제를 실현하는 것은 외부의 주주들이 스스로 하는 것보다 비용이 낮아야 한다. 만일 외부 주주들이 기업의 경영자들보다 낮은 비용으로 스스로 자신의 특별한 범위의 경제를 실현할 수 있다면, 왜 그들이 경영자에게 자본을 제공하고 경영자를 고용하겠는가?

〈표 9.3〉은 〈표 9.1〉에 열거된 상이한 범위의 경제의 잠재적인 가치를 요약한 것이다. 이 표는 또한 이러한 범위의 경제 중 어느 것이 외부의 주주들이 스스로 이용하기 어려울지, 그래서 어떤 범위의 경제를 창출하는 다각화가 기업의 주주들에게 이익을 창출할 것인지 설명하고 있다.

〈표 9.3〉에 열거된 대부분의 범위의 경제는 주주들 스스로에 의해서는 실현될 수 없다. 이것은 대부분 주주들이 소유하지 않은 정보에 의해, 또는 주주들이 실행할 수 없는 행동에 의해 실현되기 때문이다. 예를 들어 공유된 행동, 핵심 역량, 복수시장 경쟁, 시장 지배력의 이용 등은 기업 내 복수의 사업을 세세하게 조정하는 활동을 필요로 한다. 주주들이 자기 주식의 포트폴리오를 구성하지만 이러한 사업 포트폴리오를 조정하는 위치에 놓여 있지는 않은 것이다. 마찬가지로 내부자본 할당은 기업의 외부 주주들이 알 수 없는 내부적인 사업 전망에 관한 정보를 필요로 한다. 이러한 다각화의 이득과 관련한 윤리적 시사점에 대해서는 '전략과 기업윤리'에서 다루기로 한다.

사실 〈표 9.3〉에서 주주들이 수익을 창출할 수 없는 두 가지 범위의 경제는 기업의 규모를 키우기 위한 다각화(기업의 규모 자체는 가치를 창출하지 않기 때문에)와 위험을 줄이기 위한

표 9.3 다양한 범위의 경제가 갖는 경쟁적 시사점

범위의 경제의 형태	가치가 있는가	주주들에 의해 실현될 수 있는가	주주들에게 수익을 가져다주는가
공유된 활동의 범위의 경제	예	아니요	가능함
핵심 역량 활용의 범위의 경제			
사업부 수준의 공유된 역량	예	아니요	가능함
전사적 수준의 공유된 역량	예	아니요	가능함
재무적 범위의 경제			
내부자본 할당	예	아니요	가능함
위험 감소	예	예	아니요
세금 혜택	예	아니요	가능함
반경쟁적 범위의 경제			
복수시장 경쟁	예	아니요	가능함
시장 지배력 활용	예	아니요	가능함
경영자 보상 극대화	아니요	아니요	아니요

전략과 기업윤리

글로벌화와 다국적기업의 위협

1999년에 노동조합원, 환경론자, 청년들, 원주민, 인권단체, 그리고 소규모 농장 농부들의 모임은 세계무역기구World Trade Organization, WTO의 회의에 반대하고 기업의 점증하는 범세계적 지배력에 대항하기 위해 워싱턴주 시애틀 거리를 점거했다. 정부 관료들과 기업 경영자들은 이러한 저항을 혼란스러워했다. 현실적으로 세계 무역은 1950년에서 1995년까지 19배 증가하고(4,000억 달러에서 7조 6,000억 달러로, 2003년 달러 기준), 전 세계의 총경제산출량은 1950년의 6조 4,000억 달러에서 2005년의 60조 7,000억 달러로(2003년 달러 기준) 증가하지 않았던가? 왜 지구촌 사람들의 복지를 명백하게 향상시키는 범세계적 경제 시스템, 즉 자유무역을 향상시키고 범세계적 경제의 효율성을 증가시키는 시스템에 대해 저항하는가? 1999년의 이 시위는 그 이후 촉발되었던 다수의 반글로벌의 시위로 이어졌고 2007년 경제위기 이후 월가 점령 시위, 그리고 어떤 의미에서는 2016년의 트럼프 대통령 당선으로 이어졌다. 아직도 많은 경영 또는 정부 지도자들은 혼란에 빠져 있다. 글로벌화는 과연 세계 경제에 유익한 것인가 아니면 그 반대인가?

시위자들이 정부와 대기업들에 전하는 메시지는 총체적인 성장 수치가 많은 진실을 감추고 있다는 것이다. 경제적 성장이 있었던 것은 사실이다. 문제는 세계 인구 중 단지 일부분만이 그러한 성장의 혜택을 받았다는 데 있다. 대부분의 세계 인구는 여전히 생존을 위해 투쟁하고 있다. 1990년대 초, 미국의 부자 358명이 가진 총재산(7,600억 달러)은 지구상에서 가장 가난한 25억 인구의 총재산과 같았다. 세계 인구의 총수입의 83%가 가장 부유한 15%의 사람들에게 속하는 반면, 세계 인구 중 가장 가난한 15%의 사람들은 세계 인구의 총수입의 1.4%만을 가진다. 최근에는 세계의 6,530만 명의 사람들이 외국에서의 일자리를 구하기 위해 고국을 떠나야 했고, 약 14억 명의 사람들이 하루에 1달러보다 더 적은 돈으로 살아간다. 심지어 미국과 같이 비교적 풍족한 사회에서도 사람들이 재정적 의무를 다하기가 점점 어려워지고 있다. 실질 임금의 하락과 경제적 불안감, 그리고 기업의 규모 축소는 사람들로 하여금 더 많은 시간을 일하거나 2~3개의 직업을 가지게 했다. 부자들의 수가 점점 증가하는 반면, 절망적이고 무기력하게 빈곤에 시달리는 사람들은 더 빠르게 증가한다.

범세계적 경제 성장과 이에 연결된 범세계적 경제 부패가 동시에 발생하는 원인은 다양하고 복잡한데, 그중 하나의 이유로 다각화된 다국적기업이 가진 점증하는 경제적 지배력을 들고 있다. 이러한 기업들의 크기는 많은 국가들의 경제적 규모보다 클 만큼 거대하다. 그리고 오로지 기업의 성과를 극대화하려는 의도로 공급자와 구매자, 종업원, 그리고 환경에 악영향을 미치는 의사결정을 내리고도 비교적 큰 문제없이 사업을 계속할 수 있다. "탐욕은 선이다"라는 암묵적인 주문으로 무장한 이러한 기업들은 주주들의 부를 증가시키는 한 거의 어떤 행동도 정당화할 수 있다.

국제적으로 다각화된 기업들이 경제 양극화 문제의 원인이라는 가설을 받아들일지라도, 사실 이 가설을 받아들이는 것조차도 힘든 일이지만, 이러한 기업들의 점증하는 지배력을 해결할 수 있는 방법은 분명하지 않다. 문제는 기업들이 거대하고 지배력을 갖게 되는 이유가 구매자의 수요를 효과적으로 만족시키기 때문이라는 것이다. 즉 기업의 규모 자체는 반드시 한 기업이 공공의 선public good을 위반하는 것을 판단하는 척도가 아닌 것이다. 단지 기업의 규모가 크다는 이유만으로 정부가 그 규모를 제한하는 것은 일반 국민들을 더 가난하게 만들 수 있다. 그러나 기업들도 일단 큰 규모와 지배력을 갖게 되면 사회에 부담을 지우면서까지 자신들이 가진 지배력을 이용하려는 유혹에 빠질 수 있다.

이러한 문제들의 원인과 해결책이 무엇이든 간에, 1999년에 일어난 시애틀에서의 저항은 적어도 한 가지 분명한 메시지를 전한다. 맹목적인 범세계적 성장은 국제적 경제 정책이 가져야 할 올바른 목적으로서 더 이상 수용될 수 없다는 것이다.[37]

다각화(주주들 스스로 다양한 사업의 주식에 투자하여 매우 낮은 비용으로 위험을 줄일 수 있기 때문에)뿐이다. 사실 많은 다각화된 기업들이 위험 감소를 그 이유로 들고 있지만 이것은 직접적으로 기업 주주들의 이익과 일치하는 것은 아니다. 그러나 몇몇 학자들은 위험 감소를 위한 다각화도 기업의 다른 이해관계자들에게 이익이 되어 간접적으로 이 기업의 주주에게도 이익이 된다고 주장한다. 이러한 가능성은 '이론적 뿌리를 찾아서'에서 상세히 논의된다.

이론적 뿌리를 찾아서

일반적으로 기업이 위험을 감소시키기 위해 다각화하는 것이 기업의 주주들outside equity holders에게 직접적으로 혜택을 가져오지는 않지만, 기타 이해관계자들이 기꺼이 기업 특유의 투자를 하도록 영향을 줌으로써 '간접적으로' 주주들에게 혜택을 줄 수 있다. 기업의 **이해관계자들**stakeholders은 그 기업의 성과에 관심을 갖는 모든 집단 및 사람을 포함한다. 이러한 관점에서 기업의 주주는 기업의 이해관계자들 중 하나이다. 그 밖의 이해관계자로는 종업원, 공급자, 구매자 등을 들 수 있다.

이해관계자들이 그들이 속한 기업에서 행하는 투자의 가치가 다른 기업에서의 동일한 투자의 가치보다 훨씬 더 클 때 **기업 특유의 투자**firm-specific investments를 한다고 한다. 예를 들어 어느 기업의 종업원을 고려해 보자. 특정한 기업에서 오랫동안 근무한 종업원은 일반적으로 상당한 **기업 특유의 인적 자원 투자**firm-specific human capital investments를 행하게 된다. 이러한 투자는 특정한 기업의 문화, 정책, 절차를 이해하는 것과 임무를 완수하기 위해 접촉해야 할 핵심 인사를 아는 것 등을 포함한다. 이러한 투자는 기업에서 중요한 가치를 지니는데, 사실 이러한 기업 특유의 지식은 기업이 가치 있는 전략을 발견하고 수행하는 것을 종업원들이 돕는 데 일반적으로 필요하다. 그러나 어느 종업원이 특정한 기업 내에서 행하는 기업 특유의 투자는 다른 기업에서는 가치가 거의 없다. 만일 한 기업이 운영을 멈추게 되면 종업원들이 그 기업에서 행해 왔던 기업 특유의 투자의 가치는 즉시 사라질 것이다.

위험 감소 다각화와 기업의 이해관계자

공급자들과 구매자들도 이러한 기업 특유의 투자를 행할 수 있다. 공급자들은 특정한 구매자의 특수한 요구 조건에 따라 그들의 제품과 서비스를 주문에 맞춰 생산할 때 기업 특유의 투자를 한다. 공급자들은 또한 특정한 기업에 팔기 위해 다른 기업에 팔 수 있는 기회를 포기할 때 기업 특유의 투자를 한다. 구매자들은 특정한 공급자 기업의 제품이나 서비스를 완전히 이용하기 위해 그들의 사업 운영을 맞춤형으로 할 때 기업 특유의 투자를 한다. 또한 특정한 공급자 기업과 가까운 관계를 개발하기 위해 구매자 기업이 다른 공급 기업과의 관계를 발전시킬 기회를 포기할 때 이 구매자들은 기업 특유의 투자를 한다. 만일 어느 기업이 운영을 멈추면 그 공급자들과 구매자들이 행한 기업 특유의 투자는 즉시 가치를 상실하게 된다.

비록 종업원들, 공급자들, 구매자들에 의해 행해진 기업 특유의 투자가 위험을 수반하더라도 이러한 투자는 기업이 경제적 이익을 창출하기 위해서 매우 중요하다. 제3장에서 설명한 것처럼, 가치 있고 희소하며 모방하기 힘든 자원과 능력은 지속적인 경쟁우위의 원천이 될 수 있는데, 기업 특유의 투자의 특성을 가진 자원과 능력은 그렇지 않은 자원과 능력들보다 가치 있고 희소하면서 모방하기 힘든 특성이 많기 때문이다.

그러므로 기업의 종업원과 공급자 및

구매자들에 의해 행해진 가치 있고 희소하며 모방하기 힘든 기업 특유의 투자는 경제적 이익의 원천이 될 수 있다. 그리고 기업의 주주들은 기업이 창출한 현금흐름의 잔여 권리 보유자residual claimants이기 때문에 이러한 경제적 이익은 주주들에게 이익이 된다. 그러므로 기업의 주주들은 일반적으로 기업의 종업원, 공급자, 구매자들이 기업 특유의 투자를 행해서 주주들의 부를 증가시키기를 바랄 것이다.

그러나 기업 특유의 투자가 위험을 수반하기 때문에 종업원, 공급자, 구매자들은 일반적으로 이러한 위험이 감소될 때 기꺼이 기업 특유의 투자를 하려 할 것이다. 주주들은 기업의 다각화 외에도 개인적인 투자 주식의 구성을 다각화함으로써 낮은 비용으로 위험을 관리할 수 있다. 이것이 바로 기업의 다각화 전략이 기업의 주주들에게 직접적으로 혜택을 주지 않는 이유이다. 그러나 기업의 종업원, 공급자, 구매자들은 보통 이러한 낮은 비용의 다각화 기회를 가지고 있지 않다. 예를 들어 종업원들이 다양한 기업에 있어서 기업 특유의 인적 자원 투자를 함으로써 위험을 관리하는 것은 거의 불가능하다. 그리고 비록 공급자와 구매자는 종업원에 비해 비교적 큰 기업 특유의 투자를 할 수 있지만 복수의 구매자들 또는 복수의 공급자들을 상대함으로써 이러한 복수의 공급자와 구매자들의 다각화 비용은 주주들이 직면하는 다각화의 비용보다 더 높다.

이처럼 종업원, 공급자, 그리고 구매자들이 기업 특유의 투자를 함에 있어서의 위험을 각자가 다각화하는 비용은 종종 매우 높으므로, 이들은 기업의 경영자들이 이들을 위해 이러한 위험을 관리하는 것을 돕기를 원하게 된다. 이에 경영자들은 기업이 영위하는 사업의 구성을 다각화함으로써 위험 관리를 도울 수 있다. 만약 기업이 사업의 구성을 다각화하기를 꺼린다면 기업의 종업원, 공급자, 구매자들은 일반적으로 그 기업에서 기업 특유의 투자를 하는 것을 꺼릴 것이다. 또한 이러한 기업 특유의 투자는 경제적 이익을 발생시킬 수 있고 그 경제적 이익은 주주들에게 혜택을 줄 수 있기 때문에, 비록 다각화 전략이 직접적으로 주주들에게 혜택을 주지 않더라도 주주들은 그 기업이 다각화 전략을 추구하도록 장려하는 간접적인 동기를 가진다.

다시 말해서 한 기업의 다각화 전략은 기업의 종업원, 공급자, 구매자들이 기업에서 행하는 기업 특유의 투자에 대한 보상으로 생각될 수 있다. 주주들은 이러한 기업 특유의 투자가 창출할 수 있는 경제적 이익을 얻는 것을 목적으로 이 보상을 장려할 동기를 가진다. 일반적으로 기업의 종업원, 공급자, 구매자들이 행하는 기업 특유의 투자가 그 기업의 경제적 이익 창출 능력에 갖는 영향력이 클수록 기업의 다각화 전략이 간접적으로 주주의 이익과 부합될 가능성도 커진다. 또한 기업의 종업원, 공급자, 구매자들이 기업 특유의 투자에 수반된 위험을 낮은 비용으로 다각화할 능력을 갖지 못할수록 기업의 다각화가 주주의 이익과 부합될 가능성도 커진다.[38]

기업 다각화와 지속적인 경쟁우위

〈표 9.3〉은 실제로 경제적 가치를 창출할 수 있는 범위의 경제를 설명하고 있다. 그러나 이 책의 다른 모든 전략에서 보았듯이, 한 전략이 가치가 있다는 사실은 반드시 그것이 지속적인 경쟁우위의 원천이 될 것임을 의미하지는 않는다. 다각화가 지속적인 경쟁우위의 원천이 되기 위해서는 가치 있을 뿐만 아니라 희소해야 하고, 모방하기 어려워야 하며, 그리고 기업은 이 전략을 실행하기 위해 조직되어야 한다. 다각화의 희소성과 모방 가능성은 바로 다음에서 논의되고 조직에 대한 질문은 그 후에 논의된다.

다각화의 희소성

일견 다각화 그 자체는 희소한 전략이 될 수 없는 것처럼 보인다. 대부분의 대기업들은 지배적인 사업 기업일지언정 어떤 형태로든 다각화되어 있다. 심지어 많은 중소 규모의 기업들도 다른 수준의 다각화 전략을 채택했다.

그러나 다각화의 희소성은 다각화 그 자체에 의존하는 것이 아니라 특정한 범위의 경제가 얼마나 희소하게 다각화와 연관되었는지에 따르는 것이다. 만일 소수의 경쟁 기업들만이 특정한 범위의 경제를 실현했다면 그러한 범위의 경제는 희소할 수 있다. 만일 많은 기업들이 같은 형태의 범위의 경제를 가진다면 그것은 흔한 것이며 경쟁우위의 원천이 될 수 없다.

다각화의 모방 가능성

다각화가 창출하는 범위의 경제가 희소할 때, 두 가지 모방 가능성의 형태, 즉 직접복제와 대체는 다각화 전략이 지속적인 경쟁우위를 창출하는 능력을 지녔는가를 평가하는 데 이용될 수 있다.

다각화의 직접복제

가치 있고 희소한 다각화 전략이 직접복제로부터 얼마나 자유로운가 하는 것은 경쟁 기업들이 얼마나 쉽게 동일한 범위의 경제를 실현할 수 있는가에 달려 있다. 〈표 9.4〉에서 볼 수 있듯이 몇몇 범위의 경제는 다른 것들보다 복제하기 힘들다.

기업 다각화의 기반으로서 공유된 활동, 위험 감소, 세금 혜택, 종업원 보상 등은 일반적으로 복제하기 쉽다. 공유된 활동은 연구개발 실험실, 공동 판매 인력, 공동 제조 등 유형 자산에 기반을 두기 때문에 비교적 복제하기 쉽다. 공유된 활동에 있어서 유일한 이슈가 되는 것은 공유된 활동을 용이하게 하는 사업 간 협력관계를 개발하는 것인데, 이것은 다음 장에서 설명하기로 한다. 또한 위험 감소, 세금 혜택, 종업원 보상 등의 다각화 동기는 관련 다각화와 비관련 다각화 모두를 통해 성취될 수 있기 때문에 이러한 다각화를 위한 동기는 비교적 복제하기 쉬운 경향이 있다.

반면에 다른 범위의 경제는 복제하기 어렵다. 핵심 역량, 내부자본 할당의 효율성, 복수시장 경쟁, 시장 지배력의 이용 등은 복제하기 힘든 범위의 경제에 속한다. 핵심 역량은 무형적이기 때문에 그것을 직접복제하는 것은 어렵다. 자본 할당 범위의 경제를 실현하는 것은 매우 풍부한 정보 처리 능력을 필요로 한다. 이러한 능력은 개발하기 어려울 때가 많다. 복수시장 경쟁

표 9.4 범위의 경제의 복제 용이성

복제하기 쉬운 범위의 경제	복제하기 어려운 범위의 경제
공유된 활동	핵심 역량
위험 감소	내부자본 할당
세금 혜택	복수시장 경쟁
종업원 보상	시장 지배력의 이용

은 기업이 운영하는 상이한 사업들 간의 세밀한 조정을 필요로 한다. 이러한 종류의 조정은 사회적으로 복잡하며 종종 직접적으로 복제하기 힘든 것이다.[34] 마지막으로 시장 지배력의 이용 또한 복제하기 힘든데, 이러한 시장 지배력을 갖지 못한 기업이 그 지배력을 어떤 사업에서 획득하는 것은 매우 어려운 일이기 때문이다.

다각화의 대체재

다각화의 대체재로 두 가지가 존재한다. 첫째, 다각화된 기업이 다양한 사업에 걸친 범위의 경제를 실현하는 대신, 기업은 각 사업을 독립적으로 성장시켜서 개발할지를 결정할 수 있다. 이를 통해 단일한 사업에서 저비용 또는 차별화 전략을 성공적으로 실행하는 기업은 범위의 경제를 개발하지 않고도 동일한 비용 또는 수익 측면에서의 우위를 얻을 수 있다. 다각화된 기업 내에서 사업을 독립적으로 성장시키는 것은 다각화 전략을 통해 범위의 경제를 실현하는 것의 대체재가 될 수 있다.

둘째, 전략적 제휴는 다각화의 범위의 경제를 대체할 수 있다. 전략적 제휴를 맺음으로써 기업들은 스스로 사업을 소유하지 않고도 목표하는 범위의 경제를 얻을 수 있다. 예를 들어 두 사업을 소유해서 그 가운데 연구개발 분야의 범위의 경제를 실현하는 대신, 다른 기업과 전략적 제휴를 맺고 공동의 연구개발 실험실을 형성할 수 있다. 또한 내부적으로 상이한 사업들 간에 판매의 범위의 경제를 실현하는 대신, 다른 기업과 판매 계약을 체결하고 이 제휴를 이용하여 비용 또는 수익의 우위를 얻을 수 있다.

▶▶ 국내 사례

은행의 사업다각화 : IBK기업은행의 문화콘텐츠 금융지원부

벤처 투자사의 최고의 덕목이 성장성이라면 은행의 최고의 덕목은 안정성이다. 벤처 캐피털리스트들은 사업의 성공 가능성을 보고 투자한다. 그러나 은행에서는 원금과 이자의 회수가 가장 중요한 대출 기준이다. 그 때문에 보증이나 담보가 필수 요건이 된다.

그런데 보증이나 담보 없이 대출을 하는 은행이 있다. 바로 IBK기업은행이다. 이 은행이 다른 은행과 차별화되는 가장 큰 특징은 문화콘텐츠 금융지원 담당부서가 존재한다는 것이다. 문화콘텐츠는 영화, 드라마, 공연 등 소위 '경험재'로 불리는 상품이다. 경험재는 소비자가 직접 경험하기 전까지는 그 가치를 정확히 평가할 수 없는 상품으로서 당연히 높은 불확실성을 수반한다. 즉 매우 불확실한 가치를 갖는 자산에 투자하기 위해 일하는 부서가 문화콘텐츠 금융지원 담당부서인 것이다.

IBK기업은행의 이러한 '무모한' 사업다각화는 2010년에 행장으로 취임한 조준희 전 행장으로부터 시작되었다. 저금리로 인해 은행권의 성장이 둔화된 가운데, 문화콘텐츠 산업에 투자하여 신성장 동력을 얻겠다는 의지가 반영된 것이다. 이에 2012년 초에 전담부서가 탄생하게 되었다.

사실 문화콘텐츠 사업의 재정은 매우 취약해서, 영화 한 편이 대박을 치면 그것으로 몇 년을 버티는 구조였다. 그나마 흥행에 실패를 하면 바로 도산하는 일이 빈번하다. 그런데 IBK기업은행이 지금까지 투자 및 지원을 해 온 경력을 살펴보면 과감하기 그지없었다. 2014년에는 '명량', '군도', '신의 한 수' 등의 영화, '왔다 장보리', '별에서 온 그대', '최고다 이순신' 등의 드라마, '레미제라블', '지킬앤하이드' 등의 공연, 그리고 '뽀로로', '넛잡' 등의 애니메이션에도 투자 및 지원을 했다. 투자 금액은 2013년 말까지 5,400억 원, 2014년 말까지 2,700억 원에 달했고, 국제시장에 6억 5,000만 원, 연평해전에는 30억 원, 인천상륙작전에 26억 2,500만 원을 투자했다.

이러한 불확실한 상품 또는 사업에 은행이 투자를 하는 것은 매우 이례적이다. 문화콘텐츠 상품을 제작하는 기업은 자산가치가 매우 낮다. 담보 액수만으로는 투자 또는 지원이 가능하지 않다. 예를 들어 애니메이션 '넛잡'을 제작한 레드로버는 2011년과 2012년 연속 순손실을 기록하고 있었고 보증기금을 사용하기 위한 보증한도를 다 소진한 상태였다. 이 영화에 대출을 해 주기 위해서는 100% 신용대출을 해야 했다. 그렇다고 IBK기업은행이 신용대출 심사를 엉성하게 운영한 것은 아니었다. 문화콘텐츠 금융부 직원들은 대출금이 제대로 운영될 것인가, 그리고 액수가 적정한가에 대해 평가하기 위해 일반적인 평가절차 이외에도 영화 시나리오를 읽고 상품성을 평가하고 흥행과 관련된 환경요소를 평가하는 등 기존과는 다른 기준에 의한 평가도 수행했다. 이를 위해 연예기획사, 영화 배급사, 영화제 사무국 출신의 전문가도 영입하였다. 이들은 전문적 의견을 통해 은행의 대출 심사부를 설득해야 했다. 지금까지의 결과로 볼 때 대출업무 수익이 2~4% 내외인 것에 비해 영화 투자로 인한 수익은 8% 정도를 기록하고 있다.

IBK기업은행은 사업다각화를 통해 도전을 하고 있다. 이 다각화는 새로운 전문적 역량과 판단기준을 요구한다. 과연 이 은행은 지금까지의 성공을 계속 이어 나갈 수 있을 것인가?

출처 : 비즈니스포스트 2018. 1. 8. 김도진 IBK기업은행장; 조세일보 2017. 9. 22. 기보-문화체육부-기업은행, 콘텐츠 중소기업 지원 업무협약; 매일경제 2015. 12. 8. 권선주 IBK기업은행장 "고객이 성공을 꿈 꿀 때 곁에서 돕는게 은행이죠"; 신형덕(2016). 잘되는 기업은 무엇이 다를까.

요약

기업들은 제한된 다각화(단일 사업, 지배적 사업)와 관련 다각화(제한된 관련성, 연결된 관련성), 그리고 비관련 다각화에 걸쳐 기업 다각화 전략을 실행한다. 기업 다각화가 가치를 창출하려면 이 전략을 추구하는 기업은 외부 주주들이 낮은 비용으로 스스로 실현할 수 없는 범위의 경제를 실현하여 수익을 증대시키거나 비용을 감소시켜야 한다.

다각화 전략의 실행 동기에는 공유된 활동, 핵심 역량(사업부 수준의 공유된 역량, 전사적 역량), 재무적 범위의 경제(내부자본 할당, 위험 감소, 세금 혜택), 반경쟁적 범위의 경제(복수시장 경쟁, 시장 지배력 우위), 그리고 다각화를 통한 경영 보상의 극대화가 포함된다. 경영 보상을 극대화하는 동기를 제외한 모든 다각화의 동기는 기업이 경제적 가치를 창출하는 잠재력을 가진다. 게다가 한 기업의 외부 주주들은 위험 감소의 동기를 제외하고는 다각화의 이러한 기반을 실현하기가 매우 어렵다는 것을 알고 있다. 그래서 경영 보상을 극대화하기 위한 다각화와 위험을 감소시키기 위한 다각화는 주주의 이익을 극대화하는 것과는 직접적인 관련이 없다. 또한 이 분석을 통해 관련 다각화 기업은 비관련 다각화 기업보다 평균적으로 높은 성과를 얻는다는 사실을 알 수 있다.

지속적인 경쟁우위를 창출하기 위해서 다각화 전략은 가치가 있어야 할 뿐 아니라 희소성과 모방 가능성 또한 존재해야 한다. 다각화 전략의 희소성은 얼마나 많은 기업들이 다각화를 통해 동일한 범위의 경제를 실현하는가에 달려 있다. 모방은 직접복제 또는 대체재를 통해 발생할 수 있다. 복제하기 힘든 범위의 경제로는 핵심 역량, 내부자본 할당, 복수시장 경쟁, 시장 지배력의 이용이 있다. 다른 범위의 경제는 대개 복제가 쉽다. 다각화의 중요한 대체재로는 한 기업 내 사업이 독립적으로 활동할 때 범위의 경제의 이익(비용 절감, 수익 증진)이 발생하는 경우와 전략적 제휴를 통해 이익이 발생하는 경우이다.

지금까지의 논의에서는 다각화 전략을 실행하는 데 중요한 조직적 측면에 대해서는 언급하지 않았다. 이러한 측면들은 다음 장에서 상세히 설명할 것이다.

탐구과제

9.1 관련성을 발견하는 단순한 방법은 한 기업이 제조하는 제품 또는 서비스의 공통점에서 찾는 것이다. 제품이나 서비스가 서로 비슷할수록 그 기업의 다각화 전략은 더 관련성이 있다. 그러나 다각화 전략에서 핵심 역량을 이용하는 기업들은 항상 비슷한 제품이나 서비스를 제조하는가? 왜 그런가? 또는 왜 그렇지 않은가?

9.2 비관련 다각화 기업은 익숙하지 않은 산업에 진입한다. 범위의 경제 분석은 비관련 다각화의 의사결정에 적절한가? 다섯 가지 세력 분석이 추

가로 필요한가? 그렇지 않다면 그 이유는 무엇인가? 만약 그렇다면 두 가지 분석이 어떤 방식으로 결합되어야 하는가?

9.3 범위의 경제의 다양한 형태를 설명하라. 다각화 기업에게 어떠한 영향을 미치는가?

9.4 거의 모든 기업들은 가치활동을 공유한다. 예를 들어 대부분의 기업들은 재무와 회계, 물류, MIS, 인적자원관리 기능을 본부에서 관리한다. 만약 서로 관련되지 않은 두 산업에 속한 두 기업에 있어서 이러한 공유된 활동의 비중이 큰데(예를 들어 40% 이상), 단지 이 공유된 활동들을 통합하여 비용을 절감하기 위해 합병한다고 하면 이 합병은 논리적으로 정당한가? 그 이유는 무엇인가?

9.5 경영자의 책임의 범위에 있어서 위험 관리는 매우 중요한 요소이다. 다각화와 위험 감소의 관계에 대해 논하라.

연습문제

9.6 다음 기업의 웹사이트에 방문하라. 이 기업들의 전략을 어떻게 특징지을 수 있는가? 이 기업들은 제한된 다각화, 관련 다각화, 비관련 다각화 중 어느 경우에 속하는가?

(a) 단고테그룹
(b) 아메리카모빌
(c) LVMH
(d) 타타그룹
(e) 바이두
(f) SAPSE
(g) 청콩(홀딩스) 유한회사
(h) 엠브라에르 SA
(i) 로비오 엔터테인먼트 코퍼레이션

9.7 다음의 전략을 살펴보라. 이러한 전략 중 어느 것이 잠재적인 범위의 경제를 가지고 있는가? 범위의 경제가 존재한다면 어떤 형태의 범위의 경제인가? 범위의 경제가 존재하지 않는다면 그 이유는 무엇인가?

(a) 코카콜라사가 기존의 다이어트 콜라를 새로운 다이어트 콜라 브랜드로 대체한다.
(b) 애플이 저장 용량이 큰 새로운 아이폰을 출시한다.
(c) 펩시사가 기존의 콜라 판매 점포에서 포테이토 칩 제품을 출시한다.
(d) 월마트가 기존의 월마트 점포와 월마트 슈퍼센터(식료품도 판매하는 점포), 그리고 할인매장인 샘스 클럽을 위해 동일한 유통 시스템을 활용한다.
(e) 헤드스키사가 새로운 테니스 라켓 제품을 출시한다.
(f) GE가 뱅크오브아메리카에서 연 3%로 자금을 대부받아서 제트엔진 자회사가 연 8%

로 이용할 수 있게 한다.

(g) 맥도날드가 인기가 높은 두 식당 체인인 보스턴 마켓과 치폴레를 인수한다.

(h) 벤처캐피털 기업이 바이오 기업과 엔터테인먼트 기업에 투자한다.

(i) 벤처캐피털 기업이 두 바이오 기업에 투자한다.

9.8 사업 I과 관련된 현금흐름의 표준편차는 0.8이다. 표준편차가 클수록 사업의 미래 현금흐름은 더 위험하다. 사업 II와 관련된 현금흐름의 표준편차는 1.3이다. 즉 사업 II는 사업 I보다 더 위험하다. 마지막으로 두 사업의 현금흐름 사이의 상관관계는 −0.8이다. 이는 사업 I이 상승할 때 사업 II는 하락하는 경향이 있다는 것을 의미한다. 한 기업이 두 사업을 모두 소유한다고 가정해 보자.

(a) 사업 I이 이 기업 수입의 40%를 구성하고, 사업 II는 60%를 구성한다는 가정 아래, 다음의 공식을 사용하여 이 기업의 총수입의 위험을 계산하라.

$$sd_{I,II} = \sqrt{w^2sd_I^2 + (1 - w)^2sd_{II}^2 + 2w(1 - w)(r_{I,II}sd_Isd_{II})}$$

여기서 $w = 0.40; sd_I = 0.8, sd_{II} = 1.3$, and $r_{I,\,II} = -0.8$

(b) 이 결과로 볼 때, 이 기업이 사업 I과 사업 II를 모두 소유하는 것이 정당성을 갖는가? 그 이유는 무엇인가?

참고문헌

1 Anzis K. "Yamaha Music Education System: Celebrating 50 Years of Growth." *American Music Teacher* [serial online]. August 2005, 55(1): 39–43. Available from Academic Search Premier, Ipswich, MA (accessed November 3, 2017); *Time Magazine* (1964). "Japan: Pianos on the Assembly Line." http://content.time.com/time/magazine/article/0,9171,870777,00.html?iid=sr-link10 (accessed November 14, 2017); Yamaha Golf (2017). "History." http://global.golf.yamaha.com/en/history/ (accessed November 14, 2017); Yamaha Motor (2017). "Paving the Road to Yamaha Motor Corporation, U.S.A." http://www.yamaha-motor.com/corporate/foundingHistory.aspx (accessed November 14, 2017); Yamaha (2017). "Brand and History." https://www.yamaha.com/en/about/history/ (accessed November 14, 2017); Yamaha (2017). "Development of Products." https://www.yamaha.com/en/about/history/products/ (accessed November 14, 2017); Yamaha (2017). "Origins of the Yamaha Brand." https://www.yamaha.com/en/about/history/brand/ (accessed November 14, 2017).

2 www.pepsico.com/brands Accessed February 14, 2017

3 The Walt Disney Company. (1995). Harvard Business School Case No. 1-388-147.

4 H. P. Lang and R. M. Stulz (1994). "Tobin's *q*, corporate diversification, and firm performance." *Journal of Political Economy*, 102, pp. 1248–1280; R. Comment and G. Jarrell (1995). "Corporate focus and stock returns." *Journal of Financial Economics*, 37, pp. 67–87; D. Miller (2006). "Technological diversity, related diversification, and firm performance." *Strategic Management Journal*, 27(7), pp. 601–620; B. Villalonga (2004). "Does diversification cause the 'diversification discount'?" *Financial Management*, 33(2), pp. 5–28; T. Mackey, J. Barney, and J. Dotson (2017) "Corporate diversification and the value of individual firms: A Bayesian approach. *Strategic Management Journal*, 32(2): pp. 322–341.

5 See Rogers, A. (1992). "It's the execution that counts." *Fortune*, November 30, pp. 80–83; and Porter, M. E. (1981). "Disposable diaper industry in 1974." Harvard Business School Case No. 9-380-175. A more general discussion of the value of shared activities can be found in St. John, C. H., and J. S. Harrison. (1999). "Manufacturing-based relatedness, synergy, and coordination." *Strategic Management Journal*, 20, pp. 129–145.

6 See Fuchsberg, G. (1992). "Decentralized management can have its drawbacks." *The Wall Street Journal*, December 9, p. B1.

7 See about.att.com/story/att-completes-acquisition-of-DirectTV. Accessed February 14, 2017.

8 de Lisser, E. (1993). "Catering to cooking-phobic customers, supermarkets stress carryout." *The Wall Street Journal*, April 5, p. B1.

9 See, for example, Davis, P., R. Robinson, J. Pearce, and S. Park. (1992). "Business unit relatedness and performance: A look at the pulp and paper industry." *Strategic Management Journal*, 13, pp. 349–361.

10 Loomis, C. J. (1993). "Dinosaurs?" *Fortune*, May 3, pp. 36–42.

11 Rapoport, C. (1992). "A tough Swede invades the U.S." *Fortune*, June 29, pp. 776–779.

12 Prahalad, C. K., and G. Hamel. (1990). "The core competence of the organization." *Harvard Business Review*, 90, p. 82.

13 See also Grant, R. M. (1988). "On 'dominant logic' relatedness and the link between diversity and performance." *Strategic Management Journal*, 9, pp. 639–642; Chatterjee, S., and B. Wernerfelt. (1991). "The link between resources and type of diversification: Theory and evidence." *Strategic Management Journal*, 12, pp. 33–48; Constantinos C. Markides, and P. J. Williamson. (1994). "Related diversification, core competencies, and corporate performance." *Strategic Management Journal*, 15, pp. 149–165; Montgomery, C. A., and B. Wernerfelt. (1991). "Sources of superior performance: Market share versus industry effects in the U.S. brewing industry." *Management Science*, 37, pp. 954–959; Liedtka, J. M. (1996). "Collaborating

across lines of business for competitive advantage." *Academy of Management Executive*, 10(2), pp. 20–37; and Farjoun, M. (1998). "The independent and joint effects of the skill and physical bases of relatedness in diversification." *Strategic Management Journal*, 19, pp. 611–630.

14 See Bartlett, C.A. and S. Ghoshal (1989) *Managing Across Borders: The Transnational Solution*. Boston, MA: Harvard Business School Press.

15 Presentation by V. P. of Research and Development, General Electric Medical Imaging Chinese Division, SMS Special Conference in Guangzhou, China, December, 2015.

16 *10K report for Berkshire Hathaway*; W. Buffet (2013). "An owner's manual, revised." www.berkshirehathaway.com. Accessed July 26, 2013 and February 14, 2017,

17 Danaher Case, HBS

18 Prahalad, C. K., and R. A. Bettis. (1986). "The dominant logic: A new linkage between diversity and performance." *Strategic Management Journal*, 7(6), pp. 485–501.

19 See Williamson, O. E. (1975). *Markets and hierarchies: Analysis and antitrust implications*. New York: Free Press.

20 Publically traded firms often have to be more forthcoming about both their performance and prospects. However, even among these firms, managers may know more about their firm's performance and prospects than they say in public statements.

21 See Liebeskind, J. P. (1996). "Knowledge, strategy, and the theory of the firm." *Strategic Management Journal*, 17 (Winter Special Edition), pp. 93–107.

22 Perry, L. T., and J. B. Barney. (1981). "Performance lies are hazardous to organizational health." *Organizational Dynamics*, 9(3), pp. 68–80.

23 Bethel, J. E. (1990). *The capital allocation process and managerial mobility: A theoretical and empirical investigation*. Unpublished doctoral dissertation, University of California at Los Angeles.

24 Staw, B. M. (1981). "The escalation of commitment to a course of action." *Academy of Management Review*, 6, pp. 577–587.

25 See Comment, R., and G. Jarrell. (1995). "Corporate focus and stock returns." *Journal of Financial Economics*, 37, pp. 67–87; Berger, P. G., and E. Ofek. (1995). "Diversification's effect on firm value." *Journal of Financial Economics*, 37, pp. 39–65; Maksimovic, V., and G. Phillips. (1999). "Do conglomerate firms allocate resources inefficiently?" Working paper, University of Maryland; Matsusaka, J. G., and V. Nanda. (1998). "Internal capital markets and corporate refocusing." Working paper, University of Southern California; Palia, D. (1998). "Division-level overinvestment and agency conflicts in diversified firms." Working paper, Columbia University; Rajan, R., H. Servaes, and L. Zingales. (1997). "The cost of diversity: The diversification discount and inefficient investment." Working paper, University of Chicago; Scharfstein, D. S. (1997). "The dark side of internal capital markets II: Evidence from diversified conglomerates." NBER [National Bureau of Economic Research]. Working paper; Shin, H. H., and R. M. Stulz. (1998). "Are internal capital markets efficient?" *The Quarterly Journal of Economics*, May, pp. 551–552. But Houston and James (1998) show that internal capital markets can create competitive advantages for firms: Houston, J., and C. James. (1998). "Some evidence that banks use internal capital markets to lower capital costs." *Journal of Applied Corporate Finance*, 11(2), pp. 70–78.

26 Scott, J. H. (1977). "On the theory of conglomerate mergers." *Journal of Finance*, 32, pp. 1235–1250.

27 See Brennan, M. (1979). "The pricing of contingent claims in discrete time models." *Journal of Finance*, 34, pp. 53–68; Cox, J., S. Ross, and M. Rubinstein. (1979). "Option pricing: A simplified approach." *Journal of Financial Economics*, 7, pp. 229–263; Stapleton, R. C. (1982). "Mergers, debt capacity, and the valuation of corporate loans." In M. Keenan and L. J. White. (eds.), *Mergers and acquisitions*. Lexington, MA: D. C. Heath, Chapter 2; and Galai, D., and R. W. Masulis. (1976). "The option pricing model and the risk factor of stock." *Journal of Financial Economics*, 3, pp. 53–82.

28 See Karnani, A., and B. Wernerfelt. (1985). "Multiple point competition." *Strategic Management Journal*, 6, pp. 87–96; Bernheim, R. D., and M. D. Whinston. (1990). "Multimarket contact and collusive behavior." *Rand Journal of Economics*, 12, pp. 605–617; Tirole, J. (1988). *The theory of industrial organization*. Cambridge, MA: MIT Press; Gimeno, J., and C. Y. Woo. (1999). "Multimarket contact, economies of scope, and firm performance." *Academy of Management Journal*, 43(3), pp. 239–259; Korn, H. J., and J. A. C. Baum. (1999). "Chance, imitative, and strategic antecedents to multimarket contact." *Academy of Management Journal*, 42(2), pp. 171–193; Baum, J. A. C., and H. J. Korn. (1999). "Dynamics of dyadic competitive interaction." *Strategic Management Journal*, 20, pp. 251–278; Gimeno, J. (1999). "Reciprocal threats in multimarket rivalry: Staking our 'spheres of influence' in the U.S. airline industry." *Strategic Management Journal*, 20, pp. 101–128; Gimeno, J., and C. Y. Woo. (1996). "Hypercompetition in a multimarket environment: The role of strategic similarity and multimarket contact in competitive de-escalation." *Organization Science*, 7(3), pp. 322–341; Ma, H. (1998). "Mutual forbearance in international business." *Journal of International Management*, 4(2), pp. 129–147; McGrath, R. G., and M.-J. Chen. (1998). "Multimarket maneuvering in uncertain spheres of influence: Resource diversion strategies." *Academy of Management Review*, 23(4), pp. 724–740; Chen, M.-J. (1996). "Competitor analysis and interfirm rivalry: Toward a theoretical integration." *Academy of Management Review*, 21(1), pp. 100–134; Chen, M.-J., and K. Stucker. (1997). "Multinational management and multimarket rivalry: Toward a theoretical development of global competition." *Academy of Management Proceedings 1997*, pp. 2–6; and Young, G., K. G. Smith, and C. M. Grimm. (1997). "Multimarket contact, resource heterogeneity, and rivalrous firm behavior." *Academy of Management Proceedings 1997*, pp. 55–59. This idea was originally proposed by Edwards, C. D. (1955). "Conglomerate bigness as a source of power." In *Business concentration and price policy*. NBER Conference Report. Princeton, NJ: Princeton University Press.

29 See Karnani, A., and B. Wernerfelt. (1985). "Multiple point competition." *Strategic Management Journal*, 6, pp. 87–96.

30 This was documented by Gimeno, J. (1994). "Multipoint competition, market rivalry and firm performance: A test of the mutual forbearance hypothesis in the United States airline industry, 1984–1988." Unpublished doctoral dissertation, Purdue University.

31 The best work in this area has been done by Gimeno, J. (1994). "Multipoint competition, market rivalry and firm performance: A test of the mutual forbearance hypothesis in the United States airline industry, 1984–1988." Unpublished doctoral dissertation, Purdue University. See also Smith, F., and R. Wilson. (1995). "The predictive validity of the Karnani and Wernerfelt model of multipoint competition." *Strategic Management Journal*, 16, pp. 143–160.

32 See M. Sengul and J. Gimeno (2013) "Constrained delegation: Limiting subsidiary's decision rights and resources in firms that compete across multiple industries," *Administrative Science Quarterly*,58(3): 425–471.

33 See Tirole, J. (1988). *The theory of industrial organization*. Cambridge, MA: MIT Press.

34 Carnevale, M. L. (1993). "Ring in the new: Telephone service seems on the brink of huge innovations." *The Wall Street Journal*, February 10, p. A1. SBC acquired the remaining assets of the original AT&T and renamed the newly merged company AT&T.

35 See Russo, M. V. (1992). "Power plays: Regulation, diversification, and backward integration in the electric utility industry." *Strategic Management Journal*, 13, pp. 13–27. Work by Jandik and Makhija (1999) indicates that when a regulated utility diversifies out of a regulated industry, it often earns a more positive return than when an unregulated firm does this. Jandik, T., and A. K. Makhija. (1999). "An empirical examination of the atypical diversification practices of electric utilities: Internal capital markets and regulation." Fisher College of Business, Ohio State University, working paper (September). This work shows that regulators have the effect of making a regulated firm's internal capital market more efficient. Differences between Russo's (1992) findings and Jandik and Makhija's (1999) findings may have to do with when this work was done. Russo's (1992) research may have focused on a time period before regulatory agencies had learned how to improve a firm's internal capital market. However, even though Jandik and Makhija (1999) report positive returns from regulated firms diversifying, these positive returns do not reflect the market power advantages of these firms.

36 Finkelstein, S., and D. C. Hambrick. (1989). "Chief executive compensation: A study of the intersection of markets and political processes." *Strategic Management Journal*, 10, pp. 121–134.

37 D. C. Korten (2001). *When corporations rule the world*, 2nd ed. Bloomfield, CT: Kumarian Press; H. Demsetz (1973). "Industry structure, market rivalry, and public policy." *Journal of Law and Economics*, 16, pp. 1–9; J. Stiglitz (2007). *Making globalization work*. New York: Norton; www.unrefugees.org Accessed February 16, 2017.

38 J. B. Barney (1991). "Firm resources and sustained competitive advantage." *Journal of Management*, 17, pp. 99–120; R. M. Stulz (1996). "Rethinking risk management." *Journal of Applied Corporate Finance*, Fall, pp. 8–24; K. Miller (1998). "Economic exposure and integrated risk management," *Strategic Management Journal*, 33, pp. 756–779; R. Amit and B. Wernerfelt (1990). "Why do firms reduce business risk?" *Academy of Management Journal*, 33, pp.

520–533; H. Wang and J. Barney (2006), "Employee incentives to make firm specific investments: Implications for resource-based theories of diversification." *Academy of Management Review*, 31(2), pp. 466–476.

39 See M. Sengul and J. Gimeno (2013) "Constrained delegation: Limiting subsidiary's decision rights and resources in firms that compete across multiple industries," *Administrative Science Quarterly, 58(3): 425–471.*

CHAPTER

10 다각화 전략의 실행

학습목표

10.1 다부서 혹은 M-form 구조를 기술하고 이 구조에서 이사회, 기관투자자, 상위 경영자, 기업 스태프, 부서 총책임자, 그리고 공유된 활동의 경영자들의 역할을 설명한다.

10.2 세 가지 경영통제 과정(부서 성과 측정, 기업 자본의 할당, 중간재 제품의 이전)이 기업 다각화 전략의 실행을 돕기 위해 어떻게 이용되는지 설명한다.

10.3 기업 다각화 전략의 실행을 돕기 위한 경영 보상의 역할을 설명한다.

구글의 알파벳

구글은 세계에서 가장 성공적인 기업 중 하나이다. 2016년에 구글은 1,670억 달러 이상의 자산을 기록했는데 이것은 뉴질랜드의 국내총생산에 버금가는 규모였다. 2017년에 기록한 5,784억 3,000만 달러의 시장 가치는 경제규모로 치면 스웨덴보다 큰 22위에 달한다.

래리 페이지가 구글의 구조를 전면적으로 개편한다고 발표한 2015년 8월 10일의 선언문은 전 세계 언론의 주목을 받기에 충분했다. 수차례의 복잡한 조정 과정을 거쳐서 구글은 알파벳이라는 새로운 지주회사의 자회사가 되었다. 알파벳은 두 부문으로 이루어졌는데 한 부문은 모든 인터넷 사업을 담당하는 본래의 구글 부문이고, 다른 부문은 구글이 그동안 투자했던 많은 사업을 포함하는 신사업Other Bets 부문이다.

구글 부문이 취급하는 대부분의 제품은 안드로이드, 유튜브, 구글서치, 크롬, 맵스, 지메일, 구글플레이 등 우리에게 익숙한 제품으로서 이 중 많은 서비스를 매월 10억 명 이상이 이용한다. 구글 부문은 2016년에 895억 달러의 수익을 기록했는데 이것은 알파벳 총수익의 99.1%를 차지한다. 신사업 부문의 대부분은 잘 알려진 사업들은 아닌데, 스마트홈 기업으로서 구글이 2014년에 23억 달러로 인수한 네스트, 헬스케어의 다양한 기술을 통합하는 것을 목표로 하는 베릴리, 그리고 구글의 자율주행 프로젝트인 웨이모가 포함된다. 신사업 부문은 2016년 알파벳 총수익의 0.9%에 해당하는 8억 달러의 수익을 기록했다.

알파벳이 탄생함에 따라 구글 부문의 여러 사업부들은 공동의 기술 하부구조, 공동의 수익모델(광고), 그리고 저렴한(종종 무료의) 웹 접근성을 공유하게 되었다. 그 결과 비록 몇몇 사업부의 이익률이 독립적으로 측정될 수는 있지만 전반적으로 구글의 인터넷 사업들은 서로 높은 연관성을 갖고 있는 것으로 취급되었다.

Incamerastock/Alamy Stock Photo

그런데 신사업 부문의 상황은 다르다. 각 사업부들은 독립적으로 운영되며, 사업부들 간에 공통적인 것은 이들이 혁신적 프로젝트moon shots, 즉 구글 부문으로부터의 투자를 받는 고위험 고수익 투자라는 것뿐이다. 이러한 독립성으로 인해 각 사업의 이익률을 계산하는 것은 가능하다. 그러나 알파벳으로 개편된 지 18개월이 지난 시점에도 알파벳은 신사업 부문의 개별 사업들의 이익률을 보고하지 않고 있다.

물론 신사업 부문의 사업 중에서 큰 성공을 거두어서 구글 부문만큼이나 성장하는 사업이 나올 수 있다. 이 경우 알파벳은 이 성공한 사업을 위해 구글 부문과 같이 통합된 사업 부문을 마련할 것으로 보인다.[1]

이 장은 알파벳과 같이 다각화된 대기업들이 어떻게 효율적으로 관리되는가에 대해 설명한다. 즉 기업이 주주와 기타 이해관계자의 이익과 합치하기 위해 어떤 경영 체계를 갖는가에 대한 내용을 다룬다. 제3장에서 설명한 세 가지 요소, 즉 전략을 실행하기 위해 필요한 조직 구조, 경영 통제, 보상 정책의 요소들은 기업 다각화 전략의 실행을 위해서도 중요하다.

조직 구조와 기업 다각화의 실행

기업 다각화 전략을 실행하기 위한 가장 보편적인 조직 구조는 M-form 혹은 **다부서**multidivisional 구조이다. 대개 기업의 연례보고서에서 볼 수 있는 전형적인 M-form 구조는 〈그림 10.1〉과 같다. 〈그림 10.2〉는 〈그림 10.1〉과 동일한 조직을 중요한 구성요소들의 역할과 의무를 강조하면서 다시 그린 것이다.[2]

다부서 구조에서 기업이 영위하는 각각의 사업은 **부서**division를 통해 관리된다. 기업들은 전략 사업 단위strategic business units, SBUs, 사업 그룹business groups, 계열사companies 등 각기 다른 이름으로 부서를 부른다. 그 이름이 무엇이든, M-form 조직에서의 부서들은 진정한 **손익 채산 단위**profit-and-loss centers이다. 이익과 손실은 이들 부서에서 계산된다.

각 기업들은 손익 채산 단위의 범위를 규정하기 위해 각기 다른 기준을 사용한다. 예를 들어 제너럴일렉트릭은 생산하고 판매하는 상품의 종류에 따라 부서를 규정한다(예 : 항공, 캐피탈, 에너지 관리, 헬스케어). 네슬레는 사업의 지리적 영역에 따라서 부서를 규정한다(북미, 남

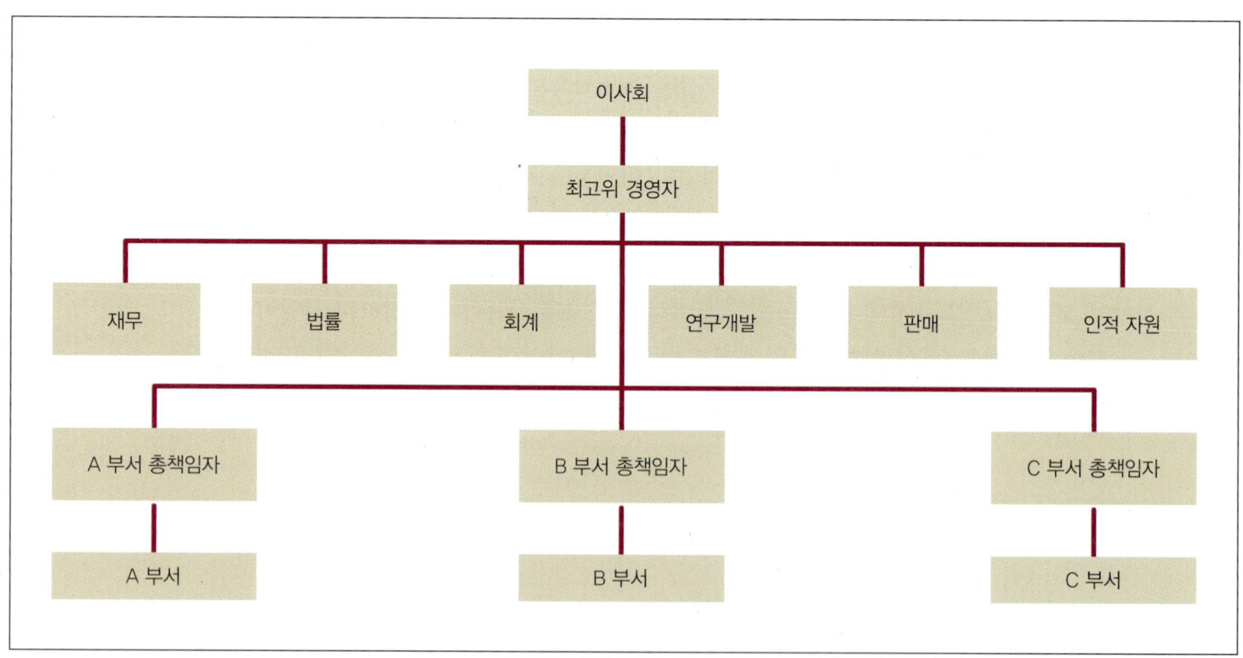

그림 10.1 기업의 연례보고서에 나타나는 M-form 조직 구조의 예

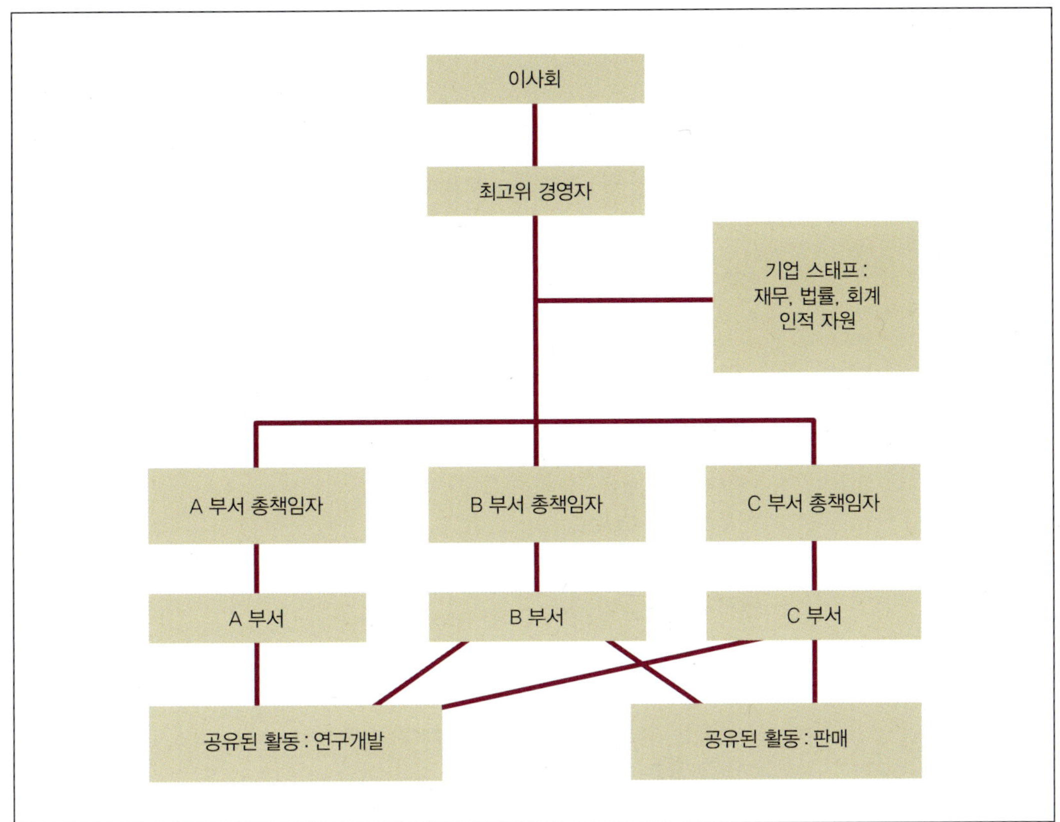

그림 10.2
역할과 책임을 기준으로 다시 그린 M-form 구조

미 등). 제너럴모터스는 상표명에 따라서 부서를 규정한다(캐딜락, 쉐보레 등). 어떤 방식으로 규정되든지 M-form 조직 내의 부서들은 식별할 수 있는 사업 단위를 나타낼 만큼 충분히 커야 하는 반면, 각 부서가 부서 총책임자에 의해 효율적으로 관리될 수 있을 만큼 충분히 작아야 한다. 사실 M-form 조직의 각 부서는 대개 U-form 조직을 채택하고(제4, 5, 6장의 U-form 조직에 대한 설명 참조), 부서 총책임자는 그들의 부서에서 U-form 조직의 고위 경영자의 역할을 담당한다.

알파벳에 있어서 구글 부문이 손익 채산 단위이다. 비록 구글 부문 내에 있는 안드로이드와 구글서치 등 몇 개의 사업부가 독립적인 손익 채산이 가능할만큼 대규모이긴 하지만 여전히 개별 사업부 수준에서 손익 채산을 하지 않는다. 또한 신사업 부문의 사업들도 미래에는 손익 채산 단위로 성장할 가능성을 갖고 있지만 2017년 현재 어떤 사업도 독립 채산을 하지는 않고 있다.

M-form 구조는 다각화된 기업이 주주의 이익과 합치하여 경영될 수 있는 가능성을 높이기 위해 견제와 균형을 창출하도록 설계된다. 이 목표를 달성하기 위한 M-form 구조의 각 주요 요소들의 역할은 〈표 10.1〉에 요약되어 있고 다음에서 논의된다. 기업의 주주와 경영자들 사이에서 발생할 수 있는 갈등은 '이론적 뿌리를 찾아서'에서 설명한다.

표 10.1 - M-form 구조의 주된 구성요소의 역할과 책임

요소	행동
이사회	기업의 의사결정이 주주의 이익과 일치하는지 확인·감독
기관 투자자	기업의 의사결정이 주요 기관 투자자의 이익과 일치하는지 확인·감독
최고위 경영자	주주의 이익과 일치하는 기업 전략을 수립하고 전략 실행 확인 **전략 수립** • 기업이 영위할 사업 결정 • 그 사업에 있어서 어떻게 경쟁할 것인가를 결정 • 다각화된 기업이 운영할 범위의 경제를 구체화 **전략 실행** • 범위의 경제를 실현하기 위해 부서 간 협력을 북돋기 • 부서 성과 평가 • 부서 간 자본 할당
기업 스태프	전략 수립과 실행을 위해 내부환경과 외부환경에 대한 정보를 최상위 경영자들에게 제공
부서 총책임자	기업 전략과 일치하는 부서별 전략을 수립하고 전략 실행 확인 **전략 수립** • 주어진 기업 전략에 따라 해당 부서가 어떻게 그 사업에 있어서 경쟁할 것인가를 결정 **전략 실행** • 부서별 전략 실행을 위해 부서 총책임자에게 보고하는 기능적 관리자들의 의사결정과 활동을 조정 • 기업 자본 할당을 위해 경쟁 • 기업 차원의 범위의 경제를 실현하기 위해 다른 부서와 협조
공유된 활동의 경영자	복수 부서의 운영을 지원

이사회

M-form 조직의 주요 구성요소 중 하나는 기업의 **이사회**board of directors이다. 이론적으로 기업의 고위 경영자들은 모두 위원회에 보고한다. 이사회의 주요 책임은 기업에서의 의사결정을 감독하고 그 의사결정이 외부 주주들의 이익과 합치하는지 확인하는 것이다.

대개 이사회는 기업의 최고경영진과 외부인사로 구성된 10~15명으로 구성된다. 기업의 **최고위 경영자**senior executive[종종 회장이나 최고경영자(CEO)로 불림], 최고 재무 담당 임원(CFO), 그리고 기타 고위 간부들이 이사회에 포함되는데, 대개 외부인사의 수보다는 적다. 기업의 최고위 경영자가 종종 **이사회 의장**chairman of the board이 되는데, 그렇지 않을 수도 있다. 의장을 비롯한 경영이사(내부이사)의 역할은 기업이 내리는 주요 의사결정이 주주들에게 미칠 영향에 대해 다른 이사들에게 정보를 제공하고 그 의미를 설명하는 것이다. 외부이사의 역할은 기업의

이론적 뿌리를 찾아서

주주들이 그들이 투자한 기업의 일상적인 경영을 경영자에게 위임하는 것은 흔한 일이다. 주주들은 가치 있는 범위의 경제를 실현할 수 없는 반면 경영자들은 가치 있는 범위의 경제를 실현할 수 있을 때가 바로 이러한 경우가 될 것이다(제9장 참조).

몇몇 학자들은 거래의 한편에서 다른 편으로 의사결정 권한이 위임될 때는 언제나 **대리인 관계**agency relationship가 형성된다고 설명한다. 의사결정 권한을 위임하는 쪽은 **위임자**principal라 불리고 그 권한이 위임되는 쪽은 **대리인**agent이라 불린다. 기업 다각화에 있어서 기업의 주주들(위임자)과 경영자들(대리인) 사이에는 대리인 관계가 성립하는데, 이것은 주주가 경영자에게 투자의 일상적인 경영을 위임하기 때문이다. 경영자들이 주주들의 이익에 합치하는 의사결정을 하는 한, 주주와 경영자들 사이에는 매우 효과적인 대리인 관계가 존재하게 된다. 즉 주주들이 기업에 대한 투자수익률을 극대화하기를 바랄 때 경영자들이 그것을 목표로 기업의 투자 결정을 내린다면, 주주들은 경영자들에게 자신들이 기업에 투자한 일상적인 경영을 위임하는 것에 대해 별로 걱정하지 않아도 될 것이다. 그러나 불행히도 많은 경우에 기업의 주주들과 경영자들의 관심사는 일치하지 않는다. 대리인 관계에 있어서 의사결정의 목표가 서로 다르면 **대리인 문제**agency problems가 발생한다. 대리인 문제는 일반적으로 두 가지로 정의되는데, 경영상의 특권을 위한 투자와 경영상의 위험 회피가 그것이다.

경영자들은 기업의 자본을 이용하여 기업의 가치를 증가시키지는 않으나 경영자 자신에게는 직접적으로 이득이 되는 **경영상의 특권**managerial perquisites을 위해 투자 결정을 내릴 수 있다. 이러한 투자의 예로는 호화스러운 사무실, 기업 소유의 전용기와 휴가용 저택 등을 들 수 있다. 타이코인터내셔널의 최고경영자였던 데니스 코즐로브스키는 기업으로부터 이러한 종류의 경영상의 특권을 6억 달러어치나 '절도'했다고 고소당했다. 코즐로브스키가 측근을 위해 낭비한 물품과 서비스 목록에는 아내를 위한 수백만 달러짜리의 생일 파티, 6,000달러짜리 쓰레기통, 1만 5,000달러짜리 우산꽂이, 한 명의 이사에게 지급된 14만 4,000달러어치의 융자, 행사 때 등장하는 로마 시대 복장을 한 웨이터 등이 포함되었다.

경영자와 주주의 대리인 문제

이러한 경영상의 특권만큼 터무니없는 또 하나의 대리인 문제는 **경영상의 위험 회피**managerial risk aversion인데, 이것은 다각화된 기업에서 아마도 더 중요한 문제일 것이다. 제9장에서 설명한 것과 같이, 주주들은 투자의 포트폴리오를 매우 낮은 비용으로 다각화할 수 있다. 그들은 이러한 다각화 노력을 통해 기업 특유의 위험을 없앨 수 있다. 이러한 상황에서 더 위험한 투자로부터의 기대수익은 덜 위험한 투자로부터의 기대수익보다 대개 더 크기 때문에, 주주들은 덜 위험한 투자보다는 더 위험한 투자를 선호한다.

이와 반대로 경영자들은 기업에서 인적 자본 투자를 다각화하는 데 능력이 제한되어 있다. 기업 특유의 인적 자본 투자는 특정한 기업 내에서만 가치가 있기 때문에, 그 기업이 지속적으로 생존하지 않으면 기업 특유의 투자를 한 경영자는 그 인적 자본의 가치를 잃게 된다. 그러므로 경영자들은 기업의 투자 기회의 위험성에 중립적이지 못하다. 매우 위험한 투자는 기업의 생존을 위태롭게 만들 수도 있고, 따라서 경영자의 인적 자본 투자의 가치를 잃게 할 수도 있다. 즉 경영자들이 결정을 내리는 데 있어서 주주들이 원하는 것보다 더 위험을 회피할 수 있다.

M-form 조직의 목적은, 그리고 기업 다각화를 실행하기 위한 모든 조직의 목적 중 하나는 대리인 문제를 감소시키는 것이라 할 수 있다.[3]

관련 실증 연구

기업이 주주들의 관심과 합치하는 방향으로 경영되도록 하는 것에 이사회가 얼마나 효과적인 역할을 하는가에 대한 많은 연구가 있었다. 세 가지 이슈가 특별한 관심을 불러 모았는데, (1) 이사회의 내부이사와 외부이사의 역할, (2) 이사회 의장과 최고위 경영자의 일치 여부, (3) 이사회가 능동적이어야 하는지 또는 수동적이어야 하는가에 대한 여부가 그것이었다.

이사회의 내부이사와 외부이사에 대해서, 이는 일견 단순한 문제처럼 보인다. 이사회의 주요 역할은 경영상의 의사결정이 주주들의 관심사와 일치하는지 감독하는 것이기 때문에, 경영자의 성과를 평가하는 데 있어서 그 어떠한 이해대립도 가지지 않은 외부이사들이 이사회를 주로 구성해야 한다는 것은 당연하다. 이사회의 내부이사인 경영자들이 그들 자신의 성과를 평가하는 데 상당한 이해관계를 가지게 되는 것은 명백하다.

이사회의 외부이사들에 대한 연구는 이러한 관점을 지지하는 경향이 있다. 내부이사들에 비해 외부이사들은 다른 종류의 기업 성과보다는 기업의 경제적인 성과에 더 주목하는 경향이 있는 것이다. 기업의 경제적인 성과는 주주들과 가장 밀접한 관련이 있다. 외부이사들은 내부이사들에 비해 낮은 성과를 기록한 최고경영자를 해고할 가능성이 크다. 또한 외부이사들은 효율적인 감독자의 명성을 유지할 동기를 내부이사들보다 더 많이 갖고 있다. 이 동기는 그 자체로 외부 인사들의 보다 철저한 감독을 이끌어 낼 수 있는데, 외부이사가 그 기업의 상당한 지분을 가지고 있을 때는 감독의 효과성이 더욱 높아질 수 있다.

그렇지만 이사회의 내부이사들이 성과 평가에 있어서 상대적으로 높은 이해관계를 갖는다는 사실이 내부이사들이 적절한 역할을 가질 수 없음을 의미하는 것은 아니다. 내부이사들은 외부이사들이 쉽게 복제할 수 없는 것, 즉 기업 내의 의사결정 활동에 관한 세부 정보를 이사회에 제공한다. 이 정보는 외부이사들이 기업의 활동을 효과적으로 감독하는 데 필요한 귀중한 정보이며, 또한 내부이사들과 밀접하게 일할 때만 접근 가능한 정보이다. 이 정보를 얻기 위해 경영자들을 이사회의 내부이사로 포함시키는 것이다. 그러므로 대부분의 연구들이 이사회는 외부이사 위주로 구성되어야 한다고 제안하는 반면, 내부이사/경영자들이 이사회의 이사로서 하는 중요한 역할이 있는 것이다.

효과적인 이사회

이사회 의장과 최고경영자가 동일인이어야 하는지, 그 직책이 분리되어야 하는지, 그리고 만약 분리된다면 어떤 사람이 이러한 직책을 맡아야 하는지에 대해 최근 논쟁이 있었다. 어떤 사람들은 이사회의 의장과 최고경영자의 역할이 명백하게 구분되어야 하고 의장의 역할은 이사회의 외부이사에 의해 이행되어야 한다고 주장했다. 이러한 주장은 외부이사만이 경영상의 의사결정을 독립적으로 감독할 수 있다는 가정에 근거한다. 다른 사람들은 효과적인 감독이 종종 외부이사들이 알 수 있는 정보보다 더 많은 정보를 요구하므로 이사회 의장과 최고경영자의 역할은 분리되면 안 되고 기업의 최고위 경영자에 의해 이행되어야 한다고 주장했다.

이 질문에 대한 실증 연구들은 최고경영자와 의장의 역할 분리 여부가 최고경영자와 의장이 행하는 정보 분석과 업무 감독의 복잡성에 달려 있다고 제안한다. 브라이언 보이드는 그 연구에서 단순하고 천천히 성장하는 경쟁환경, 즉 개인의 인지적 능력을 지나치게 요구하지 않는 환경에서는 최고경영자와 의장의 역할을 결합하는 기업들이 높은 성과를 얻는다는 것을 발견하였다. 즉 두 역할의 결합이 기업과 주주들 사이의 대립을 필연적으로 증가시키는 것은 아니라고 제안했다. 이 연구는 또한 최고경영자와 의장의 역할을 분리시키는 것은 기업이 급속히 성장하는 매우 복잡한 환경에서 경영될 때 높은 성과를 가져온다는 것을 발견했다. 이러한 환경에서 한 개인이 최고경영자와 의장 모두의 역할을 충분히 이행할 수 없으므로 그 두 가지 역할은 다른 사람들에 의해 수행될 필요가 있는 것이다.

마지막으로, 능동적 대 수동적 이사회에 대해, 역사적으로 주요 기업들의 이사회는 오직 그 기업의 성과가 장기간 기대치보다 현저히 낮았을 경우에만 최고위 경영자를 해고하는 것과 같은 과격한 결정을 내리는 등 비교적 수동적으로 유지되어 왔다. 그러나 최근에는 이사회가 좀 더 적극적으로 주주의 이익을 대변하게 되었다. 이러한 이사회 활동의 변화는 새로운 경제적 현실을 반영한다. 만약 이사회가 기업의 성과를 감독하는 데 좀 더 능동적이 되지 않으면 다른 감독 기관이 그 역할을 대신할 것이기 때문이다. 결과적으로 이사회는 기업 주주들의 이익을 대변하는 데 점점 더 영향력을 갖게 되었다.

그러나 이사회 활동은 정도를 지나칠 수 있다. 이사회가 일상적으로 운영되기 시작하면 그 능력의 한도를 넘게 된다. 이사회는 대개 기업을 직접적으로 경영할 정보를 충분히 갖지 못한다. 기업의 최고위 경영자를 교체할 필요가 있을 때 이사회는 최고위 경영자의 책임을 직접 떠맡는 대신 그 책임을 질 이사(내부이사든 외부이사든)를 신속하게 결정할 것이다.[4]

과거, 현재, 미래의 성과와 고위 경영자들의 성과를 평가하고, 기업에서 취한 조치가 주주들의 이해와 합치하는 것을 보장하는 것이다.[5]

대개 이사회는 몇 개의 소위원회로 구성된다. **회계감사위원회**audit committee는 회계와 재무제표의 정확성을 보장하는 책임이 있다. **재정위원회**finance committee는 기업과 외부자본시장 사이의 관계를 유지한다. **임명위원회**nominating committee는 새 이사들을 선발한다. **인사보상위원회**personnel and compensation committee는 기업의 최고위 경영자와 다른 고위 경영자들의 성과를 평가하고 보상한다. 종종 이러한 상임 위원회에는 외부이사가 참여하기도 한다. 기타 상임위원회는 기업의 세부적 이슈를 반영하고 대개 외부이사와 내부이사가 참여할 수 있다.[6]

기업의 경영자가 주주들의 이익과 일치하는 방향으로 의사결정하는 것을 이사회가 얼마나 효과적으로 보장했는가에 대해 수년간 많은 연구가 이루어졌다. 이에 대한 몇몇 연구는 '관련 실증 연구'에서 요약하였다.

기관 투자자

역사적으로 볼 때, 다각화된 대기업은 전형적으로 수백만 명의 개인 투자자들에 의해 소유권이 분산되어 있었다. 이러한 일반적인 법칙의 예외는 가족이 소유하거나 거의 지배적인 소유권을 가진 기업이다. 기업의 소유권이 수백만 명의 소액 투자자들 사이에 널리 분산되었을 때, 기업의 의사결정에 직접적으로 영향을 미칠 충분히 큰 지분을 갖는 것은 어떤 투자자에게도 어려운 일이다. 기업의 의사결정에 동의하지 않는 경우 소액 투자자들이 할 수 있는 유일한 행동은 주식을 파는 것이다.

그러나 지난 몇 년 동안 기관 투자자들의 성장은 많은 다각화된 대기업들의 소유 구조를 바꾸어 놓았다. **기관 투자자**institutional owner는 연금, 상호기금, 보험 등을 관리하는 기업이나 또는 개인들의 사설 투자 그룹이다. 1970년에 기관 투자자는 미국 내에서 거래된 지분의 32%를 소유했고 1990년에는 48%를 소유했으며, 2005년에는 미국에서 거래된 모든 지분의 59%와 미국 내 상위 1,000개 기업 지분의 69%를 소유했다.[7]

기관 투자자들은 투자 영향력을 기업이 주주의 이익과 합치하는 방향으로 경영 행위를 하도록 강요하는 데 사용할 수 있다. 그런데 기관 투자자들의 관심이 그들의 포트폴리오에 속한 기업의 장기 성과보다는 단기 성과의 극대화에 있다고 믿는 사람들은, 그러한 기관 투자자의 영향력이 기업에 단기 목적의 투자만을 강요할 것이라고 우려하고 있다. 그러나 미국과 일본에서의 최근 연구는 기관 투자자들이 근시안이 아니라고 설명한다. 그보다는 기관 투자자들도 기업의 성과를 평가할 때 주주들이 사용하는 것과 같은 방법을 이용한다. 예를 들어 한 연구 집단은 연구개발비를 높게 지출하는 산업들에서 기관 투자자가 연구개발 투자에 미치는 영향을 연구하였다. 만약 기관 투자자들이 근시안이라면 그들은 기업이 연구개발을 위해 적게 투자하여 단기 이익을 창출하도록 기업에 영향을 주어야 한다. 그러나 이 연구는 기관 투자자들의 지분이 높아도 기업들의 연구개발 투자에 악영향을 미치지 않는다는 것을 발견했다. 즉 기관 투자자들은 기업의 활동을 감독하는 데 있어서 단기 이익에 집착하지 않는다는 견해와 일치한다.[8]

좀 더 일반적으로, 또 다른 학자들은 높은 수준의 기관 투자자 지분은 비관련 사업들을 전략적으로 팔아 치운다는 사실을 발견했다. 또한 기업의 외부이사들이 높은 수준의 지분을 소유할 경우에 이 현상이 더욱 두드러졌다. 제9장에서 논의된 비관련 다각화의 가치로 미루어 볼 때, 비관련 사업의 투자 철수는 기업의 현재가치를 극대화하는 것으로 생각된다.[9]

최고위 경영자

〈표 10.1〉에서 제시하듯이 M-form 조직에서 최고위 경영자(회장 또는 최고경영자)는 전략 수립과 전략 실행이라는 두 가지 직무를 지니고 있다. 전략 수립은 다각화 기업이 운영할 사업 내용의 결정권을 의미하며, 전략 실행은 이러한 전략과 일치하는 기업 내에서의 행동을 촉구하는 데 초점을 맞춘다. 최고위 경영자의 이 직무에 대해서 각각 살펴보자.

전략 수립

광범위한 수준에서 다각화된 기업이 운영할 사업을 결정한다는 것은 기업의 현재와 잠재적 사업들 사이에서 가치 있는 범위의 경제를 발견하고 발전시킨다는 것과 같은 말이다. 만약 이러한 범위의 경제가 희소하고 모방하기 힘들다면 그것은 다각화된 기업의 경쟁우위의 원천이 될 수 있다.

최고위 경영자의 지위는 다각화된 기업에서 가치 있는 범위의 경제를 발견하고 개발하며 발전시키는 독특한 지위이다. 이 기업 안에서의 다른 경영자들은 부서 수준의 관점을 가지거나(예 : 부서 총책임자와 공유된 활동 책임자) 기능적 전문가이다(예 : 기업 스태프와 부서 내 기능적 관리자). 오직 최고위 경영자만이 진정한 기업 수준의 관점을 가진다. 그러나 M-form 조직 내에서 최고위 경영자는 전략 수립 과정에 완전하고 정확한 정보를 포함시키고, 일단 수립된 전략에 대해 그 전략에 대한 진행과 폭넓은 이해 및 몰입을 유도하기 위해 많은 부서 수준 또는 기능적 관리자들을 전략 수립 과정에 참여시켜야 한다.

전략 실행

U-form 구조에서처럼 M-form에서의 전략 실행은 거의 항상 경영자 그룹 사이에서 생기는 갈등의 해결을 포함한다. 그러나 M-form 조직 안에서의 최고위 경영자는 단순히 기능적 관리자들 간의 갈등을 해결하는 대신 M-form 구조의 주요 경영 요소(기업 스태프, 부서 총책임자, 공유된 활동 책임자)들의 내부적·상호적 갈등을 해결해야만 한다. 다양한 기업 스태프들은 참모 기능의 경제적 타당성에 관해 동의하지 않을 수도 있고, 기업 스태프들은 다양한 기업 프로그램과 활동에 관해 부서별 총책임자와 갈등이 생길 수도 있으며, 부서 총책임자는 자본이 부서에 할당되는 방식에 동의하지 않을 수 있고, 부서 총책임자는 공유된 활동이 관리되는 방법에 관해 공유된 활동의 책임자와 의견 대립이 생길 수도 있으며, 공유된 활동 책임자는 그들 상호 간의 역할과 책임에 관해 기업 스태프와 의견 대립이 있을 수 있다.

물론 M-form 조직 내에서 경영자 그룹 사이의 대립적인 관계가 최고위 경영자에게 전략 실행상의 부담을 줄 수 있다는 것은 명백한 사실이다.[10] 그러나 이러한 갈등을 해결하는 가운데에서도 최고위 경영자는 기업이 왜 애당초 다각화 전략을 추구하기 시작했는가를 상기해야 한다. 그것은 주주들이 그들 스스로 실현할 수 없는 실제적인 범위의 경제를 실현하는 것이다. 이러한 실제적인 범위의 경제의 실현을 위태롭게 하는 그 어떤 전략 실행 결정도 다각화된 기업의 근본적인 전략 목표를 위태롭게 할 수 있다. 이러한 이슈는 이 장의 후반에 소개되는 경영통제 시스템에 관한 설명에서 더 상세히 논의하기로 한다.

회장실 : 의장, 최고경영자, 최고운영경영자

M-form 조직에서 최고위 경영자의 역할과 책임이 개인의 능력을 넘어서는 경우가 종종 있을 수 있다. 기업이 다수의 복잡한 제품과 시장으로 광범위하게 다각화된 경우에는 더욱 그렇다. 이러한 경우 최고위 경영자의 직무를 두세 사람이 분담하는 것은 흔한 일인데, **이사회 의장**board chair, **최고경영자**chief executive officer, CEO, **최고운영경영자**chief operating officer, COO가 업무를 분담하게 된다. M-form 조직에서 이들 각각의 역할과 책임은 〈표 10.2〉에 정리되었다. 이러한 역할은 모두 합쳐서 **회장실**office of the president이라 불린다. 일반적으로 회장실이 처리할 일들이 더욱 까다롭고 복잡해질수록 회장실의 역할과 책임을 두세 명이 분담하게 된다.

표 10.2 회장실의 세 가지 역할과 책임

이사회 의장	감독 역할의 이사회 총괄
최고경영자	전략 수립
최고운영경영자	전략 실행

기업 스태프

기업 스태프corporate staff의 주된 책임은 기업의 외부와 내부환경에 관한 정보를 기업의 최고위 경영자에게 제공하는 것이다. 이 정보는 최고위 경영자의 전략 수립과 실행의 두 가지 임무를 수행하는 데 필수적이다. 기업 스태프는 재정, 투자자 관계, 법률적 변화, 규정상의 변화, 기업의 광고를 포함한 기업의 외부환경에 관한 정보를 제공하는 기능을 한다. 또한 기업 스태프는 회계와 기업 인적 자원을 포함한 기업의 내부환경에 관한 정보를 제공하는 기능을 한다. 이러한 기업 스태프는 기업의 최고위 경영자에게 직접 보고하며 정보의 통로가 된다.

기업과 부서별 스태프

많은 조직들은 각 부서 내에 기업 스태프의 기능을 재창조한다. 특히 회계부나 인사부 같은 내부 지향적인 기업의 스태프 기능에 대해서는 더욱 그렇다. 부서 수준에서 보통 부서별 스태프들은 기업 스태프의 기능적 관리자에게 공식적으로 보고하는 '공식적 보고체계solid-line'를 가지며, 그들의 부서 총책임자에게 그보다는 비공식적으로 보고하는 '비공식적 보고체계dotted-line'를 가지고 있다. 부서별 스태프와 기업 스태프 경영자 사이의 보고관계는 최고위 경영자가 전략 수립과 실행을 위해 요구하는 정보를 기업 스태프 경영자가 수집할 수 있게 하는 연결 통로이다. 기업의 정책과 과정에 대해 의사소통하기 위해 최고위 경영자는 부서 총책임자와 직접적으로 접촉할 수 있지만, 최고위 경영자는 대안적으로 기업 스태프와 부서 스태프의 관계를 이용할 수도 있다.

비록 부서별 스태프는 부서 총책임자와 다소 비형식적인 관계를 가지고 있지만, 부서 총책임자는 부서별 스태프의 활동에 중요한 영향력을 가지고 있다. 즉 부서별 스태프는 기업 스태프 경영자에게 공식적으로 보고하는 계통을 가지고 있지만 현실적으로 그들은 부서 총책임자, 그에게 보고하는 다른 기능적 관리자들과 상호작용하는 데 대부분의 시간을 쓴다. 이러한 이중적 보고체계divided loyalty는 종종 부서별 스태프가 기업 스태프 경영자에게 전달하는 정보의 적시성과 정확성에 영향을 미칠 수 있고, 더 나아가 최고위 경영자가 전략 수립과 전략 실행을 위해 이용하는 정보의 적시성과 정확도에도 영향을 미친다.

이러한 복잡한 이중적 보고체계는 회계 스태프 기능에서 가장 큰 문제를 일으킨다. M-form 조직에서 최고위 경영자가 부서 성과에 대해 적시적이고 정확한 정보를 받는 것은 절대적으로 중요하다. 만약 정보의 적시성과 정확성이 부서 총책임자로부터 부적절하게 영향을 받는다면 고위 경영층의 효율성에 악영향을 줄 수 있다. 또한 부서 총책임자의 보상이나 부서에 할당되는 자본이 이러한 정보에 의존하게 되면 부서 총책임자는 그 정보의 적시성과 정확성에 영향을 미칠 매우 강한 동기를 가질 수 있다.

최고위 경영자는 효율적인 감시를 통해 기업 스태프와 부서 스태프의 관계(특히 회계 기능에 있어서)가 부서 총책임자들에 의해 영향을 받지 않도록, 즉 기업 스태프와 부서 스태프 사이의 공식적 보고체계가 살아 있도록 해야 한다. 그럼에도 불구하고 정확한 부서별 성과 측정을 위한 정보 획득은 기업 스태프, 부서 스태프, 부서 총책임자 사이의 밀접한 협력관계에서 비롯된다. 다시 말해서 기업 스태프와 부서 총책임자의 비형식적 보고체계도 중요한 것이다. 부서 성과를 측정하기 위해 필요한 두 가지, 즉 적당한 거리와 객관성을 유지하는 일과 필요한 정보를 얻기 위해 협력과 팀워크를 유지하는 일을 어떻게 균형적으로 관리하는가의 여부는 우수한 기업 스태프와 형편없는 기업 스태프를 구분하는 요소가 된다.

부서 운영에의 과도한 개입

객관성과 협력 사이의 균형 유지에 실패하는 것보다 더 근본적인 면에서 기업 스태프가 실패할 수 있는 한 가지 확실한 길은 부서의 일상적인 운영에 과도하게 개입하는 것이다. M-form 구조에서 그러한 일상적인 운영은 부서 총책임자와 그에게 보고하는 기능적 관리자들에게 위임된다. 기업 스태프 경영자들은 정보를 수집하고 전달하며, 부서의 운영을 관리하지는 않는다.

기업 스태프가 부서의 일상적인 운영에 과도하게 개입하지 않게 하는 한 가지 방법은 기업 스태프를 소규모로 유지하는 것이다. 이것은 전 세계 28만 8,500명의 직원 중 단지 24명만이 본사에 근무하는 버크셔 해서웨이를 포함한 성공적인 다각화 기업들의 예에서 볼 수 있다. 예를 들어 존슨앤존슨의 8만 명의 종업원 중 1.5%만이 기업의 본사에서 근무하고, 이들 중 일부분만이 기업 스태프의 일원이다. 핸슨인더스트리는 80억 달러의 수익을 올리는 다각화된 기업임에도 불구하고 미국 본사에는 고작 120명의 종업원이 있다. 60억 달러가 넘는 총매출과 8개의 사업을 보유한 자사주 매입management buyout 기업인 클레이튼-듀빌리어-라이스의 본사 스태프는 고작 11명이다.[11]

부서 총책임자

M-form 조직에서 부서 총책임자는 일상적으로 기업의 사업을 관리하는 중요한 책임을 지니고 있다. 부서 총책임자는 손익 채산에 대한 모든 책임을 지고 기능적 관리자들을 지휘한다. 부서 총책임자는 부서의 전략 수립과 실행의 책임을 진다. 전략 수립 면에서 부서 총책임자들은 기업의 최고위 경영자에 의해 세워진 폭넓은 전략적 배경 안에서 부서를 위한 전략을 선택한다. 이 책의 제1부와 제2부에서 설명한 많은 분석적 기법들은 이러한 전략 수립 결정을 내리는 부서 총책임자들이 이용할 수 있다.

전략의 실행 면에서 M-form 조직에서의 부서 총책임자들의 책임은 U-form 조직 내에서의 최고위 경영자의 전략 실행 책임과 유사하다. 특히 부서 총책임자들은 부서의 전략을 실행하기 위해 기능적 관리자들의 상호 대립적인 활동을 조정할 수 있어야 한다.

U-form 조직의 최고위 경영자들과 비슷한 책임 외에도, M-form 조직에서의 부서 총책임자들은 두 가지 추가적인 책임이 있는데, 그것은 기업 자본을 할당받기 위한 경쟁과 기업 차원의 범위의 경제를 실현하기 위해 다른 부서들과 협력해야 하는 책임이다. 부서 총책임자들은 기업으로부터 투자된 자본에 대해 높은 이익률을 약속함으로써 기업 자본을 할당받기 위해 경쟁한

다. 대부분의 기업에 있어서 과거의 자본 투자에서 높은 이익률을 기록한 부서는 그렇지 못한 부서보다 더 많거나 혹은 저비용의 자본을 얻는다.

부서 총책임자들은 다각화된 기업이 원래 의도한 범위의 경제를 분리, 이해, 이용하기 위해 기업 내의 공유된 활동의 경영자들, 기업 스태프 경영자들, 그리고 최고위 경영자와 함께 협력한다. 부서 총책임자들은 심지어 기업의 다각화 전략이 원래 의도하지 않은 새로운 경제의 범위를 발견하는 데 기여할 수도 있다.

물론 주의 깊은 독자들은 M-form 조직 내 부서 총책임자들의 마지막 두 가지 책임 사이에서 근본적인 모순을 발견할 것이다. 부서 총책임자들은 기업의 자본을 할당받기 위한 경쟁과 범위의 경제 이용을 위한 협력을 동시에 요구받는다. '경쟁'은 부서 총책임자가 부서에서 높은 수준의 경제적 성과를 이루는 데 초점을 맞추도록 한다는 측면에서 중요하다. 만약 각 부서가 높은 수준의 경제적 성과를 이룬다면 다부서 기업 전체 또한 높은 성과를 이룰 것이다. 그러나 '협력'은 다각화 전략을 실행하기 위한 경제적 정당성인 범위의 경제의 실현을 가능하게 한다는 측면에서 우선적으로 중요하지 않을 수 없다. 만약 각 부서가 이러한 범위의 경제를 실현하는 데 협력하지 않는다면 기업 전략을 실행하기 위한 정당성이 축소 또는 상실되고 다부서 기업은 다수의 독립적인 사업으로 분리해야 한다. 경쟁과 협력을 동시에 추구해야 할 필요성은 부서 총책임자들에게 중요한 경영적 부담을 안겨 주지만, 이러한 능력은 대부분의 다부서 기업들에 있어서 희소하고 모방하기 어려운 능력이 아닐 수 없다.[12]

공유된 활동의 경영자

제9장에서 정의된 잠재적 범위의 경제 중 한 가지는 공유된 활동이었다. M-form 조직에서 부서들은 가치사슬 내에서 하나 이상의 활동이 공동으로 경영될 때 이 형태의 범위의 경제를 실현한다. 다부서 기업에서 둘 이상의 부서에 걸쳐 공유된 활동의 전형적인 예로는 공동 판매 조직, 공동 유통 시스템, 공동 제조 설비, 공동 연구개발 노력이 포함된다(〈표 9.2〉 참조). 공유된 활동을 관리하는 개인의 주된 책임은 활동을 공유하는 부서들의 운영을 지원하는 것이다.

M-form 구조가 (〈그림 10.1〉처럼) 기업의 연례보고서에서 표현될 때, 공유된 활동의 역할이 불분명해지는 경향이 있다. 이러한 형태의 M-form 조직도에서는 기업 스태프의 기능과 공유된 활동의 기능 사이에 뚜렷한 구분을 찾아보기 힘들다. 또한 공유된 활동의 경영자가 마치 기업 스태프처럼 기업의 최고위 경영자에게 직접적으로 보고하는 듯 비춰진다. 이러한 애매모호함은 M-form 내에서 독립적인 단위의 역할과 책임을 강조하기 위해 (〈그림 10.2〉처럼) 재구성한 M-form 조직도를 새로 작성함으로써 해결될 수 있다. 이 새로운 조직도에서 M-form이 실제로 어떻게 기능하는지 더욱 정확하게 나타내기 위해 기업 스태프 그룹을 공유된 활동의 경영자들로부터 분리하고 나면, 기업 스태프 그룹은 최고위 경영자에게, 그리고 공유된 활동의 경영자들은 둘 이상의 부서 총책임자들에게 보고하는 것을 볼 수 있다. 이런 의미에서 최고위 경영자와 부서 총책임자는 '내부적 고객internal customer'이라고 할 수 있다.

비용 센터로서 공유된 활동

공유된 활동은 종종 M-form에서 **비용 센터**cost center로서 관리된다. 즉 비용 센터는 독자적인 손익 채산 책임을 갖기보다는 기업으로부터 주어진 예산으로 운영된다. 이 경우 공유된 활동의 경영자들은 그들이 지원하는 부서에 서비스를 제공하여 이익을 낼 필요가 없다. 대신 이러한 서비스는 내부적 고객의 비용으로 처리된다.

비용 센터로서 공유된 활동은 그 운영을 통해 이익을 창출할 필요가 없기 때문에, 그들이 다른 부서들에 제공하는 서비스의 가격은 부서 자체나 외부 공급원에 의해 제공되는 비슷한 서비스의 가격보다 대체로 싸다. 만약 어떤 공유된 활동이 비용 센터로서 운영됨에도 불구하고 그 공유된 활동으로부터의 서비스 가격이 대안적인 공급원에 의해 제공되는 비슷한 서비스의 가격보다 비싸다면, 이 공유된 활동은 적절하게 관리되지 않았거나 또는 원래부터 범위의 경제를 창출할 수 없는 활동이었던 것이다. 그러나 공유된 활동에서의 서비스 가격이 부서 자체 혹은 외부 공급자에 의해 제공되는 서비스 가격보다 낮다면, 부서 총책임자는 공유된 활동의 서비스를 이용할 동기를 갖고 그것을 통해 그 기업이 기업 다각화 전략을 실행한 본래의 목적인 범위의 경제를 실현할 수 있다.

이익 센터로서 공유된 활동

몇몇 다부서 기업은 비용 센터보다는 이익 센터로서 공유된 활동을 경영하기 시작했다. 이 기업들은 부서들에 공유된 활동 서비스를 이용하기를 요구하는 대신, 기업 내부의 공유된 활동, 외부의 공급자들, 또는 부서 자체적으로 생산하는 서비스 중에서 선택할 권리를 부여한다. 이러한 점에서 공유된 활동의 경영자들은 제공하는 서비스의 가격과 질에 의해 내부적 고객으로부터 선택되기 위해 경쟁하도록 요구된다.[13]

공유된 활동을 관리함에 있어서 이러한 이익 센터 접근법을 선택했던 기업은 스위스의 엔지니어링 기업인 ABB, Inc.이다. ABB는 거의 모든 기업 스태프를 없앤 다음 끝까지 남아 있는 스태프의 기능을 공유된 활동에 재구성하였다. ABB 내에서 공유된 활동은 ABB의 부서들에 서비스를 제공하기 위해 경쟁한다. 연구개발, 판매와 같은 전형적인 공유된 활동도 내부 고객을 향해서 경쟁할 뿐 아니라, 인사, 마케팅, 재무와 같은 전형적인 기업 스태프 기능 또한 경쟁한다. ABB의 공유된 활동을 경영하기 위한 접근법은 결국 상대적으로 작은 규모의 기업 스태프를 낳았고 점차 전문화되고 맞춤화된 공유된 활동을 형성하였다.[14]

물론 공유된 활동을 이익 센터로 취급하고 그들을 내부적 고객을 위해 경쟁하도록 하는 것의 가장 큰 위험은 부서들이 공유된 활동으로부터 아무런 서비스나 지원을 받지 않기로 선택할 수 있다는 것이다. 비록 이러한 결과가 각 부서로서는 최선일 수 있지만, 만약 공유된 활동이 다부서 기업에 있어서 중요한 범위의 경제를 창출할 수 있다면 그것은 조직 전체의 차원에서는 최선이 아닐 수도 있다.

마지막으로, 공유된 활동이 비용 센터로 관리되든지 혹은 이익 센터로 관리되든지 관계없이 공유된 활동의 경영자가 갖는 임무는 오직 한 가지인데, 그것은 내부적 고객에게 지원되는 서비스가 충분히 맞춤화되고 품질이 높으며 적정한 가격 수준을 유지해서 내부적 고객이 외부의 대안적 공급자를 찾지 않도록 하는 것이다. 즉 M-form 조직에서 공유된 활동의 범위의 경제가 실현되는 최선의 방법은 공유된 활동의 경영자들이 내부 고객을 만족시키는 것이다.

공유된 활동이 다각화 기업에서 범위의 경제를 창출하기는 하지만 모든 경우에 그러한 것은 아니다. 〈표 9.3〉에서 볼 수 있듯이 공유된 활동에 의지하지 않는 다각화 기업도 많이 존재한다. 알파벳에서도 구글 부문에서는 공유된 활동을 통한 범위의 경제가 발견되지만 신사업 부문에서는 그렇지 않다는 것을 발견할 수 있다.

경영통제와 기업 다각화의 실행

〈그림 10.1〉과 〈그림 10.2〉에서 볼 수 있는 M-form 구조는 복잡하고 문제가 많다. 그러나 그 어떤 조직 구조도 그 자체로 기업 다각화 전략을 완전히 실행할 수 없다. M-form 구조는 다양한 경영통제에 의해 보완되어야 한다. M-form 구조에서 가장 중요한 세 가지 경영통제, 즉 부서 성과 평가 시스템, 부서 간 자본 할당, 부서 간 중간 제품 이전에 대해 살펴보자.[15]

부서 성과의 평가

M-form 구조에서 부서는 독립된 손익 채산 센터이기 때문에 부서 성과의 평가는 원칙적으로 공명정대해야 한다. 즉 수익성이 높은 부서는 수익성이 낮은 부서보다 긍정적으로 평가되어야 한다. 그러나 외관상 단순한 이 일은 실제로는 놀랄 만큼 복잡하다. 대개 두 가지 문제가 발생하는데, (1) 부서의 수익성이 측정되는 방법, (2) 부서들 간에 걸친 범위의 경제가 각 부서 성과에 분배되는 방법에 대한 문제가 그것이다.

부서 성과의 측정

부서 성과는 적어도 두 가지 방법으로 측정할 수 있다. 첫 번째는 회계적으로 측정하는 방법이고, 두 번째는 경제적으로 측정하는 방법이다.

부서 성과의 회계적 측정 회계적 측정과 경제적 측정은 모두 다부서 기업 내의 부서 성과를 측정하는 데 이용될 수 있다. 부서 성과를 위해 널리 사용되는 회계적 측정치에는 부서에 의해 통제된 자산수익률, 부서의 판매수익률, 부서의 판매성장률이 포함된다. 이 측정치들은 기준치와 비교되어 그 기준치를 초과했는지 혹은 미달했는지를 평가하게 된다. 다부서 기업은 부서 성과를 평가할 때 세 가지 상이한 비교 기준을 이용한다. 이는 (1) 기업 내에서 모든 상이한 사업부들에 공통된 최저 비율, (2) 해당 부서의 예산상의 성과 수준(부서마다 다를 수 있다), (3) 해당 부서가 속한 산업의 평균 이익률이다.

이 기준들은 각각 장단점이 있다. 만약 어떤 기업이 모든 부서가 준수하거나 초과해야 하는 최저 수익률을 가지고 있다면 부서 성과 목표에 대한 모호성이 거의 없을 수 있다. 그러나 그러한 단일 기준은 부서들 간에 존재할 수 있는 성과 차이를 무시한다.

부서의 실제 성과를 예산상의 성과 수준과 비교하는 것은 상이한 부서에서의 성과 차이를 허용하는 것이지만, 예산 과정에서의 시간 낭비와 정치적 영향력에서 비롯되는 부작용이 있을 수 있다. 한 연구는 기업 경영자들은 부서 경영자들이 예산 시스템에 '게임'을 하고 있다고(진실된 정보만을 보고하지 않는다고) 가정하기 때문에 부서 경영자들이 보고하는 매출 전망과 자본 요청을 일상적으로 삭감한다는 것을 설명했다.[16] 또한 부서별 예산은 대개 거시경제가 어떻게 진화할 것인지, 부서가 속한 산업의 경쟁이 어떻게 진화할 것인지, 그리고 그 산업 내에서 그 부서가 어떤 행동을 취할 것인지에 관한 단순한 가정하에서 할당되게 마련인데, 이러한 가정들이 더 이상 맞지 않다고 판단되면 예산은 처음부터 다시 할당되어야 한다. 즉 거의 가치를 발생시키지 않는 비효율적인 과정인 것이다.

마지막으로, 부서가 속한 산업의 평균 이익률에 기초해서 그 부서의 성과를 측정하는 방법은 해당 부서의 성과가 훌륭한가에 대한 평가를 다른 기업들의 손(성과)에 맡기는 단점이 있다. 또한 이렇게 측정되는 성과는 조작될 수도 있다. 즉 부서 성과를 비교하는 기준으로 자의적으로 성과가 낮은 경쟁 기업만을 선택함으로써 어떤 부서라도 산업 평균보다 더 나은 성과를 이루는 것처럼 보일 수 있다.[17]

어떤 종류의 회계적 측정법을 이용하든 부서 성과를 위한 대부분의 회계 측정법은 공통된 한계점을 가진다. 즉 이러한 측정법들은 단기적 성과에 편향되는short-term bias 문제를 갖는 것이다. 이러한 편향 문제는 회계적 측정법들이 장기적으로 가치를 창출하는 자원과 능력에 대한 투자액을 단기적으로 비용 처리한다는 사실을 반영한다. 부서 총책임자들은 어느 회계연도의 비용을 절감하기 위해 장기적으로 지속적인 경쟁우위의 원천이 되는 자원과 능력에 대한 투자를 포기할 수 있다.

부서 성과의 경제적 측정 부서 성과를 회계적으로 측정하는 방법들이 가진 한계점 때문에 몇몇 기업은 경제적 측정법을 채택하기 시작했다. 경제적 측정법은 회계적 측정법을 기반으로 만들어졌으나 장기적 이윤을 발생시킬 수 있는 단기 투자를 강조하기 위해 수정된 것이다. 또한 경제적 측정법은 부서의 성과를 기업의 자본비용과 비교한다(제1장 참조). 이것은 부서 성과의 회계적 측정에서 나타나는 '게임'의 폐단을 막을 수 있다.

아마도 가장 일반적인 경제적 측정법으로는 **경제적 부가가치**economic value added, EVA를 들 수 있을 것이다.[18] 경제적 부가가치는 그 부서의 수익에서 자본비용을 감함으로써 계산된다.

경제적 부가가치(EVA) = 수정된 회계적 수익
(가중평균 자본비용 × 부서에서 이용한 총자본)

경제적 부가가치의 몇몇 용어는 설명이 필요하다. 예를 들어 경제적 부가가치의 계산은 부서의 '수정된' 회계적 수익으로부터 시작한다. 이것은 전통적인 회계 수익으로부터 출발하여 경제적 수익을 산출하기 위해 수정된 수치이다. 학문적으로 재무제표의 측정치들을 수정하는 방법이 연구된 바 있다. 예를 들어 전통적인 회계 관습에 따르면 연구개발 비용은 어느 부서의 수익에서 매년 공제하게 되는데, 이는 경영자로 하여금 장기적인 연구개발 노력을 과소평가하게 만들 수 있다. 이를 수정하기 위해 경제적 측정법에서는 연구개발비용을 부서의 성과에 다시 가산하는데, 이는 연구개발 투자가 자산으로 취급되며 일정한 기간에 걸쳐 감가상각됨을 의미한다.

다부서 기업들이 경제적 부가가치에 기초한 부서별 성과 측정 시스템을 이용할 수 있도록 이 시스템에 특화한 자문 회사인 스턴스튜어트는 기업의 회계적 수익을 경제적 수익의 근사치로 만들기 위해 40개의 수치를 '수정adjustments'한다. 대부분의 수정 항목은 이 자문 회사의 비밀사항이지만, 연구개발 투자의 수정 등 몇몇 가장 중요한 항목은 일반에 널리 알려져 있다.

앞의 계산식에서 괄호 안의 항목은 부서에서의 투자비용을 반영한다. 여기에서는 재무 이론을 적용하여 기업의 평균 자본비용에 그 부서에서 투자되는 자본의 양을 곱하여 투자의 비용을 계산한다. 한 기업의 평균 자본비용은 만일 이 자본을 다른 부서에 투자했다면 한 기업이 벌 수 있는 현금의 크기이다. 즉 한 기업의 평균 자본비용은 기업에서 다른 부서에 투자하는 대신 특정 부서에서 투자할 때 발생하는 기회비용으로 간주될 수 있다.

어느 부서의 수정된 수익과 투자비용을 계산함으로써 경제적 부가가치는 그 부서의 전통적 회계 성과보다 경제적 성과를 더 정확하게 설명할 수 있다. 부서 성과를 경제적 부가가치에 기초해서 측정하는 다각화된 기업의 수는 현재도 적지 않고 또한 계속 늘어나고 있다. 이러한 기업들은 AT&T, 코카콜라, 퀘이커오츠, CSX, 브릭스앤드스트래튼, 얼라이드시그널을 포함한다. 얼라이드시그널에서는 기업의 자본비용에 못 미치는 수익을 내는 부서들은 '물이 새는 양동이'라는 오명을 얻는다. 이러한 나쁜 성과가 개선되지 않는 경우 부서 총책임자가 경질된다. 경제적 부가가치의 사용은 다각화된 기업에서 경제적 부를 창출하기 위한 주된 방법으로 적극 추천된다.[19]

범위의 경제와 부서 성과의 모호성

한 기업이 부서 성과를 측정하기 위해 회계적 측정치와 경제적 측정치 중 어느 것을 사용하더라도, 정상적으로 경영되는 다각화된 기업에서 부서 성과를 측정하는 일은 항상 모호성을 수반하게 된다. 단순한 예를 생각해 보자.

어느 다부서 기업이 단 2개의 부서(부서 A와 부서 B)와 하나의 공유 활동(연구개발 활동)을 가지고 있다고 가정해 보자. 또한 그 두 부서는 손익 채산 단위로 간주되고 연구개발 공유 활동은 비용 센터로 간주된다고 하자. 이러한 연구개발 노력을 지원하기 위해 지난 10년 동안 각 부서는 매년 1,000만 달러를 지불했고, 이러한 10년의 노력과 투자 끝에 연구개발 그룹은 부서

A의 요구에 부응하는 새로운 가치 있는 기술을 개발했다고 가정하자.

부서 성과가 어떻게 측정되든 관계없이 부서 A의 성과는 부서 B의 성과와 비교해서 높을 가능성이 크다. 이러한 상황에서 부서 A의 높은 성과는 부서 A와 연구개발 그룹, 그리고 부서 B에 얼마만큼의 비율로 할당되어야 하는가?

이 기업의 부서 총책임자들은 각각의 입장에서 자신에게 유리한 주장을 할 수 있다. 부서 A의 총책임자는 부서 A의 노력 없이는 이 기술의 완전한 가치가 결코 실현될 수 없었을 것이라고 주장할 수 있다. 또한 연구개발 그룹의 경영자들은 연구개발 노력이 없었으면 기술 개발 자체가 불가능했을 것이라고 주장할 수 있다. 마지막으로 부서 B의 총책임자는 부서 B가 장기간 연구개발 활동에 투자하지 않았더라면 부서 A의 높은 성과도 없었을 것이라고 주장할 수 있다. 사실 이러한 모든 주장은 일리가 있는 것이다.

이러한 모든 주장이 일리가 있다는 사실은 한 기업이 다각화 전략을 실행하면서 범위의 경제를 실현할 때 그 성과를 각각의 부서 성과에 할당하는 것은 항상 모호할 수밖에 없다는 것을 설명한다. 당연한 말이지만 다각화된 기업에서 이러한 범위의 경제가 존재한다는 것은 사업들이 각각 운영되는 것보다 함께 묶여 있을 때 더 가치가 있다는 것을 의미한다. 사업 부서들의 성과를 각각 독립적인 것으로 가정하고 측정하려는 노력은 부질없는 짓이다.

이러한 모호성의 문제를 해결하기 위한 가장 단순한 방법은 각 사업들이 독립적으로 운영되도록 강요하는 것이다. 만약 각각의 사업이 독립적으로 운영된다면 각 부서의 성과가 모호하게 측정되는 것은 막을 수 있다. 물론 이 방법은 비현실적인데, 이 기업이 애당초 다각화 전략을 추진했던 이유인 범위의 경제를 포기하는 것이기 때문이다.

다각화된 기업이 실현하려는 범위의 경제가 주로 유형적인 공유된 활동에 기초하고 있을 때도 부서 성과의 모호성은 충분히 문제를 일으킬 수 있지만, 만약 그 범위의 경제가 무형적인 핵심 역량에 기반할 때는 더 큰 문제를 일으킬 수 있다. 무형적인 핵심 역량에 기초한 범위의 경제는 공유된 학습과 경험, 즉 측정하기 어려운 무형적 자산이 그 기업의 다각화 노력의 핵심 사항이고 이 자산의 공동 이용이 다각화 전략을 정당화하기 때문이다. 이처럼 무형적 성격을 지닌 범위의 경제는 부서별 성과 측정의 어려움을 높인다.

심지어 부서 성과를 측정하기 위해 경제적 부가가치를 이용한다고 하더라도 이러한 모호성의 문제를 완전히 해결할 수는 없다. 예를 들어 코카콜라컴퍼니의 코카콜라 부서는 수년 동안 코카콜라 브랜드를 위해 엄청난 투자를 해 왔으며, 다이어트 콜라 부서는 코카콜라 브랜드를 부분적으로 자신의 마케팅 활동에 이용해 왔다. 물론 모든 다이어트 콜라의 성공이 코카콜라 브랜드 덕분은 아니다. 다이어트 콜라도 자신만의 창조적인 광고와 고객 집단 등을 개발했다. 경제적 부가가치로 측정되는 다이어트 콜라의 성과 중 어느 정도가 코카콜라 브랜드에 할당되어야 하며, 어느 정도가 다이어트 콜라 부서의 노력에 할당되어야 하는가? 다이어트 콜라 브랜드의 출현 이전에 코카콜라 브랜드를 위해 행해졌던 투자까지 고려한다면 그 성과를 할당하는 일은 어려운 일임에 틀림없다. 즉 경제적 부가가치를 이용한다 해도 범위의 경제가 복수의 부

서에 걸쳐 있을 때 창출되는 모호함을 해결할 수는 없는 것이다.[20]

결국 부서 성과를 회계적 또는 경제적으로 측정하면 다각화된 기업에서 상위 경영진의 경험과 판단에 의해 보완이 필요하다. 부서 성과를 더 넓은 관점에서 주관적으로 판단하는 것만이 부서 성과를 정확히 측정하게 해 준다.

기업 자본의 할당

제7장에서 설명한 잠재적으로 가치 있는 범위의 경제의 형태들 중 공유된 활동과 핵심 역량 다음으로 발견되는 범위의 경제의 형태는 내부자본 할당이다. 이 장에서는 다각화를 정당화하기 위해 내부자본 할당을 하는 다각화된 기업에서 자본을 할당하는 고위 경영자들을 위한 정보가 외부자본시장에서 주주들이 접하는 정보보다 양적·질적으로 더 우수해야 한다는 점에 초점을 맞춘다. 내부자본시장에서 이용 가능한 정보의 질과 양은 다각화된 기업의 조직이 얼마나 효과적인가에 의존한다.

내부자본시장의 주된 한계점 중 하나는 부서 총책임자들이 더 많은 자본에 접근하기 위해 부서의 미래 전망에 대해 과대포장하고 부서의 문제점들을 과소평가할 동기를 가진다는 것이다. 다각화된 기업에서 독립적인 기업 회계 기능을 가지는 것은 이러한 문제에 대응하는 것을 도울 수 있다. 그러나 정상적으로 경영되는 다각화된 기업에서 부서 성과를 측정하는 데 있어 불가피하게 존재하는 모호성 때문에 독립적인 기업 회계 기능을 가진다고 해도 이러한 정보상의 문제가 모두 해결되지는 않는다.

이러한 문제를 해결하기 위해 몇몇 기업들은 자본 할당을 돕는 **제로베이스 예산 계획** zero-based budgeting이라 불리는 과정을 사용한다. 제로베이스 예산계획에서 고위 경영자들은 모든 부서가 제출하는 자본 할당 요청을 '가장 중요한' 것부터 '가장 사소한' 것까지 순위를 매겨서 가능한 자본의 한도 내에서 모든 요청을 받아들이는 방법을 이용한다. 이론적으로 제로베이스 예산계획은 과거에 예산을 할당했다고 해서 미래에도 할당된다는 보장을 박탈한다. 각 사업은 매년 좋아야 자본이 할당될 수 있다.

제로베이스 예산계획은 이러한 장점이 있는 반면 한계점도 있다. 예를 들어 다각화된 기업에서 '가장 중요한' 것부터 '가장 사소한' 것까지 모든 사업을 평가하고 순위 매기는 일은 매우 어려운 작업이다. 이 작업은 고위 경영자들이 기업 내 사업의 전략적 역할에 대해 완벽한 지식을 가지고, 또한 이 사업들이 각 사업부의 단기 성과에 어떤 영향을 미칠지에 대해서도 이해할 것을 요구한다.

결국 기업들이 자본을 할당하기 위해 어떤 과정을 채택하든, 외부자본시장에서 이용될 수 없는 정보가 내부자본시장에서 이용될 때 자본 할당은 내부적으로 더 효율적으로 이루어질 수 있다. 대개 그러한 정보는 무형적이며 암묵적이고 복잡할 것이다. 이러한 범위의 경제를 실현하는 것을 추구하는 기업 경영자들은 그러한 종류의 정보를 효과적으로 이용하는 방법을 발견해야 한다.[21] 이러한 과정을 효과적으로 관리하는 것이 쉬운 일이 아니기 때문에, 종종 다각화된

기업 내에서 가치 있는 범위의 경제의 형태로서 내부자본 할당이 활용되기 어려울 수 있다.[22]

중간 제품의 이전

다각화된 기업에서 복수의 부서들에 걸쳐서 범위의 경제가 존재한다는 것은 종종 한 부서에서 생산된 제품 또는 서비스가 다른 부서에 의해 생산되는 제품 또는 서비스를 위한 투입물로 사용된다는 것을 의미한다. 이렇게 투입되는 제품 또는 서비스는 **중간 제품 또는 서비스**intermediate products or services라고 불린다. 중간 제품 또는 서비스는 M-form 조직에서 어느 사업 단위들 사이에서도 이전될 수 있다. 이러한 이전이 이익 센터 부서들 사이에서 발생할 때 가장 중요할 수 있고, 또한 문제를 만들 수 있다.

부서들 간의 중간 제품 또는 서비스의 이전은 보통 **이전가격 시스템**transfer-pricing system을 통해 경영된다. 한 부서는 제품 또는 서비스를 이전가격으로 다른 부서에 '판다.'수요와 공급에 의해 결정되는 시장가격과는 달리, 이전가격은 기업 목적을 달성하기 위해 기업의 경영진에 의해 결정된다.

최적 이전가격의 결정

경제적인 관점에서 보면 다각화된 기업에서 최적 이전가격을 결정하는 규칙은 매우 간단하다. 이전가격은 한 부서의 제품 또는 서비스가 다른 부서로 이전될 때의 상실된 기회의 가치value of the opportunity forgone가 되어야 한다. 다음의 예를 고려해 보자. 부서 A의 제품에 대한 한계비용은 단위당 5달러이지만 부서 A는 모든 생산품을 외부 구매자에게 단위당 6달러에 팔 수 있다. 만일 부서 A가 생산품 전부를 외부 구매자에게 단위당 6달러에 팔 수 있다면, 부서 A로부터 부서 B로 제품 단위를 이전할 때 상실된 기회가치는 6달러이다. 이것은 부서 A가 제품을 시장에 파는 대신 부서 B에 이전함으로써 부서 A가 상실하는 금액을 뜻한다.

그러나 만일 부서 A가 외부 고객들에게 6달러에 제품을 판매하고도 남아도는 제조 능력이 있다면, 부서 A가 부서 B로 제품을 이전함으로써 상실된 기회가치는 6달러가 아니라 5달러, 즉 부서 A의 한계비용이다. 외부시장이 부서 A의 제품을 단위당 6달러에서 더 이상 흡수할 수 없기 때문에, 다시 말하면 부서 A는 어느 곳에서도 그 제품을 6달러에 팔 수 없기 때문에, 부서 A가 부서 B에 제품을 이전할 때 상실하는 기회가치는 6달러가 아니라 5달러인 것이다.[23]

이전가격이 기회비용과 동일할 때 판매 부서들은 마지막 단위의 한계비용이 이전가격과 같아지는 지점까지 생산할 것이다. 또한 구매 부서들은 순수익이 이전가격보다 많은 한도 내에서 기업 내 판매 부서로부터 제품을 구매할 것이다. 이러한 이전가격은 다각화된 기업의 이익을 최적화하도록 이익 극대화 부서들의 행동을 이끌 것이다.

최적 이전가격을 결정하는 데 따르는 어려움

이전가격을 기회비용과 동일하게 결정한다는 것은 일견 쉬운 일로 보이지만, 실제 다각화된 기업에서 적용하기는 매우 어렵다. 최적의 이전가격을 설정하는 것은 '판매' 부서가 가지고 있는 상실된 기회의 가치에 대한 정보를 요구한다. 이를 위해 이 부서의 한계비용, 생산 능력, 제품에 대한 외부 수요 등에 대한 정보가 필요하다. 이러한 정보는 대부분 얻기 힘들며 또한 매우 가변적이다. 시장 조건이 변할 때 어느 부서의 제품에 대한 수요는 변할 수 있으며 한계비용도 변할 수 있고 상실된 기회의 가치도 변할 수 있다. 또한 판매 부서가 다각화된 기업 내의 다른 부서로 이전하는 제품이나 서비스가 맞춤화된 정도에 따라 이러한 판매 부서가 가지고 있는 상실된 기회의 가치는 계산하기 더 어려워진다.

또 다른 측면에서, 비록 이러한 정보가 신속히 처리되고 갱신된다 할지라도, 판매 부서의 총책임자는 상실된 기회의 가치를 증대하는 방향으로 정보를 조작할 동기를 가지게 된다. 이러한 부서 총책임자는 기업의 내부 고객에게 판매하는 제품 또는 서비스의 이전가격을 상승시켜서 구입 부서에 할당되어야 할 이익을 자신의 부서로 끌어올 수 있다.

이전가격 결정의 예

기업이 모든 상황에서 최적의 이전가격 설정 절차transfer-pricing scheme를 세우는 것은 거의 불가능하기 때문에, 대부분의 다각화된 기업들은 최적의 가격을 추정하기 위한 복수의 이전가격 설정 절차를 준비해야 한다. 그러나 어떠한 절차를 이용하더라도 다각화된 기업에서는 이전가격과 관련하여 비효율과 갈등이 일어나기 쉽다. 이러한 비효율과 갈등의 예는 〈표 10.3〉에서 설명하였다.[24]

이전가격 설정 절차를 정하는 과정에서 비효율과 갈등이 생기기 쉽다는 사실은, 사실상 대다수의 다각화된 기업들이 자신들이 가진 이전가격 설정 방법에 만족하지 않는다는 것을 의미하기도 한다. 사실 한 연구는 다각화된 기업에서 복수의 부서들이 자원을 공유할수록, 즉 이전가격 설정 절차의 중요성이 증가할수록 부서 총책임자들의 직업 만족도가 감소한다는 결과를 보고한 바 있다.[25]

다각화된 기업이 '적합한' 이전가격 설정 절차를 발견하기 위해 거의 매년 그 절차를 변경하는 것은 흔히 볼 수 있다. 경제적 이론은 우리에게 '적합한' 이전가격 설정 절차가 무엇인지 알려 주는데, 그것은 이전가격은 기회비용과 같아야 한다는 것이다. 그러나 이러한 '적합한' 이전가격 설정 절차는 현실적으로 대부분의 기업에서 실행되기 힘들다. 계속적으로 이전가격 설정 절차를 변경하는 기업들은 각 절차들이 가지고 있는 단점을 잘 안다. 기업들은 '적합한' 이전가격 설정 절차를 발견하는 것보다는 경영상 문제가 가장 적은, 또는 발생하는 문제들에 대해 그 기업이 효과적으로 관리할 수 있는 이전가격 설정 절차를 발견하는 데 더 주의를 기울여야 한다. 사실 몇몇 학자들은 최적 이전가격 설정 방법에 대한 연구가 계속되기보다는, 그 대신 이전가격 설정의 과정을 조직 내 갈등 해결의 과정으로 보는 연구가 시작되어야 한다고 주장한다. 이러한 관점에서 보면, 이전가격 설정 과정은 부서들이 가진 상이점을 인정하고, 이러한 상이점에서 나타나는 문제들을 부서 간 상호 이익이 되는 방향으로 해결하는 것을 시작

표 10.3 이전가격 설정 절차의 취약점

1. 구입과 판매 부서 총책임자들은 기업의 개입 없이 자유롭게 이전가격을 협상할 수 있다.
   - 협상과 논쟁의 비용은 어떠한가?
   - 적절한 이전가격이 협상으로 도출되지 않았을 때 범위의 경제를 실현할 수 없는 기업 차원의 위험
2. 이전가격은 판매 부서가 외부 구매자들에게 판매하는 가격으로 결정된다.
   - 어느 구매자? 다양한 구매자들은 다양한 수준의 가격을 가질 수 있다.
   - 구입 부서가 판매 부서로부터 대량으로 구매한다면 낮은 이전가격이 적용되어야 하지 않는가?
   - 구입 부서가 구입할 경우 판매 부서는 마케팅 비용을 부담하지 않으므로 낮은 이전가격이 적용되어야 하지 않는가?
3. 이전가격은 판매 부서의 실제 생산비용으로 결정된다.
   - 실제비용이 의미하는 것이 무엇이며, 누가 결정하는가?
   - 실제비용란 판매 부서의 모든 비용인가, 아니면 오직 구입 부서가 구입하는 제품과 관련된 비용인가?
4. 이전가격은 판매 부서의 표준비용으로 정해진다.
   - 표준비용은 판매 부서가 최대 효율로 운영됨을 가정한 비용이므로, 암묵적으로 구입 부서에 유리하다.
5. 이전가격은 시장가격으로 결정된다.
   - 대상 제품이 매우 차별화되었을 때 '시장가격'이란 없다.
   - 구입 부서가 판매 부서로부터 대량으로 구매한다면 낮은 이전가격이 적용되어야 하지 않는가?
   - 구입 부서가 구입할 경우 판매 부서는 마케팅 비용을 부담하지 않으므로 낮은 이전가격이 적용되어야 하지 않는가?
6. 이전가격은 판매 부서의 실제 비용과 구입 부서의 시장가격으로 정해진다.
   - 이 방법은 단순히 앞에서 열거한 문제점들을 모두 포함한다.

할 수 있도록 해 준다.[26]

전반적으로 말해서, 여기에서 설명된 세 가지 경영통제 과정, 즉 부서 성과 측정, 기업 자본 할당, 중간 제품 이전은 기업 다각화 전략의 실행을 위해 기업에는 풍부한 경영 기술과 경험이 요구된다는 것을 설명하고 있다. 또한 이 경영통제 과정들은 다각화된 기업이 종종 전반적인 기업 전략과 맞지 않는 사업들을 운영하고 있을 수도 있다고 제시한다. 이것은 종종 사업 철수를 유발하는데 이에 대해 제12장에서 다루기로 하자.

보상 정책과 기업 다각화의 실행

한 기업의 보상 정책은 기업 다각화를 실행하는 데 있어서 마지막 도구가 된다. 전통적으로 다각화된 기업에서 기업 경영자들에 대한 보상은 기업의 경제적 성과와 직접적으로 관련되지 않았다. 어느 한 중요한 연구는 임원에 대한 보상과 기업 성과 사이에서의 관계를 조사한 결과 최고경영자의 현금 보상(급여와 현금 보너스)이 기업 성과에 따라 큰 차이를 보이지 않는다는 것을 발견했다.[27] 특히 이 연구는 주주들에게 1년 동안 4억 달러의 손실을 끼쳤던 기업의 최고

경영자가 80만 달러의 평균 현금 보상을 받았던 반면, 주주들에게 1년 동안 4억 달러의 이익을 주었던 기업의 최고경영자는 100만 4,000달러의 평균 현금 보상을 받은 사실을 보여 주었다. 즉 8억 달러라는 기업 성과의 차이는 최고경영자의 급여와 현금 보너스에서는 평균적으로 오직 20만 4,000달러의 차이밖에 나타나지 않았던 것이다. 다시 말해서 기업 성과가 100만 달러 증가할 때마다 그 기업의 최고경영자는 고작 255달러를 더 받은 셈이며, 세금을 고려한다면 기업의 성과가 100만 달러 증가할 때 최고경영자는 좋은 식당에서 저녁 한 끼를 먹는 만큼의 보상밖에 받지 않는다고 할 수 있다.

그러나 같은 연구에서 어느 기업의 최고경영자가 받는 보상의 상당 부분이 주식이나 스톡옵션의 형태인 경우에는 기업의 성과와 보상의 변화가 밀접하게 연관된다고 보고하였다. 특히 앞의 예에서 최고경영자가 주식이나 스톡옵션의 형태로 보상을 받는다면 기업 성과의 차이 8억 달러는 최고경영자 보상의 가치에서 120만 달러의 차이를 가져올 수 있었는데, 이것은 기업 성과의 증가분 100만 달러가 이 최고경영자의 급여에는 667달러의 증가를 가져오는 것이다.

다른 연구에서도 이러한 비슷한 결과가 보고됨에 따라 다각화 기업들은 최고경영자를 위한 보상의 종류에 주식과 스톡옵션을 점점 더 포함시키게 되었다. 더 중요한 사실은, 많은 기업들은 이제 이러한 비현금 보상을 부서 총책임자 등 다른 상위 경영자들에게도 확대하고 있다는 것이다. 예를 들어 제너럴다이내믹스의 상위 경영자 1,300명은 보상의 형태로 주식과 스톡옵션을 받고 있다. 또한 이러한 경영자들의 현금 보너스는 제너럴다이내믹스의 주식시장에서의 성과에 달려 있다. 존슨앤존슨에서 모든 부서 총책임자들은 다섯 가지 형태의 보상을 받는다. 이 중 오직 급여만이 부서 총책임자가 총괄하는 사업의 경제적 성과와 무관하며, 나머지 네 가지 형태의 보상, 즉 현금 보너스, 주식 형태의 보상, 스톡옵션, 이연수익은 해당 부서의 경제적 성과에 따라 그 가치가 변하게 된다. 또한 이러한 보상들의 가치는 존슨앤존슨의 장기적인 경제 성과에 달려 있다.[28]

다각화된 기업에서 보상 정책이 경영자들에게 주주의 이익과 합치된 의사결정을 하도록 동기부여를 하는 한, 그 보상 정책은 기업 다각화 실행 과정의 중요한 부분이 될 수 있다. 그러나 몇몇 최고경영자들에게 지급되는 엄청난 규모의 보상은 윤리적 이슈를 제기하기도 한다. 이러한 윤리적 이슈는 '전략과 기업윤리'에서 설명하였다.

전략과 기업윤리

최고경영자들의 연봉만큼이나 언론의 지탄을 받는 것은 드물다. 예를 들어 2016년에 익스피디어의 CEO인 다라 코스로샤히는 9,460만 달러를, CBS의 레슬리 문브스는 5,640만 달러를, 비아컴의 필립 다우만은 5,410만 달러를, 오라클의 마크 어드와 사프라 카츠는 5,320만 달러를 받았다. 당연한 질문이 따른다. 그들이 그만한 가치가 있는가?

사실 미국에서 수행된 2016년 설문조사에서 74%의 응답자는 최고경영자의 연봉이 너무 높다고 답했다. 심지어 응답자들은 최고경영자들의 평균 연봉이 100만 달러라고 생각했음에도 말이다. 사실 미국 상장기업의 2016년 최고경영자 평균 연봉은 1,030달러였다.

그러나 최고경영자가 어느 정도의 연봉을 '받아야만 하는가'에 대해 답하는 것은 어려운 일이다. 어떤 기업들은 최고경영자의 연봉도 기업 내 최저 임금의 몇 배 이상을 넘지 못하도록 하는 정책을 갖기도 한다. 제1장에서 본 벤앤제리스 아이스크림의 예에서 이러한 제약은 벤앤제리스의 브랜드 가치를 효과적으로 이용할 수 있는 기업이 밴앤제리스를 인수하도록 도울 수 있는 최고경영자를 영입하는 것에 실패하는 원인이 되어서 결국 주주의 이익에 피해를 입혔다는 것을 살펴본 바 있다.

최고경영자의 연봉은 지나치게 높은가

많은 기업들은 최고경영자의 연봉 결정을 이사회의 보상 위원회에 위임한다. 보상 위원회는 종종 동종업계의 유사한 규모의 기업들의 평균 연봉을 계산한다. 물론 어떤 기업도 자신의 최고경영자가 비교 대상 기업들의 평균보다 낮은 연봉을 받기 원하지는 않기 때문에 평균 이상으로 결정하게 마련이고, 결국 장기적으로 보면 최고경영자의 연봉은 계속 상승할 수밖에 없다.

보상에 포함되는 여러 요소들을 살펴보면 최고경영자의 연봉을 결정하는 것은 더욱 복잡해진다. 예를 들어 최고경영자 보상의 큰 부분은 연봉 자체보다는 보너스, 주식, 스톡옵션, 그리고 기타 특전들에서 나온다. 대부분의 비금전적 보상은 기업의 성과와 연결되어 있고 최고경영자와 주주의 금전적 이해의 균형을 맞추도록 설계된다. 버크셔해서웨이의 사례가 바로 이것을 보여 주고 있는데, 이 기업에서는 워렌 버핏과 기타 중역들의 대부분의 재산은 버크셔 해서웨이의 주식과 연계된다는 중요한 원칙이 존재한다. 사실 한 연구는 최고경영자가 그의 경력에 비해 더 많은 연봉을 받을 때는 대체로 해당 기업의 성과와 상관관계가 있다는 것을 발견하였다.

물론 상관관계가 인과관계를 의미하지는 않는다. 아직도 남아 있는 질문은, 과연 최고경영자는 주주의 부를 극대화한다는 본연의 임무를 다하는 이유만으로 수천만 달러의 연봉을 받을 자격이 있는 것인가 하는 것이다. 그리고 또한 기업의 다른 직원들에게 시사하는 것은 무엇인가, 즉 그들도 열심히 일해서 더 많은 연봉을 받도록 독려하는 기능을 할 것인가, 아니면 본인의 작은 연봉에 실망하면서 근무 의욕을 상실하게 하는 기능을 할 것인가에 대해서도 아직 확실히 알 수 없다.[29]

▶▶ 국내 사례

공동의사결정의 희소한 성공 사례 : 텐바이텐

기업의 조직 구조, 통제 과정, 보상 정책을 일컫는 말로 지배구조 또는 거버넌스라는 개념이 있다. 거버넌스는 매우 광범위하게 사용되기도 하는데 두 거래기업의 관계에 대해서는 지분 등에 의한 통제의 비중을 의미하기도 하고 한국에서는 기업, 특히 재벌 기업의 실제 의사결정의 주체를 의미하기도 한다. 여기에서는 기업의 최고경영층의 의사결정으로 한정하여 이야기하기로 한다.

창업 기업에 있어서 지배구조는 매우 중요하다. 처음에는 동업자끼리 의기투합하여 열심히 해 보자는 투지에 불타오르지만 성격의 차이가 부각되고 최선의 경영 방식에 대한 의견이 갈리면 갈등이 발생하기 쉽다. 특정 사안에 대해 첨예한 내립이 생기면 의사결정이 지연되거나 불필요한 감정적 대립이 지속되는 경우도 많다. 여러 전문가들은 이런 상황을 대비하여 한 명의 최고경영자 또는 대표이사의 리더십을 법적으로(즉 다수 지분 확보를 통해) 확실하게 세우는 것이 중요하다고 조언한다. 소수 의견으로는 동업자들이 동등하게 지분을 나누어야 협력의 분위기를 살릴 수 있다는 의견과, 피어스와 같은 학자의 의견과 같이 공유적 리더십을 통해 수평적 지배구조를 가져야 한다는 주장도 존재한다. 그러나 현실적으로 수평적 지배구조로서 성공한 예를 찾기는 힘들다.

텐바이텐은 그 희소한 사례 중 하나이다. 지분구조와 의사결정, 그리고 성과배분에 있어서 설립 초기 10년간 5명의 동업자가 완전히 수평적 지배구조를 유지하면서 업계 선두의 지위를 유지했다. 그 비결은 무엇이었을까?

디자인과 감성을 중시하는 전문쇼핑몰로 2001년에 탄생한 텐바이텐은 같은 대학교 건축학과를 다닌 다섯 명의 동기생들에 의해 세워졌다. 모 기업에서 인터넷 쇼핑몰 업무를 담당했던 이창우는 해외에서는 일상적으로 사용되는 디자인 소품들이 아직 한국에 소개되지 않아서 이 분야에 대한 대중의 관심이 증가할 것이라는 확신을 갖게 되었다. 이에 대학교를 졸업하고 각각 진로를 걷고 있던 동기생인 이문재, 최은희, 백우현, 그리고 서동석을 설득하여 경영진을 구성하게 된다.

왜 인터넷 쇼핑몰의 전문가 또는 전문 경영인을 영입하지 않았을까? 물론 영입할 의사가 조금도 없었던 것은 아니었다. 그러나 이들의 마음속에는 기왕 친구들이 뜻을 모아 시작한 회사인 만큼 모든 정보를 공유하고 만장일치제로 의사결정을 하면 최선의 결과가 나올 것이라는 신념이 자라게 되었다. 성과도 똑같이 나누었다. 다만 대외적으로 다섯 명의 대표가 존재하면 복잡한 상황이 발생할 수 있으므로 명목상 대표는 이창우가 맡기로 했다.

초기의 어려운 시기를 거친 후 2002년 크리스마스 기획상품에서 폭발적인 매출을 올리면서 텐바이텐은 업계 선두에 올랐다. 매출액은 2002년의 6억 원에서 2006년의 140억 원으로 급증했다. 2011년에는 600억 원으로 뛰었다. 사업이 세분화되면서 인원이 늘었고 조직 구조도 사업부제로 바뀌었다. 만장일치를 이루기 위해 연일 밤을 새우는 회의를 해야 했지만 동업 관계를 뛰어넘는 동기 간의 우정은 그 어렵다는 수평적 지배구조를 가능하게 했다.

2011년, 텐바이텐은 대기업에 성공적으로 사업을 매각하고 세 명의 동업자가 남아서 경영을 계속하고 있다. 창업 당시 대표였던 이창우는 29cm를 설립하여 새로운 도전을 하고 있다.

출처 : 녹색의 연금술사, 스타트업의 지분구조는 어떻게 해야 할까?; Michael Seibel, How to Split Equity Among Co-Founders; https://brunch.co.kr/@jaeeonryoo/139; Pearce, C. L. (2004). The future of leadership: Combining vertical and shared leadership to transform knowledge work. Academy of Management Executive, 18, 1, 47-57; 신형덕, 텐바이텐의 도전, 아산 기업가정신 리뷰 사례.

요약

다각화 전략이 가치를 갖기 위해서는 일반 주주들이 낮은 비용으로 복제할 수 없는 가치 있는 범위의 경제가 실현되어야 한다. 그러나 이러한 범위의 경제의 가치를 갖기 위해서 기업들은 적절하게 조직되어야 한다. 기업의 조직 구조, 경영통제 과정, 보상 정책은 모두 기업 다각화 전략의 실행과 밀접하게 관련되어 있다.

다각화 전략을 위한 최선의 조직 구조는 다부서 구조 또는 M-form 구조이다. M-form 구조는 이사회, 기관 투자자, 최고위 경영자, 기업 스태프, 부서 총책임자, 공유된 활동의 경영자 등의 주요 구성요소를 가진다.

이러한 조직 구조는 다양한 경영통제 과정에 의해 지원된다. 다각화 전략을 실행하는 기업이 갖는 세 가지 중요한 경영통제 과정은 (1) 부서 성과의 측정, (2) 부서들에 대한 자본 할당, (3) 부서들 간 중간 제품의 이전이다.

마지막으로 기업의 보상 정책 또한 다각화 전략을 실행하는 기업들에 대해 중요하다. 역사적으로 볼 때 경영 보상은 기업의 경제적 성과와 밀접하게 관련되지 못했으나, 최근 몇 년 동안 경영자들을 보상하기 위해 주식과 스톡옵션을 사용하는 경우가 증가했다. 이러한 보상 방법은 경영자들과 주주들 사이의 갈등을 감소시키지만, 최고경영자에 대한 보상 수준은 적어도 미국 내에서는 여전히 매우 높다.

탐구과제

10.1 대리인 이론은 대부분의 경영자들이 그들이 통제하는 주주의 자산에 대한 충직한 관리자임에도 불구하고 주주의 부를 감소시키려 한다고 가정한다는 측면에서 비판이 제기되었다. 경영자들에 대한 이러한 대안적 시각은 충직한 관리자 이론stewardship theory이라 불린다. 당신은 대리인 이론에 대한 이러한 비판에 동의하는가? 그 이유는 무엇인가?

10.2 충직한 관리자 이론이 옳으며, 대부분의 경영자들은 항상 책임감 있게 행동하고 그들이 통제하는 자산의 현재가치를 극대화하는 의사결정을 한다고 가정하자. 이 가정이 다각화 전략을 실행하기 위한 조직에 갖는 의미는 무엇인가?

10.3 다각화 과정에서의 최고경영자의 역할과 책임에 대해 설명하라.

10.4 기관 투자자는 투자의 규모가 크기 때문에 종종 상장기업들의 지분을 상당히 보유할 수 있다. 기관 투자자는, 특히 기업의 최고경영자나 이사회의 비전과 매우 다른 비전을 가진 경우에, 어느 정도까지 기업의 경영에 참여해야 하는가?

10.5 비관련 다각화 기업 집단 내에서 어떤 대규모 계열사는 그가 속한 시장에서 마치 독립된 기업처럼 경영활동을 한다. 그러한 기업의 고위 임원이 자율권을 가진다고 할 때, 기업 집단의 최고경영

자나 이사회 등은 기업 집단의 전략이 해당 계열사에서 수행될 수 있도록 하기 위해 어떤 방법을 취할 수 있는가?

10.6 비관련 다각화 기업 집단 내에서 계열사 대표는 계열사의 목표를 추구한다. 그러나 그 대표는 전체 기업 집단의 이익을 위해서도 일해야 한다. 계열사 대표의 역할의 역설적 상황에 대해 설명하라.

연습문제

10.7 비관련 다각화 기업 집단의 다양한 활동에 많은 개인 또는 팀이 개입되는 것은 필요하다. 그러나 각 직원은 일상적인 개별 업무도 수행한다. 다음의 직원이 각 부서에서 단기적 성과를 추구하는 업무를 담당한다는 것을 고려할 때, 다음의 활동이 적절한가에 대해 판단하라.

(a) 어느 사업부의 광고 캠페인에 최고운영책임자가 개입

(b) 직원역량 강화를 위한 훈련에 인적자원 팀이 개입

(c) 적대적인 외국 시장에 제품을 판매하는 일에 법률 자문이 개입

(d) 적자가 예상되는 프로젝트를 판매하는 일에 법률 자문이 개입

(e) 새로운 공급자를 확보하는 일에 판매 부서장이 개입

(f) 고객 불만 처리 활동에 최고경영자가 개입

(g) 새로운 방식으로 포장을 하는 일에 설계 디자인 담당이 개입

(h) 제조 장비수입에 유지관리 직원이 개입

(i) 추가적인 소매점 매입에 법률 자문이 개입

(j) 특정 산업에서의 사업부 활동에 본사 신제품 개발 연구담당이 개입

(k) 기업 집단의 전략적 방향을 논의하는 것에 모든 계열사 대표가 개입

(l) 계열사 예산 통제 업무에 본사 회계담당이 개입

(m) 계열사 회계 부서에 소수인종 배려 입사 사원이 개입

10.8 어느 기업에서 부서 A는 3,200만 달러의 자산을 이용해서 2,400만 달러의 매출을 올려 84만 7,000달러의 이익을 창출했다. 이 기업의 자본비용은 9%이며 이 기업은 이 부서에 730만 달러를 투자해 왔다.

(a) 부서 A의 판매이익률(ROS)과 자산이익률(ROA)을 계산하라. 만약 이 기업이 판매이익률과 자산이익률의 최소비율로 0.06과 0.04를 책정했다면 이 부서의 성과는 좋다고 말할 수 있는가?

(b) 부서 A의 경제적 부가가치(EVA)를 계산하라(위의 이익들은 이미 수정되었다고 가정하라). 경제적 부가가치에 비추어 보아 이 부서의 성과는 좋다고 할 수 있는가?

(c) 당신이 이 기업의 최고경영자라고 가정하라. 당신은 이 부서의 성과를 측정하는 판

매이익률/자산이익률과 경제적 부가가치 중 무엇을 선택할 것인가?

10.9 부서 A가 부서 B에 중간 제품을 판매한다고 가정하라. 이 장에서 설명한 이전가격을 결정하는 방법들 중 하나를 선택하고(판매 기업의 기회비용과 동일하게 정하지 말라), 이 방법을 이용해서 어떻게 부서 A의 경영자는 더 높은 이전가격을 정당화할 수 있을지, 또한 어떻게 부서 B의 경영자는 더 낮은 이전가격을 정당화할 수 있을지 설명하라. 이 장에서 설명된, 이전가격을 정하는 다른 접근 방법을 이용하여 이 과정을 다시 반복하라.

참고문헌

1 Alphabet's 10K from 2016; databank.worldbank.org/data/download/GDP.PDF; money.cnn.com/2014/01/13/technology/google-nest; www.nest.com; www.verify.com; www.wamo.com. All accessed February 28, 2017.

2 The structure and function of the multidimensional firm were first described by Chandler, A. (1962). *Strategy and structure: Chapters in the history of the industrial enterprise.* Cambridge, MA: MIT Press. The economic logic underlying the multidimensional firm was first described by Williamson, O. E. (1975). *Markets and hierarchies: Analysis and antitrust implications.* New York: Free Press. Empirical examinations of the impact of the M-form or firm performance include Armour, H. O., and D. J. Teece. (1980). "Vertical integration and technological innovation." *Review of Economics and Statistics*, 60, pp. 470–474. There continues to be some debate about the efficiency of the M-form structure. See Freeland, R. F. (1966). "The myth of the M-form? Governance, consent, and organizational change." *American Journal of Sociology*, 102(2), pp. 483–626; and Shanley, M. (1996). "Straw men and M-form myths: Comment on Freeland." *American Journal of Sociology*, 102(2), pp. 527–536.

3 M. C. Jensen and W. H. Meckling (1976). "Theory of the firm: Managerial behavior, agency costs, and ownership structure." *Journal of Financial Economics*, 3, pp. 305–360; J. Useem (2003). "The biggest show." *Fortune*, December 8, pp. 157+; R. Lambert (1986). "Executive effort and selection of risky projects." *Rand Journal of Economics*, 13(2), pp. 369–378.

4 E. Zajac and J. Westphal (1994). "The costs and benefits of managerial incentives and monitoring in large U.S. corporations: When is more not better?" *Strategic Management Journal*, 15, pp. 121–142; P. Rechner and D. Dalton (1991). "CEO duality and organizational performance: A longitudinal analysis." *Strategic Management Journal*, 12, pp. 155–160; S. Finkelstein and R. D'Aveni (1994). "CEO duality as a double-edged sword: How boards of directors balance entrenchment avoidance and unity of command." *Academy of Management Journal*, 37, pp. 1079–1108; B. K. Boyd (1995). "CEO duality and firm performance: A contingency model." *Strategic Management Journal*, 16, pp. 301–312; I. F. Kesner and R. B. Johnson (1990). "An investigation of the relationship between board composition and stockholder suits." *Strategic Management Journal*, 11, pp. 327–336.

5 See Finkelstein, S., and R. D'Aveni. (1994). "CEO duality as a double-edged sword: How boards of directors balance entrenchment avoidance and unity of command." *Academy of Management Journal*, 37, pp. 1079–1108.

6 Kesner, I. F. (1988). "Director's characteristics and committee membership: An investigation of type, occupation, tenure and gender." *Academy of Management Journal*, 31, pp. 66–84; and Zahra, S. A., and J. A. Pearce II. (1989). "Boards of directors and corporate financial performance: A review and integrative model." *Journal of Management*, 15, pp. 291–334.

7 Investor Relations Business. (2000). "Reversal of fortune: Institutional ownership is declining." *Investor Relations Business*, May 1, pp. 8–9; and Federal Reserve Board. (2006). "Flow of funds report." www.corpgov.net.

8 See Hansen, G. S., and C. W. L. Hill. (1991). "Are institutional investors myopic? A time-series study of four technology-driven industries." *Strategic Management Journal*, 12, pp. 1–16.

9 See Bergh, D. (1995). "Size and relatedness of units sold: An agency theory and resource-based perspective." *Strategic Management Journal*, 16, pp. 221–239; and Bethel, J., and J. Liebeskind. (1993). "The effects of ownership structure on corporate restructuring." *Strategic Management Journal*, 14, pp. 15–31.

10 Burdens that are well described by Westley, F., and H. Mintzberg. (1989). "Visionary leadership and strategic management." *Strategic Management Journal*, 10, pp. 17–32.

11 See Dumaine, B. (1992). "Is big still good?" *Fortune*, April 20, pp. 50–60.

12 See Golden, B. (1992). "SBU strategy and performance: The moderating effects of the corporate–SBU relationship." *Strategic Management Journal*, 13, pp. 145–158; Berger, P., and E. Ofek. (1995). "Diversification effect on firm value." *Journal of Financial Economics*, 37, pp. 36–65; Lang, H. P., and R. M. Stulz. (1994). "Tobin's *q*, corporate diversification, and firm performance." *Journal of Political Economy*, 102, pp. 1248–1280; and Rumelt, R. (1991). "How much does industry matter?" *Strategic Management Journal*, 12, pp. 167–185.

13 See Halal, W. (1994). "From hierarchy to enterprise: Internal markets are the new foundation of management." *The Academy of Management Executive*, 8(4), pp. 69–83.

14 Bartlett, C., and S. Ghoshal. (1993). "Beyond the M-form: Toward a managerial theory of the firm." *Strategic Management Journal*, 14, pp. 23–46.

15 See Simons, R. (1994). "How new top managers use control systems as levers of strategic renewal." *Strategic Management Journal*, 15, pp. 169–189.

16 Bethel, J. E. (1990). "The capital allocation process and managerial mobility: A theoretical and empirical investigation." Unpublished doctoral dissertation, UCLA.

17 Some of these are described in Duffy, M. (1989). "ZBB, MBO, PPB, and their effectiveness within the planning/marketing process." *Strategic Management Journal*, 12, pp. 155–160.

18 See Stern, J., B. Stewart, and D. Chew. (1995). "The EVA financial management system." *Journal of Applied Corporate Finance*, 8, pp. 32–46; and Tully, S. (1993). "The real key to creating wealth." *Fortune*, September 20, pp. 38–50.

19 Applications of EVA are described in Tully, S. (1993). "The real key to creating wealth." *Fortune*, September 20, pp. 38–50; Tully, S. (1995). "So, Mr. Bossidy, we know you can cut. Now show us how to grow." *Fortune*, August 21, pp. 70–80; and Tully, S. (1995). "Can EVA deliver profits to the post office?" *Fortune*, July 10, p. 22.

20 A special issue of the *Journal of Applied Corporate Finance* in 1994 addressed many of these issues.

21 See Priem, R. (1990). "Top management team group factors, consensus, and firm performance." *Strategic Management Journal*, 11, pp. 469–478; and Wooldridge, B., and S. Floyd. (1990). "The strategy process, middle management involvement, and organizational performance." *Strategic Management Journal*, 11, pp. 231–241.

22 A point made by Westley, F. (1900). "Middle managers and strategy: Microdynamics of inclusion." *Strategic Management Journal*, 11, pp. 337–351; Lamont, O. (1997). "Cash flow and investment: Evidence from internal capital markets." *The Journal of Finance*, 52(1), pp. 83–109; Shin, H. H., and R. M. Stulz. (1998). "Are internal capital markets efficient?" *Quarterly Journal of Economics*, May, pp. 531–552; and Stein, J. C. (1997). "Internal capital markets and the competition for corporate resources."

The Journal of Finance, 52(1), pp. 111–133.
23 See Brickley, J., C. Smith, and J. Zimmerman. (1996). *Organizational architecture and managerial economics approach.* Homewood, IL: Irwin; and Eccles, R. (1985). *The transfer pricing problem: A theory for practice.* Lexington, MA: Lexington Books.
24 See Cyert, R., and J. G. March. (1963). *A behavioral theory of the firm.* Upper Saddle River, NJ: Prentice Hall; Swieringa, R. J., and J. H. Waterhouse. (1982). "Organizational views of transfer pricing." *Accounting, Organizations & Society*, 7(2), pp. 149–165; and Eccles, R. (1985). *The transfer pricing problem: A theory for practice.* Lexington, MA: Lexington Books.
25 Gupta, A. K., and V. Govindarajan. (1986). "Resource sharing among SBUs: Strategic antecedents and administrative implications." *Academy of Management Journal*, 29, pp. 695–714.
26 A point made by Swieringa, R. J., and J. H. Waterhouse. (1982). "Organizational views of transfer pricing." *Accounting, Organizations and Society*, 7(2), pp. 149–165.
27 Jensen, M. C., and K. J. Murphy. (1990). "Performance pay and top management incentives." *Journal of Political Economy*, 98, pp. 225–264.
28 See Dial, J., and K. J. Murphy. (1995). "Incentive, downsizing, and value creation at General Dynamics." *Journal of Financial Economics*, 37, pp. 261–314, on General Dynamics' compensation scheme; and Aguilar, F. J., and A. Bhambri. (1983). "Johnson & Johnson (A)." Harvard Business School Case No. 9-384-053, on Johnson & Johnson's compensation scheme.
29 www.equilar.com/reports/38-new-york-times-200-highest-paid-CEOs-2006; www.gsb.stanford.edu/faculty/publications/americans-CEO-pay-2016-public-perception-survey-CEO-compensation. Both accessed March 2, 2017; A. Mackey (2006). "Dynamics in executive labor markets: CEO effects, executive-firm matching, and rent sharing." Dissertation, The Ohio State University.

CHAPTER

11 전략적 제휴

학습목표

11.1 전략적 제휴를 정의하고 그 구체적인 예를 세 가지 든다.

11.2 전략적 제휴가 가치를 창출할 수 있는 방법을 설명한다.

11.3 부적절한 선택, 도덕적 해이, 족쇄가 제휴를 통한 가치 창출을 어떻게 위협할 수 있는가를 기술한다.

11.4 전략적 제휴가 희소하고 모방하기 어려울 조건에 대해 기술한다.

11.5 계약, 지분 투자, 기업 평판, 조인트 벤처, 신뢰가 어떻게 전략적 제휴에서의 속임수의 위협을 감소시킬 수 있는가에 대해 기술한다.

중국과 미국 기업의 제휴

2016년 6월 20일, 월마트는 중국 2위의 전자상거래 기업인 JD.com과 제휴를 맺고 중국 소비자를 상대로 온라인 쇼핑 사업을 시작한다고 발표했다. 이 제휴의 일환으로 월마트는 불과 1년 전에 인수했던 인터넷 소매 기업인 이하오디엔을 JD.com에 매도했고, JD.com 지분을 5% 가까이 매입했으며, 월마트와 샘스클럽의 다양한 제품을 JD.com에서 취급할 수 있도록 약속했다. 나스닥 100 기업인 JD.com은 중국에 소재한 7개 물류 취급센터, 209개 창고, 5,987개 물류처리장과 더불어 당일 배송 시스템과 인터넷 판매 서비스에 월마트가 접근할 수 있도록 했다.

이 제휴는 중국에서 독자적인 인터넷 사업을 수행하려는 월마트의 목표의 달성을 의미했다. 제휴의 시점에 있어서 중국에서 두 거대 전자상거래 기업인 알리바바와 JD.com의 시장점유율은 80%에 달했다. 대규모 투자에도 불구하고 월마트의 중국 지사인 이하오디안의 인터넷 시장점유율은 2%를 넘지 못했다. 중국에서의 단독 투자가 어려웠던 상황에서 월마트가 중국의 거대 전자상거래 기업과 제휴를 맺은 것은 당연하게 받아들여졌다

2010년대 중반에 IBM, 인텔, 시스코, 휴렛팩커드 등 미국의 하이테크 기업들은 다양한 중국 기업과의 제휴를 발표했다. IBM은 새로운 서버 시스템을 설계하기 위해 인스퍼 인터내셔널과 제휴했고 인텔은 중국 정부와 관련이 있는 2개의 이동전화용 칩 제조 기업에게 15억 달러를 투자했는데, 이들 제휴는 중국 정부가 기술 이전을 촉진하기 위해 압력을 행사했기 때문이었다. 그 결과 중국에서의 해당 기술 분야 투자액은 2015년에 11.4% 증가하여 그 규모가 4,656억 달러에 이르렀다. 이러한 제휴는 현재로서는 미국 기업이 중국에서 이익을 거두게 하지만 많은 사람들은 중국 당국이 가진 중국 기업 우선 정책은 궁극적으로 외국 기업이 중국 시장에서 중요한 역할을 담당하는 것을

B Christopher/Alamy Stock Photo

점차 어렵게 할 것이라고 예측하고 있다.

미국의 하이테크 기업들이 중국에서의 지위를 유지하기 위해 중국 기업들과 제휴를 맺는 것과 유사한 시기에 미국의 법률 서비스 기업들도 중국의 법률 서비스 기업들과 제휴를 맺고 있다. 외국인이 중국에서 법률 서비스를 하는 것은 불법이므로 중국의 고객을 상대하기 위해서는 중국 기업과 제휴를 해야 한다. 세계 최대 법률회사인 베이커앤드매킨지는 펜수 파트너즈와 제휴를 맺고 상하이 자유무역지대에서 사업을 시작했고, 또 다른 대형 법률회사인 맥과이어우즈도 인수합병과 무역, 기타 상법에 전문성을 가진 소형 법률회사인 푸자에 파트너즈와 제휴를 맺었다. 이러한 제휴를 통해 글로벌 고객들에게 완전한 서비스를 제공하는 것은 가능했지만 많은 사람들은 아직 외국 기업이 중국에서 충분한 이익을 실현하는 것은 가능하지 않다고 평가하고 있다.

중국 시장으로 진출하는 경우 전략적 제휴가 필요하다는 것은 명백한 사실이다. 그러나 모든 제휴가 모두 동일한 성격을 갖는 것은 아니다. 어떤 제휴는 중국 기업의 경쟁력을 활용하기 위해, 어떤 제휴는 중국 정부의 압력에 의해, 그리고 어떤 제휴는 합법적 지위를 얻기 위해 맺는다.[1]

기업 간 경제적 거래의 한 형태인 전략적 제휴는 지난 몇 년간 급속히 증가하였다. 1990년대 초반만 해도 전략적 제휴는 몇몇 산업을 제외하고는 매우 찾아보기 힘들었다. 그러나 1990년대 후반에 이르러 많은 산업에서 광범위한 전략적 제휴가 이루어지기 시작했고, 2000년과 2001년에는 세계적으로 2만 건 이상의 제휴가 맺어졌다. 컴퓨터 기술과 관련된 산업에서는 2001년과 2005년 사이에 2,200건의 제휴가 이루어졌다. 애플과 삼성 사이의 관계가 보여주는 이 같은 복잡한 협력 관계는 점점 더 보편적으로 나타나고 있다.[2]

전략적 제휴

전략적 제휴 strategic alliance는 둘 이상의 독립적 조직이 제품이나 서비스의 개발, 제조, 또는 판매 과정에서 협력할 때 성립한다. 〈그림 11.1〉에서 볼 수 있듯이 전략적 제휴는 비지분 제휴, 지분 제휴, 조인트 벤처로 구분될 수 있다.

비지분 제휴 nonequity alliance하에서 기업들은 제품이나 서비스의 개발, 제조, 또는 판매 과정에서 협력하기로 동의하지만 그 협력 과정을 조율하기 위해 서로의 지분에 투자하거나 또 다른 독립적인 조직을 만들지 않는다. 대신 다양한 종류의 계약을 통해 협력 과정을 조율한다. 그 예로서 **라이선스 협정** licensing agreements(한 기업이 다른 기업의 상호를 이용하도록 동의하는 것), **조달 협정** supply agreements(한 기업이 다른 기업을 위해 재화나 서비스 조달을 동의하는 것), **유통 협정** distribution agreements(한 기업이 다른 기업의 제품을 유통하도록 동의하는 것) 등이 있다. 토니 호크와 외주 제작사 간의 제휴는 대부분 비지분 조달 협정에 속한다.

지분 제휴 equity alliance하에서 기업들은 지분 투자를 통해 제휴 계약을 보완한다. 예를 들어 GM이 이스즈의 소형 자동차를 미국으로 수입하기 시작하면서 GM은 이스즈의 지분 34.2%를

그림 11.1
전략적 제휴의 형태

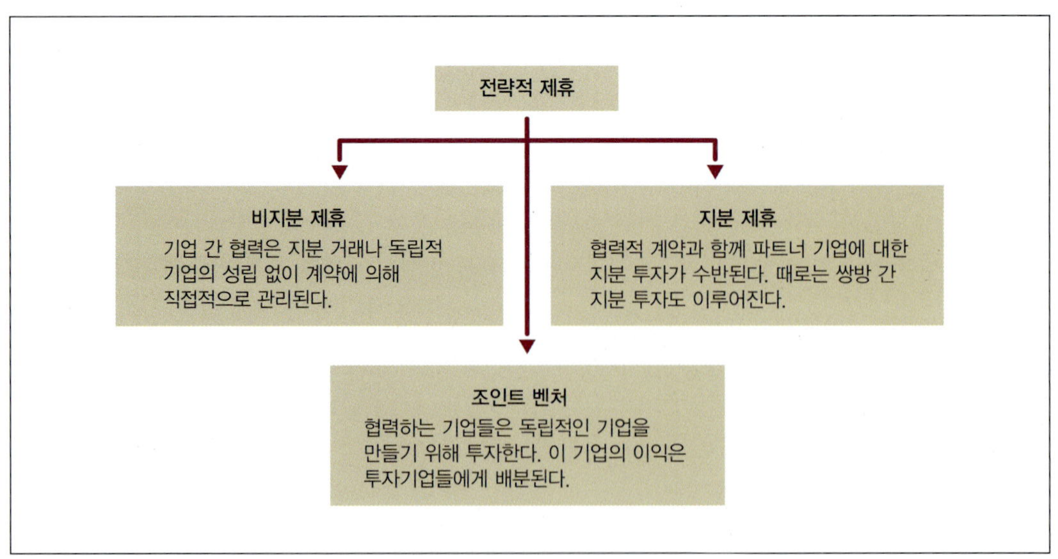

인수했다. 포드와 마쓰다, 그리고 크라이슬러와 미츠비시도 비슷한 관계를 수립했다.[3] 지분 제휴는 생명공학 산업에서도 많이 찾아볼 수 있다. 파이저나 머크 같은 대형 제약 기업들은 다수의 신생 생명공학 기업들의 지분을 보유하고 있다. 월마트와 JD.com의 제휴는 지분 제휴의 예를 보여준다.

조인트 벤처joint venture하에서 기업들은 지분 투자를 통해 독립된 기업을 만들어서 거기에서 나오는 이익을 공유한다. 어떤 조인트 벤처는 그 규모가 크다. 예를 들어 다우와 코닝의 조인트 벤처인 다우코닝은 포춘 500대 기업에 속한다. GE와 SNECMA(프랑스의 항공 회사)의 조인트 벤처인 CFM은 민간 항공기의 제트엔진을 제조하는 세계적인 기업이다. 보잉 737기의 대부분의 엔진은 CFM에 의해 제조되었다.

전략적 제휴는 어떻게 가치를 창출하는가

이 책에서 다루어진 다른 모든 전략과 마찬가지로, 기업은 전략적 제휴를 통해 기업이 직면한 기회를 활용하고 위협을 중화함으로써 가치를 창출할 수 있다. 전략적 제휴를 통해 활용할 수 있는 기회는 〈표 11.1〉에 정리되어 있다. 위협에 대해서는 이 장의 후반부에서 논의한다.

전략적 제휴의 기회

전략적 제휴와 관련된 기회는 세 가지 범주로 구분할 수 있다. 첫째, 기업은 현재 환경하에서 기업 성과를 개선하기 위해 전략적 제휴를 활용할 수 있다. 둘째, 기업은 새로운 유리한 경쟁 환경을 창출하여 기업 성과를 개선시키기 위해 전략적 제휴를 활용할 수 있다. 셋째, 기업은 신시장으로의 진입 또는 기존 시장으로부터의 철수를 위해 전략적 제휴를 활용할 수 있다.

표 11.1 **전략적 제휴의 경제적 가치 창출법**

현재 환경하에서의 성과 개선
1. 규모의 경제 활용
2. 경쟁자로부터의 학습
3. 위험 관리와 비용의 공동 부담

유리한 경쟁환경 창출
1. 기술적 표준 개발 촉진
2. 암묵적 담합 촉진

시장 진입과 철수의 용이성
1. 용이한 시장 진입
2. 용이한 시장 철수
3. 불확실성 관리

현재 환경하에서의 성과 개선

기업이 성과를 개선하기 위해 전략적 제휴를 활용할 수 있는 방법은 세 가지의 범주로 구분할 수 있다. 규모의 경제 실현, 경쟁자로부터의 학습, 그리고 위험 관리와 비용 공동 부담이 그것이다.

규모의 경제 실현 첫 번째 방법은 규모의 경제를 실현하기 위해 제휴를 하는 것이다. 제2장에서 살펴보았듯이 **규모의 경제**economies of scale는 생산량의 증가에 따라 단위생산비용이 감소할 때 실현된다. 예를 들어 BIC 볼펜을 1개가 아니라 수천만 개 생산하면 볼펜의 단위생산비용을 현저히 낮출 수 있다.

규모의 경제를 실현하기 위해 기업은 충분한 수량(비용을 낮출 수 있을 정도)의 제품을 생산해야 한다. 제2장과 제4장에서 보았듯이 기업은 기업 내부적으로 규모의 경제를 실현할 수도 있지만 그것이 여의치 않은 경우에는 다른 기업과 협력하여 충분한 수량의 제품을 생산함으로써 규모의 경제로부터 얻을 수 있는 비용우위를 획득할 수 있다.

그렇다면 기업 내부적으로 규모의 경제를 실현할 수 없는 것은 어떤 경우인가? 여기에는 여러 이유가 있을 수 있다. 예를 들어 규모의 경제에서 이득을 얻기 위해서는 하나의 기업이 감당하기에 벅찬 수량을 생산해야 하는 경우가 있다. 그 정도의 수량을 생산하자면 기업은 이미 해당 산업의 수요를 독점하다시피 해야 하는데, 이것은 현실적으로 어려울 때가 많다. 법적 측면에서, 만약 그 기업이 수요를 독점할 수 있다 하더라도 정부의 독점금지법의 규제를 받을 수 있다. 기술적 측면에서도, 만약 어떤 기업이 매우 중요한 기술을 개발할 필요가 있다고 판단하게 되더라도 그 기술이 시장에서 경제성을 가질 만큼 충분한 수요를 단독으로 창출하지 못한다면 그 기술을 개발하기가 매우 어려울 수 있다. 이 경우에도 기업들은 전략적 제휴를 통해 충분한 수요를 창출하여 규모의 경제를 실현함으로써 신기술을 개발하고 그 기술을 이용한 제품을 생산할 수 있게 된다.

경쟁자로부터의 학습 기업들은 또한 경쟁자로부터 학습하기 위해 전략적 제휴를 활용할 수 있다. 제3장에서 설명하였듯이 서로 다른 기업들은 서로 다른 자원과 능력을 가지며, 특정한 자원을 소유한 기업은 그렇지 못한 기업에 비해 전략적 우위를 가질 수 있다. 따라서 전략적 우위를 가지지 못한 기업들은 우위를 가진 기업들과 전략적 제휴를 맺음으로써 그들이 가진 자원과 능력에 대해 학습할 기회를 얻는 것이다.

제너럴모터스는 토요타와 이러한 목적에서 전략적 제휴를 맺었다. 1990년대 초반에 GM과 토요타는 GM이 폐쇄했던 공장 중의 하나인 캘리포니아주 프리몬트에 있는 한 공장에 공동 투자를 하였다. NUMMI라고 불렸던 이 조인트 벤처는 GM의 유통 경로를 통해 판매될 소형 자동차를 생산하는 것이 목적이었다. 그러나 왜 GM은 토요타와의 제휴가 필요했을까? 토요타와의 제휴 없이도 GM은 충분히 소형차를 기존의 공장에서 생산할 수 있었지만, GM은 토요

이론적 뿌리를 찾아서

학습 경쟁은 전략적 제휴의 파트너들이 서로 상대방으로부터 학습하기를 추구하지만 두 파트너가 학습하는 속도가 상이할 때 일어난다. 이 경우 먼저 상대 파트너로부터 학습을 완료한 기업은 그 제휴 규모를 축소시키거나 심지어 제휴를 중단시키는 선택권을 갖는다. 즉 학습을 먼저 끝낸 기업은 다른 기업이 자사로부터 학습하는 것을 포기시킬 수 있게 된다. 만약 이 파트너들이 경쟁 기업이라면 학습 경쟁에서 승리한다는 것은 그 기업이 지속적인 경쟁우위를 창출할 수 있음을 의미한다.

파트너 기업들의 학습 속도가 상이한 이유는 여러 가지가 있을 수 있다. 첫째, 기업이 학습하려는 내용이 상이할 수 있는데, 그 내용에 따라 학습 속도가 달라지게 된다. 예를 들어 GM과 토요타의 제휴에서 GM은 어떻게 '린 생산'을 활용해서 고품질의 소형차를 수익을 내면서 생산할 수 있는지 학습하기를 원했다. 토요타는 자신이 보유한 '린 생산' 기술을 어떻게 미국에서 적용할 수 있는지 학습하기를 원했다. 특정 기술을 새로 배우는 것과 이미 알고 있는 기술을 적용하는 방법을 배우는 것 중 어느 쪽이 빠르겠는가?

GM이 수행해야 할 학습은 토요타가 수행할 학습보다 훨씬 복잡하다고 할 수 있다. GM이 '린 생산' 기술을 활용하기 위해서는 현재의 생산공정에 적용시켜야 하고, 이를 위해서는 현재 생산공정의 변화가 필요하다. 그런데 기존 생산공정을 변화시키기란 매우 어렵고 시간을 요하는 것이다. 그 반면 토요타는 그 기술을 적

학습 경쟁에서 승리하기

용할 공정이 아직 존재하지 않은 상태였기 때문에 학습 과정이 비교적 쉬웠다. 즉 GM의 학습 과정이 토요타의 학습 과정보다 복잡하기 때문에 토요타의 학습 속도는 GM보다 빠를 것임을 알 수 있다.

둘째, 기업들이 학습할 수 있는 능력이 상이하기 때문에 학습 속도가 달라지게 된다. 이러한 능력은 **지식 흡수 능력** absorptive capacity이라고 불린다. 기업들의 지식 흡수 능력이 상이할 경우, 동일한 내용을 학습한다 하더라도 높은 지식 흡수 능력을 갖춘 기업은 낮은 지식 흡수 능력을 갖춘 기업보다 빠르게 학습할 수 있다. 지식 흡수 능력은 다양한 상황하에서도 중요한 조직적 역량임이 증명되고 있다.

셋째, 기업들은 파트너 기업의 학습 속도를 감소시키기 위한 조치를 취할 수 있다. 예를 들어 어떤 기업은 제휴계약서에 명시된 대로 그 기업의 기술을 파트너 기업에 제공하는 반면, 그 기술을 실제로 이용하는 데 필요한 노하우를 의도적으로 감출 수 있다. 이 조치는 그 기술에 대한 파트너 기업의 학습 속도를 감소시킬 수 있다. 또한 어떤 기업은 제휴관계의 원활한 운영에 필수적인 종업원을 제휴에 관여시키지 않음으로써 파트너 기업의 학습 속도를 감소시킬 수 있다. 이러한 조치들이 자사의 학습 속도를 저해하지 않는 한도 내에서 파트너 기업의 학습 속도를 감소시키게 된다면 그 기업이 학습 경쟁에서 승리하도록 하는 데 도움을 줄 수 있다.

학습 경쟁은 다양한 상황에서 발생할 수 있지만 소규모 신생 기업entrepreneurial firms과 대기업 간의 제휴에서 특히 중요하다. 이 제휴에서 신생 기업은 종종 제품의 시장 출시와 관련된 일반적인 기업 활동, 즉 제조, 판매, 유통 등을 학습하려 한다. 반면 대기업은 종종 신생 기업으로부터 오직 기술만을 학습하려 한다. 대기업의 학습 과정은 비교적 단순하기 때문에, 일반적으로 대기업은 제휴를 통한 학습 경쟁에서 소규모 신생 기업에 승리하게 된다. 대기업이 일단 학습하기를 원하는 대상을 학습하고 나면 그 제휴관계는 축소되거나 심지어 중단된다. 이러한 역학관계는 소규모 신생 기업 경영자의 80%가 대기업과의 제휴에서 불공정하게 이용당했다고 응답한 한 연구에서 잘 나타난다.[4]

타가 고품질의 소형차를 이윤을 남기면서 생산할 수 있는 방법에 대해 학습할 기회를 얻기를 원했던 것이다. 실제로 NUMMI 공장에서 토요타는 생산공정을 총괄하면서 기존의 제너럴모터스의 종업원들에게 토요타의 소형차 품질관리기법의 핵심인 '**린 생산** lean manufacturing'을 현지 공장에 설치하고 운영하도록 하는 데 동의하였다. 토요타는 또한 GM의 경영자들이 그 공장에서 근무하며 직접 생산공정을 관찰할 수 있도록 허용하였다. 이에 GM은 수천 명의 상·하위 경영자들을 NUMMI 공장에 견학시켜서 토요타의 '린 생산'을 보고 배울 수 있도록 하였다.

위에서 GM이 왜 토요타와의 제휴를 원했는지는 분명히 알 수 있다. 그러나 토요타는 왜 GM과 제휴하기를 원했을까? 토요타는 GM이 자사의 생산공정 분야를 학습하기를 원하지 않았음에 틀림없다. 그러나 토요타는 자신의 린 생산을 미국 현지 공장에 있는 미국 종업원들에게 접목시키는 '과정'에 대해 학습할 필요가 있었던 것이다. 그러므로 토요타 역시 이 제휴로부터 무엇인가를 학습할 것이 있었다고 할 수 있다.

두 협력 기업 모두 그들이 맺은 제휴로부터 무엇인가를 학습하기를 원할 때 **학습 경쟁** learning race이라는 흥미로운 현상이 발생할 수 있다. 이 현상은 '이론적 뿌리를 찾아서'에서 보다 상세히 설명했다. 물론 어느 파트너가 다른 파트너로부터 학습하기 위해 제휴를 맺었다면 학습이 종료되는 이후 제휴는 더 이상 필요하지 않게 된다. 예를 들어 GM과 토요타와의 NUMMI 제휴는 2010년에 종료되었다. 그 이후 캘리포니아주의 프리몬트 공장은 테슬라가 인수했다.

비용과 위험의 공유 마지막으로, 기업은 비용과 위험을 공동으로 부담함으로써 성과를 높이기 위해 전략적 제휴를 활용할 수 있다. 실제로 HBO의 대부분의 제휴는 TV 프로그램 제작비용과 위험을 공동 부담하기 위해 이루어졌다. 새로운 TV 프로그램의 제작비는 수억 달러에 달할 수 있는데, 특히 HBO의 길고 복잡한 내용의 '왕좌의 게임' 같은 경우가 그렇다. 또한 치밀한 시청자 선호도 조사나 충분한 시장조사에도 불구하고 새로운 프로그램을 기획한다는 것은 매우 위험한 결정일 수밖에 없다. 흥행이 보장된 것처럼 보이는 스타들도 예외가 아니다. 당신은 아마도 브래드 피트가 출연했던 2016년 영화 '얼라이드'를 기억하지 못할 것이다. 이 영화는 7,500만~9,000만 달러의 손실을 기록했다. 마크 월버그가 출연했던 '딥워터 호라이즌'은 6,000만 달러, 그리고 스티븐 스필버그 감독의 '마이 리틀 자이언트'는 9,000만~1억 달러의 손실을 기록했다.[5]

이러한 맥락에서 보면 HBO가 '독자적으로' 프로그램 기획을 하지 않기로 결정한 것은 당연한 일이다. 만약 HBO가 독자적으로 자체 프로그램 제작을 추진한다면 HBO는 그 제작비용을 모두 부담해야 할 뿐 아니라 그 프로그램이 시청자로부터 외면당할 때의 위험을 홀로 부담해야 한다. 물론 타 기업과 공동작업을 하게 되면 프로그램이 성공했을 때 얻는 이익을 나누어야 하는 단점이 있기는 하지만, HBO는 비용과 위험을 공동부담하는 이점이 이 단점을 훨씬 능가한다고 결론지었다.

유리한 경쟁환경 창출

기업은 더 나은 성과를 얻기에 유리한 경쟁환경을 창출하기 위해 전략적 제휴를 활용할 수 있다. 여기에는 적어도 두 가지 방법이 사용될 수 있는데, 기술적 표준을 확립하거나 암묵적 담합을 형성하는 것이 그것이다.

기술적 표준 확립 기술적 표준은 여러 산업에 있어서 중요하다. 기술적 표준이 확립되면 소비자들은 그 제품이 시장에서 쉽게 사라지지 않을 것이라는 확신을 가질 수 있다.

이러한 기술적 표준은 소위 **네트워크 산업**network industry에서 특히 중요하다. 제2장에서 네트워크 산업에서는 **규모에 대한 수확체증**increasing return to scale이 발생한다고 설명한 바 있다. 예를 들어 이 세상에 팩스 기계가 하나밖에 없다면 과연 어떤 가치가 있겠는가? 팩스 기계가 2대 있다면 그 가치는 조금 높겠고, 3대가 있다면 2대보다는 조금 더 가치가 있을 것이다. 즉 각각의 팩스 기계의 가치는 이 세상에 있는 팩스 기계의 총수량과 밀접한 관계가 있다. 규모에 대한 수확체증이란 어떤 제품의 총수량scale이 증가하면 그 제품으로부터의 수익return도 증가한다는 뜻이다.

그러나 이 세상에 수억 대의 팩스 기계가 존재한다 해도 이 기계를 이용해서 팩스를 주고받는 것이 불가능하다면 이 기계는 아무 가치가 없을 것이다. 팩스 기계가 가치를 가지기 위해서는 기계들이 서로 통신을 해야 한다. 팩스 기계들 간의 통신을 가능하게 하는 것이 바로 기술적 표준이며, 이것이 바로 기술적 표준이 네트워크 산업에서 중요한 이유이다.

기술 표준은 두 가지 과정을 거쳐서 정해질 수 있는데, 먼저 기업들이 상이한 표준을 제시하면 그다음에 소비자가 마음에 드는 방식을 선택하게 된다. HD DVD 표준이 정해진 과정도 이와 같다. 처음에 두 가지 기술적 형식인 HD DVD(도시바)와 블루레이 DVD(약 50개의 전자 및 콘텐츠 제공기업으로 이루어진 블루레이 디스크 연합) 형식이 경쟁했다. 특정 형식으로 제작된 디스크는 다른 형식의 기기에서 재생될 수 없다. 2004년에 파나소닉이, 2005년에 삼성이, 2004년에 디즈니가 그리고 2005년에 파라마운트가 블루레이 연합에 가세할 때까지 두 형식의 경쟁은 얼마간 계속되었다. 2008년에 도시바는 블루레이 디스크의 우세를 인정하였고 2009년에는 스스로 블루레이 재생 기기를 시판하게 되었다.[6]

물론 소비자가 기술적 표준을 선택하게 할 때의 문제점은, 어떤 구매자들은 기술적 표준을 채택하지 않은 제품을 구매하여 손해를 볼 수 있게 된다는 것이다. 베타방식의 제품을 선택한 구매자들은 바로 이러한 손해를 보았을 것이다. 이러한 이유 때문에 구매자들은 새로운 기술을 이용한 제품이 탄생한다 하더라도 시장에서 기술적 표준이 확정되기 전에는 그 제품을 구매하지 않으려는 성향이 있다.

바로 이러한 측면에서 전략적 제휴는 유용성이 있을 수 있다. 어떤 경우에 기업들은 단지 신기술을 시장에서 평가하고 기술적 표준으로 정립하기 위한 목적 하나로 전략적 제휴를 맺기도 한다. 어떤 기술이 일단 기술적 표준으로 정립되면, 그 기술을 이용한 제품들은 적어도 일정

기간에는 시장에 존재하리라는 확신을 구매자들에게 줄 수 있기 때문이다. 이런 측면에서 전략적 제휴는 네트워크 산업이라는 특수한 상황하에서는 유리한 경쟁환경을 창출하기 위한 전략으로 활용될 수 있는 것이다.

암묵적 담합의 촉진 전략적 제휴의 또 하나의 장점은 제휴를 통해 기업 간에 암묵적 담합이 이루어질 수 있다는 것이다. 제7장에서 설명했듯이 **담합**collusion은 둘 이상의 기업이 그들이 존재하는 산업 내에서의 경쟁 강도를 줄이기 위해 서로의 전략을 조정하는 것을 말한다. 경쟁이 감소하면 담합에 참여하는 기업의 성과는 좋아지게 마련이다. 예를 들어 두 기업이 시장 내에서의 생산량을 줄이기로 담합한다면 가격을 인위적으로 높일 수 있다. **명시적 담합**explicit collusion은 기업들이 생산량이나 가격 등에 대해 직접적이고 공개적으로 협의하는 것을 말하는데, 대부분의 국가들은 명백한 담합을 불공정거래로 취급하여 불법으로 간주한다.

경영자들은 합법적인 경영 활동을 해야 하기 때문에 모든 담합은 암묵적으로 이루어져야 한다. **암묵적 담합**tacit collusion은 기업들이 생산이나 가격에 관한 결정을 기업들 간의 직접적인 협의를 통하는 대신 서로 협력할 의사가 있다는 시장신호를 교환함으로써 조율하는 것을 말한다. 기업이 가격을 올리겠다든지, 생산량을 줄이겠다든지, 또는 신기술 개발을 보류하겠다든지 하는 보도자료를 언론에 배포하는 것이 이러한 예에 속한다.

때로 이러한 시장신호는 협력을 하겠다는 것인지 또는 다른 의도가 있는 것인지 불분명할 때가 있다. 예를 들어 기업들이 어떤 시장에서 수요가 감소함에도 불구하고 가격을 내리지 않는다면 이것은 가격 경쟁을 하지 않을 것이라는 호의적인 시장신호로 해석할 수도 있지만, 다른 면에서 보면 차별화를 통해 이익을 계속 내겠다는 결의로 볼 수도 있다. 기업들이 비용 감소에도 불구하고 가격을 내리지 않는다면, 앞의 예와 마찬가지로 호의적인 시장신호로 해석할 수도 있지만 단지 기업 나름대로 이익을 최대화하는 것으로 볼 수도 있다. 이러한 두 가지 경우에 있어서 그 기업들에게 다른 기업들과의 협력 의도가 있는지를 판단하기는 매우 힘들다.

이러한 측면에서 보면 기업들이 전략적 제휴를 통해 서로 간의 의도를 쉽게 판단할 수 있다는 면에서 전략적 제휴는 암묵적 담합을 조장할 수 있다. 기업들이 같은 산업 내에서 전략적 제휴를 맺을 때 생산량이나 가격 정보 등 기업의 내부 정보를 교환하는 것은 불법이지만, 제휴 내에서 자연스럽게 이루어지는 개인적 친분 등은 암묵적 담합을 자연스럽게 가능하게 한다.[7] '관련 실증 연구'에서도 보겠지만 전략적 제휴에 대한 대부분의 연구들은 제휴가 암묵적 담합에 어떤 영향을 주는가에 대해 관심을 가졌었다. 하지만 최근의 연구에 따르면 제휴가 반드시 암묵적 담합을 더 잘 일어나게 하지는 않는다는 관점도 제기되었다.

시장 진입과 철수의 용이성

마지막으로 기업은 신시장으로의 진입 또는 기존 시장으로부터의 퇴거를 용이하게 하기 위해 전략적 제휴를 활용할 수 있다. 특히 어떤 기업이 시장 진입이나 퇴거가 자신에게 유리한지에

관련 실증 연구

전략적 제휴는 암묵적 담합을 조장하는가

제휴의 한 형태인 조인트 벤처가 산업 내의 암묵적 담합을 조장한다고 여러 학자들이 주장하였다. 쉬어러나 바니의 저서에서 논의되었듯이, 1900년대 초에 미국의 철강 산업에서의 조인트 벤처들은 U.S. 스틸(산업 내 최대 기업)을 포함하지 않는 두 기업 그룹을 그 산업 내에서 형성했다는 연구가 있다. 이런 측면에서 보면 조인트 벤처들은 U.S. 스틸의 수직적 통합을 대체하는 세력이었던 동시에 미국의 철강 산업을 덜 경쟁적인 상태, 즉 과점 상태로 만드는 효과를 가졌던 것이다. 다른 연구들에 의하면 조인트 벤처들의 모기업이 동일한 산업에서 존재하는 비율은 전체 조인트 벤처의 50%가 넘었는데, 또 다른 연구에서는 석유와 가스 관련 산업의 885개 조인트 벤처를 조사한 결과, 조인트 벤처 모기업들이 직접적으로 경쟁하는 비율이 16%밖에 되지 않았다. 이 연구들은 동일한 산업 내에 존재하는 기업들이 조인트 벤처를 형성하면 그 결과로 암묵적 담합을 이루게 된다는 것을 시사한다.

페퍼와 노박이 발표한 매우 저명한 연구에 따르면 조인트 벤처는 중간 정도의 산업집중도를 가진 산업 내에서 활발하게 이루어졌다. 산업집중도가 높은 산업에서는 경쟁 기업의 수가 적고, 따라서 기업들이 담합을 하기 위해 반드시 조인트 벤처가 필요한 것은 아니다. 반면 산업집중도가 낮은 산업에서는 경쟁 기업의 수가 너무 많기 때문에 조인트 벤처를 한다고 해도 그 효과가 미미하다. 산업집중도가 중간 정도인 산업 내에서만 기업들은 조인트 벤처를 통해 산업집중도를 효과적으로 상승시킬 수 있기 때문에(따라서 이익을 얻을 수 있기 때문에) 조인트 벤처가 활발하게 이루어지는 것이다.

쉬어러나 바니는 또한 앞의 연구 결과들에 대해 반대 논리를 펴는 연구들도 살펴보았다. 동일한 산업 내에서 조인트 벤처를 맺는 기업들은 담합과는 무관하게 서로 다양한 이유에서 가치가 있기 때문에 조인트 벤처를 맺는다는 주장이다. 또한 여러 학자들은 산업의 정의를 좀 더 세분화함으로써 "조인트 벤처는 중간 정도의 산업집중도를 가진 산업들 내에서 활발하게 이루어진다"는 주장을 반박하였다. 즉 산업의 범위를 '가전 산업'이나 '자동차 산업'으로 하는 대신 '소비자 가전 제조업'이나 '자동차 부품 생산업' 등으로 정의한 연구들에 의하면 73%의 조인트 벤처는 상이한 산업에 존재하는 모기업들로부터 이루어졌다. 비록 동일한 산업에 존재하는 모기업들로부터 이루어진 조인트 벤처들이 담합을 유도하는 영향력을 가지기는 했지만 그 수는 상대적으로 희소했다는 후속 연구도 있다.[8]

대해 확신이 없을 때 전략적 제휴는 더욱 유용하다.

용이한 시장 진입 일반적으로 시장 진입을 위해서 기업은 추가적인 지식이나 역량, 제품 등이 필요하게 마련인데, 전략적 제휴를 통해 기업은 이러한 지식, 역량, 또는 제품을 낮은 비용으로 획득할 수 있다.

예를 들어 최근 듀폰은 전자 산업으로 진출할 계획을 수립했으나, 경쟁력 있는 제품을 생산하기 위해 필요한 기술과 역량을 혼자 힘으로 얻기 위해서는 비용 부담이 컸다. 그 비용을 혼자서 부담하지 않기 위해 듀폰은 전자 산업 내에 존재하고 있었던 필립스와 전략적 제휴(듀폰/필립스옵티컬)를 맺어 필립스의 제품을 미국 시장에 유통시키게 되었다. 이 전략으로 듀폰은 전자 산업이라는 신시장에 진입하면서 그에 필요한 자원과 능력을 비교적 낮은 비용에 획득할 수 있었다.

물론 필립스도 듀폰과 협력할 의도가 있었다. 듀폰이 낮은 비용으로 전자 산업에 진출하고자 했던 것처럼 필립스도 낮은 비용으로 미국 시장에 진출하려는 의도가 있었기 때문에 듀폰과의 제휴를 통해 유럽에서 판매해 왔던 콤팩트디스크를 미국에 판매하게 되었다.[9] 새로운 지역으로의 진출에 있어서 전략적 제휴가 담당하는 역할에 대해서는 이 장의 후반부에서 자세히 다루어진다.

전자 산업의 예에서는 신시장에 진출하기 위해 획득해야 할 기술이나 역량이 다소 복잡하다 할 수 있지만, 다른 산업의 예에서 그보다 덜 복잡한 기술이나 역량을 획득하기 위해서도 전략적 제휴는 역시 위력을 발휘할 수 있다. 예를 들어 웰치푸드와 리프(히스 사탕의 제조 기업)는 냉동식품 산업에서 자사의 제품을 직접 개발하지 않고 에스키모파이에 제품 개발을 맡겼다. 에스키모파이는 웰치의 냉동주스바와 히스 토피 아이스크림바를 개발했고, 이들 기업은 이 제품들에서 나온 이익을 분배했다.[10] 즉 어떤 산업에서든지 제휴를 관리하는 비용이 새로운 기술이나 역량을 습득하는 데 요구되는 비용보다 낮은 한 전략적 제휴는 충분한 가치가 있는 전략적 기회가 될 수 있다.

용이한 시장 철수 어떤 기업들은 전략적 제휴를 통해 낮은 비용으로 특정 산업에서 철수하기도 한다. 기업들은 그 성과가 예측치보다 낮고 개선될 가능성이 낮을 때 철수를 고려하게 된다. 그런 경우 기업들은 그 산업에서 경쟁하기 위해 보유했던 자산을 처분해야 하는데, 그러한 유형 자산으로는 공장, 유통센터, 제조 기술 등이 있고, 무형 자산으로는 상표 가치, 공급 및 판매 경로, 숙련되고 잘 조직된 노동력 등이 있다.

기업들은 종종 이러한 유·무형 자산의 경제적 가치를 충분히 회수하지 못한 채 기존 산업에서 철수하게 된다. 왜냐하면 이러한 자산을 타 기업에 매도할 때 사고파는 기업들 간에 정보의 불균형information asymmetry이 존재하기 때문이다. 하지만 매수하는 기업과 매도하는 기업이 제휴를 맺으면, 매수 기업은 이 자산들의 가치를 매도 기업으로부터 직접 파악할 수 있는 기회를 얻는다. 만약 이 자산들이 실제로 가치가 있는 것으로 판명되면, 매수·매도 기업이 이 자산들에 대한 적정가격을 정하기도 용이해지고 매도 기업의 철수도 보다 용이해진다. 이 이슈들은 제12장에서 인수합병에 대해 설명할 때 좀 더 자세히 다룰 것이다.

이에 대한 좋은 예로 코닝을 들 수 있다. 1980년대 후반에 코닝은 의료진단기 산업에 진입했다. 그러나 몇 년 후 코닝은 그 기업의 자원과 능력이 다른 산업에 보다 적합하다고 결론짓고 의료진단기 산업에서의 철수를 시작했다. 그 과정에서 보유 자산의 가치를 회수하기 위해 스웨덴의 화학 기업인 CIBA-가이기와 제휴를 맺었다. CIBA-가이기는 코닝의 의료진단기 사업의 50%를 인수하며 7,500만 달러를 지불했다. 수년 후 코닝은 의료진단기 사업을 완전히 청산했는데, 이때 CIBA-가이기가 나머지 절반의 사업을 인수하기 위해 지불한 금액은 1억 5,000만 달러에 달했다. 코닝이 CIBA-가이기와 맺은 제휴는 결국 두 기업 간 정보의 불균형을 해소시켰고, CIBA-가이기가 코닝의 의료진단기 산업에서의 가치를 충분히 인식할 수 있게 하여 그 자산을 공정하게 평가받을 수 있게 된 것이다.[11]

불확실성 관리 마지막으로, 기업들은 제휴를 통해 **불확실성**uncertainty을 관리할 수 있다. 제6장에서 설명했듯이 불확실성이 높은 상황에서는 기업들은 특정 시점에서 어떤 전략(특히 시장 또는 산업 진입에 대한)을 추구해야 할지 결정하기 힘들다. 이러한 경우 기업들은 어떤 전략 결정에 대한 불확실성이 해소되는 순간 그 시장이나 산업에 신속히 진입할 수 있기 위해서 최대한 유연성을 가지려고 한다. 전략적 제휴는 기업이 시장이나 산업에의 진입에 관련된 전략적 유연성을 낮은 비용으로 유지할 수 있도록 해 준다.

이와 관련해서 전략적 제휴는 **실물 옵션**real options의 개념과 관련이 있다.[12] 조인트 벤처는 기업이 불확실성하에서 어떤 시장이나 산업에서 기회가 발견되는 시점에 신속히 진입하기 위해 취득하는 옵션과 같다. 어느 시장에 속한 다른 기업과 조인트 벤처를 맺은 상황에서 기업은 그 파트너 기업을 인수함으로써 신속하게 그 시장으로 전면적인 진입을 할 수 있다. 또한 조인트 벤처를 맺음으로써 기업은 그 시장에 전면적으로 진입할 것을 결정하기 위해 필요한 정보를 더 확실히 얻을 수 있다. 이러한 접근법에서 보면 제휴에 투자하는 기업은 그 파트너 기업을 미래의 어느 시점, 즉 시장 진입에 따르는 불확실성이 감소하고 시장에 진입함으로써 얻을 수 있는 확실한 이익이 보장되는 시점에 인수할 수 있도록 하는 옵션에 투자하는 것이다. 실증 연구들은 이러한 주장을 뒷받침하고 있다.[13]

그러므로 신종 산업 또는 불확실성이 높은 산업들에서 기업 간의 전략적 제휴를 많이 볼 수 있는 것은 놀라운 일이 아니다. 생명공학 산업에서 전략적 제휴가 많은 것이 바로 이러한 이유 때문이다. 생명공학 기술을 이용한 몇몇 약품이 큰 성공을 가져올 것이라는 사실은 확실하게 말할 수 있지만, 수많은 약품 중 과연 어느 약품이 성공적일까 하는 점은 매우 불확실하다. 그 때문에 대형 제약 기업들은 그들이 제조하는 소수의 생명공학 약품에 투자하는 대신 다수의 소규모 생명공학 기업들과 전략적 제휴를 맺는다. 이 기업들은 생명공학 약품의 특정 부류의 성공 가능성에 대한 '도박'을 하는 것과 같은데, 만약 이 중에 성공적인 약품이 나오면 대형 제약 기업들은 파트너 기업의 나머지 지분을 인수할 권리를 가지게 된다. 물론 그 지분을 반드시 인수할 의무가 있는 것은 아니다. 이러한 점에서 생명공학 산업에서의 전략적 제휴는 대형 제약 기업의 입장에서는 소규모 생명공학 기업을 미래의 어느 시점에 인수할 수 있는 권리만을 취득할 수 있는 '실물 옵션'으로 볼 수 있는 것이다.

전략적 제휴의 위협 : 상대를 속이려는 의도

전략적 제휴를 맺는 의도를 상대방과 협력하려는 의도에서 찾아볼 수 있지만, 상대방을 속여서 이익을 얻으려는 의도 또한 찾아볼 수 있다. 연구에 의하면 전체 전략적 제휴의 3분의 1 이상의

표 11.2 전략적 제휴에서 속임수의 종류

- **부적절한 선택** : 파트너가 될 가능성이 있는 기업들이 제휴에 제공할 기술과 능력의 가치를 그릇되게(과장되게) 보여 주는 경우
- **도덕적 해이** : 파트너 기업들이 제휴에 제공하는 기술과 능력이 그들이 약속했던 것보다 열등한 경우
- **족쇄** : 파트너 기업들이 제휴의 상대방에 의해 만들어진 거래 특유의 투자를 악의적으로 이용하는 경우

경우 적어도 한 편의 파트너는 그 기대를 충족하지 못했다.[14] 이러한 '실패'는 부분적으로 제휴를 맺는 기업들이 그 목적을 달성할 능력을 갖추지 못했기 때문이기도 하겠지만, 부분적으로는 제휴 파트너의 속임수 — 제휴의 목적을 달성하기 위해 최선을 다하지 않는 것 — 때문이기도 하다. 〈표 11.2〉에서 보듯 이러한 기업들은 세 가지 방법으로 파트너를 속일 수 있다.[15]

부적절한 선택

협력 파트너가 될 가능성이 있는 기업들은 그 기술, 능력 등 기업의 자원 상태에 대해 상대 기업에 잘못된 정보를 전달할 수 있다. 기업이 현재 보유하고 있지 않거나 앞으로 보유하지도 못할 자원을 상대 기업과의 제휴를 위해 제공하겠다고 속이는 형태를 **부적절한 선택**adverse selection 이라고 한다. 예를 들어 어느 현지 기업이 현재 존재하지도 않은 유통망을 제공하겠다고 상대 기업에 약속한다면 그 기업은 부적절한 선택을 유도하는 것이다. 부적절한 선택을 유도하는 기업은 바람직한 제휴 파트너가 아니다.

제휴를 위해 파트너 기업이 제공할 자원과 능력을 정확하게 측정하기 어려울 때 부적절한 선택이 나타나기 쉽다. 만약 어느 기업이 파트너가 될 가능성이 있는 기업이 그 자원과 능력을 속이고 있음을 알아낼 수 있다면 그 기업과는 제휴를 맺지 않을 것이다. 대신 다른 파트너를 물색하거나, 자체적으로 그 자원을 개발하거나, 아예 제휴 맺는 계획을 포기할 것이다.

그러나 상대 기업이 거짓말을 하고 있다는 것을 알아내기란 쉬운 일이 아닌데, 상대 기업의 주장을 검증하기 위한 정보를 보유하고 있어야 하기 때문이다. 예를 들어 어느 기업의 잠재적 파트너가 정치적인 네트워크가 강하다고 주장하는 것을 검증하기 위해서는 그 기업도 정치적인 네트워크를 가지고 있어야 한다. 잠재적 파트너가 어느 시장에 대해 많은 정보를 가지고 있다고 주장하는 것을 검증하기 위해서는 그 기업도 그 시장에 대해 많은 정보를 가지고 있어야 한다. 그런데 만약 기업들이 잠재적 파트너를 검증하기에 충분한 정보를 자체적으로 가지고 있다면 과연 잠재적 파트너가 필요할까? 제휴 파트너를 구한다는 것 자체가 어떤 의미에서는 잠재적 파트너를 검증하기 위한 정보가 부족함을 말해 주는 것이다.

일반적으로 잠재적 파트너의 자원과 능력이 무형 자산에 가까울수록 제휴가 이루어지기 전에 그 가치를 평가하기가 매우 어렵고, 부적절한 선택이 일어날 가능성도 높아진다. '현지 시장의 정보'나 '정치적 네트워크' 등의 무형 자산을 보유했다고 주장하는 파트너와 전략적 제

휴를 고려하는 기업들은 부적절한 선택이 일어나지 않도록 대비해야 한다.

도덕적 해이

전략적 제휴에 있어서 기업은 파트너 기업이 양질의 자원과 능력을 보유했음에도 불구하고 그 자원과 능력을 이용하지 못하는 경우도 있다. 이것을 파트너 기업의 **도덕적 해이** moral hazard라고 부른다. 예를 들어 기술제휴 파트너 기업은 상대 기업에 가장 잘 훈련되고 유능한 기술자를 파견하기로 약속하고는 숙련되지 않은 기술자를 파견할 수 있다. 이 비숙련 기술자들은 상대 기업에 이익이 되기보다는 상대 기업의 유능한 기술자들로부터 귀중한 기술을 배워 올 수 있다. 즉 비숙련 기술자들은 파트너 기업으로부터 경제적 이득을 취하는 통로로 이용될 수 있다.[16]

도덕적 해이는 반드시 의도적으로 일어나는 일이 아니다. 제휴가 성립된 후 시장환경이 변화하면 양측 파트너 기업들의 전략이 불가피하게 변화해야 하는 경우가 생긴다.

예를 들어 컴퓨터 시장이 막 형성될 때 컴팩은 기업 외부의 유통업자와 제휴해서 제품을 판매했다. 그러나 시장이 성장함에 따라 인터넷, 우편 주문, 그리고 컴퓨터 슈퍼스토어를 통한 판매가 훨씬 효율적인 유통 경로로 떠올랐고, 컴팩과 기존 유통업자의 제휴관계가 약화되었다. 시간이 지날수록 기존의 유통업자들은 원하는 재고를 제시간에 컴팩으로부터 공급받지 못했고, 그들은 구매자와의 관계를 유지하기 위해서 심지어는 슈퍼스토어에서 컴팩 컴퓨터를 구입해서 구매자에게 판매하기도 하였다. 컴팩이 기존 유통업자로부터 새로운 유통망으로 전환한 것은 기존 유통업자들의 관점에서 도덕적 해이라고 할 수 있다. 그러나 컴팩의 관점에서 이것은 컴퓨터 산업의 경제적인 현실을 반영한 것일 뿐이다.[17]

족쇄

제휴 파트너들이 부적절한 선택이나 도덕적 해이를 범하지 않는다 하더라도 상대를 속이는 방법은 한 가지가 더 있다. 일단 전략적 제휴가 성립되면 파트너들은 그 제휴에서만 가치가 있고 다른 용도로는 가치가 없는 성질의 투자를 하게 된다. 제8장에서 말한 거래 특유의 투자가 그것이다. 예를 들어 전략적 제휴를 맺는 기업의 경영자들은 서로 매우 밀접하고 신뢰가 필요한 개인적인 관계를 맺어야 할 때가 있다. 이 개인적 관계는 제휴를 원활히 하기 위해 매우 가치 있는 것이지만, 이 제휴 이외의 용도로는 거의 아무 가치가 없을 수 있다. 또한 기업들은 상대 기업과 원활히 협력하기 위해 생산설비나 유통 구조, 기업 조직 등에서 상대 기업에 맞춘 형태의 특정한 구조를 갖추어야 할 때가 많다. 이러한 기업 내 변화들은 제휴의 성과를 높이기 위해 매우 가치 있는 것이지만, 제휴를 떠나서는 그 기업의 가치를 높이지 않거나 때로는 그 기업의 성과를 일반적으로 저하시키는 이유가 되기도 한다. 제6장의 사례에서 보았듯이 어떤 투자의 가치가 그 첫 번째 용도 first-best use(이 예에서는 제휴 내에서의 가치)와 두 번째 용도 second-best use(이 예에서는 제휴 이외의 기업 활동에서의 가치)의 크기에서 큰 차이를 보일 때 그 투자는 **거래 특유** transaction specific의 투자라고 부를 수 있다.[18]

전략적 제휴에 있어서 한 기업이 파트너 기업보다 더 높은 수준의 거래 특유의 투자를 할 때 그 기업은 **족쇄**holdup라고 불리는 속임수에 빠질 수 있다. 이 종류의 속임수는 전략적 제휴에 참여하는 기업들 중 거래 특유의 투자를 상대적으로 적게 한 기업이 거래 특유의 투자를 많이 한 파트너에게 그 제휴에서의 성과를 더 많이 요구하는 경우 나타난다.

예를 들어 두 기업이 제휴에서의 비용과 이익을 50 대 50으로 나누기로 했다고 가정해 보자. 첫 번째 기업은 그 제휴를 위해 생산공정을 대폭 변경한 반면, 두 번째 기업은 공정 변경을 하지 않아도 되었다. 첫 번째 기업의 변경된 생산공정의 가치는 이 제휴를 위해서는 5,000달러인데 제휴를 떠나서는 겨우 200달러밖에 되지 않는다고 하자.

이 경우 첫 번째 기업은 거래 특유의 투자를 했고 두 번째 기업은 거래 특유의 투자를 하지 않았으므로 그 결과 첫 번째 기업은 족쇄 상태에 빠진 것이라고 할 수 있다. 특히 두 번째 기업은 만약 첫 번째 기업이 5,000달러 가치의 생산공정을 이용해서 거둘 수 있는 성과의 일부를 50%의 이익 외에 추가로 분배하지 않는다면 이 제휴관계를 파기하겠다고 위협할 수도 있다. 첫 번째 기업은 5,000달러 가치의 생산공정을 포기하고 단지 200달러만 회수하기보다는 두 번째 기업에 제휴에서의 이익을 추가로 분배해 주기로 결정할 가능성이 크다. 실제로 첫 번째 기업은 그 생산공정의 두 번째 용도에서의 가치, 즉 200달러를 넘는 이익을 얻을 수 있는 한 두 번째 기업의 요구를 들어주면서 제휴를 지속하는 편이 나은 것이다. 비록 두 기업이 처음에는 50 대 50의 배분을 약속했지만 한 기업이 더 많은 거래 특유의 투자를 했을 때 이 약속은 변경될 가능성이 높다. 거래 특유의 투자가 족쇄 문제를 일으킨다는 점은 국제적 조인트 벤처에 대한 연구에서 제기된 바 있다.[19]

족쇄는 전략적 제휴관계에서 문제를 일으키기도 하지만, 족쇄의 위협은 오히려 전략적 제휴를 유도하기도 한다. 알루미늄 산업에 속한 기업들은 규모의 경제를 실현하기 위해 종종 그 원료인 보크사이트 채굴 기업들과 조인트 벤처를 맺는다. 만약 알루미늄 제조 기업들이 단지 규모의 경제만을 실현하기 위해서 조인트 벤처 대신 기업 인수 등을 통해 보크사이트 채굴 사업에 참여하고, 그들 자신의 수요를 조달하고 남는 보크사이트는 시장에서 판매(즉 시장 거래)할 수 있다고 생각한다면 그것은 잘못된 판단이다. 이 방식이 비현실적인 이유는 바로 알루미늄 시장에 여러 종류의 보크사이트가 존재하기 때문이다. 다른 종류의 보크사이트는 완전히 다른 가공 방식을 요구한다. 한 기업이 남는 보크사이트를 시장에서 판매할 때, 그 보크사이트를 구입하는 기업은 새로운 가공 처리 능력을 갖추기 위해 많은 돈을 투자해야 한다. 이것은 바로 거래 특유의 투자이며, 그 보크사이트를 구입하는 기업들에는 족쇄 문제를 야기할 수 있다.

이 경우에 알루미늄 제조 기업과 보크사이트 채굴 기업 간의 조인트 벤처는 시장 거래에서 나타나는 족쇄 문제를 해소하는 방법으로 생각될 수 있다. 비록 조인트 벤처 내에 여전히 족쇄 문제가 존재하기는 하지만 시장 거래에서 존재하는 문제보다는 심각하지 않을 수 있는 것이다. 다음의 '전략과 기업윤리'에서 부적절한 선택, 도덕적 해이, 족쇄 문제에서 제기되는 윤리적 이슈에 대해 살펴본다.

전략과 기업윤리

이제 우리는 전략적 제휴를 맺는 기업들이 부적절한 선택, 도덕적 해이, 족쇄를 통해 파트너 기업을 속일 수 있다는 것을 배웠다. 이 세 가지 행동의 공통점은 파트너 기업에 거짓말을 한다는 것이고, 이 거짓말을 통해 한 기업은 제휴로부터 창출되는 가치에 대해 '공평한 몫fair share'보다 훨씬 큰 부분을 얻을 수 있다. 그렇다면 전략적 제휴에서는 "사기꾼은 절대 성공 못한다"는 속담이 통하지 않는 것인가?

파트너 기업을 속이는 기업이 단기적으로는 이익을 얻는 것은 의심할 여지가 없다. 그러나 관련된 연구들에 의하면 파트너를 속이는 기업들은 새로운 제휴 파트너를 구하기 힘들기 때문에 가치 있는 거래 기회를 상실하게 되어 장기적으로는 이익이 되지 않는다고 설명한다.

한 연구는 '죄수의 딜레마Prisoner's Dilemma'라는 이름의 단순한 게임을 이용하여 전략적 제휴에서 속임수를 쓰는 기업의 장기적 수익을 조사했다. '죄수의 딜레마' 게임에서 기업들은 제휴 파트너와 협력을 하거나, 부적절한 선택, 도덕적 해이, 또는 족쇄를 이용하여 파트너를 속이는, 두 가지 선택권을 갖는다. 각 기업이 갖는 수익은 두 기업의 의사결정에 달려 있다. 제7장에서 살펴보았듯이 만약 두 기업 모두 협력하기로 결정하면 제휴로부터 상당한 수익을 얻는다(3,000달러). 만약 두 기업 모두 속이기로 결정하면 그들은 둘 다 미미한 수익을 얻는다(1,000달러). 그리고 만약 한 기업만 속이고 다른 기업은 협력하기로 결정하면 속이기로 결정한 기업은 매우 큰 수익을 얻고(5,000달러) 협력하기로 결정한 기업은 수익이 없다(0달러).

전략적 제휴에서도 "사기꾼은 절대 성공하지 못한다"는 속담이 통하는가

만약 기업 1과 2가 단 한 번의 전략적 제휴를 맺는다면 그들은 속임수를 쓸 강한 동기를 갖는다. 속임수를 쓰는 경우 최악의 수익은 1,000달러이지만 5,000달러를 얻을 가능성도 있기 때문이다. 그러나 두 기업이 복수의 전략적 제휴를 맺을 것을 고려한다면, 최적의 전략은 제휴에서 협력하는 것이라고 연구들은 밝히고 있다. 기업들이 파트너 기업을 바꾸어 가며 제휴를 맺는 경우에도 마찬가지이다.

반복되는 '죄수의 딜레마' 게임에서 이용될 수 있는 '필승' 전략으로 '따라 하기tit-for-tat'를 들 수 있다. '따라 하기'란 기업 1은 기업 2가 협력하는 한 상대방에 협력하는 것을 의미한다. 만약 기업 2가 속임수를 쓴다면 기업 1도 똑같이 할 것이다. 이렇듯 '따라 하기' 전략은 서로에 대해 협력적인 자세를 가짐으로써 대체로 높은 수익(3,000달러)을 기대할 수 있고, 그 반대로 상대방이 속임수를 쓰는 경우 즉각적인 보복을 가함으로써 낮은 수익(0달러)의 횟수를 최소화한다는 면에서, 제휴에서의 잠재적인 이득을 극대화하고 최악의 위험을 극소화하도록 이용될 수 있다.

이러한 분석들로 비추어 보아, 중·단기적으로는 전략적 제휴에 있어 속임수를 쓰는 기업이 경쟁우위를 얻을 수 있지만, 장기적으로는 "사기꾼은 절대 성공하지 못한다."[20]

전략적 제휴와 지속적인 경쟁우위

이 책에서 논의되는 다른 모든 종류의 전략과 마찬가지로, 지속적인 경쟁우위를 창출하기 위한 전략적 제휴의 유용성에 대해서도 제3장에서 제시된 VRIO 모형을 이용해서 살펴볼 수 있다. 전략적 제휴는 〈표 11.1〉에 제시된 기회를 이용하거나 〈표 11.2〉에 제시된 위협을 중화할 때 경제적으로 가치가 있다. 그 외에도 전략적 제휴가 지속적인 경쟁우위의 원천이 되기 위해서 제휴는 희소해야 하고 모방하기 힘들어야 한다.

전략적 제휴의 희소성

전략적 제휴의 희소성은 단지 얼마나 많은 기업들이 제휴를 맺고 있는가에 달려 있는 것은 아니고, 전략적 제휴를 통해 추구하는 목적이 산업 내 다른 기업들이 추구하는 목적과 동일한가에 달려 있다.

예를 들어 미국의 자동차 산업을 생각해 보자. 지난 수년간 미국 기업들은 특히 일본 기업들과 많은 전략적 제휴를 맺어 왔다. GM과 토요타가 맺은 제휴는 앞에서 설명한 바 있고, 포드는 마쯔다를 인수하기 전에 마쯔다와 제휴를 맺었으며, 크라이슬러는 미츠비시와 제휴를 맺었다. 이러한 빈번한 제휴관계를 볼 때 자동차 산업에서의 전략적 제휴는 희소성과는 거리가 멀다고 단정 짓기 쉽다.

그러나 좀 더 자세히 살펴보면 이 제휴들은 다른 목적에서 성립되었음을 알 수 있다. 예를 들어 GM과 토요타는 최근까지 오직 쉐보레 노바만을 생산하기 위해 협력해 왔다. GM은 토요타로부터 소형차의 품질 관리에 대해 배우는 것에만 관심이 있었을 뿐 디자인 측면에서는 별 관심이 없었다. 그 반면, 포드와 마쯔다는 디자인과 생산 두 측면에서 긴밀히 협력했다. 사실 포드와 마쯔다가 그렇게 밀접하게 협력했기 때문에 포드는 마쯔다의 지분 33%를 인수했는데, 2008년 이후 포드는 그 지분을 크게 축소했다. 미츠비시는 원래 크라이슬러의 부품 공급업체였는데 닛산은 최근 미츠비시를 인수했다. 즉 GM, 포드, 크라이슬러는 모두 전략적 제휴를 맺고 있지만 서로 다른 목적을 가지고 있었고, 이 때문에 각각의 전략적 제휴는 희소성을 갖고 있다고 말할 수 있다.[21]

이처럼 특정한 형태의 전략적 제휴에서 얻을 수 있는 성과가 희소성을 갖는 이유는 아마도 그 전략적 제휴가 성공적이기 위해 필요한 자원과 능력을 오직 소수의 기업이 소유하고 있기 때문일 것이다. 전략적 제휴가 새로운 시장, 특히 해외시장에 진출하기 위해 활용될 때 주로 이 같은 현상을 볼 수 있다. 저개발 국가의 경우에 그 지역에 대한 지식이 풍부하고 관련 기업들과의 관계를 유지하고 있으며 유통 경로를 보유하고 있는 현지 기업을 찾기란 매우 어렵다. 때로는 현지 정부가 고의적으로 그러한 현지 기업의 수를 제한하기도 한다. 그러므로 많은 기업들이 전략적 제휴를 통해 그러한 국가에 진출하려고 하더라도 오직 소수의 기업만이 제휴에 적합한 현지 기업을 찾을 수 있을 것이고, 따라서 전략적 제휴에 따르는 성과도 희소성을 갖게 될 것이다.

전략적 제휴의 모방 가능성

앞서 제3장에서 보았듯이 어떤 기업이 보유한 자원과 능력은 그 기업이 가치 있는 전략을 보유하고 집행하도록 하는데, 다른 기업들은 자원과 능력을 두 가지 방법으로 모방할 수 있다. 그것은 해당 자원을 직접복제하거나 대체할 만한 자원을 찾는 방법이다. 직접복제와 대체는 전략적 제휴의 모방 가능성을 분석하는 중요한 요인이다.

전략적 제휴의 직접복제

최근의 연구에 따르면 성공적인 제휴는 제휴 파트너 간의 경제적 이해관계를 넘어선 사회적으로 복잡한 관계socially complex relationship에 달려 있다고 한다.[22] 성공적인 전략적 제휴는 단순한 법적 계약관계를 넘어서 사회적으로 복잡한 관계의 특성들, 즉 파트너 간의 신뢰관계, 우정, 장기적 교류를 추구하여 단기적인 이기심을 버리는 특성들을 보여 준다.

몇몇 연구는 제휴 파트너 간의 신뢰관계를 수립하기는 매우 어렵지만 사실상 전략적 제휴의 성공에 필수적이라고 제시하였다. 전략적 제휴가 소기의 성과를 거두지 못하는 가장 흔한 이유는 서로에 대한 불신이라고 주장하는 연구도 있다. 제휴 파트너 기업 간의 개인적 수준에서의 교류, 기업 문화의 차이점에 대한 이해, 관용, 장기적 성공을 위한 단기적 이익의 희생 등은 전략적 제휴에서 신뢰관계를 조장하기 위해 필요한 것들이다.[23]

물론 어느 산업 내에서 모든 기업이 성공적인 제휴를 수립하기 위한 신뢰 쌓기 역량을 가지고 있는 것은 아니다. 이러한 역량이 희소성을 띠고 있고 단기간에 습득하기 힘든 것이라면, 전략적 제휴를 통해 이 역량을 활용할 수 있는 기업은 경쟁우위를 획득할 수 있다. 코닝과 시스코가 이 같은 기업의 예라고 할 수 있는데, 이들 기업은 각각 수백 개의 전략적 제휴를 운영하고 있다.[24]

전략적 제휴의 대체재

만약 어떤 전략적 제휴의 목적이 가치가 있고 희소성이 있으며, 파트너 간에 사회적으로 복잡한 관계가 잘 발달하여 모방 가능성이 낮다고 하더라도, 이 전략적 제휴를 저비용으로 대체할 수 있는 전략이 존재한다면 이 제휴를 통해 지속적인 경쟁우위를 창출하기는 어려울 것이다. 전략적 제휴를 대체할 수 있는 전략은 최소한 두 가지가 존재하는데, 단독행동과 기업 인수가 그것이다.[25]

단독행동 기업들은 시장의 기회를 활용하거나 위협을 중화하기 위해 필요한 모든 자원과 능력을 스스로 개발하려고 시도할 수 있는데, 이것을 '단독행동going it alone'이라고 한다. 때로는 기업이 다른 기업과의 관계에 의존하지 않고 단독적으로 모든 것을 할 때 시장에서 동일한 또는 우월한 가치를 창출할 수 있는데, 이러한 경우 단독행동은 전략적 제휴를 대체할 수 있다. 반면에 전략적 제휴보다 낮은 성과를 거둘 때 단독행동은 전략적 행위의 대체재가 될 수 없다.

그러면 어느 경우에 기업들은 단독행동보다 전략적 제휴를 선호할 것인가? 제8장에서 수직적 통합을 분석하기 위해 설명한 세 가지 모델이 여기에서도 적용될 수 있다. 그 세 가지 모델은 기회주의의 위협, 기업의 자원과 능력, 불확실성에 초점을 맞춘 것이었는데, 여기에서 설명된 수직적 통합의 예가 바로 단독행동의 예이며, 전략적 제휴의 대체재인 것이다. 이 세 모델에 비추어 볼 때 어느 경우에 기업들이 단독행동보다 전략적 제휴를 선호할 것인가에 대한 대답은 〈표 11.3〉에 요약되어 있다. 이 세 가지 조건 중 어느 한 조건이라도 성립하는 경우, 단독

표 11.3 전략적 제휴가 단독행동보다 선호되는 경우

1. 거래의 성립에 필요한 거래 특유의 투자 수준이 중간 정도일 때
2. 거래 파트너가 가치 있고 희소하며 모방하기 힘든 자원과 능력을 가지고 있을 때
3. 거래의 미래 가치가 매우 불확실할 때

행동은 전략적 제휴를 대체할 수 없다.

기회주의에 기반한 이론이 제시한 것, 즉 기업들은 어떤 경제적 거래에 있어서 거래 특유의 투자를 해야 할 경우 그 거래를 수직적으로 통합하기를 원할 것임을 제8장에서 논의한 바 있다. 이 장에서 배운 용어로 이 내용을 다시 쓰자면, 기업들은 어떤 경제적 거래를 위하여 전략적 제휴를 맺을 때 족쇄의 문제가 예상되면 전략적 제휴 대신에 보다 수직적으로 통합된 형태로 그 거래를 관리할 것이라는 것이다. 또는 거래 특유의 투자의 수준이 중간 정도일 때는 단독행동보다는 전략적 제휴가 선호될 것이라고 예측할 수 있다. 만약 그 수준이 더 낮다면 시장거래가 선호될 것이고, 그 수준이 더 높다면 단독행동이 선호될 것이다. 다시 말해서 거래 특유의 투자 수준이 중간 정도의 상황에서는 단독행동이 전략적 제휴의 대체재가 될 수는 없다.

기업의 능력에 기반한 이론에 의하면, 거래 파트너가 가치 있고 희소하며 모방하기 힘든 자원과 능력을 소유했을 때 단독행동보다는 전략적 제휴가 선호될 것이라고 예측할 수 있다. 필수적인 능력이 결핍된 기업이 혼자서 그 능력을 단독으로 개발하기에는 비용이 너무 많이 들 때, 그 대신 다른 기업이 보유한 능력을 이용하기 위해 전략적 제휴를 맺게 된다. 이러한 경우 단독행동은 전략적 제휴의 대체가 될 수 없다.[26]

마지막으로, 시장에 높은 수준의 불확실성이 존재할 때 기업들은 독자적으로 높은 위험을 수반한 투자를 감당하려고 하지 않을 것이다. 이러한 상황에서 기업들은 전략적 제휴로부터 얻을 수 있는 유연성을 선호하게 된다. 앞에서 설명했듯이 전략적 제휴는 실물 옵션으로 간주될 수 있다. 이는 어떤 기업이 다른 기업과 맺는 거래관계에 대해 제휴를 맺어 놓으면 오직 그 거래관계가 성공적이라고 판명났을 때만 전면적으로 투자(예 : 인수)할 수 있는 기회를 확보해 놓는 것으로 볼 수 있는 것이다. 만약 그 거래관계가 별로 성공적이지 않으면 제휴관계를 청산하게 되는데, 이것은 독자적 투자의 위험도에 비하면 훨씬 안전하고 경제적이다. 즉 실물 옵션 이론에 따르면 불확실성이 높은 상황하에서는 단독행동은 전략적 제휴의 대체가 될 수 없다.

기업 인수 다른 기업을 인수acquisitions하는 것 역시 전략적 제휴를 대체할 수 있다. 독단적으로 자원과 능력을 개발하거나 또는 다른 기업과 제휴를 맺어 자원과 능력을 이용하지 않아도 기업은 그 자원이나 역량을 소유한 다른 기업을 인수함으로써 〈표 11.1〉에 나열된 기회를 추구할 수 있다. 그러나 기업 인수가 전략적 제휴를 대체하지 못하는 조건이 네 가지 있는데, 이것은 〈표 11.4〉에 요약되어 있다.[27]

표 11.4 **전략적 제휴가 기업 인수보다 선호되는 경우**

1. 기업 인수가 법적으로 규제될 때
2. 기업 인수가 높은 불확실성하에서 기업의 유연성을 저하할 때
3. 인수 대상 기업에 원하지 않는 자산이 많을 때
4. 기업의 자원과 능력이 그 기업이 독립적인 경우에 더 가치 있을 때

첫째, 기업 인수를 하는 데는 법적인 제약이 있을 수 있다. 동일한 산업 내에서 기업들 간의 합병이 일어날 때 이 가능성은 더욱 커진다. 예를 들어 알루미늄 산업에서 기업 인수가 전략적 제휴의 대체 전략으로 활용되어 산업이 몇몇 기업으로 집중된다면 이 기업들은 반독점법의 조사를 피할 수 없게 된다. 이 기업들은 기업 인수보다는 기업 간 협력을 통한 경쟁우위를 추구해야 할 것이다.

둘째, 앞에서 이미 설명되었듯이 전략적 제휴는 불확실성하에서 어떤 기업이 유연성을 갖기 위해서 추구하는 전략이다. 기업 인수는 특정한 사업에 대해 높은 수준의 투자와 몰입commitment을 요구하기 때문에 일단 어떤 사업이 결정된 후에는 유연성이 제한될 수밖에 없다. 따라서 높은 불확실성하에서는 기업의 전략적 유연성을 추구함과 동시에 기회를 추구할 수 있는 전략적 제휴가 기업 인수보다 선호된다.

셋째, 다른 기업을 인수하면 그 기업이 보유한 모든 자산을 획득하게 되는데 그중에는 원하지 않는 자산도 있게 된다. 종종 기업들은 자신과 다른 기업들의 자산을 통합 운영함으로써 가치를 창출하게 되는데, 기업들이 전략적 제휴를 맺으면 오직 가치를 창출하는 자산만을 통합하여 가치의 극대화를 이룰 수 있게 되는 반면, 기업을 인수하면 일반적으로 인수 대상 기업의 자산 전부를 인수하게 되므로 인수 후 통합 과정을 통해 가치를 창출할 수 있는 자산뿐 아니라 가치를 창출하지 못하는 자산도 인수하게 된다.

다른 기업을 인수하는 기업 입장에서 보면, 가치를 창출하지 못하는 자산은 그 기업이 원하지 않는 자산이므로 인수 직후에 매각 등을 통해 처분하려 할 것이다. 그런데 이 처분 과정은 많은 비용과 시간이 요구되게 마련이다. 비록 기업 인수가 두 기업의 자산을 통합함으로써 경제적 가치를 창출한다 하더라도, 만약 원하지 않는 자산이 너무 많아서 이를 처분하는 데 비용이 많이 든다면 전체적으로는 별로 이득이 없다는 결론을 내릴 수 있다. 이 경우 기업 인수를 하지 않고도 기업들의 자산 통합을 통해서 경제적 가치를 창출하기 위해 전략적 제휴가 선호된다. 이에 관한 내용은 제12장에서 자세히 설명된다.

마지막으로, 어떤 기업의 자원과 능력은 그 기업이 인수되지 않았을 경우에만 가치가 있을 수 있다. 이 경우에는 기업 인수가 아니라 제휴를 통해서만 두 기업의 총가치가 극대화된다. 예를 들어 1980년대에 기업들이 해외시장으로 활발히 진출하기 시작했을 때 광고대행사들은 국제적인 마케팅 역량을 개발해야 했다. 이에 따라 1990년대에 많은 광고대행사들은 국제적인

광고회사 네트워크를 설립하기 위해 해외의 광고대행사들을 인수했다. 그러나 프랑스의 광고대행사인 퍼블리시스는 이러한 국제적인 광고회사 네트워크에 편입되기를 거부했다. 이는 그 소유주들이 기업의 통제권을 유지하고 싶어 했던 이유도 있었지만, 더 큰 이유는 퍼블리시스의 주요 광고주인 르노와 네슬레를 포함한 프랑스어 중심의 광고주들과의 관계를 유지하고 싶었기 때문이었다. 이 광고주들은 프랑스 광고대행사를 선호하기 때문에 만약 퍼블리시스가 외국기업에 인수된다면 다른 광고대행사를 물색하겠다고 밝힌 바 있었다. 퍼블리시스의 기업 가치는 대부분 이들 광고주와의 관계에서 창출되었기 때문에, 만약 외국 기업이 퍼블리시스를 인수한다면 이들 광고주와의 관계가 단절되어 결국 인수 기업이 얻을 수 있는 이득은 대부분 사라져 버리게 된다.

이러한 이유로 퍼블리시스는 외국의 광고대행사에 인수되는 대신 미국의 푸트, 코인, 벨딩 등 다수 기업과 다소 복잡한 지분 제휴 또는 조인트 벤처를 맺게 되었다. 결과적으로 제휴관계를 통해 퍼블리시스는 푸트, 코인, 벨딩과 국제적인 네트워크를 성공적으로 구성하지는 못했지만, 만약 푸트, 코인 또는 벨딩이 퍼블리시스를 인수했더라면 퍼블리시스가 독립적인 기업으로서 얻었던 성과가 심각하게 감소되었을 것은 거의 확실한 일이었다.

전략적 제휴 실행하기

전략적 제휴가 성공하기 위해 가장 중요한 것 중 하나는 제휴를 효과적으로 실행하는 것이다. 제휴 실행의 주된 목적은 파트너 기업들이 제휴로부터의 이익을 극대화하는 반면 제휴 파트너를 속일 수 있는 확률을 최소화하는 것이다. 제휴를 효율적으로 관리하고 실행하는 역량은 쉽게 획득되지 않으며, 이 역량을 획득하여 제휴의 잠재적인 이익을 충분히 얻기 위해서는 오랜 시간이 걸릴 수 있다. 이 때문에 어떤 기업들은 전략적 제휴를 다른 기업들보다 더 효과적으로 실행하는 것에서 경쟁우위를 얻을 수도 있다. 실제로 기업들은 전략적 제휴가 단독행동이나 기업 인수보다 더 선호되는 상황에서도 단지 전략적 제휴를 실행하는 것에 필요한 역량이 부족하다는 이유 때문에 단독행동이나 기업 인수를 선택하기도 한다.

제휴의 가치를 실현하거나 파트너의 속임수를 방지하기 위해 여러 관리기법 또는 기타 관련 요소 등이 고려될 수 있다. 계약, 지분 투자, 기업의 평판, 조인트 벤처, 신뢰관계 등이 그것이다.

계약과 법적 처벌

파트너 간의 속임수를 막는 방법 중 한 가지는 일어날 수 있는 모든 종류의 속임수(부적절한 선택, 도덕적 해이, 족쇄)를 예상하여 이들 속임수가 발생했을 때 기업이 법적으로 책임져야 하는 방법과 범위를 계약서에 포함시키는 것이다. 이러한 직접적인 문구와 이 계약의 실행에 관한 계속적인 관찰, 법적 책임 등을 계약서에 포함시킴으로써 속임수가 발생하는 확률을 감소시킬 수 있다. 계약에 의해 이루어지는 전략적 제휴는 이 장의 처음에서 비지분 제휴라고 정의한 바 있다.

그러나 계약서에 모든 종류의 속임수를 예상하여 나열할 수 없고, 속임수의 고의성을 판단하기 힘든 경우 계약서상의 책임관계를 적용시키기 어려운 경우도 많다. 예를 들어 계약서상에 어떤 기술이나 생산공정에 대해 파트너 기업들이 공동으로 이용할 수 있도록 하는 조항이 있다고 해 보자. 그러나 이 조항을 지키려고 아무리 애쓰더라도 어떤 경우에는 한 기업이 파트너 기업에 기술이나 생산공정을 전달하기가 매우 어려울 수 있다. 그러므로 이 조항을 지키지 못했을 때 이것이 고의적인지 아닌지를 판단하기란 매우 어려운 일일 수 있다. 또한 한 기업이 전달받은 기술이나 생산공정이 과연 그 파트너 기업이 알고 있는 모든 정보인지를 판단하려면 먼저 파트너 기업이 알고 있는 정보를 모두 알아야 하는데, 이것은 이론상 불가능하다. 그러므로 계약이 전략적 제휴의 중요한 요소임에는 분명하지만 속임수와 관련된 모든 문제를 해결하지는 못한다.

대부분의 계약은 각각의 제휴에 따라 제각기 다르지만 적어도 어떤 공통점을 찾아볼 수는 있다. 〈표 11.5〉에 그 공통점들을 정리해 놓았다. 일반적으로 계약을 통해 전략적 제휴를 관리하려는 기업들은 〈표 11.5〉에서 열거된 항목에 대한 계약 조항을 포함시켜야 한다.

지분 투자

파트너 기업들은 서로 지분 투자를 함으로써 계약의 효과성을 높일 수 있다. 기업 A가 제휴 파트너인 기업 B의 지분을 상당량 취득하면 기업 A의 시장 가치는 기업 B의 경제적 성과에 따라 영향을 받게 된다. 이 경우 만약 기업 A가 속임수를 써서 기업 B의 경제적 성과를 감소시키면 기업 A의 시장 가치도 감소하기 때문에 속임수를 쓸 동기incentive가 감소하게 된다. 이러한 형태의 전략적 제휴를 지분 제휴라 한다.

많은 기업들은 전략적 제휴를 관리하기 위해 쌍방향 지분 투자cross-equity investments를 한다. 특히 일본에서는 한 기업의 최대 지분 소유자가 은행을 포함한 주요 공급자들 중 하나인 경우가 많다. 공급자가 지분 투자를 하면 전략적 제휴상에서 속임수의 위협이 감소하기 때문에 그 기업의 공급비용도 감소하게 된다. 또한 구매자 기업이 그 공급자의 지분을 취득하는 경우도 종종 있다.[28]

기업 평판

전략적 제휴하에서 속임수를 쓰려는 기업의 동기를 감소시켜 주는 세 번째 요소는 그 기업이 속임수를 썼다는 오명이 그 기업의 미래 사업 기회에 악영향을 준다는 사실이다. 파트너 기업이 어떻게 속임수를 쓸 것인가를 예측하기는 어렵지만 이미 어떤 기업이 속임수를 쓴 사실을 다른 기업들이 기억하기는 쉽다. 그런 나쁜 정보는 널리 퍼지게 마련이기 때문이다. 어떤 기업이 속임수를 썼다는 정보가 널리 퍼지면 그 기업이 특별한 자원과 능력을 지녔다 하더라도 새

표 11.5 전략적 제휴를 통제하기 위해 흔하게 명시되는 조항

제휴 성립의 요소
지분 : 지분 제휴 또는 조인트 벤처가 성립될 때 각각의 기업이 얼마의 지분을 구매하는가?
의결권 : 각 기업이 갖는 의결권의 수. 지분의 규모와 반드시 일치하지는 않는다.
배당률 : 협력 기업들 사이에 제휴의 이익이 어떻게 배분되는가? 지분의 규모와 반드시 일치하지는 않는다.
소수 지분 보호 : 소수 지분을 가진 기업들이 의결권을 행사하는 의사결정의 종류에 대한 기술
이사회 : 최초 이사회의 구성, 그 외에 이사의 선임과 해임에 관한 규정
조직 관련 : 의사결정의 과정, 주식 발행, 주식 소각
기업의 위치 : 조인트 벤처인 경우 기업의 지리적 위치
조언자 : 변호사, 회계사, 기타 조언자들
이해관계자 : 제휴와 직접적으로 관련이 있는 법적 단체들
운영적 요소
성과 조항 : 보장 기간과 최저 기대 성과를 포함하는 제휴 파트너의 책임과 의무
경쟁 배제 조항 : 파트너들은 제휴의 핵심 사업으로 진입할 수 없음
스카우트 배제 조항 : 파트너들은 상대방 기업의 종업원을 고용할 수 없음
비밀 유지 조항 : 제휴나 파트너 기업으로부터의 정보는 제휴 이외의 목적으로 사용할 수 없음
지식재산권 : 제휴로부터의 지식재산권을 누가 소유하며 어떻게 다른 기업들에 허가될 수 있는가?
책임 : 제휴에 대한 책임과 협력 기업들의 책임
계약 변경 : 계약이 변경되는 데 필요한 절차
분쟁 해결 : 파트너 간의 분쟁이 해결되는 데 필요한 절차
제휴 중단의 요소
지분 구입의 우선권 : 한 파트너의 지분 매각 시에는 다른 파트너에게 지분 구입의 우선권이 있음
지분 구입 우선권의 확대 조항 : 파트너들은 다른 파트너에게 지분 구입을 제안하기 전에는 다른 기업에게 지분 매각의 의도를 말하는 것조차 허용되지 않음
구입 옵션 조항 : 한 파트너가 다른 파트너에게 지분 매각을 요구할 수 있다는 조항. 이 지분이 평가되는 방법과 구입 옵션이 행사될 수 있는 조건들이 포함된다.
판매 옵션 조항 : 한 파트너가 다른 파트너에게 지분 구입을 요구할 수 있다는 조항
공동 매각 조항 : 한 파트너가 자기 지분을 외부 기업에 매각할 수 있으며, 이때 파트너 기업의 지분도 함께 공동 매각을 요구할 수 있다는 조항
매각 제한 조항 : 어느 기업의 파트너 기업이 지분을 외부 기업에 매각할 때, 그 기업의 지분도 구입하지 않으면 파트너 기업의 지분 매각을 제한할 수 있다는 조항
기업 공개(IPO) : 기업 공개를 하는 조건
제휴 중단 : 계약이 중단되어 파트너십이 중단될 수 있는 조건

출처 : Based on E. Campbell and J. Reuer (2001). "Note on the legal negotiation of strategic alliance agreements."

로운 기업과 전략적 제휴를 맺기란 어려울 것이다. 즉 현재의 제휴에서 속임수를 쓰는 일은 미래에 있을지도 모르는 제휴의 기회를 모두 잃어버리는 일을 초래할지도 모른다. 이 때문에 기업들은 현재의 제휴에서 속임수를 쓰지 않기로 결정할 수 있다.[29]

기업 평판의 영향이 미래의 사업 기회에 중요하다는 증거는 쉽게 찾아볼 수 있다. 기업들은 부정적인 평판을 얻지 않기 위해 노력한다. 그럼에도 불구하고 기업의 평판이 전략적 제휴에서 기업의 속임수를 감소시키지 못하는 경우도 찾아볼 수 있는데 그것은 다음과 같다.[30]

첫째, 제휴에 있어서의 미미한 속임수는 쉽게 대중의 이목을 끌지 못할뿐더러, 대중의 이목을 끌지라도 그 책임이 어느 파트너에게 있는가를 파악하기가 매우 애매할 때가 많다. 발전기의 새로운 터빈을 개발하는 어떤 조인트 벤처의 경우를 예로 들어 보자. 이 제휴가 재정적인 문제에 직면하게 되자, 상대적으로 재정이 튼튼한 기업은 재정이 취약한 파트너가 그 제휴를 포기하고 조인트 벤처의 지분을 파트너 기업, 즉 자신에게 싼 값에 팔아버릴 수 있다고 예측하게 되었다. 따라서 이 기업은 기술자들에게 기술적 오류를 최소화하는 대신 기술 개발의 속도는 늦추라고 지시했다. 반면 재정이 취약한 파트너는 기술자들에게 다소 결함이 있더라도 기술 개발을 가능한 한 빨리 완료하라고 지시했다. 결국 기술 개발이 지연됨에 따라 재정이 취약한 파트너는 자금 부족으로 제휴를 포기하면서 조인트 벤처의 지분을 싼 값에 파트너 기업에 팔게 되었으며, 한편으로는 기술 개발을 고의적으로 지연시켰다는 이유로 그 기업을 고소했다. 재정이 튼튼한 기업 또한 상대 기업을 고소했는데, 기술 개발을 너무 서두르는 바람에 결함이 생기게 되었고 근로자의 안전에도 악영향을 주었다는 이유였다. 어떤 의미에서는 두 기업 모두 속임수를 쓴 것이라고 할 수 있지만, 이 속임수들은 매우 심각한 것은 아니고 잘잘못을 가리기 애매하며, 이 기업들이 미래에 있을지 모르는 제휴의 성공 확률에 미치는 영향 또한 매우 미미하다고 볼 수 있다. 다른 기업들이 볼 때는 재정적으로 튼튼한 기업은 단지 운이 좋았고 재정적으로 취약했던 기업은 단지 운이 나빴다고 생각할지도 모른다.[31]

둘째, 어느 한 파트너가 명백하게 속임수를 쓴다고 하더라도 그 사실이 충분히 외부에 알려지지 않는 경우도 있다. 이러한 경우 기업의 평판은 타격을 입지 않을 것이고 미래에 아무 불이익을 받지 않게 된다. 기업 정보의 전달 속도가 늦은 후진국의 경우 이러한 현상은 쉽게 찾아볼 수 있다.

마지막으로, 어떤 기업이 현재 다른 기업을 속이는 것이 명백하고 또한 충분히 외부에 알려짐으로써 기업 평판이 손상을 받아서 그 기업의 미래 사업 기회에 타격을 준다고 하더라도, 그 손실은 이 기업이 얻을 수 있는 당장의 이득에는 영향을 주지 않는다. 다시 말해서 부적절한 선택, 도덕적 해이, 족쇄로 인해 당장 얻을 수 있는 이득이 너무나 커서 미래 기업 평판의 타격에 별로 개의치 않을 때 기업 평판은 속임수를 방지하는 역할을 하지 않을 것이다.[32]

조인트 벤처

전략적 제휴에서의 속임수를 방지하기 위한 네 번째 방법은 조인트 벤처를 형성하는 것이다.

제휴 파트너들은 독립적인 사업체를 조직하여 투자와 이익을 분배함으로써 제휴의 속임수를 감소시킬 수 있다. 조인트 벤처가 형성되면 참가 기업들의 성과는 그 조인트 벤처의 성과와 밀접한 관련을 갖게 된다. 즉 제휴에서의 속임수는 조인트 벤처의 성과를 감소시킴으로써 결과적으로 그 자신에게 손해가 된다. 또한 기업 평판의 경우와는 달리 조인트 벤처에서의 속임수는 단지 미래의 사업 기회에만 영향을 주는 것이 아니라 현재의 기업 성과에 직접적으로 영향을 준다.

이러한 조인트 벤처의 장점들 때문에 어떤 전략적 제휴에서 속임수의 발생 가능성이 큰 경우 조인트 벤처가 선호되는 것은 놀라운 일이 아니다. 보크사이트 예를 다시 살펴보자. 보크사이트 광산 산업에는 규모의 경제가 작용한다. 그러나 어떤 기업이 시장 거래를 통하여 잉여의 보크사이트를 타 기업에 판매하려 하면 거래 특유의 투자 때문에 야기되는 족쇄가 문제가 되고, 잉여의 보크사이트를 내부적으로 소비하기 위해 알루미늄 제조 기업을 인수하려고 하면 반독점법의 제약을 받기 쉽다. 다른 기업과 전략적 제휴를 맺으려 해도 족쇄는 여전히 문제로 남는다. 비지분 제휴에서의 철저한 계약서, 지분 제휴에서의 협력, 기업 평판 효과 등도 제휴 중인 상대 기업의 속임수를 억제하기에는 충분하지 않아 보이는데, 왜냐하면 파트너 기업의 거래 특유의 투자를 악용함으로써 당장 얻을 수 있는 이득이 워낙 크기 때문이다. 이 경우 조인트 벤처가 가장 적절한 협력의 형태로 떠오른다. 다른 형태의 제휴와 비교할 때 보크사이트 광산 산업에서는 오직 조인트 벤처만이 전략적 제휴 내에서 파트너의 속임수를 충분히 감소시킬 수 있다.[33]

그러나 조인트 벤처가 언제나 모든 속임수의 가능성을 배제시킬 수 있는 것은 아니다. 어떤 경우에는 조인트 벤처의 실패를 무릅쓰고라도 파트너 기업을 속여서 이득을 얻으려는 경우도 있을 수 있다. 예를 들어 어떤 기업이 조인트 벤처를 통해 파트너 기업으로부터 귀중한 기술을 배우고, 그 기술을 조인트 벤처와는 다른 용도로 사용하려는 의도를 가질 수 있다. 조인트 벤처 계약상 이 같은 속임수가 금지되었다 하더라도, 그 기술을 다른 용도로 이용해서 얻을 수 있는 이득이 조인트 벤처에 했던 투자보다 클 경우, 그 기업은 조인트 벤처 내에서도 속임수를 쓸 가능성이 있다.

신뢰관계

제휴 파트너들은 법적·경제적 통제 수단을 써서 제휴를 관리할 수도 있지만, 보다 광범위한 인간관계에 바탕을 둔 신뢰관계trust에 기반하여 제휴를 관리한다는 연구가 최근 많이 발표되었다. 계약과 함께 신뢰관계에 기반하여 제휴를 관리하면 파트너에 의해 발생하는 속임수의 위험을 감소시킬 수 있다. 더 나아가 신뢰관계에 기반을 둔 제휴관계에서 파트너들은 법적·경제적 통제 수단만을 이용하여 통제하는 제휴관계보다 더 많은 기회를 포착하여 활용할 수 있다.[34]

일견 신뢰관계는 속임수가 난무하는 현실과 동떨어져 보이기도 한다. 그러나 연구에 따르면, 성공적인 전략적 제휴에서는 파트너 기업들이 계약서에 제휴와 관련한 모든 법적 제약 항목을 명시하거나, 가능한 속임수의 종류, 그에 따른 책임관계 등을 일일이 명시하지 않는다는 것이 밝혀졌다. 또한 조인트 벤처가 일단 형성되면 파트너 기업들은 50 대 50의 지분 투자와 이익 분배조차도 엄격히 준수하지 않는 경우가 있다는 것이다. 오히려 성공적인 제휴관계에서는 신뢰관계, 전략적 유연성, 무언가 학습하려는 의욕, 그리고 의도하지 않았던 방향으로라도 그 제휴관계가 성장할 수 있도록 허용하는 분위기 형성 등이 강조된다.[35]

제휴관계에 대한 몰입, 상호 조정, 신뢰관계는 모두 제휴가 성공적이기 위한 중요한 결정 요인이다. 다시 말해서 전략적 제휴는 시간이 지남에 따라 진화하는 것이기 때문에, 제휴 성립 이전에 변호사나 경제분석가가 파트너 기업들의 책임관계를 너무 세밀하게 규정짓는다면 그 제휴의 발전 가능성을 제약하게 마련이다.[36]

이러한 '신뢰' 차원의 접근법 역시 기업이 제휴를 통해 지속적인 경쟁우위를 얻을 수 있다는 것을 확인시켜 준다. 신뢰관계에 기초한 제휴를 맺을 수 있는 능력은 장기적으로 볼 때 가치가 있는 것이다. 이 능력은 제휴를 맺고 싶어 하는 모든 기업이 가지고 있는 것이 아니며, 아마도 특이한 역사적 배경이나 사회적으로 복잡한 관계를 가진 기업만이 가질 수 있기 때문에 다른 기업이 모방하기 힘든 것이다. 즉 이러한 능력을 가진 기업이 제휴를 활용한다면 지속적인 경쟁우위를 얻을 수 있다. 코닝과 시스코의 제휴를 포함해서 오직 소수의 기업들이 제휴에서 성공적이었다는 사실은 신뢰관계에 기반한 제휴 관리 기술이 가치 있고 희소하며 모방하기 힘든 것이라는 주장과 일치한다.

요약

전략적 제휴는 둘 이상의 독립적 조직이 제품이나 서비스의 개발, 제조, 또는 판매과정에서 협력할 때 성립한다. 전략적 제휴는 비지분 제휴, 지분 제휴, 조인트 벤처로 구분될 수 있다.

기업이 전략적 제휴를 맺는 이유는 크게 세 가지로 볼 수 있는데, 현재의 환경하에서 기업 성과를 개선시키기 위해, 새로운 유리한 경쟁환경을 창출하여 기업 성과를 개선시키기 위해, 신시장으로의 진입 또는 기존 시장으로부터의 퇴거를 쉽게 하기 위해 전략적 제휴를 활용할 수 있다. 제휴를 통해 상호 협력하려는 동기가 존재하는 한편, 협력을 통해 상대를 속여서 이득을 보려는 동기도 존재한다. 속임수는 부적절한 선택, 도덕적 해이, 족쇄가 단독적으로 또는 복합적으로 작용하여 나타난다.

전략적 제휴는 지속적인 경쟁우위의 원천이 될 수 있다. 제휴의 희소성은 제휴를 맺고 있는 경쟁 기업 수의 희소성만을 의미하는 것이 아니라 제휴를 통해 추구하는 목적과 성과의 희소성도 의미한다.

타 기업들이 운영하고 있는 전략적 제휴를 모방할 때 직접복제, 즉 비슷한 성격의 제휴를 복제하려는 것은 실패하기 쉬운데 그것은 타 기업들의 제휴에 존재하는 사회적으로 복잡한 관계

▶▶ 국내 사례

교육기관의 전략적 제휴 : 인천대학교의 매트릭스 학사제도

대학은 상아탑이라고 불린다. 이는 세속적인 것과는 거리가 멀고 순수한 학문적인 가치를 추구한다는 의미인데, 고고한 예술지상주의의 입장을 취한 19세기의 프랑스 시인 드 비니에 대해 프랑스의 평론가 생트 뵈브가 한 평론에서 사용한 표현이라 한다. 그러나 사실 대학은 세속과 동떨어진 것이 아니라 사회적인 역할을 수행하고 있다. 정치, 경제, 사회, 문화 정책에 적극적으로 개입하여 더 나은 사회를 만들기 위한 방향을 제시한다. 또한 고급 인력을 양성하여 사회가 필요한 노동력을 제공한다.

그러나 대학이 양성하는 인력이 사회에서 활용되기 힘든 경우도 있다. 대학은 기업을 비롯한 사회의 여러 조직을 위한 인력양성소가 아니기 때문에 이러한 조직에서 필요한 인력을 키우는 것이 대학의 본분은 아니다. 그러면서도 대학을 평가할 때 취업률은 중요한 기준이 되고 있다. 대학이 취업률을 높이기 위해서는 소위 비인기학과들은 통폐합하고 취업이 잘되는 학과들에 정원을 몰아 주어야 한다. 이것은 대학의 학문적 본분과 역할을 약화시킨다. 인문학과 기초과학 등 취업과 직접적으로 관련이 없는 학과를 통폐합하는 대학을 긍정적으로 평가하는 사람은 없다. 그리고 구조조정의 과정에서 많은 상처가 남는다. 그러나 사회의 요구, 특히 취업과 관련된 사회적 기능을 도외시하는 대학은 상아탑에만 안주하려 한다는 비난에서 벗어나지 못하고 현실적으로도 정부 당국으로부터 지원을 받지 못하여 재정적으로 어려움을 겪기 쉽다. 즉 취업률을 둘러싸고 대학의 기능에 대해 상반된 주장이 공존하고 있다.

인천대학교에서는 이러한 모순을 발전적으로 해결하려는 시도를 하고 있다. 인천대학교는 산학협력형 매트릭스 학사제도를 도입하고 있는데, 이것은 사회 각 기관이 필요한 인력을 양성하기 위해 대학교에 맞춤형 연계 학과를 설치하는 형태를 갖는다. 즉 기업 또는 사회 기관이 필요로 하는 전문 지식이나 자질을 키우기 위해 학생 선발, 커리큘럼 개발, 평가 등의 학사과정을 해당 기업 또는 사회 기관이 전반적으로 주도하는 것이다. 학생들은 교육부 요건에 맞는 최소 필수 과목들을 이수함과 동시에 특정 기업 또는 사회 기관이 요구하는 과목을 이수하고, 나머지 선택할 수 있는 과목들을 이수함으로써 졸업과 동시에 해당 직장에 취업할 확률이 매우 높아지게 된다.

이 실험은 2016년 9월에 인천대학교가 포스코건설, 김정문알로에, 동원시스템즈, 정강의료재단, 대한산업안전협회, 풀무원식품 환경재단 등 27개 기업 및 사회 기관과 양해각서를 체결하면서 시작되었다. 이후 한국콜마, CJ대한통운, 중국 연달그룹 등도 이에 동참했다. 이 실험은 아직 진행 중이다. 기존 학과에 대한 구조조정을 억제하면서 사회수요에 맞는 대학교육을 위한 인천대학교의 다각적인 전략적 제휴는 과연 성공할 것인가?

출처 : 두산백과 "상아탑"; 기호일보 2017. 7. 19. 문화, 예술, 바이오 분야 강화; 한국일보 2016. 9. 29. 인천대 "사회적 수요에 맞는 학사제도" 매트릭스형 교육편제 도입; 헤럴드경제 2016. 9. 13. 인천대학교, 27개 기업 매트릭스 학사제도 도입 양해각서 체결

때문이다. 그러나 대체를 통한 모방은 가능하다. 제휴를 대체할 수 있는 방법으로는 첫째로 기업들이 필요한 자원과 능력을 스스로 개발하는 단독행동 전략과, 둘째로 기업 인수 전략이 있다. 기회주의, 기업의 능력, 불확실성은 단독행동 전략이 전략적 제휴를 대체할 수 있는지의 여부에 영향을 준다. 기업 인수 전략은 네 가지 조건하에서 전략적 제휴를 대체할 수 있는데, 그것은 기업 인수가 법에 저촉되지 않을 때, 전략적 유연성이 별로 중요하지 않을 때, 인수 대상 기업 내에 해당 기업이 원하지 않는 자산이 상대적으로 적을 때, 그리고 인수 대상 기업의 자산과 역량의 가치가 인수로 인해 감소하지 않을 때이다. 그러나 이러한 조건이 성립하지 않는다면 기업 인수는 전략적 제휴를 대체할 수 없다.

제휴를 관리할 때 가장 중요한 이슈는 속임수의 위협을 회피하면서 협력을 구축하는 것이다. 계약, 지분 투자, 기업 평판, 조인트 벤처, 신뢰를 통해 기업은 속임수의 위협을 다각적으로 회피할 수 있다.

탐구과제

11.1 전략적 제휴에 있어서 기업들은 지분 제휴 이외에도 합작 기업과 다양한 비지분 제휴와 같이 선택할 수 있는 형태들이 있다. 그렇다면 다른 형태들 대신 지분 제휴를 취하는 이유는 무엇이겠는가?

11.2 21세기에 이르러 많은 기업들은 특히 국제적 확장을 위해 파트너를 구해야 한다는 강박관념을 갖기도 한다. 지식재산권을 라이선스를 주는 것은 재산권 침해의 위험이 낮고 로열티가 비쌀 경우 고려될 수 있는 협력 형태이다. 또한 프랜차이즈도 연속적인 수익을 거둘 수 있는 매력적인 협력 형태이다. 이러한 비지분 제휴의 형태들이 있음에도 불구하고 기업들이 사업 확장을 위해 합작 기업을 설립하는 것을 선택하는 이유는 무엇이겠는가?

11.3 기업은 배타적 유통채널 계약을 통해 하나의 유통업체만을 지정하는 전략적 제휴를 맺기도 하고, 또는 개방적 유통채널 계약을 통해 다수의 유통업체와 전략적 제휴를 맺기도 한다. 많은 유통업체를 가질 경우 더 큰 시장을 개척할 수 있음에도 불구하고 하나의 유통업체만을 선정하는 이유는 무엇이겠는가?

11.4 비지분 제휴, 지분 제휴, 조인트 벤처의 차이점에 대해 논하라.

11.5 협력관계는 단순한 위임-판매 관계로부터 지분 제휴에 이르기까지 다양한 형태를 갖는다. 후자에 있어서 협력사들은 실제적이고 장기적인 재무적 이해 관계를 갖는다. 그 밖에 중간적 형태인 프랜차이징이나 상표 라이선싱 계약도 존재한다. 이러한 제휴 관계들이 실패하는 이유에 대해 설명하라.

11.6 지분 제휴는 기업 사이의 보유 주식에 대한 명확한 소유권이 명시되기 위해 법적 계약서를 동반한다. 그렇다면 비지분 제휴의 경우에도 법적 계약서가 필요한가? 어떠한 경우에 그러한가?

11.7 기업도 사람과 마찬가지로 혼자 활동하는 것은

어렵기 때문에 친구를 사귀어야 하는 것처럼 전략적 제휴를 맺는 것이 보편화되어 있다. 기업이 전략적 제휴를 맺어서 추구하는 가치에 대해 논하라.

11.8 기업들은 종종 이익을 늘리거나 시장점유율을 높이기 위해 전략적 제휴를 맺는다. 기업이 어느 때 기존 산업에서 철수하기 위해 제휴를 맺는가에 대해 논하라.

11.9 최대의 경쟁 기업이 전략적 제휴를 맺을 때 그에 대응하여 다른 기업과 제휴를 맺는 것은 쉽게 예상할 수 있다. 그러나 전략적 제휴는 때로는 모방 불가능하다. 왜 그러한가?

연습문제

11.10 아래의 기업들 중 어느 기업이 더 큰 '속임수'의 위험에 처해 있는가? 그 이유는?

(a) 기업 I과 기업 II가 전략적 제휴를 맺는다. 제휴의 내용으로서 기업 I은 기업 II의 공장 바로 옆에 새로운 공장을 신축하기로 동의한다. 또한 기업 II는 신축된 공장의 대부분의 생산품을 구매하기로 약속한다. 기업 I과 II 중 누가 더 위험에 처해 있는가?

(b) 기업 A와 기업 B가 전략적 제휴를 맺는다. 제휴의 내용으로서 기업 A는 이미 전 세계로 판매하고 있는 제품을 기업 B가 위치한 국가에도 판매하게 된다. 또한 기업 B는 그 국가의 정부 기관의 핵심 부처와 기업 A를 연결시켜 주기로 약속한다. 그 핵심 부처와의 접촉은 기업 A가 그 국가에서 사업을 하는 데 매우 중요한 것이다. 기업 A와 B 중 누가 더 위험에 처해 있는가?

(c) 기업 1과 기업 2가 전략적 제휴를 맺는다. 제휴의 내용으로서 기업 1은 기업 2가 제품 생산에 이용할 수 있는 신기술을 제공하기로 약속한다. 또한 기업 1은 기업 2의 매출 이익의 일부를 받는다. 기업 1과 2 중 누가 더 위험에 처해 있는가?

11.11 모든 전략적 제휴는 시장 진입을 위한 것인가? 예를 들어 설명하라.

11.12 다음 전략적 제휴를 한 기업의 웹사이트를 방문해서 〈표 11.1〉에 설명된 가치의 원천 중 무엇이 적용될 수 있는가를 택하라.

(a) 다우코닝(다우케미컬과 코닝의 제휴)

(b) CFM(제너럴일렉트릭과 SNECMA의 제휴)

(c) NCAA(미국 대학들의 제휴)

(d) 비자(미국 은행들의 제휴)

(e) 유나이티드, 델타, 싱가폴에어라인, 에어로멕시코, 알이탈리아, 대한항공의 제휴

참고문헌

1 See news.Wal-Mart.com/2016/06/20/Wal-Mart-and-JDcom-announce-strategic-alliance-to-serve-consummers-across-china; www.businessinser.com/r-in-china-us-teach-firms-turn-to-domestic-rivals-for-survival-2015-1; https://bol.bna.com/mcguirewoods-joins-those-creating-alliances-with-chinese-firms; http://techcrunch.com/2016/06/20/Wal-Mart-sells-yihaodian-its-chinese-e-commerce-marketplace-to-alibaba-rival-jd-com. All accessed March 6, 2017.

2 See www.pwc.com/extweb/exccps.nsf/docid; www.addme.com/issue208; McCracken, J. (2006). "Ford doubles reported loss for second quarter." *The Wall Street Journal*, August 3, p. A3; and www.msnbc.msn.com/id/13753688.

3. Badaracco, J. L., and N. Hasegawa. (1988). "General Motors' Asian alliances." Harvard Business School Case No. 9-388-094.

4 S. A. Alvarez and J. B. Barney (2001). "How entrepreneurial firms can benefit from alliances with large partners." *Academy of Management Executive*, 15, pp. 139–148; G. Hamel (1991). "Competition for competence and inter-partner learning within international alliances." *Strategic Management Journal*, 12, pp. 83–103; W. Cohen and D. Levinthal (1990). "Absorptive capacity: A new perspective on learning and innovation." *Administrative Science Quarterly*, 35, pp. 128–152.

5 www.HollywoodReporter.com/lists/2016s-biggest-box-office-bombs. Accessed March 6, 2017.

6 See www.blu-ray.com.

7 See Burgers, W. P., C. W. L. Hill, and W. C. Kim. (1993). "A theory of global strategic alliances: The case of the global auto industry." *Strategic Management Journal*, 14, pp. 419–432.

8 F. M. Scherer (1980). *Industrial market structure and economic performance*. Boston: Houghton Mifflin; J. B. Barney (2006). *Gaining and sustaining competitive advantage*, 3rd ed. Upper Saddle River, NJ: Prentice Hall; J. Pfeffer and P. Nowak (1976). "Patterns of joint venture activity: Implications for anti-trust research." *Antitrust Bulletin*, 21, pp. 315–339.

9 See Freeman, A., and R. Hudson. (1980). "DuPont and Philips plan joint venture to make, market laser disc products." *The Wall Street Journal*, December 22, p. 10.

10 Teitelbaum, R. S. (1992). "Eskimo pie." *Fortune*, June 15, p. 123.

11 Nanda, A., and C. A. Bartlett. (1990). "Corning Incorporated: A network of alliances." Harvard Business School Case No. 9-391-102.

12 See Knight, F. H. (1965). *Risk, uncertainty, and profit*. New York: John Wiley & Sons, Inc., on uncertainty; Kogut, B. (1991). "Joint ventures and the option to expand and acquire." *Management Science*, 37, pp. 19–33; Burgers, W. P., C. W. L. Hill, and W. C. Kim. (1993). "A theory of global strategic alliances: The case of the global auto industry." *Strategic Management Journal*, 14, pp. 419–432; Noldeke, G., and K. M. Schmidt. (1998). "Sequential investments and options to own." *Rand Journal of Economics*, 29(4), pp. 633–653; and Folta, T. B. (1998). "Governance and uncertainty: The tradeoff between administrative control and commitment." *Strategic Management Journal*, 19, pp. 1007–1028.

13 See Kogut, B. (1991). "Joint ventures and the option to expand and acquire." *Management Science*, 37, pp. 19–33; and Balakrishnan, S., and M. Koza. (1993). "Information asymmetry, adverse selection and joint-ventures." *Journal of Economic Behavior & Organization*, 20, pp. 99–117.

14 See, for example, Ernst, D., and J. Bleeke. (1993). *Collaborating to compete: Using strategic alliances and acquisition in the global marketplace*. New York: John Wiley & Sons, Inc.

15 These terms are defined in Barney, J. B., and W. G. Ouchi. (1986). *Organizational economics*. San Francisco: Jossey-Bass; and Holmstrom, B. (1979). "Moral hazard and observability." *Bell Journal of Economics*, 10(1), pp. 74–91. Problems of cheating in economic exchanges in general, and in alliances in particular, are discussed by Gulati, R., and H. Singh. (1998). "The architecture of cooperation: Managing coordination costs and appropriation concerns in strategic alliances." *Administrative Science Quarterly*, 43, pp. 781–814; Williamson, O. E. (1991). "Comparative economic organization: The analysis of discrete structural alternatives." *Administrative Science Quarterly*, 36, pp. 269–296; Osborn, R. N., and C. C. Baughn. (1990). "Forms of interorganizational governance for multinational alliances." *Academy of Management Journal*, 33(3), pp. 503–519; Hagedoorn, J., and R. Narula. (1996). "Choosing organizational modes of strategic technology partnering: International and sectoral differences." *Journal of International Business Studies*, second quarter, pp. 265–284; Hagedorn, J. (1996). "Trends and patterns in strategic technology partnering since the early seventies." *Review of Industrial Organization*, 11, pp. 601–616; Kent, D. H. (1991). "Joint ventures vs. non-joint ventures: An empirical investigation." *Strategic Management Journal*, 12, pp. 387–393; and Shane, S. A. (1998). "Making new franchise systems work." *Strategic Management Journal*, 19, pp. 697–707.

16 Such alliance difficulties are described in Ouchi, W. G. (1984). *The M-form society: How American teamwork can capture the competitive edge*. Reading, MA: Addison-Wesley; and Bresser, R. K. (1988). "Cooperative strategy." *Strategic Management Journal*, 9, pp. 475–492.

17 Pope, K. (1993). "Dealers accuse Compaq of jilting them." *The Wall Street Journal*, February 26, pp. 8, B1+.

18 Williamson, O. E. (1975). *Markets and hierarchies: Analysis and antitrust implications*. New York: Free Press; Klein, B., R. Crawford, and A. Alchian. (1978). "Vertical integration, appropriable rents, and the competitive contracting process." *Journal of Law and Economics*, 21, pp. 297–326.

19 See, for example, Yan, A., and B. Gray. (1994). "Bargaining power, management control, and performance in United States–China joint ventures: A comparative case study." *Academy of Management Journal*, 37, pp. 1478–1517.

20 R. M. Axelrod (1984). *The evolution of cooperation*. New York: Basic Books; D. Ernst and J. Bleeke (1993). *Collaborating to compete*. New York: Wiley.

21 See Badaracco, J. L., and N. Hasegawa. (1988). "General Motors' Asian alliances." Harvard Business School Case No. 9-388-094, on GM and Toyota; Patterson, G. A. (1991). "Mazda hopes to crack Japan's top tier." *The Wall Street Journal*, September 20, pp. B1+; and Williams, M., and M. Kanabayashi. (1993). "Mazda and Ford drop proposal to build cars together in Europe." *The Wall Street Journal*, March 4, p. A14, on Ford and Mazda; and Ennis, P. (1991). "Mitsubishi group wary of deeper ties to Chrysler." *Tokyo Business Today*, 59, July, p. 10, on DaimlerChrysler and Mitsubishi, and www.reuters.com/article/US-mitsubishimotors-nissan-idUSKCN12K0DX accessed March 3, 2017.

22 See, for example, Ernst, D., and J. Bleeke. (1993). *Collaborating to compete: Using strategic alliances and acquisition in the global marketplace*. New York: John Wiley & Sons, Inc.; and Barney, J. B., and M. H. Hansen. (1994). "Trustworthiness as a source of competitive advantage." *Strategic Management Journal*, 15, winter (special issue), pp. 175–190.

23 Ernst, D., and J. Bleeke. (1993). *Collaborating to compete: Using strategic alliances and acquisition in the global marketplace*. New York: John Wiley & Sons, Inc.

24 Bartlett, C., and S. Ghoshal. (1993). "Beyond the M-form: Toward a managerial theory of the firm." *Strategic Management Journal*, 14, pp. 23–46.

25 See Nagarajan, A., and W. Mitchell. (1998). "Evolutionary diffusion: Internal and external methods used to acquire encompassing, complementary, and incremental technological changes in the lithotripsy industry." *Strategic Management Journal*, 19, pp. 1063–1077; Hagedoorn, J., and B. Sadowski. (1999). "The transition from strategic technology alliances to mergers and acquisitions: An exploratory study." *Journal of Management Studies*, 36(1), pp. 87–107; and Newburry, W., and Y. Zeira. (1997). "Generic differences between equity international joint ventures (EIJVs), international acquisitions (IAs) and International Greenfield investments (IGIs): Implications for parent companies." *Journal of World Business*, 32(2), pp. 87–102, on alliance substitutes.

26 Barney, J. B. (1999). "How a firm's capabilities affect boundary decisions." *Sloan Management Review*, 40(3), pp. 137–145.

27 See Hennart, J. F. (1988). "A transaction cost theory of equity joint ventures." *Strategic Management Journal*, 9, pp. 361–374; Kogut, B. (1988). "Joint ventures: Theoretical and empirical perspectives." *Strategic Management Journal*, 9, pp. 319–332; and Barney, J. B. (1999). "How a firm's capabilities affect boundary decisions." *Sloan Management Review*, 40(3), pp. 137–145, for a discussion of these limitations.

28 See Ouchi, W. G. (1984). *The M-form society: How American teamwork can capture the competitive edge*. Reading, MA: Addison-Wesley; and Barney, J. B. (1990). "Profit sharing bonuses and the cost of debt: Business finance and compensation policy in Japanese electronics firms." *Asia Pacific Journal of Management*, 7, pp. 49–64.

29 This is an argument developed by Barney, J. B., and M. H. Hansen. (1994). "Trustworthiness as a source of competitive advantage." *Strategic Management Journal*, 15, winter (special issue), pp. 175–190; Weigelt, K., and C. Camerer. (1988). "Reputation and corporate strategy: A review of recent theory and applications." *Strategic Management Jour-*

nal, 9, pp. 443–454; and Granovetter, M. (1985). "Economic action and social structure: The problem of embeddedness." *American Journal of Sociology*, 3, pp. 481–510.

30 See, for example, Eichenseher, J., and D. Shields. (1985). "Reputation and corporate strategy: A review of recent theory and applications." *Strategic Management Journal*, 9, pp. 443–454; Beatty, R., and R. Ritter. (1986). "Investment banking, reputation, and the underpricing of initial public offerings." *Journal of Financial Economics*, 15, pp. 213–232; Kalleberg, A. L., and T. Reve. (1992). "Contracts and commitment: Economic and Sociological Perspectives on Employment Relations." *Human Relations*, 45(9), pp. 1103–1132; Larson, A. (1992). "Network dyads in entrepreneurial settings: A study of the governance of exchange relationships." *Administrative Science Quarterly*, March, pp. 76–104; Stuart, T. E., H. Hoang, and R. C. Hybels. (1999). "Interorganizational endorsements and the performance of entrepreneurial ventures." *Administrative Science Quarterly*, 44, pp. 315–349; Stuart, T. E. (1998). "Network positions and propensities to collaborate: An investigation of strategic alliance formation in a high-technology industry." *Administrative Science Quarterly*, 43(3), pp. 668–698; and Gulati, R. (1998). "Alliances and networks." *Strategic Management Journal*, 19, pp. 293–317.

31 Personal communication, April 8, 1986.

32 This same theoretic approach to firm reputation is discussed in Tirole, J. (1988). *The theory of industrial organization*. Cambridge, MA: MIT Press.

33 Scherer, F. M. (1980). *Industrial market structure and economic performance*. Boston: Houghton Mifflin.

34 See, again, Ernst, D., and J. Bleeke. (1993). *Collaborating to compete: Using strategic alliances and acquisition in the global marketplace*. New York: John Wiley & Sons, Inc.; and Barney, J. B., and M. H. Hansen. (1994). "Trustworthiness as a source of competitive advantage." *Strategic Management Journal*, 15, winter (special issue), pp. 175–190. In fact, there is a great deal of literature on the role of trust in strategic alliances. Some of the most interesting of this work can be found in Holm, D. B., K. Eriksson, and J. Johanson. (1999). "Creating value through mutual commitment to business network relationships." *Strategic Management Journal*, 20, pp. 467–486; Lorenzoni, G., and A. Lipparini. (1999). "The leveraging of interfirm relationships as a distinctive organizational capability: A longitudinal study." *Strategic Management Journal*, 20(4), pp. 317–338; Blois, K. J. (1999). "Trust in business to business relationships: An evaluation of its status." *Journal of Management Studies*, 36(2), pp. 197–215; Chiles, T. H., and J. F. McMackin. (1996). "Integrating variable risk preferences, trust, and transaction cost economics." *Academy of Management Review*, 21(1), pp. 73–99; Larzelere, R. E., and T. L. Huston. (1980). "The dyadic trust scale: Toward understanding interpersonal trust in close relationships." *Journal of Marriage and the Family*, August, pp. 595–604; Butler, J. K., Jr. (1983). "Reciprocity of trust between professionals and their secretaries." *Psychological Reports*, 53, pp. 411–416; Zaheer, A., and N. Venkatraman. (1995). "Relational governance as an interorganizational strategy: An empirical test of the role of trust in economic exchange." *Strategic Management Journal*, 16, pp. 373–392; Butler, J. K., Jr., and R. S. Cantrell. (1984). "A behavioral decision theory approach to modeling dyadic trust in superiors and subordinates." *Psychological Reports*, 55, pp. 19–28; Carney, M. (1998). "The competitiveness of networked production: The role of trust and asset specificity." *Journal of Management Studies*, 35(4), pp. 457–479.

35 Ernst, D., and J. Bleeke. (1993). *Collaborating to compete: Using strategic alliances and acquisition in the global marketplace*. New York: John Wiley & Sons, Inc.

36 See Mohr, J., and R. Spekman. (1994). "Characteristics of partnership success: Partnership attributes, communication behavior, and conflict resolution techniques." *Strategic Management Journal*, 15, pp. 135–152; and Zaheer, A., and N. Venkatraman. (1995). "Relational governance as an interorganizational strategy: An empirical test of the role of trust in economic exchange." *Strategic Management Journal*, 16, pp. 373–392.

CHAPTER

12 인수합병

학습목표

12.1 인수합병의 다양한 형태를 기술한다.

12.2 다음의 상황에서 인수합병이 가치를 창출하는 방법에 대해 설명한다.

a. 인수희망기업과 인수대상기업 간에 범위의 경제가 존재하지 않는 경우

b. 인수희망기업과 인수대상기업 간에 범위의 경제가 존재하는 경우

c. 기업 인수가 평균적으로 인수기업의 주주들에게 아무런 가치를 창출하지 않음에도 불구하고 왜 기업 인수가 계속적으로 일어나는지 설명한다.

12.3 인수기업이 인수합병 전략을 통해 경제적 이익을 창출할 수 있는 세 가지 방법을 기술한다.

12.4 인수 후 통합 과정에 있는 기업들이 겪는 주요 문제점에 대해 기술한다.

역경 속의 전진

현대의 기술 산업은 성공적인 인수합병의 결과로 열렸다는 사실을 아는가?

1980년에 IBM은 마이크로소프트에 대해 IBM이 새로 출시할 PC에서 사용할 컴퓨터 프로그래밍 언어, 즉 베이직, 포트란, 코볼, 파스칼 등을 제공할 것을 요청했다. 또한 PC 운영체제를 제공할 것도 요청했다. 마이크로소프트는 운영체제를 보유하지 않았으므로 공식적이지는 않지만 실질적으로 표준 운영체제로 받아들여지고 있던 CP/M을 판매하고 있었던 디지털리서치사(DRI)에 문의해 보라고 답했다. 그런데 어떤 이유였는지 IBM과 DRI는 합의에 이르지 못했다. IBM은 그 당시 시애틀 컴퓨터 프로덕트 사의 팀 패터슨이 제작한 운영체제를 사용하고 있었던 마이크로소프트에 다시 접촉했고, 마이크로소프트는 QDOS(quick and dirty operating system이라는 별칭으로 불렸던) 이 운영체제의 소유권을 시애틀 컴퓨터로부터 매입하여 IBM과 라이선스 계약을 맺었다. 그 조건은 일시불 1만 달러와 QDOS를 라이선싱하는 기업당 1만 5,000달러를 지불하는 것이었다. 즉 20개 기업이 QDOS를 라이선싱하면 10,000 + 20(15,000) = 310,000달러를 지불하는 조건이었다.

그 이후 QDOS는 MS-DOS와 윈도우로 진화했고 윈도우는 마이크로소프트 오피스를 가능하게 했다. 2010년 마이크로소프트 윈도우의 프랜차이즈 가치는 1,100억 달러에, 마이크로소프트 오피스의 프랜차이즈 가치는 860억 달러에 이르렀고 계속 증가하고 있다. 초기 투자 1만 달러에 비교해 보라.

그 이후 마이크로소프트는 인수 활동을 지속했다. 150개 이상의 기업을 인수하여 스카이프처럼 성공한 적도 있었으나 많은 경우 주주 가치에 피해를 입혔다. 예를 들어 1997년에 TV에서 이메일

을 보낼 수 있는 서비스인 웹TV를 4억 2,500만 달러에 인수했는데 성과 없이 2013년에 사업을 종료했다. 2007년에는 온라인 광고 회사인 어퀀티티브를 60억 달러에 인수했는데 그 후 수년간 피인수기업의 대부분의 경영층이 회사를 떠난 후 사업을 종료해야 했다. 2005년에는 파일 공유 기술로 유명한 그루브를 1억 7,100만 달러에 인수했는데 그 CEO였던 레이 오지가 2010년에 떠난 후 사업을 포기해야 했다. 2013년에는 노키아를 79억 달러에 인수했는데 2년도 안 되어 76억 달러의 손실을 처리해야 했다.

Ian Dagnall/Alamy Stock Photo

물론 마이크로소프트만이 인수를 통해 가치 하락을 경험했던 건 아니다. 야후는 지오시티소프트웨어를 인수하기 위해 40억 달러를 지불했으나 몇 해 후 포기했고, 휴렛팩커드는 팜을 인수하기 위해서 12억 달러를 지불했으나 애플의 아이패드의 경쟁에서 패배했다. 시스코는 퓨어디지털을 5억 9,000만 달러에 인수했으나 2년 만에 사업을 포기했다. 2000년에 테라네트워크는 검색엔진 기업인 라이코스를 125억 달러에 인수했지만 2004년에 그 가치는 9,500만 달러로 하락했다. 뉴스코퍼레이션은 페이스북의 경쟁기업인 마이스페이스를 2005년에 5억 8,000만 달러에 인수했으나 2011년에 스페시픽미디어그룹과 저스틴 팀버레이크에 3,500만 달러에 매도했다.

이처럼 인수를 통해 인수기업이 돈을 버는 것은 매우 어렵다. 이 장에서 설명하듯이 불가능한 것은 아니지만, 인수 기업은 경제적 가치를 창출할 잠재력을 가진 인수대상 기업을 선택해야 할 뿐 아니라 적어도 그 가치의 일부를 획득할 수 있는 적절한 가격을 지불해야 하고, 인수 후에는 실제로 잠재력을 실현해야 한다. 또한 구매자 수요의 불확실성과, 신속한 기술적 변화와, '승자독식'의 양상과, 혼란스러운 기업 가치의 변동을 고려한다면 기술 산업에서의 인수합병에서 이익을 내기는 다른 산업보다 훨씬 더 어려울 것으로 예상된다.

그러나 QDOS 매입에서 거둔 마이크로소프트의 성공을 생각해 볼 때 인수합병이 가진 일확 천금의 기회는 거부하기에는 너무 큰 매력으로 여겨질 수 있다.[1]

인수합병은 기술 분야에 한정되지는 않는다. 2016년에 농산품 제조 산업에 바이엘은 몬산토를 660억 달러에 인수했고, 담배 산업에서 브리티시아메리칸토바코가 레이놀즈아메리칸을 580억 달러에 인수했으며, 에너지 산업에서 수노코로지스틱은 에너지트랜스퍼파트너즈를 520억 달러에 인수했다.

사실 인수합병은 기업이 수직적 통합과 기업 다각화의 목적을 이루기 위해 가장 일반적으로 이용하는 수단이다. 그러나 기업 인수를 통해 수직적 통합과 다각화를 이루는 경우에도 실질적인 경제적 이익을 창출하지 못할 수 있다. 사실 경영 전략과 재무 분야에서 가장 영향력이 있는 한 실증 분석에 따르면, 대부분의 인수합병에 있어서 피인수기업의 주주들은 돈을 번 반면 인수기업의 주주들은 거의 항상 '본전'을 얻는 데 그친다는 사실이 밝혀졌다.

사실 경제적 이익을 창출하기 어렵다는 사실 이외에도, 인수합병은 이 책에서 소개되는 어떤 전략보다도 더 많은 윤리적 문제를 일으키기도 한다. 이에 대해 '전략과 기업윤리'에서 다루기로 한다.

인수합병

'인수'와 '합병'은 동의어는 아니지만 종종 같은 의미로 쓰인다. 한 기업이 다른 기업을 매수하는 것을 **기업 인수** acquisition 라고 한다. 매수하는 방법은 여러 가지인데, 예를 들어 인수기업은 스스로의 현금을 이용하거나, 부채를 얻거나, 스스로의 자본을 이용하거나 또는 이 여러 방법들을 섞어서 매수할 수 있다. 또한 인수기업은 인수대상기업 target firm 의 지분 100%를 매수하거나, 다수 지분(51% 이상)을 매수하거나, 또는 **통제 가능한 지분** controlling share (모든 의사결정을 주도할 수 있는 지분)을 매수할 수 있다.

기업 인수는 다른 차원에서도 다양할 수 있다. 예를 들어 **호의적 기업 인수** friendly acquisition 는 인수대상기업이 인수되기를 원하는 경우에 일어난다. **비호의적 기업 인수** unfriendly acquisition 는 인수대상기업이 인수되기를 원하지 않는 경우에 일어난다. 어떤 비호의적 기업 인수는 **적대적 기업 인수** hostile takeovers 로도 알려져 있다. 어떤 기업 인수는 인수기업의 경영자들과 인수대상기업의 경영자들의 직접 협상에 의해 이루어지는데, 이는 인수대상기업이 주식시장에서 주식이 전혀 매매되지 않고 **사적으로 운영** privately held 되거나 또는 주식이 거의 매매되지 않고 **거의 사적으로 운영** closely held 되는 경우에 일어나게 된다. 다른 경우에 인수기업은 인수대상기업의 다수 주식을 특정 가격으로 주식시장에서 매입하겠다고 발표할 수 있다. 그 가격은 대개 현재의 주식 가격보다 높게 마련인데, 그 가격 차이를 **인수 프리미엄** acquisition premium 이라 하고 이 방법을 **공개 매입** tender offers 이라 한다. 공개 매입은 인수대상기업 경영진의 동의하에 이루어질 수 있고, 그렇지 않을 수도 있다. 물론 인수대상기업 경영진의 동의를 얻은 공개 매입은 호의적인 기업 인수이고, 그렇지 않은 공개 매입은 대개 비호의적인 기업 인수이다.

대개 매출이나 자산이 많은 대기업이 작은 기업을 인수하는 것이 보통이다. 구글은 인수 대

전략과 기업윤리

1987년에 개봉된 영화 '월스트리트'는 21세기인 지금도 경영학도라면 꼭 보아야 하는 영화이다. 마이클 더글라스가 열연한 기업 사냥꾼역의 고든 게코는 적대적 인수의 도덕성에 대해 주주총회에서 연설한다. 그는 그의 투자 행동을 정당화하면서 "탐욕은 선이다"라는 유명한 격언을 인용한다. 그가 저평가된 기업의 주식을 인수하여 돈을 버는 행위는 결과적으로 기업들이 효율적이고 효과적으로 고객의 니즈를 충족하려는 동기부여를 자극한다고 주장한다. 즉 '기업 사냥꾼'은 시장을 경쟁적으로 만들고 이론적으로는 사회적 복지를 극대화한다는 것이다. 그의 표현은 다소 거칠지만 그 논리는 경제 이론과 부합되는 것으로 보이기도 한다.

그런데 정말로 경제이론과 부합되는 것일까?

이 영화에서 게코는 내부자 정보로 돈을 번다. 이것은 미국과 많은 선진국에서 불법이며 영화에서도 게코는 감옥에 간다. 그런데 내부자 거래는 과연 불법으로 간주되어야 하는가? 연구에 따르면 주식거래를 주업으로 삼지 않는 일반 투자자들이 가장 우려하는 것은 기업 가치에 대한 정보가 시장에 공개되는 것이라고 한다. 즉 우월한 정보를 선점한 주식투자 전문가들이 이 정보를 시장에 공개함으로써 이득을 취하듯 소소하게 투자하는 일반 투자자들도 이러한 정보를 통해 이득을 취할 수 있는 것이다. 이러한 현실에서 보면 내부 정보를 이용한 주식거래도 합법화되어야 한다.

탐욕은 선인가

그런데 정말로 그럴까?

이 영화에서 게코가 돈을 버는 또 하나의 방법은 인수한 기업을 분할해서 높은 가격으로 되파는 것이다. 이것은 해당 기업의 직원의 고용 안정을 해친다. 사실 기업인수는 해고와 규모 축소를 가져오게 마련이다. 이전의 연구에 따르면 규모 축소를 거친 기업은 다시 회복과 성장을 이룬다고 보고했다. 이러한 과정은 대체로 주주가치를 증대한다. 오늘날 이러한 역할은 기업 사냥꾼 대신 사모펀드가 주로 수행한다. 아마도 이러한 불행을 피하기 위해 기업은 주주가치 극대화에 집중하여 불필요한 직원의 고용을 회피해야 할지도 모른다.

그런데 이 행동은 정당한 것일까?

마지막으로, 인수에 소요되는 비용은 종종 너무 커서 이러한 자금의 도덕성에 대해 의문이 제기된다. 특히 인수에 관여하는 변호사와 투자은행이 받는 보수와 인수로 인해 솟아오르는 경영자 연봉이 너무 크다는 것이다. 예를 들어 미국에서 투자은행 보수는 피인수기업 가치의 2.3%에서 2.4%에 달한다. 그러나 인수로 인해 창출되는 가치는 대부분 주주가 가져가게 되는데, 주주의 비율 중 뮤추얼 펀드와 연금 등 기관의 비율이 점점 증가하고 있다(제10장 참조). 이러한 기관은 퇴직연금 등 수많은 소액 투자자의 투자금을 운용하는 것이다. 이러한 의미에서 인수로 인해 창출되는 가치는 수많은 소액투자자에게 배분되는, 매우 민주화된 자본주의를 보여준다고 할 수 있다.

그런데 정말로 민주적이라고 할 수 있는가?

인수합병과 관련된 윤리적 이슈들은 복잡하다. 모든 전략이 비도덕적이라고 결론짓는 것과 모든 전략이 정당하다고 결론짓는 것 모두 문제가 있다. 많은 사람들은 "탐욕은 선이다"라는 격언에서 불편한 심기를 갖지만, 인수합병에 대한 윤리적 이슈에 대해 한 번 더 생각할 기회를 던져준다.[2]

상인 모토로라 모바일보다 훨씬 더 큰 대기업이다. 그 반면에 작은 기업 둘이 그 자산을 결합할 때 이 거래를 **합병**merger이라고 부른다. 합병은 기업 인수와 같은 방법으로 현금이나 자본을 이용해서 다양하게 이루어질 수 있는데, 기업 인수와는 달리 비호의적인 경우가 없다. 합병의 경우 기업 갑이 기업 을의 자산의 일부를 매수할 때 동시에 기업 을도 기업 갑의 자산의 일부를 매수한다. 예를 들어 다임러크라이슬러는 다임러-벤츠와 크라이슬러의 합병에 의해 설립되었다. 다임러-벤츠는 자본의 일부를 크라이슬러에 투자하였고, 크라이슬러도 자본의 일부를 다임러-벤츠에 투자했다. 최근 다임러-벤츠는 다시 분리되었고, 2007년 경제위기 이후 크라이슬러는 피아트와 합병되었다.

대체로 합병은 그 규모나 수익성이 비슷한 두 기업 사이의 거래로 시작되지만, 시간이 지남에 따라 한 기업이 주도적인 역할을 하게 마련이다. 예를 들어 많은 사람들은 다임러(다임러크라이슬러의 독일 쪽 파트)가 크라이슬러(미국 쪽 파트)보다 더 주도적으로 다임러크라이슬러를 경영하게 되었다고 본다.[3] 다시 말해서, 합병은 기업 인수와 다르게 시작되지만 결국에는 한 파트너가 의사결정을 주도하면서 기업 인수와 비슷한 양상을 띠게 된다.

인수합병의 가치

인수합병이 다각화 전략과 수직적 통합을 추구하는 기업들이 취할 수 있는 전략적 방안이라는 점은 명백하다. 지난 수년간 많은 기업들이 다각화를 위해 인수합병을 했다. 2015년에 전 세계적으로 4만 5,000건 이상의 인수합병이 발생했고 2016년에 발생한 인수합병의 총가치는 4조 5,000만 달러에 이른다.[4]

인수합병이 유행인 것은 확실해 보이지만, 이 전략을 실행하는 기업들이 과연 가치를 창조하느냐는 그렇게 확실하지 않다. 두 가지 사례 — 범위의 경제가 존재하지 않는 기업 간의 인수합병과 범위의 경제가 존재하는 기업 간의 인수합병 — 를 살펴보자.

인수합병 : 범위의 경제가 존재하지 않는 경우

다음의 시나리오를 살펴보자. 어느 기업이 인수대상기업인데 이를 인수하려는 10개의 기업들^the bidders^이 이 기업과 접촉하고 있다. 이 기업의 **현재 시장 가치**^current market value^는 1만 달러라고 가정하자. 즉 주당 가격과 주식시장에서의 총주식 수를 곱하면 1만 달러이다. 또한 인수하려는 기업들의 시장 가치는 각각 1만 5,000달러라고 가정하자.[5] 마지막으로, 인수하려는 기업들과 인수대상기업 간에는 아무런 전략적 관련성이 없다고 가정하자. 이것은 인수하려는 기업들 중 누구라도 인수대상기업을 인수했을 때 그 가치가 1만 달러와 1만 5,000달러의 합, 즉 2만 5,000달러임을 뜻한다. 이 상황에서 인수 가격은 어느 수준에서 결정되어야 하며 그 가격이 인수기업과 인수대상기업에 어떤 경제적 성과를 가져올 것인가?

모든 기업 인수의 상황에서 인수하려는 기업들은 기업 인수를 통해서 인수대상기업이 가져올 가치만큼 지불할 용의가 있을 것이다. 즉 이 사례에서는 2만 5,000달러(인수 후 기업 가치)와 1만 5,000달러(인수 전 기업 가치)의 차이인 1만 달러가 된다. 1만 달러보다 적게 지불한다면 인수기업은 경제적 이익을 얻을 것이고, 정확히 1만 달러를 지불한다면 인수기업의 경제적 이익은 0이 될 것이며, 1만 달러보다 많이 지불한다면 인수기업은 경제적 손실을 얻을 것이다.

이 경우에 인수 가격은 쉽게 1만 달러까지 오를 것이며, 그때 인수기업은 아무런 경제적 이익도 얻지 못할 것이다. 왜냐하면 1만 달러보다 낮은 인수 가격에서는 인수에 따른 잠재적인 이익이 존재하기 때문에 인수하려는 다른 기업이 개입하여 인수 경쟁에 참가할 것이며, 인수 가격은 결국 1만 달러로 오르고 아무도 경제적 이익을 얻지 못할 것이기 때문이다.

이 1만 달러의 인수 가격에서 인수기업의 주주는 0의 경제적 이익을 얻게 된다. 인수대상기업의 시장 가치는 인수기업에서 인수대상기업으로 현금의 형태로 이전되는데, 그 금액은 1만 달러이며 인수 후 인수기업의 주주가 얻는 가치도 정확히 1만 달러이다.

인수합병 : 범위의 경제가 존재하는 경우

비관련된 기업 간의 인수합병이 0의 경제적 이익을 가져온다는 결론은 놀라운 것이 아니다. 이것은 제9장에서 설명한 다각화의 경제적 성과와 일치한다. 즉 아무런 범위의 경제가 존재하지 않는 기업 다각화에서는 경제적인 이익이 있을 수 없고, 다시 말해서 비관련 다각화는 경제적으로 아무런 이득이 없는 전략인 것이다. 인수합병의 경우에도 인수합병이 인수기업에 우월한 경제적 성과의 원천이 되기 위해서는 인수기업과 인수대상기업 간에 어떤 종류든지 관련성이 있어야 한다.

인수에서 범위의 경제의 형태

물론 인수희망기업과 인수대상기업 간의 범위의 경제는 매우 다양할 수 있다. 여기에서는 세 종류의 리스트를 통해 설명하기로 한다.[6]

연방공정거래위원회 분류표 인수합병은 산업집중도의 증감에 영향을 주기 때문에 연방공정거래위원회(FTC)는 인수합병이 산업의 경쟁체제에 미치는 영향에 대해 평가할 책임이 있다. 이론적으로 연방공정거래위원회는 미국 내 본부를 둔 기업이 어떤 산업에서 독점적인 이익(또는 과점적인 이익)을 창출할 수 있는 인수합병을 허용하지 않는다. 이 규정을 확립하기 위해 연방공정거래위원회는 인수합병을 몇 가지 형태로 분류해 놓았다(〈표 12.1〉 참조). 이 분류표에서 각 그룹은 인수기업과 인수대상기업이 어떻게 관련되는가를 나타낸다고 볼 수 있다.

연방공정거래위원회에 따르면 어느 기업이 기업 인수를 통해 전방통합 또는 후방통합을 하면 **수직적 합병**vertical merger을 하는 것으로 간주한다. 수직적 합병은 중요한 원재료 공급 기업을 매수하거나(후방수직통합) 유통 기업 또는 납품처를 매수하는 것(전방수직통합)을 포함한다. 디즈니가 캐피털시티스/ABC를 인수한 것은 오락 배급 산업으로 진출하기 위한 전방수직통합이고, 또한 디즈니가 ESPN을 인수한 것은 콘텐츠 제작 사업을 위한 후방수직통합이다.[7]

어느 기업이 경쟁 기업을 인수할 때 이를 **수평적 합병**horizontal merger이라 하는데, 예를 들어 아디다스가 리복을 인수한 것은 수평적 합병의 예로, 세계적 운동화 제조 산업의 2위 기업과 3위 기업이 합친 것이었다. 연방공정거래위원회는 수평적 합병이 야기하는 경쟁의 저하에 대해 우

표 12.1 인수합병에 대한 연방공정거래위원회 분류표

수직적 합병	기업이 공급자나 구매자였던 기업을 인수함
수평적 합병	기업이 경쟁자였던 기업을 인수함
제품확장형	합병 기업이 인수를 통해 보완적 제품으로의 접근을 획득함
시장확장형	합병 기업이 인수를 통해 보완적 시장으로의 접근을 획득함
복합적 합병	인수기업과 인수대상기업이 아무런 전략적 연관성이 없음

려하는데, 이 전략은 동일 산업에서 반경쟁적 환경을 만드는 것이 명백하기 때문이다. 예를 들어 오라클과 피플소프트가 100억 달러 규모의 합병을 단행했을 때 연방공정거래위원회는 반독점법에 기반한 이의를 제기했는데, 합병된 기업은 기업용 소프트웨어 산업을 석권하기 때문이었다. 또한 셰브론텍사코와 유노컬이 164억 달러 규모의 합병을 했을 때도, 그리고 모빌과 엑손이 합병했을 때도 이러한 이의가 제기되었다.

세 번째 형태의 합병은 **제품확장형 합병**product extension merger이다. 이 형태의 합병에서 기업들은 인수합병을 통해 보완적 제품을 확보하게 된다. 예를 들어 구글이 모토로라 모바일을 인수한 것이 그 예에 속한다.

네 번째 형태의 합병은 **시장확장형 합병**market extension merger이다. 여기에서 주된 목표는 새로운 지역시장으로의 접근이다. 예를 들어 사브밀러가 남미 콜롬비아의 바바리아 브루어리 컴퍼니를 인수한 것을 들 수 있다.

마지막 형태의 합병은 **복합적 합병**conglomerate merger이다. 연방공정거래위원회의 입장에서 이 형태의 합병은 '기타 합병' 정도의 의미를 갖는다. 즉 두 합병 기업 간에 수직적·수평적·제품적·시장적 연관성이 없을 때 복합적 합병으로 정의하는 것이다.

전략적 관련성에 대한 다른 형태 연방공정거래위원회의 분류표가 기업들이 인수합병 전략을 추구하게 하는 동기에 대해 어느 정도 정보를 제공하기는 하지만, 인수기업과 인수대상기업 간에 존재하는 복잡한 관련성을 모두 잡아내지는 못한다. 몇몇 학자들은 보다 복잡한 관련성의 원천을 열거하기 위한 리스트를 작성하였다. 〈표 12.2〉에 요약된 것이 그 한 예이다. 이 리스트는 **기술의 경제**technical economies(마케팅, 제조, 그 밖의 유사한 형태의 관련성), **금전의 경제**pecuniary economies(시장 지배력), **다각화 경제**diversification economies(포트폴리오 관리와 위험 감소)를 인수기업과 인수대상기업이 관련성을 통해 얻을 수 있는 이익의 형태로서 제시하였다.

인수기업과 인수대상기업 간의 전략적 관련성을 통해 가능한 이익의 원천으로서 두 번째로 중요한 리스트는 몇몇 학자들이 인수합병의 경제적인 수익을 자세히 조사해 본 결과에 의해 작성되었다. 이 리스트는 〈표 12.3〉에 요약되었는데, 그 이익의 원천으로는 제조와 유통비용의 감소 가능성(규모의 경제, 수직적 통합, 대리인 비용의 감소 등을 통해), 재무적 기회의 활용

표 12.2 인수기업과 인수대상기업의 전략적 연관성의 잠재적 원천에 대한 루밧킨의 리스트

기술의 경제	기업 내 물리적인 과정들이 범위의 경제를 실현하여 같은 양의 투입요소로도 더 많은 산출량을 생산할 수 있는 이익. 기술의 경제의 원천으로는 마케팅, 제조, 경험, 스케줄링, 재무, 보상 등이 있다.
금전의 경제	시장 지배력을 통해 시장가격을 결정함으로써 얻는 이익
다각화의 경제	기업이 감수하는 위험에 비해 성과를 높이거나 같은 성과에서 위험을 낮춤으로써 얻는 이익. 다각화의 경제의 원천으로는 포트폴리오 관리와 위험 감소 등이 있다.

출처 : M. Lubatkin (1983). "Mergers and the performance of the acquiring firm." Academy of Management Review, 8, pp. 218–225.

(세무회계상의 이득, 파산비용의 회피를 통해), 시장 지배력의 창출, 인수대상기업의 비효율적인 경영진 제거를 들 수 있다.

인수합병 전략이 경제적인 가치를 갖기 위해서 인수기업과 인수대상기업 사이에 존재해야 하는 조건은 다각화 전략이 경제적인 가치를 갖기 위해서 부서들 사이에 존재해야 하는 조건과 동일하다(제9장 참조). 첫째, 인수기업과 인수대상기업이 비용을 절감하거나 수익을 증대시킬 수 있는 실질적인 범위의 경제가 존재해야 한다. 둘째, 이 범위의 경제는 주주들보다 합병 당사자들이 더 효율적으로 이용할 수 있어야 한다. 때로 일반 주식투자자들은 다양한 기업의 주식을 매입해서 그들 스스로 포트폴리오를 구성함으로써 기업이 인수합병하는 것과 비슷한 효과를 보기도 한다. 이 방법은 기업 인수처럼 돈이 많이 드는 것도 아니다. 만약 그 효과가 동일

표 12.3 기업이 인수합병 전략을 추구하는 이유에 대한 젠슨과 루백의 리스트

생산비용 또는 유통비용 절감

1. 규모의 경제를 통해
2. 수직적 통합을 통해
3. 더 효율적인 생산 또는 조직 기술의 채택을 통해
4. 인수기업 경영 팀의 적극적인 활용을 통해
5. 조직 특유의 자산을 통합된 기업 내부에 둠으로써 이루어지는 대리인 비용 절감을 통해

재무적 동기

1. 이용되지 않은 세금 감면 이익에 접근하기 위해
2. 파산비용을 피하기 위해
3. 레버리지의 기회를 이용하기 위해
4. 기타 세금 우위를 획득하기 위해
5. 제품 시장에서 시장 지배력을 획득하기 위해
6. 인수대상기업 경영의 비효율성을 제거하기 위해

출처 : Reprinted from Jensen, M. C., and R. S. Ruback (1983). "The Market for Corporate Control: The Scientific Evidence." *Journal of Financial Economics*, 11, pp. 5–50. Vol. II.

하다면 합병 당사자 기업의 주주가 굳이 경영자를 고용하여 인수합병을 통해 범위의 경제를 실현할 필요가 없다는 논리도 가능하다. 즉 인수합병 기업의 경영자들은 일반 주식투자자가 실현할 수 없는 가치를 가진 범위의 경제를 낮은 비용으로 실현할 수 있어야 한다.

관련된 기업의 인수에서의 경제적 이익

인수기업과 인수대상기업이 전략적으로 관련이 있으면 합병 후 기업의 가치는 합병 전 각각의 기업 가치보다 크다. 앞에서 소개한 시나리오에서 하나의 인수대상기업과 인수하려는 10개의 기업이 있었다. 인수대상기업의 시장가치는 1만 달러였고 인수하려는 기업의 시장 가치는 각각 1만 5,000달러였다. 여기까지는 앞에서와 같은 시나리오이다. 그런데 이번에는 인수대상기업과 인수하려는 기업들 사이에 전략적인 관련성이 있다고 가정해 보자. 〈표 12.1〉~〈표 12.3〉에서 설명한 형태 중 어느 한 종류의 관련성이라도 존재한다면 그것은 범위의 경제를 만들 수 있다. 즉 인수기업과 인수대상기업이 합병하여 만들어지는 기업의 가치는 이제 2만 5,000달러가 아니라 3만 2,000달러라고 가정해 보자. 3만 2,000달러는 1만 달러와 1만 5,000달러의 합보다 크다. 이 경우에 인수 가격은 어느 수준에서 결정되어야 하며, 그 가격이 인수기업과 인수대상기업에 가져올 경제적 성과는 무엇인가?

앞에서와 마찬가지로 인수하려는 기업들은 인수대상기업이 가져올 수 있는 가치만큼 지불할 용의가 있을 것이다. 즉 인수하려는 기업들이 최대한 지불할 수 있는 금액은 합병 후 기업 가치인 3만 2,000달러와 합병 전 자사의 기업 가치인 1만 5,000달러의 차이인 1만 7,000달러가 된다.

인수 가격이 1만 7,000달러까지 쉽게 치솟을 것임은 앞에서 본 바와 마찬가지로 자명하다. 만약 어느 기업이 1만 7,000달러보다 낮은 가격으로 인수하려고 시도한다면, 예를 들어 1만 3,000달러로 인수하려고 한다면 이 인수합병은 4,000달러의 이익을 창출할 것이다. 이 이익은 다른 기업의 개입을 유발하여 인수 가격의 상승을 일으킬 것이다. 인수 가격이 1만 7,000달러에 이르렀을 때 다른 기업들의 개입이 없어질 것인데, 왜냐하면 1만 7,000달러 이상의 인수 가격은 인수기업의 손실을 의미하기 때문이다.[8]

1만 7,000달러의 인수 가격에서 인수에 성공한 기업은 0의 경제적 이익을 얻는다. 결국 이 기업은 1만 7,000달러의 가치를 창출할 자산을 1만 7,000달러를 지불하고 매입한 것이다. 그러나 인수대상기업의 소유주(주주)들은 7,000달러의 경제적 이익을 얻었다. 인수 전 독립기업으로서 인수대상기업의 가치는 1만 달러였으나 인수기업과 결합함으로써 1만 7,000달러가 되었고, 그 차이인 7,000달러는 인수대상기업의 소유주들이 모두 가져간 것이다.

그러므로 인수대상기업과 인수기업 간에 전략적인 관련성이 있다고 해서 그것이 인수기업의 주주들이 경제적인 이익을 얻기에 충분한 조건이 되는 것은 아니다. 만약 인수대상기업을 인수하여 얻을 수 있는 장점이 널리 알려져 있고 그 장점을 취할 수 있는 잠재적 인수기업이 여럿 있다면, 실제로 인수가 일어났을 때 인수기업의 주주들이 얻을 수 있는 경제적인 이익은 0이 된다. 이 경우, 전략적으로 관련된 인수합병은 경제적 가치를 창출하지만 이 가치는 인수대상

기업의 주주들이 모두 가져가게 된다.

인수합병에 대한 연구 결과

관련된 또는 비관련된 기업 간의 인수합병 결과에 대해서 학문적으로 많은 연구가 진행되었다. 재무 분야에서의 한 연구는 40개 이상의 인수합병을 조사한 결과, 인수대상기업의 가치는 평균적으로 25% 상승하였으나 인수기업의 가치는 변하지 않았다고 하였다. 이 연구의 저자는 "기업 인수는 일반적으로 이익을 창출하는데, 그 이익은 대부분 인수대상기업의 주주가 가져가며 인수기업의 주주는 손해를 보지는 않는다"라고 정리했다.[9] 여러 논문에서 인수합병의 이익을 어떻게 평가했는가는 '이론적 뿌리를 찾아서'에서 논의한다.

전략 분야의 학자들 역시 인수합병의 가치 창출의 원천에 대해, 그리고 상이한 형태의 가치 창출의 원천에 따라 인수기업과 인수대상기업 중 누가 이 가치를 가져가는가에 대해 깊이 있게

이론적 뿌리를 찾아서

인수합병의 성과 측정하기

기업 인수가 인수기업의 성과에 주는 영향을 측정하는 방식 중 가장 대중적인 방식은 **이벤트 연구 분석**event study analysis이다. 재무경제학에 뿌리를 둔 이 방식은 기업 인수가 발표된 후 실제 주식의 성과와 기업 인수가 발표되지 않았다고 가정한 주식의 성과를 비교한다. 즉 기업 인수 발표 직후의 성과가 기대 성과를 초과하거나 미달하는 부분은 그 기업 인수의 영향으로 간주된다. 이 **누적적인 비정상적 수익**cumulative abnormal return, CAR은 주식의 성과에 따라 양 또는 음의 값을 가질 수 있다.

기업 인수에 의한 CAR은 여러 단계를 거쳐 창출된다. 첫째, 기업 인수가 없다고 가정한 주식의 기대 성과는 다음의 회귀 방정식으로 추정된다.

$$E(R_{j,t}) = a_j + b_j R_{m,t} + e_{j,t}$$

여기에서 $E(R_{j,t})$는 시점 t에서 기대되는 주식 j의 기대수익이고, a_j는 무위험 이자율과 같은 상수, b_j는 특정 기업 주식의 수익률과 시장에 존재하는 모든 주식의 평균 수익률과의 공분산으로서 실제 계산에 의해 구해지는 베타값, $R_{m,t}$는 시장에 존재하는 모든 주식의 실제 평균 수익률, $e_{j,t}$는 오류항이다. 이 방정식의 형태는 재무 분야의 자본자산가격결정모델을 가져온 것이다. 이 모델에서 $E(R_{j,t})$는 단순히 어느 주식과 주식시장의 성과 간에 역사적으로 존재하는 관계를 토대로 한 어느 주식의 기대 성과이다.

이제 실제 성과에서 기대 성과를 빼면 기대되지 않았던 성과를 구할 수 있다. 이것은 다음의 등식에서 구할 수 있다.

$$XR_{j,t} = R_{j,t} - (a_j + b_j R_{m,t})$$

$R_{j,t}$는 시점 t에서 주식 j의 실제 성과이고 $XR_{j,t}$는 시점 t에서 주식 j가 얻는 기대되지 않았던 성과이다.

특정한 기업 인수에서의 CAR을 계산하려면 기업 인수가 발표되는 시점 t에서의 기대되지 않았던 수익의 합을 구해야 한다. 대부분의 연구들은 기업 인수 발표 하루 전부터 3일 후까지의 시장 반응을 조사한다. 이 시기에 나타나는 기대되지 않

았던 수익의 합이 바로 기업 인수와 관련한 CAR이 된다.

이 방법은 말 그대로 수천 건의 기업 인수에 적용되어 왔다. 예를 들어 매뉴라이프파이낸셜이 존 핸콕을 인수했을 때 매뉴라이프파이낸셜의 CAR은 −10%였고 존 핸콕의 CAR은 +6%였다. 앤섬이 웰포인트를 인수했을 때 앤섬의 CAR은 −10%였고 웰포인트의 CAR은 +7%였다. 뱅크오브아메리카가 플리트보스턴을 인수했을 때 뱅크오브아메리카의 CAR은 −9%였고 플리트보스턴의 CAR은 +24%였다. 그리고 유나이티드헬스가 미드아틀랜틱메디컬을 인수했을 때 유나이티드헬스의 CAR은 −4%였고 미드애틀랜틱메디컬의 CAR은 +11%였다.

이벤트 연구 방법이 널리 이용되기는 하지만 중요한 단점이 있다. 첫째, 이 방법은 전적으로 자본자산 가격결정모델에 의존하기 때문에 어느 기업의 기대 주가를 계산하는 데 이용하는 것이 꼭 적절하지만은 않다고 생각할 수도 있다. 둘째, 이 방법은 모든 주주들이 기업 인수와 연관된 모든 이익을 완전히 예측할 수 있다고 가정하는데, 어떤 학자들은 기업 인수가 진행되면서 인수 발표 당시에는 발견되지 않았던 가치 창출의 기회가 계속 발견될 수 있다고 주장하기도 하였다.[10]

연구해 왔다. 예를 들어 잘 알려진 두 연구에서는 인수합병의 형태와 참여 기업들의 관련 정도(〈표 12.1〉의 분류법을 이용)가 이 인수합병의 경제적 결과에 어떤 영향을 끼치는지를 조사하였다.[11] 이 연구들은 인수기업과 인수대상기업의 관련성이 높을수록 경제적 가치도 크게 창출된다고 보고하였다. 그러나 재무 분야에서 이루어진 연구들과 마찬가지로 이 연구들도 인수기업과 인수대상기업의 관련성의 형태와 정도에 관계없이 그 창출된 가치는 인수대상기업의 주주들이 가져간다는 연구결과를 보여 주었다. 인수기업의 주주들은 전략적으로 관련된 기업을 인수대상으로 삼았음에도 불구하고 인수합병 전략을 통하여 평균적으로 0의 경제적 이익을 얻는 것이다.

왜 인수합병은 흔하게 이루어지는가

인수합병 전략을 통해 대부분의 경우 인수대상기업의 주주들이 그 경제적 이익을 가져간다는 실증 연구가 지배적이라면 우리는 중요한 질문을 던질 수밖에 없다. "왜 기업들은 끊임없이 인수합병을 하려 할까?" 이에 대해 몇 가지 가능한 대답들을 〈표 12.4〉에 요약하였고 다음에서 설명하기로 한다.

생존 확보

인수합병 전략이 비록 0의 경제적 이익을 가져온다 해도 인수기업의 입장에서는 생존을 확보하기 위해 그 전략을 채택할 수 있다. 특히 기업 인수를 하려는 기업의 모든 경쟁 기업들이 지금까지 특정한 형태의 기업 인수를 통해 그들의 효율성과 효과성을 증진시킬 수 있었다면, 기업 인수에 실패하는 것은 곧 경쟁열위에 처하게 됨을 뜻할 수 있다. 이러한 맥락에서 인수합병의 목적은 경쟁우위를 얻으려는 것이 아니라 경쟁등위를 얻으려는 것이 된다.

현재 미국에서 많은 은행들이 합병을 추구하고 있는 것은 경쟁등위를 통해 평균적인 경제 이익을 얻기 위한 것이라고 추측된다. 많은 은행 경영자들은 은행 관련 규정의 변화, 비은행권으

표 12.4 인수기업이 이익을 거의 얻지 못함에도 불구하고 인수합병을 추구하는 이유

1. 생존 확보	2. 잉여현금흐름
3. 대리인 문제	4. 경영에서의 오만
5. 잠재적인 보통 이상의 이익	

로부터의 경쟁의 증가, 감소하는 수요가 은행 간의 결합을 통한 몸집 불리기를 재촉했다고 믿는다. 이처럼 기업 간 결합과 몸집 불리기 단계를 거친 통합된 산업에서 생존하기 위해 미국 은행들은 합병을 해야 하는 것이다. 인수합병 전략을 행하는 기업의 수가 늘어날수록 이 전략으로 얻을 수 있는 이익은 감소한다. 이미 과감한 인수 전략을 추구했던 기업들의 경제적인 가치는 일반적으로 감소했지만, 이러한 낮은 이익에도 불구하고 이 산업에서 생존하기 위해서 당분간 은행들은 기업 인수 전략을 계속할 것으로 보인다.[12]

잉여현금흐름

기업들이 인수합병 전략을 계속 추구하는 또 다른 이유는 이 전략이 인수기업에 적어도 경쟁등위를 가져다줄 것으로 기대하기 때문이다. 어떤 기업들에는 0의 경제적 이익을 가져다주는 전략이 다른 전략적 대안들보다 더 매력적일 수 있는데, 특히 잉여현금흐름을 창출하는 기업들이 그렇다.[13]

잉여현금흐름free cash flow은 기업이 현재 추진하는 영업에 필요한 투자, 특히 순 현재가치net present value가 0 이상인 투자를 모두 마친 후에도 남은 현금의 양이다. 이것은 현재의 영업이 많은 이익을 내고 있으나 추가로 투자할 만한 곳이 없는 경우에 생겨난다. 지난 수년간 많은 잉여현금흐름을 창출했던 것으로 추측되는 기업은 필립모리스이다. 필립모리스의 담배 제조 사업은 매우 많은 이익을 창출한다. 그러나 담배 판매에 대한 규제, 건강에 대한 사회적 우려, 수요 증가의 지지 부진은 담배 산업에서의 투자 기회를 감소시켰다. 그러므로 필립모리스가 창출하는 이익은 그 산업 내에서 순 현가가 0 이상인 모든 투자 기회를 충족시키고도 남게 된다. 이 차이가 필립모리스가 가지고 있는 잉여현금흐름이다.[14]

잉여현금흐름이 많은 기업은 그 현금으로 무엇을 해야 할지 결정해야 한다. 물론 하나의 대안은 주주들에게 배당금이나 자사주 매입 대금stock buyback의 형태로 돌려주는 것이다. 그러나 주주들은 어떤 경우에는(예 : 현금 수입이 많아서 세율이 높아지는 등) 현금으로 받기보다는 기업 자체적으로 주주들을 위해서 투자하기를 바랄 수 있다. 이러한 경우 기업은 잉여현금흐름을 어떻게 처리해야 할 것인가?

투자를 통해서 순 현가가 0 이상인 투자 기회를 만들 수 없는 경우에 기업들은 경쟁등위나 심지어 경쟁열위를 창출하는 투자를 할 수밖에 없다. 바로 이러한 경우 인수합병은 인수기업의 입장에서 가능한 대안이 될 수 있다. 다시 말해서 인수합병 전략이 이익을 내지는 못한다 하더

라도 적어도 평균적으로 경쟁열위를 창출하지는 않을 것으로 기대하기 때문이다.

대리인 문제

인수합병 전략이 계속적으로 이루어지는 또 다른 이유는 인수기업 주주의 가치와는 무관하게 인수기업의 경영자들이 직접적으로 혜택을 얻기 때문이다. 기업 내의 주주와 경영자들은 대리인 문제라는 갈등을 갖게 된다고 제10장에서 설명하였는데, 인수합병 전략에서도 그 예를 볼 수 있다.

인수합병 전략이 인수기업의 경영자에게 주는 혜택은 두 가지로 볼 수 있다. 첫째, 인수기업의 경영자들은 그들 자신의 인적 자본 투자를 다각화하는 방법으로 인수합병을 활용할 수 있다. 앞서 제9장에서 설명하였듯이 어느 기업이 좁은 분야의 사업에만 국한한다면 그 기업의 경영자도 그 사업에 국한된 능력만을 보유하게 된다. 하지만 인수합병을 통해 다른 사업도 추가로 경영하게 되면 기존 사업이 실패하더라도 합병기업 전체의 파산 위험을 감소시킬 수 있다. 즉 합병기업 내에서 경영자는 다각화된 인적 자본을 보유하게 됨으로써 그 기업에서 경영자의 지위를 유지할 수 있는 것이다.

둘째, 인수합병은 매출이나 자산 규모를 단기간에 증대시킴으로써 기업의 규모를 증대시킨다. 만약 경영자의 보수가 기업의 규모와 밀접한 연관이 있다면 기업의 규모를 증대시킴으로써 경영자의 보수도 많아진다. 기업의 규모를 단기간에 증대시키는 방법으로는 인수합병이 아마도 가장 쉬운 방법일 것이다. 인수기업과 인수대상기업 간에 범위의 경제가 없다면 인수기업은 인수대상기업의 규모만큼 그 규모가 증대될 것이고, 만약 범위의 경제가 존재한다면 그 프리미엄만큼 더 크게 규모가 증대될 것이다. 이 경우 인수기업의 주주들은 아무런 경제적 이익을 얻지 못하는 반면, 인수기업의 경영자들은 증대된 규모만큼 높은 보수를 받게 된다.

경영에서의 오만

경영자들이 인수합병을 계속적으로 추구하는 또 하나의 이유로 **경영에서의 오만**managerial hubris을 들 수 있다.[15] 이것은 인수기업의 경영자들이 스스로 인수대상기업의 경영자들보다 더 효율적으로 인수대상기업을 관리할 수 있다는 잘못된 믿음을 갖는 것을 의미한다. 즉 인수합병이 아무런 경제적 이익을 가져오지 못하는 경우에도 이 잘못된 믿음으로 말미암아 인수합병이 이루어지게 된다.

경영에서의 오만은 인수합병의 발표와 동시에 인수기업의 가치 하락을 초래한다. 만약 인수기업의 경영자들이 인수대상기업의 경영자들보다 더 효율적으로 관리할 수 있다고 정말로 믿는다 하더라도 주식시장의 투자자들마저 이러한 오만을 인정하지는 않을 것이다. 이 경우 인수기업의 경영자들이 자신의 경영 능력에 대한 잘못된 판단에 근거하여 인수합병을 추진한다는 사실은 주식시장에 나쁜 신호를 보내게 된다. 즉 인수기업에 대한 이런 나쁜 신호는 결국 인수기업의 가치를 감소시킨다.

물론 앞에서 살펴본 바에 따르면 '평균적으로' 인수기업은 인수합병 전략을 통해 이익을 얻지도 못하지만 그렇다고 가치가 감소하지도 않는다고 하였다. 그러면 방금 설명한 경영에서의 오만 때문에 인수기업의 가치가 감소한다는 것은 앞의 설명과 모순되는가? 비록 인수기업의 가치는 인수합병 전략을 통해 '평균적으로' 감소하지 않지만, 이것이 '모든' 인수기업의 가치가 감소하지 않는다는 것을 의미하지는 않는다. 즉 어떤 기업은 경영에서의 오만 때문에 가치의 감소를 겪을 것이고, 다른 기업은 그렇지 않을 수도 있는 것이다.[16]

잠재적인 경제 이익

기업들이 인수합병을 계속적으로 추구하는 마지막 이유는 이 전략이 적어도 어떤 소수의 기업들에는 이익을 가져올 가능성이 있기 때문이다. 이는 실증적인 연구에서도 증명된다. 즉 평균적으로 인수기업들은 아무런 이익을 얻지 못하지만, 이는 모든 기업이 항상 경제적 이익을 얻지 못한다는 것을 의미하지는 않는다. 어떤 경우에는 인수합병을 통해 인수기업이 경쟁우위를 얻기도 한다. 이에 대해서는 다음에서 좀 더 자세히 살펴보자.

인수합병과 지속적 경쟁우위

앞서 우리는 전략적으로 관련된 기업 간의 인수합병을 촉발하는 범위의 경제가 가치를 창출할 수 있다는 점을 보았다. 그러나 인수기업이 경제적 이익과 경쟁우위를 창출하는 것은 그 기업의 경제적 가치의 크기에만 달려 있는 것이 아니라 그 경제적 가치를 실현하는 시장, 즉 **기업통제의 시장**market for corporate control의 경쟁 상황에 달려 있다. 기업통제의 시장이란 어느 인수대상기업을 인수하려는 기업의 수가 여럿일 때 성립한다. 이 기업통제의 시장이 오직 불완전경쟁시장imperfectly competitive인 경우에 한해서 인수기업은 인수합병 전략을 통해 이익을 얻을 수 있다. 다음에서 세 가지 시나리오를 통해 불완전경쟁이 존재하는 기업통제의 시장을 살펴보자.[17]

가치 있고 희소하며 사적인 범위의 경제

어느 인수대상기업이 인수를 원하는 여러 기업들 중 한 기업에게만 더 큰 가치를 가져다줄 수 있고 그 사실을 다른 기업들 — 다른 인수기업 혹은 인수대상기업을 포함해 — 은 알지 못할 때 기업통제의 불완전경쟁시장이 존재한다. 인수 가격은 인수대상기업의 가치에 대한 공적인 기대치, 즉 시장가격을 반영하는데, 실제로 인수가 일어나면 시장에서 알지 못하는 사적인 정보 때문에 인수기업의 가치가 더 높아지게 되고 이것은 인수기업의 주주에게 이익을 가져다준다.

간단한 예를 들어 보자. 모든 인수하려는 기업들과 인수대상기업들의 합병 후 시장 가치는 1만 달러인 반면, 어느 특정한 기업 갑과 인수대상기업들의 합병 후 시장 가치는 1만 2,000달러라고 하자. 오직 기업 갑만이 자기 기업과 인수대상기업들의 특수한 관련성에 대해 알 뿐, 다른 모든 인수기업들과 인수대상기업들은 오직 1만 달러의 합병 후 기업 가치에 대해서만 알고 있다. 만약 인수대상기업의 합병 전 가치가 모두 7,000달러라고 한다면, 기업 갑은 합병 후 기업 가치와 합병 전 인수대상기업 기업 가치의 차액인 5,000달러(12,000달러 − 7,000달러)만큼 인수 가격으로 지불할 용의가 있을 것이다. 그 반면에 인수를 원하는 다른 모든 기업들은 그들의 합병 후 기업 가치인 1만 달러와 합병 전 인수대상기업의 기업 가치인 7,000달러의 차액인 3,000달러(10,000달러 − 7,000달러)만큼 인수 가격으로 지불할 용의가 있을 것이다.

시장에 존재하는 공적인 정보는 인수대상기업의 가치를 3,000달러라고 알려 주므로 기업 갑을 제외하고는 모든 기업에게 있어서 인수 가격은 3,000달러가 될 것이고, 인수가 일어날 경우 인수기업은 0의 경제적 이익을 얻는다. 만약 이 시장, 즉 기업통제의 시장에 하나의 인수대상기업이 존재한다면 기업 갑은 3,000달러를 약간 상회하는 가격(아마 3,001달러)을 제시하고도 여전히 1,999달러(5,000달러 − 3,001달러)의 이익을 볼 수 있는 반면 다른 기업들의 입장에서는 3,001달러를 지불하면 1달러의 손해(3,000달러 − 3,001달러)를 보기 때문에 갑을 제외한 다른 기업들에게 이것은 실행 가능한 전략이 아니다. 만약 이 기업통제의 시장에 복수의 인수대상기업이 존재한다면 기업 갑을 포함해서 기업 인수를 원하는 모든 기업들은 3,000달러를 제시할 것이고, 그 결과 기업 갑은 2,000달러의 이익을, 그리고 다른 모든 인수기업들은 0의 이익을 얻게 될 것이다. 요약하면 기업 갑은 불완전경쟁이 존재하는 기업통제의 시장에서 인수합병을 함으로써 경쟁우위를 창출하게 된다.

기업 갑이 이 이익을 얻기 위해서는 기업 갑과 인수대상기업들 간 범위의 경제가 다른 인수기업들과 인수대상기업들 간 범위의 경제보다 가치가 높아야 한다. 이 특별한 가치는 대개 기업 갑이 보유하고 있는 자원과 능력의 특수성에서 나온다. 즉 기업 갑이 다른 인수기업들이 가지지 못하는 희소한 자원과 능력을 가지고 있고, 그 희소한 자원과 능력이 인수대상기업들과의 자원과 결합될 때 특별한 가치를 창출하기 때문에 결과적으로 경제적 이익과 경쟁우위를 창출할 수 있는 것이다.

그러나 기업 갑이 희소한 자원과 능력을 갖고 있다는 사실만으로는 경제적 이익이 창출될 수 없다. 그 사실이 다른 기업들에 알려지지 않아야 하는 것이다. 만약 인수를 원하는 다른 기업들이 기업 갑이 창출하는 특별한 가치에 대해 알게 된다면 그들도 역시 그 가치를 복제하려고 할 것인데, 만약 그 가치를 창출하는 원천인 특수한 자원과 능력에 대해 알게 된다면 그들도 역시 이 자원과 능력을 갖추려 할 것이다. 일단 다른 인수기업들도 기업 갑과 동일한 자원과 능력을 개발하게 되면 더 높은 인수 가격에서도 그들은 인수 경쟁에 뛰어들 것이고, 기업 갑은 더 이상 이익을 기대할 수 없을 것이다.

기업 갑이 기업 인수를 통해 경제적 이익을 얻기 위해서는 인수대상기업들도 역시 기업 갑이 가진 특수한 자원과 능력에 대해 알지 못해야 한다. 만약 기업 갑이 창출하는 특별한 가치에 대해 알게 된다면 이 인수대상기업들은 인수를 원하는 다른 기업들에 이 사실을 알려 줌으로써 인수 가격을 높이려는 시도를 할 수 있다. 인수희망기업들이 새로운 종류의 범위의 경제를 창출하는 방법을 알게 됨으로써 더 높은 가격을 제시할 수 있는 인수기업의 수가 많아지고, 이는 즉 인

수대상기업의 입장에서는 인수합병에서 더 많은 이익을 가져올 가능성을 높여 주기 때문이다.[18]

가치 있고 희소하며 모방하기 어려운 범위의 경제

앞에서 살펴본 가치 있고 희소하며 사적인 범위의 경제의 존재는 기업통제의 시장이 불완전하기 위한 유일한 조건은 아니다. 인수를 원하는 다른 기업들이 어느 인수기업이 보유한 특별한 자원과 능력에 대해 알게 되었다 하더라도 그 자원과 능력을 모방할 수 없다면, 즉 기업통제의 시장이 불완전하다면 그 특별한 자원과 능력의 존재는 반드시 사적 정보가 아니라도 상관이 없다. 또한 그 자원과 능력에 대해 다른 기업들이 알게 되더라도 기업통제의 시장에서 높은 인수 가격이 형성되지 않기 때문에 인수기업의 주주들은 여전히 경제적 이익을 얻을 수 있다.

일반적으로 어떤 인수기업이 인수대상기업들과 창출하는 특별한 범위의 경제가 그 기업이 보유한 희소하고 모방하기 어려운 자원과 능력에 기반을 둔 것이라면 다른 인수기업들은 이 특수한 범위의 경제를 모방하기 어려울 것이다. 앞서 제3장에서 열거한 모방하기 어려운 자원과 능력은 이러한 모방하기 어려운 범위의 경제를 창출하는 원천이 될 수 있다. 또한 이러한 범위의 경제가 가치 있고 희소하다면 그 인수기업의 주주들에게 지속적인 이익을 가져다줄 수 있다. 어느 인수기업이 인수합병을 통해 이익을 얻기 위해서는 또 하나의 조건이 필요한데, 그것은 특별한 범위의 경제를 가지는 인수기업의 수가 인수대상기업의 수보다는 적어야 한다는 것이다. 만약 인수희망기업의 수가 인수대상기업의 수보다 많다면 인수희망기업들은 인수대상기업의 선택을 받기 위해 경쟁을 할 것이고, 인수합병에 따른 이익은 또다시 인수기업으로부터 인수대상기업으로 옮겨 갈 가능성이 크다.

물론 인수합병에 관련된 기업들 간의 가치 있고 희소하며 모방하기 힘든 범위의 경제가 사적 특성을 갖출 수도, 즉 오직 인수기업만이 그 사실을 알고 있을 가능성도 있다. 사실 어떤 기업이 타 기업들에 의해 모방되기 어려운 자원이나 능력을 보유하고 있다는 사실은 말이나 문서로 쉽게 표현되는 것이 아니기 때문에 외부에 알려지기 어려운 성격을 띠고 있다. 이러한 경우 합병기업들 간에 존재하는 특수한 범위의 경제는 가치 있고 희소하며 사적일 뿐만 아니라 다른 기업이 모방하기도 어려워진다.

인수합병기업이 예측하지 못한 가치 있는 범위의 경제

지금까지 인수합병을 둘러싼 기업들의 전략적 관련성의 현재가치에 대해서는 모든 기업들이 동일한 정보를 갖고 있다고 가정하였다. 그러나 이 가정은 이론적으로만 가능하다. 거의 모든 인수합병은 매우 복잡하고 기업들이 완벽하게 이해하기 힘든 요소를 많이 포함하고 있다. 그러므로 인수합병이 성립된 후에 예측하지 못했던 일들이 발생하여 그 인수합병의 가치를 높여 주는 경우도 생긴다. 인수기업이 인수대상기업에 지불하는 인수 가격은 예측 가능한 합병기업의 가치만을 반영하기 때문에, 예측하지 못했던 부가가치가 발생하는 경우 인수기업은 그만큼의 이익을 얻을 수 있다.

'예측하지 못한 가치'란 의미는 인수기업의 기술이나 능력으로 말미암아 발생하지 않은 행운을 뜻한다. 예를 들어 영국의 광고대행사인 WPP가 제이월터톰슨을 5억 5,000만 달러에 인수했을 때 아무도 제이월터톰슨이 도쿄에 부동산을 보유하고 있다는 사실을 몰랐다. 그런데 이 부동산은 세후 가치가 1억 달러나 되는 것이었다. WPP의 회장이자 이 인수 협상을 주도했던 마틴 소렐은 이 1억 달러의 이익이 단순히 행운이었다고 밝힌 바 있다.[19]

인수희망기업의 경영자에 대한 시사점

가치 있고 희소하며 사적인, 또는 가치 있고 희소하며 모방하기 힘든 범위의 경제가 존재한다는 사실은 기업 인수를 원하는 경영자에게 몇 가지 시사점을 준다. 비록 많은 경우 인수합병이 인수기업에는 아무런 이익을 가져다주지 않는다 하더라도, 인수기업의 주주들에게 이익을 창출할 수 있는 몇 가지 처방이 존재하는 것이다. 〈표 12.5〉에 인수기업 경영자들이 지켜야 할 법칙 다섯 가지를 요약하였다.

희소한 범위의 경제 추구하기

인수기업들이 인수합병에서 아무런 이익을 얻지 못하는 이유 중 하나는 모든 인수기업들이 동일한 방법으로 인수대상기업과의 범위의 경제를 찾으려고 한다는 점이다. 인수를 원하는 모든 기업이 인수대상기업의 가치를 동일한 방법으로 평가할 때 시장은 경쟁적인 경매competitive bidding의 양상을 띠게 되고, 이 경쟁은 인수기업의 이익을 없애 버린다. 이를 피하기 위해 인수기업의 경영자는 인수기업과 가치 있고 희소한 관계를 가진 인수대상기업을 찾아야 한다.

구체적으로 말하면, 인수기업의 경영자는 어떤 인수대상기업과 자사가 결합했을 때의 가치와 그 인수대상기업과 다른 기업이 결합했을 때의 가치를 비교해야 한다는 것이다. 이것이 중요한 이유는 그 가치의 차이가 바로 자사와 인수합병이 일어났을 때의 잠재적인 이익의 크기가 되기 때문이다.

특히 가치 있고 희소한 범위의 경제를 찾는 과정에서 그 기업의 경영자는 자사가 현재 보유하고 있는 가치 있고 희소한 자원을 검토하게 된다. 예를 들어 어느 기업이 특정한 제품 시장에서 독특한 평판을 가지고 있는데 인수대상기업의 제품이 이 평판의 도움을 받을 수 있다면,

표 12.5 **인수기업 경영자가 지켜야 할 법칙**

1. 가치 있고 희소한 범위의 경제 추구하기
2. 다른 인수희망기업에 정보 제공하지 않기
3. 인수대상기업에 정보 제공하지 않기
4. 인수 경쟁의 상황에서는 이기는 것 피하기
5. 인수 거래 신속히 끝내기
6. 제한된 거래의thinly traded 인수 시장 유지하기

인수기업은 인수대상기업과 결합함으로써 인수를 원하는 다른 기업들에 비해서 더 큰 가치를 창출할 수 있다. 다른 기업 자원들, 즉 어느 산업에서의 최대 시장점유율, 최고의 유통 경로, 또는 특정한 원료에의 배타적인 접근 가능성 등이 인수대상기업에 더 큰 가치를 창출할 수 있다면 이 인수합병은 경제적 이익을 창출할 것이다.

기업이 가치 있고 희소한 범위의 경제를 찾아내는 데 집중한다면 이익을 창출하지 못하는 범위의 경제를 고려의 대상에서 제외할 수 있다. 예를 들어 대부분의 기업 인수가 이루어진 후에는 중복되는 간접비용overhead costs가 삭감되게 마련인데, 간접비용 삭감으로 인한 이익은 인수를 원하는 다른 기업들에서도 동일하게 나타날 수 있다. 그러므로 이 이익은 일반적으로 인수대상기업의 주주들에게 돌아가게 된다.

다른 인수희망기업에 정보 제공하지 않기

인수 전략에서 높은 성과를 얻기 위해서는 동일한 인수대상기업을 목표로 인수하기를 원하는 경쟁 기업이 없어야 한다. 이를 위한 한 방법은 인수 과정에 대한 정보와 이 인수 과정에 내재하는 범위의 경제에 대한 정보를 가능한 한 비밀로(사적으로) 하는 것이다. 인수를 원하는 다른 기업들이 이 인수 과정에 뛰어들어 경쟁하려면 그들과 인수대상기업과의 범위의 경제에 대한 정보가 필요하다. 만약 한 기업만이 이 정보를 알고 있고 또한 이 정보가 널리 알려지기 전에 인수 과정이 끝난다면 그 인수기업은 경쟁우위를 획득할 수 있다.

물론 모든 정보를 비밀로 하기란 어렵다. 그 행위는 종종 법에 저촉되기도 한다. 예를 들어 상장기업을 인수하기 위해서는 잠재적인 인수기업들이 법에 규정된 사적 정보 공개의 의무를 져야 한다. 이 상황에서는 사적 정보에 기인한 경제적 이익을 기대하기가 어렵다. 미국 증권거래소의 규제를 받는 주식시장에서 거래되는 기업 간의 인수합병에 있어서 인수기업은 경제적 이익을 거의 내지 못한다는 연구 결과가 이를 뒷받침한다.

그러나 모든 기업이 주식시장에서 거래되는 것은 아니다. 인수기업은 사기업을 인수할 때 평균 이상의 성과를 이룰 기회를 얻을 수 있다. 또한 상장기업을 인수할 때라도 인수기업이 기업 인수와 관련된 모든 정보를 공개해야 하는 것은 아니다. 실제로 어떤 기업 인수에 있어서 범위의 경제의 가치가 인수기업 내부에서 당연시되는 '무형적인' 자산에 기반을 둔 것일 때 그 정보를 고의적으로 공개하지 않았다고 판정하기는 매우 어렵다. 이러한 경우에도 인수기업은 경쟁우위를 획득할 기회를 가질 수 있다.

인수대상기업에 정보 제공하지 않기

인수희망기업은 인수를 원하는 다른 기업들에 대해서만이 아니라 인수대상기업들에도 정보를 제공하지 않아야 한다. 인수를 원하는 어느 기업이 실제로 8,000달러의 가치를 가져올 수 있는 인수대상기업에 대해 경제적 이익을 얻기 위해 5,000달러의 인수 가격을 제시했다고 해 보자. 만약 그 인수대상기업이 자신이 창출할 수 있는 가치(8,000달러)를 안다면 그 인수 제의를 거절할 뿐 아니라 인수를 원하는 다른 기업들에게 인수 경쟁에 참가하라고 권유할 것이다. 인수희망기업의 수가 늘어날수록 인수기업이 경제적 이익을 창출할 가능성은 낮아진다. 그러므로 인수희망기업은 할 수 있는 한 인수대상기업과의 결합을 통해서 얻을 수 있는 범위의 경제에 대해 인수대상기업에 정보를 제공하지 않아야 한다. 물론 경우에 따라서는 정보의 양을 제한하기가 매우 어렵고 때로는 불법으로 간주되기도 한다. 이러한 경우에는 인수기업이 경제적 이익을 창출하기가 매우 어렵다.

인수대상기업에 제공되는 정보의 양을 제한함으로써 나타나는 부작용도 있다. 예를 들어 인수 과정이 끝나기 전에 정보와 견해, 관점 등을 완벽하게 공유함으로써 인수기업과 인수대상기업 간 범위의 경제가 더 잘 실현된다는 연구가 있다.[20] 즉 인수기업의 정보 제한은 결과적으로 인수합병 후 합병기업의 자원 결합에 소요되는 비용을 증가시킴으로써 정보 제한으로 얻는 경제적 이익을 감소시키는 것이다. 그러므로 인수기업은 정보 제한으로 인한 이익과 그 비용을 잘 비교해야 한다.

인수 경쟁의 상황에서는 경쟁에서 이기는 것 피하기

만약 다수의 기업이 한 인수대상기업을 목표로 인수 경쟁을 한다면 그 기업 인수에 성공한 기업이 얻을 경쟁우위는 매우 낮을 것이다. 실제로 더 경쟁적인 상황을 만들기 위해 인수대상기업은 인수를 원하는 다른 기업들이 인수 경쟁에 뛰어들도록 유도할 수 있다. 그렇다면 인수희망기업들은 어떻게 해야 하는가? 인수희망기업들은 기업 인수를 위한 경쟁이 존재하는 상황에서는 그 경쟁에서 이기면 안 된다. 인수 경쟁에서 '이기기' 위해 인수기업은 종종 인수대상기업의 총가치를 지불해야 한다. 경매에 참가하는 사람들은 경매에 이기려는 심리적인 압박이 있기 때문에 경매품의 실제 가치보다 더 높은 경매 낙찰가가 결정되는 경우가 많다. 기업 인수에 있어서도 마찬가지 원리가 적용될 수 있다.

인수 경쟁의 상황에서 '이기는' 것이 정당화될 수 있는 경우는 오직 인수기업이 인수대상기업과 가치 있고 희소하며 사적이거나 또는 가치 있고 희소하며 모방이 어려운 범위의 경제를 가질 때이다. 이러한 경우일 때만 인수기업은 기업 인수를 통한 이익을 창출할 수 있다.

인수 과정 신속히 끝내기

인수합병을 통해 이익을 얻기 위한 또 하나의 법칙은 인수 과정을 신속하게 끝내는 것이다. 인수 과정을 신속하게 끝내면 거래 절차가 지연되었을 때 발생할 수 있는 불이익을 방지할 수 있다. 예를 들어 인수를 원하는 다른 기업들이 인수대상기업이 가진 가치를 파악하는 데도 시간이 걸리고, 인수대상기업이 경쟁 상황을 만들기 위해 인수를 원하는 다른 기업들을 유인하는 데도 시간이 걸리며, 정보 누출에도 시간이 걸린다. 인수 과정을 신속히 끝내는 기업은 이러한 잠재적인 불이익을 부분적으로나마 방지함으로써 기업 인수의 성과를 높일 수 있다.

인수 과정을 신속히 끝내라는 것이 인수 결정을 무조건 서두르라는 뜻은 아니다. 가치 있고 희소한 범위의 경제를 찾아내는 과정은 매우 신중해야 한다. 인수대상기업을 선별하고 선정하는 것은 절대 서둘러서는 안 되는 일이다. 그러나 일단 인수대상기업이 선정되고 그 가치가 평가된 다음에는, 첫 번째 접촉부터 인수 거래가 끝날 때까지의 시간이 최대한 짧아야 한다. 협상 시간이 길수록 인수기업이 경제적 성과를 얻을 확률은 낮아진다.

'제한된 거래의 시장'에서 기업 인수 행하기

마지막으로, 기업들은 '제한된 거래의 시장'에서 기업 인수를 행할 때 경제적 이익을 얻을 수 있다. 일반적으로 **제한된 거래의 시장**thinly traded market은 어느 시장에 제한된 수의 공급자와 수요자가 존재하고 그들이 경제적 이익 극대화 이외의 일에도 관심을 가질 때 성립한다. 이러한 특성 때문에 제한된 거래의 시장에서는 소수 또는 오직 한 기업만이 인수합병 전략을 추진할 가능성이 생긴다. 이 시장의 인수대상기업들은 기업 간 결합에 의한 경제적 이익을 충분히 이해하지 못하거나 또는 경제적 이익 극대화 이외의 다른 이유로 인해서 인수기업들이 경제적 이익을 가져갈 수 있도록 허용할 가능성이 있다.

일반적으로 제한된 거래의 인수합병시장은 매우 세분화되어 있다. 좁은 지역에 기반을 둔 하나의 작은 기업은 다른 작은 기업들과 그 지역 내에서 경쟁한다. 이들 대부분의 기업은 개인이 운영하는 기업이다. 역사적으로 출판 산업, 패스트푸드 산업, 중고 자동차 판매 산업, 세탁 산업, 이발소/미용실 산업은 제한된 거래의 시장의 특성을 띠었다.

세분화된 시장에서는 기업 결합을 통해 기회를 찾을 수 있음을 제2장에서 살펴본 바 있다. 인수합병의 맥락에서 보면 한 기업(또는 소수의 기업들)이 이 산업 내에서 범위의 경제를 창출하기 위해 여러 기업들을 결합하는 것이라고 볼 수 있다. 이 범위의 경제는 종종 세분화된 시장에서 이루어지기 힘든 규모의 경제를 의미한다. 즉 오직 소수의 기업이 인수합병 전략을 추진할 때 이들 세분화된 시장 내에서 기업통제의 시장은 불완전경쟁시장일 가능성이 높고, 이는 인수기업들의 이익을 가질 수 있음을 의미한다.

결론적으로 말해서, 만약 기업 인수자를 찾는 광고가 월스트리트 저널에 실릴 정도로 그 과정이 공개적이라면 인수기업이 그 인수 과정을 통해 이익을 얻을 가능성은 매우 낮다. 그러한 공개적인 기업 인수 절차는 기업통제의 시장을 매우 경쟁적으로 만들 것이다. 그 결과 경쟁적인 기업통제의 시장에서는 인수대상기업의 주주들이 인수 과정에서 창출되는 대부분의 경제적 이익을 가져갈 것이다. 그러나 기업 인수의 모든 과정이 제한된 거래의 시장의 특성을 띠는 산업에서 이루어진다면 인수기업들은 이익을 창출할 기회를 갖게 된다.

사례 : SCI

실증 연구에 따르면 인수기업들이 인수합병 전략을 통해 경제적 이익을 얻기란 매우 어려운 것으로 알려졌지만 경우에 따라서는 불가능한 일도 아니다. 그 성공적인 기업들 중의 한 예가 SCIService Corporation International이다. SCI는 장례대행 및 묘지관리 사업을 하는 기업이다. 이 기업은 1967년에 이 분야에서 미국 최대의 기업이 되기 위해 5개의 기업이 결합함으로써 태어났다. 지역적으로 세분화되어 있는 장례대행 및 묘지관리 산업에서 이 기업은 과감하고 성공적인 인수합병 전략을 추진함으로써 산업 내 최대 기업의 자리를 지키고 있다.

SCI는 지역적으로 세분되고 비전문적인 경영기법이 사용되던 장례대행 및 묘지관리 산업에서 전통적인 경영학 기법인 기업 간의 결합을 활용함으로써 가치 있고 희소한 범위의 경제를 이루어 냈다. SCI가 소유한 장례대행업체들은 30%의 이익을 내고 있는데, 그것은 산업 평균 이익률의 거의 세 배에 달하는 것이다. 이 이익률은 대부분 그 지역 내에서의 장례용품 공동구매, 시신처리 등 전문적인 서비스의 집중화, 영구차 등 사용 빈도가 높지 않은 시설의 공동관리를 통해 이루어졌다. 그 결과, 만약 SCI가 어느 묘지관리 기업을 합병한다면 그 기업의 가치는 합병 전 독립적일 때보다도 크고, 더 나아가 다른 묘지관리 기업이 합병하는 경우보다 커지는 상황을 만들게 되었다.

더 나아가서 SCI가 인수하려고 목표했던 기업들은 대부분 개인이 경영하는 기업이었고 그 사업의 계승자가 없는 경우였다. 이들 기업의 소유주들은 기업 경영자라기보다는 장의사, 즉 기술자였고, 그들의 사업이 SCI에 가져다줄 가치에 대해 잘 알지 못했으며, 사업을 인수함으로써 이익을 극대화하는 데도 큰 관심을 갖지 않았다. 그보다 이 소유주들은 그 지역사회에서 장의 사업이 계속되는 것, 그들의 충성스러운 종업원들이 직업을 잃지 않는 것, 그리고 그들의 행복한(사치스럽지는 않더라도) 은퇴생활이 보장되는 것에 더 관심이 있었다. 그들이 장례 사업을 접고 은퇴할 때 그들이 영위하던 사업이 SCI에 인수되는 것은 이러한 관심 사항들을 충족시키는 유일한 대안인 경우가 많았다. 즉 이러한 관심 사항들이 충족되지 못하는 것보다는 비록 인수 가격을 충분히 받지 못하더라도 SCI에게 인수되는 것을 택하게 되었던 것이다.

SCI가 이 산업에서 유일하게 인수합병 전략을 활용했고, SCI가 인수했던 기업들이 대부분 개인이 경영하는 기업이었으며, SCI가 인수했던 기업의 소유주들이 기업을 매도할 때 단순한 이익 극대화 이외의 다른 일들에 관심이 있었던 점 등으로 인해 SCI는 실질적이고 가치 있는 범위의 경제를 창출할 수 있었고, 이 전략은 수년 동안 SCI가 우월한 경제적인 성과를 거둘 수 있는 기반을 제공했다.

그러나 지난 몇 년간 SCI의 성공 신화는 널리 알려졌고 다른 장례대행업체들이 인수 경쟁에 뛰어들게 되었다. 또한 인수대상기업들의 소유주들도 SCI에 인수되었을 때의 가치를 더 잘 파악하게 되었다. 그 결과, SCI가 인수대상기업들과의 결합으로 창출할 수 있는 범위의 경제는 여전히 '가치 있는' 것이었지만 더 이상 '희소한' 것은 아니었고 결국 SCI의 이익의 원천이 되지 않았다. 다시 말해서, SCI가 10년이 넘게 활용했던 기업통제의 불완전한 경쟁시장은 이제 더욱 경쟁적이 되었던 것이다. 그 이후의 인수합병은 SCI에게 지속적 경쟁우위나 경제적 이익의 원천이 되지 않았다. 이러한 이유로 인해 SCI는 새로운 수익의 원천을 개발할 것을 시도하는 등 전략을 재평가하고 있다.[21]

인수대상기업의 경영자에 대한 시사점

인수희망기업의 경영자들이 인수합병 전략을 통해 경제적 이익을 창출하려는 시도를 여러 형태로 할 수 있는 반면, 인수대상기업의 경영자들 역시 인수합병으로 인해 창출된 가치를 인수대상기업의 주주들이 가져갈 수 있도록 대응 전략을 세울 수 있다. 〈표 12.6〉에 이러한 대응 '법칙'을 요약하였다.

인수희망기업으로부터 정보 끌어내기

인수희망기업이 우월한 성과를 얻기 위해서는 인수기업과 인수대상기업 간의 전략적 연관성의 원천과 가치에 대한 정보를 노출하지 않아야 한다고 정리한 바 있다. 만약 두 기업 간 연관성의 실제 가치가 1만 2,000달러인데 인수대상기업이 그 가치를 8,000달러라고 믿는다면 이 인수대상기업은 4,000달러를 놓치게 되고 인수기업이 4,000달러의 이익을 얻게 된다. 일단 인수대상기업이 그 실제 가치에 대해 알게 되면 인수 절차 협상에 있어서 훨씬 나은 위치를 점하여 4,000달러의 가치를 가져올 수 있게 된다. 그러므로 인수기업이 인수대상기업의 가치를 아는 것이 중요한 것만큼이나 인수대상기업도 합병 후 자사의 가치를 아는 것이 중요하다.

인수를 원하는 다른 기업을 경쟁에 끌어들이기

어떤 인수대상기업이 인수희망기업과 함께 창출할 수 있는 범위의 경제의 성격과 가치에 대해 일단 파악하게 되면 그 가치를 자기 기업으로 가져오기 위해 행동할 수 있는데, 이것은 동일한 범위의 경제를 창출할 수 있는 다른 기업들을 찾아내고 그 기업들에게 인수 과정에 대한 정보를 제공함으로써 가능하다. 다른 기업들을 기업 인수 경쟁에 끌어들임으로써 그 인수대상기업은 인수합병에서 창출되는 가치를 가져올 수 있다.

인수 과정을 지연하되 중단하지는 않기

앞에서 설명하였듯이 인수기업들은 인수 과정을 되도록 빨리 완결함으로써 다른 기업들이 인수 과정에 개입되지 않기를 원한다. 물론 인수대상기업은 더 많은 기업들이 인수를 위한 경쟁을 하기를 원한다. 하나 이상의 기업이 경쟁을 하도록 만들기 위해 인수대상기업은 인수 과정을 지연시킬 동기를 갖는다.

그러나 그 지연의 목적은 기업통제의 시장을 경쟁적으로 만들기 위함이지, 기업 인수를 중단

표 12.6 인수대상기업 경영자가 지켜야 할 법칙

1. 인수희망기업으로부터 정보 끌어내기
2. 인수를 원하는 다른 기업을 경쟁에 끌어들이기
3. 인수 과정을 지연하되 중단하지는 않기

시키기 위함은 아니다. 인수기업과 인수대상기업 간에 가치 있는 범위의 경제가 존재한다면 그 인수합병은 경제적 가치를 창출한다. 이 인수합병이 성립되는 기업통제의 시장이 경쟁적일 때 인수대상기업의 주주들이 그 범위의 경제의 가치를 모두 가져갈 것이므로, 이 인수합병이 무산된다면 인수대상기업의 주주들에게는 큰 손실이 아닐 수 없다.

인수대상기업의 경영자들은 여러 가지 방법으로 인수 과정의 종결을 지연시킬 수 있다. 뒤의 '관련 실증 연구'에서 몇 가지 방법과 그 결과를 설명한다.

관련 실증 연구

적대적 인수에 대응하는 경영진의 조치가 기업의 부에 미치는 영향

적대적 인수의 대상이 되는 잠재적 인수대상기업의 경영자들은 여러 방법을 이용하여 이에 대응할 수 있다. 〈표 12.7〉에서 볼 수 있듯이 어떤 방법은 인수대상기업의 부를 감소시키기도 하고, 그 기업의 부와 관련이 없기도 하며, 그 기업의 부를 증가시키기도 한다.

인수대상기업의 부를 감소시키는 방법으로는 그린메일, 인수 중단 동의, '포이즌 필'이 있다. 이러한 방법들은 인수대상 기업의 경영자들이 인수대상 기업의 부를 감소시킴으로써 인수합병을 당하지 않게 하는 것이다. **그린메일**greenmail은 인수대상기업의 경영자들이 시가보다 높은 가격으로 자기 기업의 주식을 인수기업으로부터 구입하는 것을 말한다. 이 방법은 기업 인수를 효과적으로 중단시키지만 인수대상기업의 부는 심각하게 감소할 수 있다. 즉 인수대상기업의 주주들은 인수가 진행되었을 때 얻을 수 있는 경제적 가치를 얻지 못할 뿐 아니라 경영자들이 지불한 프리미엄 가격의 비용을 부담해야 한다.

그린메일을 이용한 기업들은 주주의 경제적 부를 감소시키게 된다. 한 연구에 따르면 평균적으로 1.76%의 가치가 하락했다고 하고, 또 다른 연구는 2.85%라고 보고했다. 이 감소폭은 인수가 무산되었을 경우 더 컸다. 두 번째 연구에 따르면 그린메일에 의해 인수가 무산된 경우 5.5%의 기업 가치 하락을 겪는다고 했다. 이것은 기업 인수의 상황이 아닌 경우, 기업이 자사 주식을 구입할 때 일반적으로 그 가치가 상승하는 것과 대조되는 결과를 보여 주는 것이다.

인수 중단 동의standstill agreements는 종종 그린메일과 함께 진행된다. 이것은 인수기업이 잠재적 인수대상기업을 일정 기간에는 인수하지 않겠다는 계약이다. 이 동의가 이루어지면 인수 과정은 중단되고 미래 인수 과정에 참여할 기업의 수도 감소하게 된다. 그러므로 인수대상기업의 주주들은 현재의 인수 과정에서 창출될 수 있는, 또는 미래의 인수 과정에서 더 많은 인수기업의 참여로 인해 창출할 수 있는 가치를 잃게 된다.

인수 중단 동의는 잠재적 인수대상기업의 가치를 하락시키는데, 한 연구에 따르면 주식의 재구입과 동반하지 않은 인수 중단 동의로 잠재적 인수대상기업에서 4.05%의 가치가 하락했다. 주식의 재구입과 동반한 경우에는 4.52%의 가치가 하락했다.

소위 **포이즌 필**poison pills은 인수대상기업의 경영진이 기업 인수를 어렵게 하는 다양한 방법을 포함한다. 하나의 방법으로 인수대상기업은 그 주주들에게 만약 기업 인수가 일어날 때는 특별한 현금 배당으로 전환될 수 있는 권리를 배분할 수 있다. 이 현금 배당은 인수기업이 치러야 하는 비용을 상승시키고 다른 기업들이 인수 경쟁에 뛰어들 동기를 약화시킨다. 또 하나의 포이즌 필 전술로서 추가적인 주식을 기존 주주들에게 저가에 판매하는 것이 있다. 이것은 인수기업의 인수대상기업에 대한 투자 가치를 하락시켜서 인수의 비용이 상승하게 된다. 또 다른 형태의 포이즌 필로서 현행 주주에게 다른 형태의 권리를 부여하는 것도 있을 수 있다.

포이즌 필은 인수 비용을 높여 주는 창의적인 방법이기는 하지만 일반적으로 매우 효과적이지는 않다. 인수기업과 인수대상기업이 전략적으로 관련되어 있으면 기업 인수가 창출할 수 있는 가치가 매우 클 것이며, 그 가치의 대부분은 인수대상기업의 주주들이 가져갈 것이기 때문에, 그 주주들은 기업 인수가 일어나기를 바랄 것이며 순순히 인수기업의 주주 양도 제안을 받아들일 것이다. 이것을 **공개 매입**tender offers이라고 한다. 그러나 포이즌 필이 기업 인수를 어렵게 만드는 만큼 인수대상기업의 주주들은 손해를 입는 것이다.

기업 인수를 막는 행동이 인수대상기업의 부와 관련이 없는 경우로서 **상어 퇴치법**shark repellents이라는 것이 있다. 이것은 상대적으로 미미한 기업통제 장치의 변동을 이용하여 기업 인수를 어렵게 하는 방법이다. 보편적인 방법으로 인수대상기업 이사들의 50% 이상이 찬성해야 인수를 결의할 수 있는 규정인 **과반수 투표의 법칙**supermajority voting rules과 지역 회사법(미국의 어느 주에는 그 지역 내의 기업을 인수하는 것을 어렵게 하는 회사법이 있다)을 들 수 있다. 그러나 기업 인수로 창출되는 가치가 충분히 큰 경우 상어 퇴치법도 기업 인수의 절차를 느리게 하거나 정지시키지 못한다.

또 다른 방법으로 **팩맨 방어**Pac Man defense가 있는데, 이는 예전 비디오게임에서 쫓겨다니던 팩맨이 어느 순간에는 공격하던 고스트를 공격할 수 있듯이 인수대상기업이 인수기업을 인수함으로써 인수당하는 것을 막는 방법이다. 인수대상기업의 주주들은 인수기업의 주주가 되고, 앞에서 설명하였듯이 인수기업의 주주는 대개 0의 경제적 이익을 얻으므로 주주의 부에는 영향을 거의 안 미치게 된다.

또 하나의 방법으로 **왕관보석 판매**crown jewel sale가 있다. 때때로 인수기업은 인수대상기업의 사업 중 일부분에만 관심이 있는 경우가 있다. 이 사업들은 인수기업의 입장에서는 '왕관 속의 보석'인 것이다. 이 경우 기업 전체가 인수되는 것을 막기 위해 부분적인 사업만을 인수기업에 판매하거나 별도로 독립시킬 수 있다. 이로써 인수기업은 전체 인수대상기업에 대해 관심을 덜 가지게 된다.

마지막으로 대부분의 인수대상기업들의 경영진이 선택하는 방법은 인수기업을 **소송**lawsuits하는 것이다. 사실 적어도 미국에서는 인수 의도가 발표되자마자 소송이 거의 자동적으로 진행되는 것이 사실이다. 그러나 이러한 법률적 행위가 인수나 합병을 지연시키거나 정지시키지는 않는다.

〈표 12.7〉에서 볼 수 있듯이 기업 인수를 지연시키는(막는 것이 아니라) 행동이 인수대상기업의 부를 증가시키는 경우가 있다. 첫 번째 행동으로 **백기사**white knight – 또 다른 잠재적인 인수기업 – 를 찾는 것이 있다. 인수대상기업은 어떤 부류의 기업보다 다른 부류의 기업에 의해 인수되는 것을 선호할 수 있다. 예를 들어 어떤 잠재적인 인수기업은 인수대상기업과 더불어 다른 기업보다 가치 있는 범위의 경제를 창출할 수 있다. 또는 어떤 잠재적인 인수기업은 인수대상기업의 자산을 이용하는 것에 대해서 다른 기업보다 좀 더 장기적인 전망을 할 수 있다. 이러한 경우들에서 인수대상기업의 경영진은 특정 부류의 잠재적 인수기업을 더 선호하게 된다.

어떤 동기에서든 백기사, 즉 잠재적인 인수기업을 초청하면 인수를 위해 경쟁하는 기업의 수가 적어도 1개는 증가한다. 경쟁 기업의 수가 증가하면 기업통제의 시장의 경쟁도가 상승하게 되고 인수대상기업의 주주가 기업 인수로 창출되는 가치를 모두 가져갈 확률도 높아진다. 평균적으로 백기사가 인수 경쟁에 참여함으로써 인수대상기업 주주들의 부는 17% 증가한다.

한 기업의 참여가 인수대상기업 주주의 부를 이처럼 증가시킬 수 있다면 다수 기업의 참여는 더 큰 부의 증가를 가져올 수 있을 것이다. 인수대상기업은 **경매**auction 상황을 만듦으로써 이렇게 할 수 있다. 평균적으로 경매 상황을 통해 인수대상기업 주주의 부는 20% 증가한다.

인수대상기업의 부를 증가시키는 또 하나의 방법은 **황금 낙하산**golden parachutes 정책을 실행하는 것이다. 이것은 보상 정책의 한 가지로서, 만약 어느 기업이 다른 기업에 의해 인수되어 상위 경영자가 해

표 12.7 기업 인수에 대응하는 경영진의 조치가 기업의 부에 미치는 영향

1. 주주의 부를 감소시키는 조치	2. 주주의 부에 영향을 미치지 않는 조치	3. 주주의 부를 증가시키는 조치
• 그린메일	• 상어 퇴치법	• 백기사 찾기
• 인수 중단 동의	• 팩맨 방어	• 경매 상황 조성
• 포이즌 필	• 왕관보석 판매	• 황금 낙하산
	• 소송	

(계속)

임되는 경우 기업은 그 상위 경영자에게 적지 않은 현금을 지불해야 한다고 명시하는 것이다. 이 현금 액수는 개인적으로는 매우 크지만 기업 인수나 합병에 의해 창출되는 가치에 비하면 매우 작을 수 있다. 이러한 의미에서 황금 낙하산은 인수대상기업의 고위 경영자들이 인수 과정을 방해하지 않는 대신 지불하는 소액의 보상으로 간주될 수 있다. 다시 말하면 황금 낙하산은 인수대상기업의 고위 경영자와 주주 간에 생길 수 있는 이해상충을 조정함으로써 대리인 문제를 감소시키는 효과가 있다. 평균적으로 어느 기업이 황금 낙하산 보상 정책을 발표하면 이 기업의 지분 가치는 7% 상승한다.

대체로 기업통제의 시장이 경쟁적이 될 수 있도록 기업 인수 과정을 지연시키는 것이 인수대상기업의 주주에게 이익이 된다는 것은 충분히 입증되고 있다. 한 연구에 따르면 인수 과정이 지연되지 않는 경우 인수대상기업의 주주는 평균적으로 36%의 주식 가치 상승을 경험하는 반면 인수 과정이 충분히 지연될 때는 평균적으로 65%의 주식 가치 상승을 경험한다고 한다.

물론 인수대상기업의 경영진은 너무 오랫동안 인수 과정을 지연한 나머지 주주들이 실제로 주식 가치 상승을 인식하지 못하게 하는 부작용을 경험하기도 한다. 또한 지나친 지연은 인수의 성사 자체를 위태롭게 할 수도 있는데, 이 경우 인수대상기업의 주주들은 전혀 이익을 얻을 수 없게 된다.[22]

인수합병 실행하기

인수희망기업과 인수대상기업 간의 전략적 연관성의 가치를 충분히 실현하기 위해서 합병 후 기업은 적절한 실행을 해야 한다. 이 장의 앞부분에서 논의된 여러 형태의 연관성을 이루기 위해서 두 기업 간에는 적어도 어느 수준의 조정과 통합이 필요하다. 예를 들어 기업 인수에 존재하는 규모의 경제의 가치를 충분히 실현하기 위해서 인수희망기업과 인수대상기업은 그 규모의 경제 실현에 직접적으로 관련된 사업 부서에 대해 필요한 조치를 취해야 한다. 어느 인수희망기업이 인수대상으로부터 획득하는 특정 기술의 가치를 충분히 실현하기 위해서는 합병 후 기업이 개발, 제조, 혹은 판매 등 적절한 기업 활동에 있어서 그 기술을 이용해야 한다. 인수대상기업의 장부상 존재하는 재무자원의 가치를 충분히 실현하기 위해서 인수희망기업과 인수대상기업은 재무제표를 통합하여 이를 기반으로 외부 자금을 충당하는 조치를 취해야 한다. 경영진 교체를 통해 능률 증대의 기회를 충분히 실현하기 위해서는 인수대상기업의 비효율적인 경영진을 인수기업의 경영진으로 대체하는 실질적인 경영진의 변화가 진행되어야 한다.

합병 후 통합post-merger integration은 기업 인수를 추진했던 인수희망기업과 인수대상기업이 그 전략적 연관성의 가치를 충분히 실현하기 위한 필수적인 기업 활동이다. 만약 인수기업이 인수 후 조정과 통합 활동을 하지 않기로 결정한다면, 왜 기업을 인수했던 것인가? 기업 다각화를 추진할 때 그 기업의 다양한 사업부 간의 연관성을 관리하기 위해 활발한 노력이 필요하듯이, 인수합병을 추진할 때도 인수희망기업과 인수대상기업 간의 연관성을 관리하기 위한 활발한 노력이 필요한 것이다.

합병 후 통합 과정과 다각화 전략의 실행

사실 인수합병은 기업 다각화의 한 방법이기도 한 만큼, 앞에서 기업 다각화를 위한 조직적 접근법으로 논의되었던 내용들이 여기에서도 적용될 수 있다. 예를 들어 기업 다각화 전략을 창출하기 위해 설계되는 인수합병은 M-form 구조를 통해 관리되어야 한다. 기업 다각화를 실행하기 위해 적용되었던 경영통제 시스템과 보상 정책도 인수합병을 실행하기 위해 조직하는 일에 적용되어야 한다. 반면, 수직적 통합 전략을 창출하기 위해 설계되는 인수합병은 U-form 구조를 통해 관리되어야 하며 적절한 경영통제 시스템과 보상 정책도 수반되어야 한다.

합병 후 통합 과정에서의 어려움

일반적으로 인수합병을 실행하기 위해 조직하는 활동은 기업 다각화나 수직적 통합 전략을 실행하기 위해 조직하는 활동의 특수한 사례로 간주되기는 하지만, 인수합병을 실행하는 것에서만 발견되는 독특한 문제점들을 보여 주기도 한다. 이러한 문제점들은 대체로 인수합병으로 인해 결합되는 기업들 간에 존재하는 다양한 경영계층에서의 차이(운영적 차원, 기능적 차원, 전략적 차원, 문화적 차원에서의 차이)는 인수합병 이외의 방법으로 결합되는 기업들 간에 존재하는 차이보다 크기 때문에 더욱 중요하다. 인수합병으로 결합되는 기업들은 독자적인 존재, 독자적인 역사, 독자적인 경영철학, 독자적인 전략을 가진 기업들이었기 때문이다.

인수기업과 인수대상기업의 차이는 다양한 형태로 표출된다. 예를 들어 상이한 컴퓨터 시스템, 상이한 전화 시스템, 기타 상충적인 기술이 존재할 수 있다. 또는 상이한 인사관리 정책과 절차를 가질 수 있다. 한 기업은 매우 후한 퇴직 및 의료 보장 제도를 지닌 반면 다른 기업은 그렇지 않을 수 있다. 한 기업은 높은 봉급에 초점을 맞추는 보상 제도를 지닌 반면 다른 기업은 현금 보너스나 스톡옵션에 초점을 맞출 수 있다. 또한 기업들은 고객과의 관계에 있어서 상이한 태도를 보일 수 있다. 한 기업에게 있어서 고객은 사업 파트너일 정도로 중요한 반면 다른 기업에게는 고객이 그저 일회성 거래의 대상일 수도 있다. 인수기업과 인수대상기업을 결합하기 위해서는 이러한 많은 차이점들을 해결해야 할 것이다.

이러한 문제들 중 가장 심각한 문제는 아마 기업 문화적 차이일 것이다.[23] 제3장에서 보았듯이 기업의 조직 문화를 변화시키기란 어렵다. 어느 기업이 인수되었다고 해서 그 기업 문화가 곧바로 인수기업의 조직 문화에 동화되지는 않는다. 기업문화적 갈등은 매우 오랫동안 지속된다.

최악의 인수합병으로 기록되는 몇몇 경우에 있어서 그 원인은 문화적 차이로 여겨지고 있다.[24] 예를 들어 다임러(메르세데스-벤츠의 제조사)와 크라이슬러의 합병은 최고급 자동차에 초점을 맞춘 독일 기업의 문화와 미국의 중서부에서 대중적인 자동차와 지프차를 제조하는 미국 기업의 문화를 만나게 했다. 이 합병은 널리 알려진 농담을 탄생시키게 된다. "'다임러크라이슬러'를 어떻게 읽는지 아는가? 바로 '다임러'야. '크라이슬러'는 묵음이지." 고통스러운 몇 해 후 두 기업은 분리되었다.

또한 노벨은 워드프로세서 기업인 워드퍼펙트를 인수했지만 두 기업의 경영진은 협력하기를 거부했다. 노벨과 워드퍼펙트의 경영진이 서로 싸우고 있을 때 마이크로소프트는 MS 워드를 가지고 이 시장을 지배하게 되었다. 2년 후 노벨은 워드퍼펙트를 인수합병 가액보다 못 미치는

10억 달러에 다른 기업에게 판매했다.

아메리카온라인(AOL)과 타임워너도 비극적인 인수합병의 예를 보여 준다. 인수합병 이전인 2000년에 AOL의 주가는 75달러를 상회했는데, 인수합병 이후인 2008년에는 15달러로 감소했다. 문제는 '올드 미디어'인 타임워너와 '뉴 미디어'인 AOL 간의 문화적 충돌이었다.

스프린트와 넥스텔도 파란만장한 실패의 예를 보여 준다. 2005년에 스프린트는 350억 달러에 넥스텔을 인수했는데, 3년 내에 이 금액의 80%가 손실로 기록되게 된다. 원인은 역시 두 기업 사이의 문화적 충돌이었다. 스프린트는 상의하향식 관료주의 문화는 넥스텔의 자유로운 창업기업 문화를 견디지 못했던 것이다. 두 기업의 경영진은 광고 전략에서부터 휴대전화 기술의 문제까지 거의 모든 사안에서 충돌했다. 그 결과 2012년에 스프린트 넥스텔은 소프트뱅크에 201억 달러에, 즉 7년 전 지불 금액보다 약 150억 달러나 밑도는 가격으로 매도되었다.

마지막으로 휴렛팩커드가 컴팩을 인수했을 때 휴렛팩커드의 시장 가치가 130억 달러나 감소했던 예를 들 수 있다. 휴렛팩커드의 기술력 중심과 합의를 중시하는 문화는 컴팩의 신속한 의사결정과 판매를 중시하는 문화와 충돌했던 것이다. 수년 후 휴렛팩커드는 문화와 리더십을 수정하여 성과를 개선할 수 있었지만 통합까지는 아직 갈 길이 먼 상태이다.

인수기업과 인수대상기업의 운영적 차원, 기능적 차원, 전략적 차원, 문화적 차원에서의 차이는 기업 인수 과정을 통해 복합적으로 작용할 수 있는데, 비호의적 인수인 경우에 더 그렇다. 비호의적 인수는 인수대상기업의 경영자들에게 인수기업에 대한 적대감을 불러올 수 있다. 인수된 기업의 경영진 교체율은 일반 기업의 교체율보다 훨씬 높다는 연구 결과가 있는데, 이는 인수합병이 경영상의 갈등과 연관이 있다는 점을 시사한다.[25]

인수합병을 실행하기 위해 조직하는 것을 둘러싼 어려움들은 인수 과정에 수반되는 추가 비용으로 간주될 수 있다. 인수기업은 인수기업과 인수대상기업의 전략적 가치를 계산할 뿐만 아니라 인수 전략을 실행하기 위한 조직에 드는 비용을 계산해야 한다. 즉 인수대상기업이 가져올 가치에서 인수 전략의 실행에 소요되는 비용을 빼야 실제 실현할 수 있는 이익을 계산할 수 있는 것이다. 어떤 경우에는 그 비용이 인수 자체의 가치보다 더 클 수도 있는데, 그러한 경우에는 인수합병이 이루어져서는 안 된다. 이러한 이유로, 많은 분석가들은 인수기업과 인수대상기업 간의 잠재적 범위의 경제가 충분히 실현되지 못했다고 보고 있다.

인수합병을 실행하기 위해 조직하는 것은 비용을 수반하기도 하지만 가치와 기회를 창출하기도 한다. 어떤 학자들은 인수합병이 완결된 후 오랜 시간이 지나도 가치가 계속해서 창출될 수 있다고 주장한다.[26] 인수기업과 인수대상기업이 계속적으로 상호 조정하고 통합하는 과정에서 처음 인수했던 당시에는 예측하지 못했던 기회들이 발견되어 가치를 창출할 수 있기 때문이다. 인수합병이 이루어지는 당시에는 예측하지 못했던 가치를 나중에 발견하기 위해서는 인수기업이 인수합병을 실행하기 위해 조직하는 과정에서 인수대상기업과 효율적으로 협력하는 데 필요한 역량이 중요한 역할을 한다. 즉 행운뿐만 아니라 인수기업의 역량이 인수합병의 예측하지 못했던 가치를 창출할 수 있는 것이다.

요약

기업들은 기업 다각화와 수직적 통합을 하기 위해 인수합병을 할 수 있다. 전략적으로 관련되지 않은 기업들 간의 인수합병은 인수기업과 인수대상기업에 경쟁등위만을 창출할 수 있다. 그러므로 인수합병을 고려하는 기업들은 전략적으로 관련이 있는 인수대상기업을 찾아야 한다.

전략적 관련성에 대해 여러 논의가 이루어졌다. 일반적으로 말해서 전략적으로 관련이 있는 인수대상기업을 인수하면 경제적 가치를 창출할 수 있지만, 대부분의 가치는 인수대상기업의 주주가 가져가게 된다. 인수기업의 주주들은 대개 경쟁등위만을 획득한다. 실증 연구들이 이를 뒷받침하고 있다.

대부분의 경우에 인수기업들이 오직 0의 경제적 이익을 얻을 수 있다면 왜 인수합병이 많이 이루어지는 것인가? 그 이유로서 (1) 기업의 생존 확보, (2) 잉여현금흐름, (3) 인수기업의 경영자와 주주 간의 대리인 문제, (4) 경영에서의 오만, (5) 인수합병을 실행하는 과정에서의 경제적 이익을 들 수 있다.

인수합병 전략을 통해 경쟁우위와 경제적 이익을 얻기 위해서는 이 전략이 가치 있고 희소하며 사적이거나, 또는 가치 있고 희소하며 모방하기 어려워야 한다. 또는 인수희망기업은 예측하지 못한 전략적 연관성을 인수대상기업에서 찾을 수도 있다. 이 연관성이 경제적 이익을 창출할 수 있는 것이다. 이 사실은 인수희망기업과 인수대상기업의 경영자에게 여러 시사점을 던진다.

인수합병 전략을 실행하기 위한 활동은 기업 다각화나 수직적 통합을 실행하기 위해 조직하는 활동의 특별한 사례라고 할 수 있다. 그러나 기업들이 상이한 역사적 배경을 가지고 있다는 점에서 인수합병을 통한 기업 결합은 인수합병 이외의 방법을 통한 기업 결합보다 어렵다. 인수기업과 인수대상기업의 기업 문화의 차이는 특히 문제가 된다. 인수기업은 인수합병을 통해 인수대상기업이 가져올 가치와 함께 합병 후 통합 과정에서 소요될 비용도 고려해야 한다. 그러나 합병 후 통합 과정은 인수합병 당시 예측하지 못했던 범위의 경제를 발견함으로써 인수합병의 새로운 가치를 창출하는 원인이 되기도 한다.

▶▶ 국내 사례

성장 경로의 선택 : 카카오의 인수합병

페이스북, 구글, 아마존 등은 대표적인 IT 기반 기업들이다. 이 기업들을 보면 한 가지 공통점이 떠오른다. 단기간에 다수의 인수합병을 통해 사업을 확장했다는 것이다. 물론 모든 인수합병이 성공한 것은 아니었다. 구글의 화려한 성공의 이면에는 모토로라 인수의 실패가 있다. 물론 모토로라가 보유한 특허를 확보하고 모바일 기기 시장에 진출하며 모토로라의 셋톱박스를 활용하여 스마트TV 사업에 진출한다는 전략은 좋았으나 결과적으로 성공하지 못했다. 이처럼 아무리 좋은 전략을 가졌다 하더라도 인수합병의 결과가 항상 좋은 것은 아니다.

국내의 대표적인 IT 기업을 꼽으라면 네이버와 카카오를 들 수 있다. 그런데 두 기업의 성장 방식은 대조적이다. 물론 두 기업 모두 스타트업 투자를 통한 내재적organic 성장과 인수합병을 통한 도약적 성장을 병행하는 투 트랙 성장을 추구하지만, 사람들은 네이버는 전자에, 그리고 카카오는 후자에 더 강점이 있다고 평가한다.

먼저 네이버는 자율주행 기술, 인공지능 기반 마케팅 솔루션, 자연어 처리 엔진 등의 기술을 개발하는 스타트업에 투자하는 한편 음식배달 앱 서비스와 물류 서비스 업체에도 수백억 원의 투자를 진행했다. 카카오도 파킹스퀘어, 씨엔티테크, 하시스 등에 투자해 왔는데, 이제 글로벌 플랫폼 기업을 인수합병하여 카카오의 콘텐츠를 글로벌 시장에 선보이는 전략을 병행하여 추진하고 있다. 이러한 전략은 카카오페이지의 국내 콘텐츠 공급업체들에게 글로벌 시장의 기회를 제공하면서 공동 성장을 이룰 수 있다. 예를 들어 웹소설을 웹툰으로 재구성하여 카카오페이지에 올리는 디앤씨미디어는 중국과 일본 시장에도 진출했던 기업인데 카카오의 글로벌화가 진행되면 이러한 기업에게도 큰 기회가 될 수 있다. 카카오페이지의 운영사인 포도트리는 이앤씨미디어의 지분을 18.3% 보유한 2대 주주이기도 하다.

상이한 성장 경로의 선택의 결과는 매출액 대비 연구개발 비중의 차이로도 나타난다. 2017년 상반기 기준 네이버의 연구개발 비중은 25.1%였다. 네이버가 113개 기업에 투자하면서 발굴과 협업을 추진한 결과를 보여 준다. 이에 비해 같은 시점에서 카카오의 연구개발 비중은 13.1%였다. 높은 비율이지만 네이버만큼은 아니었다.

일부에서는 인수합병을 통한 카카오의 성장에 대해 우려의 시선을 보내기도 한다. 2017년

9월 당시 2조 원의 현금성 자산을 보유하고 있는 네이버에 비해 카카오의 보유액은 1조 원이 채 안 된다. 2017년 12월에는 싱가포르 증권거래소에서 국외 주식예탁증서를 상장해서 약 1조 원의 자금을 조달하기로 결정한 것을 발표했는데 이 자금은 글로벌 인수합병에 활용될 것으로 예측되고 있다. 또한 카카오의 인수합병 관리능력에 대한 우려도 있다. 사실 카카오는 다음과 로엔 등 몇 차례의 인수합병을 학습했다. 하지만 국외 인수합병은 아직 경험한 적이 없다.

기술 확보를 위한 협업에 초점을 맞춘 네이버와 글로벌 콘텐츠 유통에 초점을 맞춘 카카오에게 있어서 2018년은 중요한 해이다. 과연 글로벌 인수합병을 통한 성장을 택한 카카오는 성공할 수 있을 것인가?

출처 : 매일경제 2018. 1. 10. 디앤씨미디어, 웹툰, 웹소설 등 콘텐츠로 무한 성장; 뉴스웨이 2018. 1. 3. 네이버-카카오, 양대 포털사 CEO 성장전략은; 서울경제 2017. 12. 28. 협업의 네이버 vs. 빅딜의 카카오; 매일경제 2017. 12. 19. 아슬아슬 카카오, 실탄 없이 M&A 올인? “Dead on Arrival”: 실패로 기록될 구글의 모토로라 인수 2012. 8. 27. 카카오 내부자료.

탐구과제

12.1 두 기업의 결합을 의미하는 '인수'와 '합병'은 종종 동의어처럼 사용된다. 두 개념의 차이점에 대해 설명하라.

12.2 어떤 기업들에게 있어서 수평적 인수합병이 수직적 인수합병보다 선호될 수 있는 이유는 무엇인가?

12.3 어떤 학자들은 잉여현금흐름이 그 기업의 경영자들로 하여금 그릇된 기업 인수를 하도록 유도한다고 주장한다. 이를 피하기 위해서 기업들은 부채의 이자와 원금을 상환하는 데 잉여현금흐름을 이용해야 한다고 이 학자들은 주장한다. 많은 기업들에게 잉여현금흐름은 심각한 문제인가?

12.4 어떤 경우에는 범위의 경제가 존재하지 않아도 합병이 발생한다. 경영자들이 기업 규모와 관련하여 합병을 추구하는 이유에 대해 설명하라.

12.5 기업의 지배구조가 중시되는 상황에서 인수대상기업은 인수희망기업들의 인수조건에 대해 투명하게 공개한다. 그러나 이러한 투명성에도 불구하고 어떤 인수희망기업들은 매우 높은 인수가격을 제시하는 것을 꺼리지 않는다. 이것은 인수를 통해 충분한 범위의 경제를 실현할 수 있다고 판단하기 때문이다. 이러한 가치 평가는 인수대상기업의 현재의 시장가치가 아니라 잠재적 가치에 기반하는 것이다. 그렇다면 다른 기업도 이러한 높은 인수가액을 시도해야 하는가?

12.6 기업이 인수합병을 추구하는 것은 시장에서의 우월성을 확보하기 위해서이다. 규모가 커지면 확실히 여러 강점을 보유할 수 있다. 인수합병의 이유로서 수직적 통합과 수평적 통합 이외에도 다른 이유가 존재한다. 여기에는 시장 확장과 제품 확장을 위한 합병이나, 또는 다소 불명확한 개념으로서 기술적 규모의 경제 또는 금전적 규모의 경제를 위한 합병도 포함된다. 비관련다각화합병이 왜 발생하는가에 대해 설명하라.

12.7 기업 인수의 이유는 다양한데, 잉여현금흐름도 그중 하나이다. 잉여현금흐름이 왜 기업 인수의 이유가 되는가에 대해 설명하라.

연습문제

12.8 각각의 시나리오에 대해 기업 인수가 창출하는 가치의 크기와 그중 인수희망기업이 가져가는 가치의 크기 및 인수대상기업이 가져가는 가치의 크기를 계산하라. 각각의 경우에 자본 조달은 무제한으로 할 수 있다고 가정한다.

(a) 인수희망기업 A는 2만 7,000달러의 가치가 있다. 인수대상기업 B는 1만 2,000달러의 가치가 있으나 기업 A와 결합되면 1만 8,000달러의 가치가 된다. 다른 기업들도 기업 B와의 결합에 관심이 있으며 B가 다른 기업들과 결합해도 1만 8,000달러의 가치가 있다. 만약 기업 A가 기업 B와 결합하면 이 기업 인수는 가치를 창출하는가? 만약 창출한다면 얼마가 되는가? 이 가치 중 얼마를 기업 A의 주주가 가져가는가? 이 가치 중 얼마를 기업 B의 주주가 가져가는가?

(b) 위와 같은 시나리오이나, 기업 B가 다른 기업과 결합했을 때의 가치가 1만 2,000달러인 경우

(c) 위와 같은 시나리오이나, 기업 B가 다른 기업과 결합했을 때의 가치가 1만 6,000달러인 경우

(d) (b)와 같은 시나리오에서, 기업 B가 다른 기업들을 경쟁에 참여시켜서 어떻게 기업 A가 1만 8,000달러를 창출할 수 있는가에 대해 설명해 줄 때

(e) (b)와 같은 시나리오에서 기업 B가 기업 A를 고소한다고 해 보자. 법적 조치를 취한 후에 기업 B의 이사회에는 '과반수의 법칙supermajority'이 적용된다. 이 법칙에 따라서 기업 B는 기업 A에 매도된 주식을 시장가격보다 20% 높게 역매수하기로 한다.

참고문헌

1 See fowardthinking.pcmag.com/ssoftware/286148-the-rise-of-dos-how-micorsoft-got-the-IBM-pc-contract; www.forbes.com/sites/greatspeculations/2010/12/10-at-110-billion-microsfot-windows-is-most-valuable-software-franchise/#2C9654c76dad; www.businessinsider.com/bad-acquisitions-2011-8; www.computerworlduk.com/galleries/it-vendors/acqusitions-microsoft-wished-it-never-made-3620320; www.techradar.com/new/internet/voip/skype-turns-10-did-microsoft-s-sbet-payoff-1176537; www.wsyu.com/articles/microsoft-has-mixed-record-of-success-on-big-acquisitions-1465851304; www.trustedreviews.com/opinions/7-major-tech-acquisition-failures. All accessed March 6, 2017;

2 See www.cnbc.com/id/100917279/why-insder-trading-should-be-legal; www.forbes.com/sites/jeffreydorfman/2015/03/22/a-modern-insider-trading-law-would-recognize-the-victims-of-the-current-law/#a9Od4be34b3e; www.investmentbank.com/fees; www.eurofound.europa.eu/observatories/eurowork/articles/impact-of-mergers-and-acquisitions-on-employment-and-labor-relations

3 See Welch, D., and G. Edmondson. (2004). "A shaky automotive *ménage à trois*." *BusinessWeek*, May 10, pp. 40–41.

4 https://imaa-institute.org/merger-and-acquisitions-statistics. Accessed March 6, 2017.

5 Here, and throughout this chapter, it is assumed that capital markets are semi-strong efficient, that is, all publicly available information about the value of a firm's assets is reflected in the market price of those assets. One implication of semi-strong efficiency is that firms will be able to gain access to the capital they need to pursue any strategy that generates positive present value. See Fama, E. F. (1970). "Efficient capital markets: A review of theory and empirical work." *Journal of Finance*, 25, pp. 383–417.

6 See Trautwein, I. (1990). "Merger motives and merger prescriptions." *Strategic Management Journal*, 11, pp. 283–295; and Walter, G., and J. B. Barney. (1990). "Management objectives in mergers and acquisitions." *Strategic Management Journal*, 11, pp. 79–86. The three lists of potential links between bidding and target firms were developed by the Federal Trade Commission; Lubatkin, M. (1983). "Mergers and the performance of the acquiring firm." *Academy of Management Review*, 8, pp. 218–225; and Jensen, M. C., and R. S. Ruback. (1983). "The market for corporate control: The scientific evidence." *Journal of Financial Economics*, 11, pp. 5–50.

7 See Huey, J. (1995). "Eisner explains everything." *Fortune*, April 17, pp. 44–68; and Lefton, T. (1996). "Fitting ABC and ESPN into Disney: Hands in glove." *Brandweek*, 37(18), April 29, pp. 30–40.

8 This is because if the combined firm is worth $32,000 the bidder firm is worth $15,000 on its own. If a bidder pays, say, $20,000 for this target, it will be paying $20,000 for a firm that can only add $17,000 in value. So, a $20,000 bid would lead to a $3000 economic loss.

9 This is Jensen, M. C., and R. S. Ruback. (1983). "The market for corporate control: The scientific evidence." *Journal of Financial Economics*, 11, pp. 5–50.

10 A. Arikan (2004). "Long-term returns to acquisitions: The case of purchasing tangible and intangible assets." Unpublished, Fisher College of Business, Ohio State University; S. J. Brown and J. B. Warner (1985). "Using daily stock returns: The case of event studies." *Journal of Financial Economics*, 14, pp. 3–31; D. Henry, M. Der Hovanseian, and D. Foust (2003). "M&A deals: Show me." *BusinessWeek*, November 10, pp. 38+.

11 See Lubatkin, M. (1987). "Merger strategies and stockholder value." *Strategic Management Journal*, 8, pp. 39–53; and Singh, H., and C. A. Montgomery. (1987). "Corporate acquisition strategies and economic performance." *Strategic Management Journal*, 8, pp. 377–386.

12 See Grant, L. (1995). "Here comes Hugh." *Fortune*, August 21, pp. 43–52; Serwer, A. E. (1995). "Why bank mergers are good for your savings account." *Fortune*, October 2, p. 32 and Deogun, N. (2000). "Europe catches merger fever as global volume sets record." *The Wall Street Journal*, January 3, p. R8.

13 The concept of free cash flow has been emphasized in Jensen, M. C. (1986). "Agency costs of free cash flow, corporate finance, and takeovers." *American Economic Review*, 76, pp. 323–329; and Jensen, M. (1988). "Takeovers: Their causes and consequences." *Journal of Economic Perspectives*, 2, pp. 21–48.

14 See Miles, R. H., and K. S. Cameron. (1982). *Coffin nails and corporate strategies*. Upper Saddle River, NJ: Prentice Hall.

15 Roll, R. (1986). "The hubris hypothesis of corporate takeovers." *Journal of Business*, 59, pp. 205–216.

16 See Dodd, P. (1980). "Merger proposals, managerial discretion and stockholder wealth." *Journal of Financial Economics*, 8, pp. 105–138; Eger, C. E. (1983). "An empirical test of the redistribution effect in pure exchange mergers." *Journal of Financial and Quantitative Analysis*, 18, pp. 547–572; Firth, M. (1980). "Takeovers, shareholder returns, and the theory of the firm." *Quarterly Journal of Economics*, 94, pp. 235–260; Varaiya, N. (1985). "A test of Roll's hubris hypothesis of corporate takeovers." Working paper, Southern Methodist University, School of Business; Ruback, R. S., and W. H. Mikkelson. (1984). "Corporate investments in common stock." Working paper, Massachusetts Institute of Technology, Sloan School of Business; and Ruback, R. S. (1982). "The Conoco takeover and stockholder returns." *Sloan Management Review*, 14, pp. 13–33.

17 This section of the chapter draws on Barney, J. B. (1988). "Returns to bidding firms in mergers and acquisitions: Reconsidering the relatedness hypothesis." *Strategic Management Journal*, 9, pp. 71–78.

18 See Turk, T. A. (1987). "The determinants of management responses to interfirm tender offers and their effect on shareholder wealth." Unpublished doctoral disserta tion, Graduate School of Management, University of California at Irvine. In fact, this is an example of an anti-takeover action that can increase the value of a target firm. These anti-takeover actions are discussed later in this chapter.

19 See Bower, J. (1996). "WPP-integrating icons." Harvard Business School

Case No. 9-396-249.

20 See Jemison, D. B., and S. B. Sitkin. (1986). "Corporate acquisitions: A process perspective." *Academy of Management Review*, 11, pp. 145–163.

21 Blackwell, R. D. (1998). "Service Corporation International." Presented to The Cullman Symposium, October, Columbus, OH.

22 R. Walkling and M. Long (1984). "Agency theory, managerial welfare, and takeover bid resistance." *Rand Journal of Economics*, 15(1), pp. 54–68; R. D. Kosnik (1987). "Greenmail: A study of board performance in corporate governance." *Administrative Science Quarterly*, 32, pp. 163–185; J. Walsh (1989). "Doing a deal: Merger and acquisition negotiations and their impact upon target company top management turnover." *Strategic Management Journal*, 10, pp. 307–322; L. Y. Dann and H. DeAngelo (1983). "Standstill agreements, privately negotiated stock repurchases, and the market for corporate control." *Journal of Financial Economics*, 11, pp. 275–300; M. Bradey and L. Wakeman (1983). "The wealth effects of targeted share repurchases." *Journal of Financial Economics*, 11, pp. 301–328; H. Singh and F. Haricento (1989). "Top management tenure, corporate ownership and the magnitude of golden parachutes." *Strategic Management Journal*, 10, pp. 143–156; T. A. Turk (1987). "The determinants of management responses to interfirm tender offers and their effect on shareholder wealth." Unpublished doctoral dissertation, Graduate School of Management, University of California at Irvine.

23 Cartwright, S., and C. Cooper. (1993). "The role of culture compatibility in successful organizational marriage." *The Academy of Management Executive*, 7(2), pp. 57–70; Chatterjee, S., M. Lubatkin, D. Schweiger, and Y. Weber. (1992). "Cultural differences and shareholder value in related mergers: Linking equity and human capital." *Strategic Management Journal*, 13, pp. 319–334.

24 Jacobsen, D. (2012). "Six big mergers killed by culture." *Globoforce*, September 22.

25 See Walsh, J., and J. Ellwood. (1991). "Mergers, acquisitions, and the pruning of managerial deadwood." *Strategic Management Journal*, 12, pp. 201–217; and Walsh, J. (1988). "Top management turnover following mergers and acquisitions." *Strategic Management Journal*, 9, pp. 173–183.

26 See Haspeslagh, P., and D. Jemison. (1991). *Managing acquisitions: Creating value through corporate renewal*. New York: Free Press.

경영 사례 분석하고 토의 준비하기

이 책은 독자들이 사례 분석을 할 수 있도록 하였다. 골프 선수가 되기 위해 골프 이론서만 읽어서는 안 되듯이, 훌륭한 전략가가 되기 위해서도 경영학 이론서만 읽어서는 안 된다. 책에서 배운 개념과 기법을 적용하는 것이 필수적이다. 경영 사례는 이러한 연습을 할 기회를 제공한다.

왜 사례 분석이 필요한가

전략경영 과목의 강의는 대부분 사례 분석을 중심으로 이루어진다. 사례 분석을 통해 기업의 경영자들이 당면하는 실제 문제와 딜레마를 공부하고 토론한다. 사례는 대개 특정한 시점에서 경영자나 기업이 겪는 상황을 묘사한다. 물론 실제 현실과 정확히 같은 수준의 복잡한 상황을 제공할 수는 없지만, 적어도 경영자들이 경험했던 정황과 사실에서 유추할 수 있는 문제점과 기회를 담고 있다. 명백한 해결책이 있는 사례는 거의 없다. 즉 사례 분석 기법은 불완전한 정보에도 불구하고 가장 중요한 문제를 집어내어 그 해결책 또는 전략을 제시하는 것을 훈련시킨다. 사례 분석을 성공적으로 하려면 독자들은 때로는 모호하고 때로는 모순적인 정보를 분석하고 종합하는 능력을 길러야 한다. 독자들은 또한 모호하고 불안정한 정보를 바탕으로 그 사례의 이슈와 기회의 우선순위를 정해서 의사결정을 해야 한다. 마지막으로 독자들은 스스로의 관점을 다른 사람들에게 이해시켜야 한다.

경영 전략 과목과 같은 응용 학문에서는 당신이 배운 지식을 얼마나 현실 상황에 잘 적용시킬 수 있느냐에 따라 당신의 학습 능력을 평가하게 된다. 경영 사례는 당신이 개념적 지식을 적용하여 판단할 수 있는 능력과 지혜를 개발하도록 도와준다. 강의실에서 배운 것처럼 정리되어 있지 않은 정보를 바탕으로 개념을 적용하다보면 학생들은 상황을 판단할 수 있는 능력을 기르게 된다. 알프레드 노스 화이트헤드는 지식의 적용의 중요성에 대해 다음과 같이 말한 바 있다.

> 학생들은 먼저 수동적으로 배우고, 그다음에 배운 지식을 적용해야 한다는 주장에 반대한다. 무엇인가를 배운다는 것은 그것과 다른 것과의 관계를 안다는 것을 의미한다. 적용할 수 없는 지식은 그 의미를 잃어버린 지식이다.
>
> Alfred North Whitehead (1947). *Essay in Science and Philosophy*. New York: Philosophical Library, Inc. pp. 218-219.

즉 개념을 적용할 때 비로소 지식을 습득할 수 있다. 사례 분석을 통해 당신은 강사가 전하는 지식을 수동적으로 흡수하는 것이 아니라 사례에서 설명하고 있는 실제 상황과 씨름하면서 능동적으로 지식을 개발해 나가는 것이다.

어떻게 사례를 분석할 것인가

사례 분석에 대해 논의하기 전에 사례 분석 준비에 '실패'하는 본보기를 보여 주는 것이 더 효과적일 수 있다. 우리는 두 가지 실패 유형을 발견할 수 있다. 첫째, 학생들은 종종 개념적 모형을 실제 상황에 체계적으로 적용하지 않는다. 둘째, 많은 학생들은 토론 전에 사례를 읽고 분석하는 데 시간을 충분히 쓰지 않는다. 많은 학생들은 사례를 한 번 훑어보고 가장 쉽게 찾을 수 있는 이슈를 찾는 데 만족하려는 유혹에 굴복하고 만다. 즉 그들은 아주 피상적으로만 사례를 이해하고는 강의실에 오는 것이다. 종종 그들은 왜 이 기업이 이러한 상황에 놓이게 되었으며, 어떻게 상황을 개선시킬 수 있는지에 대한 깊은 차원의 이슈에 대해서는 전혀 깨닫지 못한다.

개념적 모형을 체계적으로 적용하기 위해서는 첫째로 단순히 더 많은 시간과 노력을 투자해야 하고, 둘째로 각 장의 본문 내용에 대한 깊은 이해와 사례에 숨겨진 이슈에 대한 꼼꼼한 관찰력이 필요하다. 이러한 사례 분석의 접근법에 익숙해지면 점점 사례 분석에 필요한 시간이 감소하는 것을 느낄 수 있을 것이다. 이 부록은 독자들이 사례를 분석하는 데 도움이 되는 모형을 제시한다. 이 모형은 중요하지만, 그렇다고 해서 당신의 수고를 덜어 줄 것이라고 기대해서는 안 된다. 사례 분석을 위한 지름길은 존재하지 않으며, 어떤 모형도 완벽하지 않기 때문이다. 그러나 다음에 소개되는 모형은 적어도 사례 분석 능력을 기르는 것을 도와주리라 기대한다.

1. **사례를 빨리 훑어보라** 그림이나 표에 주목하라. 이 과정의 목적은 사례를 둘러싼 정보를 광범위하게 파악하는 것이다. 기업이 당면한 문제와 기회는 무엇인가? 사례의 첫 부분과 마지막 부분에 이와 관련한 정보가 존재할 가능성이 크다.

2. **꼼꼼히 읽으며 메모를 하거나 밑줄을 그어 가며 읽으라** 사례에서 중요한 사실은 무엇인가? 각 장의 개념적 모형은 사례에서의 중요한 사실을 찾아내는 데 도움을 줄 수 있다. 독자들은 다음과 같은 중심 질문 사항을 점검하고 싶을 것이다.

- 이 기업의 성과는 어떠한가?
- 이 기업의 사명, 전략, 목표는 무엇인가?
- 이 기업의 가치사슬에서 발견되는 자원은 무엇이며, 그 자원은 다른 경쟁 기업들에 비해 비용 측면이나 차별화 측면에서 어떤 위치를 차지하고 있는가?
- 이 기업은 경쟁우위가 있는가?
- 이 기업의 우위 요소와 열위 요소는 임시적인가, 지속적인가?
- 이 기업의 자원은 가치가 있는가?
- 이 기업의 자원은 희소한가?
- 이 기업의 자원은 모방하기 힘든가?
- 이 기업은 자원을 이용하기 위해 충분히 잘 조직되어 있는가?

사례에 따라 독자들은 다른 모형과 질문을 이용할 수 있을 것이다. 각 장은 독자들이 고려할 수 있는 개념과 모형을 제공한다. 예를 들면 다음과 같다.

- 이 기업을 둘러싼 다섯 가지 세력은 무엇인가? 그들은 어떻게 산업 기회와 위협에 영향을 주는가? (제2장)
- 산업 내 기업 간의 비용 차이의 원천은 무엇인가? (제4장)
- 산업 내 차별화의 방법은 무엇인가? (제5장)

각 장에는 위에서 언급된 질문보다 더 자세한 질문과 개념이 포함되어 있어서 독자들이 이용할 수 있다. 어떤 사례의 경우에는 강사가 사례 분석에 이용될 개념을 제시할 수도 있으나, 다른 경우에는 독자 스스로 어떤 개념을 이용해야 할지 판단해야 한다.

3. **기본적인 이슈를 정의하라** 이 단계는 아마도 가장 중요한 단계이고 지혜와 판단이 가장 필요한 절차일 것이다. 경영 사례에서는 이슈와 문제가 명백하게 제시되어 있거나 그 문제를 풀기 위한 기법이 설명되어 있는 경우는 거의 없다. 이 단계에서 독자들은 "이 사례의 근본적인 문제는 무엇이지?", "문제를 해결하기 위해 어떤 개념이 가장 중요하지?"등을 자문해야 한다. 이 단계에서 빠지기 쉬운 함정은 몇몇 학자들이 '꿰어 맞춤plunging-in'이라고 부르는 오류인데, 이것은 그 사례의 핵심 이슈에 대해 생각해 보기 전에 결론부터 정해 버리는 것이다.* 많은 학생들은 사례에서 비교적 명백하게 제시된 첫 번째 이슈에 매달리는 경향이 있다. 이 함정에 빠지지 않으려면 다양한 개념적 모형을 적용하여 사례의 이슈를 고려할 필요가 있다.

4. **주요 이슈에 대해 분석 방법을 개발하고 정리하라** 이 단계는 가장 많은 노력을 요하는 것인데, 독자들은 3단계에서 정의한 이슈를 가지고 2단계에서 발견한 사실을 검토하면서 어떤 것들

* J. E. Russo & P. J. H. Schoemaker (1989). *Decision Traps: The Ten Barriers to Brilliant Decision-Making and How to Overcome Them*. New York: Fireside.

이 중요한 사실인지를 평가해야 한다. 수량적 분석이 보여 주는 내용은 무엇인가? 단순히 비율 분석만이 전부가 아니다. 사람의 체온과 혈압과 맥박수가 그 사람의 건강 상태에 대해 정보를 제공하기는 하지만 왜 병에 걸리게 되었는지를 말해 주지는 않듯이, 기업의 회계적 비율들은 그 기업의 건전성을 보여 주기는 하지만 어떤 수준의 성과를 가져오게 한 이유에 대해 설명해 주지는 않는다. 독자들은 사실과 분석을 결합하여 자신의 관점을 뒷받침할 수 있어야 한다. 사실과 분석에 의해 뒷받침되지 않은 사견opinions은 설득력을 갖지 못한다. 즉 이 단계에서는 사례에서의 사실들을 조직화하는 것이 주된 과업이다. 독자들은 주어진 상황에서 어떤 요소들이 이 기업의 성공과 관련이 있는지에 대해 구체적인 가설을 마련해야 한다. 종종 독자들은 도표를 그리는 것이 사고를 정리하는 데 도움이 된다는 것을 발견할 것이다.

5. **결론을 도출하고 제안점을 만들라** 어쩌면 독자들은 불완전한 정보에 기초한 결론과 제안점을 만드는 것을 꺼릴지도 모른다. 사실 경영자들도 이런 딜레마를 경험한다. 그러나 완전한 정보를 얻기 위해 기다리는 경영자들은 항상 너무 늦게 행동하게 된다. 그럼에도 불구하고 독자들은 주어진 시간 속에서 가장 완벽한 분석을 하도록 노력해야 한다. 제안점은 당신의 분석에서 자연스럽게 형성되어야 한다. 학생들은 자주 단편적인 제안점을 만든다. 독자들은 스스로 제안하는 사항들의 우선순위와 전략적 행동의 순서를 확실히 할 필요가 있다.

6. **토론에 대비하라** 앞의 다섯 단계를 성실히 거치고 사례를 진지하게 검토한 학생들은 토론 준비가 잘 되어 있을 것이다. 요약 노트를 가지고 토론에 참가하는 것도 좋은 방법일 수 있다. 수년간 우리는 토론에 거의 참여하지 않는 학생들이 요약 노트를 거의 가지고 오지 않는다는 사실을 발견했다. 강사는 학생들에게 몇몇 질문을 함으로써 사례 토론을 시작하는 경우가 많다. 많은 강사들은 무작위로 선정된 학생들에게 '돌발 질문cold call'을 한다. 사례에 대해 많은 준비를 한 학생들은 이 돌발 질문에 대해서도 잘 준비되어 있다. 또한 토론 과정에서의 분석, 주장, 설득력 측면에서도 높은 성과를 보여 준다. 토론은 신속하게 진행될 수 있다. 당신은 동료들로부터 새로운 관점을 들을 수 있다. 사례를 진지하게 준비하면 토론 과정에서 도출되는 관점을 흡수하고 배우며 또한 다른 사람에게 전달하는 일을 할 수 있다.

요약

학생들은 사례 분석이 복잡한 과정임을 곧 깨닫게 될 것이다. VRIO 모형 같은 개념적 접근법을 알고 있다 하더라도 사례 분석의 복잡성은 감소되지 않는다. 그러나 앞에서 소개한 것과 같은 체계적인 접근법을 사용하면 사례 분석의 복잡성을 어느 정도 관리할 수 있게 된다. 어떠한 경영 사례나 실제 상황도 모든 불확실성이나 모호한 상황을 해결해 줄 말끔한 결론이 있지는 않다. 그러나 VRIO 모형 등의 좋은 이론과 충분한 노력이 겸비된 사례 분석 방법은 독자들에게 전략적 문제를 통찰할 수 있는 관점을 제공하고 기업을 이끌어 갈 전략적 기법을 개발할 수 있는 능력을 부여할 것이다.

표 A.1 **블랙-숄즈 옵션 가격표**

	0.05	0.10	0.15	0.20	0.25	0.30	0.35	0.40	0.45	0.50
0.50	*	*	*	*	0.0003	0.0015	0.0044	0.0094	0.0167	0.0261
0.60	*	*	*	0.004	0.0024	0.0070	0.0144	0.0243	0.0366	0.0506
0.70	*	*	0.0005	0.0035	0.0103	0.0204	0.0333	0.0482	0.0645	0.0820
0.75	*	0.0001	0.0018	0.0077	0.0178	0.0310	0.0463	0.0632	0.0810	0.0997
0.80	*	0.0005	0.0050	0.0148	0.0283	0.0442	0.0615	0.0799	0.0989	0.1183
0.82	*	0.0010	0.0072	0.0186	0.0334	0.0502	0.0682	0.0870	0.1063	0.1259
0.84	*	0.0018	0.0099	0.0230	0.0390	0.0566	0.0752	0.0943	0.1139	0.1337
0.86	*	0.0031	0.0133	0.0280	0.0450	0.0633	0.0824	0.1019	0.1216	0.1415
0.88	0.0001	0.0051	0.0175	0.0336	0.0516	0.0705	0.0899	0.1096	0.1295	0.1494
0.90	0.0003	0.0079	0.0225	0.0399	0.0586	0.0779	0.0976	0. 1175	0.1374	0.1573
0.92	0.0010	0.0118	0.0283	0.0467	0.0660	0.0857	0.1055	0.1255	0.1454	0.1653
0.94	0.0027	0.0169	0.0349	0.0542	0.0738	0.0937	0.1136	0. 1336	0.1535	0.1733
0.96	0.0060	0.0232	0.0424	0.0622	0.0821	0.1020	0.1219	0.1418	0.1616	0.1813
0.98	0.0116	0.0309	0.0507	0.0707	0.0906	0. 1105	0.1304	0.1501	0.1698	0.1894
1.00	0.0199	0.0399	0.0598	0.0797	0.0995	0.1192	0.1389	0.1585	0.1780	0.1974
1.02	0.0311	0.0501	0.0695	0.0891	0.1086	0.1281	0.1476	0.1670	0.1862	0.2054
1.04	0.0445	0.0613	0.0799	0.0988	0.1180	0.1372	0.1563	0.1754	0.1945	0.2134
1.06	0.0595	0.0734	0.0907	0.1090	0.1276	0. 1463	0.1651	0.1839	0.2027	0.2214
1.08	0.0754	0.0863	0.1020	0.1193	0.1373	0. 1556	0.1740	0.1925	0.2109	0.2293
1.10	0.0914	0.0996	0. 1136	0.1299	0.1472	0.1649	0.1829	0.2010	0.2191	0.2372
1.12	0.1073	0.1132	0.1255	0.1407	0.1572	0. 1743	0.1918	0.2095	0.2273	0.2451
1.14	0.1229	0.1270	0.1376	0.1516	0. 1672	0.1837	0.2007	0.2018	0.2354	0.2529
1.16	0.1380	0. 1407	0.1497	0.1626	0. 1773	0. 1932	0.2096	0.2264	0.2435	0.2606
1.18	0.1525	0.1544	0.1619	0.1736	0.1874	0.2026	0.2185	0.2349	0.2515	0.2683
1.20	0.1667	0.1679	0.1741	0.1846	0. 1975	0.2120	0.2273	0.2432	0.2595	0.2759
1.25	0.2000	0.2004	0.2040	0.2119	0.2227	0.2353	0.2492	0.26398	0.2791	0.2946

(계속)

표 A.1 블랙-숄즈 옵션 가격표(계속)

	0.05	0.10	0.15	0.20	0.25	0.30	0.35	0.40	0.45	0.50
1.30	0.2308	0.2309	0.2329	0.2385	0.2473	0.2583	0.2707	0.2841	0.2983	0.3129
1.35	0.2593	0.2593	0.2604	0.2643	0.2713	0.2806	0.2916	0.3039	0.3169	0.3306
1.40	0.2857	0.2857	0.2863	0.2889	0.2994	0.3023	0.3120	0.3230	0.3351	0.3478
1.45	0.3103	0.3103	0.3106	0.3124	0.3166	0.3232	0.3316	0.3416	0.3526	0.3645
1.50	0.3333	0.3333	0.3335	0.3346	0.3378	0.3432	0.3506	0.3595	0.3696	0.3806
1.75	0.4286	0.4286	0.4286	0.4287	0.4294	0.4313	0.4347	0.4395	0.4457	0.4530
2.00	0.5000	0.5000	0.5000	0.5000	0.5001	0.5007	0.5022	0.5047	0.5083	0.5131
2.50	0.6000	0.6000	0.6000	0.6000	0.6000	0.6001	0.6003	0.6009	0.6021	0.6041

0.55	0.60	0.65	0.70	0.75	0.80	0.85	0.90	0.95	1.00
0.0375	0.0506	0.0651	0.0808	0.0976	0.1151	0.1333	0.1520	0.1712	0.1906
0.0661	0.0827	0.1003	0.1185	0.1373	0. 1565	0.1761	0.1958	0.2157	0.2356
0.1003	0.1191	0.1384	0.1580	0.1778	0.1977	0.2176	0.2376	0.2575	0.2773
0.1188	0.1383	0.1580	0.1779	0.1978	0.2178	0.2377	0.2575	0.2772	0.2968
0.1380	0.1578	0.1777	0. 1977	0.2176	0.2374	0.2572	0.2768	0.2963	0.3156
0.1457	0.1657	0.1856	0.2055	0.2254	0.2452	0.2648	0.2843	0.3037	0.3228
0.1536	0.1735	0.1935	0.2133	0.2331	0.2528	0.2724	0.2918	0.3110	0.3300
0.1614	0.1814	0.2013	0.2211	0.2408	0.2604	0.2798	0.2991	0.3181	0.3370
0.1693	0.1892	0.2091	0.2288	0.2484	0.2679	0.2872	0.3063	0.3252	0.3439
0.1772	0.1971	0.2168	0.2364	0.2559	0.2752	0.2944	0.3134	0.3321	0.3507
0.1852	0.2049	0.2245	0.2440	0.2634	0.2825	0.3016	0.3204	0.3390	0.3507
0.1931	0.2127	0.2322	0.2515	0.2707	0.2898	0.086	0.3272	0.3457	0.3639
0.2010	0.2204	0.2398	0.2590	0.2780	0.2969	0.3156	0.3340	0.3523	0.3704
0.2088	0.2282	0.2473	0.2664	0.2852	0.3039	0.3224	0.3407	0.3588	0.3767
0.2167	0.2358	0.2548	0.2737	0.2923	0.3108	0.3292	0.3473	0.3652	0.3829
0.2245	0.2434	0.2622	0.2809	0.2994	0.3177	0.3358	0.3538	0.3715	0.3890
0.2323	0.2510	0.2696	0.2880	0.3063	0.3244	0.3424	0.3601	0.3777	0.3890
0.2400	0.2585	0.2769	0.2951	0.3132	0.3311	0.3489	0.3664	0.3838	0.4010
0.2477	0.2659	0.2841	0.3021	0.3200	0.3377	0.3552	0.3726	0.3898	0.4068

0.55	0.60	0.65	0.70	0.75	0.80	0.85	0.90	0.95	1.00
0.2553	0.2733	0.2912	0.3091	0.3267	0.3442	0.3615	0.3787	0.3957	0.4125
0.2629	0.2806	0.2983	0.3158	0.3333	0.3506	0.3677	0.3747	0.4015	0.4181
0.2704	0.2878	0.3052	0.3226	0.3398	0.3569	0.3738	0.3906	0.4072	0.4236
0.2778	0.2950	0.3121	0.3292	0.3462	0.3631	0.3798	0.3964	0.4128	0.4291
0.2852	0.3021	0.3190	0.3358	0.3525	0.3692	0.3857	0.4021	0.4184	0.4344
0.2925	0.3091	0.3257	0.3423	0.3588	0.3722	0.3916	0.4077	0.4238	0.4397
0.3104	0.3262	0.3422	0.3581	0.3741	0.3900	0.4058	0.4214	0.4370	0.4524
0.3278	0.3429	0.3582	0.3735	0.3888	0.4042	0.4194	0.4346	0.4497	0.4647
0.3447	0.3591	0.3736	0.3883	0.4031	0.4178	0.4326	0.4473	0.4619	0.4765
0.3611	0.3747	0.3886	0.4026	0.4168	0.4310	0.4453	0.4595	0.4737	0.4878
0.3769	0.3898	0.4030	0.4165	0.4301	0.4438	0.4575	0.4713	0.4851	0.4987
0.3923	0.4044	0.4170	0.4298	0.4429	0.4561	0.1693	0.4826	0.4959	0.5092
0.4613	0.4703	0.4799	0.4900	0.5005	0.5112	0.5222	0.5334	0.5447	0.5560
0.5188	0.5553	0.5326	0.5404	0.5488	0.5575	0.5666	0.5760	0.5856	0.5953
0.6067	0.6101	0.6142	0.6190	0.6243	0.6301	0.6363	0.6430	0.6499	0.6571

자원기반이론과 VRIO 모형의 의의

이 책의 제1장에서 제12장에 이르기까지 독자들은 VRIO라는 단일 모형을 통해 전략경영의 중요한 개념과 모형을 살펴보았다. 그 과정에서 VRIO 모형이 가진 폭넓은 적용 가능성과 의의에 대해 적어도 간접적으로 알게 되었으리라 생각한다. 그러나 VRIO 모형의 이론적 배경이 되는 자원기반이론이 가진 독특한 철학적 의의와 VRIO 모형의 발전 방향에 대해 좀 더 자세한 설명이 필요한 것 같다. 이 에필로그에서는 이 책의 내용과 관련된 보충적 내용을 다루려 한다.

자원기반이론의 철학적 의의

자원기반이론resource-based view은 제2장에서 설명한 구조-행위-성과-모델structure-conduct-performance model, S-C-P model과 비교되는 이론이다. 앞에서 설명하였듯이 S-C-P 모델은 원래 미국의 경제 발전을 가로막을 수 있는 걸림돌, 즉 공정한 경쟁을 방해하는 진입장벽을 제거하기 위해 1930년대에 개발된 이론으로서 오늘날로 말하면 경제 민주화를 이루기 위한 학계의 업적이었다. 이러한 좋은 의도에서 탄생된 경제 이론이 대기업의 우위를 지속시키기 위해 어떤 진입장벽을 쌓을 수 있는가에 대한 답을 구하는 경영 자문을 위해 이용되었다는 것은 전략경영 분야의 탄생과 관련한 아이러니가 아닐 수 없다.

그러나 자원기반이론에서는 성과 측정의 기준이 S-C-P 모델과 상이하다. 본문에서는 기업의 이익 창출 능력에 대해 채권자나 주식 투자자 등 외부 투자자들이 평가하여 적용하는 자본비용보다 높은 이익을 기록할 때 보통 이상의 성과above-normal performance를, 그리고 그 기대에 부응하지 못하는 저조한 이익을 기록할 때 보통 이하의 성과below-normal performance를 거둔다고 설명하고 있다. 여기에는 다른 기업과 직접적으로 비교하는 개념이 포함되어 있지 않으며, 따라서 업계 순위 같은 개념이 존재하지 않는다.

기업 성과 측정에서의 이러한 차이는 사실 단순한 측정상의 문제라기보다는 두 이론 사이에 존재하는 보다 근본적인 철학적 차이라 할 수 있다. 예를 들어 우리나라 고등학교에서의 학업 성취도 평가 방법은 학교마다 시행하는 시험점수를 기초로 일등부터 꼴등까지 성적을 나열하여 그 등수를 가지고 등급을 매기는, 전형적인 '평균 개념'의 성과 측정 방식이다. 전국적인 모의 고사나 수학능력평가를 통해서는 동일한 문제에 대해 누가 더 많은 정답을 맞추었는가에 따라 점수를 받게 된다. 결국은 점수의 비교와 그에 따른 순위에 의한 평가가 이루어진다. 이러한 방식의 가장 중요한 장점은 단순성과 객관성에 있다. 가장 높은 점수를 받은 학생이 일등을 하고 가장 낮은 점수를 받은 학생이 꼴등을 한다는 것은 상식적인 수준에서 납득할 만하기 때문이다.

그러나 이것을 읽는 독자들은 바로 이의를 제기할 것이다. 먼저 학교별로 등급을 매기는 방식에 있어서, 우수한 학생들이 모여 있는 학교에서 꼴등을 하는 학생이 전체적으로 우수하지 않은 학생들이 모여있는 학교에서 일등을 하는 학생보다 더 우수할 수도 있지 않을까? 그렇다면 학교의 수준을 학생 평가에서 얼마나 고려해야 하는가에 대해 추가적인 조정이 필요하게 되는데, 이것은 매우 주관적이고 어려운 과정일 수 있다. 또한 전국적인 모의고사나 수학능력평가에 의해 성적을 매기는 방식에 대해서도 보다 교육적이고 철학적인 이의를 제기할지도 모른다. 과연 고등학생의 학업 성취도를 동일한 선상에서의 시험 성적을 가지고 측정하는 것이 타당한 것인가? 타고난 열등한 지능과 신체적 결함, 또는 열악한 가정환경을 극복하고 그 환경에 비해 우수한 성적을 거둔 학생은 더 큰 학업 성취도를 보여 주었다고 평가하는 것이 옳지 않은가?

고등학생의 학업 성취도 평가에서 발생할 수 있는 이러한 논의는 S-C-P 모델과 자원기반이론을 비교하는 것에 있어서도 거의 동일하게 발생할 수 있다. S-C-P 모델은 그 탄생에서부터 진입장벽의 존재를 고려한다. 이러한 진입장벽으로 둘러싸인 기업들의 모임을 우리는 산업이라고 부르는데, 마치 특정 고등학생이 어느 고등학교에 속하는가에 해당하는 개념이라 할 수 있다. 그렇다면 기업이 경쟁력을 표현하는 데 특정 산업 내에서 가지는 매출액 순위나 이익률 순위를 이용하는 것이 과연 적절한 것인가에 대해 논란이 있을 수 있다. 만약 산업 내 순위를 고려하는 대신 개별 기업의 매출액이나 이익률만 가지고 상이한 산업에 속한 다른 기업들의 매출액이나 이익률과 비교함으로써 경쟁력을 평가한다 하더라도 마찬가지이다. 예를 들어 부실한 대기업의 매출액과 빠른 속도로 성장하고 있는 중소기업의 매출액을 그 자체로만 비교하는 것은 적절하지 못할 것이다. 더 다양한 회계 자료, 예를 들어 제1장에서 제시하는 수익성 비율이나 유동성 비율, 레버리지 비율, 활동성 비율 등을 고려한다 해도 결국 기업이 당면한 상황을 고려한 성과 대신 결과만을 고려한 성과를 측정하여 기업들을 비교한다는 것에는 변함이 없다.

이와 대조적으로 자원기반이론은 기업 성과 측정에 있어서 기대^expectation^의 개념을 포함하고 있다. 이것은 마치 고등학생의 학업 성취도를 평가하는 데 그 학생의 타고난 지능, 신체적 조건, 또는 가정환경을 고려하는 것에 비유할 수 있다. 이러한 측정 방식의 배경은 다음과 같다. 어느 기업의 성과에 대해 그 기업을 둘러싼 이해관계자들이 형성하는 기대 성과expected performance가 있다. 아마도 그 수준은 해당 기업이 현재 보유한 인적 자원의 우수성이나 재무적 건실성, 또는 경쟁 강도나 정부 정책의 우호성 등 수많은 경쟁 여건의 결과에 의해 형성되었을 것이다. 이러한 수준은 대체로 그 기업의 자본비용이나 주가에 반영되어 있다.

이제 어느 기업의 실제 성과actual performance가 기대 성과보다 높을 때는 그 기업의 주가가 치솟을 것이고 신용등급이 상승함으로써 자본비용은 하락할 것이다. 그런데 이러한 변화에 다른 기업의 성과는 의미가 없다. 기대 성과와 실제 성과의 차이를 보는 데 업계 매출액 순위나 이익률 순위는 무의미하다. 오직 해당 기업의 성과만이 중요한 것이다. 제1장에서도 설명하였듯이 이 같은 방식으로 기업 성과 측정을 하게 되면 어느 산업 내 모든 기업이 보통 이상의 성과를 성취하는 것도 가능하다. 이것은 평균 개념의 성과 측정에서는 절대로 불가능한 것이다. 어떤 의미에서든 순위가 존재하기 때문이다.

다소 극단적으로 표현하자면, 자원기반이론에서는 S-C-P 모델에서 출발점으로 삼는 산업의 개념이 필요하지 않다고 할 수 있다. 또는 동일한 산업 내에서 존재할 수 있는 복수의 전략 집단strategic group, 즉 유사한 전략 지향점을 갖기 때문에 기업들이 그 안에서 실질적으로 경쟁하는 집단의 개념도 필요하지 않다. 다시 말해서 기업의 성과를 측정하는 데 비교의 기준이 되는 어떠한 집단도 필요하지 않고, 오직 기업은 그 자신과 경쟁한다는 것이다.

통합적 전략 모형으로서의 VRIO 모형

일반적으로 S-C-P 모델 또는 포지셔닝 학파에서는 주어진 외부 환경 내에서 기업이 경쟁우위를 획득하고 지속할 수 있는 방법에 초점을 두기 때문에 전통적인 SWOT 분석에 있어서 기회opportunity와 위협threat을 발견하고 이에 대처하는 데 관심을 갖는다. 제2장에서 이에 대해 자세히 다루었고, 구체적인 모델로 다섯 가지 세력 모형five forces framework을 제시하였다. 그리고 자원기반이론에서는 각 기업이 보유한 자원이 서로 상이하다는 가정resource heterogeneity과 자원이 기업들 사이에서 쉽게 이동하지 않는다는 가정resource immobility하에서 기업의 강점strength과 약점weakness이 그 기업의 경쟁우위의 획득과 지속에 미치는 영향에 대해 관심을 갖는다. 제3장에서 이에 대해 자세히 다루었고, 구체적인 모형으로 VRIO 모형을 제시하였다.

그런데 이 책의 서두에 나오는 'VRIO 분석이란?' 부분에서 VRIO 모형은 기존의 두 이론적 모형, 즉 시장 지위의 관점positioning perspective과 자원기반이론을 결합한 모델이라고 설명한 바 있다. 여기에서는 자원기반이론을 구체화하는 VRIO 모형이 왜 S-C-P 모델까지 포괄하는 모형이라고 하는지에 대해 추가적으로 설명하려 한다. 결론적으로 VRIO 모형은 기업의 내부환경만을 분석하는 모형이 아니다.

외부환경과 기업 자원의 가치

VRIO 모형은 기업이 보유하고 있는 자원의 가치value, 희소성rarity, 모방 (불)가능성(in)imitability, 조직organization에 대한 질문들의 첫 글자를 딴 것인데, 특히 기업이 보유한 자원의 가치에 대한 질문으로 시작한다. 어느 기업 자원이 가치가 있는지에 대해 알아보는 손쉬운 방법은 그 자원으로 인해 기업이 이익을 창출할 수 있는가를 알아보는 것이다. 그러나 좀 더 학구적으로 접근할 때, 제3장에서 가치가 있는 자원은 그 보유 기업으로 하여금 외부환경external environment에 존재하는 기회를 이용할 수 있게 하거나 또는 위협을 중화neutralize할 수 있게 하는 자원이라고 공부한 바 있다.

가치에 대한 이러한 정의는 일견 평범하게 보이지만 사실 중요한 의미를 갖는다. 자원기반이론은 몇몇 학자들에 의해 이론으로서의 유용성이 낮다고 비판받았는데, 그 이유는 자원기반이론이 기업의 지속적 경쟁우위가 기업이 보유한 가치 있는 자원에 기반한다는, 너무나도 당연하게 여겨질 수 있는tautological 설명을 한다는 데 있다. 예를 들어, 품질이 좋은 제품의 만족도가 높다는 가설을 검증하는 연구를 한다고 하면서 만족도를 측정하는 요소로서 품질을 설정한다면 그 가설은 검증할 필요가 없다. 왜냐하면 그 자체로서 품질과 만족도는 자기충족적인self-sufficient 관계를 갖기 때문에 항상 정(+)의 관계를 가질 것이기 때문이다. 그러나 만족도를 측정하는 요소로서 품질이 아닌 다른 변수, 예를 들어 이용의 편의성 등을 설정한 다음 품질과 이용 편의성의 관계에 대해 실증 연구를 수행한다면 그것은 검증할 가치가 있는refutable 연구가 된다. 그 이유는 품질과 이용 편의성 사이에는 직접적인 자기충족적 관계가 존재하지 않기 때문이다. 만약 품질이 좋은 제품임에도 불구하고 이용의 편의성이 낮은 제품이 있다고 하면 품질과 만족도 사이에 부(−)의 관계가 있을 수도 있다.

그렇다면 과연 가치 있는 자원이라는 개념과 경쟁우위라는 개념 사이에는 자기충족적인 관계가 존재하는가? 만약 경쟁우위competitive advantage와 가치가 거의 동의어의 관계라면 이들 변수 사이에는 자기충족적 관계가 존재하고, 자원기반이론은 검증할 필요가 없는non-refutable, 즉 유용성이 낮은 이론이라 할 것이다. 예를 들어 어느 학자가 일정한 기준에 따라 높은 경쟁우위를 지닌 기업들을 뽑아서 그 리스트를 마련하고, 그 기업들이 가진 공통적인 자원을 조사한 다음, 그 자원들이 바로 기업이 높은 경쟁우위를 성취하는 원인이 되는 가치 있는 자원이라고 결론을 내린다면 이 연구에서의 자원의 가치와 경쟁우위는 정확히 자기충족적인 관계를 갖는다. 경쟁우위를 측정하는 요소로서의 자원의 가치를 높은 경쟁우위를 지닌 기업으로부터 사후적으로 정의했기 때문에 자원의 가치와 경쟁우위는 항상 정(+)의 관계를 가질 수밖에 없기 때문이다. 실제로 자원기반 이론을 주된 이론으로 삼는 실증 연구들은 종종 이러한 오류를 범하기도 한다.

그러나 VRIO 모형에서 엄격하게 정의하는 자원의 가치는 주어진 외부환경에 의해 독립적으로 결정되며, 그러한 외부환경의 조건이 어느 기업의 경쟁우위와 직접적인 관계는 없다. 즉 외부환경에 존재하는 기회를 이용하는 자원이라 할지라도 그 자원을 보유하는 기업에 항상 경쟁우위를 가져다주지는 않는다. 오히려 자원의 가치 그 자체보다는 얼마나 많은 경쟁 기업들이 그 자원을 보유하고 있는가(희소성), 경쟁 기업들이 얼마나 쉽게 그 자원을 획득할 수 있는가(모방 불가능성), 자원의 가치가 그 기업 내에서 잘 실현될 수 있는가(조직의 배태성) 등의 조건들이 자원과 기업의 경쟁우위를 더 효과적으로 설명하는 것이다. 그러므로 가치 있다고 여겨지는 자원을 보유한 기업이 경쟁우위를 획득하지 못하는 경우도 종종 발생하며, 자원기반 이론은 다양한 형태의 자원과 경쟁우위 간의 관계에 대해 검증할 가치가 있는 이론이라 할 것이다.

전략의 실행

일반적으로 전략 분야 대학 교재의 내용은 크게 전략 수립strategy formulation과 전략 실행strategy implementation으로 구성되어 있는데 대다수의 대학 교재에서는 이 두 부분이 분리되어 있다. 그리고 전략 실행의 경우 기업 특유의 조건에 따른 편차가 심하여 사실상 전략 수립의 내용이 전략경영 분야의 주류를 이루고 있다. 그러나 효과적인 전략의 수립에 대한 중요성만큼이나 수립된 전략의 효과적인 실행이 중요하다는 사실은 새삼 강조할 필요가 없을 것이다. 그러므로 학교에서 배우는 교재들이 전략 수립과 실행의 균형을 이루고 있지 못한 현실은 매우 안타깝다.

그런 의미에서 VRIO 모형이 지닌 독특한 구조는 전략의 수립과 실행을 자연스럽게 연결시켜 준다는 점에서 큰 의미를 갖는다. VRIO 모형에서 기업 자원의 가치value를 의미하는 V가 외부환경 분석과 연결되어 있듯이, 기업 자원이 조직에 얼마나 잘 배태되어 있는가organizational embeddedness를 의미하는 O는, 아무리 가치 있고 희소하며 모방이 힘든 자원이라도 기업 조직의 실행이 뒤따르지 않는다면 기업의 지속적 경쟁우위를 창출하는 데 도움이 되지 못할 수 있다는 것을 직접적으로 설명한다.

보다 구체적으로, 제3장에서는 어느 자원이 가진 잠재력을 충분히 이용하기 위해 기업은 적절한 보고 구조reporting structure와 경영통제 시스템management control system, 보상 정책compensation policy을 취해야 한다고 대략적으로 설명하고, 제8장에서는 다각화 전략을 추구하는 기업에서 이러한 세 가지 요소가 어떻게 구체화될 수 있는가에 대해 심층적으로 다루었다. 즉 특정 자원의 잠재력을 실현하는 과정과 특정 전략의 잠재력을 실현하는 과정이 다르지 않음을 암시하는데, 이것은 바로 전략의 효과적인 실행 방법에 대해 설명하고 있는 것이다.

사실 전략의 효과적인 실행에 대해서 페퍼와 서튼은 지행격차knowing-doing gap가 발생하는 다섯 가지 상황에 대해 제시한 바 있는데, 여기에서 지행격차는 기업이 수립하는 전략을 실행에 옮기지 못하는 현상을 의미한다. 이러한 현상이 일어나는 첫 번째 상황은 말talk이 실행을 막는 경우로, 전략을 수립하는 사람이 전략 수립 자체로 자신이 할 일을 다 했고 정작 많은 노력이 필요한 실행 부분은 다른 사람이 해야 한다고 손을 빼는 경우를 말한다. 두 번째 상황은 기존의 관행memory이 실행을 막는 경우로, 기업 내에서 이루어졌던 일상적인 관행을 변화시키는 것에 대한 저항이 새로운 전략의 실행을 어렵게 하는 경우를 말한다. 세 번째 상황은 당근보다

채찍을 선호하는 경영 방식의 경우인데, 처벌fear 위주의 경영 방식이 일상화되면 상급자의 지시가 단기적으로 일사불란하게 이루어지는 것처럼 보이지만, 결국 자발적인 동기부여가 필요한 전략 실행에 있어서는 아무도 움직이지 않는 경우를 말한다. 네 번째 상황은 그릇된 성과 측정 방식measurement이 적용되는 경우인데, 과정보다 결과만을 중시하는 성과 측정이 일상화되면 새로운 전략을 실행하려는 동기부여가 일어나는 대신 기존의 방식을 유지하면서 가시적 성과만을 내려는 경향이 발생하는 경우를 말한다. 마지막으로 격심한 내부경쟁을 조장하는 경영 방식의 경우인데, 내부적으로 상호 경쟁internal competition을 조장하여 성과를 높이려는 경영 방식은 결국 새로운 전략을 효과적으로 실행하는 데 필수적인 상호 협력과 지식 공유를 저해하는 결과를 가져오는 경우를 말한다.

이러한 다섯 가지 지행격차의 원인은 말, 기억, 두려움, 성과 측정, 내부경쟁으로 요약될 수 있는데, VRIO 모형의 O에서 전략 실행의 구성 요소로 제시하고 있는 보고 구조, 경영통제 시스템, 보상 정책은 전략 실행을 방해하는 다섯 가지 원인에 대처하는 방식에 대해 설명하고 있다는 것을 발견할 수 있다. 즉 기존 조직에 잔류하는 기억의 폐단은 적절한 보고 구조를 채택하는 방식으로 대처할 수 있고, 두려움에 의존하는 경영 방식의 폐단은 적절한 경영통제 시스템을 채택함으로써 대처할 수 있으며, 결과 위주의 성과 측정과 내부경쟁에 의존하는 경영 방식은 적절한 보상 정책을 채택함으로써 대처할 수 있음을 설명하고 있다. 말만 하고 실행을 하지 않는 폐단은 워낙 일반적으로 나타나는 현상이기 때문에 아마도 이 세 가지 구성 요소가 복합적으로 작용해야 할 것으로 보인다.

VRIO 모형의 향후 발전 방향

VRIO 모형이 바니 교수에 의해 제시된 것은 1991년으로, 마이클 포터의 다섯 가지 세력 모형이 소개된 1980년보다 10여 년 후의 일이다. VRIO 모형의 기본 이론인 자원기반이론의 개념을 처음 소개한 저서로 알려진 펜로즈의 **기업의 성장에 관한 이론***The Theory of the Growth of the Firm*이라는 저서는 1959년에 발표되었는데, 이 또한 S-C-P 모델이 고안된 1930년대보다 30년 정도 후의 일이다. 즉 자원기반이론은 포지셔닝 학파와 비교하여 상대적으로 뒤늦게 생성되고 발전한 이론이다.

어느 경영 이론이 그와 비교되는 다른 이론보다 늦게 발전하는 경우 장점과 단점을 지닐 수 있다. 먼저 나중에 등장한 경영 이론이 가질 수 있는 장점은, 이미 정립된 이론의 약점을 비판하며 발전하기 때문에 상대적으로 주목을 받을 확률이 더 크다는 것이다. 반면에 나중에 등장한 경영 이론이 가질 수 있는 약점은, 먼저 등장한 경영 이론을 이용하여 현실 경영에 적용하는 경영 자문 기법이 이미 널리 정립되어서 나중에 등장한 경영 이론이 현실 경영에 적용되기에 상대적으로 불리할 수 있다는 것이다.

이러한 경향은 자원기반이론과 포지셔닝 학파의 관계에서 그대로 나타난다. 자원기반이론은 포지셔닝 학파가 산업 또는 전략 집단을 단위로 하는 연구를 통해 개별 기업의 경쟁우위를 설명하려는 것이 모순적이라고 의문을 제기한다. 그리고 그 대신 기업 내부에 존재하는 자원의 속성이야말로 해당 기업의 경쟁력을 직접적으로 설명하는 요인이 아닐 수 없다고 주장한다. 그 결과 1990년대 이후의 학술 논문에서 포지셔닝 학파의 이론으로만 개별 기업의 경쟁력을 설명하는 논문은 거의 찾을 수 없게 되었다.

그러나 경영 자문 등 현실 경영의 영역에서 자원기반 이론은 아직도 포지셔닝 학파에 비해 그 쓰임새가 폭넓지 않다. 포지셔닝 학파에서는 진입장벽 측정이나 경쟁자 분석을 위해 비교적 공개적이고 정량화된 산업 통계 자료를 이용할 수 있는 반면, 자원기반이론에서 중요하게 다루는 자원의 가치나 모방 불가능성의 정도 등의 변수를 측정하기 위한 공개적이고 정량화된 통계 자료는 존재하지 않기 때문이다. 아마도 이러한 자료들은 해당 기업에서 종사하는 내부자와의 장기간에 걸친 토의와 분석을 통해 얻을 가능성이 있는데, 만약 어느 기업에 성과에 관한 인과적 모호성causal ambiguity이 존재할 때는 그나마도 어려울 수 있다(제3장 참조). 그러나 이러한 어려운 과정을 거쳐서 기업 내부에 존재하는 자원의 속성에 대해 일단 수준 높은 정보가 만들어진다면 그 정보의 가치는 산업 차원에 존재하는 공개된 정보에 비해 매우 값질 수 있다.

그러므로 향후 VRIO 모형이 실무적인 경영 기법으로 발전하는 일은 이러한 비공개적이고 정성적인 기업 자원에 대한 정보를 발굴할 수 있는 기법을 개발하는 데 달려 있다고 하겠다. 물론 그 과정은 기업마다 다를 수 있고 많은 시간과 노력을 필요로 할 수 있으나, 자원의 분류와 속성 파악을 위한 기본적인 경영 자문 모듈이 개발된다면 멀지 않은 장래에 자원기반이론도 포지셔닝 학파 못지않은 경영 분석의 틀을 보유할 것으로 보인다.

찾아보기

ㅎ

기타

B

C

O

P

Q

R

S

제이 바니 Jay B. Barney

유타대학교 경영대학 전략경영의 최고석좌교수이자 사회적 창업 분야의 라슨드 석좌교수이다. 브리검영대학교에서 학사 학위를, 예일대학교에서 석사와 박사 학위를 취득했으며 UCLA, 텍사스 A&M 대학을 거쳐 오하이오주립대학교에서 전략경영 분야 체이스 석좌교수를 역임했다. 또한 프랑스 INSEAD와 영국 옥스퍼드에서 방문 학자 및 교수로 재직했다.

바니 교수의 대부분의 논문은 기업의 지속적 경쟁우위에 대한 것이다. 그는 *Harvard Business Review, Sloan Management Review* 등에서 100여 편의 논문을 발표했으며 트리시 고먼과 공저한 소설(*What I Didn't Learn at Business School: How Strategy Works in the Real World*)을 포함한 여섯 권의 책을 저술하였다. 그의 일부 논문은 전략경영 분야에서 가장 많이 인용되고 있다.

어윈 교육자상과 경영학 공헌 학자상을 수상했고, 스웨덴의 룬드대학교, 덴마크의 코펜하겐경영대학, 스페인의 코미야스교황청대학교에서 명예 박사 학위를 받았다. 또한 Academy of Management 및 Strategic Management Society의 펠로우로 선출되었고, UCLA, 텍사스 A&M, 오하이오주립대학교에서 강의상을 수상했다.

Academy of Management의 경영정책과 전략분과에서 상임위원으로, Strategic Management Society에서 이사 및 상임위원으로, *Journal of Management*에서 편집위원으로, *Organization Science*에서 선임편집위원으로, *Strategic Entrepreneurship Journal*에서 공동편집장으로 활동했고, 현재 *Academy of Management Review*에서 편집위원으로 활동하고 있다.

그는 기업과 다양한 기관의 경쟁력을 위해 자문활동을 했다. 그중에는 하나웰, 휴렛팩커드, 텍사스 인스트루먼트, 코치 인더스트리, 내이션와이드보험, 카디널헬스, 콜럼버스퍼브릭스쿨이 포함된다.

윌리엄 헤스털리 William S. Hesterly

유타대학교 경영대학 덤크 패밀리 최고석좌교수이자 부학장이다. 그는 루이지애나주립대학교에서 수학한 후 브리검영대학교에서 학사와 석사 학위를, UCLA에서 박사 학위를 취득했다.

헤스털리 교수의 연구 분야인 조직경제학, 수직적 통합, 조직 형태, 창업 네트워크에 대한 논문들은 *Academy of Management Review, Organization Science*를 포함한 여러 학술지에 게재되었다. 그의 연구는 *Wall Street Journal*의 표지에서 소개되었고 그는 말콤 글래드웰의 2010년 *New Yorker* 기사에서 '유망한 학자'로 소개되었다.

그의 연구는 1999년 미국 서부지역 Academy of Management의 학자상 및 최고논문상을 수상했다. 또한 전략경영의 유럽지역을 대표하는 학술지인 *Long Range Planning*에서 선임편집위원으로 활동했다.

그는 유타대학교 경영대학에서 부학장, 전공대표교수, 학장을 역임했으며 Strategic Management Society에서 전략적 인적자원관리분야 그룹의 창립멤버와 유타-BYU 겨울학기 전략 컨퍼런스의 공동창업자를 역임했다. 또한 유타대학교 경영대학 MBA 과정에서의 강의상, 인기교수상, 그리고 경영대학의 EMBA와 PhD 과정에서의 강의상을 수상했다.

전자산업, 사무기기, 제지, 통신, 에너지, 우주항공, 의료장비 분야의 포춘 500대 기업들과 그 외 다양한 분야에서의 중소기업을 자문했으며, 대학과 기업에서 임원 교육에도 힘쓰고 있다.

| 역자 소개 |

신형덕 shinhd@hongik.ac.kr

홍익대학교 경영대학 전략경영 분야 교수이자 특수대학원인 문화예술경영대학원장이다. 서울대학교에서 학사 및 석사 학위를 받고 미국 오하이오주립대학교에서 바니 교수의 지도하에 박사 학위를 받았다. 주된 연구 분야는 전략경영, 국제경영, 창업이론, 문화예술경영이며 국내외에서 80여 편의 논문을 발표했다.

국무조정실 국정과제평가지표 TF위원, 한국전략경영학회와 한국국제경영학회에서 부회장, 한국문화예술경영학회에서 회장을 역임했으며 현재 인천서구문화재단 이사, 문화예술경영학연구 편집위원장과 경영학연구 전략경영 분야 편집위원장으로 활동하고 있다. 잘되는 기업은 무엇이 다른가, 힙한 문화예술 트렌드를 읽다 등을 썼다.